指引办案思路的新型工具书

3

民商事典型疑难问题适用指导与参考

合同纠纷卷

主编／吴云 林敏　副主编／林智远

◎ 疑难问题汇总
◎ 典型案例参考
◎ 办案依据集成

中国检察出版社

图书在版编目（CIP）数据

民商事典型疑难问题适用指导与参考. 合同纠纷卷/吴云、林敏主编. —北京：中国检察出版社，2013.2
ISBN 978-7-5102-0772-3

Ⅰ.①民… Ⅱ.①吴… ②林… Ⅲ.①合同纠纷-处理-法规-基本知识-中国 Ⅳ.①D923.6

中国版本图书馆CIP数据核字（2012）第265261号

民商事典型疑难问题适用指导与参考
合同纠纷卷

主编/吴 云 林 敏 副主编/林智远

出版发行：	中国检察出版社
社　　址：	北京市石景山区鲁谷东街5号（100040）
网　　址：	中国检察出版社（www.zgjccbs.com）
电　　话：	(010)68630385(编辑) 68650015(发行) 68636518(门市)
经　　销：	新华书店
印　　刷：	三河市西华印务有限公司
开　　本：	720 mm×960 mm 16开
印　　张：	43.25印张
字　　数：	794千字
版　　次：	2013年2月第一版 2014年9月第二次印刷
书　　号：	ISBN 978-7-5102-0772-3
定　　价：	98.00元

检察版图书，版权所有，侵权必究
如遇图书印装质量问题本社负责调换

出版说明

近十余年来，在合同、侵权、婚姻家庭、金融等民商事领域的司法实践中，出现了很多新情况、新问题，其中不乏具有典型性、疑难性的法律适用问题，针对这些问题，急需进行归纳总结，并得出具有参考和借鉴价值的处理和认定思路。基于上述现实需求，我们倾力组织法学专家、资深法官、检察官及律师等编撰并推出《民商事典型疑难问题适用指导与参考丛书》。

本丛书分为婚姻家庭继承纠纷卷、物权纠纷卷、合同纠纷卷、知识产权与竞争纠纷卷、劳动争议与人事争议卷、公司企业纠纷卷、金融纠纷卷、侵权纠纷卷、土地房地产与建设工程纠纷卷共九卷。各卷紧密结合各地司法实践，归纳提炼出百余个司法典型疑难问题并作出精准解析，同时附以具有权威性的指导、参考案例对同类案件的案情、诉辩情况、裁判结果、裁判理由等核心要素加以介绍，以帮助读者寻求破解疑难问题的办案思路、标准和尺度。各卷还提供了各类型纠纷全面、准确的办案依据。《民商事典型疑难问题适用指导与参考丛书》所提炼的问题凸显典型性、疑难性，解答思路具有很强的指导、参考和专业性，参考案例具有真实性、权威性，办案依据提供了便捷查询的通道，特别适合公检法人员、律师等法律专业人士使用。

受时间和能力所限，丛书在编撰过程中难免出现不足或错漏，敬请读者批评指正，以便我们在再版时予以修订。

编　者
2013 年 1 月

一、缔约过失责任纠纷

1. 如何确定缔约过失责任的赔偿范围？ …………………………（ 1 ）
2. 彩票网点谎称停机致使购买人未能获奖，应否赔偿奖金损失？ …（ 4 ）
3. 国土局撤销土地使用权出让公告，已报价的竞买人能否主张继续履行？ …………………………………………………………（ 7 ）

   办案依据集成 ……………………………………………（ 18 ）

二、确认合同效力纠纷

4. 名为投资入股实为合作协议，合同效力如何认定？ ……………（ 19 ）
5. 未取得商标使用许可而对外签订特许加盟合同，合同效力如何认定？ ……………………………………………………………（ 23 ）

   办案依据集成 ……………………………………………（ 29 ）

三、债权人代位权纠纷

6. 在代位权诉讼中，如何认定债务人"怠于行使到期债权"？ ……（ 34 ）

   办案依据集成 ……………………………………………（ 42 ）

四、债权人撤销权纠纷

7. 在撤销权诉讼中，如何认定"明显不合理的低价"？ ……………（ 44 ）

   办案依据集成 ……………………………………………（ 48 ）

五、债权转让合同纠纷

8. 建设工程施工合同项下的债权，能否进行转让？ …………（50）

 📖 办案依据集成 ……………………………………………（60）

六、债务转移合同纠纷

9. 债务人所出具的债务转移承诺书，对债权人是否有效？ ……（61）

10. 债务转移与第三人代为履行如何区别？ ……………………（69）

 📖 办案依据集成 ……………………………………………（73）

七、债权债务概括转移合同纠纷

11. 合同一方能否对外一并转让合同权利义务？ ………………（74）

 📖 办案依据集成 ……………………………………………（80）

八、悬赏广告纠纷

12. 悬赏广告的法律性质如何认定？ ……………………………（81）

13. 公安机关悬赏缉凶，提供线索人能否请求获取报酬？ ……（84）

 📖 办案依据集成 ……………………………………………（89）

九、买卖合同纠纷

14. 违约责任有哪些责任形式？ …………………………………（90）

15. 违约损失赔偿数额如何具体确定？ …………………………（92）

16. 对于市场风险造成的损失，违约方应否赔偿？ ……………（96）

17. 违约金过高或过低，有何评判标准？……………………（105）
18. 交易习惯可否作为法院的定案依据？……………………（109）
19. 对表见代理的认定，应审查哪些内容？…………………（112）
20. 如何判定是否构成根本违约？……………………………（116）
21. 买卖机动车但未办理过户手续，合同是否有效？………（119）
22. 商家承诺"假一罚十"，消费者能否要求十倍赔偿？……（121）
23. 互易合同纠纷中，货物价款应如何认定？………………（124）
24. 网络购物合同纠纷中，如何认定双方的网上交易依据？……（135）

　　办案依据集成 ……………………………………………（139）

十、拍卖合同纠纷

25. 拍卖公司未如期举行拍卖，赔偿责任如何认定？………（143）
26. 拍卖公司声明对拍卖品不承担瑕疵担保责任，该声明是否有效？…（150）

　　办案依据集成 ……………………………………………（154）

十一、建设用地使用权合同纠纷

27. 国土局未颁发建设用地批准书，是否导致土地出让合同无效？……（155）
28. 土地使用权出让合同中一部分经过审批，另一部分未经审批的，合同是否有效？……………………………………（174）
29. 建设用地使用权转让应符合什么条件？…………………（182）
30. 转让方未取得土地使用权证的，土地使用权转让合同是否有效？…（191）

　　办案依据集成 ……………………………………………（207）

十二、采矿权转让合同纠纷

31. 采矿权转让应符合什么条件？……………………………（216）

办案依据集成 ……………………………………………………（225）

十三、房地产开发经营合同纠纷

32. 合作开发房地产合同的法律性质如何认定？………………（226）
33. 合作开发房地产合同一方具备房地产开发经营资质，另一方不具备资质的，合同是否有效？……………………………（241）
34. 农村土地能否用于房地产开发经营？………………………（245）
35. 农村土地能否用于其他建设项目联合开发？………………（245）

办案依据集成 ……………………………………………………（254）

十四、房屋买卖合同纠纷

36. 售楼广告、宣传册等资料内容，是否具有法律效力？……（258）
37. 出售未取得产权证房屋的合同是否有效？…………………（261）
38. 房屋出现裂缝、渗漏等质量问题，购房者如何主张赔偿？…（266）
39. 商品房实际面积与合同约定不符，面积差价款应如何处理？…（271）
40. 开发商逾期办证的，如何计算逾期办证违约金？…………（274）
41. 一房二卖纠纷如何处理？……………………………………（278）
42. 预告登记产生什么法律效力？………………………………（281）
43. 合同登记备案与预告登记有何区别？………………………（281）
44. 经济适用房能否买卖？………………………………………（286）
45. 购买农村小产权房是否受法律保护？………………………（289）

办案依据集成 ……………………………………………………（294）

十五、房屋拆迁安置补偿合同纠纷

46. 被拆迁人选择房屋产权调换产生纠纷的，应如何处理？…（326）

47. 确定农村房屋拆迁补偿款时应考虑哪些因素？……………（329）

48. 被拆迁人死亡的，建房安置指标能否继承？………………（332）

　　办案依据集成 ………………………………………………（337）

十六、供用电、水、气、热力合同纠纷

49. 户外水管破裂引起漏水，用户是否需要缴纳水费？………（342）

50. 物业公司及业主委员会是否有义务代业主缴纳水电费？…（344）

　　办案依据集成 ………………………………………………（346）

十七、赠与合同纠纷

51. 附义务赠与合同纠纷应如何处理？…………………………（348）

52. 赠与行为发生后，什么情况下可撤销赠与？………………（351）

　　办案依据集成 ………………………………………………（355）

十八、借款合同纠纷

53. 行为人私刻单位公章进行贷款诈骗，单位是否需承担民事责任？…（357）

54. 只有借条没有付款凭证，能否主张还款？…………………（365）

55. 农村房产未办理抵押登记，抵押权是否有效设立？………（367）

56. 借条约定利率为1%，但未写明是月利率还是年利率，应如何处理？………………………………………………………（370）

57. 逾期利息如何计算？…………………………………………（374）

58. 借款人已还款项是先还利息还是先还本金？………………（375）

　　办案依据集成 ………………………………………………（378）

十九、保证合同纠纷

59. 保证期间与诉讼时效如何并行计算？……………………（392）

　　办案依据集成 ……………………………………………（396）

二十、抵押合同纠纷

60. 抵押人转让已抵押财产的行为是否有效？………………（400）

　　办案依据集成 ……………………………………………（409）

二十一、储蓄存款合同纠纷

61. 储户存款被冒领，银行是否需要承担赔偿责任？………（410）

　　办案依据集成 ……………………………………………（418）

二十二、信用卡纠纷

62. 信用卡被他人盗用消费，商家是否应予赔偿？…………（422）

　　办案依据集成 ……………………………………………（426）

二十三、租赁合同纠纷

63. 租赁物的维修义务由谁承担？……………………………（427）
64. 承租经营超市柜台下班后黄金首饰失窃，超市是否需要赔偿？……（430）
65. 承租人对租赁房屋进行装修扩建的，如何处理？………（432）
66. 承租人转租租赁房屋的，如何处理？……………………（435）

　　办案依据集成 ……………………………………………（441）

二十四、承揽合同纠纷

67. 对定作的高尔夫球杆不满意，能否要求退货？ …………（449）

68. 定作人支付设备款的行为，能否证明设备已验收合格？ ………（451）

📖 办案依据集成 …………………………………………（457）

二十五、建设工程合同纠纷

69. 如何区分建设工程的挂靠经营与内部承包？ …………（459）

70. 建设工程实际施工人应向谁主张支付工程欠款？ ……（464）

71. 建设工程款及利息如何计算？ ……………………………（467）

72. 建设工程价款优先受偿权应在何时行使？ ………………（474）

📖 办案依据集成 …………………………………………（479）

二十六、运输合同纠纷

73. 旅客遭受人身损害，违约之诉与侵权之诉有何不同？ …（485）

74. 货运合同中的货物损失数额如何计算？ …………………（488）

75. 无单放货使托运人不能收回货款，应如何赔偿？ ………（490）

76. 旅客持有"不得退票，不得转签"的机票，航空公司可否拒绝转签？ ………………………………………………（496）

📖 办案依据集成 …………………………………………（501）

二十七、保管合同纠纷

77. 洗车时车内财物被盗，洗车中心应否赔偿？ ……………（512）

78. 旅客将钱物交给酒店保管后被盗，酒店应否赔偿？ ……（516）

办案依据集成 ……………………………………………… (519)

二十八、委托合同纠纷

79. 企业与销售人员之间的法律关系应如何认定？……………… (521)
80. 委托人对受托人失去信任时，能否单方撤销委托？………… (526)

办案依据集成 ……………………………………………… (531)

二十九、委托理财合同纠纷

81. 委托理财合同中约定支付固定利息，如何处理？…………… (533)

办案依据集成 ……………………………………………… (539)

三十、居间合同纠纷

82. 购房者通过房产中介机构订立合同但未实际购房，是否需要支付中介费？……………………………………………… (545)

办案依据集成 ……………………………………………… (548)

三十一、典当纠纷

83. 房产典当与房产抵押如何区分？……………………………… (549)

办案依据集成 ……………………………………………… (552)

三十二、合伙协议纠纷

84. 隐名合伙的权利义务如何认定？……………………………… (562)
85. 合伙人退伙纠纷如何处理？…………………………………… (565)
86. 合伙未经清算，合伙人能否对内行使追偿权？……………… (568)

📖 办案依据集成 ……………………………………………（573）

三十三、彩票、奖券纠纷

87. 双方合作购买彩票中奖，奖金怎么分配？……………………（575）
　　📖 办案依据集成 ……………………………………………（579）

三十四、农业承包合同纠纷

88. 农民拖欠农业承包费，村民小组能否收回土地？……………（580）
　　📖 办案依据集成 ……………………………………………（583）

三十五、林业承包合同纠纷

89. 承包山地被划为生态公益林，合作社能否解除承包合同？……（588）
　　📖 办案依据集成 ……………………………………………（591）

三十六、农村土地承包合同纠纷

90. 家庭成员之间如何分配土地征用补偿款？……………………（592）
　　📖 办案依据集成 ……………………………………………（594）

三十七、服务合同纠纷

91. 医院单方改变人工辅助生育治疗方案，患者能否主张赔偿？…（602）
92. 产妇生育先天愚型婴儿，医院是否需要赔偿？………………（606）
93. 因迟延会诊导致患者死亡，被邀请参与会诊的医院是否需要
　　赔偿？…………………………………………………………（609）
94. 游客在景区门口路段被抢，旅行社是否需要赔偿？…………（614）

95. 旅客在宾馆里遇害，家属能否要求宾馆赔偿？……………………（618）
96. 酒店能否禁止顾客自带酒水或收取"开瓶费"？………………（623）
97. 网络游戏玩家的游戏装备丢失，能否要求运营商承担责任？…（629）
98. 女住户在小区内险遭强奸，能否要求物业管理公司赔偿？……（632）
99. 业主入住后封闭阳台，物业公司能否要求恢复原状？…………（638）
  办案依据集成 ………………………………………………………（641）

三十八、劳务合同纠纷

100. 雇员在雇佣活动中受伤骨折、下肢截瘫，能否申请劳动仲裁？……（662）
  办案依据集成 ………………………………………………………（666）

三十九、请求确认人民调解协议效力

101. 经人民调解委员会调解达成协议后，一方不履行赔偿义务，
  应如何处理？………………………………………………………（667）
  办案依据集成 ………………………………………………………（671）

一、缔约过失责任纠纷

1. 如何确定缔约过失责任的赔偿范围？

在订立合同过程中，一方因故意或者过失违反依据诚实信用原则所应承担的先合同义务，致使合同未成立、被撤销或无效，造成对方信赖利益和固有利益的损失，应承担缔约过失责任。缔约过失的类型主要有：（1）假借订立合同，恶意进行磋商；（2）故意隐瞒与订立合同有关的重要事实或者提供虚假情况；（3）违反保密义务，泄露或不正当使用缔约时获悉的对方商业秘密；（4）有其他违背诚实信用原则的行为。

缔约过失的赔偿范围是信赖利益损失，即无过错的当事人信赖合同有效成立，但因法定事由的发生导致合同不成立、被撤销或无效等而造成的损失，包括直接损失和间接损失。直接损失包括：（1）订立合同所支出的费用，如通讯费、差旅费；（2）准备履行合同所支出的费用，如货运费、仓储费；（3）有关支出款项的利息损失。间接损失包括丧失与第三人另订合同的机会所产生的损失。

典型疑难案件参考

徐遵芳等诉如东保险公司人身保险合同纠纷案

基本案情

徐宝如系苏 F0625871 运输型拖拉机的所有人，其所持有的机动车驾驶证有效期至 2005 年 5 月 26 日。2008 年 8 月 26 日，徐宝如以驾驶员身份向如东保险公司购买了一份驾车人员平安保险，保期一年。该险种的意外身故、残疾保险金额为 6.5 万元，其条款约定：被保险人驾驶机动车辆过程中遭受意外伤害，导致身故的，保险公司按保险金额给付意外身故保险金。保险条款特别提示第5条约定，如果本保险单未约定受益人，则意外身故保险金视为被保险人遗产给付法定继承人；第6条约定，本保单只适合持有效驾驶证、年龄在18至60周岁、身体健康的驾车人员购买。当年9月3日上午，徐宝如驾驶拖拉机倒垃圾时，因卸车滑坡而意外死亡。

一审诉辩情况

徐遵芳、徐建勇、徐训元、戴其连以继承人身份要求如东保险公司给付意外身故保险赔偿金6.5万元未果，遂起诉。

南通保险公司辩称：徐宝如在如东保险公司购买驾车人员平安保险，如东保险公司具有独立的法人资格和独立承担民事责任的能力，应由如东保险公司承担本案民事责任。

如东保险公司辩称：徐宝如购买驾车人员平安保险是事实，但徐宝如在购买该保险时隐瞒了其驾驶证过期且未年检的情况，违反《保险法》及《合同法》有关如实告知义务的规定，应驳回原告的诉讼请求。

一审裁判结果

江苏省如东县人民法院判决：
一、如东保险公司赔偿徐遵芳等3.25万元；
二、若如东保险公司资产不足以给付的，由南通保险公司承担赔偿责任；
三、驳回徐遵芳等人的其他诉讼请求。

一审裁判理由

江苏省如东县人民法院认为：（1）购买驾车人员平安保险的投保人必须持有有效驾驶证。徐宝如虽持有机动车驾驶证，但该证的有效期至2005年5月27日已失效，其向保险公司投保该险种时已不具备机动车驾驶人员的主体资格，违反了投保人应当履行向保险人如实告知的义务，存在过错。保险公司在办理涉案业务时，未向徐宝如说明涉案保险合同的条款内容，对保险标的及被保险人是否具备所投险种的主体资格等有关情况疏于询问和审查，亦存在过错。根据《合同法》关于缔约过失责任的相关规定，涉案保险合同视为不成立，对因此造成的经济损失应各半承担。（2）如东保险公司系南通保险公司的下级部门，其经工商部门核准登记、领有营业执照，亦可独立参加诉讼，但在不能完全承担民事责任时，依法应由其上级部门南通保险公司承担。

二审诉辩情况

如东保险公司上诉称：徐宝如所持驾驶证无效，不具备该险种对被保险人的特定要求,其在投保时也未如实告知。根据《合同法》的规定,一方当事人在订立合同过程中有过错的,若造成缔约过失责任,保险合同应视为不成立。如东保险公司不应承担赔偿责任。

二审裁判结果

江苏省南通市中级人民法院判决:驳回上诉,维持原判。

二审裁判理由

江苏省南通市中级人民法院认为:本案保险合同所涉险种为驾车人员平安保险,被保险人属特定群体,范围明确。作为保险人的如东保险公司,对此应当熟知。在订立保险合同时,其仅能对上述特定的群体发出要约或者接受其要约;在投保时,其应对此进行询问,并由投保人提供必要的法律文件以为辅助,否则应拒绝承保,以防风险。更何况,因驾驶证系行政机关许可核发,如东保险公司在缔约过程中要求投保人徐宝如提供有效驾驶证以对其是否符合被保险人的条件作表面真实性审查并不困难,这是其在缔约前的基本审查义务,是订立合同的基础。如已善尽此审查义务,则不存在徐宝如故意隐瞒事实,不履行如实告知义务,或者因过失未履行如实告知义务的情形。因此,这一审查义务是如东保险公司的先合同义务,是对自身利益的应有照顾和关心。但如东保险公司在承保前未尽到作为专业保险机构所应具有的一般注意义务,对徐宝如是否具有有效驾驶资格持放任或者盲目相信的态度,不作审查,即予承保,已违反了上述先合同义务。徐宝如所投险种名称为驾车人员平安保险,通常理解,驾车人员当指驾驶机动车辆的人员。徐宝如曾取得机动车驾驶证,其应知有效期限届满后经过一定期间即应重新申请行政许可,在未取得有效驾驶证前,其不具有相应资格。作为有一定文化程度的完全民事行为能力人,其应知道自己是否符合驾车人员的条件,但对所投保险究竟与此有何具体法律关系,不能苛求徐宝如完全知情。它是如东保险公司在就被保险人徐宝如的有关情况向其提出询问并对保险条款作出说明的基础上不断增加注意的过程。本案保险单还包括投保单、保险费收据及保险条款简介等内容,徐宝如虽在保险单中以投保人身份签名表示已接受投保人声明条款,但从事后双方争议情形判断,如保险代理人已对保险条款或者对保险条款简介作出说明,并进行通常的询问,保险代理人应当了解徐宝如是否符合被保险人的条件。因此,徐宝如对此虽有过错,但并非恶意为不实的说明,亦非违反一般注意义务,其过失的程度相对较轻。徐宝如在双方订立保险合同后不到10天即驾车意外身亡,对此损害事实各方并无异议。而上述保险合同一经订立即对其具有相应的期待利益,为其生前所依赖，如东保险公司违反上述先合同义务使其信赖的合同利益遭受损害，该公司的行为与此损害事实之间显然有相当因果关系，其应依《合同法》第42条规定承担缔约过失责任。本案中，若如东保险公司当初即对徐宝如拒绝承保，徐宝如选择另订合同的可能性较大，在出险时其继承人享有的权利也不致受损。本案保险单约定的意外身故、残疾保险价值最高限额为6.5万元，一审以现有证据判决如东保险公司赔偿徐宝如的受益人3.25万元损失并无不当。因如东保险公司隶属于南通保险公司，且为企业非法人，一审相关认定理由正确。

2. 彩票网点谎称停机致使购买人未能获奖，应否赔偿奖金损失？

彩票购销形式为购买人支付现金，彩票点当场出票，彩票买卖合同属于实践合同。在实践性合同中，交付标的物只是先合同义务，违反该义务不产生违约责任，可构成缔约过失责任。购买人前往彩票点，因经营者谎称已停机未能购得彩票，双方买卖合同关系并未成立。经营者未支付彩票的行为，因合同未成立不产生违约责任，可能产生缔约过失责任。判断彩票经营者是否应当赔偿损失，应分析其主观上是否存在过错。彩票购买人未付清尚欠彩票款，其要求继续投注，并称当天有能力支付彩票款显然不合常理。彩票网点销售人员有理由对其履约能力产生怀疑，以撒谎的方式拒绝打出彩票虽有不妥，但不存在主观恶意。如果购买人确信能够中奖，完全可以到其他网点购买彩票，其诉请彩票网点赔偿奖金损失，不符合民法公平原则。

典型疑难案件参考

刘培军与夏春德等买卖彩票合同案

基本案情

安徽省体育彩票管理中心滁州分中心是安徽省体育彩票管理中心的分支机构。2005年元月，安徽省体育彩票管理中心与夏春德签订中国体育彩票代理销售协议。协议签订后，夏春德在沙河镇开办体育彩票网点（21005号机），并雇佣夏媛媛销售彩票。原告自2005年4月2日在夏春德处购买排列三玩法体育彩票（独胆包号法），即投入每倍200元，中奖每注1000元。双方口头约定原告在家时以现金结算，如在外地即电话通知投注待返回后结算。同年4月23日，原告到21005号体彩点结算，当场付现金6400元，尚欠夏春德彩票款27000元。原告要求继续投注45倍，包首"5"，夏媛媛谎称停机了，导致原告未能投注。当晚开奖，包首"5"出现。

原告刘培军在向被告夏春德、夏媛媛赊买体育彩票所形成的债务，已由被告夏春德为原告刘培军向安徽省体育彩票管理中心垫付。

一审诉辩情况

原告刘培军诉称：自2005年4月2日起，我一直在沙河体彩网点购买体彩排列三玩法（独胆玩法，包首5），即投入每倍200元，中奖金1000元。2005年4月23日，我到网点要求投注45倍，仍包首5，被告夏媛媛声称停机，我未能投注。导致我未能中奖金45000元。现要求被告赔偿45000元，并承担本案诉讼费用。

被告夏春德、夏媛媛辩称：原告自2005年4月2日买彩票起，并非每天仅包首5，经常变换买法。同时，原告欠自己钱，"彩票事件经过"是受胁迫时出具给原告的。

被告安徽省体育彩票管理中心、安徽省体育彩票管理中心滁州分中心辩称：被告夏媛媛出具的"彩票事件经过"是受胁迫时出具的，不能作为定案的依据；彩票是特殊商品，购买过程中不允许欠费，而原告却欠费。请求驳回原告的诉讼请求。

一审裁判结果

滁州市南谯区人民法院判决：

一、被告夏春德赔偿原告刘培军45000元，扣除购买彩票款9000元，余款36000元，于判决生效后立即支付；

二、驳回原告刘培军对被告夏媛媛、安徽省体育彩票管理中心及滁州分中心的诉讼请求。

一审裁判理由

滁州市南谯区人民法院认为：原告要求判令安徽省体育彩票管理中心及滁州分中心承担责任缺乏依据。原告自2005年4月2日起，在夏春德处购买彩票，并约定了投注、计算方式，故原告与21005号体彩点买卖合同关系能够成立。2005年4月23日，夏媛媛谎称停机，故意不给原告刘培军打体育彩票，其应对造成刘培军的损失依法承担赔偿责任。由于夏媛媛是夏春德雇佣的人员，其行为造成的损失应由夏春德承担责任。但刘培军要求被告赔偿其购买彩票应支付的9000元没有法律依据，故对原告的该项请求不予支持。

二审诉辩情况

夏春德上诉称：上诉人与被上诉人之间的彩票买卖合同并未成立，原审认定合同成立错误。请求驳回被上诉人的诉讼请求。

刘培军答辩称：一审法院认定事实清楚，彩票买卖合同是成立的。法院依据上诉人存在过错判令上诉人承担责任正确。请求驳回上诉人的上诉，维持原判。

安徽省体育彩票管理中心、安徽省体育彩票管理中心滁州分中心答辩称：原审判决我中心不承担责任正确。上诉人与被上诉人之间彩票买卖合同不成立，被上诉人的诉请不应当得到支持。请求驳回被上诉人的诉讼请求。

夏媛媛没有发表答辩意见。

二审裁判结果

滁州市中级人民法院判决：

一、维持滁州市南谯区人民法院〔2006〕滁南民二初字第29号民事判决第二项；

二、撤销滁州市南谯区人民法院〔2006〕滁南民二初字第29号民事判决第一项；

三、驳回被上诉人刘培军对上诉人夏春德的诉讼请求。

二审裁判理由

滁州市中级人民法院二审查明：2005年元月，安徽省体育彩票管理中心（甲方）与夏春德（乙方）签订《中国体育彩票代理销售协议》。协议签订后，夏春德在滁州市南谯区沙河镇开办体育彩票网点，该网点编号为21005，由其女儿夏媛媛销售体育彩票。刘培军自2005年4月2日在夏春德处购买排列三玩法体育彩票（独胆包号法），即投入每倍200元中奖每注1000元。刘培军与夏春德口头约定被上诉人在家时以现金结算，如在外地即电话通知投注待返回后结算。自2005年4月2日至2005年4月22日，除4月4日外，刘培军连续20天购买包首"5"彩票，最高投注为25倍，即买5000元，若当天包首"5"出现，投注人即中奖25000元，扣除购买彩票款5000元，获利20000元。同年4月23日，刘培军来到夏春德体彩点结算彩票款，当场付现金6400元，尚欠夏春德代垫彩票款27000元，但没有出具欠条。夏媛媛因担心刘培军继续赊欠，即称停机了。当晚开奖，包首"5"出现。双方由此发生纠纷。夏春德向刘培军索要欠款，刘培军则要求夏春德赔偿其买彩票的全部投入。后双方经协商，夏春德按刘培军书写的《彩票事情经过》抄写一份，并由其女儿夏媛媛签名。刘培军向夏春德出具欠彩票款27000元的欠条。

滁州市中级人民法院认为：彩票是一种特殊商品，其买卖行为属实践性民事法律行为，即以彩票的交付为合同成立要件。2005年4月23日，刘培军前往夏春德彩票点，因夏媛媛称已停机没有购得彩票，所以刘培军与夏春德本次买卖彩票合同没有成立。原审认定上诉人与被上诉人之间彩票买卖合同成立错误。上诉人认为原审法院认定合同成立错误的上诉理由成立。导致本次买卖合同没有成立的责任在于被上诉人，其并没有按照口头约定将上次所欠彩票款33400元付清，仅付6400元，尚欠27000元。而当晚购买投注为45倍的彩票还需9000元，被上诉人称其当天有能力支付彩票款显然不符合常理。夏媛媛以撒谎的方式拒绝刘培军购买彩票虽然不妥，但其主观不存在恶意，如刘培军确信当晚包首"5"能够出现，其完全可以到其他彩票点购买，因而，夏媛媛的行为与刘培军是否能中奖之间没有必然的因果关系。综上，刘培军没有实际出资向上诉人购得当晚中奖彩票，其向上诉人主张获奖利益没有事实和法律依据。一审判决认定事实错误，依法予以改判，上诉人请求驳回被上诉人刘培军的诉讼请求本院予以支持。

3. 国土局撤销土地使用权出让公告，已报价的竞买人能否主张继续履行？

缔约过失责任的承担方式是赔偿损失，不包括继续履行合同、支付违约金、双倍返还定金等违约责任。国有土地使用权出让公告属于要约邀请，国有土地使用权出让方因出让公告违反法律的禁止性规定，撤销公告后，造成竞买人在缔约阶段发生信赖利益损失的，应对竞买人的实际损失承担缔约过失责任。在缔约阶段所发生的信赖利益的损失，必须通过独立的赔偿请求予以保护。竞买人未就出让方缔约过失致其损失提出赔偿请求，而坚持要求出让方承担继续履行合同或双倍返还保证金的责任，限于当事人的诉讼请求和案件审理范围，法院对此问题不予审理。但根据最高人民法院《关于民事诉讼证据的若干规定》第35条规定，当事人主张的民事行为的效力与法院根据案件事实作出的认定不一致的，法院应当告知当事人可以变更诉讼请求。如果当事人在诉讼过程中变更诉讼请求为要求对方承担缔约过失责任，法院应对变更后的诉讼请求作出裁判。如果当事人坚持要求对方继续履行合同，法院判决驳回其诉讼请求。

典型疑难案件参考

时间集团公司诉浙江省玉环县国土局土地使用权出让合同纠纷案（《最高人民法院公报》2005年第5期）

基本案情

2002年11月7日，玉环县国土资源局（以下简称国土局）在《玉环报》上刊登了《玉环县国土资源局国有土地使用权挂牌出让公告》（以下简称《挂牌出让公告》），主要内容：经玉环县人民政府批准，国土局定于2002年11月21日8时到同年12月4日15时，在玉环县地产交易窗口挂牌出让下列一宗国有土地使用权：（1）该地块位于玉环县珠港镇坎门鱼港花礁岩填海开发工程区域，开发编号为2002-005号，面积25.9434公顷，用途为混合住宅用地（商住混合），土地使用年限为70年；容积率不大于1.5，绿化率不少于35%，日照间距为1:1.1以上，建筑密度在30%以下，在取得土地使用权之日起5年内完成建设；（2）该地块挂牌起拍价为4300万元，成交地价在成交后付40%，余额在合同中约定付清；（3）凡具有资金实力，并能在规定时间完成建设的中华人民共和国境内外的公司、企业和其他组织均可参加竞买；（4）报名时间：2002年11月1日至同年11月20日15时止；报名地点：玉环县地产交易窗口；报名需带资料：注册资本在1亿元（注册到位5000万元）以上的营业执照副本原件，加盖公章的法定代表人证明书；（5）参加竞买者在报名时须交纳保证金2000万元；（6）挂牌时间：2002年11月21日8时始至同年12月4日15时止；挂牌地点：玉环县地产交易窗口。《玉环县国土资源局国有土地使用权挂牌出让须知》第13条载明，"挂牌期限届满，按照下列规定确定是否成交：（1）在挂牌期限内只有一个竞买人报价，且报价高于底价并符合其他条件的，挂牌成交；（2）在挂牌期限内有两个或两个以上的竞买人报价的，出价最高者为竞得人；报价相同的，先提交报价单者为竞得人，但报价低于底价者除外；（3）在挂牌期限内无应价者或竞买人的报价均低于底价或均不符合其他条件的，挂牌不成交；（4）在挂牌期限截止时仍有两个或两个以上的竞买人要求报价的，出让人可以决定实行现场竞价，也可另行确定时间实行拍卖竞价，出价最高者为竞得人"。2002年11月20日，国土局收到时间房地产建设集团有限公司的"挂牌出让竞买申请书",该申请书载明:"经认真审阅贵局国有土地使用权挂牌出让文件,我们愿意遵守国有土地挂牌出让文件的要求和规定,决定申请参加贵局2002年11月21日至同年12月4日在玉环县地产交易所窗口进行的国有土地使用权挂牌出让竞买。"同日,时间公司依约汇入玉环县土地储备中心2000万元,国土局出具了浙江省行政事业单位往来收据一份,确认收到该笔款项。次日,时间公司向国土局提供了"挂牌出让竞买报价单",报价为5000万元。

2001年12月14日,浙江渝汇置业有限公司与国土局签订《国有土地使用权出让草签合同》,该合同第4条、第7条约定:"本合同项下出让宗地的用途为《浙江省玉环县坎门湾风景区总体开发规划(草案)》一期投资的海景花园小区";"本合同项下宗地的土地使用权出让金为每平方米人民币165元,总额为4400万元"。同年12月18日,渝汇公司汇入浙江省玉环县坎门渔港开发中心100万元,该中心确认收到该笔款项;2002年10月17日,渝汇公司汇入玉环县财政局1120万元;同日,渝汇公司又汇入玉环县财政局200万元;次日,渝汇公司汇入玉环县财政局300万元;同年11月14日,渝汇公司向国土局提供了《关于将应退土地转让金转为土地挂牌保证金的报告》,要求将上述款项直接转为挂牌竞买保证金;同年11月18日,国土局法定代表人王伍勇书面同意转为保证金;同年11月20日,渝汇公司汇入玉环县土地储备中心280万元,同日,国土局出具收到该笔款项的收据;同年11月22日,该款项进入玉环县土地储备中心账户;同年11月21日,渝汇公司向国土局提供了"挂牌出让竞买报价单",报价为5100万元。

2002年11月20日,国土局将"玉环海滨新城金港湾(即2002-005号海域开发宗地)挂牌出让底价为5700万元,计人民币伍仟柒佰万元整"的底价函保存在玉环县公证处。

2002年11月20日,浙江省国土资源厅接到举报称国土局在当日坎门渔港金海湾土地挂牌出让中有不规范、暗箱操作行为后,查明该宗土地正在上报审批而未获批准,要求国土局在未经依法批准前停止挂牌。同年11月22日,国土局分别向时间公司、渝汇公司发出了《关于对2002-005号海域开发宗地停止挂牌出让的通知》,该通知载明:"根据浙江省国土资源厅意见,玉环海滨新城金港湾,即开发编号为2002-005号海域开发宗地,未经省厅批准前,不得进行挂牌出让。故本局停止对2002-005号海域开发宗地的挂牌出让,若重新挂牌,另行公告。"同日,国土局将2000万元退还给时间公司。时间公司收到上述通知和款项后,于同年12月6日发给国土局《关于对2002-005号海域开发宗地停止挂牌出让通知的复函》,认为"贵局的发布公告及接受挂牌押金和我公司挂牌报价的行为是民事法律行为，对双方都具有法律约束力，贵局擅自停止挂牌的行为已违反了我国的有关法律规定，应属无效行为。我公司现要求贵局恢复挂牌，将该宗土地依法出让。若贵局一意孤行，我公司将依法要求贵局双倍返还挂牌押金，并赔偿相应的经济损失。请贵局在收到函后于五个工作日内给予答复，否则，我公司将依法对贵局提起诉讼"。

另：一审法院根据时间公司的申请，于2003年5月22日委托浙江省高级人民法院司法鉴定处对下列事项进行鉴定：（1）2002年11月20日挂牌出让底价为5700万元的函件的真实性，即该函件上的打印字体及函件上国土局的印章是否系2002年11月20日或在此以前所写、所盖；（2）2002年11月21日"挂牌出让竞买报价单"上打印字体、书写字体和渝汇公司的印章是否在2002年11月21日或在此以前所写、所盖。2003年6月27日，司法鉴定处发了退卷函，结论为"样本材料不足，且鉴定技术条件限制，故无法作出鉴定结论"。双方对该函件无异议，但时间公司认为应送更权威部门进行鉴定，故再次提出申请。

一审诉辩情况

2003年1月9日，时间公司向浙江省高级人民法院提起诉讼称：2002年11月7日，国土局在《玉环报》上刊登出《挂牌出让公告》，载明经玉环县人民政府批准，国土局挂牌出让开发编号为2002-005号，面积25.9434公顷，用途为混合住宅用地，土地使用年限为70年的国有土地使用权。根据公告的要约，时间公司于2002年11月20日向国土局提交了注册资金为10089万元的营业执照副本，并交纳了挂牌押金2000万元。2002年11月21日，时间公司在国土局规定的挂牌地点玉环县地产交易窗口依法参加挂牌竞投活动，并于当日14时30分挂出了5000万元报价的竞买单。2002年11月22日，国土局以该开发宗地未经浙江省国土资源厅批准为由，通知时间公司对该开发宗地停止挂牌出让，拒绝与时间公司订立国有土地使用权出让合同。时间公司认为，根据国家法律规定，"商业、旅游、娱乐和商品住宅等各类经营性用地，必须以招标、拍卖或挂牌方式出让"，而国土局作为唯一代表国家出让国有土地的部门，在未经有权部门批准发布挂牌公告后又取消挂牌，按照常理，是不可能的事情，国土局对此恶意毁约行为应承担全部的法律责任。时间公司已取得了本次挂牌的最高报价，是本次挂牌的竞得人。根据2001年11月11日台州市人民政府第74号令即《台州市国有土地使用权出让招标拍卖管理办法》（以下简称台州市政府令）第29条之规定，时间公司交纳的2000万元履约保证金，是时间公司、国土局约定的在签订国有土地使用权出让合同之前的立约定金，根据《担保法》第89条、第90条之规定，国土局应双倍返还。根据《民法通则》第4条、《合同法》第5条所规定的公平原则和国土资源部、监察部于2002年8月26日颁布的《关于严格实行经营性土地使用权招标拍卖挂牌出让的通知》的精神，为了防止国有资产流失，国土局不得改变《挂牌出让公告》和《挂牌出让须知》中确定的报名主体的条件，应尽速补办相关手续，继续履行公告所确定的义务。故时间公司请求：（1）判令国土局继续履行合同，将开发编号为2002-005号开发宗地出让给时间公司；（2）判令国土局双倍返还时间公司所交的约定为定金性质的保证金计4000万元（已返还2000万元）；（3）由国土局承担案件受理费。

国土局答辩称：（1）2002年11月7日的《挂牌出让公告》就法律性质而言，是向不特定的多数人所发出的要约邀请，并不是要约，因此，国土局在发出该公告后，根据浙江省国土资源厅的指令撤销该具有要约邀请性质的出让公告，不是毁约行为，更谈不上继续履行合同的问题。（2）国土局停止对该开发宗地的挂牌出让，不是出于恶意，而是为了执行浙江省国土资源厅的指令和遵守程序的规定。2002年11月21日，国土局不只收到了时间公司的"挂牌出让竞买报价单"，还收到了渝汇公司的"挂牌出让竞买报价单"，且时间公司并不是本次挂牌的最高报价者。时间公司在报名后，当场向国土局索要挂牌材料，因当时在国土局办理事务的人较多，国土局工作人员无法分身，国土局要求时间公司在30分钟后再来领取材料，遭到了时间公司的无端怀疑，时间公司当即向浙江省国土资源厅举报，称国土局暗箱操作。鉴于此次挂牌竞买有人举报，加之未经批准就将土地挂牌出让违反了《土地管理法》的有关规定，故在浙江省国土资源厅的干预下，国土局向时间公司发出了停止挂牌的通知。可见，在此次停止挂牌出让的问题上，国土局不存在任何恶意。（3）不论是国土局所发布的《挂牌出让公告》，还是国土局出具的行政事业单位往来款收据，均明确记载时间公司于2002年11月20日向国土局支付的2000万元只是保证金，并不是定金，时间公司将保证金说成是定金，缺乏法律依据。故请求驳回时间公司的诉讼请求。

一审裁判结果

浙江省高级人民法院判决：驳回时间公司的诉讼请求。

一审裁判理由

浙江省高级人民法院认为，关于2000万元是保证金还是定金的问题，根据《担保法》第90条规定，"定金应当以书面形式约定。当事人在定金合同中应当约定交付定金的期限。定金合同从实际交付定金之日起生效"。而从本案的证据来看，双方当事人之间没有签订过任何形式的定金合同或定金条款。从双方挂牌出让的有关文件来看，只约定了2000万元的保证金。而最高人民法院《关于适用〈中华人民共和国担保法〉若干问题的解释》第118条规定"当事人交付留置金、担保金、保证金、订约金、押金或者订金等，但没有约定定金性质的，当事人主张定金权利的，人民法院不予支持"，从该规定来看，时间公司主张定金权利，缺乏法律依据。约定，是指双方当事人之间意思表示一致，而台州市政府令是独立于当事人意思表示之外的行政规章，据此，时间公司认为台州市政府令的内容就是双方当事人之间意思表示的内容的理由，不能成立。关于双方当事人之间国有土地使用权出让合同是否成立的问题，《合同法》第15条第1款明确规定"要约邀请是希望他人向自己发出要约的意思表示。寄送的价目表、拍卖公告、招标公告、招股说明书、商业广告等为要约邀请"。据此，本案的挂牌公告系要约邀请，而非要约。时间公司诉称本案系要约的理由不能成立。2002年11月21日，时间公司的报价系要约。根据中华人民共和国国土资源部2002年5月9日颁布的《招标拍卖挂牌出让国有土地使用权规定》第19条的规定，"挂牌期限届满，按照下列规定确定是否成交：1.在挂牌期限内只有一个竞买人报价，且报价高于底价，并符合其他条件的，挂牌成交；2.在挂牌期限内有两个或两个以上的竞买人报价的，出价最高者为竞得人；报价相同的，先提交报价单者为竞得人，但报价低于底价者除外；3.在挂牌期限内无应价者或竞买人的报价均低于底价或均不符合其他条件的，挂牌不成交。在挂牌期限截止时仍有两个或两个以上的竞买人要求报价的，出让人应当对挂牌宗地进行现场竞价，出价最高者为竞得人"。而本案国土局在未经依法批准前，擅自挂牌出让国有土地使用权，浙江省国土资源厅责令停止挂牌，在此情况下，既没有确定时间公司为中标人，也没有与其签订确认书，国土局尚未作出承诺，据此，双方之间的合同关系尚未成立。时间公司诉称双方之间已形成合同关系的理由不能成立。鉴于2002年11月20日挂牌出让底价为5700万元的函件及2002年11月21日"挂牌出让竞买报价单"非本案主要证据，对其认定与否对本案实体处理没有影响，故对时间公司要求对上述两份证据再次申请鉴定，不予支持。因双方之间的国有土地使用权出让合同关系尚未成立，因此，不存在国有土地使用权出让合同的效力问题。《土地管理法》、《城市房地产管理法》、《土地管理法实施条例》、《城市房地产开发经营管理条例》等法律法规对土地出让的权限范围均未作规定，但浙江省人大常委会颁布并于2000年7月5日施行的《浙江省实施〈中华人民共和国土地管理法〉办法》第21条规定："在已批准的农用地转用范围内和原有建设用地范围内,具体建设用地按照下列规定办理审批手续:(一)二公顷以下的建设项目用地,由县(市)人民政府土地行政管理部门审核,报同级人民政府批准,并报设区的市和省人民政府土地行政主管部门备案;(二)二公顷以上五公顷以下的建设项目用地,由设区的市人民政府土地行政主管部门审核,报同级人民政府批准,并报省人民政府土地行政主管部门备案;其中杭州、宁波两市人民政府可以批准二公顷以上六公顷以下的建设项目用地;(三)杭州、宁波两市六公顷以上、其他设区的市五公顷以上的建设项目用地,由省人民政府土地行政主管部门审核,报省人民政府批准。具体建设项目需要占用土地利用总体规划确定的国有未利用地的,按照前款规定办理审批手续。法律、行政法规另有规定的除外。"本案讼争地块达25.9434公顷,依据上述规定,应报省政府批准,而国土局在挂牌出让公告以前,未报经省政府批准,这种挂牌行为是无效的。

综上,一审法院认为,国土局的挂牌出让行为未经浙江省人民政府批准,该挂牌出让行为是无效的;在挂牌过程中,经浙江省国土资源厅制止,国土局停止了挂牌出让行为,未确认时间公司为中标单位,对时间公司的报价行为未作出承诺,双方之间的合同关系尚未成立,时间公司要求判决双方继续履行合同,将讼争地块出让给时间公司的诉讼请求,缺乏法律依据,不予支持;双方之间也未约定时间公司所交2000万元为定金性质,据此,时间公司要求双倍返还定金的诉讼请求,不予支持。

二审诉辩情况

时间公司上诉称:一审判决认定事实不清,证据不足,适用法律错误,请求撤销一审判决,依法支持时间公司起诉请求并判令国土局承担本案诉讼费用。主要事实和理由是:

1. 一审判决基本事实认定错误。时间公司应为本次挂牌竞买唯一合法竞买人,国土局虚拟了案外人渝汇公司参与本次挂牌竞买的事实。本次挂牌交易不存在底价,国土局串通地方公证处出具了虚假的底价证明。国土局在挂牌公告前已就涉案土地与渝汇公司签订出让合同,挂牌公告系为渝汇公司"量身定做"。

2. 一审判决适用法律不当。(1)一审判决混淆了挂牌出让法律关系与国有土地使用权出让法律关系。(2)时间公司与国土局之间挂牌出让合同关系已经形成,国土局国有土地使用权挂牌出让行为应为有效。《合同法》第15条第1款并没有排除挂牌公告作为要约的情形,本案挂牌公告明确表示将与出价最高者订立合同,符合《合同法》关于构成要约的全部要件。时间公司是唯一具备资格的竞买人，且其报价5000万元高于起拍价4300万元，在没有继续竞价的情况下，该报价是针对国土局要约的有效承诺。浙江省国土资源厅的电话通知属国土资源行政系统内部非规范行政行为，不影响双方当事人之间挂牌出让法律关系的效力。根据《城市房地产管理法》的规定，本案讼争宗地应由玉环县人民政府批准，国土局具体实施出让，因此，国土局是唯一有权组织讼争宗地实施出让的政府机构，符合有关土地使用权出让主体的法律规定。根据最高人民法院《关于适用〈中华人民共和国合同法〉若干问题的解释（一）》第4条的规定，一审法院将浙江省人大常委会颁布的地方性法规作为法律依据确认国土局所实施的挂牌出让行为无效显属不当。（3）在通过有效挂牌行为确定了交易对象和交易价格后，双方国有土地使用权出让合同已经成立，未经有关部门批准属效力待定。一审法院关于讼争宗地必须经有关部门批准才能挂牌出让以及双方国有土地使用权出让合同未成立的观点于法无据。（4）时间公司在挂牌交易过程中向国土局缴纳的2000万元保证金在法律上应认定为立约定金，一审判决认为其不是定金，定性不当。依据台州市政府令第29条之规定，在台州市国有土地使用权出让活动中保证金的性质属于定金，这是台州市政府在此类活动中作为平等民事主体的公开、真实的意思表示，非一审法院所认定的是政府颁布行政规章的行为。根据最高人民法院《关于适用〈中华人民共和国担保法〉若干问题的解释》第118条之规定，时间公司缴纳的2000万元保证金在性质上属于定金，应当适用《担保法》关于定金罚则的相关规定。国土局要求时间公司缴纳该2000万元的目的是为防止时间公司在竞标成功后不按规定订立出让合同并支付相应价款，同时，根据《招标投标法》第60条之规定，如果中标人拒绝签订土地出让合同，该保证金是不予退还的，显然该笔保证金在本案中具有担保正式订立合同的立约定金性质，因此，国土局应当继续履行合同，否则，应承担双倍返还定金的责任。

国土局答辩称：一审判决认定事实清楚，适用法律正确，请求驳回上诉，维持原判。主要事实和理由是：

1. 时间公司不是本次挂牌出让唯一合法的竞买人，且同样符合竞买人条件的渝汇公司所提的报价明显高于时间公司报价。时间公司将政府有关部门提供的原始凭证、出具的证明说成"伪造"，没有依据。

2. 本次挂牌存在底价。《挂牌出让须知》第13条和国土局存于玉环县公证处内的底价原件充分说明在挂牌前双方已明确了本次挂牌存在底价且底价不可能为事后虚构。

3. 依法律规定，挂牌公告为向不特定的人所发出的要约邀请，国土局不可能对时间公司未达底价的报价进行承诺，也不可能与时间公司签订确认书，故时间公司关于合同已成立的诉讼请求，缺乏事实和法律依据，不能成立。

4. 本次挂牌为国土局作为政府职能部门严格按照行政规章的规定进行国有土地使用权出让活动的举措，不存在时间公司所称的为渝汇公司"量身定做"的问题。国土局与渝汇公司草签出让合同是在国土资源部发布《招标拍卖挂牌出让国有土地使用权规定》之前。

5. 时间公司所支付的2000万元保证金不能解释为带有担保性质的定金，不应双倍返还。挂牌公告只规定2000万元为履约保证金，双方之间没有对保证金作过定金性质的约定，也从未订立过任何专门的定金合同或定金条款。台州市政府令第29条因不具立法权限、内容性质迥然等原因不能作为处理本案的法律依据。

6. 本案事实不符合效力待定合同法定情形。国土局未经有权机关批准而将讼争土地挂牌出让，违反了《土地管理法》和《合同法》的规定，其挂牌行为应当认定无效。

二审裁判结果

最高人民法院判决：驳回上诉，维持原判。

二审裁判理由

最高人民法院二审查明，至二审庭审结束时止，玉环县珠港镇坎门鱼港花礁岩填海开发工程区域即开发编号为2002-005号的国有土地使用权出让仍未获浙江省人民政府批准。

二审期间，时间公司当庭提交一份新证据，即玉环县人民政府常务会议纪要（〔2003〕4号），以证明国土局在本案尚未了结的情况下，就准备将涉案土地继续以协议方式出让给渝汇公司，缺乏履行挂牌义务的起码诚意。国土局认为该份证据已过举证时限，不予发表质证意见。

二审查明的其他事实与一审法院查明的事实基本相同。

二审庭审结束后，时间公司递交书面申请，请求对渝汇公司的报价单和国土局的底价单的真实性进行重新鉴定，对渝汇公司是否实际交纳2000万元保证金等进行调查取证。

最高人民法院认为，时间公司与国土局之间国有土地使用权出让合同关系是否已成立的问题，是时间公司请求继续履行合同的前提，也是国土局承担合同责任的基础。对这一问题的判定应综合挂牌出让公告的法律性质、本案是否存在承诺、国土局承担责任的法律根据三方面内容进行确定。关于挂牌出让公告的法律性质是要约邀请还是要约的问题，其区分标准应首先依照法律的规定。《合同法》第15条载明拍卖公告和招标公告的法律性质为要约邀请,本案刊登于报纸上的挂牌出让公告与拍卖公告、招标公告相同,亦是向不特定主体发出的以吸引或邀请相对方发出要约为目的的意思表示,其实质是希望竞买人提出价格条款,其性质应认定为要约邀请。时间公司于2002年11月21日所作的报价应为本案要约。时间公司诉称挂牌出让公告即为要约的主张缺乏法律依据,不能成立。合同法对要约邀请的撤回未作条件限制,在发出要约邀请后,要约邀请人撤回要约邀请,只要没有给善意相对人造成信赖利益的损失,要约邀请人一般不承担法律责任。要约邀请不形成合同关系,撤回要约邀请亦不产生合同上的责任。因此,时间公司要求国土局继续挂牌并与之签订国有土地使用权出让合同的主张于法无据,不予支持。关于本案是否存在承诺的问题,2002年11月22日,即时间公司与渝汇公司虽已报价但未开始竞价的次日,浙江省国土资源厅以"未经依法批准,擅自挂牌出让国有土地使用权"为由,责令国土局停止挂牌,从而使正在进行中的缔约行为因事实原因的出现而发生中断,此时,挂牌出让程序中的竞价期限尚未届满,国有土地使用权出让合同的主要条款即讼争宗地使用权的价格未能确定,国土局尚未对时间公司的报价作出承诺,双方关系仍停留于缔结合同过程中的要约阶段,因此,本案合同因尚未承诺而没有成立,双方当事人之间没有形成合同关系。时间公司主张存在有效承诺,双方之间已形成合同关系的理由不能成立。因本案合同并未成立,故时间公司认为其与国土局之间存在效力待定合同的主张亦不予支持。关于国土局承担责任的法律根据问题,本案正在进行中的国有土地使用权挂牌交易,不仅于挂牌之时未获审批,且至本院二审庭审结束时止该宗国有土地使用权出让仍未获浙江省人民政府批准,从而造成时间公司期待缔结国有土地使用权出让合同的目的不能实现,国土局对此存在过错,应承担相应的缔约过失责任。在缔约阶段所发生的信赖利益的损失,必须通过独立的赔偿请求予以保护。本案二审期间,虽然国土局同意承担缔约过失的赔偿责任,但时间公司直至二审庭审结束前仍坚持要求国土局承担继续履行合同或双倍返还保证金的责任,未就国土局缔约过失致其损失提出赔偿请求,限于当事人的诉讼请求和二审案件的审理范围,对此问题,本院不予审理。鉴于本案当事人之间的合同关系尚未成立,一审判决驳回时间公司要求国土局承担合同责任的诉讼请求,适用法律并无不当。至于《挂牌出让公告》和《挂牌出让须知》所规定的2000万元保证金是否为定金的问题,该2000万元在本案《挂牌出让公告》中载明为"保证金",双方并未约定为定金。《担保法》及最高人民法院《关于适用〈中华人民共和国担保法〉若干问题的解释》中规定了定金和保证金的界定标准,即当事人主张保证金为定金的前提是双方有明确约定。时间公司所引用的台州市政府令第 29 条将保证金作为定金处理的规定，因其既不是双方当事人的约定，又不符合法律的相关规定，该政府令不能作为本案认定 2000 万元保证金为定金的法律依据。一审判决认定本案 2000 万元保证金不是定金，适用法律正确。时间公司关于该 2000 万元保证金应为担保正式订立合同的立约定金，国土局应予以双倍返还的主张，缺乏事实和法律依据，本院不予支持。时间公司在二审期间提出的对渝汇公司的报价单和国土局的底价单的真实性进行重新鉴定，对渝汇公司是否实际交纳 2000 万元保证金的事实进行调查的请求，因对本院认定双方当事人之间的合同并未成立没有影响，故不予同意。综上，一审判决认定事实清楚，适用法律正确。

缔约过失责任纠纷办案依据集成

1. 中华人民共和国合同法（1999年3月15日主席令第15号公布）（节录）

第四十二条　当事人在订立合同过程中有下列情形之一，给对方造成损失的，应当承担损害赔偿责任：

（一）假借订立合同，恶意进行磋商；

（二）故意隐瞒与订立合同有关的重要事实或者提供虚假情况；

（三）有其他违背诚实信用原则的行为。

第四十三条　当事人在订立合同过程中知悉的商业秘密，无论合同是否成立，不得泄露或者不正当地使用。泄露或者不正当地使用该商业秘密给对方造成损失的，应当承担损害赔偿责任。

第五十八条　合同无效或者被撤销后，因该合同取得的财产，应当予以返还；不能返还或者没有必要返还的，应当折价补偿。有过错的一方应当赔偿对方因此所受到的损失，双方都有过错的，应当各自承担相应的责任。

2. 最高人民法院关于适用《中华人民共和国合同法》若干问题的解释（二）（2009年4月24日　法释〔2009〕5号）（节录）

第八条　依照法律、行政法规的规定经批准或者登记才能生效的合同成立后，有义务办理申请批准或者申请登记等手续的一方当事人未按照法律规定或者合同约定办理申请批准或者未申请登记的，属于合同法第四十二条第（三）项规定的"其他违背诚实信用原则的行为"，人民法院可以根据案件的具体情况和相对人的请求，判决相对人自己办理有关手续；对方当事人对由此产生的费用和给相对人造成的实际损失，应当承担损害赔偿责任。

二、确认合同效力纠纷

4. 名为投资入股实为合作协议，合同效力如何认定？

个人与煤矿约定以设立有限责任公司为目的签订投资入股协议，但资金投入后改变了资金用途，没有对煤矿资产进行评估，没有投入注册资本，没有订立公司章程，不符合设立公司的法律特征，而双方又不具备联营主体资格，煤矿的性质没有发生改变，双方所签订合同名为投资入股协议，实为合作投资采矿合同。该协议符合有效合同的以下要件：（1）行为人在订约时具有相应的民事行为能力；（2）意思表示真实；（3）不违反法律、行政法规的强制性规定，不损害社会公共利益。煤矿作为签约一方，主张所签投资入股协议内容为将原集体所有制企业改制，成立有限责任公司，没有办理批准、登记手续，公司并未成立，且改变了原煤矿集体所有制性质，故双方协议因违反法律规定而无效。该项诉讼主张于法无据，不予支持。

典型疑难案件参考

青龙满族自治县抚龙煤矿诉白保纯、王刚义合作合同案

基本案情

2002年11月25日，原告抚龙煤矿与被告白保纯、王刚义签订投资入股合同。合同约定甲方（原告）在开凿矿井时，由于资金不足引进乙方（被告）资金美元10万元、人民币100万元，乙方作为该矿的股东拥有40%的股权，以前或以后出现的债务由甲方负责，乙方不负连带责任；甲方在合同签订后3个月内把现有的集体营业执照改为股份制执照，超期按违约执行；2002年11月30日起甲乙双方派出会计、出纳及其他管理人员，共同管理煤矿。协议签订后，被告于签订合同的当日将投资的10万美元交给原告方，原告将该款偿

还了煤矿以前的债务。被告在2002年11月底派出李国华（副矿长）等代表其参与煤矿的经营管理。自2002年12月26日至2003年4月10日，被告分21次累计向煤矿投资55.6万元。2003年4月10日，因为资金的使用问题李国华与煤矿法定代表人王有印发生冲突，被告暂时停止了向煤矿投资。2003年5月3日，双方对煤矿的投资问题进行了磋商。2003年5月30日，在白素云的见证下，原、被告对投资问题签订了一份补充协议，约定被告的投资数仍为原投资入股协议中的数额，用途不变，强调资金流向必须在账目中如实反映，备乙方查考、监督；并约定双方共同出资兴办抚龙煤矿有限责任公司，甲方（原告方）以煤矿资产出资，协议签订后双方依法委托评估，并在10日内完成评估后向乙方（被告）转让40%的资产，甲方占有公司60%的股权，乙方占有公司40%的股权，甲方必须于协议签订后着手企业改制，在政策允许情况下一个月内改制完毕；自公司成立之日起，乙方已交付的10万美元、57万元（55.6万元）人民币作为乙方注入的流动资金和甲方账目直接转账，同时乙方应在10日内交足未缴付部分43万元。白素云作为中证人在补充协议上签字。该协议签订后，原告未在一个月内将煤矿改制为公司。庭审过程中原告法定代表人王有印称曾到国土资源局与省工商部门咨询，答复让其等等看，但未提交相关证据。被告于2003年5月31日至7月10日分8次将投资款44.4万元交给中证人白素云，白素云为被告出具了收条，之后又将该款直接用于煤矿的日常开支。被告直接投入的资金10万美元、人民币55.6万元及转交白素云的资金44.4万元全部支出后，因公司未成立，亦未打通副井（2003年7月副井打通开始出煤），被告称王有印对其避而不见且账目不清，于2003年12月10日到抚宁县公安局以王有印假借成立股份公司骗取其美元10万元、人民币100万元为由报案，抚宁县公安局立案初查。2004年2月26日，被告经抚宁县公证处保全，向原告法定代表人发出通知，载明："一、请于见信后10日内与我联系，处理双方清算事宜；二、如此通知寄达后，你处拒绝与我沟通，本人将设法将我持有股份转让；三、如你处行使优先受让股份的权利，则请见到此信后15日内与我联系，逾期视为你处放弃优先受让的权利。"2004年2月27日，原告收到了该通知，但未与被告联系。2004年3月16日，被告与第三人王刚义签订了转让协议，于当日将投资转让给第三人。

一审诉辩情况

原告抚龙煤矿诉称：2002年11月25日，原、被告双方就共同经营抚龙煤矿签订了投资入股合同，合同约定原告投资400万元，被告投资10万元美元和100万人民币，原告法定代表人王有印负责生产经营和管理，对被告缴付出资的期限、利润分配和亏损承担、企业事务的执行及违约责任合同也进行了明确的约定。2003年5月30日，原、被告又签订了一份补充协议。合同签订后，原告认真履行了合同，被告出资了10万美元和55.6万元人民币，煤矿在原告法定代表人王有印的负责下正常生产经营。2004年3月份，煤矿被杨文宽、王柏松带人强占，致使煤矿无法正常生产，原告向青龙县人民法院提出排除妨害申请。2004年4月6日，青龙县人民法院依法裁定"杨文宽、王柏松停止对煤矿的侵害，排除妨害，确保原告正常生产"。同日，第三人王刚义以抚龙煤矿股东的身份就排除妨害的裁定提出了复议申请，并提交了被告白保纯与王刚义于2004年3月16日签订的股份转让协议书，这时原告才知道被告白保纯已将所持抚龙煤矿的股份转让给了王刚义。被告未经原告同意，擅自转让股份，其非法转让行为侵犯了原告的合法权益，导致煤矿不能安全生产，给原告造成巨大的经济损失。故依法起诉，要求依法确认被告与第三人签订的股份转让协议无效，解除原、被告的合伙关系，进行清算，并要求被告赔偿因其未完全履行协议给煤矿造成的损失20万元。

被告白保纯辩称：第一，我已完全履行与原告签订的两份协议约定的出资义务。根据两份协议，我的义务是出资10万美元和100万元人民币。我在2002年11月25日已将10万美元交给了原告，至2003年4月10日，原告收到我人民币55.6万元。第二份协议签订后，经中证人白素云出资44.4万元，故原告诉我未完全履行协议，要求我赔偿损失20万元的请求不能成立。第二，我与第三人签订协议依法转让出资的行为有效。我对煤矿的投资到位后，虽原告未履行协议规定的义务成立公司，但已形成公司意义上的股权。我先后派出了管理人员李国华、余文杰、李桂斗三人到煤矿，与原告方的代表王有印、尤光明等共同参与管理，运用了这些资金。因原告的法定代表人王有印长期避而不见，我于2004年2月26日以特快专递的形式向其发送通知，并经公证处进行了保全。通知上明确要求其"10日内与我联系，双方清算，如拒绝沟通，则本人将设法将所持股份转让；如15日内未与我联系，视为其放弃优先受让权"。在我发送了这些相关通知后，原告在15日内未与我联系，我在权利受到侵犯，尽到善良注意的义务后，依法与第三人签订协议转让我出资形成的股份的行为应为有效。综上，原告的诉讼请求违背了客观事实，于法无据，依法应予驳回。

第三人王刚义辩称：原告所诉的事实错误，原、被告之间不存在合伙关系；被告与第三人之间的转让关系依法成立，合法有效。原告的诉请错误，于法无据，应予驳回。

一审裁判结果

河北省抚宁县人民法院判决：驳回原告青龙满族自治县抚龙煤矿的诉讼请求。

一审裁判理由

河北省抚宁县人民法院认为：（1）抚龙煤矿与白保纯签订的投资入股合同及补充协议，系双方的真实意思表示，内容合法，应为有效。（2）双方未按协议的约定成立公司，煤矿的性质没有改变，双方所签合同实为合作投资采矿合同。（3）白保纯按约定投入大部分资金后，因资金使用发生矛盾，又经中证人白素云投入资金44.4万元，与约定的投资金额相吻合，又不符合借款惯例，应认定该款系白保纯的投资。（4）白保纯在资金全部投入后，抚龙煤矿未按约将煤矿改制，亦未按约定时间将副井打通，应构成违约。（5）白保纯在履行了通知义务后，抚龙煤矿不表示反对又未提出优先受让的前提下，将投资转让给他人有效。（6）抚龙煤矿要求确认白保纯与第三人王刚义签订的转让协议无效，解除合伙关系并要求白保纯赔偿损失20万元，缺乏事实及法律依据。

二审诉辩情况

上诉人抚龙煤矿诉称：双方所签的投资入股合同及其后的补充协议内容为将原集体所有制企业改制，成立有限责任公司，因为没有办理批准、登记手续，公司并未成立且违背《乡村集体所有制企业条例》第6条第3款的规定，改变了原抚龙煤矿集体所有制性质，故上述合同及协议因违反法律规定而无效。既然合同无效，依据该合同的股权没有产生，那么白保纯与王刚义的股权转让协议就无从谈起，而且对方不到一年就退出转让的行为明显违背了"双方在三年内不得中途退出"的合同约定，因此转让行为也应无效。对于违法转让给上诉人造成的60万元损失应给予赔偿。

被上诉人白保纯辩称：被上诉人的出资义务已充分履行，上诉人要求其赔偿因未完全履行出资协议给煤矿造成的损失的诉讼请求不能成立。被上诉人与第三人签订合同前已对上诉人进行了必要的通知，已尽到了义务。因此转让合同有效。故请求二审法院驳回上诉，维持原判。

被上诉人王刚义辩称：上诉人与被上诉人之间不存在合伙关系，被上诉人与第三人的转让行为是合法有效的，故请求二审法院驳回上诉，维持原判。

二审裁判结果

河北省秦皇岛市中级人民法院判决：驳回上诉，维持原判。

二审裁判理由

秦皇岛市中级人民法院经公开审理确认了一审法院认定的事实和证据。

河北省秦皇岛市中级人民法院认为：抚龙煤矿与白保纯签订的投资入股协议及补充协议体现了双方当事人的真实意思表示，且不违反法律、行政法规的禁止性规定，故协议有效。虽然双方约定以设立有限责任公司为目的而签订协议，但投资后改变资金用途，没有投入注册资本，没有对煤矿资产进行评估，没有订立公司章程，不符合公司及设立中公司的法律特征，双方又不具备联营的主体资格，因此双方订立的协议实为合作投资采矿合同。合同签订后，白保纯按约定足额投入了10万美元及100万元人民币，并已实际参与抚龙煤矿的经营管理。但抚龙煤矿未按约定的时间打通副井，也未按双方约定的时间成立有限公司，已构成违约。虽然双方约定了投资后3年内不得中途退出，但又约定如一方违约，无过错方可中途退出。如前所述，在抚龙煤矿先行违约的前提下，白保纯书面通知抚龙煤矿法定代表人王有印，双方进行清算，转让股份并告知其行使优先购买权，履行了《合同法》第80条规定的通知义务。在抚龙煤矿于合理期限内未作答复后将股份转让给第三人王刚义，从程序到实体上均符合法律规定，故该转让协议有效。根据《民法通则》第91条关于"合同一方将合同的权利、义务全部或者部分转让给第三人的，应当取得合同另一方的同意，并不得牟利"的规定，既然抚龙煤矿与白保纯双方签订的是合作合同，就应以《合同法》的有关规定调整双方当事人之间的权利义务关系，而该法对债权的转让从程序上仅为履行通知义务，对能否牟利未作禁止性规定，应视为转让有效。综上所述，原判决认定事实清楚，适用法律正确，程序合法。上诉人上诉理据不足，二审法院不予支持。

5. 未取得商标使用许可而对外签订特许加盟合同，合同效力如何认定？

对外签订特许加盟合同，涉及商标使用许可和经营模式许可。许可他人使用商标或服务标志，许可人应当是商标或服务标志的所有权人或有所有权人的相应授权。化妆品公司在未取得商标权利人许可的情形下，许可他人使用外文商标，并向加盟人收取培训费、加盟金和保证金，在合同中故意混淆外文商标与中文商标，合同签订后提供培训、指导开业、提供客户。化妆品公司

> 自订立合同开始便有非法利用外文商标牟取利润的故意，在签订合同后也没有积极与外文商标权利人洽谈以取得授权，实质是以合法形式掩盖非法目的，应当认定合同无效。合同无效，因合同取得的财产应当予以返还，化妆品公司作为有过错的一方应当赔偿对方因此所受到的损失。

典型疑难案件参考

刘芳诉深圳市科伦诗化妆品有限公司无权处分合同效力案

基本案情

2003年5月18日，原告刘芳与被告深圳市科伦诗化妆品有限公司签订《法国MATIS（魅力匙）特许加盟合同》和《补充协议》，主要内容如下：(1) 原告加盟被告公司，被告许可原告使用其注册的商号、商标、标志、店铺管理方式、专业教育研修程序等经营技术资产。(2) 原告向被告交纳加盟金和保证金各10万元。其中，加盟金10万元中的2万元为培训费用，8万元为技术资产、商标使用权等费用及支付被告用于为原告开业而进行的地理条件调查、开业指导的费用，不论合同是否履行完结，均不归还加盟金；保证金作为双方履行合同和债权债务的担保，不计利息，由被告在合同期满或解除后归还加盟店。(3) 原告每月向被告支付月毛利5%的特许金。(4) 合同期自2003年5月18日至2006年5月17日。(5) 原告享受每次进货额之10%的推广费；根据美容院实际情况配送试用装，第一次进货比例按20%配送。(6) 被告在合同签订之日起10日内向原告提供详尽的营运管理手册，包括店铺管理手册、培训手册。签订合同当日原告支付被告加盟金和保证金各10万元。被告于2003年5月28日为原告开店装修提供担保，于2003年9月10日将加盟店工程交付原告。原告于2003年9月19日注册成立"深圳市南山区华侨城魅力匙美容会所"，经营范围为生活美容。此后，被告开始向原告供应MATIS品牌化妆品及提供其他服务，原告亦使用了MATIS商标。2004年1月9日至2004年1月15日期间，广州科伦诗化妆品有限公司（以下简称"广州公司"）与被告所聘请的老师对原告的员工进行了MATIS产品知识的培训。在合同履行过程中，原、被告因产品的价格、每月特许金的交纳、利润的分配等问题发生争议。2004年5月28日，被告向原告发出传真，由原告向总店的三个客人提供服务，服务费由原告分得60%，被告分得40%。原告不同意服务费分配比例。被告于2004年5月29日书面通知原告，以原告违反了协议中的部分条款为由，暂时停止双方的一切合作。原告遂于2004年9月9日另案向福田区人民法院提起诉讼，要求撤销《法国MATIS（魅力匙）特许加盟合同》和《补充协议》，被告赔偿原告经济损失4万元。福田区人民法院以原告行使撤销权期间已过，于2004年11月15日判决驳回原告诉讼请求。"魅力匙"商标注册人为广州公司，该商标包含三项注册：（1）第3类商品（化妆品、洗面奶等商品）商标注册；（2）第44类服务项目（公共卫生浴、美容院等服务）商标注册；（3）第41类服务项目（函授课程、培训、教学等）商标注册。2000年4月20日，广州公司与被告签订总代理协议书，广州公司授权被告在深圳地区经销法国"魅力匙"高级护肤系列及其他有关事项。2002年6月3日，广州公司出具授权书，授权被告在深圳地区使用"魅力匙"注册商标及被告委托其他人使用该商标。被告称原告进货为188958.60元，退货20799.40元，已付货款164504元，尚欠货款28836.60元。被告提供的跨店消费明细表显示：跨店消费金额为9227.80元。该款未按比例分配给原告。被告收到原告货款如下：2003年7月17日34740元，2003年9月26日100115元（收条上注明按合同首次进货），2003年10月23日29649元，2004年2月20日11251元。被告已配送原告货物价值3750元。

一审诉辩情况

原告刘芳诉讼请求判令被告：（1）返还原告加盟金、保证金20万元及利息21390元（利息按中国人民银行同期贷款利率计，自2003年5月18日起暂计至2005年3月18日止）；（2）赔偿原告经济损失60302元；（3）向原告返还供货配送额、推广费共计23884.10元；（4）承担本案全部诉讼费。

被告深圳市科伦诗化妆品有限公司答辩称：原告起诉所称与事实不符，特许加盟合同属有效合同，被告已履行了其义务，而原告违约，请求法院驳回原告诉讼请求。

一审裁判结果

深圳市福田区人民法院判决：
一、被告赔偿原告经济损失9227.80元；
二、被告支付原告供货配送额、推广费23884.10元；
三、驳回原告的其他诉讼请求。

一审裁判理由

深圳市福田区人民法院认为：原、被告双方在自愿、平等、协商一致的基础上签订的《法国MATIS（魅力匙）特许加盟合同》、《补充协议》内容符合法律的规定，依法应认定有效，应得到遵守和履行。被告对原告及其员工进行了培训，并为原告的开业提供了相应服务，原告亦使用MATIS商标进行经营，因此被告已履行了合同义务。同时，合同约定不退还加盟金。因此，原告请求被告返还加盟金10万元及利息，缺乏事实和法律依据，应予以驳回。关于保证金，合同届满日为2006年5月17日止，被告于2004年5月29日决定暂时停止合作，是中止合同行为，而非解除合同。原告于2004年9月9日另案诉讼，请求法院撤销加盟合同，而非主张合同已于2004年5月29日解除，可证明原告并不认为合同已解除。合同约定保证金在合同期满或解除合同后归还，故原告在未解除合同的情况下请求返还保证金缺乏事实和法律依据，不予以支持。根据跨店消费明细表，被告应支付转到原告处的跨店服务消费金额9227.80元。合同中约定原告享受每次进货额之10%推广费，其中第一次进货比例按20%配送，因此被告应支付原告供货配送额、推广费23884.10元。

二审诉辩情况

上诉人刘芳上诉称：（1）一审判决认定事实不清。①一审法院未查清被上诉人是否持有法国MATIS商标权，是否具有法国MATIS商标和服务标志特许加盟权。合同标的是法国MATIS（魅力匙）特许加盟权，被上诉人未能证明其有许可他人使用商标的权利。因此合同无效，被上诉人应如数返还加盟金、保证金，并赔偿经济损失。②"MATIS"与"魅力匙"是两个不同的商标，一审法院并未作出区分。③被上诉人并未对上诉人员工进行过培训，从《培训纪要》可证明被上诉人只是来宾而已。④一审法院将争议焦点认定为产品价格、利润的争议不当。本案焦点是被上诉人是否具有许可他人使用MATIS商标的权利。（2）一审法院混淆了特许加盟与代理经销。上诉人是加盟法国MATIS，开展法国MATIS美容服务，使用MATIS注册的商号、商标、标志和店铺管理方式，专业教育等经营技术，而不是仅要求经销法国MATIS产品。因此上诉，请求二审法院判令：（1）撤销一审判决；（2）被上诉人返还上诉人加盟金、保证金20万元并支付相应利息21390元（按同期银行贷款利率计算，自2003年5月18日起暂计至2005年3月18日止）；（3）被上诉人赔偿上诉人经济损失60302元；（4）维持一审判决关于被上诉人向上诉人返还供货配送额、推广费共计23884.10元；（5）判令被上诉人承担本案全部诉讼费用。

被上诉人答辩称：一审法院查明事实基本清楚，但被上诉人没有拖欠上诉人货款，被上诉人送货有上诉人员工签字。上诉人上诉的理由不成立，应当驳回。

二审裁判结果

深圳市中级人民法院判决：

一、维持深圳市福田区人民法院〔2005〕深福法民一初字第1132号民事判决第一、二项，被上诉人深圳市科伦诗化妆品有限公司应当在本判决生效之日起10日内履行完毕；

二、撤销深圳市福田区人民法院〔2005〕深福法民一初字第1132号民事判决第三项；

三、被上诉人深圳市科伦诗化妆品有限公司应当在本判决生效之日起10日内返还上诉人刘芳的加盟金、保证金合计人民币18万元及利息（按中国人民银行规定的同期流动资金贷款利率自2003年5月19日计至付清日止）；

四、驳回上诉人刘芳的其他诉讼请求。本案一审和二审受理费均为人民币7094元，共计人民币14188元；上诉人负担一审和二审受理费分别为人民币2000元，共计人民币4000元，被上诉人负担一审和二审受理费分别为人民币5094元，共计人民币10188元。

二审裁判理由

深圳市中级人民法院二审确认一审法院查明的事实。另查："魅力匙"商标的拼音为"meilichi"，注册商标权人为广州科伦诗化妆品有限公司。2002年6月3日，广州科伦诗化妆品有限公司授权被上诉人在深圳地区使用"魅力匙"注册商标及可委托其他人使用该商标，有效期为4年。上诉人提供了从中国注册商标查询网打印的"MATIS"商标资料，内容为"MATIS"商标已在中国注册，注册号为850282，商标权人为法国安都玛荷根INDOMARKAN。经本院在中国注册商标查询网查询，注册号为850282的商标为"MATIS"，商标权人为法国安都玛荷根INDOMARKAN。二审法庭调查时，被上诉人承认不拥有"MATIS"商标的权利。

深圳市中级人民法院认为：本案属特许经营合同纠纷，涉及商标使用许可和经营模式许可。许可他人使用商标或服务标志，许可人应当是商标或服务标志的所有权人或有所有权人的相应授权。本案《法国MATIS（魅力匙）特许加盟合同》第一章第1条约定许可使用的商标为被上诉人公司的商标、被上诉人公司代理的MATIS产品商标和服务标志等；第一章第9条之1约定："……以顾客服务为生存的最基本条件，必须领悟MATIS连锁经营的卖点。"第三章第9条约定的"把MATIS的服务宗旨真正传达给顾客"以及服务员统一着MATIS服装等内容可看出，该合同许可上诉人使用"MATIS"商标，设立美容院加盟MATIS进行经营，这亦是上诉人签订合同的真实意思表示。但在上诉人出具了中国商标网上打印的"MATIS"商标注册资料，该资料显示"MATIS"商标为注册商标，与"魅力匙"商标分属于不同的商标权人的情况下，被上诉人未能证明其有权使用和许可他人使用"MATIS"商标的权利，相反，被上诉人在二审时承认其不拥有"MATIS"商标的权利，因此被上诉人没有权力许可他人使用"MATIS"商标。直至今日，被上诉人仍未获得"MATIS"商标权利人的许可。而被上诉人在合同中故意混淆"MATIS"商标与"魅力匙"商标，合同签订后为上诉人提供了培训，指导开业，提供客户，因此被上诉人从订立合同的开始便有非法利用"MATIS"商标牟取利润的故意，根本没有在签订合同后积极与"MATIS"商标权人商谈以取得授权然后才履行合同的意图。因此，被上诉人订立该合同实质是以合法形式掩盖非法目的，应当认定合同无效。合同无效，因合同取得的财产应当予以返还，有过错的一方应当赔偿对方因此所受到的损失。由于被上诉人订立合同时，未披露其并非"MATIS"商标权人，因此主要过错在被上诉人。被上诉人收取的保证金、加盟金应当退回给上诉人。合同约定加盟金中2万元属培训费用，实际发生了培训，因此，退回的加盟金应扣除2万元。被上诉人还应支付资金占用期间的银行利息。上诉人请求赔偿损失60302元的依据不足，因此本院确认一审法院认定的9227.80元损失。综上，一审法院查明事实基本清楚，但适用法律有误，导致判决不当，应予改判。

确认合同效力纠纷办案依据集成

1. 中华人民共和国合同法（1999年3月15日主席令第15号公布）（节录）

第三章 合同的效力

第四十四条 依法成立的合同，自成立时生效。

法律、行政法规规定应当办理批准、登记等手续生效的，依照其规定。

第四十五条 当事人对合同的效力可以约定附条件。附生效条件的合同，自条件成就时生效。附解除条件的合同，自条件成就时失效。

当事人为自己的利益不正当地阻止条件成就的，视为条件已成就；不正当地促成条件成就的，视为条件不成就。

第四十六条 当事人对合同的效力可以约定附期限。附生效期限的合同，自期限届至时生效。附终止期限的合同，自期限届满时失效。

第四十七条 限制民事行为能力人订立的合同，经法定代理人追认后，该合同有效，但纯获利益的合同或者与其年龄、智力、精神健康状况相适应而订立的合同，不必经法定代理人追认。

相对人可以催告法定代理人在一个月内予以追认。法定代理人未作表示的，视为拒绝追认。合同被追认之前，善意相对人有撤销的权利。撤销应当以通知的方式作出。

第四十八条 行为人没有代理权、超越代理权或者代理权终止后以被代理人名义订立的合同，未经被代理人追认，对被代理人不发生效力，由行为人承担责任。

相对人可以催告被代理人在一个月内予以追认。被代理人未作表示的，视为拒绝追认。合同被追认之前，善意相对人有撤销的权利。撤销应当以通知的方式作出。

第四十九条 行为人没有代理权、超越代理权或者代理权终止后以被代理人名义订立合同，相对人有理由相信行为人有代理权的，该代理行为有效。

第五十条 法人或者其他组织的法定代表人、负责人超越权限订立的合同，除相对人知道或者应当知道其超越权限的以外，该代表行为有效。

第五十一条 无处分权的人处分他人财产，经权利人追认或者无处分权的人订立合同后取得处分权的，该合同有效。

第五十二条 有下列情形之一的，合同无效：

（一）一方以欺诈、胁迫的手段订立合同，损害国家利益；

（二）恶意串通，损害国家、集体或者第三人利益；

（三）以合法形式掩盖非法目的；

（四）损害社会公共利益；

（五）违反法律、行政法规的强制性规定。

第五十三条 合同中的下列免责条款无效：

（一）造成对方人身伤害的；
（二）因故意或者重大过失造成对方财产损失的。

第五十四条 下列合同，当事人一方有权请求人民法院或者仲裁机构变更或者撤销：
（一）因重大误解订立的；
（二）在订立合同时显失公平的。

一方以欺诈、胁迫的手段或者乘人之危，使对方在违背真实意思的情况下订立的合同，受损害方有权请求人民法院或者仲裁机构变更或者撤销。

当事人请求变更的，人民法院或者仲裁机构不得撤销。

第五十五条 有下列情形之一的，撤销权消灭：
（一）具有撤销权的当事人自知道或者应当知道撤销事由之日起一年内没有行使撤销权；
（二）具有撤销权的当事人知道撤销事由后明确表示或者以自己的行为放弃撤销权。

第五十六条 无效的合同或者被撤销的合同自始没有法律约束力。合同部分无效，不影响其他部分效力的，其他部分仍然有效。

第五十七条 合同无效、被撤销或者终止的，不影响合同中独立存在的有关解决争议方法的条款的效力。

第五十八条 合同无效或者被撤销后，因该合同取得的财产，应当予以返还；不能返还或者没有必要返还的，应当折价补偿。有过错的一方应当赔偿对方因此所受到的损失，双方都有过错的，应当各自承担相应的责任。

第五十九条 当事人恶意串通，损害国家、集体或者第三人利益的，因此取得的财产收归国家所有或者返还集体、第三人。

2. 最高人民法院关于适用《中华人民共和国合同法》若干问题的解释（一）（1999年12月19日 法释〔1999〕19号）（节录）

第九条 依照合同法第四十四条第二款的规定，法律、行政法规规定合同应当办理批准手续，或者办理批准、登记等手续才生效，在一审法庭辩论终结前当事人仍未办理批准手续的，或者仍未办理批准、登记等手续的，人民法院应当认定该合同未生效；法律、行政法规规定合同应当办理登记手续，但未规定登记后生效的，当事人未办理登记手续不影响合同的效力，合同标的物所有权及其他物权不能转移。

合同法第七十七条第二款、第八十七条、第九十六条第二款所列合同变更、转让、解除等情形，依照前款规定处理。

3. 最高人民法院关于适用《中华人民共和国合同法》若干问题的解释（二）（2009年4月24日 法释〔2009〕5号）（节录）

第九条 提供格式条款的一方当事人违反合同法第三十九条第一款关于提示和说明义务的规定，导致对方没有注意免除或者限制其责任的条款，对方当事人申请撤销该格式条款的，人民法院应当支持。

第十条 提供格式条款的一方当事人违反合同法第三十九条第一款的规定，并具有合同法第四十条规定的情形之一的，人民法院应当认定该格式条款无效。

第十一条 根据合同法第四十七条、第四十八条的规定，追认的意思表示自到达相对人时生效，合同自订立时起生效。

第十二条 无权代理人以被代理人的名义订立合同，被代理人已经开始履行合同义务的，视为对合同的追认。

第十三条 被代理人依照合同法第四十九条的规定承担有效代理行为所产生的责任后，可以向无权代理人追偿因代理行为而遭受的损失。

第十四条 合同法第五十二条第（五）项规定的"强制性规定"，是指效力性强制性规定。

第十五条 出卖人就同一标的物订立多重买卖合同，合同均不具有合同法第五十二条规定的无效情形，买受人因不能按照合同约定取得标的物所有权，请求追究出卖人违约责任的，人民法院应予支持。

4. 最高人民法院关于国有工业企业以机器设备等财产为抵押物与债权人签订的抵押合同的效力问题的批复（2002年6月18日　法释〔2002〕14号）

重庆市高级人民法院：

你院渝高法〔2001〕37号《关于认定国有工业企业以机器设备、厂房为抵押物与债权人签订的抵押合同的法律效力的请示》收悉。经研究，答复如下：

根据《中华人民共和国担保法》第三十四条和最高人民法院《关于适用〈中华人民共和国合同法〉若干问题的解释（一）》第九条规定的精神，国有工业企业以机器设备、厂房等财产与债权人签订的抵押合同，如无其它法定的无效情形，不应当仅以未经政府主管部门批准为由认定抵押合同无效。

本批复施行后，正在审理或者尚未审理的案件，适用本批复，但判决、裁定已经发生法律效力的案件提起再审的除外。

此复。

5. 最高人民法院关于土地转让方未按规定完成土地的开发投资即签定土地使用权转让合同的效力问题的答复（2003年6月9日　法函〔2004〕24号）

广西壮族自治区高级人民法院：

你院桂高法〔2001〕342号《关于土地转让方未按规定完成对土地的开发投资即签订土地使用权转让合同是否有效问题的请示》收悉。经研究，答复如下：

根据《中华人民共和国城市房地产管理法》第三十八条的规定，以出让方式取得土地使用权的，转让房地产时，应当符合两个条件：（一）按照出让合同约定已经支付全部土地使用权出让金，并取得土地使用权证书；（二）按照出让合同约定进行投资开发，属于房屋建设工程的，完成开发投资总额的百分之二十五以上。因此，未同时具备上述两个条件，而进行转让的，其转让合同无效。

以出让方式取得土地使用权后转让房地产的，转让方已经支付全部土地使用权出让金，并且转让方和受让方前后投资达到完成开发投资总额的百分之二十五以上，已经办理了登记手续，或者虽然没有办理登记手续，但当地有关主管部门同意补办土地使用权转让手续的，转让合同可以认定有效。

对于当事人违反《中华人民共和国城市房地产管理法》第三十八条第一款规定的，人民法院可以建议政府有关部门依法给予处罚。

6. 最高人民法院关于未经消防验收合格而订立的房屋租赁合同如何认定其效力的函复（2010年7月1日 〔2003〕民一他字第11号）

云南省高级人民法院：

你院《关于未经消防验收合格而订立的房屋租赁合同如何认定其效力的请示》报告收悉。

经研究认为：根据《中华人民共和国合同法》和《最高人民法院关于适用〈中华人民共和国合同法〉若干问题的解释（一）》的规定，认定房屋租赁合同因出租房屋未办理产权证书而无效，缺少法律依据。关于房屋租赁合同未经消防验收或者经消防验收不合格，是否应认定房屋租赁合同无效的问题，应根据不同情况分别对待：第一，出租《中华人民共和国消防法》第十条规定的必须经过公安消防机构验收的房屋，未经验收或者验收不合格的，应当认定租赁合同无效。第二，租赁合同涉及的房屋不属于法律规定必须经过公安消防机构验收的，人民法院不应当以该房屋未经消防验收合格为由而认定合同无效。第三，租赁房屋用于开设经营宾馆、饭店、商场等公众聚集场所的，向当地公安消防机构申报消防安全检查的义务人为该企业的开办经营者，但租赁标的物经消防安全验收合格，不是认定房屋租赁合同效力的必要条件。

7. 最高人民法院关于审理金融资产管理公司利用外资处置不良债权案件涉及对外担保合同效力问题的通知

各省、自治区、直辖市高级人民法院，解放军军事法院，新疆维吾尔自治区高级人民法院生产建设兵团分院：

为正确审理金融资产管理公司利用外资处置不良债权的案件，充分保护各方当事人的权益，经征求国家有关主管部门意见，现将利用外资处置不良债权涉及担保合同效力的有关问题通知如下，各级人民法院在审理本通知发布后尚未审结及新受理的案件时应遵照执行：

一、2005年1月1日之后金融资产管理公司利用外资处置不良债权，向外国投资者出售或转让不良资产，外国投资者受让债权之后向人民法院提起诉讼，要求债务人及担保人直接向其承担责任的案件，由于债权人变更为外国投资者，使得不良资产中含有的原国内性质的担保具有了对外担保的性质，该类担保有其自身的特性，国家有关主管部门对该类担保的审查采取较为宽松的政策。如果当事人提供证据证明依照《国家外汇管理局关于金融资产管理公司利用外资处置不良资产有关外汇管理问题的通知》（汇发〔2004〕119号）第六条规定，金融资产管理公司通知了原债权债务合同的担保人，外国投资者或其代理人在办理不良资产转让备案登记时提交的材料中注明了担保的具体情况，并经国家外汇管理局分局、管理部审核后办理不良资产备案登记的,人民法院不应以转让未经担保人同意或者未经国家有关主管部门批准或者登记为由认定担保合同无效。

二、外国投资者或其代理人办理不良资产转让备案登记时,向国家外汇管理局分局、管理部提交的材料中应逐笔列明担保的情况,未列明的,视为担保未予登记。当事人在一审法庭辩论终结前向国家外汇管理局分局、管理部补交了注明担保具体情况的不良资产备案资料的,人民法院不应以未经国家有关主管部门批准或者登记为由认定担保合同无效。

三、对于因 2005 年 1 月 1 日之前金融资产管理公司利用外资处置不良债权而产生的纠纷案件,如果当事人能够提供证据证明依照当时的规定办理了相关批准、登记手续的,人民法院不应以未经国家有关主管部门批准或者登记为由认定担保合同无效。

三、债权人代位权纠纷

6. 在代位权诉讼中，如何认定债务人"怠于行使到期债权"？

债务人怠于行使到期债权，是债权人提起代位权诉讼的前提条件。债务人怠于行使权利，从外在行为上看，表现为未在合理的期限内主张权利，即不作为。从主观状态上看，表现为消极状态，即在无客观条件限制的情况下不作为或者迟延作为。如果因不可抗力、确实无能力履行等客观因素的限制，债务人的债权根本无法实现，则债务人的不作为并不能视为消极。对债务人"怠于行使到期债权"不应机械理解适用，如果债务人对次债务人的债权无客观因素制约，能实现而未实现，即可认定为债务人怠于行使权利。怠于行使权利在实务中有多种表现形式，债务人不以诉讼或仲裁方式向次债务人主张债权，只是怠于行使权利的外在表现形式之一，而不是唯一的判断标准。债务人虽对次债务人提起诉讼并进入执行和解阶段，但在可办理房产过户手续的情况下仍不予办理，属于怠于行使权利，债权人可主张代位权。

典型疑难案件参考

上海中祥（集团）有限公司诉上海市闸北区经济委员会等代位权纠纷案

基本案情

上海市中祥（集团）有限公司之前身上海县房地产总公司所属的分支机构北桥分公司曾于1992年7月1日与上海市闸北区商业委员会（2005年8月被撤销，组建成闸北商委，以下简称闸北商委）所属的闸北菜办签有合建天星大厦的《联合建房协议书》，后上海县公司、闸北菜办与上海东湖房地产发展有限公司于1996年12月16日签订《协议书》，明确上海县公司退出房屋联建关系，由东湖公司替代上海县公司行使权利义务。1999年，东湖公司诉至上海市第二中级人民法院，要求闸北商委等返还东湖公司投资款并赔偿经济损失。

该案审理过程中，为解决上海县公司、东湖公司之间在天星大厦项目中的权利义务关系，双方于1999年6月8日订立《协议书》一份，确认上海县公司同意将其在该项目上的投资通过诉讼追回的权利由东湖公司代为执行，东湖公司对上海县公司的投资通过下列方式返还：（1）如法院确认《联建协议书》有效，要求继续履行协议，上海县公司按投资数额取得相应价值天星大厦的部分产权。（2）如法院确认《联建协议书》无效，东湖公司取得投资本金和利息，应返还上海县公司投资部分的本金和利息，返还时间为东湖公司取得投资本息后的一周内；如东湖公司在代理行使上海县公司权利过程中有故意损害上海县公司利益的行为发生，上海县公司有权随时撤销本协议名下的授权委托，自行主张权利，并追究东湖公司的侵权责任；为诉讼需要，上海县公司同意出具给法院《关于放弃天星大厦参联建案诉讼权利和义务的函》，此函仅供诉讼需要，双方真实意见以协议为准，因诉讼所发生的必需且合理的费用按双方投资额比例分摊等条款。签约当日，上海县公司书写了《关于放弃天星大厦参联建案诉讼权利和义务的函》并递交给法院，明确表示"放弃本案的诉讼权利和诉讼义务"，在诉讼中的权利和义务全部转由东湖公司行使。

该案审理中，经委托上海光华会计师事务所进行审计，确认在东湖公司接盘前，上海县公司在天星大厦项目中投入开发成本费用计33891936.04元，相应利息损失19027910.31元。1999年9月20日，上海市第二中级人民法院以〔1999〕沪二中民初字第232号判决，认定闸北菜办与北桥分公司签订的《联合建房协议书》无效；解除闸北菜办、上海县公司、东湖公司于1996年12月16日签订的《协议书》；判令闸北商委给付东湖公司3389936.04元及利息损失19027910.31元中的80%。闸北商委对该判决持有异议，向上海市高级人民法院提起上诉，上海市高级人民法院审理后，判决驳回上诉，维持原判。

该案发生法律效力后，在执行过程中，东湖公司、闸北商委、中亚公司于2000年8月16日达成和解协议，确认闸北商委共结欠东湖公司49394264.28元；闸北商委最迟于2000年9月30日归还东湖公司1400万元；中亚公司以自己所有的位于本市天潼路768号天星大厦第五层及第七至十三层共八个楼面抵偿给东湖公司充抵债务。2000年9月30日，闸北商委的1400万元欠款执行到位，相应的房屋至今仍在中亚公司名下。

2000年11月20日，东湖公司与上海县公司又签订《协议书》一份，就天星大厦房产分割事宜，双方商定，上海县公司原投资在东湖公司的建设资金,现东湖公司以天星大厦第七、八层两个楼面,作价抵给上海县公司,该房屋每层楼面建筑面积不少于1250平方米,单价每平方米3600元以下;对北桥分公司应得的第五层楼面的归属问题,上海县公司应在协议签订后一个月内告知东湖公司,如无通知则由东湖公司自行处理;协议条款履行完毕后,双方的债权债务终止。

2000年12月8日,上海县公司改制为上海中祥投资有限公司。2001年2月,上海中祥投资有限公司更为现名。

2001年,中祥公司诉至上海市第二中级人民法院,称东湖公司隐瞒了其与闸北商委、中亚公司签订及履行和解协议的真实情况,致使上海县公司产生错误认识,与东湖公司签订了显失公平的房产分割协议。中祥公司经了解得知了事实真相,故要求确认中祥公司与东湖公司于1999年6月8日所订的《协议书》为有效的委托代理合同,依法撤销中祥公司、东湖公司于2000年11月20日所订的《协议书》;判令东湖公司向中祥公司交付属于中祥公司所有的投资款1400万元及利息6457957.43元。

上海市第二中级人民法院审理后作出〔2002〕沪二中民初字第191号判决,该判决认为,东湖公司与闸北商委已于2000年8月6日就房屋联建案达成了执行和解协议,但东湖公司未能证明其已将相应的真实情况告知中祥公司,故确认东湖公司具有欺诈行为,中祥公司在法律规定的期间内要求撤销其与东湖公司于2000年11月20日签订的《协议书》,应予支持。中祥公司、东湖公司之间的权利义务应回复到1999年6月8日所订《协议书》的状态,但根据该协议,中祥公司、东湖公司只确认中祥公司的投资约为1400万元,并未明确具体金额,且双方对相应的其他费用亦约定予以分担,故对东湖公司应返还多少金额无法予以确认,另双方在协议中还明确东湖公司在向闸北商委取得投资本息后一周内返还中祥公司投资部分的本息。因东湖公司还未完全从闸北商委处取得投资本息,故履行期限也还未到,中祥公司现起诉要求东湖公司支付投资款本金1400万元及利息6457957.43元,不予支持。遂判令中祥公司、东湖公司于2000年11月20日所订《协议书》予以撤销,对中祥公司的其余诉讼请求,不予支持。判决后东湖公司不服,向上海市高级人民法院提起上诉,上海市高级人民法院审理后以〔2001〕沪高民终字第313号民事判决书判决,驳回上诉,维持原判。

嗣后,中祥公司于2002年再次向上海市第二中级人民法院提起诉讼,称其在天星大厦的投资额为16363120.54元,应得利息补偿为7349339.97元,请求法院确认上述份额,并请求解除中祥公司、东湖公司在1999年6月8日协议中所设定的委托代理关系,中祥公司在232号判决项下的属中祥公司份额内的投资利益，由中祥公司直接对闸北商委、中亚公司主张。

该案审理过程中，经委托上海光华会计师事务所有限公司对名佳公司在上海县公司对天星大厦项目的投入款进行审计鉴定，确认名佳公司对天星大厦的投入款为17528815.5元。上海市第二中级人民法院审理后，作出〔2002〕沪二中民二（民）初字第26号民事判决，确认中祥公司在天星大厦项目投入16363210.54元，同时认为虽然中祥公司、东湖公司在1999年6月8日所订的《协议书》中约定由东湖公司代理中祥公司向闸北商委行使权利，并约定"如东湖公司在代理行使中祥公司权利过程中有故意损害中祥公司利益行为发生，中祥公司有权随时撤销本协议名下的授权委托，中祥公司将自行主张权利"，但生效法律文书已经确认闸北商委支付欠款的主体为东湖公司，因此，即使存在东湖公司侵害中祥公司利益的事实，中祥公司也只能诉请东湖公司赔偿损害，故对中祥公司直接对闸北商委主张权利的诉讼请求不予支持。该判决发生法律效力后，中祥公司与闸北商委、中亚公司曾进行协商，拟解决中祥公司的债权，但均因故未果。原审另查明，2005年8月，闸北商委被撤销，组建成闸北经委。原闸北商委的民事权利和民事义务，由闸北经委承担。原审再查明，就191号案件执行中东湖公司与闸北经委、中亚公司达成和解协议，但至今未办理房地产过户手续，东湖公司认为非其主观原因所致，但对此其并未能提供相应的证据加以证明。审理中，法院曾要求东湖公司限期履行申请过户的义务，但东湖公司未在法院限定的期限内提出主张。

▶ **一审诉辩情况**

原告中祥公司诉称，2000年东湖公司、闸北经委、中亚公司达成执行和解协议之后，用以抵债的房产早已到位，但由于东湖公司拖延而未办理过户手续，故中祥公司对东湖公司的债务也应视为到期。东湖公司怠于行使债权的行为显而易见，致使中祥公司的债权亦因此无法得以实现。据此提起代位权诉讼，请求判令闸北经委、中亚公司直接向中祥公司支付23712633.18元及至本案判决生效之日的相关利息（以23712633.18元为本金，按银行同期贷款5年期利率，自1999年10月1日起算）。

被告中亚公司辩称：东湖公司与闸北经委经诉讼后，法院判令闸北经委承担债务。后在执行过程中，中亚公司同意以中亚公司名下的房屋抵债，三方签订了执行和解协议。但在签订协议后，用于抵债的房产至今没有过户，仅是处于查封状态，并没有执行到位，现愿意履行自己的义务，同意中祥公司的相关诉讼请求。对于利息的问题，双方之间原先已有协议确定，其中因时间延长而产生的差额部分可以协商解决。

被告闸北经委辩称：同意中亚公司的答辩意见。闸北商委改组为闸北经委后，相关权利义务由闸北经委承担。该案执行过程中达成了和解协议至今已达八年，东湖公司从未表示过要求将房产过户给他，而不是闸北经委怠于或拒绝履行。中祥公司现要求承担的利息，在和解协议之前的应当承担，在和解协议之后的，不应当由闸北经委承担。

第三人东湖公司述称：中祥公司没有代位诉讼的权利。为天星大厦的联建合同纠纷，东湖公司已经向闸北经委提起诉讼，形成生效判决，且已进入执行，达成了和解协议，东湖公司没有怠于履行债权，房屋没有过户不是东湖公司主观上的原因。现中亚公司、闸北经委愿意与中祥公司达成协议，是因为房价上涨了，其行为将损害东湖公司的利益。据此，不同意中祥公司的诉讼请求。

一审裁判结果

上海市第二中级人民判决：

一、被告上海市闸北区经济委员会、上海中亚商业（集团）房地产开发有限公司应于本判决生效之日起10日内支付原告上海中祥（集团）有限公司16363210.54元；

二、被告上海市闸北区经济委员会、上海中亚商业（集团）房地产开发有限公司应于本判决生效之日起10日内支付原告上海中祥（集团）有限公司7349422.64元；

三、对原告上海中祥（集团）有限公司的其余诉讼请求不予支持。

一审裁判理由

上海市第二中级人民法院认为：代位权是指因债务人怠于行使其到期债权，对债权人造成损害的，债权人可以向法院请求以自己的名义代位行使债务人的债权。已经发生法律效力的26号判决明确基于合资、合作开发房地产合同关系，中祥公司对天星大厦的投入为16363210.54元，而依据至今仍有效的中祥公司与东湖公司于1999年6月8日的协议书，东湖公司应返还中祥公司的是投资本息，故中祥公司主张其对东湖公司的债权包括上述投入以及此投入在232号判决中可按比例享有的利息，即本金16363210.54元与利息7349422.64元，总计23712633.18元，理由成立。上述中祥公司对东湖公司所享有的债权合法有效。东湖公司对闸北经委所享有的债权，亦经生效法律文书所确定，合法有效并已到期。对于该债权，东湖公司虽已经诉讼并最终进入执行阶段，但在2000年8月16日，东湖公司与闸北商委、中亚公司签订和解协议后至今长达数年时间里，该和解协议并未按约履行。东湖公司现主张该和解协议未履行的责任不在己方，但根据目前查明的事实，不存在闸北商委、中亚公司刻意设置障碍的情形，而东湖公司对其主张并未提供相应的证据加以佐证，故对东湖公司的主张，法院不予采信。虽然东湖公司与中祥公司于1999年6月8日签订的协议明确东湖公司返还本金和利息的时间为东湖公司取得投资本息后一周内，但东湖公司在232号判决生效并进入执行阶段后的行为，客观上对中祥公司的权益造成损害。在法院审理中，经释明，东湖公司在合理期限内亦未积极配合履行义务，其怠于向闸北经委主张债权的行为成立。鉴于东湖公司的行为致使中祥公司长期以来未能实现其因合资、合作开发天星大厦而对东湖公司享有的债权，根据本案实情，中祥公司以自己的名义向闸北经委主张代位权，理由成立。至于中亚公司，在本案审理中其向法院表示自愿与闸北经委一同承担相关债务，法院予以准许。在闸北经委、中亚公司履行清偿义务后，中祥公司与东湖公司、东湖公司与闸北经委之间相应的债权债务关系，即涉及金额16363210.54元及相应利息7349422.64元即予消灭。至于中祥公司主张的上述23712633.18元自1999年10月起至本判决生效之日止的利息，因中祥公司与东湖公司之间从未约定上述款项的支付期限，也没有生效判决确定东湖公司应当给付的日期，故中祥公司主张上述款项的利息，理由不成立，对该主张法院不予支持。

二审诉辩情况

东湖公司不服提出上诉称：东湖公司通过诉讼方式向闸北商委行使了债权，并得到生效判决的支持，不存在怠于行使到期债权的事实。该判决在执行中已达成和解协议，之所以相关房地产未办理过户手续，系因对过户税费的承担存在争议以及系争房屋被查封等客观原因所致，并非上诉人主观懈怠。一审法院虽给予上诉人申请过户的期限，但因上诉人短期内无法筹措到过户所需资金，因为未能申请过户。原判认定东湖公司怠于行使权利，没有事实依据。此外，上诉人对中祥公司的债务并未到期，故中祥公司主张的代位权并不成立。一审判决认定事实、适用法律均存在错误，请求撤销原判决第一、二项，驳回中祥公司的诉讼请求。

中祥公司辩称：东湖公司对闸北经委的债权于2000年8月16日达成执行和解协议，其按协议约定申请办理过户手续不存在任何障碍，但在长达9年的时间内东湖公司未申请办理过户手续，并借此拒绝清偿其对中祥公司的债务。东湖公司怠于行使权利，中祥公司对东湖公司的债权已到期，一审判决正确，请求予以维持。

中亚公司辩称：东湖公司对闸北经委的债权，经判决并达成执行和解协议后，东湖公司已取得1400万元现金，可以支付过户所需费用，而关于过户费用的承担有相关法规的规定，因为其申请办理房屋过户手续没有障碍。但东湖公司从未要求房产过户，确实构成懈怠。中亚公司现不同意履行与东湖公司达成的执行和解协议，同意直接向中祥公司支付本案一审判决的款项，东湖公司与闸北经委之间相应的债权债务关系同等金额的债权即予消灭。请求维持原判。

二审裁判结果

上海市高级人民法院判决：驳回上诉，维持原判。

二审裁判理由

上海市高级人民法院认为：本案主要争议在于东湖公司是否怠于行使其到期债权。1999年6月8日上海县公司与东湖公司通过订立《协议书》，确认上海县公司同意将其在天星大厦项目上的投资通过诉讼追回的权利由东湖公司代为执行，东湖公司取得投资本息后的一周内应返还上海县公司投资部分的本息。因而，东湖公司通过诉讼方式向闸北商委主张了相关债权，232号判决亦已支持该债权。在该案执行过程中，东湖公司与闸北商委、中亚公司达成和解协议，东湖公司已取得闸北商委先行归还的1400万元，并可以按约申请作为充抵债务的天星大厦八个楼面办理过户手续。如东湖公司作为诚实守信的当事方，理应将和解协议的相关内容告知中祥公司，并及时办理房屋过户手续，进而与中祥公司结算给付。但东湖公司却未将真实情况告知中祥公司，与中祥公司签订了有关房产分割协议，引发了191号案件，法院最终认定其具有欺诈行为，判决撤销了该房产分割协议。可见，东湖公司未积极申请房产过户有其主观上有违诚信的原因和目的。客观上，在东湖公司与闸北商委、中亚公司达成和解协议后，没有证据表明东湖公司申请相关房屋过户存在障碍。东湖公司辩称系当时对房屋过户的税费承担问题与闸北商委、中亚公司存在争议，但国家税收法规对税费的承担有明文规定，且东湖公司在得到闸北商委归还的1400万元后，也不存在无力承担过户费用的问题。至于其所称系争房屋被查封，也是达成和解协议近一年以后的情况。直至本案一审，在法院释明下其仍未在合理期限内积极配合履行义务。原审法院认定东湖公司怠于向闸北经委主张债权的行为成立，并无不当。鉴于东湖公司的行为致使中祥公司长期以来未能实现其相应债权，已对中祥公司造成损害。作为次债务人的闸北经委及中亚公司亦认为东湖公司怠于行使到期债权，同意直接向中祥公司支付相关款项，因此中祥公司主张行使代位权,理由成立。至于东湖公司抗辩所称其与中祥公司约定返还中祥公司投资本息,是在其取得投资本息后一周内,因此其对中祥公司的债务未到期。对此法院认为,东湖公司故意不要求实现其到期债权,以使其对中祥公司的债务不能满足清偿的条件,应视为该清偿条件已成就。综上,原审法院依据已生效26号判决确认的中祥公司对天星大厦的投入为16363210.54元,认定此投入在232号判决中可按比例享有利息7349422.64元,判令闸北经委、中亚公司直接向中祥公司支付上述款项,同时认定在闸北经委、中亚公司履行清偿义务后,中祥公司与东湖公司、东湖公司与闸北经委之间相应的债权债务,涉及上述款项金额的即予消灭,合法合理,予以维持。

债权人代位权纠纷办案依据集成

1. 中华人民共和国合同法（1999年3月15日主席令第15号公布）（节录）

第七十三条 因债务人怠于行使其到期债权，对债权人造成损害的，债权人可以向人民法院请求以自己的名义代位行使债务人的债权，但该债权专属于债务人自身的除外。

代位权的行使范围以债权人的债权为限。债权人行使代位权的必要费用，由债务人负担。

2. 最高人民法院关于适用《中华人民共和国合同法》若干问题的解释（一）（1999年12月19日 法释〔1999〕19号）（节录）

四、代位权

第十一条 债权人依照合同法第七十三条的规定提起代位权诉讼，应当符合下列条件：

（一）债权人对债务人的债权合法；

（二）债务人怠于行使其到期债权，对债权人造成损害；

（三）债务人的债权已到期；

（四）债务人的债权不是专属于债务人自身的债权。

第十二条 合同法第七十三条第一款规定的专属于债务人自身的债权，是指基于扶养关系、抚养关系、赡养关系、继承关系产生的给付请求权和劳动报酬、退休金、养老金、抚恤金、安置费、人寿保险、人身伤害赔偿请求权等权利。

第十三条 合同法第七十三条规定的"债务人怠于行使其到期债权，对债权人造成损害的"，是指债务人不履行其对债权人的到期债务，又不以诉讼方式或者仲裁方式向其债务人主张其享有的具有金钱给付内容的到期债权，致使债权人的到期债权未能实现。

次债务人（即债务人的债务人）不认为债务人有怠于行使其到期债权情况的，应当承担举证责任。

第十四条 债权人依照合同法第七十三条的规定提起代位权诉讼的，由被告住所地人民法院管辖。

第十五条 债权人向人民法院起诉债务人以后，又向同一人民法院对次债务人提起代位权诉讼，符合本解释第十三条的规定和《中华人民共和国民事诉讼法》第一百零八条规定的起诉条件的，应当立案受理；不符合本解释第十三条规定的，告知债权人向次债务人住所地人民法院另行起诉。

受理代位权诉讼的人民法院在债权人起诉债务人的诉讼裁决发生法律效力以前，应当依照《中华人民共和国民事诉讼法》第一百三十六条第（五）项的规定中止代位权诉讼。

第十六条 债权人以次债务人为被告向人民法院提起代位权诉讼，未将债务人列为第三人的，人民法院可以追加债务人为第三人。

两个或者两个以上债权人以同一次债务人为被告提起代位权诉讼的，人民法院可以合并审理。

第十七条 在代位权诉讼中,债权人请求人民法院对次债务人的财产采取保全措施的,应当提供相应的财产担保。

第十八条 在代位权诉讼中,次债务人对债务人的抗辩,可以向债权人主张。

债务人在代位权诉讼中对债权人的债权提出异议,经审查异议成立的,人民法院应当裁定驳回债权人的起诉。

第十九条 在代位权诉讼中,债权人胜诉的,诉讼费由次债务人负担,从实现的债权中优先支付。

第二十条 债权人向次债务人提起的代位权诉讼经人民法院审理后认定代位权成立的,由次债务人向债权人履行清偿义务,债权人与债务人、债务人与次债务人之间相应的债权债务关系即予消灭。

第二十一条 在代位权诉讼中,债权人行使代位权的请求数额超过债务人所负债务额或者超过次债务人对债务人所负债务额的,对超出部分人民法院不予支持。

第二十二条 债务人在代位权诉讼中,对超过债权人代位请求数额的债权部分起诉次债务人的,人民法院应当告知其向有管辖权的人民法院另行起诉。

债务人的起诉符合法定条件的,人民法院应当受理;受理债务人起诉的人民法院在代位权诉讼裁决发生法律效力以前,应当依法中止。

四、债权人撤销权纠纷

7. 在撤销权诉讼中，如何认定"明显不合理的低价"？

债权人行使撤销权分为两种情形：（1）债务人放弃其到期债权或者无偿转让财产；（2）债务人以明显不合理的低价转让财产。只有在受让人知道低价转让行为给债权人造成损害的情形下，债权人才可行使撤销权。例如，厂家为回收资金不惜低价出售商品，即使厂家的债权人无法实现债权，亦不能行使撤销权；但如果受让人与债务人具有身份上或经济上的特殊关系，如家庭成员之间、债务人与关联企业之间以明显不合理的低价转让财产，则可推定受让人知道该行为对债权人造成损害，债权人可撤销该低价转让行为。对于何为"明显不合理的低价"，人民法院应当以交易当地一般经营者的判断，并参考交易当时交易地的物价部门指导价或者市场交易价，结合其他相关因素综合考虑予以确认。转让价格达不到交易时交易地的指导价或者市场交易价70%的，一般可以视为明显不合理的低价；对转让价格高于当地指导价或者市场交易价30%的，一般可以视为明显不合理的高价。债务人以明显不合理的高价收购他人财产，人民法院可以根据债权人的申请予以撤销。

典型疑难案件参考

王剑平诉乐雯敏、乐洁雯债权人撤销权纠纷案

基本案情

2006年8月9日，乐雯敏向王剑平借款人民币15万元，并约定借期为两年。因乐雯敏逾期未还，王剑平向宁波市镇海区人民法院提起诉讼。法院于

2008年9月10日作出〔2008〕甬镇民二初字第515号民事判决书，判决乐雯敏归还王剑平借款人民币15万元并支付利息人民币2.45万元。王剑平于2008年10月22日申请强制执行，法院于2008年11月18日作出〔2008〕甬镇执字第830号民事裁定书，确认被执行人乐雯敏暂无财产可供执行，并裁定："本院〔2008〕甬镇执字第830号案终结执行。申请人发现被执行人有可供执行财产的，可以依照《中华人民共和国民事诉讼法》第二百三十条的规定请求继续执行。"

另查明，2007年11月16日，乐雯敏与其姐姐乐洁雯签订房屋买卖合同一份，约定乐雯敏将其所有的坐落在宁波市中山西路988弄226号104室房屋一套卖给乐洁雯，价格为人民币62万元。该合同备案于宁波市房地产管理局。该房屋的契税计税价格为人民币62万元。同年，该房屋的产权证登记于乐洁雯名下。乐雯敏曾向乐洁雯及其丈夫王建平出具借条两份及字条一份，借条载明的借款金额分别为30万元、15万元，落款时间分别为2005年4月16日、2006年3月18日。字条载明："因现无力偿还欠乐洁雯、王剑平的借款，决定把位于海曙区中山西路988弄226号104室房子作价96万元卖给乐洁雯、王剑平，抵消借款45万元（肆拾伍万元）剩余51万元（伍拾壹万元）用现金支付给我。特此证明。"该字条的落款时间为2007年12月22日。乐雯敏、乐洁雯称2007年12月22日后，乐洁雯用现金付清剩余的51万元房款，但均无法陈述该笔现金款项的具体付款方式，且乐雯敏未出具收条给乐洁雯。

诉讼过程中，经原告申请，本院委托宁波恒正房地产估价有限公司对宁波市中山西路988弄226号104室房屋进行了估价。估价结论为：宁波市中山西路988弄226号104室房地产在估价时点2007年11月16日的价格为人民币113.6万元。乐洁雯与乐雯敏均确认房屋买卖包含固定装修，但乐洁雯拒绝配合估价人员进入房屋内部，故估价报告中的估价系房地产白坯状况下的价格，不包括装修。原告主张房屋的固定装修为6.4万元，乐雯敏、乐洁雯对此未予确认。

▶ 一审诉辩情况

原告王剑平起诉称：2006年8月9日，被告向原告借款人民币15万元，约定借款期限2年，然被告逾期未能还款。被告于2007年11月16日将其所有的坐落在宁波市中山西路988弄226号104室房屋以62万元的价格出售给第三人乐洁雯。被告低价转让房屋，对作为其债权人的原告造成损害，故原告诉至法院要求撤销被告将坐落在宁波市中山西路988弄226号104室房屋出售给第三人乐洁雯的行为。

被告乐雯敏未作书面答辩，庭审中口头答辩称：其将房屋出售给第三人乐洁雯的实际价格是人民币96万元，为少交房屋转让的有关税费而故意在房屋买卖合同上写了62万元的价格，故不存在低价转让的情况，且被告有能力偿还原告借款，要求驳回原告的诉讼请求。

第三人乐洁雯未作书面答辩，庭审中口头陈述称：其与被告的房屋交易价是96万元，与当时市场价相符，为少交税而在买卖合同上写了62万元的价格，要求驳回原告的诉讼请求。

一审裁判结果

宁波市镇海区人民法院判决：撤销被告乐雯敏将坐落在宁波市中山西路988弄226号104室房屋出售给第三人乐洁雯的行为。

一审裁判理由

宁波市镇海区人民法院认为：债务人以明显不合理的低价转让财产，对债权人造成损害，并且受让人知道该情形的，债权人可以请求法院撤销债务人的行为。本案中，乐雯敏以明显不合理的低价转让其名下的房屋，对作为债权人的王剑平造成损害，而乐洁雯知道上述情形。王剑平据此行使撤销权，要求撤销乐雯敏将讼争房屋转让给乐洁雯的行为，合法有据，本院予以支持。

二审诉辩情况

第三人乐洁雯上诉称：《合同法》第74条规定只有在受让人明知的情况下才可撤销债务人放弃其到期债权或无偿转让财产的行为，而乐洁雯根本不知道王剑平与乐雯敏之间的债务关系；王剑平在审理中也没有证据证明乐洁雯知道；原审法院认定乐洁雯知道纯属推理，没有证据证明；房屋购入价与计税价有差异在二手房市场也是众所周知的事实。请求撤销原判，驳回王剑平的诉讼请求。

王剑平答辩称：因为乐雯敏与乐洁雯是姐妹关系，乐洁雯的丈夫知道乐雯敏欠王剑平15万元，并于2009年4月7日下午2点左右在镇海渡轮口亲口说乐雯敏与其丈夫已经离婚了，所欠的15万元借款如何归还，所以乐洁雯是知道乐雯敏借王剑平15万元的。房屋的买卖价格应以纳税价格为准。

乐雯敏未作答辩。

二审裁判结果

宁波市中级人民法院判决：驳回上诉，维持原判。

二审裁判理由

宁波市中级人民法院认为：乐雯敏在2006年8月9日向王剑平所借的15万元未归还的情况下，与其姐姐乐洁雯签订房屋买卖合同，将坐落于宁波市中山西路988弄226号104室的房屋以明显低于市场的价格出售给乐洁雯，致使宁波市镇海区人民法院作出的〔2008〕甬镇民二初字第515号王剑平与乐雯敏民间借贷纠纷一案进入执行程序后暂无财产可供执行，王剑平在该案中的债权无法实现，对作为债权人的王剑平造成了损害，且该房屋出卖时的市场价格经原审法院委托宁波恒正房地产估价有限公司评估为113.6万元，乐洁雯与乐雯敏在买卖合同中约定的交易价格为62万元，两者之间价格差异明显，乐洁雯作为房屋买卖合同的一方，在实施买卖行为时不可能不了解房屋的市场价格；同时乐洁雯与乐雯敏系姐妹关系，也不可能不知道双方之间的买卖是非正常情况下的买卖。因此，可以认定乐洁雯知道乐雯敏以明显不合理的低价转让房屋会对债权人造成损害。原审法院对本案事实认定清楚，适用法律正确，判决并无不当。乐洁雯的上诉请求，缺乏事实和法律依据，不予支持。

债权人撤销权纠纷办案依据集成

1. 中华人民共和国合同法（1999年3月15日主席令第15号公布）（节录）

第七十四条　因债务人放弃其到期债权或者无偿转让财产，对债权人造成损害的，债权人可以请求人民法院撤销债务人的行为。债务人以明显不合理的低价转让财产，对债权人造成损害，并且受让人知道该情形的，债权人也可以请求人民法院撤销债务人的行为。

撤销权的行使范围以债权人的债权为限。债权人行使撤销权的必要费用，由债务人负担。

第七十五条　撤销权自债权人知道或者应当知道撤销事由之日起一年内行使。自债务人的行为发生之日起五年内没有行使撤销权的，该撤销权消灭。

2. 最高人民法院关于适用《中华人民共和国合同法》若干问题的解释（一）（1999年12月19日　法释〔1999〕19号）（节录）

五、撤销权

第二十三条　债权人依照合同法第七十四条的规定提起撤销权诉讼的，由被告住所地人民法院管辖。

第二十四条　债权人依照合同法第七十四条的规定提起撤销权诉讼时只以债务人为被告，未将受益人或者受让人列为第三人的，人民法院可以追加该受益人或者受让人为第三人。

第二十五条　债权人依照合同法第七十四条的规定提起撤销权诉讼，请求人民法院撤销债务人放弃债权或转让财产的行为，人民法院应当就债权人主张的部分进行审理，依法撤销的，该行为自始无效。

两个或者两个以上债权人以同一债务人为被告，就同一标的提起撤销权诉讼的，人民法院可以合并审理。

第二十六条　债权人行使撤销权所支付的律师代理费、差旅费等必要费用，由债务人负担；第三人有过错的，应当适当分担。

3. 最高人民法院关于适用《中华人民共和国合同法》若干问题的解释（二）（2009年4月24日　法释〔2009〕5号）（节录）

第十八条　债务人放弃其未到期的债权或者放弃债权担保，或者恶意延长到期债权的履行期，对债权人造成损害，债权人依照合同法第七十四条的规定提起撤销权诉讼的，人民法院应当支持。

第十九条　对于合同法第七十四条规定的"明显不合理的低价"，人民法院应当以交易当地一般经营者的判断，并参考交易当时交易地的物价部门指导价或者市场交易价，结合其他相关因素综合考虑予以确认。

转让价格达不到交易时交易地的指导价或者市场交易价百分之七十的，一般可以视为明显不合理的低价；对转让价格高于当地指导价或者市场交易价百分之三十的，一般可以视为明显不合理的高价。

债务人以明显不合理的高价收购他人财产，人民法院可以根据债权人的申请，参照合同法第七十四条的规定予以撤销。

四、债权人撤销权纠纷

五、债权转让合同纠纷

8. 建设工程施工合同项下的债权，能否进行转让？

债权人可以将合同的权利全部或者部分转让给第三人，但有下列情形之一的除外：（1）根据合同性质不得转让。如基于个人信任关系形成的债权、根据特殊目的形成的债权。（2）按照当事人约定不得转让。（3）依照法律规定不得转让。债权人转让权利的，经通知债务人即发生法律效力，无须征得债务人同意。但如未经通知，该转让对债务人不发生效力。鉴于建筑工程施工合同的特殊性，建设工程施工合同项下的债权能否转让，取决于债权的性质、转让是否合法，是否损害发包人利益。法律、法规并不禁止建设工程施工合同项下的债权转让，只要建设工程施工合同的当事人没有约定该债权不得转让，债权人向第三人转让债权并通知债务人的，债权转让合法有效，债权人无须就债权转让事项征得债务人同意。

典型疑难案件参考

陕西西岳山庄有限公司与中建三局建发工程有限公司、中建三局第三建设工程有限责任公司建设工程施工合同纠纷案（《最高人民法院公报》2007年第12期）

基本案情

西岳山庄（甲方）就其所属的华山假日酒店工程，于2001年11月30日与三公司（乙方）签订《建设工程施工合同》，约定工程开、竣工日期为2001年12月26日至2002年10月31日。合同价款：以最终结算价为准；工程为包工包料，依据1999年《陕西省建筑工程综合概预算定额》、《全国统一安装工程预算定额陕西省价目表》（2001年版）及配套使用的《陕西省建筑工程、安装工程、仿古园林工程及装饰工程费用定额》（1999年版）和省、市有关造价文件的规定计算；本工程按二类工程取费，并对四项费率下浮20%计算。工期奖罚：在合同工期上每提前或延误一天，按乙方承包工程总造价的0.1‰对等奖罚。合同价款支付及合同价款的调整：桩基施工由甲方支付乙方300万元工程预付款；本工程按形象进度付款，基础施工完毕，甲方支付乙方300万元工程进度款；主体施工完毕，甲方另支付乙方500万元装饰工程预付款；装饰工程完成50%的工作量，甲方再支付乙方1300万元工程进度款；工程完工交付甲方前，甲方再支付乙方1000万元工程款；工程验收合格后甲方支付乙方800万元；工程竣工验收后，除留5%质保金外，剩余工程款甲方在两年内分期支付给乙方；5%质保金在保修期满后，甲方一次性返还乙方。合同价款调整：合同价款在合同约定后，任何一方不得擅自改变，但发生下列情况之一的可作调整：甲方代表确认的工程量增减；甲方代表确认的设计变更或工程洽商；工程造价管理部门公布的价格调整；一周内非乙方原因造成停水、停电、停气影响停工累计超过8小时，且造成经济损失的；合同约定的其他增加或调整；乙方应在上述情况发生10日内将调整原因、金额以书面形式通知甲方代表，甲方代表批准后通知经办银行和乙方，甲方代表收到乙方通知后10日内不作答复，即视为已经批准；乙方未按上述要求及时办理而造成工程延误，由乙方负责；甲方未按上述要求及时办理审核签字和付款时，乙方可向甲方发出要求付款通知，甲方在收到乙方通知5日内仍不能按要求支付时，应承担违约责任。竣工与结算：甲方代表在收到乙方送交的竣工验收报告后10日内无正当理由不组织验收，或验收后5天内不予批准且不能提出修改意见，可视为竣工验收已被批准，即可办理结算手续。甲方无正当理由在批准竣工报告后30日内不办理结算，从第31天起按施工企业向银行计划外贷款的利率支付拖欠工程款利息，并承担违约责任。违约责任：甲方代表不能及时给出必要指令、确认、批准，不按合同约定履行自己的各项义务、支付款项及发生其他使合同无法履行的行为，应承担违约责任（包括支付因其违约导致乙方增加的经济支出和从应支付之日起计算的应支付款项的利息等），相应顺延工期；按协议条款约定支付违约金和赔偿因其违约给乙方造成的窝工等损失。乙方不能按合同工期竣工，施工质量达不到设计和规范的要求，或发生其他使合同无法履行的行为，甲方代表可通知乙方，按协议条款约定支付违约金，赔偿因其违约给甲方造成的损失。除非双方协议将合同终止，或因一方违约使合同无法履行，违约方承担上述违约责任后仍应继续履行合同；因一方违约使合同不能履行，另一方欲中止或解除合同，应提前10天通知违约方后，方可中止或解除合同，由违约方承担违约责任。本合同履行过程中根据合同发生的会议纪要、签证、各种通知文件、委托、证书等书面资料均应作为合同条款以补充内容，与合同条款具有同等效力。增订条款：本工程所需材料由乙方自行采购、保管，其中钢材、水泥由乙方采购，甲方提供资金担保；任何材料的选购，其价格和质量、数量需经甲方同意验证方可采购；工程欠款不计贷款利息。2002年4月23日，西岳山庄将其与陕西林华工程监理公司签订的《建设工程委托监理合同》送交三公司，并要求其接受监督和管理。

2002年7月30日，一、二区基础分部工程验收合格。2002年9月20日，西岳山庄与三公司签订的《会议纪要》约定：华山假日酒店一区素土回填完，二区素土回填一半，由西岳山庄一周内付款100万元；砌体队伍进场后一周内由西岳山庄付款50万元；后期工程施工的主要材料由西岳山庄供应或代付款；一区10月10日主体封顶，三区10月15日主体封顶，一区素土回填至第25天完，二区素土回填至第40天完，四区土方开挖10月15日开始，员工宿舍9月25日动工，西岳山庄保证一周内一次性付款不少于300万元；三区保证地下室及时施工，完毕后及时回填，甲方张总认可后付款50万元。2003年3月11日，三区基础分部工程验收合格。2003年4月11日，主体分部工程验收合格。2003年3月17日，西岳山庄与中建三局三公司安装分公司签订了安装工程补充协议。2003年7月，三公司取得渭南市城乡建设局颁发的安全文明工地奖牌。

2004年4月14日，三公司向西岳山庄发出债权转移通知书称，"贵方与公司于2002年签订了建设工程施工合同，现在我公司因改制重组的需要，欲将我公司对贵方所享有的上述债权转让给武汉中建三局建发实业发展公司"。西岳山庄予以签收。

2004年9月29日，西岳山庄与江苏环建建设投资有限公司签订《建设工程施工合同》（关于给水、排水、强弱电、暖通工程）；2004年10月1日，西岳山庄与华阴市永泰建筑公司签订《建设工程施工合同》（关于华山假日酒店未完的土建工程）。2005年10月10日，三公司向西岳山庄发出《关于解除合同的通知》。

2006年1月19日，一审法院依据双方当事人的申请，委托陕西三秦工程造价咨询有限责任公司就三公司已完成的涉案工程造价、西岳山庄已支付的工程款及欠付的工程款数额进行鉴定。2006年6月20日，三秦造价公司作出的鉴定结论为：（1）根据双方认可的中国轻工西安设计院设计的华山假日酒店结构施工图纸扣除未作部分签认量加现场签证，计算出三公司已完成的华山假日酒店（含员工宿舍）土建工程量工程造价为23121871.05元（不含劳保统筹和安全文明工地费）。（2）根据双方认可的中国轻工西安设计院设计施工图纸、现场签证及双方提供的三公司完成工程量记录等资料，计算出三公司已完成的华山假日酒店（含员工宿舍）安装工程量工程造价为1607359.51元（不含劳保统筹和安全文明工地费）。(3) 确认西岳山庄已付工程款、材料款合计为15199163.76元。鉴定报告另对当事人有争议的工程量造价、有争议的付款项目详细列明。2006年6月27日，鉴定报告送达给三方当事人，当事人在限定期限内对鉴定报告提出了书面异议。2006年7月26日，一审法院对鉴定报告进行庭审质证，并由三秦造价公司出庭接受当事人的质询。三秦造价公司在庭后就当事人质询作了书面答复。2006年8月2日，该答复意见送达给三方当事人。

另查明：2002年12月27日，中国建筑第三工程局第三建筑安装工程公司变更登记为中建三局第三建设工程有限责任公司。2004年11月17日，武汉中建三局建发工程有限公司变更登记为中建三局建发工程有限公司。

2002年7月至2003年4月间，三公司数次向西岳山庄催要工程进度款；2004年10月29日，三公司向西岳山庄以特快专递方式送达《工作联系单》、《现场变更签证单》、《致陕西西岳山庄有限公司关于华山假日酒店工程进度报量问题的函》，请求西岳山庄确认工期顺延、窝工费及机械停滞费。西岳山庄亦提供了大量的监理例会纪要、工程联系单等证据，用以证明三公司施工不规范、工程质量不合格、管理不严、拖延工期等问题。

2002年7月，三公司与陕西省荣誉军人康复医院签订供水协议。2006年4月12日，陕西省荣誉军人康复医院出具证明，三公司从2003年6月24日至2005年12月21日共欠水费13307.68元至今未交。西岳山庄代付工地2002年8月至2003年5月电费137932.97元双方无争议（鉴定报告已作为西岳山庄已付款计入），对西岳山庄主张代付2003年7月至2004年9月电费63513.52元，三公司、建发公司不予认可。

一审诉辩情况

建发公司认为西岳山庄违反合同约定，拖欠工程款并造成窝工损失，遂向一审法院提起诉讼，请求：(1) 依法判令西岳山庄依约支付拖欠建发公司工程款及窝工损失共计23213450元；(2) 由西岳山庄承担本案的诉讼费、保全费及律师费用等全部诉讼费用；(3) 建发公司对所承接的工程依法享有优先受偿权。

西岳山庄提起反诉，认为三公司违反合同约定，迟延交付涉案工程，给西岳山庄造成了经济损失，请求依法判令建发公司与三公司：(1) 向西岳山庄赔偿拖延工期罚金1552460元；(2) 赔偿西岳山庄额外支出的工程款1472921

元；(3) 赔偿西岳山庄因工程拖延交付使用造成的不能营业的经济损失8558237元；(4) 承担本案全部诉讼费用。

一审裁判结果

陕西省高级人民法院判决：

一、自该判决生效之日起30日内，西岳山庄支付建发公司工程款9719565.73元；

二、建发公司在西岳山庄欠付的工程款范围内，对该工程享有优先受偿权；

三、驳回建发公司的其余诉讼请求；

四、驳回西岳山庄的反诉请求。

一审裁判理由

陕西省高级人民法院认为：西岳山庄与三公司所签订的《施工合同》，系双方的真实意思表示，且不违反法律、行政法规的强制性规定，应为有效合同。三公司将合同债权转让给建发公司，并向西岳山庄送达了债权转让通知书，符合相关法律规定。该转让行为系转让人与受让人真实意思表示，并不损害债务人的利益，依法认定有效。建发公司因此取得三公司应享有的合同债权。由于华山假日酒店工程正在施工之中，西岳山庄与三公司并未就工程款最后决算，建发公司所享有的合同债权数额并未确定；对于西岳山庄已支付的工程款数额，三公司与西岳山庄也说法不一，一审法院依据双方当事人申请，委托三秦造价公司对涉案工程造价及西岳山庄已付工程款进行鉴定，该鉴定结论已经双方当事人庭审质证，依法应予确认。

对于鉴定报告单列有争议工程量工程造价部分，经一审法院审核，应作如下认定：(1) 关于有争议的工程量工程造价部分，对于三公司所报而西岳山庄不予认可部分的工程量，仅凭三公司所报工程量，没有西岳山庄及监理公司签证，无法认定该工程量，对该部分所涉及的土建、安装工程造价不予确认。(2) 关于应否计取安全文明工地费。经核算土建工程造价的安全文明工地费221299.07元，安装工程量工程造价的安全文明工地费15504.62元，因该工地已被渭南市城乡建设局授予安全文明工地，故该部分费用应按规定计取，并随工程造价的调整而增减。(3) 关于有争议的已付工程款部分。有争议的2003年6月24日至2005年12月21日水费13307.68元（其中2003年6月24日至8月21日4003.96元；2003年9月21日至11月24日1692.60元；2003年11月24日至2005年12月21日7611.12元），鉴于票据无法详细区分，因

2004年9月29日西岳山庄已与环建公司签订了施工合同，故对水费13307.68元中2003年11月24日前的水费5696.56元由三公司承担，2003年11月24日至2005年12月21日的水费7611.12元由西岳山庄与三公司各半负担。西岳山庄已购石渣、沙子、配电箱、线管、管件等费用合计407078.71元，因未见三公司收料单，该笔费用未计入工程造价，亦不应计入已付工程款。侯宏伟借款1万元，属另一法律关系，本案不予涉及。供电局劳动服务公司收取西岳山庄2万元，因系线路维修所产生之费用，亦不应计入已付工程款。西岳山庄代付2003年7月至2004年9月电费63513.52元，理应由三公司承担，并从应结算的工程款中扣付。综上，双方虽有争议，但应计入已付工程款合计为73015.64元。

综上，西岳山庄应支付工程款共计24992875.13元，扣减西岳山庄已付工程款、材料款及代付的水电费共计15273309.40元后，西岳山庄应支付建发公司剩余工程款9719565.73元。依照《合同法》第286条的规定，建发公司就该工程在西岳山庄应付的工程款范围内享有优先受偿的权利。由于华山假日酒店工程至今尚未完工，双方均有一定责任。因西岳山庄付款不到位，三公司施工不规范、施工管理不严、返工等情况，共同造成工期延误。据此，对建发公司主张的窝工损失以及西岳山庄反诉请求三公司、建发公司支付拖延工期的罚金，一审法院均不予支持。关于西岳山庄诉请的额外支出，因环建公司等单位施工的相关费用并未计入本次鉴定的工程造价内，西岳山庄并不存在额外支出，一审法院亦不予支持。关于西岳山庄请求的逾期营业损失，因其提供的证据并不能证明其逾期开业的损失数额，且三公司对洲际集团等公司的管理合同没法预见，故依法对该证据不予采信，对其请求不予支持。

二审诉辩情况

西岳山庄上诉称：原判认定事实和适用法律均有错误。（1）原审判决判令三公司将其涉案合同债权转让给建发公司有效。依据合同性质，涉案合同债权依法不得转让，转让时涉案工程项目根本不具备结算条件，三公司与西岳山庄之间的债权债务关系无法确定，西岳山庄仅在回执上注明收到该通知并未同意其转让行为。（2）西岳山庄已超额支付工程款，并不存在付款不到位的事实。（3）三公司承认在施工中存在不按施工计划开工、窝工、施工质量不合格及不文明施工等事实。三公司依约应向西岳山庄支付违约金。三公司在拒不完成主体部分施工的情况下，于2004年2月后逐渐全部撤场，导致合同无法继续履行。由于三公司恶意违约，致使华山假日酒店迟迟不能完工，应承担逾期竣工造成的营业损失。西岳山庄的反诉请求依法应予支持。（4）原判将鉴定报告中关于土建及安装工程所对应税金、安全文明工地费、文明补贴等费用计入工程造价，超出合同约定，应以合同约定为准。（5）三公司单方提出解除合同，西岳山庄并未表示同意，《施工合同》仍应履行。（6）建发公司作为《施工合同》以外的第三人，既不是合同约定的施工方，也不是该建设项目的承包人，因此建发公司对涉案工程行使优先受偿权于法无据。鉴此，西岳山庄请求：（1）撤销一审判决，驳回被上诉人的全部诉讼请求；（2）支持上诉人的全部反诉请求；（3）被上诉人承担全部诉讼费用。

被上诉人建发公司、三公司辩称：（1）关于债权转让问题。三公司与建发公司就本案债权转让达成了合意，并将这一合意通知了债务人，转让合法有效。（2）关于拖欠工程款问题。西岳山庄并未依照合同约定支付工程款。截至2003年4月14日，有关催要工程款的签证单、监理会议纪要多达16份之多，证明西岳山庄严重拖欠工程款。2004年10月29日，三公司以公证送达的方式向西岳山庄进行了付款催告，西岳山庄拒绝履行付款义务。其行为已构成根本违约，三公司享有先履行抗辩权，未如期完成工程施工不构成违约。（3）关于解除《施工合同》的问题。西岳山庄的违约行为，特别是违法重复发包行为致使合同目的无法实现，三公司依法获得合同解除权。（4）关于西岳山庄额外支付工程款的问题。本案未涉及环建公司完成的工程量，西岳山庄因工程施工支付的工程款不属于额外支出。（5）关于西岳山庄的预期收益损失问题。洲际酒店集团的损益表缺乏证据的基本要件，三公司没有实施违约行为，不承担违约责任。

二审裁判结果

最高人民法院判决：驳回上诉，维持原判。

二审裁判理由

最高人民法院二审查明：西岳山庄于2001年4月10日经工商行政管理部门批准成立并取得企业法人营业执照。2002年3月7日，西岳山庄取得华阴市人民政府城市规划部门颁发的2002-3号《建设用地规划许可证》和《建设工程规划许可证》。翌日又取得华阴市建设局颁发的2002-24号《建设工程施工许可证》，其中载明建设工程名称为华山假日酒店，建筑面积43000平方米，工程造价6000万元，开工日期2002年3月8日。2003年5月，西岳山庄分别取得华阴市人民政府颁发的阴国用〔2003〕字第606、607号《国有土地使用证》。

《施工合同》还约定，主体结构三层完，西岳山庄再向三公司支付300万元工程款；主体封顶，西岳山庄再向三公司支付300万元工程款。2002年3月19日，西岳山庄尚未向三公司提供施工图和地质勘探资料，亦未解决施工所需的供水、供电问题。三公司开挖地基时遇到大石块，曾安排破碎机进行破石。2002年4月15日，三公司将其依据施工图制订的《施工组织设计》提交监理部门。同年6月5日，工程监理对《施工组织设计》提出了审查意见。同年6月13日，主体工程进入二层顶板施工，西岳山庄尚未提供三层以上安装图。

建发公司、三公司均于2002年12月27日经工商行政管理部门批准成立并取得企业法人营业执照，前者的经营范围包括各类建设工程总承包、施工、咨询等，后者的经营范围包括建筑装饰装修工程、钢结构工程、房屋建筑工程总承包等。

二审查明的本案其他事实与一审判决认定的事实相同。2007年9月27日，建发公司向本院提出，同意在二审维持原判的前提下，在执行阶段放弃文明工地定额费用中的20万元，在提出执行申请时予以扣除。

最高人民法院认为：西岳山庄与三公司签订的《施工合同》和2002年9月20日签订的《会议纪要》，是双方当事人的真实意思表示，该合同与纪要的内容不违反法律、法规的强制性规定，应认定合法有效，双方对此均负有履行义务。涉案工程工期拖延是由于西岳山庄和三公司共同违约造成的，均应承担违约责任。本案涉及以下焦点问题：（1）三公司向建发公司转让债权是否合法有效；（2）西岳山庄是否按工程进度向三公司足额支付了工程款；（3）《施工合同》是否应当解除；（4）一审认定的工程款项目和数额是否合理；（5）西岳山庄的反诉请求是否成立；（6）建发公司对涉案工程是否享有优先受偿权。现分述如下：

1. 关于三公司向建发公司转让债权是否合法有效的问题。

本案中，三公司履行了部分合同义务，取得了向西岳山庄请求支付相应工程款的权利。转让行为发生时，三公司的此项债权已经形成，债权数额后被本案鉴定结论所确认。西岳山庄接到三公司的《债权转移通知书》后，并未对此提出异议，法律、法规亦不禁止建设工程施工合同项下的债权转让，债权转让无须征得债务人同意。根据《合同法》第80条、第81条的规定，本院确认涉案债权转让合法有效，建发公司因此受让三公司对西岳山庄的债权及从权利。西岳山庄虽然主张涉案债权依法不得转让，但并未提供相关的法律依据，故对西岳山庄关于三公司转让债权的行为无效的主张本院不予支持。建发公司基于受让三公司的债权取得本案诉讼主体资格。

2. 关于西岳山庄是否按工程进度向三公司足额支付了工程款的问题。

根据《施工合同》约定，涉案工程按形象进度付款。这里的付款是指西岳山庄向三公司直接支付工程款，不包括西岳山庄对涉案工程的其他支出抵扣工程款的情形。按照工程进度，2003年4月11日，华山假日酒店主体分部工程验收合格，三公司还完成楼面找平和部分内粉，按进度西岳山庄应支付工程款1700万元，而工程鉴定报告确认西岳山庄支付的工程款、材料款两项合计为15273309.4元。西岳山庄拖欠工程款的行为已构成违约，应对工程迟延交付承担相应的违约责任。西岳山庄关于向三公司超额支付工程款的主张缺乏事实依据，本院不予支持。建发公司关于西岳山庄拖欠工程款的主张有理有据，本院予以支持。

3. 关于涉案《施工合同》是否应当解除的问题。

根据《施工合同》第18条之1的约定，只要因一方违约导致合同不能继续履行，另一方即可解除合同并应提前10天通知对方，无须征得对方同意。三公司解除合同前已撤出施工现场，西岳山庄就同一工程与环建公司签订续建的施工合同，客观上《施工合同》已不能继续履行，三公司行使合同解除权符合合同约定。对于西岳山庄关于未经其同意，三公司无权单方解除合同的主张，本院不予支持。三公司应根据实际完成的工程量结算工程款。

4. 关于一审认定的工程款项目和数额是否合理的问题。

一审中，鉴定部门针对双方当事人就工程造价鉴定结论所提异议作了答复，并对异议合理的项目作了调整。本院认为，一审判决已在应付工程款中扣除了西岳山庄支付的1130元破石人工费，对西岳山庄所提工程其他项目的造价不作调整也是合理的。关于土建及安装所对应税金、安全文明工地费、文明补贴等费用是否应计入工程造价的问题。根据《施工合同》第4条的约定，合同价款计算的依据为1999年陕西省建筑工程相关定额，该定额包括税金和安全、文明施工定额补贴费。因此，一审判决将这两项费用计入工程造价，符合合同约定，不存在额外增加计费项目。对西岳山庄关于相应税金、安全文明工地费、文明补贴等费用不应计入工程造价的主张，本院不予支持。

5. 关于西岳山庄的反诉请求是否成立的问题。

首先，关于支付拖延工期罚金的请求。涉案工程迟延交付的原因，一是西岳山庄办理工程报建手续迟延，取得建设工程开工许可证的日期晚于合同约定的开工日期4个多月，取得《国有土地使用证》的日期晚于合同约定的工程竣工日期。二是西岳山庄提供施工图纸迟延，并且未在开工前解决施工所需的供水、供电问题。按图施工是建设工程的客观要求,但时至2002年3月19日,西岳山庄尚未向三公司交付施工图纸,水、电供应不足,导致三公司不能正常施工。三是西岳山庄没有按进度付足工程款,严重影响施工。三公司也存在施工现场人员和设备不足、施工管理不严和返工等情况,影响了施工进度。鉴此,一审认定西岳山庄与三公司共同造成工期延误并无不当。由于西岳山庄存在严重违约,对其关于三公司应当承担赔偿责任的主张,本院不予支持。其次,关于西岳山庄要求赔偿额外支付的工程款问题。一审判决确认的西岳山庄向建发公司支付工程款,仅包括三公司已完成的工程量所应支付的工程款,西岳山庄并不存在额外支出。西岳山庄关于建发公司应向其赔偿另一合同工程款的主张,缺乏事实和法律依据,本院不予支持。最后,关于西岳山庄索赔逾期营业损失的问题。由于西岳山庄违约在先,且不能提供足够的证据证明损失的数额,故对西岳山庄的此项主张,本院不予支持。

6. 关于建发公司对涉案工程是否享有优先受偿权的问题。

建设工程款具有优先受偿性质。建发公司基于受让债权取得此项权利。鉴于该项建设工程目前尚未全部竣工,《施工合同》因西岳山庄拖欠工程款等原因而迟延履行,建发公司优先受偿权的行使期限应从2005年10月10日解除合同时起算。此前建发公司已提起诉讼,故不应认定其优先受偿权的行使期限已超过6个月。对于西岳山庄关于建发公司已超过行使优先受偿权期限的主张,本院不予支持。

综上,三公司向建发公司转让债权合法有效,建发公司具有诉讼主体资格。西岳山庄与三公司在履行《施工合同》过程中均有违约行为,对工程延期完工均有责任。但由于西岳山庄违约在先,并长期拖欠工程款,也不存在额外支出,故对西岳山庄的反诉请求,一审法院不予支持是正确的。鉴于《施工合同》确已无法履行,三公司依约有权解除合同。合同解除后,未履行的部分不再履行。由于《施工合同》约定的工程保质期已过,质保金不再从工程款中扣除。建发公司基于债权受让,在合同解除前已提起诉讼,对涉案工程享有优先受偿权。原判认定事实基本清楚,适用法律正确。二审中,建发公司提出在本案执行阶段放弃20万元文明工地定额费用,并在申请执行时予以扣除,依法应予准许。

债权转让合同纠纷办案依据集成

1. 中华人民共和国合同法（1999年3月15日主席令第15号公布）（节录）

第七十九条 债权人可以将合同的权利全部或者部分转让给第三人，但有下列情形之一的除外：

（一）根据合同性质不得转让；

（二）按照当事人约定不得转让；

（三）依照法律规定不得转让。

第八十条 债权人转让权利的，应当通知债务人。未经通知，该转让对债务人不发生效力。

债权人转让权利的通知不得撤销，但经受让人同意的除外。

第八十一条 债权人转让权利的，受让人取得与债权有关的从权利，但该从权利专属于债权人自身的除外。

第八十二条 债务人接到债权转让通知后，债务人对让与人的抗辩，可以向受让人主张。

第八十三条 债务人接到债权转让通知时，债务人对让与人享有债权，并且债务人的债权先于转让的债权到期或者同时到期的，债务人可以向受让人主张抵销。

第八十七条 法律、行政法规规定转让权利或者转移义务应当办理批准、登记等手续的，依照其规定。

2. 最高人民法院关于适用《中华人民共和国合同法》若干问题的解释（一）（1999年12月19日 法释〔1999〕19号）（节录）

第二十七条 债权人转让合同权利后，债务人与受让人之间因履行合同发生纠纷诉至人民法院，债务人对债权人的权利提出抗辩的，可以将债权人列为第三人。

六、债务转移合同纠纷

9. 债务人所出具的债务转移承诺书，对债权人是否有效？

债务人将合同的义务全部或者部分转移给第三人的，属于债务转移，也称做债务承担。因可能影响到债权的实现，债务转移须经债权人同意。如未经债权人同意，则债务转移对债权人不发生法律效力。债务全部转移的，第三人取代原债务人的地位而承担原合同项下的全部债务，原债务人不再对债权人承担任何责任。债务人向债权人出具承诺书，表示将所负债务全部或者部分转移给第三人，而债权人对此未予接受，亦未在债务人与第三人签订的债务转移合同上加盖公章，应认定债权人不同意债务转让，债务人与第三人之间的债务转让合同对债权人不发生法律效力。

典型疑难案件参考

中国工商银行股份有限公司三门峡车站支行与三门峡天元铝业股份有限公司、三门峡天元铝业集团有限公司借款担保合同纠纷案（《最高人民法院公报》2008年第11期）

基本案情

2000年9月22日，三门峡车站工行与天元集团公司签订（2000）三工车信字第010号借款合同，约定天元集团公司向三门峡车站工行借款1700万元，借款用途为借新还旧，借款期限自签约当日至2002年9月21日。同日，三门峡车站工行向天元集团公司发放了该笔借款。2002年9月11日，天元集团公司偿还了该笔借款。次日，双方又签订了（2002）三工车信字第039－1号、第039－2号借款合同，分别约定天元集团公司向三门峡车站工行借款900万元和800万元，用途均为借新还旧，借款期限自签约当日至2003年9月5日。三门峡车站工行于签约当日发放了该两笔借款。2003年9月3日，天元集团公司偿还了该两笔共计1700万元借款。2003年9月5日，双方签订了（2003）三工车信字第039号借款合同，约定天元集团公司向三门峡车站工行借款1600万元，用途为购原材料，借款期限自签约当日至2004年8月25日。三门峡车站工行于签约当日发放了该笔借款。2004年8月3日，天元集团公司偿还了该笔借款。2004年8月5日，双方签订（2004）三工车信字第37号借款合同，约定天元集团公司向三门峡车站工行借款1590万元，用途为购原材料，借款期限自签约当日至2005年8月3日。

2000年9月25日，双方签订（2000）三工车信字第009号借款合同，约定天元集团公司向三门峡车站工行借款1647万元，用途为借新还旧，借款期限自签约当日至2002年9月24日。三门峡车站工行于签约当日发放了该笔借款。2002年9月11日，双方签订了（2002）三工车信字第038-1号和（2002）三工车信字第038-2号借款合同，分别约定天元集团公司向三门峡车站工行借款1200万元和800万元，用途均为"还旧借新，购原材料"，借款期限自签约当日至2003年9月10日。三门峡车站工行于签约当日发放了该两笔借款。天元集团公司收到2000万元借款的次日偿还了（2000）三工车信字第009号借款合同项下的1647万元借款。天元集团公司于2003年8月4日向三门峡车站工行偿还了220万元，于2003年9月8日向三门峡车站工行偿还了1200万元、800万元。2003年8月7日，双方签订（2003）三工车信字第35号借款合同，约定天元集团公司向三门峡车站工行借款710万元，用途为购原材料，借款期限自签约之日至2004年8月6日。2003年8月29日，双方签订（2003）三工车信字第38号借款合同，约定天元集团公司向三门峡车站工行借款1490万元，用途为购原材料，借款期限自签约之日至2004年8月29日。该两笔借款均于签约当日发放。天元集团公司于2004年8月5日分别偿还了该两笔借款。2004年8月6日，三门峡车站工行与天元集团公司又签订了（2004）三工车信字第38号和第39号借款合同，分别约定天元集团公司向三门峡车站工行借款1480万元和700万元，该两笔借款于2005年8月5日到期。

上述三笔借款均由天成电化公司提供连带责任担保。

河南省高级人民法院另查明：天元股份公司于2000年8月由天元集团公司、白银氟化盐有限责任公司、焦作市冰晶石厂、河南省第六建筑工程公司、焦作市焦铝碳素厂五家法人股东设立的股份有限公司，注册资金6800万元。天元集团公司出资65176184元，占总股本的95.84%。亚太评估事务所以1999年11月30日为基准日对天元集团公司的资产进行评估，结论为天元集团公司的净资产为9232.6万元。2000年9月21日,天元集团公司向三门峡车站工行出具的承诺书载明:天元集团公司以现有优良资产(电解一分厂、电解二分厂、动力车间等辅助车间)作为股份投入,投资金额占95.84%。2000年11月16日,天元集团公司和天元股份公司共同向三门峡车站工行出具《债务转移协议补充承诺》,该书面承诺第2条内容为:"为了使三门峡车站工行的债权不受天元集团公司改制的影响,确保三门峡车站工行信贷资产安全,天元集团公司再以10万吨电解铝扩建工程竣工后总资产作为偿还三门峡车站工行债务的保证,如果天元集团公司确实无力归还三门峡车站工行的债务,那么由天元股份公司负责归还。"

天成电化公司已于2007年5月12日破产还债。

一审诉辩情况

三门峡车站工行于2006年8月28日向河南省高级人民法院提起诉讼,请求判令:天元集团公司和天元股份公司共同偿还贷款本金3770万元,利息3754860.16元(该利息计算至2006年7月20日,此后利息继续计算);判令天成电化公司对上述债务在其担保的范围内承担连带清偿责任。

一审裁判结果

河南省高级人民法院判决:

一、天元集团公司于判决生效后10日内向三门峡车站工行偿还借款3770万元本金及3754860.16元利息(该利息计算至2006年7月20日,自2006年7月21日起的利息按照中国人民银行规定的同期逾期贷款利率计算至本判决限定的债务履行期限届满之日止)。对上述给付款项,当事人如果未按照本判决指定的期间履行给付金钱义务,应当依照《民事诉讼法》第232条的规定,加倍支付迟延履行期间的债务利息;

二、驳回三门峡车站工行的其他诉讼请求。

一审裁判理由

河南省高级人民法院认为:三门峡车站工行诉请天元集团公司偿还3770万元本金及3754860.16元利息,提供了借款合同、借据及逾期贷款催收通知书,证据充分,对三门峡车站工行的该项诉讼请求予以确认。天元股份公司与天元集团公司于2000年11月16日向其出具的《债务转移协议补充承诺》中关于"如果天元集团公司确实无力偿还三门峡车站工行的债务,那么由天元股份公司负责归还"的承诺,该承诺具有保证的性质。因本案贷款是2000年的旧贷款经多次以贷还贷逐步演化而来并非2004年发生的新贷款，天元股份公司在2000年11月承诺与天元集团公司共同偿还的借款已经偿还，天元股份公司不应对2004年发生的本案贷款承担保证责任。从天元集团公司2000年9月21日向三门峡车站工行出具的承诺书中载明的"天元集团公司以现有优良资产（电解一分厂、电解二分厂、动力车间等辅助车间）作为股份投入"的内容可以认定，天元集团公司以其优良资产与他人组建了天元股份公司。从天元股份公司的工商登记材料看，其主要股东是天元集团公司，其投入天元股份公司65176184元，占总股本的95.84%，而经亚太评估事务所以1999年11月30日为基准日对其资产进行评估，其净资产价值为9232.6万元，由此可以认定天元集团公司将其大部分资产投入了天元股份公司。故天元集团公司应以其资产包括其拥有的天元股份公司的股权对三门峡车站工行的债务承担责任。由于本案贷款是2000年的旧贷款经多次以贷还贷逐步演化而来的，三门峡车站工行不能举证证明保证人天成电化公司对以新贷偿还旧贷明知或同意，也不能证明旧贷款的保证人同为天成电化公司，根据最高人民法院《关于适用〈中华人民共和国担保法〉若干问题的解释》第39条第1款关于"主合同当事人双方协议以新贷偿还旧贷，除保证人知道或者应当知道的外，保证人不承担民事责任"的规定，天成电化公司对本案借款不承担保证责任。

二审诉辩情况

三门峡车站工行上诉称：（1）原审法院已支持了三门峡车站工行关于本案3770万元贷款本金实际上形成于2000年，是2000年旧贷款经多次以贷还贷的方式演化而来，并非是2004年新发生的贷款的主张，却又认定天元股份公司在2000年11月承诺与天元集团公司共同偿还的借款已经偿还，据此判决天元股份公司不应对2004年发生的本案贷款承担还款责任，缺乏事实依据。天元集团公司至今尚欠车站工行借款本金共计达23081万元，天元股份公司提供的证据中没有任何一份能够证明三门峡车站工行在本案中主张的3770万元贷款，已由其或天元集团公司偿还完毕。天元股份公司应当依据《债务转移协议补充承诺》承担还款责任。（2）原审判决认定三门峡车站工行不能举证证明天成电化公司对本案以新贷偿还旧贷明知或同意，也不能证明旧贷款的保证人同为该公司，故天成电化公司对本案贷款不承担保证责任的认定违反了"谁主张，谁举证"的举证责任分配规则。对以贷还贷的事实是否明知以及前贷与后贷的保证人是否同一的事实，依法应由天成电化有限公司承担举证责任。天成电化有限公司作为担保人未能举证证明上述事实，应依法对本案贷款承担连带的还款责任。请求二审依法改判由天元股份公司对天元集团公司所欠借款本金3770万元及利息承担连带还款责任；改判天成电化公司对上述贷款本金及利息承担连带保证责任。

在二审过程中三门峡车站工行提出：鉴于天成电化公司已于2008年1月22日被河南省陕县人民法院裁定破产终结，申请撤回对天成电化公司的上诉请求。

被上诉人天元股份公司答辩称：（1）2000年7月，天元集团公司系与其他五家法人共同发起设立天元股份公司。天元集团公司以其经评估价值为3亿余元的资产作为股权投入天元股份公司。为了通过上市公司资格认证，天元集团公司于2000年9月21日向三门峡车站工行出具《承诺书》，提出其投入天元股份公司的设备资产只对该行的2550万元债务承担责任，其余的债务仍由天元集团公司承担，三门峡车站工行对此予以认可。天元集团公司和天元股份公司及三门峡车站工行签署了5份涉及金额为2550万元的《债务转移协议》。2000年11月16日天元股份公司的《债务转移协议补充承诺》是基于天元股份公司接收天元集团公司股权财产的不可分割性，而对其中2550万元有抵押的三门峡车站工行的债务出具的承诺，并不构成对三门峡车站工行2000年11月以后与天元集团公司之间其他借款承担责任的承诺。天元股份公司不应对本案所涉及的2004年8月天元集团公司与三门峡车站工行及担保人天成电化公司间的借款承担民事责任。天元股份公司为了履行上述《债务转移协议补充承诺》，于2001年9月14日与三门峡车站工行签订了借款用途为"为支持企业上市，转移贷款"，借款金额为2550万元的3份《借款合同》。该2550万元借款分别于2001年9月25日、26日全部偿还，该事实证明《债权转移协议补充承诺》已实际履行，双方间的权利义务关系已解除。（2）本案所涉及的3笔贷款是2004年8月天元集团公司因生产购买原材料与三门峡车站工行及担保人天成电化公司之间发生的新的借贷法律关系，天元股份公司不是该借贷法律关系的当事人，没有法律上的直接关系，不存在与天元集团公司承担共同偿还责任的事实和法律依据。原审判决认定事实和适用法律正确，请求二审法院予以维持。

原审被告天元集团公司经合法传唤，未参与二审诉讼。

二审裁判结果

最高人民法院判决：

一、维持河南省高级人民法院〔2006〕豫法民二初字第44号民事判决第二项；

二、变更上述民事判决主文第一项为：三门峡天元铝业集团有限公司、三门峡天元铝业股份有限公司于本判决生效后10日内向中国工商银行股份有限公司三门峡车站支行偿还借款本金3770万元及利息3754860.16元（计算至2006年7月20日，自2006年7月21日起，按照中国人民银行规定的同期逾期贷款利率分段计付至付清之日止）。上述给付义务人如未按照本判决确定的期间履行给付义务，应当依照《民事诉讼法》第232条的规定，加倍支付迟延履行期间的债务利息。

二审裁判理由

最高人民法院二审除确认原审查明的事实外，另查明：

天元股份公司系在河南省注册，在香港特别行政区创业板上市的股份有限公司。

2000年9月21日天元集团公司向三门峡车站工行出具盖有该公司公章并由该公司董事长李永正签字的《承诺书》称："为争取企业上市，谋求更大发展，于2000年7月改制，经河南省体改委批准发起成立了天元股份公司，天元集团公司以现有优质资产（电解一分厂、电解二分厂、动力车间等辅助车间）作为股份投入，投资总额占股份公司总股本的95.84%。同时，为了通过上市公司资格认证，确定将股份公司应承担的大部分负债留在集团公司，股份公司只承担银行债务8232万元（其中有贵行2550万元），贵行原贷给我集团公司的13420万元中所剩余的10870万元债务仍由集团公司承担。为确保贵行的10870万元信贷资产不因我公司改制而遭受损失，并使该贷款正常还本付息，我集团郑重承诺，对此10870万元债务，我集团公司以10万吨一期电解铝扩建工程（3.1万吨）竣工后总资产作为偿还贵行债务保证，若该资产以后需要进入股份公司，贵行债权将随同该资产同步转移。"三门峡车站工行对该承诺书的真实性无异议，但称其从未接受该承诺，不同意天元股份公司只承担天元集团公司13420万元债务中的2550万元的请求。

天元集团公司和天元股份公司签署5份涉及上述三门峡车站工行2550万元贷款的《债务转移协议》。在该5份协议的"银行信贷部门签章"处，三门峡车站工行未加盖公章。

2000年11月16日，天元集团公司和天元股份公司向三门峡车站工行出具《债务转移协议补充承诺》。该《补充承诺》第1条称：三门峡车站工行与天元集团公司、天元股份公司三方所签的债务转移001、002、003、004、005号协议仅是为了支持企业上市，不作为债务转移的实质依据，与车站工行的债权无关，集团公司与股份公司共同对车站工行的债权负责；第3条称：如10万吨电解铝工程竣工后资产需进入股份公司，车站工行债权随同该资产同步转移。

根据天元股份公司2005年10月27日在香港联交所发布的《非常重大收购及关联交易公告》，天元集团公司自2004年6月13日起租赁天元股份公司的3.1万吨电解铝设备。双方于公告日签订协议，天元股份公司以承担天元集团公司所欠金融机构（不包括车站工行）债务、应收账款、采购定金及现金支付等方式，以3.9078亿元为对价收购天元集团公司3.1万吨电解铝生产线及辅助设施及天元集团公司的部分土地使用权。其中3.1万吨电解铝生产线及辅助设施作价3.1496亿元。

天元集团公司已将持有的天元股份公司全部股权（占天元股份公司总股本的67.2%）转让给案外人天瑞公司。

2007年5月25日，河南省陕县人民法院裁定天成电化公司破产还债。2008年1月22日该院裁定：宣告终结该破产案件，未得到清偿的债权不再清偿。根据该案破产管理人的破产资产分配方案，该案普通破产债权人的受偿比例为零。

最高人民法院认为：天元集团公司未依约偿还三门峡车站工行贷款3770万元本金及利息，构成违约。本案各方当事人对该项事实均无异议，故原审判决关于天元集团公司的民事责任部分本院予以维持。本案二审的焦点问题是：天元股份公司是否应对天元集团公司的本案欠款承担共同偿还责任。

1. 《合同法》第84条规定："债务人将合同的义务全部或者部分转移给第三人的，应当经债权人同意。"天元集团公司以其优良资产与他人组建天元股份公司，将净值9232.6万元的资产投入到天元股份公司，导致其偿还银行债务的责任财产减少，清偿债务的能力削弱。在股份制改造过程中，天元集团公司向三门峡车站工行出具《承诺书》，提出其投入天元股份公司的设备资产只对该行共计13420万元债务中的2550万元债务承担责任，其余的债务仍由天元集团公司承担。对此承诺，三门峡车站工行未予接受，也未在天元集团公司和天元股份公司签署的5份涉及三门峡车站工行2550万元贷款的《债务转移协议》上加盖公章，故该债务转移协议对三门峡车站工行未发生法律效力。

2. 天元集团公司和天元股份公司于2000年11月16日签署的《债务转移协议补充承诺》实际上向三门峡车站工行承诺了以下三项内容：其一，前述天元集团公司、天元股份公司所签订的债务转移协议仅是为了企业上市需要，不是债务转移的实质依据，即双方已否定了5份债务转移协议的法律效力，并承诺天元集团公司与天元股份公司共同对车站工行的债权负责；其二，天元集团公司以10万吨电解铝扩建工程竣工后总资产作为偿还三门峡车站工行债务的保证，如果天元集团公司无力归还三门峡车站工行的债务，该债务由天元股份公司归还；其三，如10万吨电解铝工程竣工后资产需进入股份公司，车站工行债权随同该资产同步转移。该承诺意思表示明确，第1条为并存的债务承担，即债的加入，天元集团公司不脱离原来的债务关系，天元股份公司加入到天元集团公司对三门峡车站工行的债务当中，承诺与天元集团公司共同承担还款责任。第2条为债的保证，即天元集团公司以10万吨电解铝的资产作为还款保证，在其不能偿还债务的情况下，天元股份公司承担保证责任。第3条实际为附条件的免责债务承担，即以10万吨电解铝的资产进入天元股份公司为条件，当该条件成就时，天元集团公司脱离原来的债务关系，天元股份公司直接向三门峡车站工行承担还款责任。三门峡车站工行认可《债务转移协议补充承诺》，根据10万吨电解铝的资产其中6.9万吨资产在天元股份公司成立时即进入该公司，另3.1万吨资产自2004年6月13日起由天元股份公司租赁，并于2005年10月27日以承担天元集团公司债务和支付部分现金等方式收购的事实，认为《债务转移协议补充承诺》所附条件已经成就，要求天元股份公司承担天元集团公司本案债务的还款责任的上诉请求，本院予以支持。同时，天元集团公司的还款责任本可以免除，但由于其未对此提起上诉，加之《债务转移协议补充承诺》第1条的承诺，故天元股份公司与天元集团公司应对本案3770万元本息承担共同偿还责任。

3. 关于天元股份公司提出的本案所涉及的3笔贷款是2004年8月天元集团公司因生产购买原材料与三门峡车站工行及担保人天成电化公司之间发生的新的借贷法律关系，天元股份公司不是该借贷法律关系的当事人，不应承担民事责任问题。本院认为，根据本案查明的事实，从本案合同约定的贷款目的及贷款、还款的操作方式，可以认定：本案车站工行所诉天元集团公司的3笔贷款即（2004）第37号、第38号、第39号借款合同均系借新还旧借款合同。（2004）第37号1590万元借款合同是经数次借新还旧后对双方2000年之前1700万元借款的借新还旧，而（2004）第38号1480万元借款合同、第39号700万元借款合同系经数次借新还旧后对双方2000年之前1647万元借款合同的借新还旧。原审判决认定本案贷款是2000年的旧贷款经多次以贷还贷逐步演化而来是正确的。借新还旧系贷款到期不能按时收回，金融机构又向原贷款人发放贷款用于归还原贷款的行为。借新还旧与贷款人用自有资金归还贷款，从而消灭原债权债务的行为有着本质的区别。虽然新贷代替了旧贷，但贷款人与借款人之间的债权债务关系并未消除，客观上只是以新贷的形式延长了旧贷的还款期限，故借新还旧的贷款本质上是旧贷的一种特殊形式的展期。本案天元集团公司的相关旧贷实际并未得到清偿，天元股份公司对天元集团公司的上述3笔贷款仍应依其承诺，承担民事责任。

4. 天元股份公司在本院二审中提出，本案《债务转移协议补充承诺》是对天元股份公司同意接收的天元集团公司2550万元债务对三门峡车站工行出具的承诺，并不构成对三门峡车站工行与天元集团公司之间其他借款承担责任的承诺。为了履行上述《债务转移协议补充承诺》，天元股份公司于2001年9月14日与三门峡车站工行签订了转移贷款2550万元的3份借款合同，且该2550万元借款已全部偿还。《债权转移协议补充承诺》因已实际履行，双方间的权利义务关系已解除。对此，本院认为，《债权转移协议补充承诺》并未明确约定天元股份公司只对天元集团公司的2550万元债务对三门峡车站工行承担民事责任。天元股份公司在二审中向本院提交了3份还款凭证，证明2000年9月25日、2000年9月26日、2000年9月26日以转移贷款名义，代天元集团公司向三门峡车站工行还款2550万元。对此，三门峡车站工行未予否认，双方均认可该还款并非本案欠款的还款，故本院对此事实予以确认。但3笔还款均发生于2000年11月16日天元股份公司向三门峡车站工行出具《债权转移协议补充承诺》之前，难以据此得出该项还款是为履行上述补充承诺的结论。故天元股份公司关于三门峡车站工行实际上默认了天元股份公司只承担天元集团公司2550万元债务的请求，该协议因履行得以解除的主张，本院不予支持。

5. 关于天成电化公司的主体资格和民事责任问题。鉴于在本院二审审理前，天成电化公司已于2008年1月22日被河南省陕县人民法院裁定破产终结，其民事主体资格因破产程序终结归于消灭，天成电化公司不能再作为本案的当事人。

综上，原审判决部分事实认定不清、责任判处不当。

10. 债务转移与第三人代为履行如何区别？

债务转移与第三人代为履行有实质差别：债务转移是合同债务转移由第三人履行，第三人取得了债务人的地位，债权人可以直接向第三人提出权利请求，第三人应对自己的不履行或者不适当履行承担违约责任。而第三人代为履行，是由第三人代债务人清偿债务，第三人并未取代债务人的地位，债权人不得直接向第三人请求履行债务，第三人不属于合同的当事人，如第三人履约不符合约定，违约责任仍由债务人承担。债务转移与第三人履行都存在着第三人履行债务的情况，由于两者民事责任主体不同，在审判实践中应注意区分，关键在于审查债务人与第三人是否达成协议转移全部或部分合同义务，该协议是否经过债权人同意。

典型疑难案件参考

苏州职工国际旅行社有限公司诉吴国强、吴海明运输合同纠纷案

基本案情

2004年9月28日,原告苏州职工国际旅行社有限公司委托被告吴国强,要求其承运39位游客,约定承运时间为2004年10月13日上午7时,起始地为浒关自来水厂办公楼,目的地为上海浦东国际机场,飞机起飞时间为11时30分,运费为1000多元,由吴国强与原告结算。后被告吴国强将该运输转交被告吴海明,并通报了原告,将吴海明的联系方法与车号告知原告,原告未表示反对,并与吴海明取得联系,约定了发车时间。10月13日,被告吴海明驾驶车牌号为苏FA8215的客车准时从浒关自来水厂办公楼发车,途中吴海明未行驶上海市外围高速至浦东机场的路线,而是驶入上海市区内延安高架,该车在11时10分左右到达机场,致使原告组团的39位游客未能在11时前办理11时30分CZ3516飞往海口的登机手续。后由原告再行支出人民币39000元,购得当天18时CZ3836飞往三亚的机票39张,每张1000元(含机场建设费),当日中午支出41人(包括导游、司机)午餐费用570元。原告、两被告对上述事实均无异议。

诉辩情况

原告诉称:原告与被告吴国强达成口头协议,由吴国强负责承运浒关自来水厂职工于2004年10月13日上午7时许从该单位办公楼至上海浦东机场,乘坐当日11时30分飞往海南三亚的航班。后被告吴国强将此业务转交给苏州蓝天客运旅游有限公司指派车牌号为苏FA8215的客车实际承担运送业务,由被告吴海明担任驾驶员。该车于13日上午7时从水厂办公楼出发,吴海明未在约定时间内将原告的客人送至机场,直接导致原告所订的39张飞机票作废,造成直接经济损失39570元。原告与被告吴国强系运输合同,吴国强将业务转交给被告吴海明,由于吴海明的主要过错导致误机,造成机票、机场建设费、餐费等损失,两被告共同违约,故起诉请求判令两被告赔偿损失人民币39570元,并承担本案诉讼费用。

被告吴国强辩称:两被告之间是受委托人与转委托人关系,原告也承认三方协商合同已转移给被告吴海明,其与原告不存在合同关系,出发时间系原告指示,未能证明过错系其未按约履行所致,原告未举证证明损失发生的合理性和必然性,损害赔偿缺乏依据,请求驳回对其的诉讼请求。

被告吴海明辩称：其与原告没有建立运输合同，其只是帮吴国强，仅是履行辅助人，在履行过程中，原告、吴国强均未明确飞机起飞时间，行驶路线是原告指定的，没有证据证明其在路上花费的时间不正常。其作为自然人不具有客运运输主体资格，也不能成为运输合同的主体；吴国强没有证据证明合同权利义务全面转移，两被告也不存在转委托关系；原告的损失没有完全举证证明是必然合理发生的损失。请求驳回对其的诉讼请求。

裁判结果

苏州市吴中区人民法院依据《合同法》第290条、第291条、第112条之规定，判决：

一、被告吴国强于本判决生效之日起10日内赔偿原告苏州职工国际旅行社有限公司人民币37050元。

二、驳回原告苏州职工国际旅行社有限公司的其他诉讼请求。

裁判理由

苏州市吴中区人民法院审理认为：本案的争议焦点有三个方面：（1）误机原因；（2）损失范围、金额；（3）民事责任。

1. 本案没有证据证明原告旅行社向承运人吴国强或者以后的驾驶员吴海明告知了到达机场的时间。但两被告都知道飞机的起飞时间，作为从事承运工作的人员，应当知晓搭乘航班需提前进入机场，起飞前30分钟停止办理登机手续这一普通常识。再则，按照原告安排的出发时间至到达地时间有4小时（扣除起飞前30分钟），根据生活常理和苏州至上海浦东机场的通常路线，原告的时间安排是充足、宽裕的（排除意外事件）。结合本案证人证言，本院认为造成误机的原因是被告吴海明没有按照快捷、安全的原则选择通常路线行驶，延长了承运时间所致。被告吴海明关于根据原告要求行驶路线的辩称，没有证据证实，故不予采信。

2. 关于误机机票改签，由于机票已经注明不得签转，故对两被告的主张不予支持。关于误机后退票，证据能够证明原告在误机后，向原购票地点申请退票，但仅收到39张机票的机场建设费1950元，增加支出37050元机票款。就本案而言，原告已经尽到申请退票的义务，故未予退票的责任不能由原告承担，对两被告的辩称不予支持。关于餐费损失，原告组团旅行，对团员收取一定的费用，其中包括用餐费用。本案虽然误机但并不导致增加用餐数量，故对原告的该项请求不予支持。

3. 关于被告吴国强辩称的合同转移，合同转移是指当事人一方经对方同意,可以将自己在合同中的权利和义务一并转让给第三人。本案中,原告接受运输合同一方吴国强指派给第三人吴海明的承运服务,该事实表明原告同意由吴海明承运,但并不能以此得出原告同意将运输合同中吴国强的权利和义务一并转让给第三人吴海明。第一,从运费结算方法看,原告认为其与吴国强结算,对此吴国强予以肯定。第二,被告吴海明否认接受了合同权利和义务,吴国强也没有证据证明已将合同的权利义务一并转移给吴海明。第三,原告没有认可合同权利义务的转移,故本案中原告与被告吴国强的运输合同没有转移给吴海明,运输合同的主体仍然是旅行社与吴国强。从本案现有证据仅能证明,被告吴海明接受被告吴国强的委托,代吴国强将原告的旅客送至上海浦东机场,因此产生的法律责任及于被告吴国强。现被告吴海明履行合同义务不符合约定,与原告多支出票款37050元存在因果关系,造成的损失应由被告吴国强承担。而两被告之间是否存在雇佣关系,本案不予理涉。综上,原告旅行社与被告吴国强签订的口头运输合同合法有效,应受法律保护。由于被告吴国强履行合同义务不符合约定,应当承担由此造成的损失,原告以两被告共同违约,请求承担赔偿责任没有法律依据,故不予支持。

宣判后,双方均未上诉,一审判决已生效。

债务转移合同纠纷办案依据集成

1. 中华人民共和国合同法（1999年3月15日主席令第15号公布）（节录）

第八十四条 债务人将合同的义务全部或者部分转移给第三人的，应当经债权人同意。

第八十五条 债务人转移义务的，新债务人可以主张原债务人对债权人的抗辩。

第八十六条 债务人转移义务的，新债务人应当承担与主债务有关的从债务，但该从债务专属于原债务人自身的除外。

第八十七条 法律、行政法规规定转让权利或者转移义务应当办理批准、登记等手续的，依照其规定。

2. 最高人民法院关于适用《中华人民共和国合同法》若干问题的解释（一）（1999年12月19日 法释〔1999〕19号）（节录）

第二十八条 经债权人同意，债务人转移合同义务后，受让人与债权人之间因履行合同发生纠纷诉至人民法院，受让人就债务人对债权人的权利提出抗辩的，可以将债务人列为第三人。

七、债权债务概括转移合同纠纷

11. 合同一方能否对外一并转让合同权利义务？

合同一方将其在合同中的权利义务一并转让给第三人，转让内容包括原合同项下的债权债务。债权债务概括转移包含了债务转移，故也可能影响到债权的实现，同样需要经对方当事人的同意。从法律效果上看，《合同法》关于债权转让和债务转移的规定也适用于概括转移。公司以公司资产为本公司的股东提供担保的，担保合同无效。主合同有效而担保合同无效，债权人无过错的，担保人与债务人对主合同债权人的经济损失，承担连带赔偿责任；债权人、担保人有过错的，担保人承担民事责任的部分，不应超过债务人不能清偿部分的50%。

典型疑难案件参考

温州信托公司清算组诉幸福实业公司等债权债务转让合同纠纷案（《最高人民法院公报》2004年第2期）

基本案情

1998年11月3日，署名为湖北省国际信托投资公司（以下简称湖北国投，甲方）、温州国际信托投资公司（以下简称温州国投，乙方）、幸福集团公司（以下简称集团公司，丙方）和湖北幸福实业股份有限公司（以下简称实业公司，丁方）的四方签订《债权债务转让协议》，约定：温州国投、湖北国投、集团公司三方一致同意将湖北国投对集团公司的债权（以湖北省高级人民法院〔1997〕鄂经初字第89、90号民事调解书为据）中的360万美元转让给温州国投，以了结温州国投与湖北国投双方的所有债权债务关系。该协议签订后，温州国投对集团公司拥有360万美元的债权；温州国投与湖北国投之间的债权债务即告终结，同时集团公司与湖北国投之间的360万美元的债权债务也即告终结；从本协议生效至还清之日止，温州国投对集团公司的360万美元的债权按年息8.4%计息，利息随主债务同时结清。集团公司应于1999年12月31日前还清全部债务；集团公司如不能在1999年12月31日前清偿完毕此笔债务，也应无条件地在2000年3月底之前，将其所持有的相应数量的实业公司法人股股票转让给温州国投，以抵偿所欠全部债务，每股转让价格按实业公司1999年年报中公布的摊薄每股净资产值计算，并负责办理股票的转让过户手续，至转让完毕，转让费用由实业公司承担。集团公司未在上述约定期限内清偿债务的，除继续按年息8.4%向温州国投付息外，从逾期之日起，尚需承担所欠款每日0.05%的违约金，直至债务全部清偿止。实业公司自愿为集团公司履行该协议的债务承担不可撤销的连带责任保证，保证期限自该协议签订之日起至2001年12月31日止。保证范围包括360万美元本金及利息、违约金，以及有关的诉讼费、执行费、律师费，且保证集团公司不能如期偿还温州国投债务时，担保集团公司办毕与债务相应金额的实业公司法人股股票的转让手续。转让后湖北国投对集团公司的剩余债权，由湖北国投和集团公司另行解决。四方盖章和法定代表人（或授权代表）签字后立即生效。温州国投、湖北国投、集团公司分别在甲乙丙三方当事人栏内签字盖章，在丁方，即实业公司栏内加盖的是"湖北幸福（集团）实业股份有限公司"的公章，签字人是罗邦良。

另查明，1998年11月3日，湖北省潜江市幸福城市信用合作社主任罗邦良持盖有"湖北幸福（集团）实业股份有限公司"公章及"周作亮印"私章，内容为"兹授权罗邦良代表我公司与湖北国投、温州国投签订债权债务转让协议"的《授权书》签订的上述《债权债务转让协议》。

对上述《债权债务转让协议》和《授权书》上加盖的"湖北幸福（集团）实业股份有限公司"公章，本案一审期间经湖北省高级人民法院司法技术处鉴定，结论为：转让协议上所加盖的印章与实业公司名称变更前使用的并在工商行政管理部门备案的公章不是同一枚公章。二审期间，上诉人温州国投提交了其委托司法部司法鉴定中心对上述两枚印章再次进行鉴定的鉴定书，其鉴定结论为上述两枚印章与1997年度《股份企业会计报表利润及利润分配表》留有的"湖北幸福（集团）实业股份有限公司"印文系出于同一枚印章。但该检材系复印件。2002年5月25日，温州国投又向二审法院提出了文检鉴定申请，申请对1997年度《股份制企业会计报表利润及利润分配表》、1998年10月25日实业公司财务统计报表封面上加盖的印章与1998年11月3日《债权债务转让协议》上加盖的公章进行鉴定。但其提交的检材仍为复印件，其在鉴定申请中注明原件分别在湖北省工商行政管理局和集团公司。

再查明：实业公司原名为湖北幸福（集团）实业股份有限公司，1998年5月17日向工商行政管理部门申请变更登记，将公司名称变更为实业公司，同年5月18日，工商行政管理部门向其颁发了名称为实业公司的企业法人营业执照。签订《债权债务转让协议》时，集团公司和实业公司的法定代表人均为周作亮，集团公司是实业公司的第一大股东，湖北国投为实业公司的前十名大股东。1999年10月25日，集团公司将其在实业公司的部分法人股折抵给湖北国投后，湖北国投成为实业公司第一大股东；2000年8月1日，名流投资有限公司通过拍卖方式竞得实业公司部分法人股后，成为实业公司第一大股东。

1999年实业公司《年度报告》第七部分第7项"重大关联交易事项"、第八部分财务会计报告第9项"或有事项、承诺事项"栏内均载明：1998年11月3日，集团公司、实业公司、温州国投、湖北国投四方签订债权债务转让协议，确认集团公司对温州国投欠款360万美元，实业公司为集团公司承担360万美元及利息不可撤销的连带保证责任。另外，由于实业公司与原第一大股东集团公司的人、财、物"三分开"工作尚未结束，其他抵押担保事项尚在清理之中。

▶一审诉辩情况◀

2000年7月5日，温州国投以集团公司既未办理股票转让手续，又未偿还欠款，实业公司亦未履行担保责任为由，诉至湖北省高级人民法院。

▶一审裁判结果◀

湖北省高级人民法院判决：

一、集团公司偿付温州国投欠款本金360万美元。

二、集团公司支付温州国投360万美元的利息（从1998年11月3日起至2000年3月31日止按中国人民银行同期一年期美元贷款利率计付；从2000年4月1日起至付清之日止按中国人民银行同期美元逾期贷款罚息标准计付）。

三、驳回温州国投对实业公司的诉讼请求。

▶一审裁判理由◀

湖北省高级人民法院认为：温州国投、湖北国投、集团公司所签订债权债务转让协议，是三方当事人的真实意思表示，转让协议有效。转让协议上虽有实业公司的署名，但在担保人处所加盖的印章既不是实业公司的印章，也不是实业公司名称变更前在工商行政管理部门登记备案并合法使用的印章，且转让协议上的签字人罗邦良是湖北省潜江市幸福城市信用合作社的主任，而不是实业公司的人员，其所持《授权书》上所加盖的"周作亮印"，也不是周作亮任实业公司法定代表人时所使用的"周作亮章"。因此，实业公司作为担保人身份在该转让协议上的签章不是其真实意思表示，其与温州国投之间的担保关系不成立，温州国投要求实业公司对集团公司的债务承担连带责任的诉讼请求应予驳回。集团公司在同意湖北国投将对其享有的债权转让给温州国投后，不按转让协议规定的期限履行还款义务，属违约行为，应对本案纠纷承担全部责任。

二审诉辩情况

温州国投上诉称：（1）实业公司在名称变更后仍然使用名称变更前的印章，存在多枚印章同时使用的事实。因此，应对实业公司使用中的全部印章进行核定，一审法院所作鉴定结论不具有排他性和唯一性，不能作为定案依据。原审判决仅以《债权债务转让协议》上的实业公司印章与其名称变更前在工商局备案的印章不是同一枚印章为由，认定实业公司在转让协议上加盖印章不是其真实意思表示，此认定是不能成立的。上诉人已向原审法院提供样本印文（复印件）并提出重新鉴定的意见，却不被重视和采纳。二审期间，经司法部司法鉴定中心进行印文检验，鉴定结果为转让协议与委托书上的公章与实业公司1997年的公司利润及利润分配表为同一枚公章。周作亮同为集团公司和实业公司的法定代表人，"周作亮印"和"周作亮章"是否分别代表集团公司和实业公司，是其内部的区别，对外不具有法律意义。周作亮授权委托罗邦良签订协议是其真实意思表示。原审判决把罗邦良不是实业公司人员作为判决保证不成立的理由之一，缺乏法律依据。（2）实业公司1999年年度报告对本案的担保事宜如实地作了披露，应作为认定其保证人地位真实的有效证据，一审法院对此却未作认定。（3）《债权债务转让协议》约定的生效要件是四方当事人盖章和法定代表人签字，故即使按一审判决认定实业公司作为担保人身份在该转让协议上的签章不是其真实意思表示，那么，也应判决整个《债权债务转让协议》未生效，而不应仅判决实业公司的担保不成立，债的转让有效。（4）由于原审法院不仅存在事实认定上的错误，而且按判决所认定的事实对本案《债权债务转让协议》所作出的有效认定也是错误的，请求二审法院依法予以改判。

被上诉人实业公司答辩称：《债权债务转让协议》和《委托书》上所盖的担保人公章不是实业公司的公章，也不是实业公司曾经使用过的有效公章，该转让协议签订时，没有实业公司的人在场，《委托书》上法定代表人的私章也不是实业公司法定代表人的私章。转让协议签订时，温州国投知道或者应当知道担保人不是实业公司,其仍在协议书上签字盖章,应对自己的过错承担责任。实业公司1999年年度报告虽然在或有事项里报告了四方协议一事,但此节是因温州国投致函要求履行保证义务得知的,并没有承认或认可此担保,且在2000年的年度报告中已明确表示不承认该协议并要通过法律手段解决。退一步讲,即使实业公司签订了该协议,因集团公司当时是实业公司的第一大股东,根据《公司法》的规定,股份公司为其股东提供担保亦应无效。温州国投提出重新鉴定的申请不符合《最高人民法院关于民事诉讼证据的若干规定》,应予驳回。一审法院判决正确,应予维持。

二审裁判结果

最高人民法院判决:
一、维持湖北省高级人民法院〔2001〕鄂经初字第22号民事判决主文的第一项、第二项及一审案件受理费、诉讼保全费承担部分;
二、撤销上述民事判决主文的第三项;
三、湖北幸福实业股份有限公司对幸福集团公司不能偿还本案债务部分在50%的范围内承担赔偿责任。

二审裁判理由

最高人民法院认为,虽然现尚无充足证据证明1998年11月3日署名为温州国投、湖北国投、集团公司和实业公司四方签订的《债权债务转让协议》上加盖的"湖北幸福(集团)实业股份有限公司"的公章系实业公司的真实公章,但由于实业公司1999年《年度报告》"重大关联交易事项"和财务会计报告"或有事项、承诺事项"栏内均明确载明"1998年11月3日,集团公司、实业公司、温州国投、湖北国投四方签订债权债务转让协议,确认集团公司对温州国投欠款360万美元,实业公司为集团公司承担360万美元及利息不可撤销的连带保证责任"等内容,从上述实业公司年度报告所载内容看,实业公司对其为温州国投提供担保一事应是明知的,且现尚无证据证明实业公司当时对提供担保一事提出过异议。当事人各方对上述年度报告形式上的真实性没有异议,应当作为证据认定,故实业公司为温州国投360万美元本金及利息等提供担保应认定为其当时的真实意思表示,实业公司应对该笔债务承担相应的民事责任。本院不再对上诉人提出的几枚印章进行鉴定。上诉人关于一审法院仅以《债权债务转让协议》上加盖的担保人公章不是实业公司的印章,也不是实业公司名称变更前在工商管理部门登记备案并合法使用的印章为由,认定在该转让协议担保人栏内盖章不是实业公司的真实意思表示不能成立的上诉理由，本院予以支持。在签订《债权债务转让协议》时，周作亮同为集团公司和实业公司的法定代表人，其"周作亮印"和"周作亮章"两枚私章是否分别代表集团公司和实业公司，只是其内部区别，对外无法律约束力，一审法院关于罗邦良所持《授权书》上加盖的"周作亮印"仅代表集团公司，而不代表实业公司的认定不当。依照《公司法》第60条关于"董事、经理不得以公司资产为本公司的股东或者其他个人债务提供担保"以及本院《关于适用〈中华人民共和国担保法〉若干问题的解释》第4条关于"董事、经理违反《中华人民共和国公司法》第六十条的规定，以公司资产为本公司的股东或者其他个人债务提供担保的，担保合同无效。除债权人知道或者应当知道的外，债务人、担保人应当对债权人的损失承担连带赔偿责任"的规定，集团公司作为当时实业公司的第一大股东，实业公司为其提供的担保应认定为无效。因转让协议中明确规定集团公司到期不能清偿温州国投该笔债务的，由其持有的实业公司的法人股股票折抵债务，故债权人温州国投对实业公司为其股东集团公司提供担保应是明知的，鉴于温州国投和实业公司违反法律禁止性规定签订保证合同，对该担保无效均有过错，故依照本院《关于适用〈中华人民共和国担保法〉若干问题的解释》第7条关于"主合同有效而担保合同无效，债权人无过错的，担保人与债务人对主合同债权人的经济损失，承担连带赔偿责任；债权人、担保人有过错的，担保人承担民事责任的部分，不应超过债务人不能清偿部分的二分之一"的规定，对担保无效所造成的损失，即债务人集团公司不能清偿债务部分，实业公司应在50%的范围内承担赔偿责任，其余损失温州国投应自行承担。

债权债务概括转移合同纠纷办案依据集成

1. 中华人民共和国民法通则（2009年8月27日修正）（节录）

第九十一条　合同一方将合同的权利、义务全部或者部分转让给第三人的，应当取得合同另一方的同意，并不得牟利。依照法律规定应当由国家批准的合同，需经原批准机关批准。但是，法律另有规定或者原合同另有约定的除外。

2. 中华人民共和国合同法（1999年3月15日主席令第15号公布）（节录）

第七十九条　债权人可以将合同的权利全部或者部分转让给第三人，但有下列情形之一的除外：

（一）根据合同性质不得转让；

（二）按照当事人约定不得转让；

（三）依照法律规定不得转让。

第八十八条　当事人一方经对方同意，可以将自己在合同中的权利和义务一并转让给第三人。

第八十九条　权利和义务一并转让的，适用本法第七十九条、第八十一条至第八十三条、第八十五条至第八十七条的规定。

第九十条　当事人订立合同后合并的，由合并后的法人或者其他组织行使合同权利，履行合同义务。当事人订立合同后分立的，除债权人和债务人另有约定的以外，由分立的法人或者其他组织对合同的权利和义务享有连带债权，承担连带债务。

3. 最高人民法院关于适用《中华人民共和国合同法》若干问题的解释（一）（1999年12月19日　法释〔1999〕19号）（节录）

第二十九条　合同当事人一方经对方同意将其在合同中的权利义务一并转让给受让人，对方与受让人因履行合同发生纠纷诉至人民法院，对方就合同权利义务提出抗辩的，可以将出让方列为第三人。

八、悬赏广告纠纷

12. 悬赏广告的法律性质如何认定？

悬赏广告是指以广告的方式公开表示对于完成一定行为的人给予报酬的意思表示。悬赏广告在法律性质认定上有两种学说：一是单独行为说，二是契约说。司法实践中多采契约说，认为悬赏广告是对不特定人的要约，须与完成指定行为人的承诺相结合，契约才能成立。悬赏广告中的广告，是指意图使不特定人知晓的告知方式，如果该意思表示是向特定人发出的，则视为一般要约。至于广告的方法，无论是采用文字广告，如在报纸上刊登广告，在广告栏内、电线杆上张贴广告，在公共车辆、场所内悬挂广告等，还是口头广告，如通过收音机、有线广播播发或口送宣传等，只要使用的方法能使不特定人了解其意思表示，都可以成立。基于悬赏人的意思表示，完成指定行为的人有权请求悬赏人给付报酬，悬赏人负有按照悬赏广告的约定支付报酬的义务。

典型疑难案件参考

吴慈东诉岳阳医院给付悬赏广告报酬纠纷再审案

基本案情

原告吴慈东原系被告岳阳医院的职工。1983年，岳阳医院为解决职工住宅建房基地短缺问题，召开全院职工大会，并在大会上动员本院职工为寻找建房基地提供信息，明确宣布对为寻找落实建房基地作出直接努力的本院职工奖励住房，但未具体明确奖励住房的地段、规格、面积等。1985年，吴慈东向岳阳医院提供了永嘉路地块（即永嘉大楼现址）可拆迁的信息后，经各方努力，落实了该高层建房基地，吴慈东亦被调入该基地联建组工作。1987年11月24日，联建组为稳定吴的工作情绪，落实有关奖励房屋事宜，特向岳阳医院领导呈报了《关于吴慈东同志的奖励住房问题》的专题报告。该报告肯定了吴在寻找建房基地及建房前期设计配套工作中的贡献，建议院领导在吴慈东继续积极主动努力工作的基础上，在永嘉路住宅建成后，奖励吴慈东一套住房，住房面积不少于22.4平方米。该院院长张天在此报告上批示表示同意。1990年5月，吴慈东因工作严重失职，造成岳阳医院重大经济损失。1992年5月又因旷工违纪而被除名。1993年永嘉大楼建成后，岳阳医院以吴慈东已丧失奖励住房资格为由，拒绝奖励住房。

一审诉辩情况

吴慈东遂于1993年6月诉至上海市徐汇区人民法院，请求判令岳阳医院给付本人永嘉大楼居住面积不少于22.4平方米的住房一间。

被告岳阳医院答辩称：同意奖励原告住房是以其"继续努力工作"为条件的。但原告不符合此条件，不应奖励其住房。

一审裁判结果

上海市徐汇区人民法院判决：岳阳医院应在本判决生效后3个月内提供吴慈东本市范围内居住面积不少于12平方米的住房一间，若逾期未能提供相应住房，则补偿吴慈东房屋款计人民币17920元。

一审裁判理由

上海市徐汇区人民法院认为：吴慈东与岳阳医院之间已形成口头悬赏合同关系。岳阳医院以吴慈东在联建组工作后期严重失职，未能做到积极主动努力工作，并造成医院重大经济损失，且不再是本院职工，无权取得住房奖励为由，拒绝奖励吴慈东住房，理由不足。依照悬赏合同的约定，吴慈东应获得岳阳医院奖励的住房。至于地段、规格等由于悬赏合同未予明确，可由法院酌情判处。

二审诉辩情况

吴慈东、岳阳医院均不服，均提出上诉。

二审裁判结果

上海市第二中级人民法院判决：
一、撤销一审判决。
二、岳阳医院应在本判决生效之日起3个月内提供本市范围内居住面积不少于12平方米的住房一间供吴慈东居住使用。

二审裁判理由

上海市第二中级人民法院认为：吴慈东与岳阳医院之间形成口头悬赏合同关系，由于该口头合同对奖励房屋地段、规格均不明确，原审法院据此酌情判决岳阳医院提供吴慈东本市范围内居住面积不少于12平方米的住房一间并无不当。但原判判决岳阳医院逾期未能提供相应住房则补偿房屋款缺乏依据，应予撤销。吴慈东上诉要求奖励永嘉大楼居住面积不少于22.4平方米的房屋及岳阳医院认为奖励房屋是有条件的，均对口头悬赏合同没有约束力，故双方的上诉请求均不予支持。

再审诉辩情况

吴慈东不服二审终审判决，向上海市高级人民法院提出再审申请。上海市高级人民法院于1998年6月29日作出民事裁定，指令上海市第二中级人民法院再审。

吴慈东申请再审称：悬赏广告行为成立，依法有效，岳阳医院应依广告内容及时奖励本人永嘉大楼居住面积不少于22.4平方米的住房。请求撤销一、二审判决。

岳阳医院答辩称：1987年11月24日联建组报告中申请奖励吴慈东住房是附条件的，现吴慈东不符合该条件，故不应奖励其住房。请求撤销一、二审判决，对吴慈东的诉讼请求不予支持。

再审裁判结果

上海市第二中级人民法院判决：

一、撤销原一、二审民事判决。

二、岳阳医院在本判决生效之日起3个月内提供给吴慈东上海市市区范围内居住面积不少于22.4平方米的使用权住房一套。

再审裁判理由

上海市第二中级人民法院经再审，除确认一、二审认定的事实属实外，还查明：1987年11月24日岳阳医院永嘉路住宅建设联建组《关于吴慈东同志的奖励住房问题》的报告第2段写道："考虑到吴慈东同志在寻找永嘉路住宅建设基地和后来的住宅设计配套等前期工作方面已做了许多工作，作出了一定的贡献；同时希望吴慈东同志在基地后期工作中，还必须继续积极主动地同联建办其他同志团结一致，共同努力工作，使永嘉路住宅早日建成；在上述两个基础上同意在永嘉路住宅建成后给吴慈东同志奖励一套住宅，住房面积不少于

22.4平方米。"

上海市第二中级人民法院再审认为：本案中，岳阳医院时任领导在全院职工大会上动员全院职工为寻找建房基地提供信息，言明谁找到落实基地即奖励谁房屋，是岳阳医院对该院范围内不特定的人所发布的广告，该广告内容意思表示明确、真实，之后岳阳医院并未撤销该表示；岳阳医院领导在1987年11月24日报告上的批示又补充了上述广告内容，即明确表示奖励吴慈东居住面积不小于22.4平方米的住房一套。吴慈东经努力于1985年向岳阳医院提供了现永嘉大楼建房基地，应视为完成了岳阳医院广告指定的行为，有权请求岳阳医院按悬赏广告承诺履行给付报酬的义务，而岳阳医院却无意履行此义务，显属不当。岳阳医院提出的同意奖励吴慈东居住面积不少于22.4平方米的住房一套是附条件的，考虑到该条件系岳阳医院单方设置，非悬赏广告之内容，且未经吴慈东同意，故其对吴慈东没有约束力。因此，岳阳医院拒绝履行悬赏广告所形成的债务，没有法律依据。岳阳医院以吴慈东已与其脱离行政隶属关系为由拒绝奖励吴慈东住房，抗辩悬赏行为的成立及义务的履行，于法无据。因悬赏广告未明确奖励住房具体地段、规格，岳阳医院应依悬赏广告中公告的内容奖励吴慈东市区范围内居住面积不少于22.4平方米的住房一套。该住房应为成套使用权房屋，房屋面积为实际居住面积。原审酌情判令岳阳医院奖励吴慈东居住面积不少于12平方米的住房，不符合法律的规定和当事人的约定，有所不当，应予纠正。

13. 公安机关悬赏缉凶，提供线索人能否请求获取报酬？

以广告的方式声明对完成一定行为的人给予报酬，属于悬赏广告。悬赏广告分为公益型与私益型，公益型悬赏广告是为国家行政管理和社会公开利益而发布的，如工商行政管理部门悬赏打击假货；私益型悬赏广告是普通民事主体为自己的利益而发布的，如具有悬赏承诺的寻物启事、寻人启事等。公安机关鉴于破案线索难找、人员流动大、经费及人员紧张等问题，在解决社会治安热点、难点问题，尤其是重大的刑事疑难案件时，为提高效率、节约成本，越来越广泛地运用悬赏方式。公安机关悬赏缉凶是向社会不特定公众发出的，其性质属于民事行为中的悬赏广告，无论实施悬赏广告指定行为的行为人是否知晓悬赏广告的内

> 容，均有权根据悬赏广告内容请求获取报酬。当然，如果该行为是基于不正当目的或者工作职责作出的，如小偷主动退还偷窃的财物，人民警察完成缉拿逃犯的工作等，基于法律原则及相关法律规定，则不能请求获取报酬。

典型疑难案件参考

鲁瑞庚诉东港市公安局悬赏广告纠纷案（《最高人民法院公报》2003年第1期）

基本案情

1999年12月12日，东港市大东管理区永安街发生了一起特大持枪杀人案。为尽快破案，东港市公安局在被害人家属同意后，于1999年12月13日通过东港市电视台发布了悬赏通告，其主要内容是：（1）凡是提供线索直接破案的，被害人家属奖励人民币50万元；（2）凡是提供线索公安机关通过侦查破获此案的，公安机关给予重奖；（3）凡是提供有关枪支线索侦破此案的，公安机关给予重奖；（4）凡是能提供线索破案的，即使与犯罪团伙有牵连也可以从轻或免予刑事责任；（5）对提供线索者，公安机关一律严格保密。

原告鲁瑞庚看到电视台播出的悬赏通告后，想到案发当晚，其租住房的房主汪世平曾领来两人到东侧的杂物房藏匿，行迹十分可疑，认为这两个人可能就是杀人凶手。1999年12月19日，鲁瑞庚向在东港市公安局工作的亲属提供了这个线索。12月21日，该亲属向东港市公安局局长作了汇报。之后，原告向前来了解情况的公安局侦查人员提供了这两名嫌疑人案发当天到该处藏匿的时间、当晚有人送来行李和食物的情况、两人的体貌特征及两人之间的对话、次日早晨又被一个女人接走等重要线索，并指认了公安机关要求其辨认的部分涉案人员照片。公安机关根据鲁瑞庚提供的线索，排查了大量的犯罪嫌疑人，并经过大量的调查取证，在1999年12月25日得出结论，认定该线索确与"12·12"特大持枪杀人案有关，并决定按照悬赏通告的第2条奖励鲁瑞庚10万元人民币。鲁瑞庚在领取奖励时出具了收条。收条中写明："收到市公安局用于奖励我提供'12·12'枪杀案线索预付现金10万元，如果我提供的线索与此案无关，则全部退回公安机关。"此后，公安机关经过一系列的侦查工作，于1999年12月26日零时采取行动，抓获了宋杰、黄河等犯罪嫌疑人。2000年1月4日，犯罪嫌疑人曲有健在图门市投案自首。随后，另一名犯罪嫌疑人马松也在图门市被抓捕归案。

另查,被害人家属已于1999年12月13日将用于奖励线索举报人的50万元人民币交给了东港市公安局。

▸一审诉辩情况

鲁瑞庚以东港市公安局应将该50万元给付自己为由,将其诉至丹东市中级人民法院。

▸一审裁判结果

丹东市中级人民法院判决:驳回原告鲁瑞庚的诉讼请求。

▸一审裁判理由

丹东市中级人民法院认为:《民法通则》第84条规定:"债是按照合同的约定或者依照法律的规定,在当事人之间产生的特定权利和义务关系。享有权利的人是债权人,负有义务的人是债务人。债权人有权要求债务人按照合同的约定或者依照法律的规定履行义务。"被告东港市公安局在为破获"12·12"特大持枪杀人案发布的悬赏通告中明确表示,要对提供有关线索和协助公安机关破案的人,给予一定数额的报酬。悬赏通告的第1条和第2条是区别破案线索的不同情况,对提供线索人给予不同数额报酬的声明,两者不能兼得。原告鲁瑞庚确实向东港市公安局提供了该案的重要线索,公安机关根据其提供的线索,经过侦查破获了此案。鲁瑞庚所提供的线索,符合悬赏通告中第2条的情形,故鲁瑞庚应按悬赏通告的第2条取得悬赏报酬。公安机关实施抓捕行动前已经给付鲁瑞庚10万元作为奖励,鲁瑞庚收到预付的10万元奖金后,在出具的收条上写明:如提供线索与此案无关,该款全部退回。双方当时并未表明如果公安机关根据鲁瑞庚提供线索破案,还应再给付其被害人家属奖励的50万元人民币。因此,东港市公安局已按悬赏通告履行了自己的义务,鲁瑞庚再要求公安机关按照悬赏通告的第1条另兑现50万元人民币奖励不能成立。鲁瑞庚提出的有关赔偿精神损失费的要求,因无法律依据,不予支持。

▸二审诉辩情况

鲁瑞庚不服,向辽宁省高级人民法院提出上诉。主要理由是:(1)我提供的线索是东港市公安局获得的唯一、直接、真实、可靠的线索,公安机关并没有排查大量的犯罪嫌疑人,只是对我提供的涉案嫌疑人进行了核对。在我辨认了涉嫌人员照片之后,东港市公安局即作出了抓捕决定,使案件一举告破。至此,我已全部完成了直接提供线索的行为,理应按照通告得到被害人家属奖励的50万元人民币。(2) 悬赏通告的第1条是被害人家属给予提供破案线索人的奖励，悬赏通告的第2条是公安机关给予破案线索人的奖励，通告并没有声明两者不能兼得。东港市公安局依据悬赏通告第2条预付我10万元人民币奖金，应属于公安机关的奖励，并不是受害人家属给付的奖励。东港市公安局把被害人家属用于奖励提供线索人的50万元人民币给付据为己有，违背了在悬赏通告中向社会的承诺。(3) 东港市公安局未按悬赏通告的第5条对提供线索人严格保密，对我及家人的精神造成了极大的伤害。请求撤销一审判决，判令东港市公安局立即给付被害人家属奖励的50万元人民币，赔偿精神损失费5万元人民币，并承担一切诉讼费用。

东港市公安局认为一审法院的判决正确，应予维持。

二审裁判结果

辽宁省高级人民法院判决：

一、撤销丹东市中级人民法院〔2001〕丹民初字第15号民事判决；

二、东港市公安局于本判决生效之日起10日内将被害人家属交付的人民币40万元给付鲁瑞庚；

三、驳回鲁瑞庚的其他诉讼请求。

二审裁判理由

辽宁省高级人民法院经审理进一步查明：据当时的东港市公安局局长证实，鲁瑞庚所提供的破案线索，是公安机关获得的唯一重要的线索，根据该线索，公安机关迅速破获了此案。被害人家属在电视台播出悬赏通告的当天，即将用于奖励提供破案线索的50万元奖金交给了东港市公安局。据被害人家属及亲属证实，被害人家属同意东港市公安局向社会发布通告；愿意拿出50万元人民币奖励给任何提供有关案件线索的人，使公安机关能够尽快将案件侦破。被害人家属表示：关于50万元人民币能否用于悬赏通告第1条以外的情况，他们与东港市公安局并没有任何的约定。但明确表示：这50万元不是奖励给公安局的，也不是给公安局办案用的。被害人家属现在仍表示同意将这50万元人民币奖励提供破案线索的举报人。

辽宁省高级人民法院认为：《民法通则》第106条第1款规定："公民、法人违反合同或者不履行其他义务的，应当承担民事责任。"发布悬赏广告是一种民事法律行为，即广告人以广告的方式发布声明，承诺对任何按照声明的条件完成指定事项的人给予约定的报酬。任何人按照广告公布的条件，完成了广告所指定的行为，即对广告人享有报酬请求权。发出悬赏广告的人，则应该按照所发布广告的约定,向完成广告指定行为的人支付承诺的报酬。鲁瑞庚按悬赏通告的要求,向东港市公安局提供了其知道的重要线索,使得公安机关根据该线索及时破获了"12·12"特大持枪杀人案,即完成了悬赏通告所指定的行为。据此,鲁瑞庚就获得了取得被害人家属支付悬赏报酬的权利。被害人家属对鲁瑞庚按悬赏通告要求所完成提供线索的行为未提出异议,并且已将用于奖励的50万元人民币交给东港市公安局,且在案件破获后亦同意将该款奖励给提供线索的举报人,东港市公安局应该按照被害人家属的委托和以其名义向社会发布的悬赏通告,及时履行义务,向鲁瑞庚全额给付50万元人民币的报酬。侦破刑事案件是公安机关的法定职责。公安机关在侦破刑事案件的过程中,应当提倡并保护公民举报和揭露犯罪的行为,积极地鼓励公民见义勇为,同违法行为作斗争的精神。东港市公安局以鲁瑞庚所提供的线索不符合悬赏通告所规定的条件为由,拒绝将被害人家属用于奖励的50万元全部给付鲁瑞庚,并将其占有,超出了被害人家属的委托权限,也不符合其在悬赏通告中的承诺,没有任何法律依据。鲁瑞庚对其主张权利,应予支持。

关于鲁瑞庚主张按照悬赏通告中第1条和第2条规定的奖励款可同时兼得,东港市公安局应再向其给付50万元报酬的问题,因悬赏广告是按照举报的具体效果,规定以不同的方式给予数额不同的奖励的,并未表示同一举报可以同时兼得其他奖励,鲁瑞庚主张重复奖励的要求不予支持。东港市公安局已预付鲁瑞庚奖励款10万元人民币,其余40万元人民币应及时按照悬赏通告及被害人家属的委托给付鲁瑞庚本人。

关于鲁瑞庚要求精神损害赔偿的问题,虽然因鲁瑞庚与东港市公安局就给付报酬的数额问题发生纠纷后,直接导致了本案诉讼,使提供线索的情况公开,在客观上产生了不利于保密及保护的情况,对其本人也造成了一定的精神压力。但东港市公安局并没有主动向社会披露鲁瑞庚的举报情况,鲁瑞庚也不能提供公安机关未保密的证据支持其主张,故对其提出的精神损害赔偿要求不予支持。

综上,一审判决认定事实不清,证据不足,适用法律不当,应予改判。

悬赏广告纠纷办案依据集成

1. 中华人民共和国合同法（1999年3月15日主席令第15号公布）（节录）

第十四条 要约是希望和他人订立合同的意思表示，该意思表示应当符合下列规定：
（一）内容具体确定；
（二）表明经受要约人承诺，要约人即受该意思表示约束。

第十五条 要约邀请是希望他人向自己发出要约的意思表示。寄送的价目表、拍卖公告、招标公告、招股说明书、商业广告等为要约邀请。
商业广告的内容符合要约规定的，视为要约。

第五十二条 有下列情形之一的，合同无效：
（一）一方以欺诈、胁迫的手段订立合同，损害国家利益；
（二）恶意串通，损害国家、集体或者第三人利益；
（三）以合法形式掩盖非法目的；
（四）损害社会公共利益；
（五）违反法律、行政法规的强制性规定。

2. 最高人民法院关于适用《中华人民共和国合同法》若干问题的解释（二）（2009年4月24日 法释〔2009〕5号）（节录）

第三条 悬赏人以公开方式声明对完成一定行为的人支付报酬，完成特定行为的人请求悬赏人支付报酬的，人民法院依法予以支持。但悬赏有合同法第五十二条规定情形的除外。

九、买卖合同纠纷

14. 违约责任有哪些责任形式？

当事人一方不履行合同义务或者履行合同义务不符合约定，构成违约行为，应承担相应的违约责任，包括：继续履行、采取补救措施（如修理、更换、重作、退货、减少价款或者报酬等）、赔偿损失、支付违约金、定金罚则等。违约方在继承履行合同义务或者采取补救措施后，对方还有其他损失的，应当赔偿损失。而违约金与定金在目的、性质、功能等方面相同，两者一般不能并罚。当事人既约定违约金，又约定定金的，一方违约时，对方可以选择适用违约金或者定金条款。合同约定的定金不足以弥补一方违约造成的损失，对方请求赔偿超过定金部分的损失的，人民法院可以并处，但定金和损失赔偿的数额总和不应高于因违约造成的损失。在买卖合同纠纷中，违约责任承担应适用《合同法》第七章、第九章，以及2012年7月1日施行的最高人民法院《关于审理买卖合同纠纷案件适用法律问题的解释》第21—33条等规定。对于其他有偿合同的违约责任问题，法律有规定的依照其规定；没有规定的，参照买卖合同的有关规定。

▽ 典型疑难案件参考

左海同诉中移鼎讯江苏分公司等用非卖品手机电池以次充好买卖合同纠纷案

基本案情

2005年12月31日《金陵晚报》上刊登一则广告，主要内容是：未来城手机卖场盛大开业，超低价购机（仅需预存300元话费）；……NEC166/169型580元……2006年1月6日，原告左海同至中国移动未来城旗舰店卖场，与被告江苏移动通信有限责任公司南京分公司（以下简称南京移动公司）签订充值送购机补贴优惠活动协议一份，该协议中约定："一、（限购定制手机用户选择）乙方预充话费300元，甲方赠送乙方价值300元购机补贴券；……三、甲方赠送乙方的购机补贴券，限乙方在参加该活动的营业厅内使用，当日有效……"原告左海同预存话费300元，并支付580元后从被告中移鼎讯通信股份有限公司江苏分公司（以下简称中移鼎讯公司）处购买了一台NEC166型手机（含一块电池和一个充电器，电池上标有"非卖品"字样），被告中移鼎讯公司出具了金额为580元的发票。此后，原告使用该手机过程中，发现手机所配电池与说明书对电池的标识内容不符，认为是非原厂原装电池，遂与两被告中移鼎讯公司和南京移动公司交涉，均未果。

诉辩情况

原告左海同认为：被告中移鼎讯公司在销售手机过程中，以非原装电池代替原装电池，以假充真，已构成欺诈，按照《消费者权益保护法》的规定，被告中移鼎讯公司应当承担双倍赔偿的责任；被告南京移动公司混淆经营主体，刊登虚假广告，未明确标明中国移动未来城旗舰店的手机卖场系被告中移鼎讯公司经营，且未能在其经营场所内规范、有效地制约被告中移鼎讯公司的违法经营活动，其利用消费者的充分信任，误导消费者，对此纠纷的产生负有连带责任。故诉至法院要求：（1）被告中移鼎讯公司给予原告办理退货（退还货款880元）的同时增加赔偿原告880元，共计1760元；（2）被告中移鼎讯公司赔偿原告交通费200元、误工费600元、通信费200元，以及因手机被作为证据提交法院致其无法使用造成的经济损失（按每天5%计算到被告收回手机时止）；（3）被告南京移动公司向原告公开赔礼道歉；（4）两被告共同承担诉讼费。

裁判结果

南京市玄武区人民法院判决：

一、原告左海同应退还给被告中移鼎讯公司NEC166型手机一台（含一块电池和一个充电器），被告中移鼎讯公司应退还给原告左海同手机价款880元，并增加赔偿原告左海同880元，共计1760元。上述义务均于本判决生效之日起10日内履行完毕。

二、驳回原告左海同对被告中移鼎讯公司的其他诉讼请求。

三、驳回原告左海同对被告南京移动公司的诉讼请求。

裁判理由

南京市玄武区人民法院经审理认为：第一，被告中移鼎讯公司在向原告销售 NEC166 型手机时，以非原厂原装电池充当原厂原装电池，以假充真，其行为已构成欺诈。第二，虽然按照有关部门规章规定及手机销售装箱单的标注，电池、耳机、充电器等均是手机的附件，但是手机必须与电池结合在一起才能正常使用，两者在发挥手机的通话等基本功能上是一个整体，密不可分。且原告并非单独购买手机电池，被告中移鼎讯公司也并未就手机与电池分别标价销售，故被告中移鼎讯公司应当退还给原告整部手机而非退还一块电池并增加赔偿。第三，原告以预存 300 元话费的形式获赠 300 元购机补贴券，该购机补贴系一种优惠额度，应当作为原告支付价款的一部分。故被告中移鼎讯公司应当退还原告整部手机的价款为 880 元，并按 880 元增加赔偿。第四，原告主张赔偿交通费、误工费、通信费等经济损失，因缺乏事实和法律依据，本院不予支持。第五，原告主张被告南京移动公司赔礼道歉，因原告与被告南京移动公司之间系电信服务合同关系，与本案审理的买卖合同关系并非同一法律关系，故本案中不予处理。

一审宣判后，原、被告双方均未上诉并已执行完毕。

15. 违约损失赔偿数额如何具体确定？

违约方损失赔偿额＝实际损失＋可得利益损失＋可预见规则的限制。实际损失指当事人因对方违约而造成现有财产的减少，如标的物灭失、为准备履行合同而支出的费用、停工损失和为减少违约损失而支出的费用等。可得利益损失又称作履行利益损失，是指合同有效成立的情形下，因对方不履行合同义务而发生的损失。在存在市场之场合，损失要参照市场价格进行确定。在不存在市场之场合，损失的计算须通过其他的方式进行，有时是推测性的。在实践中，当事人的实际损失不易确定或无法确定时，可以采取反推的方法，将违约方所获得的利润，视为债权人的损失。买卖合同违约后可得利益损失计算通常运用四个规则，即《合同法》第 113 条规定的可预见规则、第 119 条规定的减损规则、与有过失规则以及损益相抵规则。最高人民法院《关于审理买卖合同纠纷案件适用法律问题的解释》第 30 条关于"与有过失规则"和第 31 条关于"损益相抵规则"的规定，填补了合同法在相关规则方面的空白和漏洞。

典型疑难案件参考

尤羡治诉龙海市良兴商场有限公司买卖合同纠纷案

基本案情

2004年6月至2005年4月间,原告陆续向被告提供价值145905.20元的"艾丝莲"牌日用化妆品,委托被告按进货清单标明的价格销售。原告按销售额30%的退点、10%的工资和每个月1000元的柜台费收取报酬。2004年8月至2005年3月,双方按照统一结算公式先后6次对已销售的38252.30元的货物进行了结算,被告将结算后的货款13567元先后6次汇到原告指定的账户上。2004年7月12日和2004年8月30日被告两次退货3187.80元。案件审理过程中,被告对原告提供的50单进货清单中盖有被告业务专用章的6单清单提出异议。2005年11月1日,经法院委托有关部门文本鉴定,6单进货清单上的业务专用章系被告业务专用章。2005年12月30日,被告库存的价值2441.40元的货物(其中"艾丝莲"去屑止痒洗发露200ml的41瓶、"艾丝莲"柔顺营养洗发露400ml的43瓶、"艾丝莲"黑亮倍爽洗发露200ml的49瓶)被龙海市质量技术监督局封存,并被处行政处罚5000元和责令改正。其余已售货物双方至今尚未进行结算。

一审诉辩情况

原告诉称:2004年6月至2005年4月间,被告向原告购买价值145905.20元的"艾丝莲"日用化妆品,扣除被告退货3187.80元和支付货款13567元,被告至今尚欠原告货款129150.40元未还,请求偿还并从起诉之日起至还款日止按银行规定计付利息。

被告辩称:被告接受原告的委托代销"艾丝莲"日用化妆品,双方之间的关系是行纪代销合同关系,而不是买卖关系,被告按照双方口头约定的结算方式与原告结算了价值38252.30元的货物,并将结算后的货款13567元汇入原告指定的账户。由于未销售的价值29405.90元的货物已被龙海市质量技术监督局依法封存,至今尚欠原告款项为2934.20元。被告反诉:请求原告赔偿因库存货物被封存而被行政处罚5000元。

原告针对反诉辩称:被告库存的货物被封存属实,但被告未能提供证据证明该部分货物是原告提供的,与原告无关;由于5000元行政罚款的被处罚对象是被告,因此,被告无权主张原告赔偿,且被告提出反诉已超过举证期限。

一审裁判结果

龙海市人民法院判决：

一、被告良兴商场应于本判决生效之日起10日内支付原告尤羡治货款人民币58214.11元及利息（自2005年7月4日起至还款之日止，按中国人民银行同期同类贷款利率计算）。

二、被告良兴商场应于本判决生效之日起10日内将库存的"艾丝莲"去屑止痒洗发露200ml的41瓶、"艾丝莲"柔顺营养发露400ml的43瓶、"艾丝莲"黑亮倍爽洗发露200ml的49瓶返还给原告尤羡治。

一审裁判理由

龙海市人民法院审理认为，原、被告的经营活动符合行纪合同的法律特征，双方的行为违反法律法规的强制性规定，合同依法成立有效。原告请求被告按照买卖合同关系支付货款，证据不足，不予支持；主张被告的反诉未在举证期限内提出，合法有据，应予采纳。被告要求按交易习惯和统一结算公式支付货款，理由成立，应予采纳；主张从总货款中扣除被封存的货物，证据不足，不予采纳，但根据行纪合同的相关规定，该部分货物依法应返还原告。被告反诉请求违反法定程序不予审理。

二审诉辩情况

尤羡治上诉称：（1）双方是买卖合同关系，不是行纪合同关系。双方在交往的过程中从未约定行纪代销关系，更没有约定被上诉人可以扣除工资、柜台租金等费用。被上诉人汇款给上诉人是上诉人催讨的结果，并不是双方商定的结算结果，被上诉人从这50张进货清单中如何进行拼凑上诉人均不清楚。一审中，被上诉人也举证了其与其他客户之间订立的行纪代销协议，但是没有与上诉人之间的协议，进一步说明双方不是行纪代销关系。（2）从2004年6月开始，上诉人向被上诉人供货几十次，被上诉人每次都进行了收货和验货，均没有异议，可以说明上诉人的货物不存在质量问题。龙海市质量技术监督局封存通知是在2005年12月30日下达的，而双方最后发生交易的时间是2005年4月6日，价值为824.2元。从交易清单可以看出双方在交易的过程中，最长约半个月时间被上诉人就向上诉人购一次货，即被上诉人是在短时间内将所购货物处分完毕，不可能拖到8个月后还有库存的货物。该封存通知是在被上诉人申请作印章鉴定后，发现诉讼对自己不利的情况下，才发生所谓的质量问题。该封存商品不可能是上诉人提供的，被上诉人接受有关部门的处罚与上诉人无关。（3）被上诉人拖欠货款129150.4元，一审仅认定58214.11元是错误的。一审依据被上诉人所称的结算标准进行计算是不当的，在50单交易中，双方从未进行过结算，被上诉人也仅仅支付一小部分货款而已，一审法院认定事实偏袒被上诉人。请求改判被上诉人偿还货款129150.4元及利息。

被上诉人良兴商场辩称：（1）被上诉人所经营的超市零售基本特点就是代销寄售，双方不是买卖合同关系，而是行纪合同关系。被上诉人所举证的货款扣除超市零售代销相应费用的计算方式绝不是拼凑的，而是按照固定方式计算得出的，并且每一笔均不是整数，被上诉人将以上货款支付给上诉人，上诉人并未提出异议，说明上诉人知道该计算方式。上诉人将货物委托答辩人的超市代销，这完全符合行纪合同的法律特征，上诉人认为是买卖合同的观点不能成立。（2）被龙海市质量技术监督局封存的货物的货号包含在上诉人提供的货物中，龙海市质量技术监督局封存货物并对被上诉人处罚的理由是货物存在假冒条形码，被上诉人在收到上诉人的货物时不具备检验条形码的专业知识，不可能提出异议。被上诉人代销货物存在积压很正常，不可能在短时间内处分完毕。对因货物质量问题被查封而造成的损失，被上诉人保留主张的权利。请求驳回上诉，维持原判。

二审裁判结果

漳州市中级人民法院判决：

一、撤销龙海市人民法院〔2005〕龙民初字第1065号民事判决第二项；

二、变更龙海市人民法院〔2005〕龙民初字第1065号民事判决第一项为：良兴商场应于本判决生效之日起10日内支付给尤羨治货款人民币129150.40元及利息（自2005年7月4日起至还款之日止，按中国人民银行同期同类贷款利率计算）。

二审裁判理由

漳州市中级人民法院审理后认为：本案双方当事人之间的法律关系为买卖合同关系，买受人应当按照进货清单上约定的金额支付价款。上诉人总供货价款为145905.20元，扣除被上诉人已支付的13567元以及退货3187.8元，尚欠货款人民币129150.40元，被上诉人应予支付，并支付从上诉人起诉之日起至还款之日止的利息。被上诉人认为双方之间属于行纪合同关系没有证据证明，认为应当从总货款中扣除30%的退点以及扣除10%的工资和每月1000元的柜台费依据不足，本院不予支持。被上诉人不能提供充分证据证明商场中被有关部门封存的货物是上诉人所提供的，要求将该批封存货物退给上诉人的理由不能成立。被上诉人认为其中的6单进货清单不实，并未收到货物，但因其未提出上诉,本院不予审理。原审判决认定双方当事人之间的法律关系属于行纪合同关系缺乏依据,属认定事实错误;认定被上诉人的商场中被封存的货物是上诉人所提供属于举证责任分配不当,应予纠正。

16. 对于市场风险造成的损失,违约方应否赔偿?

可预见规则又称合理预见规则,是确定损害赔偿范围的重要原则,指违约损害赔偿的范围应以违约方在订立合同时预见或者应当预见到的损失为限。对可预见规则的把握应注意:(1)预见的主体。关于预见的主体是受害方还是违约方,或是双方当事人共同均应预见,学界有不同的看法,一般认为预见的主体为违约方。(2)预见的时间。一般以合同订立之时所预见到的损害来确定违约时实际发生的损害,这是意思自治原则的体现。(3)预见的内容。在考虑违约方应当预见的内容时,应根据各种具体情况,如当事人在订约前的相互关系、标的物的种类和用途等因素加以确定。(4)预见的标准。有客观标准和主观标准两种观点,客观标准又称"理性人"标准,即一个理智正常的人在订立合同时能够预见到的损害为标准;主观标准又称"具体人"标准,即以违约方本身情况判断对实际损失的可能预见。预见标准一般认为应是客观标准和主观标准的结合,即对通常的损害以客观标准,对特殊的损害以主观标准。

当事人在订立合同时,如果能够对违约风险的大小进行预见,就会在交易价格或其他交易条件上进行调整,要求对方增加付出,使自己的获得与收益相适应。如果不能预见,就不能提出相应的交易条件来保护自己的利益。可见,当事人只对订立合同时能够合理预见的损失进行赔偿,这是对实际损失和可得利益赔偿的限制,体现了公平原则的要求。市场行情低迷时形成的销售价格与本案行情高涨时形成的购买价格之差,属于市场风险因素造成的损失,是违约方不能预见的范围,违约方对此不承担赔偿责任。

典型疑难案件参考

新疆亚坤商贸有限公司与新疆精河县康瑞棉花加工有限公司买卖合同纠纷案（《最高人民法院公报》2006 年第 11 期）

基本案情

2004 年 1 月 2 日，亚坤公司与康瑞公司签订一份《棉花购销合同》，约定康瑞公司向亚坤公司提供 229 级（二级）皮棉 1370 吨，单价每吨 16900 元，皮棉质量按国家棉花质量标准 GB1103—1999 执行，康瑞公司对质量、重量负责到底，质量、重量出现重大问题，以公证检验为准。付款方式：亚坤公司先预付 1000 万元定金，并在 2004 年 1 月 15 日前将余额打入康瑞公司账户。违约责任：当事人一方不履行合同约定的义务，另一方有权单方终止合同，同时违约方应按未履行合同金额的 10% 向另一方偿付违约金。合同签订后，亚坤公司于当日即向康瑞公司支付预付货款 650 万元。康瑞公司收到预付货款即开始发货。在亚坤公司提货过程中，康瑞公司通知亚坤公司，仓库皮棉数量只有 1147.535 吨，请亚坤公司暂按此数量支付货款。2004 年 1 月 7 日，康瑞公司按照合同约定向亚坤公司发运 52 批次（260 包为一批次）13518 包皮棉，重量合计 1173.947 吨（其中一级皮棉 3900 包，计 337.109 吨；二级皮棉 9620 包，计 836.838 吨）运至亚坤公司指定仓储地，并向亚坤公司提交了全部皮棉批次的出厂检验报告单。亚坤公司在 2004 年 1 月 12 日前将余额 12893348.4 元货款转入康瑞公司账户。

2004 年 6 月 12 日，亚坤公司与广东锦兴布业有限公司签订 800 吨纯棉纱购销合同，之后又与新疆博州纺织（集团）有限公司分别签订了 200 吨 32 支纱与 200 吨 40 支纱两份委托加工合同。为履行该两份委托加工合同，2004 年 6 月中旬，亚坤公司又将康瑞公司交付皮棉中的 10 批次 2600 包（一级皮棉 89.955 吨；二级皮棉 135.224 吨）重量合计 225.179 吨皮棉，调运至新疆博州棉纺织有限公司纺纱。2004 年 7 月 2 日，经博州纤维检验所公证检验，该 10 批次皮棉的质量等级与康瑞公司出厂检验单上表明的质量等级不符。公证检验结论为：二级皮棉 1.618 吨；三级皮棉 172.008 吨；四级皮棉 35.676 吨，合计重量为 209.302 吨。与原出厂皮棉检验单重量差为 -15.877 吨。

亚坤公司将康瑞公司交付皮棉中的 8 个批次计 2080 包（其中一级皮棉 1560 包，合计 135.022 吨；二级皮棉 520 包，合计 45.704 吨）重量合计 180.726 吨皮棉售给四川省棉麻集团有限公司。2004 年 7 月 19 日，经四川省纤维检验局检验，结论为：三级皮棉166.439吨，四级皮棉4.944吨，合计重量171.383吨。与原出厂皮棉检验单重量差为-9.343吨。2004年10月25日，四川省棉麻公司对亚坤公司销售给其的171.383吨皮棉按每吨单价13660.99元向亚坤公司结算货款共计2391479.3元。

2004年5月21日，亚坤公司与湖北省麻城市神龙纺织实业有限公司签订棉花买卖合同，亚坤公司将康瑞公司交付皮棉中的两个批次计520包皮棉（二级皮棉），合计重量为45.556吨，销售并发运给湖北省麻城神龙纺织实业有限公司。2004年6月10日，经湖北省黄冈市纤维检验所对该两批次皮棉进行公证检验，其公证检验结论为：三级皮棉33.782吨，四级皮棉8.924吨，合计重量为42.706吨，与原出厂皮棉检验单重量差为-2.85吨。因等级不符，麻城市神龙纺织实业有限公司要求退货。

一审诉辩情况

亚坤公司诉至原审法院，请求判令：解除双方签订的《棉花购销合同》，康瑞公司退还亚坤公司货款19393348.4元，返还定金460万元并承担诉讼费用。

一审诉讼中，经原审法院同意：（1）2004年11月初，亚坤公司将康瑞公司交付皮棉中的32批次计8318包（其中一级皮棉1300包，合计重量112.132吨；二级皮棉7020包，合计重量610.354吨）重量合计722.486吨皮棉售给新疆金纺纺织股份有限公司。2004年11月24日，经新疆维吾尔自治区纤维检验局公证检验，结论为：三级皮棉151.187吨，四级皮棉514.981吨，五级皮棉21.643吨，合计687.811吨。与原出厂皮棉检验单重量差为-34.675吨。2004年12月7日，亚坤公司与新疆金纺纺织股份有限公司签订买卖棉花合同，双方以三级棉每吨单价1.1万元、四级棉每吨单价1.04万元、五级棉每吨单价1.02万元交易，新疆金纺纺织股份有限公司向亚坤公司结算货款共计2237922.28元。（2）2005年2月2日，亚坤公司与乌鲁木齐市三和泰商贸有限公司签订棉花买卖合同，将运往新疆博州棉纺织有限公司纺纱的该209.302吨皮棉卖给了乌鲁木齐市三和泰商贸有限公司，单价为1.1万元，销售金额合计为2302322元。

以上，依据皮棉公证检验证书、棉检证书，康瑞公司向亚坤公司所供皮棉总计：二级皮棉1.618吨；三级皮棉523.416吨；四级皮棉564.525吨；五级皮棉21.643吨，合计重量为1111.202吨，销售货款合计12733990.29元。亚坤公司货款本金损失为6659358.11元。

一审裁判结果

新疆维吾尔自治区高级人民法院判决：

一、解除亚坤公司、康瑞公司于2004年1月2日签订的棉花购销合同；

二、康瑞公司赔偿亚坤公司棉花本金损失6659358.11元的70%即4661550.67元，于该判决生效后15日内一次性支付，余额损失由亚坤公司自负；

三、驳回亚坤公司要求康瑞公司返还定金460万元的诉讼请求。

一审裁判理由

新疆维吾尔自治区高级人民法院认为，亚坤公司、康瑞公司于2004年1月2日签订的《棉花购销合同》系双方当事人真实意思表示，且符合有关法律规定，合法有效，应受法律保护，双方当事人均应严格按照合同约定履行各自义务。亚坤公司依约履行了支付价款的义务，康瑞公司应按合同约定的质量和数量标准向亚坤公司履行交付货物的义务。根据双方签订的《棉花购销合同》第4条约定：供方对质量、重量负责到底，质量、重量出现问题，以公证检验为准。故此，康瑞公司对提供给亚坤公司的棉花，在其转让时仍应对质量、重量问题负责到底。在本案双方合同的实际履行过程中，康瑞公司向亚坤公司交付的皮棉存在严重的质量和数量问题，导致亚坤公司与新疆博州棉纺织（集团）有限公司加工32支纱、40支纱的委托加工合同不能履行，亚坤公司买卖合同的目的不能实现，康瑞公司的行为构成根本违约，故亚坤公司要求解除合同的诉讼请求符合法律规定和双方当事人的约定，该院予以支持。在亚坤公司提取此棉花后，棉花市场价格发生重大变化，棉花价格开始逐月下滑。为防止该批棉花发生因价格下滑造成的损失，截至2005年2月7日，亚坤公司已将康瑞公司交付的棉花全部出售，相互返还已不可能。针对棉花市场价格波动，虽经采取措施补救，但仍给亚坤公司造成一定的资金损失。对亚坤公司因此所蒙受的货款本金损失，康瑞公司理应承担主要赔偿责任。亚坤公司在棉花价格显著下滑情况下，未及时采取措施，急于出售，失去棉花销售的最佳时机，对造成该批棉花本金损失也有一定过错，亚坤公司亦应承担相应的责任。关于定金问题，定金系实践性合同，定金合同从实际交付定金之日起生效。亚坤公司于2004年1月2日向康瑞公司支付的650万元，在汇款用途上标明该款系预付购货款，而并非支付的定金，根据最高人民法院《关于适用〈中华人民共和国担保法〉若干问题的解释》第118条，"当事人交付留置金、担保金、保证金、订约金、押金或者订金等，但没有约定定金性质的，当事人主张定金权利的,人民法院不予支持"。因此,亚坤公司要求康瑞公司按定金罚则给付人民币460万元的诉讼请求,无事实及法律依据,该院不予支持。

二审诉辩情况

亚坤公司上诉称:(1)关于定金问题。本案双方不仅签订了明确的书面定金合同,而且已经实际履行。原审法院因亚坤公司在汇款用途上标明该款系预付购货款而否认其所支付的是定金不当。定金是双方约定的,不能仅凭一个汇款标明的用途就改变定金合同的性质。故康瑞公司应全面承担根本违约责任和定金责任,即弥补本金损失至19393348.4元,另加运输费和利息共计1087678.99元、待结算的亏重利息(即上诉人购货款加运输费和待结算亏重利息),同时双倍返还定金460万元。(2)关于赔偿损失。原审判决既然认定了根本违约的事实和性质,康瑞公司就应当承担根本违约的责任和适用定金罚则,即在弥补全部损失的基础上,适用定金罚则。即使按照原审法院的判决逻辑,否定定金罚则,改为赔偿亚坤公司的损失,那么由于康瑞公司违约给亚坤公司导致的损失也决不仅仅是法院认定的本金损失。亚坤公司的直接损失至少包括:货款差价损失6152857.22元;棉花短重损失1060233.67元及待结算的利息损失;银行贷款利息83806.8元;借款利息712745.97元;货物运费291126.22元;诉讼费129976.74元;诉讼保全费50520元。(3)亚坤公司购买棉花的目的并不是为了出售,而是为了加工。面对多年来没有过的棉花价格急剧下降的市场情况,亚坤公司及时销售棉花,以免损失进一步扩大。亚坤公司主观上没有任何过错,客观上采取了积极的应对措施。因此原审法院认定亚坤公司急于销售是没有事实根据的,原审法院划定双方所谓三七开的责任,也是没有法律依据的。请求二审法院依法改判:康瑞公司向亚坤公司弥补本金损失至19393348.4元,另加运输费和利息共计1087678.99元和待结算利息(即上诉人购货款加运输费和待结算利息),同时双倍返还定金460万元,或者赔偿因根本违约导致的全部损失,共8481266.62元加待结算利息,并由康瑞公司承担本案的上诉费。

康瑞公司上诉称:(1)原审判决依据《公证检验证书》认定康瑞公司供货质量不合格证据不足,该检验证书对康瑞公司无约束力。国务院发布的《棉花质量监督管理条例》和中国纤维检验局发布的《中国纤维局经营性棉花国家公证检验工作程序和检验规程》规定,棉花交易的任何一方应在棉花交易结算之前提出公证检验。而判决依据的这些检验证书均是在康瑞公司与亚坤公司交易后6个月或12个月作出的检验。这些检验只是证明了亚坤公司再次交易时棉花的质量情况,而不是康瑞公司与亚坤公司交易时棉花的质量。因棉花是有保质期的,就是在无瑕疵的保存环境下,质量和重量的衰减也是必然的;如果保存环境不好,还将会出现加速衰减。所以国家有关规定特别要求检验要在交易结算前提出。本案所涉棉花,如果真是康瑞公司提供的,在这么长时间后出现等级下降、失吨都是正常的自然现象。(2)原审判决认定本案合同目的谬误,适用解除合同的法律规定错误。亚坤公司与康瑞公司之间签订《棉花购销合同》的目的就是按合同约定从康瑞公司手中购到棉花,至于其要以什么价格卖给谁是另一合同的目的。本案合同签订后,亚坤公司未提出数量、质量问题,钱货两清,买卖交易已实际履行完毕,康瑞公司与亚坤公司合同目的已实现,不存在解除合同的法定条件。综上,原审判决认定事实、适用法律错误,原审将亚坤公司的经营风险转嫁给康瑞公司,于法无据。请求撤销原判,驳回亚坤公司的诉讼请求,一、二审诉讼费由亚坤公司承担。

亚坤公司针对康瑞公司的上诉理由答辩称:根据《棉花质量监督管理条例》第14条规定:棉花经营者向用棉企业销售棉花,交易任何一方在棉花交易结算前,可以委托专业纤维检验机构对所交易的棉花进行公证检验;经公证检验后,由专业纤维检验机构出具棉花质量公证检验证书,作为棉花质量、数量的依据。该条例明确规定的是"可以"而不是"应当"。关于时间间隔对棉花质量的影响,亚坤公司认为,棉花产品没有规定保质期,亚坤公司在交易6个月后作的检验报告,检验鉴定的质量结论都是一致的,并没有因为有时间间隔,导致棉花质量的差异。关于合同目的的实现问题。原审判决书认定亚坤公司合同目的没有实现,康瑞公司的行为构成根本违约。这里的合同目的是指亚坤公司签订合同的目的,而不是什么钱货两清。钱货是否两清与合同目的是否实现根本没有任何关系。关于是否错过销售时机问题。亚坤公司在加工和销售过程中都发现康瑞公司的货物存在严重的质量和亏重问题。而当时的价格是不错的,并非康瑞公司所称未能在市场价格高时售出。《合同法》第94条规定的解除合同的法定条件从来就没有要求棉花不能销售。同时《合同法》第97条还进一步规定:合同解除后,尚未履行的,终止履行;已经履行的,根据履行情况和合同性质,当事人可以要求恢复原状、采取其他补救措施,并有权要求赔偿损失。根据该条的明确规定,此时可以在"要求恢复原状、采取其他补救措施,并有权要求赔偿损失"三种情形中选择其一。综上,请求二审法院支持亚坤公司的上诉主张。

康瑞公司针对亚坤公司的上诉理由答辩称:(1)亚坤公司关于适用定金罚则的主张与事实不符,与双方约定不符,于法无据。亚坤公司未实际履行交付定金的义务。康瑞公司与亚坤公司的《棉花购销合同》中约定了亚坤公司应"预付1000万元定金",但签订合同当日,亚坤公司只支付了650万元的货款（银行汇款凭据上明确标明"预付货款"）。该付款在性质与数额上都与合同约定不符，亚坤公司强辩该款为定金无事实依据，不能采信。康瑞公司已全部履行合同义务，亚坤公司主张适用定金罚则于法无据。数量、质量问题应属违约责任范畴，不适用定金罚则。（2）亚坤公司提交到法院的公证检验证书，均是在本案合同履行完毕半年至一年后其单方送交公证检验的证书，在程序上不合法，在实体上也不能证明康瑞公司与亚坤公司交易时的棉花数量、质量，该检验结果对康瑞公司无约束力。康瑞公司与亚坤公司交易完成后，亚坤公司长达半年之久从未找过康瑞公司，更未提出过质量问题。6月份，在市场行情急剧下滑后，亚坤公司找康瑞公司也只是谈分担损失。本案中亚坤公司提供的公证检验证书在进行公证检验之时从未通知过康瑞公司。亚坤公司出具的最早的公证检验证书是在2004年7月，这已到了一个生产年度棉花减等的最后时间，此时检验棉花较交易时降低1—2个等级是必然的，也是正常的，但并不表明康瑞公司与亚坤公司交易时的棉花质量等级。亚坤公司在与康瑞公司结算半年之后以质量问题要求解除合同，不符合棉花交易的有关规定和惯例，无法律依据。（3）合同约定"对质量、重量负责到底"，应以合同履行完毕为限。（4）亚坤公司将该批棉花已全部售出，判决认定本案合同目的谬误，适用解除合同的法律规定错误。综上所述，一审判决认定事实、适用法律错误，将亚坤公司的经营风险转嫁给康瑞公司于法无据，请求二审法院依法驳回亚坤公司的诉讼主张。

二审裁判结果

最高人民法院判决：

一、维持新疆维吾尔自治区高级人民法院〔2004〕新民二初字第114号民事判决主文第三项及一审案件受理费、保全费承担部分；

二、撤销该民事判决主文第一项；

三、变更该民事判决主文第二项为：新疆精河县康瑞棉花加工有限公司向新疆亚坤商贸有限公司赔偿棉花质量减等损失444480.8元、重量亏吨损失1060390元本金及利息（自2004年1月12日起至实际给付之日止，按照中国人民银行同期活期存款利息计付）。

二审裁判理由

最高人民法院经二审审理，除认定原审法院查明的事实以外，还查明：2005年11月15日，原审法院就2004年的棉花交易价格等问题向新疆棉麻公司进行调查。该公司总经理徐延毅称，2004年1月份，一等棉为1.75万元/吨，至5、

6月份，降至1.25万元/吨，8月份降至1.1万元/吨，至2005年4月份，价格回升至1.3万元/吨左右。棉花每个等级间的差价为200元左右。从每年的9月份至次年的8月31日为棉花的"年度"，在该年度中应当保证棉花不变质，但到了次年的10月份左右，公证检验的棉花也要降1—2级。

2006年7月31日，最高人民法院就棉花每个等级间的差价问题电话询问亚坤公司、康瑞公司。亚坤公司及康瑞公司的委托代理人均称，在棉花市场行情好时，棉花每级差价为200元左右。

最高人民法院认为，本案双方当事人于2004年1月2日签订的《棉花购销合同》系各方当事人真实的意思表示，且不违反国家的法律、行政法规，应认定为有效。本案为棉花买卖合同纠纷，根据双方的上诉理由，本案棉花的质量、数量是否符合合同约定、亚坤公司是否存在损失以及损失如何计算是本案争议的主要焦点问题。同时，对于定金的认定以及合同应否解除的问题，双方当事人亦存在争议。

1. 关于供货数量与质量的认定。依据康瑞公司于2004年1月7日向亚坤公司提交的棉花出厂《检验证书》，康瑞公司应向亚坤公司交付1173.947吨棉花，其中一级棉为337.109吨，二级棉为836.838吨。亚坤公司收到该批货物后并未提出任何异议，即同年1月12日与康瑞公司结算完毕。在2004年6月以后，亚坤公司陆续将该批棉花销给广东、四川、湖北等地的客户，各地纤维检验所对这批棉花重新出具了公证检验证书。截至2004年年底，各公证检验证书载明，康瑞公司向亚坤公司交付的该批棉花合计为1111.202吨，其中二级棉为1.618吨，三级棉为523.416吨，四级棉为564.525吨，五级棉为21.643吨。因公证检验证书是认定棉花质量、数量的依据，康瑞公司在合同中承诺对质量、重量负责到底，质量、重量出现问题，以公证检验为准。同时依据《国家标准GB1103—1999棉花（细绒棉）》第8.4条关于"棉花检验证书的有效期为一年，从鉴证之日起计算。超过证书有效期的棉花应当重新进行检验，按重新检验结果出证"之规定，康瑞公司应当按照其在2004年1月7日向亚坤公司出具的《检验证书》中载明的标准，在一年之内对所售出棉花的质量、重量信守承诺。依此，将本案《棉花购销合同》、《检验证书》与《公证检验证书》相对照，康瑞公司向亚坤公司少交付皮棉62.745吨；棉花等级由《棉花购销合同》、《检验证书》承诺的二级降为三级、四级。该质量减等、重量亏吨的情形不仅构成违约，而且给亚坤公司造成了实际损失，对此，康瑞公司应当依据合同价格及双方交易时的市场行情向亚坤公司作出赔偿。

2. 关于棉花重量亏吨损失的赔偿问题。康瑞公司与亚坤公司在合同中约定，"质量要求按国家质量标准GB1103—1999执行"，"质量、重量出现重大问题,以公证检验为准"。如前所述,康瑞公司向亚坤公司少交付皮棉62.745吨,按照合同价1.69万元/吨计,康瑞公司应向亚坤公司退还货款本金1060390元,并赔偿自2004年1月12日起至实际给付之日止按照中国人民银行同期活期存款利率计算的利息损失。原审判决未对亏吨损失予以认定不当,本院予以纠正。上诉人亚坤公司关于康瑞公司应向其补偿棉花重量亏吨损失本金及利息的上诉理由成立,本院予以支持。

3. 关于质量减等损失的赔偿问题。本案《棉花购销合同》约定,康瑞公司向亚坤公司提供单价为1.69万元/吨的229级(二级)皮棉。根据《公证检验证书》认定的棉花普遍下降1—2个等级以及康瑞公司向亚坤公司实际交付1111.202吨棉花的客观事实,参照原审法院向新疆棉麻公司的咨询情况以及二审承办人向双方委托代理人的询问情况,应认定本案合同签订时的棉花等级差价为200元左右。在平衡双方利益的基础上,本院认定棉花减等的差价损失为400元×1111.202吨=444480.8元,应由康瑞公司向亚坤公司作出赔偿。

原审判决认定亚坤公司存在资金损失是正确的,但确认赔偿范围的标准不当。本案合同签订的2004年1月份,恰逢国内棉花市场价格飞涨,但到了2004年5、6月份以后,棉花市场价格回落,此期间每吨相差5000—6000元。亚坤公司在2004年6月份以后转售的棉花,即使质量等级不变,也必然会出现因市场行情所致的收益损失。原审判决认定的亚坤公司本金损失6659358.11元不仅包括了棉花减等的差价损失,亦包括在此期间因市场行情下跌所造成的收益损失。该部分收益损失显属市场风险造成的,非为双方当事人所能预见,亦非康瑞公司过错所致。因康瑞公司与该部分损失之间不存在因果关系,故康瑞公司不应承担市场行情变化导致的亚坤公司的收益损失。原审判决将亚坤公司在市场行情低迷时基于转售关系所形成的销售价格与本案行情高涨时形成的购买价格之差作为亚坤公司的损失由双方分担显属不当,不仅合同关系各不相同,亦有违公平原则及过错责任原则,本院予以纠正。上诉人亚坤公司关于康瑞公司应补偿其棉花收益损失6152857.22元的上诉理由不能成立。本院对亚坤公司在购买棉花时所发生的实际损失,即棉花重量亏吨损失及质量减等的差价损失予以确认,对于其他损失部分,即市场风险所致的收益损失、转售期间发生的运输费用、与案外人发生的借贷利息损失均因缺乏合同依据及法律依据而不予支持。

4. 关于本案合同是否应予解除问题。在本案的买卖合同中,因康瑞公司少交货及与合同约定质量不符部分货物的价值合计为1504870.8元,约占合同总金额19393348.4元的8%,不仅违约部分价值不高,而且并未因此实质剥夺亚坤公司再次转售从而获取利润的机会,并不影响亚坤公司合同目的的实现。亚坤公司主张其购买棉花的目的不是为了转售，而是用于加工，显与事实不符。亚坤公司实际共购得棉花1111.202吨，在收到货物长达5个月之后才将225.179吨棉花调运至新疆博州棉纺织有限公司用于纺纱加工，在此之前，亚坤公司已将大量棉花用于转售。鉴于亚坤公司未能提交其所购棉花将全部用于加工的相应证据，故其关于合同目的不能实现的上诉理由不能成立。对于棉花因质量减等所造成的违约损失，是可以依据双方签订合同时的棉花等级差价、通过康瑞公司以现金补偿的方式予以救济的。在康瑞公司与亚坤公司之间的买卖合同已经履行完毕，亚坤公司业已将棉花全部售出的事实基础上，本院认为康瑞公司不适当履行合同的行为仅构成一般违约，并不构成根本违约，并不影响亚坤公司合同目的的实现，不构成《合同法》第94条关于解除合同的法定条件。故原审判令解除本案合同已无必要，本院予以纠正。

5. 关于定金的认定问题。原审判决以亚坤公司支付650万元时仅写明是货款、未写明定金为由，依据《担保法》第118条之规定，认定亚坤公司并未向康瑞公司交付定金，属认定事实清楚，适用法律正确，本院予以维持。

综合亚坤公司在与康瑞公司结算6个月之后才提出质量异议、《公证检验证书》未能通知康瑞公司到场、棉花品质在次年10月份以后会随着时间推移而发生变易、减等等客观情况，在兼顾平衡各方责任的基础上，本院将亚坤公司的损失确认为重量亏吨损失1060390元本金及利息（自2004年1月12日起至实际给付之日止，按照中国人民银行同期活期存款利息计付），质量减等损失444480.8元。对于亚坤公司的其他诉讼请求，本院予以驳回。

---

17. 违约金过高或过低，有何评判标准？

我国合同法上违约金是补偿性质的，法院、仲裁机构可提高或降低违约金。法院、仲裁机构通常不得主动对违约金进行调整，主张调整的一方当事人应当主动向法院或仲裁机构提出请求。守约方认为违约金过低时可以请求增加，增加的限额一般以实际损失为限。违约方认为违约金过高时可以请求减少，判断违约金过高的标准是违约金是否超过造成实际损失的30%。当事人主张约定的违约金过高请求予以适当减少的，人民法院应当以实际损失为基础，兼顾合同的履行情况、当事人的过错程度以及预期利益等综合因素，根据公平原则和诚实信用原则予以衡量，并作出裁决。

典型疑难案件参考

天津万隆翔达钢铁贸易有限公司诉北京市第二建筑工程有限责任公司买卖合同纠纷案

基本案情

2006年12月28日，北京二建与案外人天津市宏佳安居建设有限公司（以下简称宏佳安居）就该公司所开发的4栋住宅楼工程相关事宜签订了《工程承包协议书》。2007年3月28日，北京二建天津分公司（北京二建的分支机构）成立北京市第二建筑工程有限责任公司二机床项目经理部（以下简称二机床项目部），并聘任龙腾为项目经理部经理。2007年3月30日，龙腾以二机床项目部（买受人）的名义与翔达钢铁（出卖人）签订了《钢材买卖合同》。合同签订后，翔达钢铁自2007年4月2日至2007年8月7日期间分14次给二机床项目部送货，价值总计3737560.29元。此后，双方于2008年3月14日再次签订《补充协议》，约定：二机床项目部同意按欠款总额263万元以原合同的约定补偿翔达钢铁自2007年9月29日至2007年11月19日期间的损失394500元（每日补偿7890元），二机床项目部保证于2008年6月30日付清欠款及损失合计3024500元，否则仍按原合同违约条款履行，之后，二机床项目部未再履行任何付款义务。至双方成讼，二机床项目部实欠翔达钢铁货款本金2387560.29元未付。

一审诉辩情况

原告翔达钢铁诉称：2007年3月30日与北京二建签订钢材买卖合同。合同约定了数量、付款方式、违约责任及管辖等条款。合同签订后，翔达钢铁共计为北京二建送去各种型号钢材，总价款4448488.17元，尚有余款3024500元至今未付，故起诉。要求北京二建立即给付欠款3024500元，并按欠款数额的日千分之三从2007年4月4日起支付翔达钢铁违约金至实际给付之日；诉讼费由北京二建担负。

被告北京二建辩称：翔达钢铁所诉天津北辰二机床项目是案外人龙腾以被告名义承揽的工程。根据北京二建与龙腾之间的协议，在此工程所发生的一切权利义务均与北京二建无关，由龙腾个人承担，因此，不同意翔达钢铁诉讼请求。另外，翔达钢铁提供的送货单没有加盖其公章，翔达钢铁与龙腾签订的两份还款协议也未加盖北京二建公章，且签订协议时，龙腾与北京二建已经终止内部承包关系，龙腾已经无权代表北京二建签订协议。因此，应由龙腾个人承担本案民事责任。

一审裁判结果

天津市北辰区人民法院判决：北京二建于判决书生效之日起 10 日内给付翔达钢铁欠款 2387560.29 元，并自 2007 年 4 月 4 日起按欠款 2387560.29 元的日千分之三向翔达钢铁支付违约金至实际给付之日。

一审裁判理由

天津市北辰区人民法院认为，翔达钢铁、北京二建签订的钢材买卖合同和补充协议均合法有效。由于北京二建没有按照补充协议约定的期限前付清欠款，故应当依约按双方买卖合同中约定的违约条款计算违约金（从第一次收货之日起按标的额的日千分之三计算至实际给付之日）。但补偿金不应当计算在欠款本金中，否则就属于对违约金的重复计算。

关于北京二建主张二机床项目系龙腾个人借用北京二建名义承揽的工程，根据北京二建与龙腾之间签订的协议，该项目一切债权债务均由龙腾个人承担的问题，法院认为北京二建与龙腾之间的协议属于内部协议，且龙腾对外作为北京二建聘任的二机床项目经理部经理，履行的是职务行为。因此，龙腾以北京二建名义与翔达钢铁所发生的债权债务依法应由北京二建承担。北京二建承担责任后可向龙腾进行追偿。此外，龙腾与翔达钢铁签订的对账单、补充协议书的行为属于表见代理行为，应依法确认有效。

二审诉辩情况

北京二建上诉称：对原审法院判决的欠款及违约金数额予以调整，确认龙腾与翔达钢铁签订两份《补充协议》的行为系无权代理行为；本案诉讼费用由翔达钢铁承担。其上诉理由为：（1）原审判决北京二建应向翔达钢铁支付的违约金过高，至原审判决作出之日，违约金已高达 500 余万元，是所欠货款的两倍，过分高于龙腾未按期支付货款给翔达钢铁造成的损失，这与我国违约金制度的立法原意相悖；（2）2007 年 8 月 6 日和 8 月 7 日，翔达钢铁分两次将价值 588321.20 元的货物送到二机床项目工地，此时，北京二建已与发包人宏佳安居解除工程承包协议，二机床项目由河北中凯建设工程有限公司承建，并使用送货的钢材，不应再向北京二建主张这笔货款的权利，原审法院确认龙腾与翔达钢铁签订《补充协议》的行为属于表见代理，是错误的。

翔达钢铁二审答辩称：原审判决认定事实清楚，适用法律正确，请求驳回上诉，维持原判。其答辩理由为：（1）关于违约金问题，双方已经在买卖合同中明确约定了违约责任，该约定不违反法律禁止性规定，应认定有效并受法律保护；（2）关于龙腾的身份问题，龙腾是北京二建承建的二机床项目中的项目经理，龙腾代表北京二建二机床项目部与翔达钢铁签订买卖合同和补充协议的行为，应认定系代表北京二建的职务行为；（3）关于北京二建与龙腾解除内部承包协议问题，北京二建没有就此对外进行公示，或对翔达钢铁履行告知义务，翔达钢铁并不知情，所以其解除内部承包协议的行为对翔达钢铁不具有约束力，北京二建应承担所欠翔达钢铁全部货款的付款义务。

二审裁判结果

天津市第一中级人民法院判决：

一、撤销原审判决；

二、北京市第二建筑工程有限责任公司于判决书生效之日起10日内给付天津万隆翔达钢铁贸易有限公司所欠货款2387560.29元，并支付违约金3770000元，两项合计6157560.29元；

三、驳回北京市第二建筑工程有限责任公司的其他上诉请求。

二审裁判理由

天津市第一中级人民法院认为，龙腾系北京二建聘用的二机床项目部的项目经理，二者虽签有承包协议，但该协议属于内部协议，并未对外公示，亦未以明示方式让第三人知晓，所以龙腾以二机床项目部的名义对外签订合同的民事行为，应认定为职务行为，所产生的法律后果应由北京二建承担。至于2007年8月6日北京二建与龙腾解除承包协议的行为，亦未对外公示，并以合理方式告知第三人，故龙腾对外签订对账单或合同的行为，属于表见代理，该代理行为有效，应由北京二建承担民事责任。北京二建承担民事责任后，可依照本公司与龙腾之间的协议，向龙腾进行追偿。故北京二建上诉请求"确认龙腾与翔达钢铁签订两份《补充协议》的行为系无权代理"的主张，于法无据，不予支持。

关于北京二建提出原审判决的违约金数额过高（近500万元），请求调整的主张，因北京二建在合同履行过程中的违约行为，已给翔达钢铁造成高达290万元的经济损失的事实，虽北京二建对此进行了抗辩，但在规定的举证期限内并未举证予以反驳，故对翔达钢铁主张的损失金额予以确认。参照最高人民法院《关于适用〈中华人民共和国合同法〉若干问题的解释（二）》规定的标准，当事人约定的违约金超过造成损失的30%的，一般可以认定为"过分高于造成的损失"。故北京二建应向翔达钢铁支付的违约金以不超过377万元的标准为限，更能体现《合同法》规定的公平和诚实信用原则，对于超过部分的违约金，予以调整。综上，原审判决认定事实清楚。鉴于原审判决作出后，在二审期间，最高人民法院《关于适用〈中华人民共和国合同法〉若干问题的解释（二）》对违约金调整问题进行了明确规定，据此，以翔达钢铁的实际损失为基础，兼顾合同的履行情况、北京二建的过错程度以及翔达钢铁的预期利益等综合因素，对原审判决认定的违约金数额予以适当调整。

18. 交易习惯可否作为法院的定案依据？

交易习惯是社会个体在长期交易实践中反复使用并彼此仿效逐步积淀而成的交往规则，在民商事交易中具有规范属性，可以作为法院的定案依据。关于合同是否成立，应当结合当事人之间的交易方式、交易习惯以及其他相关证据认定。合同生效后，当事人就质量、价款或者报酬、履行地点等内容没有约定或者约定不明确的，可以协议补充；不能达成补充协议的，按照合同有关条款或者交易习惯确定。交易习惯可根据以下情形进行认定：（1）在交易行为当地或者某一领域、某一行业通常采用并为交易对方订立合同时所知道或者应当知道的做法；（2）当事人双方经常使用的习惯做法。交易习惯既是合同交易的行为规范，也是合同审判的裁判规范，可作为法院的定案依据。对于交易习惯，由提出主张的一方当事人承担举证责任。

典型疑难案件参考

查爱民诉唐卫芳等买卖合同纠纷案

基本案情

原告查爱民系吴江市黎里镇经营焦炭生意的个体私营业主，徐洪才（2004年10月30日因车祸身亡）系被告唐卫芳的丈夫，被告徐士金、吴彩英、徐舒晴分别系徐洪才的父亲、母亲和女儿。徐洪才生前与其妻唐卫芳共同经营吴江市黎里宏达铸件厂，该铸件厂作为个体工商户登记在其父徐士金名下。徐洪才因车祸身亡后，铸件厂由被告唐卫芳继续经营。2004年至2005年期间，原告查爱民陆续向该铸件厂提供焦碳233.35吨，货款累计281251元，铸件厂已支付货款251000元，尚欠货款30251元没有归还。原告多次向被告唐卫芳催讨货款未果，遂向吴江市人民法院起诉要求被告唐卫芳立即归还货款

30251元并承担本案的诉讼费用。

诉辩情况

该案在审理过程中，根据原告申请，法院又依法追加徐士金、吴彩英、徐舒晴为共同被告。原告为支持其诉请，向法院提交了与被告唐卫芳对账的电话录音、十几份证人证言以及若干份写有"查爱民"、"徐洪才"、"徐士金"、"车船号号码"、"毛重数量、皮重数量、净重数量"字迹的码头电子秤过秤单，这些过秤单上既没有原告的签名也没有被告的签名。由于原告没有提交其他直接证据，被告唐卫芳认为原告的诉讼请求无任何法律和事实依据，请求法院驳回原告的诉讼请求。被告徐士金、吴彩英、徐舒晴未作答辩。

裁判结果

江苏省吴江市人民法院判决：
一、被告唐卫芳应于判决生效后7日内归还原告查爱民货款30251元；
二、被告徐士金对被告唐卫芳的付款义务承担连带清偿责任。

裁判理由

江苏省吴江市人民法院认为，本案存在两个争议焦点：（1）原告所主张的30251元货款的事实是否存在？（2）原告所主张的30251元货款应当由谁负责清偿？针对第一个争议焦点，原告提交了录音证据、过秤单和证人证言，录音证据反映了原告与被告唐卫芳对账的情况；若干份证人证言主要用来证明当地存在一个公开、稳定的焦炭交易习惯；若干份过秤单用来证明原告作为卖方，被告方作为买方，原告依据交易习惯向被告出售焦炭的事实。结合原告提交的证人证言和若干份过秤单，法官经过走访、调查和询问，确认在当地两个码头存在一个公开、稳定的焦炭交易习惯：在这两个码头卖焦炭的一方作为卖方，事先联系好买方，并与买方约定好所需焦炭的单价和数量，再联系运输的拖拉机驾驶员到上述两处码头装上焦炭后到司磅员处过秤，然后直接运送到买方处。在上述两处码头的过秤点过秤后由司磅员开具过秤单，通常一份交给卖方，一份交给买方。买卖双方通常不到现场，也不在过秤单上签字，码头的过秤单上没有单价，只有买卖双方的名字、车船号码和毛重数量、皮重数量、净重数量等字样以及司磅员的名字，买卖双方就凭上述两处码头开具的过秤单进行结算。多年来，无论是买卖双方还是码头司磅人员、运输人员都严格遵循这一交易习惯，该交易习惯已经成为这两个码头公开的交易规则，人所皆知。

法院经过查证确认了该交易习惯的真实性，同时注意到原告提交的电子过秤单上有的收货人是"徐士金",有的是"徐洪才"。根据上述交易习惯和码头过秤单的书写习惯,"徐洪才"或者"徐士金"就是代表买方即铸件厂。由于写有"徐士金"的电子秤过秤单上的交易日期均在徐洪才身亡后发生,而据法院所调查的情况反映,铸件厂虽由被告徐士金开办,但在徐洪才生前由徐洪才、唐卫芳实际经营,徐洪才身亡后,铸件厂又由被告唐卫芳单独经营一段时间。因此,写有"徐士金"的电子秤过秤单所反映的交易行为应发生在被告唐卫芳实际经营铸件厂期间。上述情况从原告提供的录音证据所反映出的与被告唐卫芳对账的情况中亦可得到印证。由于被告唐卫芳在庭审中认可录音证据的真实性,结合原告提交的录音证据、证人证言,以及查明确实存在的交易习惯,综合分析和判断后,法院认为原告所主张的30251元货款的事实存在。

对于第二个争议焦点,即30251元货款应当由谁负责清偿,法院认为,根据相关法律规定,个体工商户在经营中所产生的债务,应由业主承担责任,实际经营者与业主不一致的,应由实际经营者承担责任,业主承担连带责任。本案的录音证据证明原告所主张的30251元货款系徐洪才生前经营铸件厂所欠货款及徐洪才身亡后由被告唐卫芳经营铸件厂所欠货款两部分构成。但是,本案的录音证据中被告唐卫芳虽明确欠原告货款30251元,但未明确徐洪才生前经营所欠货款的具体金额以及被告唐卫芳自己经营所欠货款的具体金额,而原告亦未提供证据来厘清徐洪才生前经营所欠货款的确切金额及徐洪才身亡后由被告唐卫芳负责经营铸件厂期间所欠货款的确切金额。针对上述情况,法院认为,徐洪才生前经营所欠货款是徐洪才与被告唐卫芳在夫妻关系存续期间结欠,依法本应属徐洪才与被告唐卫芳的共同债务。徐洪才身亡后,其生前经营所欠贷款依法理应由被告唐卫芳负责清偿。至于被告唐卫芳负责经营铸件厂期间所欠货款,毋庸置疑更应由被告唐卫芳负责清偿。综上所述,原告所主张的30251元货款应由被告唐卫芳负责清偿,被告徐士金作为铸件厂的登记业主,应对铸件厂的实际经营者经营期间所负的债务承担连带清偿责任。同时,法院注意到,徐洪才死亡后,作为均系第一顺序继承人的四被告应对徐洪才的债务在继承徐洪才遗产范围内承担连带责任。由于徐洪才生前经营所欠原告的个人债务不明确,且原告亦未举证徐洪才有无遗产被继承,故对此法院不予审理。

宣判后,双方均未上诉,判决已生效。

19. 对表见代理的认定，应审查哪些内容？

表见代理制度是维护代理制度的诚信基础，保护善意第三人合法权益，建立正常的民事交易秩序的需要。在构成表见代理的情形，规定由被代理人承担表见代理行为的法律后果，更有利于保护善意第三人的利益，维护交易安全。认定本人与第三人是否构成表见代理，除客观审查第三人是否有正当理由相信行为人有代理权之外，还应审查第三人是否为善意，第三人与行为人的行为是否合法。由于采购方与供应方长期存在货物买卖合同关系，法院通过审查双方交易习惯，认定第三人与采购方存在表见代理关系，判决采购方应支付货款。

典型疑难案件参考

厦门火炬特种金属材料有限公司与厦门金盛荣金属制品有限公司、肖建标买卖合同纠纷案

基本案情

2005年至2007年间，厦门金盛荣金属制品有限公司作为需方长期向原告厦门火炬特种金属材料有限公司购买锌锭、电解镍等工矿产品。2005年和2006年间，原告和金盛荣公司双方就购买锌锭等产品签订过10份《产品购销合同》。购销合同约定了产品名称、规格、数量、单价，交货期限、提货方式、价款结算方式、违约责任等条款。其中，价款结算方式约定：货到60天内结清所有货款；违约责任约定：若付款期限已到而需方未及时付清所有货款，以所欠货款的总金额按每日0.1%计算滞纳金。在此期间，原告共出具12份产品销售单给金盛荣公司。在"产品销售单的客户签收"一栏，金盛荣公司的签收人共有张彩、池荣周、肖建标、王汉明4人。其中，张彩签收4次，池荣周签收2次，肖建标签收5次，王汉明签收1次。与上述货款相对应的增值税发票原告也已经开具给金盛荣公司，增值税发票的签收人为张彩和肖建标。自2007年始，原告和金盛荣公司继续发生工矿产品买卖关系，但未继续签订书面《购销合同》。从2007年1月18日至8月17日，原告共出具8份产品销售单给金盛荣公司，在"产品销售单的客户签收"一栏的签收人均为肖建标。与上述货款相对应的增值税发票原告也已经给金盛荣公司，增值税发票的签收人为张彩和肖建标。2007年9月3日，肖建标出具一份"2007年火炬

特材与金盛荣公司业务往来账目"给原告。"2007年火炬特材与金盛荣公司业务往来账目"载明：业务往来共8次，货物品名均为锌锭，分别为：1月18日货款358257.2元，3月16日货款267282.4元，5月1日货款356240.8元，5月19日货款280718.6元，6月29日货款298917.9元，7月16日货款238979.1元，7月26日货款247640元，8月17日货款292812.3元。上述货款合计2340848.3元。其中，2007年6月29日至8月17日4批货物的货款为1078349.3元。在该往来账目上，肖建标确认："本人作为金盛荣公司的经办人，从2007年1月份至今向火炬金属公司购入8批锌锭，具体明细见以上往来账目。同时本人个人愿意作为金盛荣公司的担保人，对以上交易货款向火炬金属公司承担付款的连带担保责任。"

一审诉辩情况

原告请求判令：（1）金盛荣公司立即向原告支付货款998349.30元及逾期付款违约金128649.70元（按日0.1%分段暂计至2008年1月31日，应计至实际付款日），两项合计为1126998.37元；（2）判令肖建标对上述货款及违约金承担付款的连带担保责任；（3）判令金盛荣公司承担本案的诉讼费用。

一审裁判结果

厦门市同安区人民法院判决：

一、被告厦门金盛荣金属制品有限公司应于本判决生效之日起10日内支付原告厦门火炬特种金属材料有限公司货款998349.30元及逾期付款违约金（逾期付款违约金从2007年9月18日起计至实际付款之日止，按中国人民银行同期同类贷款利率计算）；

二、被告肖建标对被告厦门金盛荣金属制品有限公司支付原告厦门火炬特种金属材料有限公司上述货款及逾期付款违约金承担连带清偿责任；

三、驳回原告厦门火炬特种金属材料有限公司的其他诉讼请求。

一审裁判理由

厦门市同安区人民法院经审理认为，火炬金属公司和金盛荣公司于2005年至2006年间签订的购买锌锭、电解镍等工矿产品的《工矿产品购销合同》，系合同双方当事人的真实意思表示，其内容亦未违反法律、行政法规的强制性规定，应当认定为有效合同。从2007年开始，虽然火炬金属公司和金盛荣公司没有继续签订书面的《工矿产品购销合同》，但金盛荣公司继续向火炬金属公司购买锌锭、电解镍等工矿产品，并已经支付了超过100

万元的货款。因此，应当认定火炬金属公司和金盛荣公司双方存在有效的工矿产品购销合同关系。在履行2005年和2006年间签订的《工矿产品购销合同》时，金盛荣公司的货物签收人为张彩、池荣周、肖建标、王汉明4人，其中，肖建标签收5次。与货款相对应的增值税发票的签收人为张彩和肖建标。在履行2007年1月18日至5月19日这4笔买卖合同时，金盛荣公司的货物签收人为张彩和肖建标，与货款相对应的增值税发票的签收人亦为张彩和肖建标。且金盛荣公司也认可肖建标是代公司向火炬金属公司提货的提货人。综合以上事实，即便金盛荣公司和肖建标均认可肖建标不是金盛荣公司的员工，火炬金属公司也有理由相信肖建标有代理金盛荣公司的权限，即肖建标代理金盛荣公司的行为有效。本案讼争的4批锌锭货款为1078349.30元的货物，系肖建标签收。肖建标签收货物和增值税发票的行为，也应当认定为代理金盛荣公司的有效行为。火炬金属公司已经履行了合同义务，作为合同的相对方，金盛荣公司理应支付相应的货款。金盛荣公司拒绝支付货款的行为，已构成违约，应当承担相应的违约责任。因金盛荣公司与火炬金属公司没有对违约责任作出书面约定，事后又未能达成补充协议，故可参照中国人民银行同期同类贷款利率计算逾期支付货款的违约金，时间从原告向金盛荣公司发出催款函之日起算。肖建标表示愿意作为金盛荣公司的担保人对货款承担连带担保责任的行为，系其自愿的真实意思表示，应予以照准。鉴于其同意承担的是连带担保责任，且未明确表示承担责任的范围，因此，肖建标承担连带担保责任的范围应当包括逾期违约金。原告的其他诉讼请求，于法无据，不予支持。

二审诉辩情况

被告金盛荣公司不服提出上诉。

二审裁判结果

厦门市中级人民法院判决：驳回上诉，维持原判。

二审裁判理由

二审法院查明，各方当事人除对肖建标经手的2007年5月19日以后的4批货物是否是代表金盛荣公司提货及金盛荣公司是否收到该4批货的增值税发票、产品销售单，2007年9月3日肖建标签署的对账单的日期是否存在倒签之外，对原审查明的其余事实均无争议。还查明，一审判决后，金盛荣公司向厦门市公安局同安分局报案，称肖建标擅自以金盛荣公司名义向火炬公司提货自行销售，涉嫌经济犯罪。二审法院向厦门市公安局同安分局调查，核实厦门市公安局同安分局在接受该报案登记后,即进行相应的调查活动,但目前尚未立案。

厦门市中级人民法院认为,本案当事人争议的焦点是:2007年6月29日至8月17日肖建标从火炬公司提走货物是否构成表见代理。

金盛荣公司在2005年至2006年间以订立书面合同的形式向火炬公司购买锌锭、电解镍等工矿产品,肖建标多次作为提货人代表金盛荣公司对货物进行签收。2007年开始,火炬公司和金盛荣公司虽然没有继续签订书面合同,但肖建标陆续以金盛荣公司的名义向火炬公司提取8批货物,金盛荣公司亦确认2007年5月19日之前的4批货物系代表金盛荣公司提货,并已支付相应货款。基于双方长期存在稳定的交易关系,及肖建标是金盛荣公司的提货人,多次代表金盛荣公司提货,且2007年开始,火炬公司和金盛荣公司虽没有订立书面合同,但肖建标代表金盛荣公司提货,金盛荣公司亦予以确认的事实,火炬公司有理由相信肖建标可以代表金盛荣公司提货。金盛荣公司若认为肖建标不得以金盛荣公司的名义擅自提货,应当及时告知火炬公司。但没有证据证明金盛荣公司向火炬公司告知2007年5月19日之后,肖建标未经金盛荣公司书面授权不得以金盛荣公司的名义从火炬公司提货。因此,火炬公司有理由相信肖建标有权代表金盛荣公司提货,肖建标的提货行为已构成表见代理,金盛荣公司应依法承担该行为的法律后果。金盛荣公司主张火炬公司与肖建标存在恶意串通损害金盛荣公司利益的嫌疑,并在一审判决后向公安机关报案,但根据公安机关的初步调查,并没有证据证明火炬公司与肖建标存在恶意串通行为,肖建标出具《还款计划书》及支付货款均是个人行为,不能因此推断火炬公司认可肖建标的提货行为系个人行为,或双方存在恶意串通的情形。因此,金盛荣公司要求将本案移送公安机关侦查的上述理由不能成立。肖建标为何将货物低价出售,其与金盛荣公司是否还存在未了的债权债务纠纷,其提货后自行处理若损害了金盛荣公司的利益,如有经济犯罪之嫌,金盛荣公司可依法向肖建标追究相应的法律责任,但上述行为并不影响金盛荣公司向火炬公司承担划款责任。综上所述,上诉人金盛荣公司的上诉理由不能成立,其上诉请求应予驳回。原审判决认定事实清楚,使用法律正确,应予维持。

20. 如何判定是否构成根本违约？

违约形态分为根本违约与非根本违约，一方有违约行为致使合同目的不能实现的，属于根本违约。对方严重违约致使合同目的不能实现的，另一方有权解除合同。出卖方提供的货物有质量瑕疵，违反了标的物瑕疵担保义务，应承担违约责任。但买受方是否有权解除合同，还要区分标的物的质量瑕疵是否严重。认定违约后果是否重大一般可以考察以下因素：（1）违约部分的价值或金额与整个合同之间的比例。如果卖方少交或交付与合同不符的部分货物的价值占全部合同金额的大部分，一般认为构成根本违约。（2）违约部分对合同目标实现的影响程度。在某些案件中，尽管违约部分的价值并不高，但对合同的实现有着重大的影响，在这种情况下，一般也可以认为构成根本违约。（3）当迟延履行时，时间对合同目标实现的影响程度。对于一些具有时间性强的商品，交货迟延往往使买方无法实现商业目标。（4）在分批交货合同中，对一批交货义务的违反对整个合同的影响程度。如果合同是可分的，则对某批交货义务的违反一般不构成根本违约，如果该合同是不可分的，某批交货与合同不符，就可能导致整个合同目标无法实现，一般构成根本违约。

典型疑难案件参考

泉州市鲤城宗大模具厂与力驰丽尔机械上海有限公司买卖合同纠纷案

基本案情

2004年7月7日，原告与被告签订一份买卖合同，合同约定：由原告向被告购买产地为台湾的一台MD—45无刀库数控铣床，价款为人民币378000元，交货日期为收到定金后一个星期，付款方式为原告在合同签订后3日内电汇2万元作为定金，货物到厂未卸前付28万元，货物安装调试后4个月内支付尾款78000元。双方还另外签订一份关于数控铣床的供货范围、安装、调试、验收及售后服务的合同附件，约定该合同附件是本合同的重要文件，享有与本合同同等法律效力。合同签订后，原告按约定付给被告定金2万元及货款28万元。被告违反合同约定，于2004年7月13日将一台非台湾生产的MD—45无刀库数控铣床交付给原告，原告于2004年9月24日、9月30日发函向被告催讨有关铣床进口单证资料，但被告未能提供，原告遂于2004年月10月提起诉讼。

一审诉辩情况

原告宗大模具厂诉称及反诉辩称：2004年7月7日，原告与被告签订一份买卖合同，约定由原告向被告购买产地为台湾的一台无刀库数控铣床，价款为人民币378000元，交货日期为收到定金后一个星期，付款方式为原告在合同签订后3日内电汇2万元作为定金，货物到厂未卸前付28万元，货物安装调试后4个月内支付尾款78000元。合同签订后，原告按约定付给被告定金2万元及货款28万元。被告于7月13日将一台铣床交付给原告，但被告所交付的铣床并非台湾生产的，铣床存在严重瑕疵，原告多次要求被告提供证明铣床产地为台湾的单证资料，被告却不能提供。由于被告交付非台湾产地的铣床，不符合合同约定，且使原告订立合同的目的不能实现，根据《合同法》第94条之规定，请求法院判决解除买卖合同，被告双倍返还原告定金4万元，返还原告货款28万元及利息损失，并赔偿原告其他经济损失77040元。根据法律规定，合同解除后，尚未履行的，终止履行，被告要求原告支付余款78000元无事实与法律依据，请求法院依法驳回被告反诉请求。

被告力驰机械公司本诉辩称及反诉诉称：被告向原告交付的机床确实产自台湾，且已按合同规定及时履行了售后服务义务，故不存在因被告原因而使合同无法履行的目的，原告无权单方解除合同，原被告之间的合同应继续履行，原告应当继续履行支付余款78000元的义务，请求法院依法驳回原告的诉讼请求，支持被告的反诉请求。

一审裁判结果

福建省泉州市鲤城区人民法院判决：

一、解除原被告之间的买卖合同，被告力驰丽尔机械上海有限公司应于本判决生效之日起10日内返还原告泉州市鲤城宗大模具厂货款人民币28万元并赔偿资金占用的利息损失（自2004年7月17日起至还清货款之日止，按中国人民银行同期同类贷款利率计算），同时原告应退回MD—45无刀库数控铣床一台给被告；

二、被告力驰丽尔机械上海有限公司应于本判决生效之日起10日内返还原告泉州市鲤城宗大模具厂定金人民币4万元；

三、驳回原告本诉的其他诉讼请求；

四、驳回被告的反诉请求。

一审裁判理由

福建省泉州市鲤城区人民法院认为：原被告买卖合同是双方当事人真实意思表示，合同内容合法，应确认成立有效。双方当事人均必须全面履行合同规定的义务，出卖人应履行交付合同约定的标的物的首要义务，并对标的物的品质瑕疵负担保义务，但被告违反合同约定，提供给原告非台湾生产的数控铣床，致使原告不能实现购买台湾生产的数控铣床的目的，被告的行为已构成违约，原告享有请求法院解除合同的权利。原告请求解除双方签订的买卖合同，符合法律规定，应予支持。合同解除后，被告应返还原告28万元货款并赔偿资金占用的利息损失，同时原告应退回铣床给被告，由于被告在收取了原告定金2万元后未能履行交付台湾生产的数控铣床的义务，根据有关法律规定，被告还应双倍返还原告定金4万元，原告对此的诉讼请求应予支持。被告的辩解缺乏事实与法律依据，本院不予采纳。原告关于被告应赔偿其他经济损失77040元的主张，因证据不足，本院不予支持，如以后有新的证据，被告可另行起诉。由于本案的买卖合同已解除，在解除合同后尚未履行的应当终止履行，原告不需再履行支付被告余下货款78000元的义务，被告的反诉请求本院不予支持。

二审诉辩情况

原审被告力驰机械公司不服上诉称：一审判决认定上诉人交付的数控铣床"非台湾生产的产品"不符合事实，其向被上诉人原审原告提供的数控铣床确实产自台湾，请求二审法院撤销原判，驳回被上诉人的全部诉讼请求，支持上诉人的反诉请求。被上诉人泉州市鲤城宗大模具厂辩称：原审判决认定上诉人向被上诉人交付的数控铣床系"非台湾生产的产品"完全符合事实，上诉人至今未能提供能够证明其交付的铣床产自台湾的单证和资料，原审对事实认定非常正确，被告的行为已构成根本违约，使原告不能实现合同目的，请求二审法院依法维持原判。

二审裁判结果

泉州市中级人民法院判决：驳回上诉，维持原判。

二审裁判理由

泉州市中级人民法院认为，本案双方当事人签订的买卖合同是双方当事人真实意思表示，未违反法律法规的禁止性规定，应确认成立有效。因上诉人力驰机械公司未能提供符合合同约定的标的物，已构成违约，使被上诉人宗大模具厂不能实现合同目的，宗大模具厂享有请求法院解除合同的权利。宗大模具厂请求解除双方签订的买卖合同，符合法律规定，应予支持。原审判决认定事实清楚，适用法律准确，应予维持。

21. 买卖机动车但未办理过户手续，合同是否有效？

我国《物权法》采取物权变动区分原则，将物权变动的原因与物权变动的结果作为两个法律事实区分开来。其第15条规定："当事人之间订立有关设立、变更、转让和消灭不动产物权的合同，除法律另有规定或者合同另有约定外，自合同成立时生效；未办理物权登记的，不影响合同效力。"买卖双方订立车辆买卖合同，双方意思表示真实，合同内容不违反法律禁止性规定，应当认定合同有效。未办理车辆过户登记手续，对买卖合同效力并不产生影响。机动车属于特殊动产，物权变动采取登记对抗主义。如买卖合同签订后已将车辆交付买受人，则车辆的所有权已发生变动，归属于买受人所有。但未办理过户登记手续，不得对抗善意第三人。如果车辆原所有权人将车辆另行出卖给善意第三人并办理登记手续，则未办理登记手续的买受人无权以其已经取得车辆为由对抗善意第三人。

典型疑难案件参考

周成诉崔维烈机动车买卖合同案

基本案情

2002年4月1日，周成与崔维烈签订一份卖车协议。协议约定：甲方（即原告）将其所有的车牌号为鄂E14397的货车作价30000元卖给乙方（即被告），乙方在购车的同时付清全部车款，甲方将车卖给乙方后，汽车所发生的一切费用自卖车之日起与甲方无关，即汽车的一切费用由乙方承担（包括养路费、税金、道路运输费、年审费、过户费、过路费、工商管理费以及保险费等）；车辆过户时间暂时延期到2003年3月份，若到期乙方不拿钱过户，甲方有权收车。协议签订后，崔维烈付清车款，周成将车交给崔维烈经营。后来，周成多次要求崔维烈办理过户手续，均未果。2005年3月16日，崔维烈与孙国强签订车辆买卖协议，将车牌号为鄂E14397的货车卖给了孙国强。

同时查明：周成将车牌号为鄂 E14397 的货车卖给崔维烈后因未交纳国家征收的相关费用及税金，宜昌市夷陵区征稽所向周成发出催缴通知书，2006年7月26日，周成交纳了运管费910元，其他所欠规费未交纳。

一审诉辩情况

原告周成诉称：我与崔维烈达成车辆买卖协议后，其未按约定在2003年3月办理过户手续，亦未交纳国家征收的相关费用及税金。有关部门向我发出了催缴通知书，我无奈之下交纳了运管费910元。诉请判令崔维烈及时办理过户手续，交清所欠国家费用并清偿我代交的运管费910元。

被告崔维烈辩称：车牌号为鄂 E14397 的货车买卖属实。该车原是汽油车，经营状况差，我将车改装成柴油车，加之周成不提供协助我办理过户手续的证件，故导致不能过户；我经营期间不欠任何费用，2005年3月16日我将车卖给了孙国强，费用均是孙国强经营期间所欠的，与我无关。

一审裁判结果

夷陵区人民法院判决：
一、崔维烈在判决生效后立即办理车牌号为鄂 E14397 的货车的车辆过户手续；
二、清偿周成为其垫付的运管费910元。

一审裁判理由

夷陵区人民法院认为，合法的买卖关系应受法律保护。周成与崔维烈2002年4月1日签订的《卖车协议》是双方真实意思表示，不违反法律的禁止性规定，属有效合同。周成在协议签订后履行了自己的义务，崔维烈未完全履行义务，未及时办理车辆过户，应承担相应的民事责任。周成要求崔维烈履行合同办理车辆过户理由成立，本院应予支持。因未及时办理车辆过户导致宜昌市夷陵区征稽所及宜昌市夷陵区运管所向周成催缴相关欠费。崔维烈辩称其经营期间不欠费，欠费系其将车卖与孙国强后所欠，但该事件的发生是崔维烈未及时办理车辆过户造成的，其存在过错，应由其承担民事责任，故其辩解理由不成立。周成要求崔维烈清偿所欠的国家规费，因该笔费用并未实际发生，本院难以支持。周成要求崔维烈清偿其垫付的运管费910元，因该笔费用系因崔维烈未及时办理车辆过户导致的，且已实际发生，故周成的请求成立，本院应予支持。

二审诉辩情况

上诉人崔维烈上诉称：（1）未办理车辆过户手续是周成不提供办理车辆

过户手续；（2）因车辆已经卖给孙国强，所欠运管费910元应由孙国强承担。

二审裁判结果

宜昌市中级人民法院判决：驳回上诉，维持原判。

二审裁判理由

二审补充查明：崔维烈在经营车牌号为鄂E14397的货车期间，于2004年6月将该货车汽油发动机更换为柴油发动机。

宜昌市中级人民法院认为，崔维烈与周成于2002年4月1日签订的《卖车协议》约定，周成将其所有的车牌号为鄂E14397的货车卖给上诉人崔维烈，并约定"甲方将汽车卖给乙方后，汽车所发生的一切费用（包括养路费、税金、道路运输费、年审费、过户费、过路费、工商管理费以及保险费）由乙方负担"。该约定不违反法律规定，系双方当事人的真实意思表示。2005年3月16日，崔维烈在未办理车辆过户手续的情况下，又将其所买得的车辆卖给了孙国强。按照崔维烈与周成于2002年4月1日签订的《卖车协议》约定，车牌号为鄂E14397的货车卖给崔维烈后发生的费用，应当由崔维烈承担。故周成2006年7月26日交纳的道路运输管理费910元，依约该项费用应当由崔维烈承担。崔维烈与孙国强之间的车辆买卖系另一宗民事法律关系，不属于本案审理范围。

22. 商家承诺"假一罚十"，消费者能否要求十倍赔偿？

"假一罚十"是商家常用的促销方式和竞争手段，是经营者为自己设定义务的意思表示，其性质是单方承诺，无须消费者承诺即可生效。商家销售假货是一种欺诈行为，消费者可根据《消费者权益保护法》第49条规定请求按购买商品价款的双倍赔偿。但如果商家作出"假一罚十"的单方承诺，由于承诺对象是不特定的消费者，该承诺是商家自愿作出的，法律并无禁止性规定，故商家承诺具有法律效力，应按"假一罚十"的承诺履行义务。商家通过虚假允诺排挤竞争对手，赢得更多顾客，由商家对其允诺负责，这也是维护经济交易秩序及社会诚实信用的需要。商家销售假货的行为构成欺诈，因受欺诈而违背真实意愿所签订的买卖合同属于可撤销合同，消费者有权要求商家退还购货款，并由商家按照"假一罚十"的承诺赔偿消费者的损失。

典型疑难案件参考

夏子林诉上海徐汇区明晟商行手机"假一罚十"买卖合同案

基本案情

2001年8月24日，原告夏子林在上海市田林路17号即被告上海市徐汇区明晟商行处购买手机1部，被告为此出具的发票联、工商服务业统一收据客户联载明："项目、货名：三星A288，机号、串号：1919全配，数量：1，单价：4200元。"8月27日，原告将所购手机及另一部手机送至上海市产品质量监督检验所检测。8月29日，该检验所对该手机的测试报告结果为："IMEI号为350127893211919的手机，1. 外部显示屏下方显示的不是Anycall，为假。2. 无维修标贴。3. IMEI开头六位数不是350126，为假。"该检验所出具的发票联写明："移动电话检测服务费 数量：2，金额：400元。"2001年12月3日原告向法院起诉。审理中原告提供了被告出具的发票、收款收据客户联、测试报告和检测服务费发票以及被告店堂门口标有"假一罚十"字样的立牌照片3张。为就被告向原告销售手机时是否已经公示承诺"假一罚十"一节，原告提出须亭等证人到庭，被告提出张华、姜雨花等证人到庭，各为己方的说法作证。

一审诉辩情况

原告诉称：2001年8月24日，原告在被告处购买三星手机一部，IMEI号为350127893211919，被告开具了发票，被告同时向原告承诺其所售手机货真价实，如有假货，假一赔十，被告经营地田林路17号门前也竖有"假一罚十"的标牌。2001年9月4日，经上海市产品质量监督检验所对原告在被告处所购手机进行检测，测试报告认定该手机为假货。现根据被告承诺"假一罚十"的约定，要求被告退还原告购手机款4200元，并支付赔偿42000元，手机检测费200元由被告负担。

被告辩称：原告于2001年8月24日在被告处购买手机属实，而被告店门口有"假一罚十"承诺的广告牌是在2001年8月25日下午才设立，该承诺对在此日期前购买手机无溯及力，另被告"假一罚十"的承诺意在推销假冒手机，应适用《消费者权益保护法》第49条的规定予以处理，故不同意原告的诉讼请求。

一审裁判结果

上海市徐汇区人民法院判决：
一、被告应对原告所购手机作退货处理，并退还货款人民币4200元。
二、被告赔偿原告人民币42000元。
三、被告支付原告手机检测服务费人民币200元。

一审裁判理由

上海市徐汇区人民法院认为：被告作为商家，为促进其经营，向公众发出承诺，表明凡在其商店购买手机，假一罚十，所承诺的对象是不特定的，其目的在于取信消费者。随着原告在被告处购买了一部手机，就在双方当事人之间成立了一个具有法律约束力的合同。现原告在被告处所购的手机为假货，双方均无异议，那么被告理应承担其对公众作出的"假一罚十"的承诺，不仅有利于维护商家本身的信誉，更有利于保护消费者的合法权益，维护正常的经营秩序，促进社会主义市场经济的健康发展。至于被告所作出的"假一罚十"的承诺是在原告购机的前还是后，根据目前被告的举证，证人的身份情况无从确定，故对被告主张其是于2001年8月25日以后才作出"假一罚十"承诺之辩解不予采信。

二审诉辩情况

上诉人上海徐汇区明晟商行诉称：夏子林购买手机是在2001年8月24日，而上诉人的广告牌是2001年8月25日下午才安装的；上诉人作出的"假一罚十"的承诺非合同意义上的承诺，而是推销假冒手机的欺诈消费者的行为，应适用《消费者权益保护法》第49条的规定；"假一罚十"的承诺显失公平，该承诺不具有法律效力；夏子林在购买手机时，上诉人已告知其手机是水货，上诉人主观上没有恶意，故请求维持原审法院判决的第一、三项；撤销原审法院判决的第二项。

被上诉人夏子林辩称：其已在原审法院审理时提供了证据，证明明晟商行的广告牌是在2001年8月23日竖立的；明晟商行应按"假一罚十"的承诺承担责任，本案应维持原判。

二审裁判结果

上海市第一中级人民法院判决：驳回上诉，维持原判。

> **二审裁判理由**

上海市第一中级人民法院认为：上诉人作出的"假一罚十"的承诺，其对象是不特定的消费者，该承诺是上诉人自愿作出的，同时法律对此没有禁止性的规定，故上诉人的承诺具有法律效力，上诉人应按承诺履行义务。本案的争议焦点在于"假一罚十"的广告牌的设立时间。对此，上诉人坚持认为，该广告牌的竖立时间是2001年8月25日下午，被上诉人认为，尽管其拍摄该广告牌的时间也是在2001年8月25日，但该广告牌2001年8月23日前就已经竖立了。原告、上诉人双方对此都提出了证据，原审法院对证据效力的认定是正确的，二审法院予以认同。由于上诉人提供的证据既不能证明被上诉人在购买手机时广告牌未设立的事实，也不能证明被上诉人在购买手机时已知手机是通过非法渠道进口的事实，故上诉人应按"假一罚十"的承诺承担责任。原审法院根据查明的事实所作的判决是正确的，应予维持。

23. 互易合同纠纷中，货物价款应如何认定？

互易是商品交换的原始形态，在民间以及边境、小额贸易中仍存在互易方式。互易可分为一般互易与补足价金的互易。一般互易分为单纯互易与价值互易。单纯互易是指双方以一物换取另一物，不以价值相当为条件。价值互易是指双方以标的物的价值为标准，互相交换财产并移转财产权的一种互易。补足金的互易是指双方在互相交换货物的同时，由一方补足货物差价款的交易。对于补足金的互易，负补足价款义务的一方除交付标的物外，还应按照约定支付差价款。双方签订的两份合同虽涉及同一批货物，但该两合同的订立目的及约定内容并不相同，应分别依照合同约定确定货物价值，两份合同关于合同货物价格的约定并不相互冲突排斥。

典型疑难案件参考

史文培与甘肃皇台酿造（集团）有限责任公司、北京皇台商贸有限责任公司互易合同纠纷案（《最高人民法院公报》2008年第12期）

基本案情

2002年7月6日，作为甲方的甘肃皇台酿造（集团）有限责任公司（以下简称甘肃皇台）与作为乙方的北京建昊实业公司（以下简称建昊实业）签订了一份《易货协议》，称："甲乙双方于1998年签订一份《协议书》，乙方向甲方购买价值700万元的'金皇台'、'银皇台'白酒。甲方已向乙方交付全部货物，乙方已付清货款。现乙方提供以本协议签署时尚未售出的前述白酒向甲方易取甲方销售的食用酒精及葡萄酒。甲方考虑到与乙方长期的合作关系，同意乙方的易货要求。双方就此事宜，经协商一致，达成如下协议：（1）用于向甲方易取食用酒精及葡萄酒的白酒必须是乙方依上述白酒购销合同向甲方购买的在本协议签订时尚未售出的'金皇台'、'银皇台'白酒，且该部分白酒必须内、外包装完好。经甲乙双方共同到乙方仓库清点库存，确定易货白酒价值为6499500元人民币。甲方同意按本协议约定为乙方易取等值于该金额的食用酒精及葡萄酒。（2）双方同意，甲方于本协议签订当日将上述价值的白酒从乙方仓库转至甲方仓库，转库时由双方签署货物（白酒）交接记录，记载甲方接收货物的内容及数量。（3）甲方易货给乙方的食用酒精及葡萄酒的品种及价格为：优级食用酒精4500元人民币/吨；皇台干红葡萄酒20元/瓶。双方同意换取食用酒精及葡萄酒的数量分别为：皇台干红葡萄酒75000瓶，合150万元人民币；优级食用酒精1111吨，合4999500元人民币。（4）甲方在白酒转库当日交付全部葡萄酒，食用酒精在2003年12月31日前付清。甲方未能在此期限内交付酒精的，按迟交货价值每日万分之四承担违约金。（5）除按本协议约定方式易货食用酒精外，未经甲方认可，乙方不得要求甲方以货币形式或其他方式支付其所退还给甲方的白酒的价值。"2002年9月13日至9月20日，北京皇台商贸有限责任公司（以下简称北京皇台）接收了"金皇台"白酒并向建昊实业出具了收条。2003年5月12日，建昊实业向甘肃皇台发函称："我方已做好接收酒精的准备工作，请贵方尽快联系发货事宜。"加盖的是建昊实业印章。2003年5月16日，甘肃皇台向建昊实业（集团）公司复函称："鉴于目前'非典'疫情的影响，对食用品的运输受到限制，加之铁路专用运输罐调配有难度，不能如期向贵方发货，待疫情缓和后，将货物如数运抵贵公司。"2003年6月7日，甘肃皇台向建昊实业（集团）公司复函称:"贵公司6月2日《关于酒精交付问题再致皇台酒业的函》收悉。由于铁路规章规定不能办理易燃易爆品货物发送业务,我公司无法满足贵公司提出的铁路运输方式交付酒精的要求。"2004年5月31日,甘肃皇台给建昊实业的函称:"我公司与贵公司签订易货协议之后,我公司即按协议约定履行合同义务,但传闻贵公司法人代表袁宝璟涉嫌刑事案件,已被限制人身自由,与此同时,先后有贵公司的高层职员、法定代表人亲属以及其他人员以贵公司名义向我公司就易货协议的履行提出了不同的要求。因我公司对袁宝璟是否仍履行贵公司法定代表人职责及贵公司是否进行公司权力调整的情况不详,致使我公司不能贸然接受上述人员的要求,当然也使我公司无法继续履行合同义务。近日,又接到以贵公司委托就易货协议履行事宜的律师函,我公司特致贵公司:(1)贵公司如已授权有关人员就易货协议的履行与我公司进行商洽,请贵公司函告我公司,以便我公司确认被授权人。(2)贵公司对有关人员的授权是否合法,被授权人的行为能否代表贵公司,由贵公司和有关人员负责并承担由此引发的法律后果,我公司概不负责。"2004年6月3日,北京建昊投资集团有限公司(以下简称建昊投资)给甘肃皇台《关于易货协议的函》称:"贵司发来的函业已收悉,我们对贵司的几点担心作如下答复:(1)我司原法人代表袁宝璟暂时不担任法人代表,目前法人代表已变更为唐泽英女士。即使我司不做法人代表的变更也并不影响本协议的履行。(2)建昊实业已经北京市工商行政管理局核准,更名为建昊投资集团有限公司。(3)应贵司的要求,我司现已经正式授权委托副总经理廖延贤先生全权处理与贵司签订的易货协议之相关事宜。为方便工作,请贵司指定相关部门及人员尽快与我司接洽,请贵司予以配合。贵司如不能履行易货协议所规定的履约责任和义务,按照我司律师的建议,我们将保留采用其他途径解决问题的权利,以维护我司的合法权益。"2004年6月4日,甘肃皇台给建昊投资的函称:"易货协议是我公司与建昊公司订立,且在此后与我公司就易货协议要求商洽的人员也是以建昊实业的名义。从易货协议签订至今长达2年的时间内,我公司才首次得知公司更名一事,希望贵公司能提供工商行政管理部门对公司更名的证明,在确证后,我公司将尽快与贵公司接洽。"7月17日,甘肃皇台给建昊投资的函称:贵公司函告我公司建昊实业已更名,并要求我公司向贵公司履行易货协议。但根据贵公司提供的企业名称变更材料,在我公司与建昊实业签订易货协议时,该公司已更名,在企业已更名的情况下仍用旧名称与他人签订合同,让人难以理解。而贵公司高管人员'因时间紧迫,手续不全,无法启用新印章'的解释与贵公司提供的材料所证实的更名已长达半年的情况不符。同时,近期我公司相继接到了分别受'建昊实业'和贵公司委托的律师函,是否贵公司仍沿用旧名,还是有其他原因。易货协议是我公司法定代表人与袁宝璟亲自签订,我公司期盼与袁宝璟面谈，友好协商。"

2005年9月20日，建昊投资（甲方）与原告史文培（乙方）签订了《债权转让协议书》，内容为：（1）甲方同意将甘肃皇台的价值500万元人民币金额的优质食用酒精及其利息的债权转让给乙方，甲方与甘肃皇台签订的《协议书》、《易货协议》中所享有的权利义务全部转让给乙方。（2）乙方接受甲方的上述债权。（3）甲方不经乙方同意不得收回上述债权。9月21日，建昊投资向甘肃皇台送达了《债权转让通知书》，内容为："甘肃皇台，我司享有的对你司的价值4999500元的食用酒精及其应得利息的债权现已转让给史文培。史文培将享有我司对你司的此项全部债权。"落款处是"建昊投资（原北京建昊实业公司）"。9月30日，甘肃皇台给建昊投资的函称："贵公司9月21日'债权转让通知书'已收悉，现函复如下：（1）贵公司先前来函称贵公司系建昊实业更名而来，但贵公司提供的证明文件证实，我司与建昊实业签订的易货协议是在贵公司更名之后。因此，协议的一方当事人仍然是建昊实业，因易货协议形成的债权债务关系及数额只能由我司与建昊实业确认，贵公司无权宣称对我公司享有4999500元的债权。（2）基于前述事实，贵公司现将所谓对我公司享有的债权转让史文培的行为，将对我司造成不良影响，损害我司形象，我司希望贵公司立即采取措施，防止不良影响的进一步扩大。"

另查明，建昊实业成立于1992年10月，由中国人民建设银行金建劳动服务公司组建，怀柔县计委批准，为集体所有制企业，注册资金100万元，法定代表人为袁敬民。2001年11月21日，建昊实业变更名称为北京建昊投资集团有限公司，企业类型为有限责任公司，改制方式为整体改制。2001年12月7日，建昊投资的营业执照颁发，注册资金为1亿元，法定代表人是袁敬民，占20%股份，股东袁宝璟，占80%股份。2002年4月15日，建昊投资召开的股东大会决议上加盖的是建昊投资的印章。次日，办理企业变更登记的委托书上加盖的也是建昊投资的印章。

又查明，北京皇台注册资金为36200万元，除北京盛世恒昌商贸有限公司出资386万元、北京盛世瑞龙广告有限公司出资400万元外，其余为甘肃皇台以资产、股权的投资。

▶一审诉辩情况◀

2006年11月21日，史文培向甘肃省高级人民法院提起诉讼，请求判令甘肃皇台和北京皇台偿付所欠食用酒精1111吨（价值人民币4999500元），并承担违约责任和损失共计人民币1100万元整以及承担全部诉讼费用。

▶一审裁判结果◀

甘肃省高级人民法院依照《中华人民共和国民法通则》第85条，《中华

人民共和国合同法》第79条、第80条、第114条第1款、第3款、第175条之规定,判决:

一、甘肃皇台向史文培继续履行易货协议约定的1111吨酒精的供货义务或偿付等价货款人民币4999500元;

二、甘肃皇台向史文培支付违约金合计人民币2099790元;

三、驳回史文培对北京皇台的诉讼请求。上述一、二项给付义务在本判决生效后15日内履行,逾期履行,依照《中华人民共和国民事诉讼法》第232条之规定,加倍支付迟延履行期间的债务利息。

一审裁判理由

甘肃省高级人民法院经审理认为:易货协议是甘肃皇台和建昊实业于2002年7月6日签订的,该合同内容是双方当事人真实的意思表示,且不违反法律规定,因此应认定是有效合同。该合同签订时虽然建昊投资已经成立,鉴于合同已实际履行,且甘肃皇台在合同履行过程的来往函件中也将建昊实业称为建昊实业(集团)公司,应认定其知道建昊实业更名的事实而未提出异议。甘肃皇台因建昊实业更名及法定代表人更换事由与建昊投资就合同的适格当事人一事产生分歧,但不影响合同的效力。因建昊投资是由建昊实业改制而产生,有法律上的承继关系,且袁宝璟始终未担任过建昊实业或建昊投资的法定代表人,其只是该公司的股东。因此,甘肃皇台应向建昊投资履行义务。建昊投资将债权转让原告史文培并通知了债务人甘肃皇台,该转让行为不违反法律规定,应属有效,史文培是本案适格的当事人。虽然转让合同中转让债权是价值500万元人民币金额的酒精及相应利息,但给甘肃皇台的通知中明确告知的是4999500元的债权,且在转让合同中并没有转让义务。甘肃皇台的抗辩理由因缺乏事实和法律依据而不能成立,该院不予采纳。因甘肃皇台未在合同约定的交货时间内交付酒精,造成违约,其应承担违约责任及继续履行合同的义务。原告按照合同约定的酒精数量及价值以及违约责任的承担主张权利,于法有据,该院应予支持。关于原告提出的损失部分,因只提供了北京市怀柔区龙山东路4号金石山大酒店的评估及北京市第二中级人民法院拍卖该酒店的部分材料,不能证明是因本案易货合同未履行而造成的损失,故其主张的损失部分因证据不足而不予支持。关于北京皇台与本案的关系,因《易货协议》是甘肃皇台和建昊实业双方签订的,北京皇台收货及向建昊实业出具收条的行为只是代甘肃皇台行使权利,且在合同履行过程及往来函件中北京皇台始终未参与,并在债权转让通知中也没有出现北京皇台,足以证明北京皇台不是合同的当事人,北京皇台的抗辩理由成立,该院予以采纳。

二审诉辩情况

上诉人甘肃皇台不服甘肃省高级人民法院上述民事判决,提起上诉称:(1)一审判决关于因建昊投资由建昊实业改制而产生,故有法律上承继关系的认定难以成立。建昊实业为集体所有制企业,系中国人民建设银行金建服务公司组建。建昊投资系2001年12月7日登记设立的有限责任公司,其股东为袁敬民、袁宝璟,原开办人金建服务公司并非该公司股东。建昊投资完全是按《公司法》规定的新设公司的程序和条件设立,建昊投资形式上是变更登记,而实质上是新设登记。所谓的改制,不过是袁宝璟、袁敬民购买了建昊实业的资产,又以其作为个人出资设立了建昊投资。这两个企业既无关联,也无承继关系,所谓的关系,仅仅是工商机关的不规范登记,将其记载为改制,并予以了名称变更登记。一审判决不依据公司法审查两个企业间的关系,凭错误的工商登记,武断地认定改制,继而认定有法律的承继关系,是难以成立的。(2)建昊实业没有易货合同当事人的资格,不能享有该合同权利义务。即使建昊投资是由建昊实业改制而产生,有法律上的承继关系,袁宝璟以建昊实业名义与上诉人签订的贸易协议,也系袁宝璟冒用已依法终止的建昊实业的名义设立,根据最高人民法院《关于适用〈中华人民共和国民事诉讼法〉若干问题的意见》第49条之规定,袁宝璟以建昊实业名义与上诉人签订的易货协议,合同乙方应为袁宝璟个人,合同的权利义务也应归于袁宝璟个人,建昊实业并不具有该易货合同的当事人资格,建昊投资当然也不能因在法律上承继了建昊实业而承继易货合同的权利义务,建昊投资对易货合同的催告履行及权利义务转让,均为无权处分,应据《合同法》第51条规定认定无效。(3)一审判决认定甘肃皇台违约,没有事实依据。在易货协议中,双方未对甘肃皇台交付葡萄酒的履行地点、履行方式作明确约定,由于甘肃皇台委托北京皇台保管了部分葡萄酒,因此在合同履行中,甘肃皇台本着有利于实现合同目的的原则,在北京皇台的库房交付了葡萄酒。但食用酒精签约时,袁宝璟即明知标的物在甘肃武威,据《合同法》第62条第1款第3项规定,应在甘肃皇台所在地即甘肃武威交付。履行中,有利于合同目的的实现的方式应当是袁宝璟到武威接受交付。在履行中,甘肃皇台出于尽力协助的考虑,多方联系了铁路运输,但因铁路不办理易燃易爆业务,故未果。甘肃皇台将此情况如实告知了袁宝璟,并请其至武威接受交付。袁宝璟一直未来接货。后因建昊投资主张权利,因其主张双方存在争议,建昊投资一直未能提供权利人袁宝璟的证明,建昊投资的权利处于待依据确认的状态,袁宝璟被羁押,甘肃皇台无法联系及催告接货,致使未能交付,而其间建昊投资对延期交付并无异议。一审判决对合同履行地点、方式约定不明不作审查,当然地认为甘肃皇台应在北京交货并构成违约,无事实依据。(4)即使北京皇台收到建昊投资交付的白酒,可根据史文培提供的16份收条以及1998年建昊投资与甘肃皇台签订的《协议书》中所约定的白酒价格,建昊投资交付的白酒价仅为4328340元,而非《易货协议》约定的6499500元。此外,史文培不能证明其存在实际损失,《易货协议》约定违约明显过高,假如甘肃皇台应承担违约金,违约金的比例应当根据《合同法》第114条之规定予以减少。因此,史文培要求甘肃皇台给付其4999500元以及违约金的主张不能成立。综上,请求二审法院撤销一审判决,驳回史文培的诉讼请求。

被上诉人史文培辩称:一审法院认定事实清楚、证据充分。(1)关于建昊投资由建昊实业改制而产生,有法律上的承继关系问题。既有企业注册改制登记书、企业名称预先核准通知书证明,又有北京市工商行政管理局出具的证明予以佐证。无论从企业工商登记的设权性还是宣示性都证明了其承继关系。甘肃皇台提出工商登记不规范或是错误登记的结论毫无根据。企业改制是否合法、是否规范,不应由甘肃皇台作出结论。如果甘肃皇台认为工商管理部门侵害其权益,可以起诉工商行政管理部门。(2)甘肃皇台的上诉理由仅仅从现象上看问题,并未提供任何能够有效的证据。众所周知,企业的设立、变更是以工商登记(或变更登记)作为其对外享有权利和承担义务的基准,而甘肃皇台所谓建昊投资是按照《公司法》重新设立的公司的根据何在?(3)关于甘肃皇台提出的袁宝璟冒用建昊实业名义问题。从协议的签订到履行一直到催要剩余酒精的往来函件都是在建昊实业或变更后的建昊投资与甘肃皇台之间进行的。其间从来没有袁宝璟以个人名义来要求履行合同问题,甘肃皇台也从来没有提出合同履行主体不适格问题,之所以甘肃皇台进入诉讼阶段突然提出主体问题,只能解释为赖账。从合同的签订到实际履行一直是以建昊实业名义进行,怎能说建昊实业不具有易货合同当事人的资格?建昊投资曾向甘肃皇台主张权利,也是因为其从建昊实业变更而来。由于法律上有承继关系,自然有权向甘肃皇台主张。互易合同主体是企业而非个人,只要能够证明其相互关系,就没有必要提供袁宝璟个人证明。而且在往来函件中答辩人也知道是公司行为而非个人行为,其往来函件中也始终是针对公司所作承诺从来没有针对袁宝璟个人。(4)关于合同违约问题。建昊实业从开始向甘肃皇台催要酒精开始,甘肃皇台就一直以各种理由诸如"非典"不宜铁路运输、准备外购汽车专用设备发货、铁路运输不办理易燃易爆业务等进行推诿,但一直没有实际提出要建昊实业提货,既没有具体时间,也没有具体地点,其违约事实存在,自应承担违约责任。综上,甘肃皇台的主张违背诚信原则,有违事实,于法无据,故请求二审法院依法驳回其上诉请求，维持原判。

二审裁判结果

最高人民法院判决：驳回上诉，维持原判。

二审裁判理由

最高人民法院经过二审质证，对原审法院查明的主要事实予以确认。另查明：2002年《易货协议》第4条第2款约定："甲方完成食用酒精的备货后，应当书面通知乙方提货，乙方应在甲方通知后30日内提取货物，乙方延迟提货的，甲方有权另行处置所备货物，由此造成的交货延误，甲方不承担责任。"第5条约定："易货给乙方的食用酒精由乙方自行到酒精生产厂仓库（甘肃省武威市新建路55号）提货，甲方提供协助，运输费用及运输过程中的货损风险由乙方承担。"

在二审庭审中，甘肃皇台向法庭提供两份新的证据：（1）《2002年北京皇台库存明细账》，意在证明北京皇台并未收到建昊投资交付的白酒。（2）1998年皇台（甲方）和建昊实业（乙方）签订的《协议书》，建昊实业根据该协议购买甘肃皇台白酒的发票存根，以及张冰峰和苏钰收条明细表。《协议书》约定："一、乙方同意拆借给甲方人民币712万元作为上市费用。其中，1998年借给人民币200万元；1999年借给人民币240万元；2000年借给人民币272万元。3份借条属本协议合同部分。二、乙方同意甲方以皇台系列酒（每斤60元的20吨139金皇台价值240万元；每斤30元的59金皇台60吨价值360万元；每斤28元的银皇台20吨价值112万元，共计人民币712万元）归还乙方借款，或者上市后一次性还本付息（利息按银行同期贷款利率计算）归还乙方借款。"根据该协议书中约定的价格和《协议书》及发票规定的白酒价格以及张冰峰、苏钰出具的收条中的白酒品种数量，旨在证明收条中建昊投资交付皇台系列白酒的价值仅为4328340元。

对于上述新证据，史文培对证据（1）即《2002年北京皇台库存明细账》的真实性不予认可，理由在于该明细是北京皇台自己公司的明细，甘肃皇台与北京皇台有关联关系，没有第三方可以证明该明细的客观真实性。其对证据（2）即《协议书》的真实性并无异议，认为当时双方可能签订过该协议。但对证据相关发票规定的白酒价格以及收条中的白酒品种数量计算不予认可，理由在于《易货协议》是以《协议书》为背景而签订的，其中的价格是双方清点后确定的，一审质证过的证据以及双方往来函件均显示，甘肃皇台和北京皇台对该问题并未提出异议。

最高人民法院认为，关于甘肃皇台提交的证据（1）即《2002年北京皇台库存明细账》，由于该明细账是与甘肃皇台有关联关系的北京皇台自己的库存明细账，没有第三方能够证明该明细单客观真实性。尤其是一审经过质证已经认定2002年9月13日至9月20日，北京皇台接收了"金皇台"白酒并向建昊实业出具了收条，因此，北京皇台自己出具的明细账不足以反证上述证据事实，故本院对该证据不予采信。关于证据（2）中的《协议书》，因史文培对其真实性并无异议，而且作为本案双方债权债务关系基本根据的《易货协议》的开头已经明确表述："甲乙双方1998年签订一份《协议书》，乙方向甲方购买价值700万元的'金皇台'、'银皇台'白酒。甲方已向乙方交付全部货物，乙方已付清货款……"因此本院对该《协议书》的真实性予以采信。关于证据（2）中的相关发票规定的白酒价格以及收条中的白酒品种数量真实性，由于史文培并未提出反证证明该发票为虚假，且张冰峰、苏钰收条明细与史文培据以主张继续履行易货协议时所举出的16张收条所载白酒品种和数量内容完全一致，尽管史文培对该证据中的计算方法存在异议，但不能否定该证据自身的真实性，故本院对证据（2）的真实性予以采信。

本院认为，本案争议焦点有三：其一，建昊投资与建昊实业之间是否存在承继关系以及史文培是否为本案适格的诉讼主体？其二，建昊投资是否已经履行易货义务，其履行的易货白酒价值是6499500元还是4328340元？其三，甘肃皇台是否违约以及违约金是否过高？

关于建昊投资与建昊实业之间是否存在承继关系以及史文培是否为本案适格的诉讼主体的问题。本院认为，在本案一审已经质证并被认定的证据中，2001年北京市工商行政管理局出具的《证明》载明："北京建昊实业公司于2001年12月经我局核准，名称变更为北京建昊投资集团有限公司。"北京市工商行政管理局制作的《企业改制登记注册书》明确载明：北京建昊实业公司是整体改制更名为北京建昊投资集团有限公司。鉴于甘肃皇台仅是对该更名行为的性质提出并非改制而是新设的理论看法，并未有证据证明北京市工商行政管理局的登记是不规范或错误的，因此，无论从企业工商登记的设权性还是宣示性，均可以认定建昊投资与建昊实业之间存在法律上的承继关系。因此，建昊投资有权向甘肃皇台主张履行《易货协议》中的义务。同时，建昊投资将其上述债权转让给史文培，向甘肃皇台履行了通知义务，符合《合同法》第80条的规定，所以史文培自然有权向甘肃皇台主张权利。故一审关于"建昊投资与建昊实业之间存在承继关系，史文培是本案适格当事人"的认定正确，本院予以维持。

关于建昊投资是否已经履行易货义务以及其所履行的易货白酒价值是

6499500元还是4328340元的问题。本院认为，鉴于甘肃皇台出具的意在证明北京皇台并未收到建昊投资交付白酒的《2002年北京皇台库存明细账》并未被本院所采信，而且在甘肃皇台与建昊投资之间的往来函件对建昊投资履行易货白酒并未产生异议，特别是北京皇台的张冰峰和苏钰向建昊投资出具了16张收到白酒的收条，故应当认定建昊投资已经履行了易货义务。甘肃皇台关于建昊投资并未履行易货义务的主张没有事实根据，本院予以驳回。进而，建昊投资已经履行的易货白酒价值是4999500元还是4328340元，遂成为本案诉争双方争议较大的问题。本院认为，对于建昊投资已经履行的易货白酒的价值数额的确定，应当考虑到2002年《易货协议》与1998年《协议书》之间的内在联系、协议约定以及双方履行的过程。根据《协议书》和《易货协议》的基本内容可以认定，甘肃皇台与建昊实业之间曾经存在712万元的资金拆借关系，甘肃皇台以价值700万元的皇台系列白酒向建昊实业清偿借款，并以买卖皇台系列白酒为表现形式，这已为《易货协议》开头中关于"甲乙双方于1998年签订一份《协议书》，乙方向甲方购买价值700万元的'金皇台'、'银皇台'白酒。甲方已向乙方交付全部货物，乙方已付清货款"的表述所认证。双方以此为背景和前提，基于友好合作关系，又就建昊实业尚未售出的前述皇台系列白酒向甘肃皇台换取食用酒精和葡萄酒达成新的易货合意，从而产生了本案中的《易货协议》。在二审期间，虽然甘肃皇台举出张冰峰、苏钰16张皇台系列白酒的收条明细（该收条明细与一审已经质证的16张收条中的白酒数量一致），并根据1998年《协议书》中的皇台系列白酒价格计算出16张收条中建昊投资交付皇台系列白酒的价值为4328340元；但应当看到，1998年《协议书》中约定的皇台系列白酒价格是针对甘肃皇台通过以白酒归还其欠建昊实业的712万元借款而确定的，并非针对2002年双方已经结清借款关系后再次签订的新的2002年《易货协议》而专门约定的。2002年《易货协议》并未就互易白酒的单位价格作出约定，而是在第1条和第3条对互易白酒的总体价值作出明确约定："经甲乙双方共同到乙方仓库清点库存，确定易货白酒价值为6499500元人民币"，"双方同意换取食用酒精及葡萄酒的数量分别为：皇台干红葡萄酒75000瓶，合150万元人民币；优级食用酒精1111吨，合4999500元人民币"。该约定应当被解释为双方并不关注互易白酒的单位价格，而是重在确定互易白酒的总体价值。尽管同样是皇台系列白酒，但由于双方缔结1998年《协议书》和2002年《易货协议》的目的不同，加之随着时间的推移，白酒的价格会随着市场供求关系而发生变化，因此甘肃皇台静态机械地依据1998年以还款为目的的《协议书》所约定的单位白酒价格来计算2002年以易货为目的的《易货协议》中易货白酒的价值，不仅违反市场价值规律，而且有违上述两个协议的缔约目的，更违反2002年《易货协议》第1条和第3条关于易货白酒价值的明确约定。故本院认定双方已经明确认易货白酒的价值为6499500元，甘肃皇台关于建昊投资支付的白酒价值仅为4328340元而非《易货协议》约定的6499500元的主张无事实和法律依据，本院不予支持。

关于甘肃皇台是否违约以及违约金是否过高的问题。本院认为，虽然2002年《易货协议》第4条第2款明确约定"甲方完成食用酒精的备货后，应当书面通知乙方提货，乙方应在甲方通知后30日内提取货物，乙方延迟提货的，甲方有权另行处置所备货物，由此造成的交货延误，甲方不承担责任"，而且该《易货协议》第5条已经就食用酒精易货的方式作出明确约定，即"易货给乙方的食用酒精由乙方自行到酒精生产厂仓库（甘肃省武威市新建路55号）提货，甲方提供协助，运输费用及运输过程中的货损风险由乙方承担"，但是从2003年5月12日建昊实业向甘肃皇台发函所称"我方已做好接收酒精的准备工作，请贵方尽快联系发货事宜"以及2003年5月16日和2003年6月7日甘肃皇台两次向建昊实业复函中关于"鉴于目前'非典'疫情的影响，对食用品的运输受到限制，加之铁路专用运输罐调配有难度，不能如期向贵方发货，待疫情缓和后，将货物如数运抵贵公司"、"贵公司6月2日《关于酒精交付问题再致皇台酒业的函》收悉。由于铁路规章规定不能办理易燃易爆品货物发送业务，我公司无法满足贵公司提出的铁路运输方式交付酒精的要求"的表述上看，应当认定双方已经变更了食用酒精易货履行方式，甘肃皇台负有向建昊投资发货的义务。特别是2002年《易货协议》第4条第1款明确约定："甲方在白酒转库当日交付全部葡萄酒，食用酒精在2003年12月31日前付清。甲方未能在此期限内交付酒精的，按迟交货价值每日万分之四承担违约金。"而从甘肃皇台自2004年5月31日至7月17日间对建昊投资的系列复函的表述中，甘肃皇台存在拖延乃至拒绝履行食用酒精易货义务之嫌疑。因此，本院认为，鉴于甘肃皇台迄今为止仍未交付食用酒精，根据《易货协议》第4条第1款关于"甘肃皇台在2003年12月31日前付清食用酒精"之约定，应当认定甘肃皇台构成违约，并应依约支付违约金。至于约定的违约金是否过高问题，《合同法》第114条规定的违约金制度已经确定违约金具有"补偿和惩罚"双重性质，该条第2款明确规定"约定的违约金过分高于造成的损失的，当事人可以请求人民法院或者仲裁机构予以适当减少"，据此应当解释为只有在"过分高于造成损失"的情形下方能适当调整违约金，而一般高于的情形并无必要调整。鉴于甘肃皇台在本案中已经构成违约，且存在恶意拖延乃至拒绝履约的嫌疑，加之没有证据能够证明日万分之四的违约金属于过高情形,因此《易货协议》约定的日万分之四的违约金不能被认为过高,甘肃皇台关于其不构成违约不应支付违约金以及违约金过高而应予减少的主张,本院予以驳回。一审法院关于甘肃皇台应向史文培支付违约金2099790元的判决正确,本院予以维持。

24. 网络购物合同纠纷中,如何认定双方的网上交易依据?

网络购物、电视购物等新兴时尚的消费方式,在给人们日常生活带来方便的同时,由于信息不对称、消费陷阱、难以取证等原因,也容易引起纠纷。网上购物消费者一般只能凭借网上陈列的商品图片、文字介绍、商家信誉、货品价格等进行判断,收到不满意的货物后,往往难以实现权利救济。根据《电子签名法》第13条规定,电子签名同时符合下列条件的,视为可靠的电子签名:(1)电子签名制作数据用于电子签名时,属于电子签名人专有;(2)签署时电子签名制作数据仅由电子签名人控制;(3)签署后对电子签名的任何改动能够被发现;(4)签署后对数据电文内容和形式的任何改动能够被发现。当事人也可以选择使用符合其约定的可靠条件的电子签名。最高人民法院《关于审理买卖合同纠纷案件适用法律问题的解释》第5条规定:"标的物为无需以有形载体交付的电子信息产品,当事人对交付方式约定不明确,且依照合同法第六十一条的规定仍不能确定的,买受人收到约定的电子信息产品或者权利凭证即为交付。"从维护交易安全和保护善意相对人的角度出发,一方点击确认、另一方认可的网上订单,可以作为认定双方意思表示的依据。

典型疑难案件参考

鱼凤梅诉戴尔(中国)有限公司网上购物案

▶ 基本案情

2007年6月间,原告从被告的宣传广告和网页中得知被告正在出售一款XPSM1210型笔记本电脑。因被告在广告彩页和网站图片上所刊登的

XPSM1210 型笔记本电脑的图片均装有内置摄像头，原告遂于 2007 年 6 月 15 日在网上向被告订购 XPSM1210 型的笔记本电脑两台及一台打印机。但原告没有注意到在 XPSM1210 型笔记本电脑的宣传广告中有表明内置摄像头为该电脑的选购配件，同时，原告在上网订购该款笔记本电脑的过程中也没有留意定制页面中关于可选择配件的设置，因此导致原告在通过网络订购的过程中实际上订购了没有携带内置摄像头的 XPSM1210 型笔记本电脑。原告在完成网络订购后，向被告支付了相应货款，被告根据原告的网上订单向原告交付了两台未安装内置摄像头的 XPSM1210 型笔记本电脑。原告收到上述货物后认为被告实际交付的产品和广告宣传的产品不符，遂要求退货，但被告予以拒绝，原告遂提起诉讼。

诉辩情况

原告鱼凤梅诉称：原告于 2007 年 6 月 15 日在网上向被告订购 XPSM1210 型的笔记本电脑两台及一台打印机，该产品在网上的广告图形是有内置摄像头的。原告从网上进入订购选项，其中有 3 款供消费者选择，均无摄像头选项可选，而且被告提供的订单全部为英文。原告收到货物时，发现没有内置摄像头的装置即与被告联系，但被告称原告没有订购内置摄像头，原告遂要求换货，但被告不同意，其相关部门负责人还说"广告是广告，产品是产品"。原告要求与销售人员对话，但已经找不到人。原告立刻向厦门市消协投诉，把被告的网页传输给厦门市消协，经厦门市消协督促，被告在复函中称："机器的配置由客户自主选择。"而事实上网页上是没有摄像头选项的。XPSM1210 型笔记本电脑的大型彩色图片、用户手册封面和内容都有关于内置摄像头的图片和内容，封面的右下角有机器的条形码，产品的装箱单是全英文的，没有盖公司的印章。原告只收到一件产品的全英文在线订购单，在线代码为 26519119，另一台在线代码为 26519530 的在线定购单根本没有收到。综上所述，原告认为被告存在严重的欺诈行为，设置虚假广告造成消费者上当，同时推卸责任，其行为违反了《消费者权益保护法》第 4 条、第 19 条、第 49 条之规定。由于被告延误了原告使用电脑的时间，为保证电脑的完好，原告至今没有打开电脑，造成工作上的不便和损失。故请求判令被告：（1）按《消费者权益保护法》第 49 条的规定，退回两台笔记本电脑、一台打印机及相关的配件，并赔偿原告 16401 元；（2）支付原告的差旅费 8000 元（包括住宿费、车费、误工费、餐费、长途电话费等费用）。

被告戴尔（中国）有限公司辩称：（1）被告从未在广告或产品说明上宣传摄像头为 XPSM1210 笔记本电脑的默认配置，原告所诉虚假广告行为不存在。被告曾在网上发布 XPSM1210 笔记本电脑可带摄像头的相关广告,但在商业广告及被告提供的 XPSM1210 笔记本电脑用户手册上,被告皆在显眼位置使用"可选安装内置130万像素摄像头"、"以上图片仅供参考"等字眼,即清楚表明摄像头属于该款笔记本电脑的可选配置,可由用户根据自己的偏好和需要选择是否装配。带摄像头的 XPSM1210 笔记本电脑比不带摄像头的价格高,选装摄像头须额外支付价款,也只有在客户购买时订购了摄像头,才会在该款笔记本电脑的显示屏上安装摄像头。原告诉称 XPSM1210 笔记本电脑皆带有摄像头,曲解了广告和产品说明的内容,与客观事实不符。(2)摄像头是安装在笔记本电脑的显示屏上的,被告在 XPSM1210 笔记本电脑的网上销售界面中同时提供带摄像头和不带摄像头的两种显示屏,供客户选择订购,原告指责戴尔网上销售界面无摄像头可选项,与事实不符。被告的直销模式,不同于其他品牌的整机捆绑销售方式,它是在客户根据自己的偏好和需要选择配置后生成订单,并按照客户确认的订单生产及交付货物。在 XPSM1210 笔记本电脑的网上销售界面上,被告同时提供了安装摄像头的显示屏和未安装摄像头的显示屏两种不同的配置,供客户选择。原告所购的笔记本电脑不带摄像头,是由于原告在网上选定配置时,基于价格、偏好等因素的考虑,而选择了不带摄像头的显示屏,而非被告未提供摄像头可选项供其选择。在原告购买讼争电脑的同一时间段,有客户在同一销售系统中,通过选购集成摄像头的显示屏,而订购了带摄像头的 XPSM1210 笔记本电脑,原告诉称被告未提供摄像头可选项,明显与事实不符。(3)原告选择订购不带摄像头的笔记本电脑,被告依据原告的配置要求向原告交付不带摄像头的笔记本电脑符合合同约定,不存在违约行为,更没有任何欺诈行为,原告主张退一赔一,缺乏事实与法律根据,原告主张赔偿各类费用但未提交相应凭证予以证明,且各类费用的花费是因其自身造成,与被告无关,被告无须承担赔偿责任。综上,被告在讼争的买卖合同关系中不存在任何违约或欺诈行为,原告诉讼请求缺乏事实与法律依据,请求法院依法全部驳回。

裁判结果

厦门市湖里区人民法院判决:驳回原告鱼凤梅的诉讼请求。

裁判理由

厦门市湖里区人民法院审理认为,原、被告双方通过网上订购确立的买卖关系合法有效,被告在 XPSM1210 型笔记本电脑的宣传广告、网上定制页面和用户手册中均载明内置摄像头为该型电脑的选购配件,故原告主张被告存在欺诈行为缺乏事实依据。被告根据原告的网上定制情况向原告交付相应产品,系依约履行义务的行为,原告在未对XPSM1210型笔记本电脑的宣传资料、实际配置和网络订购程序作充分了解的情况下即上网定制该产品,应由原告自行承担有关责任。

买卖合同纠纷办案依据集成

中华人民共和国合同法（1999年3月15日主席令第15号公布）（节录）
第九章 买卖合同

第一百三十条 买卖合同是出卖人转移标的物的所有权于买受人，买受人支付价款的合同。

第一百三十一条 买卖合同的内容除依照本法第十二条的规定以外，还可以包括包装方式、检验标准和方法、结算方式、合同使用的文字及其效力等条款。

第一百三十二条 出卖的标的物，应当属于出卖人所有或者出卖人有权处分。法律、行政法规禁止或者限制转让的标的物，依照其规定。

第一百三十三条 标的物的所有权自标的物交付时起转移，但法律另有规定或者当事人另有约定的除外。

第一百三十四条 当事人可以在买卖合同中约定买受人未履行支付价款或者其他义务的，标的物的所有权属于出卖人。

第一百三十五条 出卖人应当履行向买受人交付标的物或者交付提取标的物的单证，并转移标的物所有权的义务。

第一百三十六条 出卖人应当按照约定或者交易习惯向买受人交付提取标的物单证以外的有关单证和资料。

第一百三十七条 出卖具有知识产权的计算机软件等标的物的，除法律另有规定或者当事人另有约定的以外，该标的物的知识产权不属于买受人。

第一百三十八条 出卖人应当按照约定的期限交付标的物。约定交付期间的，出卖人可以在该交付期间内的任何时间交付。

第一百三十九条 当事人没有约定标的物的交付期限或者约定不明确的，适用本法第六十一条、第六十二条第四项的规定。

第一百四十条 标的物在订立合同之前已为买受人占有的，合同生效的时间为交付时间。

第一百四十一条 出卖人应当按照约定的地点交付标的物。

当事人没有约定交付地点或者约定不明确，依照本法第六十一条的规定仍不能确定的，适用下列规定：

（一）标的物需要运输的，出卖人应当将标的物交付给第一承运人以运交给买受人；

（二）标的物不需要运输，出卖人和买受人订立合同时知道标的物在某一地点的，出卖人应当在该地点交付标的物；不知道标的物在某一地点的，应当在出卖人订立合同时的营业地交付标的物。

第一百四十二条 标的物毁损、灭失的风险，在标的物交付之前由出卖人承担，交付之后由买受人承担，但法律另有规定或者当事人另有约定的除外。

第一百四十三条 因买受人的原因致使标的物不能按照约定的期限交付的，买受人应当自违反约定之日起承担标的物毁损、灭失的风险。第一百四十四条出卖人出卖交由承运人运输的在途标的物，除当事人另有约定的以外，毁损、灭失的风险自合同成立时起由买受人承担。

第一百四十五条 当事人没有约定交付地点或者约定不明确，依照本法第一百四十一条第二款第一项的规定标的物需要运输的，出卖人将标的物交付给第一承运人后，标的物毁损、灭失的风险由买受人承担。

第一百四十六条 出卖人按照约定或者依照本法第一百四十一条第二款第二项的规定将标的物置于交付地点，买受人违反约定没有收取的，标的物毁损、灭失的风险自违反约定之日起由买受人承担。

第一百四十七条 出卖人按照约定未交付有关标的物的单证和资料的，不影响标的物毁损、灭失风险的转移。

第一百四十八条 因标的物质量不符合质量要求，致使不能实现合同目的的，买受人可以拒绝接受标的物或者解除合同。买受人拒绝接受标的物或者解除合同的，标的物毁损、灭失的风险由出卖人承担。

第一百四十九条 标的物毁损、灭失的风险由买受人承担的，不影响因出卖人履行债务不符合约定，买受人要求其承担违约责任的权利。

第一百五十条 出卖人就交付的标的物，负有保证第三人不得向买受人主张任何权利的义务，但法律另有规定的除外。

第一百五十一条 买受人订立合同时知道或者应当知道第三人对买卖的标的物享有权利的，出卖人不承担本法第一百五十条规定的义务。

第一百五十二条 买受人有确切证据证明第三人可能就标的物主张权利的，可以中止支付相应的价款，但出卖人提供适当担保的除外。

第一百五十三条 出卖人应当按照约定的质量要求交付标的物。出卖人提供有关标的物质量说明的，交付的标的物应当符合该说明的质量要求。

第一百五十四条 当事人对标的物的质量要求没有约定或者约定不明确，依照本法第六十一条的规定仍不能确定的，适用本法第六十二条第一项的规定。

第一百五十五条 出卖人交付的标的物不符合质量要求的，买受人可以依照本法第一百一十一条的规定要求承担违约责任。

第一百五十六条 出卖人应当按照约定的包装方式交付标的物。对包装方式没有约定或者约定不明确，依照本法第六十一条的规定仍不能确定的，应当按照通用的方式装，没有通用方式的，应当采取足以保护标的物的包装方式。

第一百五十七条 买受人收到标的物时应当在约定的检验期间内检验。没有约定检验期间的，应当及时检验。

第一百五十八条 当事人约定检验期间的，买受人应当在检验期间内将标的物的数量或者质量不符合约定的情形通知出卖人。买受人怠于通知的，视为标的物的数量或者质量符合约定。

当事人没有约定检验期间的，买受人应当在发现或者应当发现标的物的数量或者质量不符合约定的合理期间内通知出卖人。买受人在合理期间内未通知或者自标的物收到之日起两年内未通知出卖人的，视为标的物的数量或者质量符合约定，但对标的物有质量保证期的，适用质量保证期，不适用该两年的规定。

出卖人知道或者应当知道提供的标的物不符合约定的，买受人不受前两款规定的通知时间的限制。

第一百五十九条 买受人应当按照约定的数额支付价款。对价款没有约定或者约定不明确的，适用本法第六十一条、第六十二条第二项的规定。

第一百六十条 买受人应当按照约定的地点支付价款。对支付地点没有约定或者约定不明确，依照本法第六十一条的规定仍不能确定的，买受人应当在出卖人的营业地支付，但约定支付价款以交付标的物或者交付提取标的物单证为条件的，在交付标的物或者交付提取标的物单证的所在地支付。

第一百六十一条 买受人应当按照约定的时间支付价款。对支付时间没有约定或者约定不明确，依照本法第六十一条的规定仍不能确定的，买受人应当在收到标的物或者提取标的物单证的同时支付。

第一百六十二条 出卖人多交标的物的，买受人可以接收或者拒绝接收多交的部分。买受人接收多交部分的，按照合同的价格支付价款；买受人拒绝接收多交部分的，应当及时通知出卖人。

第一百六十三条 标的物在交付之前产生的孳息，归出卖人所有，交付之后产生的孳息，归买受人所有。

第一百六十四条 因标的物的主物不符合约定而解除合同的，解除合同的效力及于从物。因标的物的从物不符合约定被解除的，解除的效力不及于主物。

第一百六十五条 标的物为数物，其中一物不符合约定的，买受人可以就该物解除，但该物与他物分离使标的物的价值显受损害的，当事人可以就数物解除合同。

第一百六十六条 出卖人分批交付标的物的，出卖人对其中一批标的物不交付或者交付不符合约定，致使该批标的物不能实现合同目的的，买受人可以就该批标的物解除。

出卖人不交付其中一批标的物或者交付不符合约定，致使今后其他各批标的物的交付不能实现合同目的的，买受人可以就该批以及今后其他各批标的物解除。

买受人如果就其中一批标的物解除，该批标的物与其他各批标的物相互依存的，可以就已经交付和未交付的各批标的物解除。

第一百六十七条 分期付款的买受人未支付到期价款的金额达到全部价款的五分之一的，出卖人可以要求买受人支付全部价款或者解除合同。出卖人解除合同的，可以向买受人要求支付该标的物的使用费。

第一百六十八条 凭样品买卖的当事人应当封存样品，并可以对样品质量予以说明。出卖人交付的标的物应当与样品及其说明的质量相同。

第一百六十九条 凭样品买卖的买受人不知道样品有隐蔽瑕疵的，即使交付的标的物与样品相同，出卖人交付的标的物的质量仍然应当符合同种物的通常标准。

九、买卖合同纠纷

第一百七十条 试用买卖的当事人可以约定标的物的试用期间。对试用期间没有约定或者约定不明确，依照本法第六十一条的规定仍不能确定的，由出卖人确定。

第一百七十一条 试用买卖的买受人在试用期内可以购买标的物，也可以拒绝购买。试用期间届满，买受人对是否购买标的物未作表示的，视为购买。

第一百七十二条 招标投标买卖的当事人的权利和义务以及招标投标程序等，依照有关法律、行政法规的规定。

第一百七十三条 拍卖的当事人的权利和义务以及拍卖程序等，依照有关法律、行政法规的规定。

第一百七十四条 法律对其他有偿合同有规定的，依照其规定；没有规定的，参照买卖合同的有关规定。

第一百七十五条 当事人约定易货交易，转移标的物的所有权的，参照买卖合同的有关规定。

十、拍卖合同纠纷

25. 拍卖公司未如期举行拍卖，赔偿责任如何认定？

拍卖活动必须遵守公开、公平、公正及诚实信用等基本原则。拍卖公司在报纸上刊登拍卖公告，目的在于希望他人向自己发出要约，是订立合同的预备行为。拍卖公告是要约邀请，而不是与他人具体订立合同的要约。拍卖公司因自己的原因未能如期举行拍卖的，应遵循诚实信用原则，及时履行在订立合同过程中负有的告知等先合同义务。如有违背诚实信用原则的行为，给对方造成损失的，应承担缔约过失责任。拍卖公司因自己的责任未能如期举行拍卖会，造成了竞买人的信赖利益损失，包括为参加拍卖活动所支付的差旅费、缴纳拍卖保证金的利息损失等。

典型疑难案件参考

熊发坤诉安徽佳博拍卖招标有限公司、中国农业银行宣城市宣州支行、李凌华拍卖缔约过失责任案

基本案情

2006年7月5日，被告农行宣州支行为处置部分报废固定资产，与被告佳博拍卖公司签订《委托拍卖合同》，约定：被告农行宣州支行委托被告佳博拍卖公司拍卖该行所有的坐落于宣城市宣州区洪林镇街道原农行宣州支行洪林桥营业所整体房产等资产，有效期限自2006年7月5日至2007年7月5日止。该合同签订后，被告农行宣州支行委托宣城市价格认证中心对原农行宣州支行洪林桥营业所整体房产的价值进行认证。2006年8月5日，宣城市价格认证中心出具了宣价认证〔2006〕24号《认证报告书》，该报告认证结果载明："纳入本次认证范围的房地产认证总值是人民币伍拾贰万贰仟壹佰壹拾元整（￥：522110.00）。"认证报告有效期1年即2006年8月5日至2007年8

月4日止，并将该认证结果于同日函告了被告农行宣州支行。2006年12月30日，被告佳博拍卖公司在《宣城日报》"皖南晨刊"上刊登《拍卖公告》，内容：受委托，佳博拍卖公司定于2007年1月6日上午10时在本公司拍卖厅举行拍卖会。有关事项公告如下：拍卖标的：……原宣州农行洪林桥营业所整体资产，建筑面积约877.67平方米。参考价：48万元。报名登记手续：请意欲竞买者持有效证件及参考价20%履约保证金于2007年1月5日17时前到本公司办理报名手续，如竞买不成保证金3日内全额返还（不计息）。2007年1月5日，原告向被告佳博拍卖公司开户行农行宣城市敬亭支行缴纳拍卖保证金人民币9万元，并填报了《安徽佳博拍卖招标有限公司竞买（投）登记表》，该表载明：竞买人名称：熊发坤，履约保证金：现金9万元，竞买意向：拍卖原宣州农行洪林桥营业所（整体资产）。竞买（投）人未成交者凭此单据退还保证金，成交者保证金直接冲抵佣金或成交价款。2006年12月27日，被告佳博拍卖公司按照拍卖监督管理规定，到宣城市工商行政管理局直属局办理2007年1月6日上午10时举行的拍卖原宣州农行洪林桥营业所整体资产拍卖会的备案手续。该局经审查认为其提供的备案材料中缺少土地管理部门准予拍卖转让的相关材料，对该次拍卖会未准予备案登记。2007年1月6日上午，被告佳博拍卖公司在拍卖现场将此次拍卖会已不能如期举行的原因，告知到会参与竞买的原告和被告李凌华等人，未举行此次拍卖会，也未将原告缴纳的拍卖保证金人民币9万元退还给原告。此后，原告和被告李凌华等按照被告佳博拍卖公司的意见，等待再次参加竞买原宣州农行洪林桥营业所整体资产的消息。被告李凌华等待数月后，见仍无拍卖原宣州农行洪林桥营业所整体资产的消息，遂于2007年7月初到被告农行宣州支行询问该资产拍卖事宜，并向被告农行宣州支行表明要求购买原宣州农行洪林桥营业所的整体资产。2007年7月16日，被告农行宣州支行作为出售方（甲方）与被告李凌华作为购买方（乙方）签订了《售房协议》，协议载明：农行宣州支行委托佳博拍卖公司，将坐落于洪林镇原宣州农行洪林桥营业所整体房产进行了公开拍卖。被告李凌华以最高价竞得该房。为明确双方的权利和义务，经充分协商，双方达成如下协议：（1）房屋成交价：人民币56万元；（2）付款方式及标的交付期限：本协议签订后乙方一次性付清全部成交价款，甲方应在本协议签订后10个工作日内向乙方交付房屋产权证及房屋的实际使用权；（3）房屋所有权证号宣证字第D3200004。房屋总层数为4层，砖混结构，于1992年建造，建筑面积约877.68平方米。产权过户手续由乙方自行办理并承担相关税费，甲方协助办证；（4）本协议买卖的房屋在拍卖成交时尚未办理土地使用权证，有土征字〔1992〕第027号《建设征、出让土地申请呈批表》，土地面积等以办证时土地管理部门出具证件为准等。2007年8月，原告得知被告农行宣州支行已将原宣州农行洪林桥营业所整体房产出售给被告李凌华后，因不服即向宣州区人民检察院反映此事。2007年8月13日，被告佳博拍卖公司电话通知原告领取缴纳的履约保证金。2007年8月24日，原告领回履约保证金9万元。2007年11月26日，原告熊发坤提起民事诉讼。

另查明：

2007年9月13日，被告李凌华申请并领取了宣城市房地产管理局颁发的登记号2007016756、权证字号房地权宣城字第00042214号《房地产权》证书，将从被告农行宣州支行处购买的原宣州农行洪林桥营业所整体房产的产权变更至自己名下。

诉辩情况

原告熊发坤诉称：原告按照被告佳博拍卖公司刊登拍卖原宣州农行洪林桥营业所整体资产的2006年12月28日《拍卖公告》，于2007年1月5日向被告佳博拍卖公司缴纳9万元拍卖保证金，办理了竞买登记手续。该标的物因第一次拍卖未成交，被告佳博拍卖公司告知原告等待参加下次竞买通知，原告即表示同意且未取回9万元保证金。事后，原告未收到被告佳博拍卖公司的通知，也未见到该标的物再次拍卖的公告。原告多次询问被告佳博拍卖公司后，才于2007年8月份得知被告农行宣州支行已将该标的物卖给了被告李凌华。原告因不服即向宣州区人民检察院反映此事，经检察院侦查后，方知被告佳博拍卖公司未再次将该标的物对外公开拍卖，而是在被告农行宣州支行与被告李凌华恶意串通下，以虚假拍卖的形式将该标的物以56万元私下"拍卖"给了被告李凌华，并收取了被告李凌华28000元佣金。被告农行宣州支行与被告李凌华已签订了该标的物《售房协议》。被告佳博拍卖公司的上述行为违反了《拍卖法》的规定，侵害了原告的知情权和参加竞买权；被告农行宣州支行与被告李凌华恶意串通的行为既损害了原告竞买原宣州农行资产的权利，又损害了国家的利益。为维护原告合法权益，诉请法院依法判令：（1）被告农行宣州支行与被告李凌华订立的《售房协议》无效；（2）由原告以58万元应价竞买原宣州农行洪林桥营业所整体资产；（3）被告佳博拍卖公司赔偿原告9万元保证金的利息损失5967元（月利息按利率9‰计算），由三被告承担诉讼费用。

被告佳博拍卖公司辩称：原告所诉不实，无事实和法律依据，请求驳回原告对被告佳博拍卖公司的诉讼请求。理由：（1）处置被告农行宣州支行洪林桥营业所资产的方式非公开拍卖，而是协商买卖。被告佳博拍卖公司刊登定于

2007年1月6日上午10时举行拍卖洪林桥营业所资产拍卖会的《拍卖公告》，因在向宣城市工商行政管理局直属局办理拍卖活动的备案手续时，提供的备案材料中缺少土地管理部门准予拍卖转让的相关材料，该局未准许备案登记。2007年1月6日上午，被告佳博拍卖公司在拍卖现场将不能如期举行拍卖会的事由告知参与竞买的原告等人，而不是拍卖没成交；2007年7月16日，被告农行宣州支行与被告李凌华签订的《售房协议》，系双方合意行为。被告农行宣州支行自行处置财产，无告知被告佳博拍卖公司的义务，其与李凌华签订《售房协议》的行为与被告佳博拍卖公司无关。（2）被告佳博拍卖公司相对于原告而言无违约行为，原告要求被告佳博拍卖公司赔偿保证金9万元的利息损失无法律依据。被告佳博拍卖公司在拍卖会因故不能如期举行时，当即口头通知原告应领回已缴纳的9万元保证金，此后又多次电话通知原告要求其领回该保证金，原告不愿领取。被告佳博拍卖公司未参与被告农行宣州支行与被告李凌华签订的《售房协议》，对原告更无违约的事实。

被告农行宣州支行辩称：原告诉请判令被告农行宣州支行与李凌华签订《售房协议》无效，要求以58万元的应价竞买案争资产无事实和法律依据，请求法院依法驳回原告对被告农行宣州支行的诉讼请求。理由：（1）该案争资产的处置方式是双方协议买卖，而非拍卖。原告承认被告佳博拍卖公司已在2007年1月6日上午告知其因该资产土地权属问题而不能如期举行拍卖会。此后，该资产是否以拍卖方式处置，原告仅提供了被告农行宣州支行与被告李凌华签订的《售房协议》，并未提供被告佳博拍卖公司依《拍卖法》应按公告、举行拍卖会、签署成交确认书等拍卖程序所做工作的任何证据。相反，被告方提交的《委托拍卖合同》，已证明委托拍卖案争资产的期限为2006年7月5日至2007年7月5日，而《售房协议》是2007年7月16日签署，不在该委托拍卖期限内。被告间签署的《售房协议》，仅因是在原先拟好的拍卖协议文本上添加了购买人姓名、价格和签订日期，故出现"委托"、"拍卖"等内容，而实际未经拍卖程序处置该资产。被告农行宣州支行在委托拍卖合同到期后，将原委托拍卖的资产自行协议出卖他人，与拍卖公司的原先拍卖行为及原告等无涉，又与原告无合同行为，不存在违约行为或侵权行为。（2）被告农行宣州支行与被告李凌华签订的《售房协议》合法有效，原告无权主张该协议无效。该协议是双方当事人的真实意思表示，被告农行宣州支行以不违背法律法规禁止性规定的方式转让其合法所有的财产，未损害国家利益，应是合法有效的。该协议即使效力有问题，根据合同相对性原理，原告为该合同外的第三人无权主张该合同无效。

被告李凌华辩称：与被告农行宣州支行签订《售房协议》合法有效，未损害他人和国家利益，请求驳回原告对本被告的诉讼请求。理由：（1）本被告购买原宣州农行洪林桥营业所房产，是 2007 年 7 月 16 日与农行宣州支行通过自愿协商的方式购买，而非经拍卖购得该房产。因被告佳博拍卖公司未举行拍卖会，与被告佳博拍卖公司不存在恶意串通，也不存在损害原告的竞买权。（2）该协议是双方当事人的真实意思表示，不违背国家法律禁止性的规定，合法有效，双方已履行了合同约定的义务，并在房屋管理部门办理了该房产过户登记手续。

裁判结果

宣城市宣州区人民法院判决：
一、被告佳博拍卖公司于本判决生效之日起 10 日内给付原告熊发坤缴纳的履约保证金 9 万元的利息损失人民币 5040.3 元；
二、驳回原告熊发坤的其他诉讼请求。

裁判理由

宣城市宣州区人民法院经审理认为，当事人订立合同，一般情况下采取要约和承诺的方式。要约是希望和他人订立合同的意思表示，而拍卖公告则系要约邀请，即希望他人向自己发出要约的意思表示，两者的主要区别在于是否以订立合同为主要目的。被告佳博拍卖公司在报纸上刊登拍卖公告，目的不是与他人具体订立合同，而是在于希望他人向自己发出要约，只是订立合同的预备行为，其本身不能发生任何法律效果；法律又规定当事人对自己提出的诉讼请求所依据的事实有责任提供证据加以证明。没有证据或证据不足以证明当事人的事实主张的，由负有举证责任的当事人承担对己不利后果。

就本案纠纷而言，双方当事人存在以下争议焦点：（1）被告农行宣州支行处置原宣州农行洪林桥营业所整体房产的方式是拍卖还是公开协商；（2）被告农行宣州支行与被告李凌华签订的《售房协议》是否有效，谁有权依法主张该协议效力；（3）本案是否存在赔偿责任，如存在，依法应由谁承担并承担何种形式的责任。

1. 关于被告农行宣州支行处置原宣州农行洪林桥营业所整体房产的方式是拍卖还是公开协商的问题。

被告佳博拍卖公司受委托拍卖原宣州农行洪林桥营业所整体房产，在公告后按照《拍卖监督管理办法》规定，到工商行政管理局办理该拍卖活动的备案手续时，因缺少土地管理部门准予拍卖转让土地的材料，工商行政管理局对其定于 2007 年 1 月 6 日上午 10 时举行的拍卖会未准予备案登记，即未能如期举行该拍卖会，原、被告均不予否认，已说明该拍卖未实施。庭审中，原告又以被告李凌华与被告农行宣州支行签订的《售房协议》中载有：将原宣州农行洪林桥营业所整体房产进行了公开拍卖，被告李凌华以最高价竞得该房等拍卖合同文本的内容为由，认为被告李凌华是以拍卖方式购得房产，且被告间存在恶意串通行为。由于被告佳博拍卖公司未能如期举行定于2007年1月6日上午的拍卖会，即使在该日后仍拟以拍卖方式处置原宣州农行洪林桥营业所整体房产，除双方另有约定外，原告也应与其他意欲竞买者一样按照相关拍卖公告要求的事项重新办理报名手续，以取得竞买人的资格，而不能凭借原未举行拍卖会的报名材料当然地获得该日后拟举行拍卖活动的竞买人资格。被告方针对原告庭审中此项诉称的事由，以委托拍卖协议期限届满前后未再举行拍卖会、事后以协议方式处置该房产等理由予以否认。对此，原告未能提供足够的证据加以证明。因此，被告方关于被告农行宣州支行处置原宣州农行洪林桥营业所整体房产的方式因未再举行拍卖会而非拍卖、是事后公开协商买卖、不存在恶意串通行为的抗辩意见，理由成立，应予采信。原告按照被告佳博拍卖公司《拍卖公告》的事项，缴纳9万元拍卖保证金，办理竞买登记手续，仅是取得了参加竞购拍卖标的竞买人资格，能否成为实际买受人，取决于其在拍卖会上的最高应价是否经拍卖师落槌确认，况且在拍卖会既未如期举行，又无法律规定原告享有优先购买权情形的情况下，现要求以58万元应价竞买已办理了产权变更登记手续的原宣州农行洪林桥营业所整体资产，自然无存在的事实基础，又无相应的法律依据，其此项诉讼请求当然不能成立。

2. 关于被告农行宣州支行与被告李凌华签订的《售房协议》是否有效，谁有权依法主张该协议效力的问题。

原告以《售房协议》存在被告间恶意串通行为，损害其竞买权和国家利益为由，依据《拍卖法》规定，认为《售房协议》无效。被告方则抗辩认为被告农行宣州支行与被告李凌华在委托拍卖合同约定的期限届满后，于2007年7月16日以自愿协商方式签订的《售房协议》，是双方当事人的真实意思表示，内容不违反国家法律法规禁止性规定，应合法有效，受法律保护，被告佳博拍卖公司因未举行拍卖会，故既不存在恶意串通的可能，也未损害原告的竞买权。同时抗辩认为即使该《售房协议》效力存在问题，根据合同相对性规则，原告也无对效力主张的权利。被告方的此抗辩意见能否成立？《拍卖法》关于"恶意串通，给他人造成损害的，拍卖无效"的规定，是以拍卖已实施为前提条件，被告间即使有实施恶意串通行为的意愿，由于该拍卖未实施，也无法变成现实，自然也无从损害原告的竞买权。合同关系的相对性指合同关系只能发生在特定的主体（合同关系当事人）之间，只有合同当事人一方才能向合同的另一方当事人基于合同提出请求或诉讼；只有合同当事人才能享有和履行某个合同所规定的权利义务，在法律和合同另有规定外，除此以外的任何第三人既不能主张合同上的权利也不负有违约责任，合同当事人也不对其承担违约责任。该《售房协议》仅发生在被告农行宣州支行与被告李凌华之间，除被告农行宣州支行与被告李凌华彼此互相主张权利义务外，他人无权主张《售房协议》上的权利。因此，被告方的抗辩意见既有事实依据又符合法律规定，理由成立，应予采信。原告要求确认被告农行宣州支行与被告李凌华签订的《售房协议》无效，有悖于法律规定，应不予支持。

3. 本案是否存在赔偿责任，如存在，依法应由谁承担并承担何种形式责任的问题。

原告等人根据被告佳博拍卖公司发布的拍卖公告要求，向其履行竞买登记手续，取得了参加竞购拍卖标的竞买人资格，双方之间产生缔约上的联系，并由此而形成信赖利益关系，被告佳博拍卖公司即对原告等人负有诚实信用原则所产生的义务，即先合同义务。被告佳博拍卖公司在发布的拍卖公告中明确表明"如竞买不成保证金3日内全额返还（不计息）"，其因自身原因致使该拍卖会未能如期举行后，理应按照拍卖公告承诺的规定，及时通知原告将收取原告的履约保证金9万元全额返还给原告，这是被告佳博拍卖公司按照诚实信用原则应履行的义务，但因其过错未履行返还义务，应依法承担相应的责任。现原告因被告佳博拍卖公司未及时履行通知、返还义务而向其主张赔偿9万元保证金的利息损失的请求，客观存在且符合法律规定，应予支持。该利息损失的计算时间应自竞买不成后的第三日的次日即2007年1月10日起，至全额返还之日即2007年8月24日止，该利息损失标准因双方未约定，原告要求按照农村信用合作社月利息9‰的利率计付，与有关规定不符，不予支持，此可参照中国人民银行规定的金融机构计收逾期贷款利息的标准计算逾期付款的利息损失。为此，原告的利息损失按中国人民银行规定同期贷款利率计算应为：合计5040.3元。被告佳博拍卖公司以已多次通知原告领取履约保证金，原告不愿领取，不存在未履行相应义务为由予以抗辩，但其对抗辩的理由既未提供相关证据证明，又不符合有关法律规定，其抗辩意见的理由不能成立，依法不予支持。

宣判后，双方均未上诉，一审判决已生效。

26. 拍卖公司声明对拍卖品不承担瑕疵担保责任，该声明是否有效？

拍卖公司往往在《拍卖规则》中声明"以该拍品现状进行拍卖"或"对本次拍卖的标的，本公司不承担瑕疵担保责任"，并据此对抗买受人的索赔主张。由于该免责声明是拍卖公司为了重复使用而单方预先拟定且不允许修改的条款，属于格式合同条款。对格式条款的理解发生争议的，应当按照通常理解予以解释。对格式条款有两种以上解释的，应当作出不利于提供格式条款一方的解释。《拍卖规则》免责声明语义含糊，没有说明具体的瑕疵，往往对竞买人造成误导，实践中拍卖公司一般在竞买人进入拍卖现场时才向竞买人提供《拍卖规则》，而此时已进入拍卖程序，竞买人难以核实确定。《拍卖法》对瑕疵担保责任的规定相当严格，拍卖公司在拍卖前声明不能保证拍卖标的的真伪或者品质的，必须作出具体明确的说明，只有在明确告知的情况下才能免除责任。

典型疑难案件参考

威海嘉信房地产开发有限公司诉中信银行威海分行等拍卖合同纠纷案

基本案情

2006年3月21日中信银行威海分行与威海市房地产拍卖有限公司签订委托拍卖合同，合同中写明：拍卖标的为乳山市夏村镇土地使用权，面积约为43456.6平方米（〔1999〕威并执字第139、140、141号民事裁定书项下的债权）。同时中信银行威海分行向拍卖公司提供中院的裁定书复印件一份。2006年3月27日，房地产拍卖公司在《威海日报》上刊登拍卖公告，内容为：定于2006年4月3日上午9时在公司拍卖厅公开拍卖乳山夏村镇土地使用权一宗。嘉信房地产公司参加竞买，于拍卖当日与房地产拍卖公司签订《竞买合同》及《特别说明》，其中有"本公司对于标的的实际状况、瑕疵及拍卖标的相关权证的真实性和准确性不予保证，并不承担任何法律责任"的条款。嘉信房地产公司竞得该土地，与房地产拍卖公司签订了《拍卖成交确认书》，并依约于2006年4月26日全部支付了成交款387.25万元。拍卖的土地系威海泰兴电池有限公司所有的一宗面积为88650.75平方米的土地的一部分，在 2000 年其与中信银行的一抵押贷款纠纷案件中，威海市中级人民法院裁定以该案拍卖的土地抵偿贷款。但中信银行一直未办理土地权属过户手续。2001 年 1 月 11 日该 88650.75 方米土地中的 56702.75 平方米以乳国用〔2001〕字第 016 号国有土地使用证被确权给乳山市泰兴物资贸易有限公司。

一审诉辩情况

嘉信房地产公司诉称：在办理土地证的过程中发现该土地实际面积与竞拍面积相差 11508.6 平方米，减少了 26.48%，请求判决中信银行和拍卖公司返还相应的土地款和佣金。

被告中信银行和房地产拍卖公司辩称，威海市中级人民法院〔1999〕威并执字第 139、140、141 号民事裁定书裁定的土地面积为 43456.6 平方米，中信银行威海分行对拍卖标的有合法的权利，按《拍卖法》第 58 条的规定中信银行威海分行不承担法律责任。并且根据《拍卖法》第 61 条的规定，只要拍卖人、委托人在拍卖前声明不能保证拍卖标的的真伪或品质的，不承担瑕疵担保责任。而在双方签订的《特别说明》中已对此作了声明，因此，房地产拍卖公司应当免责。

一审裁判结果

乳山市人民法院判决：被告中信银行威海分行向原告返还多付购地款 982485 元，被告拍卖公司向原告返还多收佣金 43042 元。

一审裁判理由

乳山市人民法院认为，原告嘉信房地产公司与房地产拍卖公司签署的《特别说明》中，明显表现为拍卖公司利用其优势地位，列入一些不公平的条款，将合同风险转嫁于原告，免除了己责，加重了对方责任，违背了《合同法》应遵循的公平原则，对其中的内容不予确认。

二审诉辩情况

被告中信银行威海分行不服，上诉称一审法院认定嘉信房产公司与房地产拍卖公司签署的《特别说明》内容不公平，是错误的。《特别说明》在订立合同的邀约邀请阶段签订，拍卖公司据此履行瑕疵告知义务，被上诉人嘉信房产公司签署该声明视为其知道拍卖标的的瑕疵并自愿承担风险。因此，该《特别说明》对双方均具有法律上的约束力。根据《特别说明》的约定，被上诉人嘉信房产公司应对拍卖土地的面积自行调查核实，在拍卖该宗土地时面积是不确定的,准确面积应以房地产管理部门确权的面积为准,《拍卖资料介绍》及《特别说明》中记载的面积等情况不影响成交价格,不退不补。因此,上诉人不应当承担瑕疵担保责任。一审法院认为土地面积相差11508.6平方米属于上诉人不能按合同约定完全履行义务的问题错误。因为根据《拍卖法》第61条的规定,只要拍卖人、委托人在拍卖前声明不能保证拍卖标的的真伪或品质的,不承担瑕疵担保责任。可见,面积上的差异,更应当属于瑕疵范围,而不能认定上诉人无法交付标的物。

被上诉人嘉信房产公司答辩称:(1)《特别说明》中涉及土地、房产、车辆、物业、设备等,是一份格式合同。上诉人委托拍卖的土地面积是43456.56平方米,而被上诉人实际获得的土地面积是31948平方米,减少了26.48%,显然属于严重的显失公平,是上诉人不能按合同的约定完全履行义务的问题。(2)上诉人为拍卖所提供的民事裁定书,确定了土地的准确面积,且是他人用土地证抵押,而不是上诉人所称的拍卖时土地面积不确定。确定土地面积的部门是国土资源局,而不是上诉人所称的房地产管理部门。因此,一审判决认定事实清楚、适用法律正确,请求维持。

二审裁判结果

威海市中级人民法院判决:驳回上诉,维持原判。

二审裁判理由

威海市中级人民法院认为,根据《拍卖法》第61条规定:"拍卖人、委托人违反本法第十八条第二款、第二十七条的规定,未说明拍卖标的的瑕疵,给买受人造成损害的,买受人有权向拍卖人要求赔偿。"显然,即使拍卖人不知道标的物瑕疵,对事实上存在的瑕疵,拍卖人亦必须向买受人赔偿损失。而为了平衡委托人、拍卖人和竞买人之间的利益以及促进拍卖行业的发展,该条同时规定了告知瑕疵的免除责任情况,"拍卖人、委托人在拍卖前声明不能保证拍卖标的的真伪或者品质的,不承担瑕疵担保责任"。该免责声明指的是,对于拍品的真伪和品质,若拍卖人确实不知道并且不可能知道的,并在正式拍卖前告知了买受人该情况,可以免除瑕疵担保责任。不承担瑕疵担保责任的前提是拍卖人在拍卖前必须把真实情况告知买受人。对于拍卖人已经意识到或者应当意识到瑕疵的可能性,就应当尽到谨慎的审核义务,将具体的瑕疵情况明确告知竞买人,并不得再以其他肯定、明确甚至夸大的材料对拍卖标的作正面的介绍。本案中,对于拍卖公司制作的《特别说明》中的"本公司对于标的的实际状况、瑕疵及拍卖标的相关权证的真实性和准确性不予保证,并不承担任何法律责任；竞买人应在参加拍卖之前，自行对标的的现状、配套、质量、权属、数量、真伪等情况进行调查核实确认，并对自行确认的结果负责"的声明，二审法院认为，首先，拍卖公司作为一个专门从事房地产拍卖业务的机构，无论在人力、物力、财力、鉴定水平和经验等方面都优于竞买人，因此在未明确涉案土地面积方面是否存在瑕疵时，要求竞买人自己承担风险是不合适的，这无疑加重了竞买人的责任，因此该条款无效。其次，对该土地面积的瑕疵，拍卖公司应当意识到并且能够知道，只要通过简单的审查程序如实地测量或者到土地部门核实即可知晓。而拍卖公司怠于履行该义务，不经查实便发布瑕疵免责声明，未尽审慎义务。再次，该声明语义含糊，没有明确说明具体的瑕疵，并且，虽然上诉人上诉称"在拍卖该宗土地时面积是不确定的，准确面积应以房地产管理部门确权的面积为准"，但同时上诉人又提供了本院的民事裁定书，明确载明了拍卖土地的面积，从而影响了其声明的效力。最后，拍卖公司在竞买人进入拍卖现场时，才向竞买人提供《特别说明》，而此时已进入了拍卖程序，即使拍卖人作出了有效声明，竞买人也无法亲自核实确定，因此，在此过程中，被上诉人嘉信公司不存在疏忽和不当行为。综上，上诉人以《特别说明》证明其已履行瑕疵告知义务而不承担责任的上诉理由不能成立，应当按照比例返还土地款和佣金。

拍卖合同纠纷办案依据集成

1. 中华人民共和国合同法（1999年3月15日主席令第15号公布）（节录）

第一百七十三条 拍卖的当事人的权利和义务以及拍卖程序等，依照有关法律、行政法规的规定。

2. 中华人民共和国拍卖法（2004年8月28日修正）（节录）

第三十九条 买受人应当按照约定支付拍卖标的的价款，未按照约定支付价款的，应当承担违约责任，或者由拍卖人征得委托人的同意，将拍卖标的再行拍卖。拍卖标的再行拍卖的，原买受人应当支付第一次拍卖中本人及委托人应当支付的佣金。再行拍卖的价款低于原拍卖价款的，原买受人应当补足差额。

第四十条 买受人未能按照约定取得拍卖标的的，有权要求拍卖人或者委托人承担违约责任。买受人未按照约定受领拍卖标的的，应当支付由此产生的保管费用。

第六十一条 拍卖人、委托人违反本法第十八条第二款、第二十七条的规定，未说明拍卖标的的瑕疵，给买受人造成损害的，买受人有权向拍卖人要求赔偿；属于委托人责任的，拍卖人有权向委托人追偿。拍卖人、委托人在拍卖前声明不能保证拍卖标的的真伪或者品质的，不承担瑕疵担保责任。因拍卖标的的存在瑕疵未声明的，请求赔偿的诉讼时效期间为一年，自当事人知道或者应当知道权利受到损害之日起计算。

因拍卖标的的存在缺陷造成人身、财产损害请求赔偿的诉讼时效期间，适用《中华人民共和国产品质量法》和其他法律的有关规定。

第六十三条 违反本法第二十三条的规定，拍卖人在自己组织的拍卖活动中拍卖自己的物品或者财产权利的，由工商行政管理部门没收拍卖所得。

十一、建设用地使用权合同纠纷

27. 国土局未颁发建设用地批准书，是否导致土地出让合同无效？

国有土地使用权招拍挂出让制度是市场配置国有经营性建设用地的基本制度。招标、拍卖、挂牌出让是公开竞价的出让方式。工业、商业、旅游、娱乐和商品住宅等经营性用地以及同一宗地有两个以上意向用地者的，应当以招标、拍卖或者挂牌等公开竞价的方式出让。而协议出让一般适用于市政工程、公益事业用地，或者是政府扶持、优惠的项目用地，例如：安居工程、经济适用住房、高新技术产业基地。

政府机关对有关事实或者合同审批或者批准的权限和职责，源于法律和行政法规的规定，不属于当事人约定的范畴。当事人将上述权限和职责约定为合同的所附条件，不符合法律规定。国有土地出让合同签订后需要完善招标、拍卖、挂牌手续的，属于对出让合同的变更或者解除，影响到出让合同能否实际履行以及是否解除问题，不影响和限制合同的效力。双方签订土地出让合同中约定的土地用途与规划和评估报告中的土地用途不同，如果可能导致土地使用权出让金低于订立合同时当地政府按照国家规定确定的最低价的，属于影响出让合同价格条款效力的因素，并不导致出让合同无效。

典型疑难案件参考

崂山国土局与南太置业公司国有土地使用权出让合同纠纷案（《最高人民法院公报》2007年第3期）

基本案情

2001年2月23日，山东省青岛市人民政府在澳大利亚举办"青岛日"招商活动。在招商活动中，山东省青岛市崂山区沙子口街道办事处段家埠村与澳大利亚南太置业股份有限公司、青岛鑫城房地产有限公司签订了《开发"澳大利亚旅游观光度假村"联建合同书》，青岛高科园管委会副主任张运平作为山东省青岛市崂山区沙子口街道办事处段家埠村授权代表，澳洲南太资源开发集团公司首席执行官作为澳大利亚南太置业股份有限公司和青岛鑫城房地产有限公司授权代表，山东省青岛市人民政府副市长周嘉宾作为山东省青岛市崂山区沙子口街道办事处段家埠村证人代表，澳洲本市政厅议员派克柯·顿作为澳大利亚南太置业股份有限公司和青岛鑫城房地产有限公司证人代表，分别在合同上签了字。

2001年8月15日，崂山区国土局与南太公司、澳大利亚南太置业股份有限公司签订青崂土预字〔2001〕第18号《青岛市崂山区国有土地使用权预约协议》。该协议约定：土地位于山东省青岛市崂山区沙子口街道办事处段家埠村，土地面积为20万平方米，土地使用权出让费用为每亩21万元，总计金额为6300万元，土地规划用途为综合用地，使用期限为50年；南太公司和澳大利亚南太置业股份有限公司凭本协议办理企业设立等手续，在预约有效期内，与崂山区国土局正式签订《国有土地使用权出让合同》，取得土地使用权。

2001年10月11日，山东省青岛市人民政府以商外资青府字〔2001〕0820号《外商投资企业批准证书》同意成立南太公司。该批准证书载明，企业类型为中外合资企业，经营年限为10年，注册资本为2000万元，其中澳大利亚南太置业股份有限公司出资600万元，占注册资本的30%；青岛鑫城房地产有限公司出资200万元，占注册资本的10%；青岛福日汽车销售有限公司出资600万元，占注册资本的30%；青岛高科工业园竞佳商贸有限责任公司出资600万元，占注册资本的30%。经营范围：在山东省青岛市崂山区沙子口街道办事处段家埠村，依据青崂土预字〔2001〕第18号文确定的300亩土地范围内，从事房地产开发及房屋销售等业务。2001年11月13日，山东省青岛市工商行政管理局给南太公司颁发了《企业法人营业执照》。

2002年1月24日，山东省青岛市崂山区发展计划局依据南太公司的申请，下发崂计项字〔2002〕29号《关于澳洲花园项目立项的批复》，同意澳洲花园开发项目实施。该批复载明：（1）项目内容：建设澳洲花园住宅小区，包括住宅、公寓和别墅。（2）项目位于沙子口街道办事处段家埠村，总占地面积20万平方米，总建筑面积26万平方米。（3）项目计划总投资3.5亿元，所需资金由南太公司自筹解决。（4）项目计划于2002年10月开工，建设工期3年。（5）项目须办理土地使用、规划定点、环保、消防等审批手续后方可开工建设。

2002年2月4日，山东省青岛市规划局下发青规函字〔2002〕84号《建设工程规划审查意见书》。该意见书载明，根据《城市规划法》和有关法规、规范规定及城市规划要求，函复意见如下：（1）根据山东省青岛市人民政府批复的沙子口镇总体规划，该项目用地规划性质为居住用地，开发性质与规划用地性质相符，同意选址建设。（2）考虑到拟建用地周边的建设现状与规划情况，为统筹安排拟建用地周边的开发建设与各类设施的综合配套，请建设单位依据沙子口总体规划，按照《城市规划编制办法》的要求，先行编制汉河西侧图示红线围合区域的控制性详细规划方案。（3）请到山东省青岛市规划局崂山分局落实河道蓝线、周边及区内道路红、绿线。（4）请抓紧作出上述区域的控制性详细规划并报山东省青岛市规划局审批后，再办理相关规划手续。

2002年7月29日，山东省青岛市规划局下发《建设用地规划设计条件通知书》，同意南太公司按规划设计条件，对该用地进行规划设计。

2002年12月26日，山东省青岛市人民政府向山东省人民政府报送《关于崂山区2002年度第十八批城市建设用地的请示》。该请示称，经审查，该批用地符合崂山区沙子口街道办事处土地利用总体规划，在确定的建设用地范围内，所占耕地已开发补充同等数量的耕地，并验收合格，拟同意作为崂山区2002年度第十八批城市建设用地呈报，办理农用地转用和土地征用手续。该用地经批准后，由崂山区国土局作为储备土地进行管理。具体安排项目时，按照国家规定分别供地。土地有偿使用费由崂山区人民政府负责缴纳。

2002年12月27日，山东省青岛市规划局崂山分局下发《建设工程规划方案审查意见书》，原则同意南太公司报送的沙子口8号线、10号线、12号线、15号线、17号线、19号线道路工程规划设计方案，并要求南太公司报审施工图。

2003年1月6日，崂山区国土局与南太公司签订《国有土地使用权出让合同》。该合同第3条约定：崂山区国土局出让给南太公司的宗地位于沙子口街道办事处段家埠村，宗地面积186235平方米，其中出让土地面积为152702平方米。第4条约定：出让土地用途为住宅。第6条约定：出让年期为50年。第7条约定：出让金为每平方米369.15元，总额为56369943.3元。第15条约定：南太公司在按本合同约定支付全部土地使用权出让金之日起30日内，应持本合同和土地使用权出让金支付凭证，按规定向崂山区国土局申请办理土地登记，领取《国有土地使用权证》，取得出让土地使用权。崂山区国土局应在受理土地登记申请之日起30日内，依法为南太公司办理出让土地使用权登记，颁发《国有土地使用权证》。第40条第2款约定：本合同项下宗地出让方案尚需经山东省人民政府批准，本合同自山东省人民政府批准之日起生效。第45条约定：本合同未尽事宜，由双方约定后作为合同附件，与本合同具有同等法律效力。同日，双方就本合同未尽事宜达成《补充协议》，该《补充协议》第4条约定：根据合同第3条约定，宗地总面积为186235平方米，其中净地面积152702平方米，南太公司同意代征道路及绿化带面积33533平方米，价格为每亩5万元，总计2514975元，并承担相关税费及地面附着物补偿费。最终用地面积确定后，本款用地面积作相应调整。第5条约定：崂山区国土局供地时间自本合同批准之日起。第6条约定：本协议经崂山区国土局和南太公司双方签字、盖章后生效。

2003年1月13日，山东省青岛市规划局向南太公司发放了青规用地字〔2003〕3号《建设用地规划许可证》，明确"澳洲花园"项目用地符合城市规划要求，准予办理规划用地手续。

2003年2月19日，山东省人民政府下发鲁政土字〔2003〕52号《关于青岛市崂山区2002年第十八批次城市建设用地的批复》，同意青岛市将崂山区沙子口街道办事处20万平方米农用地转为建设用地，其中耕地66191平方米，园地133809平方米。上述农用地转用后同意征用，用于山东省青岛市城市建设。

2004年4月12日，崂山区国土局以《国有土地使用权出让合同》无效、其无法履行合同约定的义务为由，通知南太公司解除双方签订的《国有土地使用权出让合同》，并要求南太公司于接到通知后30日内到崂山区经营性用地合同清理办公室办理退款等相关事宜。2004年6月18日，崂山区国土局向南太公司送达《关于抓紧办理土地出让金退款手续的函》，要求南太公司于接到本函后15日内到崂山区经营性用地合同清理办公室办理土地出让金退款等相关手续，逾期崂山区经营性用地合同清理办公室将依法律程序退还南太公司已经缴纳的土地出让金。

另查明，自2001年9月28日至2003年5月29日，南太公司付清了出让合同约定的土地出让金56369943.3元及《补充协议》约定的代征道路及绿化用地征地费2514975元，两项合计58884918.3元。

一审诉辩情况

南太公司向一审法院起诉称，南太公司系青岛"澳洲花园"项目的开发商，《国有土地使用权出让合同》是为该项目用地所签。该项目是山东省青岛市人民政府的招商引资项目，该项目及为此项目成立的项目公司已经山东省青岛市人民政府合法批准。2003年2月19日，山东省人民政府以鲁政土字〔2003〕52号文批复了澳洲花园项目所涉土地使用权的农用地转用手续及征地事宜。山东省青岛市规划局及崂山分局、崂山区发展计划局以及崂山区国土局为南太公司办理了"澳洲花园"项目所需的各种规划手续。依据2001年8月15日南太公司与崂山区国土局签订的《国有土地使用权预约协议》，2003年1月6日双方正式签订了《国有土地使用权出让合同》。该合同签订后，南太公司不仅如约履行了自己的义务，还向当地村民支付了500万元的土地补偿费，并协助当地村委会给全体村民办理了养老保险等相关事宜。但崂山区国土局却不仅没有依约为南太公司办理《国有土地使用权证》，反而以合同无效为由，于2003年7月口头通知南太公司解除合同，于2004年4月12日书面通知南太公司解除合同，于同年6月18日发函催促南太公司办理退款手续。崂山区国土局的行为不仅严重违约，而且给南太公司造成了不可估量的经济损失。为维护自己的合法权益，特请依法判令崂山区国土局继续履行《国有土地使用权出让合同》，立即为南太公司颁发土地使用权证。

崂山区国土局口头答辩称，崂山区国土局和南太公司签订的《国有土地使用权出让合同》没有生效，该合同对双方当事人没有约束力。请求一审法院判决驳回南太公司的诉讼请求。

▶ 一审裁判结果 ◀

山东省高级人民法院判决：

一、崂山区国土局、南太公司继续履行双方于2003年1月6日签订的《国有土地使用权出让合同》；

二、崂山区国土局于判决生效后30日内为南太公司办理《国有土地使用权证》。

▶ 一审裁判理由 ◀

山东省高级人民法院认为，双方当事人的争议焦点为：（1）《国有土地使用权出让合同》是否生效及是否有效；（2）《国有土地使用权出让合同》应否继续履行。

1. 关于《国有土地使用权出让合同》是否生效及是否有效问题。根据《国有土地使用权出让合同》第40条第2款的约定，该合同的生效条件为"本合同项下宗地出让方案尚需经山东省人民政府批准，本合同自山东省人民政府批准之日起生效"。经查，本案所涉及的"澳洲花园"项目是山东省青岛市人民政府在招商引资活动中引入的项目，该项目引进后，与该项目相关的立项、规划、用地等手续已经山东省青岛市人民政府有关职能部门批准。2002年12月26日山东省青岛市人民政府向山东省人民政府报送了《关于崂山区2002年第十八批城市建设用地的请示》，该请示的内容包括了本案所涉及的土地。2003年2月19日，山东省人民政府以《关于青岛市崂山区2002年第十八批次城市建设用地的批复》，批准了山东省青岛市人民政府的用地请示。至此，双方当事人所签订的《国有土地使用权出让合同》的生效条件已成就，该合同自山东省人民政府批复之日起生效。至于山东省青岛市人民政府报送的请示中是否包括合同约定的"出让方案"，不影响该合同的效力。崂山区国土局关于《国有土地使用权出让合同》没有生效的抗辩主张不成立，不予支持。双方当事人签订的《国有土地使用权出让合同》及《补充协议》内容合法，意思表示真实，为有效合同。

2. 关于《国有土地使用权出让合同》应否继续履行问题。南太公司按照《国有土地使用权出让合同》和《补充协议》约定，付清了土地出让金和代征道路及绿化用地征地费，山东省青岛市人民政府有关职能部门为该项目办理了项目立项、规划、土地农转用、征用等手续，双方的合同义务已基本履行完毕。根据《国有土地使用权出让合同》第15条的约定，今后只要崂山区国土局继续履行合同义务，依约为南太公司办理国有土地使用权证，合同目的即可得到实现。因此，南太公司请求崂山区国土局继续履行合同的主张，予以支持。

二审诉辩情况

崂山区国土局上诉请求撤销一审判决，改判驳回南太公司的诉讼请求。主要事实和理由是：

1. 一审判决认定崂山区国土局与南太公司所签《国有土地使用权出让合同》的生效条件已经成就不符合事实和法律规定。（1）本案所涉《国有土地使用权出让合同》是附生效条件的合同，所附条件并未成就。双方明确约定了合同的生效条件，即在《国有土地使用权出让合同》第40条约定："本合同项下宗地出让方案尚需经山东省人民政府批准，本合同自山东省人民政府批准之日起生效。"在双方签订的《补充协议》第5条中也约定，崂山区国土局供地时间自本合同批准之日起。《合同法》第45条规定："当事人对合同的效力可以约定附条件。附生效条件的合同，自条件成就时生效。"本案中双方约定的合同生效条件，即本合同项下宗地出让方案，山东省人民政府从未批复过。按国家法律规定，只有供地方案（包括出让方案）经过有批准权的人民政府批准后，市、县人民政府土地行政管理部门才能与土地使用者签订《国有土地使用权出让合同》。《土地管理法实施条例》第22条明确规定："……（二）建设单位持建设项目的有关批准文件，向市、县人民政府土地行政主管部门提出建设用地申请，由市、县人民政府土地行政主管部门审查，拟订供地方案，报市、县人民政府批准；需要上级人民政府批准的，应当报上级人民政府批准。（三）供地方案经批准后，由市、县人民政府向建设单位颁发建设用地批准书。有偿使用国有土地的，由市、县人民政府土地行政主管部门与土地使用者签订国有土地有偿使用合同……"可见，供地方案的审批，是市、县人民政府土地行政主管部门签订土地出让合同的必经步骤，也是前置程序。在实践中，也存在先签合同后报批的情况。正因为有这种情况，由国土资源部和国家工商行政管理局监制的标准合同《国有土地使用权出让合同》才在开头部分"使用说明"第7条中指出："合同第40条关于合同生效的规定中，宗地出让方案业经有权人民政府批准的，按照第一款规定生效；宗地出让方案未经有权人民政府批准的，按照第二款规定生效。"双方在签订《国有土地使用权出让合同》时，对第40条关于合同生效的规定作出了第二项选择，即："本合同项下宗地出让方案尚需经山东省人民政府批准，本合同自山东省人民政府批准之日起生效。"并且，根据《山东省实施〈中华人民共和国土地管理法〉办法》的规定，本案中的出让方案应当由山东省人民政府审批。实践中的做法是，土地使用者向建设项目当地市、县人民政府土地行政管理部门提出申请，由当地市、县人民政府土地行政管理部门拟定出让方案，报同级人民政府批准；需要报上级人民政府批准的，再报上级人民政府批准。根据1999年8月22日山东省人大常委会制定的《山东省实施〈中华人民共和国土地管理法〉办法》第24条规定："占用土地8公顷以上的，由省人民政府批准。"这是山东省地方性法规关于建设项目使用国有建设用地审批权限的规定。本案项下合同出让土地的面积为15.27公顷，依法应由山东省人民政府批准。因本案所涉的出让方案至今没有得到山东省人民政府批准，因而合同的生效条件始终没有成就。（2）一审判决混淆了政府对出让方案审批和对农用地转用审批这两个不同性质的审批，错误地认定对农用地转用的审批就是对出让方案的审批。通过和取得农用地转用的审批是形成供地方案的前提条件。供地方案包括划拨方案和出让方案。之所以需要对供地方案（包括出让方案）进行审批，是因为我国《城市房地产管理法》第12条规定："土地使用权出让，由市、县人民政府有计划、有步骤地进行。出让的每幅地块、用途、年限和其他条件，由市、县人民政府土地管理部门会同城市规划、建设、房地产管理部门共同拟定方案,按照国务院规定,报有审批权的人民政府批准后,由市、县人民政府土地管理部门实施。"依照《建设用地审查报批管理办法》第10条第4款的规定,供地方案(包括出让方案)应当包括供地方式、面积、用途、土地有偿使用费标准、数额等。可见,对农用地转用的审批是对供地方案(包括出让方案)审批的前置程序,二者不能等同。而一审法院恰恰混淆了两者,在当事人已经在合同中明确约定以出让方案得到批准作为合同生效条件的情况下,错误地认为山东省人民政府批准山东省青岛市人民政府的农用地转用请示后,双方所签订《国有土地使用权出让合同》的生效条件就已经成就。山东省人民政府对青岛市人民政府的用地请示的批复,是对包括该《国有土地使用权出让合同》项下宗地在内的20万平方米的农用地转为建设用地的批复,并非是对出让方案的审批。一审判决认定双方当事人所签订的《国有土地使用权出让合同》的生效条件已成就,没有事实和法律依据。

2. 一审判决认定双方签订的《国有土地使用权出让合同》为有效合同不能成立。(1) 双方签订的《国有土地使用权出让合同》严重违反了《城市房地产管理法》第9条"城市规划区内的集体所有的土地,经依法征用转为国有土地后,该幅国有土地的使用权方可有偿转让"的规定。山东省人民政府是在2003年2月19日《关于青岛市崂山区2002年第十八批次城市建设用地的批复》中,同意青岛市将崂山区沙子口街道办事处20万平方米农用地转为建设用地。上述农用地转用后同意征用,用于青岛市城市建设。而本案所涉的《国有土地使用权出让合同》却早在2003年1月6日即已签订,其时农用地尚未被征用转为国有土地。建设用地须先征用后签订出让合同,这是房地产管理法的强制性规定。本案所涉的《国有土地使用权出让合同》违反了这一强制性规定。因此,该合同自始即没有法律效力。(2) 双方签订的《国有土地使用权出让合同》严重违反了国家关于招标拍卖挂牌出让国有土地使用权的相关强制性规定。国土资源部颁发的《招标拍卖挂牌出让国有土地使用权规定》早在2002年7月1日即已开始实施,而本案所涉的《国有土地使用权出让合同》在2003年1月6日才签订。《招标拍卖挂牌出让国有土地使用权规定》第4条规定:"商业、旅游、娱乐和商品住宅等各类经营性用地,必须以招标、拍卖或者挂牌方式出让。"按照这一规定,本案《国有土地使用权出让合同》项下的土地必须通过招标、拍卖、挂牌的方式公开进行出让,而双方在《招标拍卖挂牌出让国有土地使用权规定》已实施半年后仍以协议方式签订《国有土地使用权出让合同》,出让国有土地用于住宅建设,违反了国家关于招标拍卖挂牌出让国有土地使用权的规定,也违反了国土资源部和监察部国土资发《关于严格实行经营性土地使用权招标拍卖挂牌出让的通知》(〔2002〕

265号）的相关规定。因此，该《国有土地使用权出让合同》属无效合同。
（3）除前述导致《国有土地使用权出让合同》无效的情形外，南太公司在签订《国有土地使用权出让合同》过程中还存在着与前崂山区国土局局长于志军恶意串通、损害国家利益的嫌疑。这一点从土地评估的过程即可窥知一斑。同以2002年8月13日为基准日，南太公司委托的青岛东部房地产评估咨询有限公司对本案项下土地的评估价格是每平方米369.15元，据此确认的南太公司应交纳的出让金为56369943.3元。崂山区国土局在处理群众对本案的举报中，又委托青岛衡元评估有限责任公司进行评估，评估的价格是每平方米1001.9元，如果据此要求南太公司交纳土地出让金，则应为152992133.8元。也就是说，每平方米的评估价格相差了近3倍，土地出让金的差距更是达96622190.5元之巨。根据《城市房地产市场估价管理暂行办法》第10条的规定，每个土地估价项目必须由两名以上的估价师承办，而南太公司委托的青岛东部房地产评估咨询有限公司的《土地估价报告》却是由一名估价师作出的。评估时的土地用途为综合用地，到了出让合同中就变成了住宅。而且，《国有土地使用权出让合同》使用说明中规定：合同第4条土地用途按《城镇地籍调查规程》规定的土地二级分类填写，属于综合用地的，应注明各类具体用途及所占的面积比例。双方签订的出让合同与规划和评估报告中的土地用途都不相同。

3.一审法院以支持南太公司诉讼主张的判决结果，错误地否定了崂山区国土局贯彻中央和各级政府指示精神，对非法出让土地进行的纠偏行为。鉴于改革开放以来，由于我国政府在土地管理上的经验不足和立法上的滞后，加之部分房地产商与个别官员相勾结，在暴利的诱惑下不惜采用非法手段攫取土地，造成国家土地出让秩序混乱，大面积土地进入个别人的控制范围，国有资产流失严重，国务院于2001年以来出台了一系列政策、法规，严格整顿和规范土地出让行为。本案就是在这种国家整顿和治理土地管理秩序的大背景下发生的。在山东省人民政府的高度重视下，山东省青岛市人民政府经对本案项下出让行为进行充分调查研究后，认定该宗地的出让是非法出让，指示崂山区国土局依法进行查处，并将此出让行为认定为违法违规重点案件之一。

一审法院认定只要崂山区国土局依约为南太公司办理《国有土地使用权证》，合同目的即可实现，这是错误的。依照我国土地管理法规的规定，只有土地出让方案经过有权人民政府批准以后，土地管理部门才有权依照出让方案和相对方签订出让合同。就本案来讲，土地管理部门在签订合同以前没有经过有权人民政府批准，所以才约定出让方案经过有权人民政府批准以后合同才生效。而目前既然政府已经认定该宗地的出让是非法出让，政府就不会再批准该宗地的出让方案，崂山区国土局根本无法继续履行合同义务。如果按照一审法院的判决内容，为南太公司办理《国有土地使用权证》，则不仅否定了崂山区国土局在治理整顿土地市场秩序过程中针对向南太公司非法出让土地而进行的纠偏行为，与中央和各级政府的指示精神相冲突，而且也不符合相关法律法规的规定。因此，无论从《国有土地使用权出让合同》未生效及无效的法律层面考虑，还是从贯彻中央和各级政府指示精神的层面考虑，双方签订的《国有土地使用权出让合同》均已没有履行的可能。如果二审法院不支持崂山区国土局的上诉请求，其结果是合同无法履行，当事人主张的权利也无法实现。故请求二审法院查清事实，实事求是地作出判决，即使认定合同有效，也要考虑到由于法律和事实上的障碍，崂山区国土局已经无法继续履行本案中的合同的事实，作出合法合理合情的判决。

4. 一审判决超越民事审判权限，扩大了判决范围，违反了"不告不理"的民事诉讼法准则。南太公司在民事诉状中提出的诉讼请求为两项：（1）判令崂山区国土局继续履行双方所签订的《国有土地使用权出让合同》；（2）判令崂山区国土局承担案件受理费、保全费及其他诉讼费用（庭审过程中，南太公司撤销了原来提出的要求判令崂山区国土局赔偿损失的诉讼请求）。可见，南太公司的实质性诉讼请求只有一项，即"继续履行双方所签订的《国有土地使用权出让合同》"，而一审判决除支持南太公司的诉讼请求外，又增加了一项崂山区国土局于判决生效后30日内为南太公司办理《国有土地使用权证》。该判项内容，南太公司在起诉中并没有作为一项诉讼请求提出。一审法院超出当事人的诉讼请求作出判决，违反了"不告不理"的民事诉讼法准则。另外，颁发《国有土地使用权证》在性质上应属于崂山区国土局的行政行为，一审法院在民事案件审理和判决中无权判决当事人作出行政行为。因此，一审判决既超出了当事人的诉请范围，又超越了民事审判权限，应予撤销。

5. 一审判决在认定事实和适用法律方面还存在以下问题：（1）混淆了山东省青岛市人民政府与崂山区国土局的关系，将山东省青岛市人民政府的行政行为视同为崂山区国土局的履行合同行为。本案中的项目不是山东省青岛市人民政府引入的项目。签订《开发"澳大利亚旅游观光度假村"联建合同书》的双方中没有山东省青岛市人民政府，而且所签合同违反了《土地管理法》的强制性规定，属于无效合同。（2）不合理地采取诉讼保全措施并判决崂山区国土局负担财产保全费。（3）错误地认定山东省青岛市人民政府有关的职能部门为该项目办理了项目立项、规划等手续，双方的合同义务已基本履行完毕。（4）没有采纳崂山区国土局在一审中提交的大量证据，也没有说明理由。

南太公司答辩称，崂山区国土局提起上诉依据的事实和理由不成立，请求驳回上诉，维持原判。主要事实和理由是：

1. 一审判决认定双方当事人所签订的《国有土地使用权出让合同》的生效条件已成就，符合事实和法律规定。(1) 根据现行土地管理法和土地管理法实施条例等法律和行政法规的规定，国有土地使用权出让中，像本案所涉土地的情况，只有农用地转用方案、补充耕地方案、征用土地方案应当由省人民政府审批，而本案中山东省人民政府已以鲁政土字〔2003〕52号文就上述事项批复同意。(2) 正因为只有上述内容依法应由省人民政府审批，因此双方所签订的《国有土地使用权出让合同》第40条关于合同的生效条件"本合同项下的宗地出让方案尚需经山东省人民政府批准，本合同自山东省人民政府批准之日生效"，只能是指对宗地出让方案中的农用地转用方案、补充耕地方案、征用土地方案的审批，其余事项山东省人民政府既无法律授予的审批权限，也无此义务。即使合同中用了"宗地出让方案"这个不确切的词，也只能依法确定其真实意思并据此审查合同是否生效。(3) 崂山区国土局在上诉状中，将供地方案、宗地出让方案及农用地转用方案、补充耕地方案、征用土地方案的审批，混淆不清，其认为本案所涉《国有土地使用权出让合同》不生效的理由不能成立。①供地方案的审批，并非双方合同约定的生效条件。②供地方案的审批机关依法并非山东省人民政府，而是山东省青岛市崂山区人民政府。法律依据为《土地管理法实施条例》第22条第2项规定。③崂山区国土局在上诉状中所有引用的法律条文，均没有供地方案（或其所称的出让方案）应由山东省人民政府批准的规定。其引用《山东省实施〈中华人民共和国土地管理法〉办法》第24条来论证供地方案的审批机关是山东省人民政府，也是错误的，因为从该条所处的章节位置来看，该条规定的是农用地转用的审批权限，并非供地方案的审批权限。综上，一审判决认定出让合同设定的生效条件已成就是完全符合事实和法律规定的。

2. 一审判决认定双方当事人签订的《国有土地使用权出让合同》为有效合同是完全正确的。本案双方所签订的《国有土地使用权出让合同》的内容并未违反法律和行政法规的强制性规定，合同的主体、客体、意思表示等各要素均合法。至于崂山区国土局在上诉状中列举的所谓违法问题，均是崂山区国土局对法律规定的任意曲解和有意回避法律规定造成的，依法根本不能成立。(1) 崂山区国土局对《城市房地产管理法》的错误理解。该法第9条规定："城市规划区内的集体所有的土地，经依法征用转为国有土地后，该幅国有土地的使用权方可有偿出让。"该规定崂山区国土局任意曲解为"城市规划区内的集体所有的土地，经依法征用转为国有土地后，该幅国有土地的使用权方可签订出让合同（有偿出让）"。所以才得出"建设用地须先征用，后签订出让合同"的错误结论。该规定的立法本意是，强调集体所有的土地未经依法征用转为国有后，不能进行事实上的出让行为或产生出让的结果。也即该条款限制的是《土地使用权出让合同》的具体履行时间，并非是对《土地使用权出让合同》签订时间的限制，法律也不可能对合同的签订时间进行限制。况且，本案所涉出让合同签订时，约定了以土地征用等被批准为生效条件，该生效条件业已成就。崂山区国土局已与原土地所有权人签订土地征用合同，已经履行完毕。（2）崂山区国土局有意回避国家关于招标拍卖挂牌出让国有土地使用权的相关规定。崂山区国土局在论证本案所涉土地可否协议出让这一问题时，有意回避了国地发365号文，即国土资源部《关于进一步治理整顿土地市场秩序中自查自纠若干问题的处理意见》。该意见第3条专门对《招标拍卖挂牌出让国有土地使用权规定》实施前遗留问题进行了明确规定。根据该规定，本案所涉土地是可以协议出让的。崂山区国土局无视该365号文已颁布实施的事实，论证出让合同无效是错误的。（3）关于崂山区国土局提及的南太公司在签订出让合同过程中存在与前崂山区国土局局长于志军恶意串通、损害国家利益的嫌疑，纯属对南太公司的中伤。对于评估问题，在南太公司起诉到一审法院前一年多"调查时间"里，崂山区国土局从未向南太公司提起该问题，本案所涉土地的评估符合当时的法律规定。关于评估报告上应当由几个评估师署名，法律无明确规定。

3. 所谓"纠偏行为"与本案无关。举报的内容为南太公司是假外商，未投一分钱，土地付款超期，均与事实相悖。本案的土地本已通过了国务院五部委、省国土资源厅等部门的土地审查验收，因匿名举报人的恶意举报，引起所谓的"纠偏"。崂山区国土局竟不顾举报内容不实之事实，就直奔收地主题。并且在举报到正式通知收地的过程中，崂山区国土局一次又一次找理由（不是举报中的理由）欲收回土地，当所找理由均不能成立时，才以最终书面通知的理由解除合同，而该解除理由与所谓的举报无关。

4. 一审判决并未超越审判范围。关于请求法院判令由崂山区国土局为南太公司办理《国有土地使用权证》的申请，南太公司在当庭宣读诉状第一项请求判令崂山区国土局继续履行双方所签合同时，特意明确了为南太公司办理《国有土地使用权证》这一继续履行合同的实质内容，并记录在案。因此，一审并未超越审判范围，并未违反"不告不理"原则。另外，颁发《国有土地使用权证》是崂山区国土局在民事合同中应尽义务，该判决内容也未超出民事审判范围。

5. 一审判决并未混淆山东省青岛市人民政府与崂山区国土局的关系。本案所涉《国有土地使用权出让合同》中崂山区国土局的主要义务,就是提供土地和为南太公司办理土地证。上述义务履行涉及依法应办理的审批手续,是崂山区国土局履行上述义务的必经程序,也是其应尽义务。

6. 采取诉讼保全措施是正当且必须的,其费用理应由崂山区国土局承担。本案在南太公司向崂山区国土局及其上级部门积极反映情况,要求公正合法处理过程中,崂山区国土局于2004年4月12日书面通知解除合同,并于同年6月18日办理退款手续,且限期为15天,否则依法处理。如果南太公司不采取保全措施,崂山区国土局完全可以提存土地款项并另行出让土地。故南太公司申请保全是必须的、正当的。

二审裁判结果

最高人民法院判决:
一、撤销山东省高级人民法院〔2004〕鲁民一初字第9号民事判决;
二、驳回青岛南太置业有限公司关于继续履行合同的诉讼请求。

二审裁判理由

最高人民法院二审查明:青岛鑫城房地产有限公司为南太公司股东,占南太公司10%的股份。2001年8月15日,崂山区国土局与南太公司、澳大利亚南太置业股份有限公司签订《青岛市崂山区国有土地使用权预约协议》时,路国强担任南太公司的总经理,并作为南太公司代表在该预约协议上签字。

另查明,2003年2月19日,山东省人民政府下发鲁政土字〔2003〕52号《关于青岛市崂山区2002年第十八批次城市建设用地的批复》,除同意青岛市将崂山区沙子口街道办事处20万平方米农用地转为建设用地,以及上述农用地转用后征用,用于青岛市城市建设外,同时指出,要严格按照有关规定向具体建设项目提供用地,供地情况要经青岛市国土资源部门及时报山东省国土资源厅备案。

又查明,2002年10月31日,崂山区国土局以崂国土价字〔2002〕55号《关于确认土地估价结果的批复》,对南太公司委托青岛东部房地产评估咨询有限公司土地评估结果进行了确认。

还查明,2004年3月1日,青岛市人民政府法制办公室与青岛市国土资源和房屋管理局共同下发青法制〔2004〕22号《关于崂山区段家埠村"澳洲花园"项目用地的情况报告》提出的处理意见为:鉴于目前情况,该宗用地实际已不能按2003年1月6日崂山区国土局与南太公司签订的《国有土地使用权出让合同》的约定进行协议出让,处理该问题的关键是依法解除该出让合同。但因该合同的性质属民事法律关系范畴,其主体是崂山区国土局与南太公司,而不是市政府,故应由合同双方当事人依法解除该合同。为此,建议市政府召集崂山区政府及相关单位会议,对下列事项进行研究和明确后,由有关责任单位依法组织实施:(1)崂山区国土局依法解除与南太公司签订的《国有土地使用权出让合同》,退还土地出让金等相关费用。(2)崂山区国土局依法完善该宗地征地手续,并将其依法纳入政府储备。2004年3月8日,山东省青岛市人民政府办公厅向山东省人民政府督查处报送《关于青岛市崂山区段家埠村"澳洲花园"项目用地的情况报告》提出的处理意见为:鉴于目前情况,该宗用地实际已不能按2003年1月6日崂山区国土局与南太公司签订的《国有土地使用权出让合同》的约定进行协议出让,应依法解除该出让合同,退还其土地出让金等相关费用,将该宗地依法纳入政府储备。

2005年7月4日,崂山区国土局向最高人民法院提交《关于青岛市崂山区国土资源局上诉青岛南太置业有限公司一案的几点补充说明》,在该材料中提到,如果不支持崂山区国土局的上诉请求,其结果是合同无法履行,当事人主张的权利也无法实现。请求查清事实,实事求是地作出判决,即使认定合同有效,也要考虑到由于法律和事实上的障碍,崂山区国土局已经无法继续履行本案中的出让合同的事实,作出合法合理合情的判决。

2005年9月1日,山东省青岛市崂山区人民政府向最高人民法院提交崂政函〔2005〕21号《关于我区国土资源局与青岛南太置业有限公司国有土地使用权出让合同纠纷案有关情况说明的函》。该函中提及,因该案涉及执行国家部委规定及落实国务院领导批示事宜,特作如下说明:(1)根据有关规定和领导批示精神,崂山区国土局于2004年4月14日作出《关于解除〈国有土地使用权出让合同〉的通知》;(2)根据现行国有土地出让管理的规定以及目前崂山区实际情况,该宗土地出让合同已无法继续履行,理由及相关具体意见请参见青岛市人民政府法制办公室与青岛市国土资源和房屋管理局青法制〔2004〕22号《关于崂山区段家埠村"澳洲花园"项目用地的情况报告》。

二审期间,2005年3月10日,崂山区国土局提供山东省泰安市中级人民法院于2005年1月13日作出的〔2004〕泰刑二初字第20号刑事判决书。被告人于志军在法定期间内未提起上诉,该判决已经发生法律效力。南太公司对此不持异议。该判决书认定,2001年8月,被告人于志军利用担任崂山区国土局局长职务的便利,接受青岛鑫城房地产有限公司总经理路国强的请托,为该公司办理了国有土地使用权预约手续。为表示感谢及继续得到于志军的关照,2002年春节前一天,路国强送给于志军3万元的青岛佳世客购物卡。2003年1月,于志军以购车为由,向路国强索要33万元。于志军的上述行为已构成受贿罪，且具有索贿情节。

二审查明的其他事实与一审法院查明的事实相同。

最高人民法院认为，本案双方当事人在二审中争议的焦点问题有三个：一是双方签订的《国有土地使用权出让合同》是否生效；二是双方签订的《国有土地使用权出让合同》是否有效；三是一审判决是否违反"不告不理"民事诉讼原则。

1. 关于双方签订的《国有土地使用权出让合同》是否生效的问题。根据《合同法》第45条的规定，"当事人对合同的效力可以约定附条件。附生效条件的合同，自条件成就时生效"。所谓附条件的合同，是指当事人在合同中特别约定一定的条件，以条件是否成就作为合同效力发生的根据。合同所附条件，必须是将来发生的、不确定的事实，是当事人约定的而不是法定的，同时还必须是合法的。在我国，政府机关对有关事项或者合同审批或者批准的权限和职责，源于法律和行政法规的规定，而不属于当事人约定的范围。当事人将法律和行政法规规定的政府机关对有关事项或者合同的审批权或者批准权约定为附条件的合同中的条件，不符合《合同法》有关附条件的合同的规定。当事人将法律和行政法规没有规定的政府机关对有关事项或者合同的审批权或者批准权约定为附条件的合同中的条件，同样不符合《合同法》有关附条件合同的规定。根据《合同法》规定的精神，当事人在订立合同时，将法定的审批权或者批准权作为合同生效条件的，视为没有附条件。将法律未规定为政府机关职责范围的审批权或者批准权作为包括合同在内的民事法律行为生效条件的，同样视为没有附条件，所附的"条件"不产生限制合同效力的法律效果。

根据一审法院和本院查明的事实，本案涉及的"澳洲花园"项目是山东省青岛市人民政府在招商引资活动中引入的项目，与该项目相关的立项、规划、用地等手续已经山东省青岛市人民政府有关职能部门及山东省青岛市崂山区人民政府有关职能部门陆续批准。2002年12月26日，山东省青岛市人民政府向山东省人民政府报送了《关于崂山区2002年第十八批城市建设用地的请示》，内容中包括了本案所涉及的土地。2003年2月19日，山东省人民政府下发鲁政土字〔2003〕52号《关于青岛市崂山区2002年第十八批次城市建设用地的批复》，同意青岛市将崂山区沙子口街道办事处20万平方米农用地转为建设用地。上述农用地转用后同意征用，用于青岛市城市建设。该批复还指出，要严格按照有关规定向具体建设项目提供用地，供地情况要经青岛市国土资源部门及时报山东省国土资源厅备案。这表明山东省人民政府对建设项目供地管理采取的是备案制而不是审批制，有关供地事项不需要报经山东省人民政府审批。

崂山区国土局与南太公司在《国有土地使用权出让合同》中约定"本合同项下宗地出让方案尚需经山东省人民政府批准,本合同自山东省人民政府批准之日起生效",虽然表明双方约定经山东省人民政府批准合同项下宗地出让方案作为《国有土地使用权出让合同》的生效条件,但该条件不属于我国《合同法》规定的附生效条件合同的条件,并且山东省人民政府在有关批复中明确指出,具体建设项目提供用地情况经青岛市国土资源部门及时报山东省国土资源厅备案,表明不需要报经批准。因此,双方关于合同项下宗地出让方案需经山东省人民政府批准生效的约定,对本案所涉《国有土地使用权出让合同》不产生限制合同效力的法律效果。崂山区国土局认为双方签订的《国有土地使用权出让合同》约定的合同生效条件未成就,以此为由主张所涉土地出让合同未生效,没有法律依据。一审法院认为山东省青岛市人民政府报送的请示中是否包括合同约定的"出让方案",不影响该合同的效力,适用法律是正确的。

2. 关于双方签订的《国有土地使用权出让合同》是否有效的问题。本案双方所签订的《国有土地使用权出让合同》,是在平等自愿基础上达成的协议,意思表示真实。根据《土地管理法》第44条规定,建设占用土地,涉及农用地转为建设用地的,应当办理农用地转用审批手续。在土地利用总体规划确定的城市和村庄、集镇建设用地规模范围内,为实施该规划而将农用地转为建设用地的,按土地利用年度计划分批次由原批准土地利用总体规划的机关批准。在已批准的农用地转用范围内,具体建设项目用地可以由市、县人民政府批准。本案讼争土地已经山东省人民政府鲁政土字〔2003〕52号批复批准,属于已批准的建设用地,土地出让方案应由市、县人民政府批准。根据《土地管理法实施条例》第22条规定,具体建设项目需要占用土地利用总体规划确定的城市建设用地范围内的国有建设用地的,需要市、县人民政府土地行政主管部门出具建设项目用地预审报告,由市、县人民政府批准土地行政主管部门拟定的供地方案,市、县人民政府批准供地方案后向建设单位颁发建设用地批准书,然后由市、县土地行政主管部门与土地使用者签订国有土地有偿使用合同。本案中,作为市、县一级土地行政主管部门的崂山区国土局与作为土地使用者的南太公司签订《国有土地使用权出让合同》之前,虽然没有颁发建设用地批准书,但这属于崂山区国土局在办理有关供地手续过程中程序的简化或者遗漏,不属于违反《合同法》第52条规定导致合同无效的情形。

在崂山区国土局与南太公司于2003年1月6日签订《国有土地使用权出让合同》后不久,即2003年2月19日,山东省人民政府批准了合同项下宗地农用地转为建设用地的审批手续和征地手续,同时要求按照有关规定向具体建设项目提供用地并将供地情况报山东省国土资源厅备案。这表明双方签订的《国有土地使用权出让合同》项下的土地已经履行了农用地转为建设用地以及征地手续，符合《土地管理法》规定的由市、县人民政府批准具体建设项目用地条件，不再需要将合同项下宗地出让方案报经山东省人民政府批准，合同项下宗地符合建设用地条件，可以进入土地出让市场。双方于2003年1月6日签订的《国有土地使用权出让合同》效力自此得到补正，符合《合同法》第51条关于无处分权的人处分他人财产，订立合同后取得处分权的，该合同有效的规定精神。故崂山区国土局主张双方签订的《国有土地使用权出让合同》违反法律和行政法规的强制性规定，应认定为无效合同，于法无据，不予支持。

山东省人大常委会制定的《山东省实施〈中华人民共和国土地管理法〉办法》，是一部地方性法规；自2002年7月1日起施行的《招标拍卖挂牌出让国有土地使用权规定》，是国土资源部为加强土地管理而制定的部门规章。根据《合同法》第52条第5项的规定和最高人民法院《关于适用〈中华人民共和国合同法〉若干问题的解释（一）》第4条"合同法实施以后，人民法院确认合同无效，应当以全国人大及其常委会制定的法律和国务院制定的行政法规为依据，不得以地方性法规、行政规章为依据"的规定，只有违反法律和行政法规强制性规定的合同才能被确认为无效，地方性法规和行政规章不能作为确认合同无效的依据。因此，崂山区国土局提出双方签订的《国有土地使用权出让合同》违反山东省人大常委会制定的地方性法规和国土资源部制定的部门规章，应认定为无效的请求，于法无据，不予支持。此外，按照国家有关规定，在2002年7月1日前未经市、县政府前置审批或者签订书面项目开发协议而在此后协议出让经营性用地的，应当按照有关规定改为以招标拍卖挂牌方式出让。崂山区国土局提出其出让讼争土地的行为违反有关行政管理规定需要完善招标拍卖挂牌手续，无法继续履行《国有土地使用权出让合同》，属于对相关合同的变更或者解除，影响到相关合同能否实际履行以及是否解除的问题，不影响和限制合同的效力，不是认定合同无效的理由和依据。

根据崂山区国土局提供的已经生效的山东省泰安市中级人民法院于2005年1月13日作出的〔2004〕泰刑二初字第20号刑事判决书认定，路国强在2001年8月签订《国有土地使用权预约协议》后，送给于志军价值3万元的购物卡。于志军于2003年1月以购车为由，向路国强索要33万元。于志军利用时任崂山区国土局局长职务的便利条件受贿和索贿，是其个人犯罪行为，已由有关法院对其追究了相应的刑事责任。崂山区国土局与南太公司签订《国有土地使用权预约协议》和《国有土地使用权出让合同》，是具体落实山东省青岛市人民政府有关招商引资项目，于志军在签订有关协议时虽然担任崂山区国土局局长，但不具有决定有关协议和合同是否签订的权力和责任。作为时任崂山区国土局局长的于志军，在签订有关协议后向对方索要33万元购车款的事实，不能证明崂山区国土局与南太公司签订有关国有土地使用权预约协议和出让合同时，恶意串通，损害国家利益。没有证据证明崂山区国土局与南太公司在签订《国有土地使用权出让合同》过程中存在恶意串通，损害国家利益的情形。故崂山区国土局以此为由主张认定有关国有土地使用权出让合同无效，证据不足，不予采信。

关于本案所涉土地的评估是否符合有关规定的问题。崂山区国土局主张其在处理群众对本案的举报中委托青岛衡元评估有限责任公司同以2002年8月13日为基准日，对本案项下土地的评估价格，与当时作为签订出让合同价款依据的青岛东部房地产评估咨询有限公司对本案项下土地的评估价格相差很大，以此为由主张土地使用权出让合同无效，并未对鉴定机构的鉴定资质提出异议。南太公司委托评估的鉴定机构由两名土地估价人员进行评估，符合有关规定。崂山区国土局委托评估时的土地用途为住宅用地，双方签订出让合同之前南太公司委托评估的土地用途为综合用地。因此，虽然同是以2002年8月13日为基准日，但由于鉴定结论出自不同的鉴定机构和鉴定人员，评估时间不同，土地用途不同，土地评估价格会出现较大差异。双方在国有土地使用权预约合同中约定的土地用途是综合用地，但山东省青岛市规划局于2002年2月4日下发的青规函字〔2002〕84号《建设工程规划审查意见书》载明意见，根据山东省青岛市人民政府批复的沙子口镇总体规划，该项目用地规划性质为居住用地，开发性质与规划用地性质相符，同意选址建设。因此，在双方签订《国有土地使用权出让合同》之前南太公司委托评估土地用途为综合用地，在签订《国有土地使用权出让合同》中将土地用途变成住宅，属于崂山区国土局与南太公司通过签订合同的形式对部分条款内容的变更，与《土地管理法》第56条关于"建设单位使用国有土地的，应当按照土地使用权出让等有偿使用合同的约定或者土地使用权规划批准文件的规定使用土地"的内容不相冲突。双方签订的《国有土地使用权出让合同》与规划和评估报告中的土地用途不相同，如果可能导致土地使用权出让金低于订立合同时当地政府按照国家规定确定的最低价的，属于影响国有土地使用权出让合同价格条款效力的因素，但不导致国有土地使用权出让合同无效。

3. 关于一审判决是否违反"不告不理"民事诉讼原则的问题。经查，南太公司在一审当庭宣读起诉状第一项请求判令崂山区国土局继续履行双方所签合同时，特意明确了办理《国有土地使用权证》这一继续履行合同的实质内容,并有一审庭审笔录佐证。按照双方在《国有土地使用权出让合同》第15条第2款约定,崂山区国土局应依法为南太公司办理出让土地使用权登记,颁发《国有土地使用权证》。这是崂山区国土局基于双方签订的《国有土地使用权出让合同》而应尽的合同义务,属于继续履行合同义务范畴。一审法院对此进行审理并作出判决,没有超出民事审判范围,并未违反"不告不理"民事诉讼原则。

在对当事人的上述三个争议焦点问题作出评判之后,本案还面临着双方签订的《国有土地使用权出让合同》如何处理的问题。从双方当事人在本案一审和二审中的诉辩情况看,当事人争议的焦点问题始终围绕本案所涉《国有土地使用权出让合同》的效力问题。在经法院审理确认崂山区国土局主张合同未生效、无效的理由不成立的情况下,从本案的具体情况看,还存在一个合同权利义务是否应当终止问题,或者说合同应否解除问题。民事主体从事民事活动,除必须遵守法律外,在法律没有规定的情况下还应当遵守国家政策。按照国家有关规定,在2002年7月1日前未经市、县政府前置审批或者签订书面项目开发协议,而在此后协议出让经营性用地的,应当按照有关规定改为以招标拍卖挂牌方式出让。本案所涉项目用地在2002年7月1日前只取得计划立项而未取得《建设用地规划许可证》,不属于已进行了前置审批情形;在2002年7月1日前,双方当事人虽然签订了联建合同书和国有土地使用权预约协议,但未签订书面项目开发协议,故本案讼争用地不符合国家有关规定确定的历史遗留问题可以协议方式出让的范围。南太公司在一审中提出的请求法院判令崂山区国土局继续履行《国有土地使用权出让合同》,立即为南太公司颁发国有土地使用权证,因本案讼争国有土地使用权需要按照国家有关规定改为以招标拍卖挂牌方式出让,属于国家政策性要求。崂山区国土局未严格执行国家有关政策通过招标拍卖挂牌方式出让本案讼争土地使用权,是造成双方签订的《国有土地使用权出让合同》无法继续履行的原因。这一政策方面的程序要求虽不导致本案所涉《国有土地使用权出让合同》无效,但却影响该合同在客观上无法继续履行,故南太公司要求判令崂山区国土局继续履行《国有土地使用权出让合同》的诉讼请求,难以支持,一审判决相关判项应予撤销,对南太公司的该项诉讼请求应予驳回。根据有关法律规定精神,解除权在实体方面属于形成权,在程序方面则表现为形成之诉,在没有当事人依法提出该诉讼请求的情况下,人民法院不能依职权径行裁判。该《国有土地使用权出让合同》的解除或者权利义务终止及其法律责任承担问题,需通过独立的诉讼请求予以保护。本案中,南太公司始终未就此问题提出诉讼请求。限于本案当事人的诉讼请求和二审案件的审理范围,本院对此问题不予审理。

综上所述，崂山区国土局上诉主张本案所涉《国有土地使用权出让合同》未生效、无效的理由不能成立，认为一审判决违反民事诉讼原则的理由亦不能成立。因双方签订的《国有土地使用权出让合同》事实上无法继续履行，南太公司要求判令继续履行该合同的诉讼请求难以支持，一审判决相关判项应予撤销，南太公司的该项诉讼请求应予驳回。本案所涉《国有土地使用权出让合同》是否应当依法予以解除及其法律后果承担问题，当事人可依法另行解决。由于双方纠纷成讼以及南太公司关于继续履行合同的诉讼请求不能得到支持的根本原因，是崂山区国土局的行为造成的，崂山区国土局应当为诉讼成本付出代价，即承担本案的全部诉讼费用。

28. 土地使用权出让合同中一部分经过审批，另一部分未经审批的，合同是否有效？

我国土地从用途角度可分为建设用地、农用地和未利用地。建设占用土地，涉及农用地转为建设用地的，应当办理农用地转用审批手续。具体的审批机关为：（1）省、自治区、直辖市人民政府批准的道路、管线工程和大型基础设施建设项目、国务院批准的建设项目占用土地，涉及农用地转为建设用地的，由国务院批准；（2）在土地利用总体规划确定的城市和村庄、集镇建设用地规模范围内，为实施该规划而将农用地转为建设用地的，按土地利用年度计划分批次由原批准土地利用总体规划的机关批准。在已批准的农用地转用范围内，具体建设项目用地可以由市、县人民政府批准；（3）上述两种情形以外的建设项目占用土地，涉及农用地转为建设用地的，由省、自治区、直辖市人民政府批准。

同一份国有土地使用权出让合同涉及建设用地与农转用土地，建设用地使用权出让经政府批准，但农转用土地未经批准。根据《合同法》第56条的规定，部分合同无效，不影响其他部分效力的，其他部分仍然有效。应认定合同中经过政府批准的建设用地使用权出让有效，未经政府批准农转用土地的部分无效。对于出让方关于涉案合同项下转让的土地是不可分物，不适用量上的部分有效、部分无效的诉讼主张，法院不予支持。

典型疑难案件参考

青岛市国土资源和房屋管理局崂山国土资源分局与青岛乾坤木业有限公司土地使用权出让合同纠纷案（《最高人民法院公报》2008年第5期）

基本案情

2000年5月29日，青岛市崂山区人民政府向青岛市人民政府报送《青岛市崂山区人民政府关于2000年度第一批城市建设用地的请示》。该请示称：根据《崂山区土地利用总体规划》，我区拟批次转用北宅街道办事处沟崖村园地126666平方米、洪园村园地6667平方米，合计133333平方米。上述用地在《崂山区土地利用总体规划》中已确定为城市建设用地。该批次土地办理农转用手续和征归国有后，我区将按照土地审批权限和具体建设项目另行审批。后青岛市人民政府向山东省人民政府报送青政地发〔2000〕267号《关于崂山区2000年度第一批城市建设用地的请示》。

2001年2月28日，乾坤公司与北宅街道办事处签订《土地使用权出让协议》。该协议约定，北宅街道办事处将北宅工业区内土地约150亩（松岭路以西、麦沟路以北）的土地使用权出让给乾坤公司，使用期限为50年，每亩地价为6.88万元，总价款约为人民币1032万元。合同签订后，乾坤公司依据1999年青岛市崂山区人民政府的有关文件，分别于2001年4月20日和2001年9月5日，向原崂山区国土资源局的派出机构——崂山区人民政府北宅街道办事处土地规划与矿产资源管理所（以下简称土管所）缴纳土地出让定金180万元和50万元，土管所为其开具收款收据。2001年8月25日，乾坤公司给付土管所258万元支票一张，土管所向其开具258万元收款收据一份。该款实际于2003年3月27日划转至土管所。

2001年9月10日，乾坤公司取得青岛市崂山区环保局下发的〔2001〕青崂环预定字第10号《建设项目定点环保审核通知书》。2001年9月28日，取得青岛市崂山区村镇规划建设管理办公室下发的青崂村规字〔2001〕第045号《青岛市崂山区村镇建设项目定点通知书》。2001年9月29日，取得青岛市崂山区村镇规划建设管理办公室下发的崂建村字〔2001〕第045号《建设用地规划许可证》，明确本用地项目符合城市规划要求，准予办理征用划拨土地手续。同日，取得青岛市崂山区村镇规划建设管理办公室下发的青崂村规设字〔2001〕第045号《青岛市崂山区村镇建设项目规划设计要求通知单》。同年9月30日，青岛市崂山区发展计划局依据北宅街道办事处经济贸易办公室的立项申请，下发崂计项字〔2001〕96 号《关于同意青岛乾坤木业有限公司新建厂房项目立项的批复》。同日，崂山区国土局出具《关于青岛乾坤木业有限公司用地的说明》，该说明载明：青岛乾坤木业有限公司位于北宅工业园的 150 亩工业用地，因北宅工业园规划调整，经北宅街道办事处申请，我局研究同意将该公司用地调整为 215 亩，现该公司土地手续正在办理之中。

2002 年 1 月 31 日，山东省人民政府下发鲁政土字〔2002〕35 号《山东省人民政府关于青岛市崂山区城市建设用地的批复》称：青岛市崂山区土地管理局拟征用该区北宅街道办事处沟崖村等 2 个村园地 133333 平方米（折合 200 亩），作为青岛市崂山区政府建设储备用地。经审查，该批次用地符合青岛市崂山区土地利用总体规划，并已纳入你市土地利用年度计划，上报农用地转用方案和征用土地方案切实可行，同意该批次用地。

2003 年 1 月 16 日，原青岛市崂山区国土资源局与乾坤公司签订青崂土合字〔2003〕4 号《国有土地使用权出让合同》，其中约定，崂山区国土局出让给乾坤公司的宗地位于北宅街道沟崖村麦沟路北、松岭路西，宗地面积为 175907 平方米，其中出让土地面积为 146383 平方米。本合同项下出让宗地的用途为工业。本合同项下的土地使用权出让年限为 50 年。本合同项下的土地使用权出让金为每平方米 103.20 元，总额为 18153602.40 元。本合同签订之日起 60 日内，受让人一次性付清上述土地使用权出让金……合同还约定，受让人在按合同约定支付全部土地使用权出让金之日起 30 日内，应持本合同和土地使用权出让金支付凭证，按规定向出让人申请办理土地登记，领取《国有土地使用证》，取得出让土地使用权。出让人应在受让土地登记申请之日起 30 日内，依法为受让人办理出让土地使用权登记，颁发《国有土地使用证》。受让人必须按照本合同约定，按时支付土地使用权出让金。如果受让人不能按时支付土地使用权出让金的，自滞纳之日起，每日按迟延支付款项的 3‰ 向出让人缴纳滞纳金，延期付款超过 6 个月的，出让人有权解除合同，收回土地，受让人无权要求返还定金，出让人并可请求受让人赔偿因违约造成的其他损失。本合同项下宗地出让方案尚需经山东省人民政府批准，本合同自山东省人民政府批准之日起生效。本合同未尽事宜，可由双方约定后作为合同附件，与本合同具有同等法律效力。同日，双方签订《补充协议》，就代征道路及绿化带面积、费用作出约定。2003 年 2 月 18 日，双方共同申请，对上述合同和协议在青岛市公证处办理了公证。同年 3 月 26 日，乾坤公司向土管所交付 300 万元支票一张，土管所向其开具 300 万元收款收据，但未实际划转该 300 万元。现崂山国土资源分局认可实际收取乾坤公司土地出让金共计 488 万元。此后，乾坤公司未缴纳剩余土地出让金。上述合同涉及的 146383 平方米的出让土地中，部分土地经鲁政土字〔2002〕35号文批准转为建设用地。

2005年6月6日，原青岛市崂山区国土资源局以乾坤公司未按合同约定如期缴纳全部土地使用权出让金以及项目用地违反青岛市政府〔2003〕95号文件为由，作出崂国土〔2005〕139号《崂山区国土资源局关于撤销国有土地使用权出让合同的决定》，决定撤销与乾坤公司2003年1月16日签订的《国有土地使用权出让合同》，并要求乾坤公司自收到本决定之日起10日内持《国有土地使用权出让合同》原件到该局办理解除合同相关事宜，已交款项的退还事宜到北宅街道办事处建设服务中心（原北宅街道办事处土管所）办理。2005年6月7日，原青岛市崂山区国土资源局通过特快专递将上述决定送达乾坤公司。

2006年3月13日，青岛市崂山区国土资源局更名为青岛市国土资源和房屋管理局崂山国土资源分局。

一审审理期间，崂山国土资源分局向一审法院提交涉案土地"现状地形图"一张，载明图中全部黑线部分为签订土地使用权出让合同后的地形图，图中红线圈定的部分为农转用获批准的部分。经质证，乾坤公司对此证据没有异议。

一审诉辩情况

由于崂山国土资源分局单方解除合同，乾坤公司交付部分出让金后未能受让合同项下的土地，乾坤公司认为崂山国土资源分局违反合同约定，给其造成各项经济损失1200余万元，故向一审法院起诉，请求判令崂山国土资源分局履行青崂土合字〔2003〕4号《国有土地使用权出让合同》，向乾坤公司交付合同项下的全部土地。

一审裁判结果

山东省高级人民法院判决：

一、被告崂山国土资源分局于本判决生效后30日内向原告乾坤公司交付合同项下已经审批转为建设用地的土地（具体以山东省人民政府鲁政土字〔2002〕35号《山东省人民政府关于青岛市崂山区城市建设用地的批复》及现状地形图红线坐标为准）；

二、驳回原告乾坤公司其他诉讼请求。案件受理费160778元，由乾坤公司承担130070元，崂山国土资源分局承担30708元。

一审裁判理由

山东省高级人民法院认为，双方当事人签订的《国有土地使用权出让合同》涉及的土地中有部分履行了农用地转为建设用地的批准手续,根据《土地管理法》第43条、第44条的规定,崂山国土资源分局对该部分土地有权进行出让,其余部分未经人民政府批准,仍然为农村集体土地,崂山国土资源分局对此无权处分。因此,双方签订的《国有土地使用权出让合同》部分有效。关于乾坤公司缴纳的土地出让金问题。签订合同之前,乾坤公司已向崂山国土资源分局缴纳土地出让金共计488万元。2003年3月26日,乾坤公司向崂山国土资源分局交付300万元银行转账支票,崂山国土资源分局为其开具收款收据。上述一系列行为表明,乾坤公司一直在履行合同义务,对崂山国土资源分局辩称该300万元银行转账支票是空头支票、无法划转的理由,没有证据支持,一审法院不予采纳。关于《国有土地使用权出让合同》应否继续履行的问题。因合同项下的该宗土地部分获得山东省人民政府批准,该部分土地具备履行条件。鉴于乾坤公司涉案土地的相关项目已经政府有关部门批准,获得了项目立项、规划、环保等审批手续。故崂山国土资源分局应当向其交付该部分土地。崂山国土资源分局主张合同解除的抗辩理由,没有法律依据,一审法院不予支持。

综上所述,双方当事人签订的《国有土地使用权出让合同》部分有效,乾坤公司亦部分履行了付款义务,崂山国土资源分局应在政府批准的农用地转建设用地范围内向乾坤公司交付涉案土地。乾坤公司请求崂山国土资源分局履行青崂土合字〔2003〕4号《国有土地使用权出让合同》,向其交付合同项下的全部土地的主张部分成立。

二审诉辩情况

崂山国土资源分局认为一审判决认定事实错误,适用法律不当。向本院提起上诉,请求二审撤销一审判决,依法驳回乾坤公司的诉讼请求,一、二审诉讼费由乾坤公司承担。理由是:

1. 一审判决认定上诉人和被上诉人双方签订的《国有土地使用权出让合同》部分有效是错误的。(1)本案合同中的标的物——宗地为不可分物,不适用量上的部分有效、部分无效。(2)上诉人对土地没有处分权,本案土地的出让要经过青岛市人民政府审批。(3)本合同项下宗地出让方案尚需经山东省人民政府批准,本合同自山东省人民政府批准之日起生效。由于本案项下的土地还没有完全办理农转用手续,所以不具备拟定出让方案报人民政府批准的条件,本案中的出让合同还不具有法律效力,被上诉人只具有一种期待权。(4)一审判决上诉人出让部分土地给被上诉人,违反了青岛市人民政府的规划。青岛市人民政府于2003年11月11日批准了包括本案宗地在内的地区规划。根据该规划，高新产业区"适当往东北方向发展延伸至李沙路，严禁继续往崂山风景区内延伸"，本案出让合同中的土地在青岛市政府规定的不准建设区域内。本案已经办理农转用的84亩土地的批准文件依法已经自动失效。

2. 一审法院认定"崂山国土资源分局主张合同解除的抗辩理由，没有法律依据"是错误的。上诉人对被上诉人交纳的土地出让金数额有异议，即使按一审认定的788万元，也只占土地出让金总数18153602.4元的43%。被上诉人在合同签订后超过6个月没有付清出让金，上诉人依据涉案合同第9条和第31条，具有解除合同的权利，且乾坤公司已经收到解除合同的决定书。依据《合同法》第96条的规定，双方签订的《国有土地使用权出让合同》自乾坤公司收到该决定书时解除。由于合同没有约定上诉人行使解除权的时间，在解除条件构成后，上诉人可以随时行使解除权。

3. 一审判决关于被上诉人所交出让金数额的认定是错误的。一审判决认定乾坤公司所交土地出让金为488万元是错误的，不符合本案实际。扣除崂山区人民法院扣划的土地出让金3813357元，应认定乾坤公司所交的土地出让金为1066643元。

乾坤公司辩称：（1）一审认定涉案合同部分有效具有事实和法律依据，处理结果正确。涉案合同约定崂山国土资源分局向乾坤公司交付215亩土地，但实际上只有84亩具备了出让条件，符合合同部分无效的情形。崂山国土资源分局所称审批权上交是合同签订后发生的，审批权上交不影响合同的效力。至于崂山国土资源分局强调的政府新规划，是指规划后不再向风景区延伸，并不影响之前的合同。（2）一审认定崂山国土资源分局主张解除合同的抗辩理由不成立是正确的。乾坤公司没有全额付款的原因在崂山国土资源分局，当时乾坤公司的银行支票账户内存款多达700余万元，但土管所却停收土地出让金，致使乾坤公司履约不能。崂山国土资源分局单方解除合同的条件未成就。崂山区人民法院扣划土地出让金发生在合同解除之前，该行为与本案无关，崂山国土资源分局应当继续履行合同。

▶ **二审裁判结果**

最高人民法院判决：驳回青岛乾坤木业有限公司的诉讼请求。

▶ **二审裁判理由**

二审查明：乾坤公司于2003年3月26日向土管所提交的银行转账支票未记载出票日期和收款人，双方当事人对这一事实均无异议。本院认为，根据《票据法》第85条的规定，出票日期是支票的必要记载事项，涉及支票使用期限的起算，无出票日期的支票应认定为无效支票。

二审查明的其他事实与一审查明的事实相同。

最高人民法院认为，本案涉及三个争议焦点：（1）关于《国有土地使用权出让合同》效力的认定；（2）一审认定乾坤公司交纳土地出让金的数额是否正确；（3）崂山国土资源分局是否有权解除合同。

1. 关于《国有土地使用权出让合同》效力的认定问题。本合同虽约定合同须经山东省人民政府批准方可生效，但在合同签订前，合同项下的84亩土地已经山东省人民政府批准，由农业用地转为建设用地，故这部分土地未经审批不影响相应部分的合同效力；合同项下其余部分土地尚未办理农用地转用审批手续，按约定合同尚未生效，依法不得出让。崂山国土资源分局认为合同已经成立但未生效，不应认定部分有效、部分无效。本院认为，涉案合同是双方当事人的真实意思表示，内容不损害国家、集体和第三人的合法权益，且已经过公证，应认定已经成立。我国《合同法》第44条规定："依法成立的合同，自成立时生效。法律、行政法规规定应当办理批准、登记等手续生效的，依照其规定。"《土地管理法》第44条规定："建设占用土地，涉及农用地转为建设用地的，应当办理农用地转用审批手续。"据此认定本案中未经政府批准农转用土地的部分合同无效。根据《合同法》第56条的规定，部分合同无效，不影响其他部分效力的，其他部分仍然有效。就本案情况看，认定部分合同无效，不会影响其他部分的效力。因此，应当认定合同中经过政府批准的84亩土地使用权出让有效，未经政府批准的131亩土地使用权出让无效，其他合同条款仍然有效。对于崂山国土资源分局关于涉案合同项下转让的土地是不可分物，不适用量上的部分有效、部分无效的上诉主张，本院不予支持。

2. 关于一审认定乾坤公司交纳土地出让金的数额是否正确的问题。一审认定乾坤公司已向崂山国土资源分局交纳土地出让金788万元，乾坤公司对此不持异议。而崂山国土资源分局只承认收到乾坤公司的土地出让金488万元，且被崂山区人民法院划走3813357元，目前仅剩1066643元。双方当事人的主要分歧在于2003年3月26日乾坤公司向土地管理所交付的一张300万元的支票应否算做已付土地出让金。鉴于该支票因无出票日期而被认定为无效，凭无效支票不能划转乾坤公司的银行存款。乾坤公司的出票行为应被认定为无效民事行为。尽管土地管理所收到这张支票后出具了收据，但因支票无效，土地管理所出具的收据并不意味着已经或者能够收到300万元土地出让金，事后乾坤公司也未对这张支票进行补正。事实上，崂山国土资源分局也未收到此笔款项。由于乾坤公司对这张支票的无效具有过错，不能认定乾坤公司提交这张支票即视为其支付了300万元土地出让金。崂山国土资源分局关于该支票无效的抗辩具有事实和法律依据，本院应予支持。一审认定乾坤公司已向崂山国土资源分局支付土地出让金788万元有误，应予纠正。

为执行〔2004〕崂执字297号、1162号民事裁定书，崂山区人民法院于2005年3月25日扣划被执行人乾坤公司在北宅街道办事处的出让土地定金907528元、2905829元至该院账户。同月29日，北宅街道办事处致函乾坤公司称，崂山区人民法院强行扣划北宅街道办事处财政款3813357元，北宅街道办事处已从乾坤公司交付的土地出让金488万元中支付486.623万元。因此，一审判决认定乾坤公司交纳的土地出让金为488万元是正确的。乾坤公司应交纳的土地出让金应按照合同有效部分的土地出让面积计算，乾坤公司应交纳的土地出让金为5782089.6元（84亩×667平方米×103.2元＝5782089.6元），所付488万元低于应付的土地出让金数额，故应认定乾坤公司未交齐合同有效部分的土地出让金。

3. 崂山国土资源分局是否有权解除合同。解除合同的前提是合同已经生效。涉案《国有土地使用权出让合同》第31条约定，受让人延期支付土地出让金超过6个月的，出让人有权解除合同。该合同未约定行使合同解除权的期限，也未约定出让方在解除合同前要进行催告。鉴于该合同部分有效，乾坤公司应在合同有效部分的范围内履行义务。涉案合同于2003年1月16日签订，截至2003年3月26日，乾坤公司向崂山国土资源分局交付土地出让金488万元，未达到84亩土地的出让金总额。因此，解除合同的条件已经成就。崂山国土资源分局根据《合同法》第93条第2款的规定，行使了合同解除权，且已经通知了乾坤公司。其未对乾坤公司进行催告，并不构成违约。对崂山国土资源分局关于乾坤公司没有按期付清合同项下全部土地出让金，其有权解除合同的主张，本院应予支持。对乾坤公司关于解除合同的条件未成就，崂山国土资源分局无权单方面解除合同的主张，本院不予支持。

综上，本院认为，根据双方当事人在土地出让合同中的约定，涉案合同经过政府批准的部分有效、未经政府批准的部分无效。对于合同的有效部分，双方当事人均有义务履行。乾坤公司未在合同约定的期限内履行合同有效部分的交纳土地出让金的义务，解除合同的条件已经成就，崂山国土资源分局解除合同的行为有效。合同解除后，崂山国土资源分局不再履行向乾坤公司出让84亩土地使用权的义务。崂山国土资源分局的上诉有理，本院予以支持。一审法院认定事实不清，适用法律不当，应予改判。

29. 建设用地使用权转让应符合什么条件？

土地使用权的取得方式不同，转让条件也不同。以出让方式取得土地使用权的，转让时应符合下列条件：(1) 按照出让合同约定已经支付全部土地使用权出让金，并取得土地使用权证书。(2) 按照出让合同约定进行投资开发，属于房屋建设工程的，完成开发投资总额的25%以上，属于成片开发土地的，形成工业用地或者其他建设用地条件。(3) 转让房地产时房屋已经建成的，还应当持有房屋所有权证书。土地使用权人作为转让方与受让方订立土地使用权转让合同后，当事人一方以双方之间未办理土地使用权变更登记手续为由，请求确认合同无效的，不予支持。转让方未取得出让土地使用权证书与受让方订立合同转让土地使用权，起诉前转让方已经取得出让土地使用权证书或者有批准权的人民政府同意转让的，应当认定合同有效。

以划拨方式取得土地使用权的，转让房地产时，应当按照国务院规定，报有批准权的人民政府审批。有批准权的人民政府准予转让的，应当由受让方办理土地使用权出让手续，并依照国家有关规定缴纳土地使用权出让金。土地使用权人未经有批准权的人民政府批准，与受让方订立合同转让划拨土地使用权的，应当认定合同无效。但起诉前经有批准权的人民政府批准办理土地使用权出让手续的，应当认定合同有效。

典型疑难案件参考

重庆索特盐化股份有限公司与重庆新万基房地产开发有限公司土地使用权转让合同纠纷案（《最高人民法院公报》2009年第4期）

基本案情

索特公司在重庆市万州区观音岩1号拥有4块商服用地使用权，并将上述土地抵押给相关银行用于贷款担保，抵押期限自2005年至2011年。2005年12月1日，新万基公司与索特公司签订了《金三峡花园联合开发协议》（以下简称《联合开发协议》），约定在上述土地上联合开发金三峡花园。具体内容有：第1条，索特公司现已将上述土地抵押给某银行融资贷款，同意在约定时间内将该土地的抵押权解除。第2条,以新万基公司出资、索特公司出土地使用权,共同投资、共享利润的方式,共同进行房地产开发。第4条,新万基公司承诺按项目开发需要逐步投入开发资金,首期资金500万元在合同签订之日起7个工作日内到位,用于前期开发筹备工作。索特公司承诺,本项目所涉及的土地已办理的抵押手续应在不影响开发进度的前提下办理解除抵押的相关手续,并保证不存在其他权利瑕疵,也没有被司法机关查封或被行政机关限制。若第三人对该地块权益提出主张,或权属手续不完善,或有权属障碍,由索特公司负责解决,并独自承担其费用,由此给新万基公司造成的损失,索特公司应承担违约责任。第5条,新万基公司提供合作项目的全部建设资金不低于4亿元,索特公司提供合作项目合法取得的全部建设用地。第6条,新万基公司对索特公司的办公大楼进行四星级酒店的改造升级,改造金额3100万元,改造后,其产权归索特公司所有。第9条,土地上的建筑物、构筑物由新万基公司负责拆除。第10条,本协议签订后,索特公司违约不与新万基公司合作,或者在本项目的方案设计经过政府的审核同意后,索特公司不配合新万基公司向政府以双方名义申请审批联建、立项、规划等工作的,视为索特公司根本违约,索特公司按照新万基公司总投资额的30%向新万基公司支付违约金,并赔偿因此给新万基公司造成的包括并不限于前期设计及往返谈判等各项经济损失;因新万基公司资金不能按开发进度到位而影响了开发或新万基公司未按时支付索特公司利润款,新万基公司应按总投资额的30%向索特公司支付违约金,因项目开发资金问题而造成停工30天以上,除新万基公司应向索特公司支付违约金以外,索特公司有权终止合同,并有权通过法律途径要求新万基公司支付因此造成的全部损失。

2005年12月1日,新万基公司与索特公司又签订了《联合开发协议之补充协议》(以下简称《补充协议》)。约定:(1)本项目具备开工条件时,双方共同确定"金三峡花园联合开发项目开发进度表",并以此作为新万基公司开发资金到位及索特公司工作配合的时间表。(2)本项目无论以任何方式开发、分配所涉及的税费,由新万基公司承担,索特公司只以本《补充协议》第4条约定的利润分配方式获得税后利润。(3)索特公司以实际交付给新万基公司开发的土地使用权计算分配的税后利润,双方同意按照37万元/亩计算出总利润额,由新万基公司按本条支付给索特公司。索特公司对新万基公司在开发本项目产生的经营风险及亏损不承担任何责任。本《补充协议》签订之日起1年内,新万基公司向索特公司支付总利润额的30%;本《补充协议》签订之日起2年内,新万基公司向索特公司支付总利润额的40%;本《补充协议》签订之日起3年内(或开发期满),新万基公司向索特公司支付总利润额的30%，新万基公司已向索特公司支付的履约定金转为利润额，冲抵新万基公司应付给索特公司的利润额。（4）在本项目开工之时，新万基公司对索特公司现有的办公大楼进行四星级酒店改造，并于1年内按索特公司的方案完成改造，改造所产生的费用3100万元由新万基公司承担，该费用不属于本《补充协议》第4条新万基公司支付索特公司利润的范围。（5）本《补充协议》是《联合开发协议》的有效附件，与《联合开发协议》有冲突之处，以本《补充协议》为准。

2005年12月5日，新万基公司向索特公司发出《金三峡花园联合开发项目开发进度表（一）》，载明：为推进各项工作的顺利进行，请索特公司在相应时间内配合完成项目前期开发工作，于2006年1月20日前办理好土地解押手续，并要求索特公司予以确认回复。索特公司未予回复。

2005年12月25日，新万基公司与中冶赛迪工程技术股份有限公司签订了《建设工程设计合同（一）》，约定，新万基公司委托中冶赛迪工程技术股份有限公司对金三峡花园城进行设计，设计费按22元/平方米计算，暂估为1100万元。合同签订后，中冶赛迪工程技术股份有限公司出具了设计平面图与设计效果图。

2005年12月25日，新万基公司与重庆索特（集团）有限责任公司旅游公司（以下简称索特旅游公司）签订了《人员借用协议》。约定，为配合新万基公司与索特公司联合开发项目的进度，索特宾馆已正式停业，为妥善解决索特旅游公司职工在项目建设过渡期间的工作安置问题，索特旅游公司以借用形式向新万基公司输出职工17人，新万基公司按照劳动法规定支付借用人员的报酬、社会保险和福利待遇。2006年3月10日，新万基公司分别向王幼敏、洪江等17名职工支付了工资18980元。

2005年12月，新万基公司与索特旅游公司签订了两份《借款协议》，约定，由新万基公司借款150万元给索特旅游公司。

自2005年12月25日起，新万基公司多次致函索特公司，要求索特公司履行金三峡花园项目开发的配合工作。

2006年1月4日，新万基公司与成都尚筑地产顾问有限公司签订了《重庆新万基地产"万州观音岩"项目全程开发顾问暨营销代理合同》。新万基公司委托成都尚筑地产顾问有限公司担任金三峡项目"全程开发顾问暨营销代理"，代理费用按照本项目销售合同金额的2.2%收取。合同签订后，成都尚筑地产顾问有限公司向新万基公司提供了《服务计划书》。

2006年3月6日，中国建设银行重庆万州分行致函索特公司称，索特公司未经该行同意，擅自将抵押物与他人合作进行房地产开发，严重侵害了该行的抵押权。要求索特公司必须立即停止侵权行为。

2006年4月10日,新万基公司与杨天歌签订了《房屋拆除合同》,约定由杨天歌承包金三峡花园项目范围内的地上建筑物拆除和垃圾清除工作。2007年4月12日,新万基公司与杨天歌又签订了《金三峡开发项目拆除补充协议》。载明,因新万基公司未能履行其2006年6月开工的承诺,致杨天歌遭受一定的经济损失,经双方协商,对2006年4月10日的《房屋拆除合同》作出一定的修改。

2005年12月29日,新万基公司向重庆市万州区房地产管理局缴纳了2万元"房交会参展费"。2006年4月25日,新万基公司向成都康美凯信广告有限责任公司支付了"2006年万州房交会展台设计装修搭建费"40340.5元。

▶一审诉辩情况◀

索特公司2007年12月20日向重庆市高级人民法院起诉称:其与新万基公司签订《联合开发协议》和《补充协议》后,新万基公司并未按照合同约定履行相应义务,致使联建工作无法进行,联合开发的目的无法实现。据此,请求法院判决:(1)解除双方签订的《联合开发协议》及《补充协议》;(2)新万基公司向索特公司支付违约金1000万元;(3)新万基公司承担本案诉讼费用。

新万基公司辩称:合同签订后,新万基公司积极履行了自身义务,但索特公司却以各种理由拒不履行合同义务,导致联建工作无法开展。因此,新万基公司请求法院驳回索特公司的诉讼请求。

新万基公司反诉称:在《联合开发协议》及《补充协议》签订后,新万基公司积极开展前期开发工作,并多次催促索特公司履行合同义务,但索特公司至今仍未履行合同主要义务。此外,由于项目所涉土地价格上涨,索特公司为独享项目利益,以种种借口企图毁约。据此,新万基公司请求法院判决:(1)索特公司向新万基公司支付违约金6000万元;(2)本案诉讼费用由索特公司承担。

索特公司针对新万基公司反诉辩称:根据合同约定,新万基公司应先履行付款义务,并提供经政府审批的方案之后,才有权要求索特公司履行相应的配合义务。但新万基公司至今未履行上述义务,因此,新万基公司的反诉请求不能成立,应当予以驳回。

▶一审裁判结果◀

重庆市高级人民法院判决:

一、《联合开发协议》及《补充协议》无效；

二、自本判决生效之日起10日内索特公司向新万基公司赔偿损失79320.5元；

三、驳回索特公司的诉讼请求；

四、驳回新万基公司的反诉请求。

一审裁判理由

重庆市高级人民法院认为，本案争议焦点在于以下几个方面：

1. 双方当事人之间法律关系的性质。根据最高人民法院《关于审理涉及国有土地使用权合同纠纷案件适用法律问题的解释》第14条的规定，合作开发房地产合同以共同投资、共享利润、共担风险为构成要件。本案中，对于双方在金三峡花园项目开发中的利益分配与风险承担，《联合开发协议》并未作出明确约定，而是由《补充协议》进行了规定。从《补充协议》第4条、第5条确定的权利义务来看，在项目开发中，索特公司的主要义务是提供土地，并对新万基公司的开发行为予以配合，取得的利益则包括获得10360万元（37万元/亩×280亩）的价款，以及价值3100万元的办公大楼改造，索特公司并不承担项目的经营风险。因此，双方当事人之间法律关系不具备共担风险这一要件，在法律性质上不属于合作开发房地产合同。从该权利义务的具体内容来看，索特公司在提供该宗地的使用权之后，获得固定金额的对价，其实质是土地使用权转让，即索特公司是土地转让人，新万基公司是受让人。

2. 转让行为的法律效力。该土地使用权转让行为违反法律规定，应属无效。首先，《担保法》第49条第1款规定："抵押期间，抵押人转让已办理登记的抵押物的，应当通知抵押权人并告知受让人转让物已经抵押的情况；抵押人未通知抵押权人或者未告知受让人的，转让行为无效。"本案中，没有证据证明索特公司将转让行为通知了建设银行与工商银行，根据上述规定，该转让行为应属无效。其次，最高人民法院《关于适用〈中华人民共和国担保法〉若干问题的解释》（以下简称《担保法司法解释》）第67条第1款规定："抵押权存续期间，抵押人转让抵押物未通知抵押权人或者未告知受让人的，如果抵押物已经登记的，抵押权人仍可以行使抵押权；取得抵押物所有权的受让人，可以代替债务人清偿其全部债务，使抵押权消灭。受让人清偿债务后可以向抵押人追偿。"由于新万基公司受让的标的物上存在抵押权，根据该款规定，新万基公司可以通过行使涤除权消灭该抵押权，从而对转让行为的效力予以补正，但新万基公司并未行使涤除权，该转让行为的效力未能得到补正。索特公司请求解除双方签订的《联合开发协议》及其《补充协议》，这一诉讼请求不能成立。所谓合同的解除,是使合法有效的合同的法律效力归于消灭,而《联合开发协议》及其《补充协议》系无效合同,故不存在解除的问题。

3. 转让行为无效的法律责任。根据《合同法》第58条的规定,无效合同的法律后果是返还财产及赔偿损失。本案中,双方当事人之间并无财产交付、转移行为,故不存在返还的问题。至于损失,新万基公司为履行合同,先后向索特旅游公司17名职工支付了工资18980元,向重庆市万州区房地产管理局缴纳了房交会参展费2万元,向成都康美凯信广告有限责任公司支付了展台设计装修搭建费40340.5元,共计79320.5元。上述款项系新万基公司因履行合同而遭受的损失,应当按照当事人的过错确定赔偿责任。从本案合同无效的原因来看,是未将土地转让的情况通知抵押权人。根据《担保法》第49条第1款的规定,应当由抵押人履行该通知义务。因此,系索特公司单方的过错导致了合同无效,对新万基公司因此遭受的损失应由索特公司承担赔偿责任。虽然根据《担保法司法解释》第67条第1款的规定,也可由受让人行使涤除权消灭抵押权,从而使转让行为生效,但对受让人而言,该规定系权利的赋予,受让人作为权利人不行使权利,并不构成法律上的过错;新万基公司提出,其与索特旅游公司签订了《借款协议》借出款项143万元,属于为履行合同而支出的费用。既然是借款,则借款人负有归还的义务,新万基公司有要求借款人返还的权利。因此,该协议约定的借款金额不应视为新万基公司受的损失;新万基公司称,其与中冶赛迪工程技术股份有限公司签订了《建设工程设计合同(一)》,并支付了设计费440万元;与成都尚筑地产顾问有限公司签订了《重庆新万基地产"万州观音岩"项目全程开发顾问暨营销代理合同》,并支付了策划代理费115万元;与杨天歌签订了《房屋拆除合同》及《金三峡开发项目拆除补充协议》,不履行合同将导致相应的违约责任。上述合同及付款的真实性可另案审查。即使合同及付款真实有效,由于《联合开发协议》及其《补充协议》无效,因此上述4个合同无法继续履行。对于这类未履行完毕的合同,在确定其法律后果时,既要考虑已经履行的部分,也要考虑尚未履行的部分,要根据合同当事人的违约情况来确定违约责任。因此,新万基公司已经支付的费用并不等于其遭受的损失。目前,这4个合同的法律后果并未最终确定,所以无法认定新万基公司因此遭受的损失。只有待新万基公司在上述合同中的责任确定之后,人民法院才可以根据损失的不同性质,考虑发生原因、控制主体、可控程度、双方过错,确定新万基公司与索特公司之间的分担比例。基于此,本案对这部分损失不作处理;新万基公司称,其与张建华签订《房屋租赁合约》,并支付租金23.7万元;与李果签订《办公室装修合同》,并支付装修费15万元;购买办公家具、办公用品,支出313334元。新万基公司举示的证据无法证明这些费用与"金三峡花园"项目的关联性，即无法认定这些费用系因开发"金三峡花园"项目而支出的费用，故对新万基公司主张的这部分费用，不予支持；新万基公司提出的交通费、差旅费、招待费等费用支出，因无证据证明，不予支持。

4. 双方当事人诉请的违约责任。在本诉中，索特公司要求新万基公司支付违约金1000万元。在反诉中，新万基公司要求索特公司支付违约金6000万元，这两项诉讼请求均不能成立。违约金属于违约责任范畴，而违约责任是因违反有效合同导致的法律责任，以存在合法有效的合同关系为基础。本案中，《联合开发协议》及《补充协议》无效，故不存在违约的问题，亦不会引发违约责任的承担。

二审诉辩情况

新万基公司上诉称：（1）一审判决认定双方签订的土地使用权转让合同为无效合同，适用法律错误。根据《担保法司法解释》第67条、《物权法》第191条的规定，在未告知抵押权人的情况下，转让抵押物的行为并不当然无效。本案中，双方约定由索特公司履行先行解除转让土地的抵押，能够保护抵押权人的利益，该约定不违反法律的强制性规定，转让合同应为有效合同。（2）索特公司在合同签订后，虽经新万基公司多次敦促，迟迟不履行解除转让土地抵押的先履行义务，主动提起诉端，以谋求土地升值的巨大利益，有违诚信。新万基公司积极投入履约，蒙受了巨大经济损失。索特公司应为此承担违约责任。（3）索特公司应按合同约定承担违约金6000万元。故上诉请求：（1）撤销一审判决；（2）认定双方签订的《联合开发协议》及《补充协议》有效；（3）认定索特公司违约并承担6000万元违约金；（4）由索特公司承担全部诉讼费用。

索特公司答辩称：（1）本案所涉合同因违反《担保法》的强制性规定而无效。（2）双方的协议中并未对索特公司解除抵押权的时间作出规定，因新万基公司没有根据约定在合同签订的7日内投入首期资金500万元及后续资金，致使索特公司无法归还银行的贷款，从而向银行行使解除抵押权。由此可以看出，索特公司并没有违约，而是新万基公司违约。（3）违约金条款只有在合同有效的前提下才能适用，本案因合同无效，故新万基公司诉称适用违约金条款主张6000万元不成立。综上，一审判决程序合法，认定事实清楚，适用法律正确，应予维持。

二审裁判结果

最高人民法院判决：

一、撤销重庆市高级人民法院〔2008〕渝高法民初字第2号民事判决；

二、《联合开发协议》及《补充协议》有效；

三、解除双方签订的《联合开发协议》及《补充协议》；

四、索特公司自本判决生效之日起10日内向新万基公司支付违约金4038万元；

五、驳回新万基公司其他上诉请求。

二审裁判理由

最高人民法院二审查明：双方2005年12月1日签订《联合开发协议》及《补充协议》中约定的土地转让价格，双方确认为48万元/亩。2008年2月，索特公司将相关土地再次向银行进行抵押贷款时，其评估价约为88万/亩。

二审查明的其他事实，与一审法院查明的基本事实一致。

根据当事人双方上诉请求及答辩情况，本案争议焦点为：（1）《联合开发协议》及其《补充协议》的效力问题。（2）索特公司是否应向新万基公司支付违约金。

1. 关于《联合开发协议》及其《补充协议》的效力问题。根据《担保法》第49条的规定，抵押期间抵押人转让抵押物应当通知抵押权人，否则转让行为无效；《物权法》第191条亦规定抵押期间转让抵押物须经抵押权人同意。其立法目的是为了确保抵押权人的利益不受侵害。但《担保法司法解释》第67条和《物权法》第191条也规定，未经通知或者未经抵押权人同意转让抵押物的，如受让方代为清偿债务消灭抵押权的，转让有效。即受让人通过行使涤除权涤除转让标的物上的抵押权负担的，转让行为有效。上述法律和司法解释的规定体现了相关立法和司法解释的指导思想是要在抵押权人和抵押人、受让抵押标的物的第三人之间实现利益平衡，既充分保障抵押权不受侵害，又不过分妨碍财产的自由流转，充分发挥物的效益。本案双方当事人在《联合开发协议》中约定由索特公司在不影响开发进度的前提下办理解除抵押的相关手续，即以约定的方式将先行解除本案所涉土地上的抵押权负担的义务赋予了索特公司；该约定既保障了抵押权人的利益，也不妨害抵押人和受让土地的第三人的利益，与《担保法》、《物权法》以及《担保法司法解释》保障各方当事人利益平衡的立法精神并不相悖，不违反法律规定。从合同法的角度看，转让方对转让标的负有权利瑕疵担保责任，其主动告知转让土地上的权利负担，并承诺由其在不影响开发进度的前提下先行解除抵押，该承诺构成合同中的负担行为，即承担义务的行为，符合意思自治和合同自由原则，且确保了抵押权人的利益不受侵害，与《担保法》、《物权法》和《担保法司法解释》的立法本意和制度设计不相抵触。因此，应当确认该《联合开发协议》及《补充协议》有效，双方应按照合同诚信履行，索特公司有义务根据双方商定的开发进度清偿银行债务，从而解除该转让土地上的抵押权负担。

其次,根据《物权法》第15条的规定,当事人之间订立有关设立、变更、转让和消灭不动产物权的合同,除法律另有规定或者合同另有约定外,自合同成立时生效;未办理物权登记的,不影响合同效力。该规定确定了不动产物权变动的原因与结果相区分的原则。物权转让行为不能成就,并不必然导致物权转让的原因即债权合同无效。双方签订的《联合开发协议》及《补充协议》作为讼争土地使用权转让的原因行为,是一种债权形成行为,并非该块土地使用权转让的物权变动行为。相关法律关于未经通知抵押权人而导致物权转让行为无效的规定,其效力不应及于物权变动行为的原因行为。因为当事人可以在合同约定中完善物权转让的条件,使其转让行为符合法律规定。本案即属此种情形。

综上,双方当事人签订的《联合开发协议》未违反法律强制性规定,应为有效合同。一审判决对此问题的认定适用法律不当,应予纠正。

2. 索特公司是否应向新万基公司支付违约金。一审判决根据双方签订的《联合开发协议》及《补充协议》约定的权利义务内容,确定双方的协议为土地使用权转让协议,此认定事实清楚,适用法律正确,双方当事人亦无异议,本院予以确认。土地使用权转让协议作为一项双务合同,要求出让方首先提供具有使用权无瑕疵的土地,受让方依约支付转让款。双方的《联合开发协议》第1条即明确了该转让土地已被抵押,且约定索特公司履行解除抵押的义务。该条约定表明,索特公司作为土地使用权的转让方具有消除转让土地上所存权利瑕疵的义务。双方在随后签订的《补充协议》中对履行各自义务的时间作出了约定,即以双方共同确定的《金三峡花园联合开发项目开发进度表》作为双方履行义务的时间表。新万基公司依《补充协议》的约定,于2005年12月5日向索特公司提交了《金三峡花园联合开发项目开发进度表》,要求索特公司解除转让土地上的抵押,索特公司未予回复。索特公司此举违反了《联合开发协议》第1条关于双方共同确定项目开发进度表的义务性规定,未能按协议约定适时解除转让土地上设定的抵押,提供无权利瑕疵的土地,此种消极不履行合同的行为,已构成违约。索特公司的沉默行为,引起新万基公司对合同继续履行的正当信赖,导致新万基公司与中冶赛迪工程技术股份有限公司等第三方签订了工程设计等一系列与项目开发实施行为有关的合同。在此情况下,索特公司提起诉讼请求解除《联合开发合同》及《补充协议》,根据《合同法》第108条规定,应认定其构成根本违约。索特公司辩称,索特公司未能解除抵押的原因是由于新万基公司未能支付转让款,致使其无资金解除抵押。根据《联合开发协议》第4条索特公司的承诺,索特公司应以其自有资金履行解除抵押权义务,而不是以新万基公司先行支付转让款为条件,因此,索特公司的抗辩理由不成立。综上,结合涉案土地已经大幅升值的实际情况,以及双方在土地使用权转让过程中的利益平衡，索特公司应按《联合开发协议》第 10 条的约定承担违约责任。依据该条约定，索特公司根本违约，应按照新万基公司总投资额的 30% 支付违约金。由于双方签订的《联合开发协议》实为土地使用权转让协议，故应将该条约定的"总投资额"变更为合同约定的转让款的数额，以之作为确定违约责任的计算依据。根据《补充协议》的约定，双方确定的索特公司转让土地使用权的应得收益为 10360 万元（280 亩×37 万元/亩），新万基公司应负担的索特公司办公楼装修款 3100 万元；作为土地使用权转让的对价，两项共计 13460 万元。以此计算，索特公司应向新万基公司承担 4038 万元的违约金。新万基公司以其计划开发投入的总投资数额为依据主张索特公司应给付 6000 万元违约金的请求，系以合作开发为前提，与本案事实不符，本院不予支持。鉴于新万基公司认为索特公司不履行合同义务已构成根本违约，本院对此也予以确认，且索特公司在一审诉讼中请求解除双方所签订的合同，故双方签订的《联合开发协议》及其《补充协议》应予解除。新万基公司在诉讼中提出，为履行协议实际支付了相关费用，要求本院予以确认；由于此项主张并非其一审的诉讼请求，且索特公司应支付的违约金已超出了该项请求，本院二审对该项主张不予支持。

最高人民法院认为，双方当事人签订的《联合开发协议》及其《补充协议》系当事人的真实意思表示，不违反法律和行政法规的禁止性规定，合法有效。索特公司未履行合同义务的行为，构成违约，应承担合同约定的违约责任。新万基公司的上诉理由部分成立，本院予以支持。

30. 转让方未取得土地使用权证的，土地使用权转让合同是否有效？

根据最高人民法院《关于审理涉及国有土地使用权合同纠纷案件适用法律问题的解释》第 9 条规定，转让方在订立转让合同时未取得土地使用权证的，转让合同应当认定为无效，除非转让方在特定期间之前取得土地使用权或者经有批准权的人民政府批准。未取得土地使用权证书的土地使用权转让合同效力有待补正，补正时间为起诉前，补正措施为取得土地使用权证书或者取得有批准权的人民政府同意转让。而是否办理土地使用权变更登记手续，是否完成一定数额的开发量，转让方是否欠缴土地出让金，均对合同效力的认定不产生影响。

典型疑难案件参考

山西嘉和泰房地产开发有限公司与太原重型机械（集团）有限公司土地使用权转让合同纠纷案（《最高人民法院公报》2008年第3期）

基本案情

2002年3月26日，太原重型机械（集团）有限公司（甲方）与山西嘉和泰房地产开发有限公司（乙方）签订《协议书》。其主要内容如下：……（二）开发地段：位于太原市并州南路西一巷48号，并规选字（2001）第0068号规选中，南北约232米，东西约221米，除去其中西南角锅炉房、西北角已有建筑物，并留出变电室位置0.5亩左右，占地约64.5亩。（三）双方权利义务：（1）太重公司负责上述地段的旧屋拆除及安置；（2）太重公司负责三通一平，具体时间为2002年6月10日前为主干道以西地段，2002年11月30日前为剩余地段；（3）在土地转让手续办理完毕之前，太重公司协助嘉和泰公司办理项目的建设手续；（4）太重公司负责嘉和泰公司施工中的水、电供应，费用由嘉和泰公司按月支付，房屋建成后的水电增容及设施费用由嘉和泰公司承担；（5）太重公司现有锅炉房、变电室可与嘉和泰公司共同使用，由此产生的增容费由嘉和泰公司承担（产权归太重公司）；（6）嘉和泰公司负责开发项目所需规划、设计、报建等工作及费用；（7）嘉和泰公司负责工程费用筹措、支付、施工及房屋建成后的销售；（8）太重公司负责办理土地出让手续，土地出让金及相关出让费用由嘉和泰公司按太重公司与土地管理部门签署的《国有土地出让合同》约定的付款方式及付款时间支付给太重公司，再由太重公司向政府相关部门缴纳；（9）太重公司土地出让手续办理完毕且嘉和泰公司向太重公司支付全部土地补偿金后，太重公司即为嘉和泰公司办理土地使用权转让手续，转让费用由嘉和泰公司承担；（10）嘉和泰公司为取得土地使用权，向太重公司支付土地补偿金每亩94万元（不含土地出让金及相关税费）；（11）建成后的商铺和住宅，太重公司可按嘉和泰公司确定的价格优先购买；（12）如太重公司需在本小区内建设职工住宅，其占地面积从总面积中扣除；（13）嘉和泰公司在售房过程中发生的各类税、费均由嘉和泰公司承担。（四）付款方式：（1）协议签订后两日内，嘉和泰公司向太重公司支付土地补偿金500万元，10日内支付1500万元；（2）太重公司与土地部门签订土地出让合同后10日内，嘉和泰公司按该合同确定的土地出让金比例和数额向太重公司支付该笔款项；（3）太重公司土地出让完毕，且已取得国有土地使用权后，太重公司与嘉和泰公司签订该土地使用权转让合同，此合同一经土地局批准10日内，嘉和泰公司支付剩余的土地补偿金，太重公司收到土地补偿金后，将土地证及已批准的土地使用权转让协议交由嘉和泰公司办理过户手续。（五）违约责任：（1）在土地转让手续办理完毕前，太重公司如未按本协议第3条第（2）项约定时间实现三通一平，应按嘉和泰公司已付款额，以每日万分之四计息赔偿待工损失，超过3个月仍无法实现约定条款，嘉和泰公司有权解除协议，太重公司须退还所收款项。（2）嘉和泰公司未按本协议第4条约定时间向太重公司支付该条约定款项，按该条应支付款项，每超过一日按万分之四计息补偿给太重公司，如超过约定时间3个月后仍不能支付，太重公司有权终止协议，除留下已付款的10%作为对太重公司补偿外，其余款项退回嘉和泰公司。（3）施工期间，如因太重公司原因不能保证用水、用电，太重公司应赔偿嘉和泰公司因此所遭受的直接损失；嘉和泰公司未按本协议约定支付水、电及增容费用，太重公司免除责任。（4）在土地转让手续办理完毕之前，因太重公司原因，嘉和泰公司未能及时办理工程项目审批手续，影响施工，太重公司须赔偿因此给嘉和泰公司造成的直接损失，但由于嘉和泰公司未按通知如期支付相关费用，太重公司免除责任。

2002年4月2日，太重公司（甲方）与嘉和泰公司（乙方）签订《补充协议》。其主要内容如下：（1）按原订协议的期限，嘉和泰公司按每亩94万元向太重公司支付土地补偿金，94万元/亩中的流转税按太重公司76%，嘉和泰公司24%的比例承担。嘉和泰公司承担的24%流转税款按原《协议书》约定在嘉和泰公司支付每期土地补偿金的同时一并支付，最终以实际交付的税款按双方约定的比例多退少补。（2）除以上第（1）条以外，原协议履行过程中的所有各项税费（包括土地增值税、交易税等，但不限于此）均由嘉和泰公司承担。（3）以上各项税费凡以太重公司名义缴纳的，须由嘉和泰公司如数支付给太重公司。

2002年9月24日，太重公司与太原市国土资源局签订《国有土地使用权出让合同》（以下简称《出让合同》），太重公司取得了该宗土地的使用权。确认出让土地面积为42968.75平方米（约合64.45亩）。

2002年12月，太重公司与嘉和泰公司签订《太原市出让土地使用权转让合同书》（以下简称《转让合同》）。该合同主要内容如下：第7条，土地使用权转让价格为每平方米1223元，总额为5255.08万元。第8条，太重公司同意按原出让合同规定向国家缴纳转让时的土地增值税。第10条，双方在本合同签订15日内，由嘉和泰公司按太原市地产交易管理所审批意见，办理有关手续，缴纳有关税费。第11条，双方在本合同签订后30日内到太原市国土资源局申请土地使用权变更登记。

根据《协议书》第4条第（1）项约定：本协议签订后两日内，嘉和泰公司支付土地补偿金500万元，10日内支付土地补偿金1500万元。2002年4月2日，嘉和泰公司以承兑汇票方式向太重公司支付土地补偿金2000万元（该承兑汇票2002年9月到期）。

2002年10月30日，嘉和泰公司以支票方式向太重公司支付土地补偿金250万元。

根据《协议书》第4条第（3）项约定：太重公司取得国有出让土地使用权后，由太重公司与嘉和泰公司签订该土地使用权转让合同（按土地局规定文本），此合同一经土地局批准10日内，嘉和泰公司即支付剩余的土地补偿金。2002年12月，太重公司与嘉和泰公司签订《转让合同》；2003年1月20日，嘉和泰公司以承兑汇票方式向太重公司支付土地补偿金2000万元。

2005年1月5日、8月19日、8月29日、9月22日，嘉和泰公司以支票和现金方式，4次向太重公司支付土地补偿金330万元。

综上，嘉和泰公司以承兑汇票、支票、现金方式共支付土地补偿金4580万元，余款未付。

根据《协议书》第3条第（8）项约定：太重公司负责办理土地出让手续，土地出让金及相关出让费用由嘉和泰公司按太重公司与土地管理部门签署的《出让合同》约定的付款方式及付款时间支付给太重公司。《协议书》第4条第（2）项约定：太重公司与土地管理部门签订土地出让合同10日内，嘉和泰公司应按该合同确定的土地出让金比例和数额向太重公司支付该笔款项。

2002年9月24日，太重公司和太原市国土资源局签订《出让合同》。2002年8月12日，嘉和泰公司以承兑汇票方式向太重公司支付土地出让金1000万元（该承兑汇票2003年2月到期）。2002年9月23日，嘉和泰公司以电汇方式向太重公司支付土地出让金50万元。嘉和泰公司合计向太重公司支付土地出让金1050万元。

2003年1月15日，太重公司与嘉和泰公司取得国有土地使用权转让鉴证单。双方通过办理权属变更登记手续，嘉和泰公司于2003年1月取得该宗土地的国有土地使用证。

按照《协议书》和《补充协议》有关税费承担的约定，嘉和泰公司尚欠太重公司各种税金。

另查明，2002年12月31日，嘉和泰公司向太原市国土资源局支付土地出让金386.72万元。

再查明，太重公司已缴纳契税41.25万元；已申报营业税281.25万元，实际缴纳营业税 242.526 万元。

还查明，嘉和泰公司住所地由原太原市并州南路西一巷 48 号变更为太原市并州南路西一巷 10 号。

一审诉辩情况

2006 年 1 月 16 日，太重公司起诉称，2002 年 3 月 16 日太重公司与嘉和泰公司签订《协议书》，就太重公司向嘉和泰公司转让太原市并州南路西一巷 48 号土地拆迁补偿事宜进行了明确约定。2002 年 4 月 2 日又签订《补充协议》，就《协议书》中有关税费承担问题进一步明确。合同签订后，太重公司按约履行了合同，而嘉和泰公司只支付了土地补偿金 4559.7 万元，尚欠太重公司土地补偿金、相关税费等合计 3548.6271 万元。嘉和泰公司应支付欠款并对其违约行为按照合同约定承担违约责任。请求依法判令：嘉和泰公司立即支付土地补偿金、相关税费合计 3548.6271 万元及违约金 755.86256 万元（截至 2006 年 1 月 12 日）及至全部清偿之日止的违约金；嘉和泰公司承担全部诉讼费用及律师费用。

2006 年 8 月 7 日，太重公司向一审法院递交补充诉状，称根据太重公司与嘉和泰公司签订的《转让合同》，嘉和泰公司还另外拖欠太重公司土地转让金 5255.08 万元没有支付。因此增加诉讼请求，请求依法判令嘉和泰公司立即支付土地出让金 5255.08 万元并承担全部诉讼费用。

嘉和泰公司辩称，嘉和泰公司不欠太重公司任何款项，太重公司的诉讼请求应被驳回。(1) 太重公司主张的"土地补偿金"与"土地转让金"是转让同一地块的不同阶段的称谓，其实质是土地转让价。2002 年 3 月 26 日，双方签订《协议书》时土地性质为划拨土地，且协议的名义是合作开发，故使用"补偿金"这一名词，实质是土地使用权转让合同。2002 年 12 月，双方就该地块重新签订了《转让合同》，并经政府批准。该合同是最终确定土地使用权转让法律关系的合法文件，转让价格为 5255.08 万元。嘉和泰公司已超额支付土地转让款，不存在欠款一说。(2) 嘉和泰公司不欠太重公司任何税费。《转让合同》中没有约定由嘉和泰公司负担相关税费，且在该合同第 8 条明确约定增值税由太重公司负担。(3) 嘉和泰公司不欠太重公司任何款，太重公司无权主张所谓的违约金。

一审裁判结果

山西省高级人民法院判决：

一、嘉和泰公司于判决生效后 30 日内向太重公司支付土地补偿金 1478.3

万元及利息（自 2005 年 9 月 23 日起至判决确定的支付之日，以 1478.3 万元为基数，按照中国人民银行同期贷款利率计算）。

二、嘉和泰公司于判决生效后 30 日内，向太重公司支付契税 41.25 万元。

三、驳回太重公司的其他诉讼请求。

一审裁判理由

山西省高级人民法院法院认为，双方当事人争议的主要焦点是：（1）《协议书》的效力问题；（2）《补充协议》的效力问题；（3）《转让合同》的效力问题；（4）嘉和泰公司已付价款数额的确定问题、税金问题及违约金问题。

1. 关于《协议书》的效力问题。一审法院从以下三个方面分析《协议书》的效力：（1）《协议书》的性质。太重公司认为《协议书》约定的土地补偿金，系用于地上房屋拆迁、职工安置、工厂搬迁及地上建筑物补偿等，与《转让合同》约定的土地转让金是两个概念，无法替代。嘉和泰公司认为《协议书》名为合作开发，实际是不同时期转让土地使用权的同一称谓，《协议书》的实质为土地使用权转让合同。一审法院认为，《协议书》的性质是土地使用权转让合同。就《协议书》的内容看，主要是约定嘉和泰公司为取得该宗土地使用权，向太重公司支付 94 万元/亩的补偿金。并非以提供土地使用权、资金等作为共同投资，共同经营，共享利润，共担风险合作开发为基本内容。根据最高人民法院《关于审理涉及国有土地使用权合同纠纷案件适用法律问题的解释》第 24 条规定，应当认定为土地使用权转让合同。（2）《协议书》、《补充协议》和《转让合同》的关系。太重公司认为《协议书》涉及土地的拆迁、安置、办理出让手续等内容；《补充协议》涉及税费承担问题；《转让合同》仅是土地使用权的转让。三者之间不存在矛盾，《转让合同》不能取代《协议书》和《补充协议》。嘉和泰公司认为《协议书》和《补充协议》实质是不具合同效力的土地使用权转让合同，最终被《转让合同》取代。一审法院认为，从形式上讲，《协议书》和《补充协议》是未经备案登记、仅由双方持有的合同。《转让合同》是经过备案登记的合同。从内容上讲，《协议书》和《补充协议》约定转让土地补偿金 94 万元/亩，共 6058.3 万元，土地增值税及相关税费由嘉和泰公司承担。《转让合同》约定土地转让金为每平方米 1223 元，共 5255.08 万元，土地增值税由太重公司承担。《协议书》约定的权利、义务、付款方式、违约责任、争议解决方式等条款，在《转让合同》中没有条款约定或者说明。二者是针对同一标的所签订的形式不同、内容也不尽相同的两份合同。虽然都有转让的真实意思表示，但《协议书》是真实履行的合同，而《转让合同》只是用于办理过户之用。（3）《协议书》的效力问题。太重公司认为《协议书》是双方真实意思表示，不违反国家法律法规，是合法有效的合同。嘉和泰公司认为《协议书》是转让划拨土地，违反《城市房地产管理法》第 39 条之规定，是效力瑕疵合同，被《转让合同》取代。一审法院认为，《协议书》是双方当事人真实的意思表示，也是实际真正履行的合同。《协议书》和《转让合同》是对同一标的所签的先后两份合同，但后签订的《转让合同》并不当然取代《协议书》。因为：一是《转让合同》未废止《协议书》及《协议书》中约定的补偿金条款，也未约定《协议书》与《转让合同》相抵触的部分无效。二是《协议书》和《补充协议》约定了包括拆迁、安置、履行期限、履行方式、违约责任承担、纠纷解决方式等内容，《转让合同》不具备该类交易行为所签合同的必要条款。依照《合同法》第 78 条规定，应推定为未变更。三是《协议书》不违反国家法律、法规。太重公司与嘉和泰公司签订《协议书》时，该土地为划拨用地，但双方在履行合同过程中，在经政府管理部门批准后，该划拨用地使用权已转化为出让土地使用权，不存在《合同法》第 52 条规定的合同无效的任何一种情形。根据最高人民法院《关于审理涉及国有土地使用权合同纠纷案件适用法律问题的解释》第 11 条规定，《协议书》应认定为合法有效。

2. 关于《补充协议》的效力问题。太重公司认为《补充协议》合法有效。嘉和泰公司认为《补充协议》同样是效力瑕疵合同，已被《转让合同》取代。一审法院认为，双方在《协议书》的基础上签订《补充协议》，对土地增值税、流转税的金额及履行方式等进行了明确约定，其内容与《协议书》内容并不冲突，与《协议书》的内容共同构成完整的合同内容，二者是同一的关系。根据《合同法》第 61 条规定，该《补充协议》的内容是对《协议书》内容的补充。可以确认《补充协议》与《协议书》具有相同的法律效力。

3. 关于《转让合同》的效力问题。太重公司认为《转让合同》也是合法有效的。嘉和泰公司认为《转让合同》是唯一有效合同。一审法院认为，(1)《转让合同》第 7 条约定的土地转让价格 5255.08 万元，是国土局的评估价格，是国家土地管理部门对土地交易双方成交价格进行间接调控和引导的最低限价，并非双方达成合意的表示。(2)《转让合同》约定的价格不符合客观事实，按照《转让合同》约定，该宗土地价格为 5255.08 万元，土地增值税由太重公司承担，相关税费没有约定，按规定由太重公司承担。则太重公司在取得 5255.08 万元收入时，需向国家缴纳土地出让金 1417.97 万元，需向国家缴纳土地增值税及其他相关税费，还要负责拆迁、安置，且该宗土地上建筑物评估价为 1041.2171 万元。显然，太重公司以 5255.08 万元转让该宗土地与客观事实和真实合意不符。(3) 按照《转让合同》约定的价款 5255.08 万元，嘉和泰公司的支付有悖常理。嘉和泰公司在已支付3300万的元前提下，只应向太重公司支付1955.08万元。但嘉和泰公司于2003年1月20日支付了2000万元，在取得土地使用证，认为已超额支付的情况下，又于2005年1月5日、8月19日、8月29日、9月22日分4次向太重公司共付款330万元，显然与常理不符。(4)《转让合同》约定的重要条款形同虚设。《转让合同》第8条约定：太重公司同意按原出让合同规定向国家交纳土地增值税。但原出让合同中并无缴纳土地增值税的约定。(5)《转让合同》没有约定土地交付、价款支付、违约责任、纠纷解决方式等内容，不具备土地使用权转让合同的必要条款，不符合一般的交易习惯。(6) 按照《协议书》第4条第（3）项约定：太重公司土地出让完毕，且已取得国有出让土地使用权后，与嘉和泰公司签订该土地使用权转让合同（按土地局规定文本），此合同一经土地局批准10日内，即由嘉和泰公司向太重公司支付剩余的土地补偿金，太重公司收到土地补偿金后，将土地证及已批准的土地使用权转让协议交由嘉和泰公司办理过户手续。《协议书》第3条第（8）项约定：出让费标准为太重公司在政策中能享受到的最优惠的价格标准。显然双方存在合理减少土地转让费的合意。由此可以推断出，《转让合同》是按照土地局规定文本，为履行土地局的批准手续而作出的。双方将转让价格约定为5255.08万元，是为了少报纳税金额，而非变更原约定的转让价格。因此，《转让合同》中关于转让价格及土地增值税的约定并非双方当事人的真实意思表示，该类条款只会使国家税款减少，因此该类条款应认定无效。其余条款与以前协议内容基本竞合，是双方当事人的真实意思表示，且经土地管理部门审查，并作了土地权属变更登记，双方已实际履行，为有效条款。

4. 关于嘉和泰公司已付价款数额的确定问题、税金问题及违约金问题。(1) 嘉和泰公司已付土地补偿金数额的问题。太重公司和嘉和泰公司对已付款有两个问题意见不同：一是承兑汇票。太重公司认为2002年4月2日2000万元和8月12日1000万元承兑汇票应当扣除贴现利息；嘉和泰公司认为应以收款金额和收据金额为准。一审法院认为，在双方未就付款方式作出明确约定情况下，嘉和泰公司以承兑汇票方式付款并无不妥，太重公司收取承兑汇票后也没有提出异议。对太重公司扣除贴现利息的主张不予支持。二是国土资源局收取的386.72万元土地出让金。嘉和泰公司认为其向国土资源局交纳的386.72万元出让金应计入太重公司收取的土地补偿金数额。一审法院认为，太重公司出售该地，实际就是要取得94万元/亩，合计6058.3万元的土地补偿金收益，其他一切费用均由嘉和泰公司支付。《协议书》第3条第（9）项约定：太重公司土地出让手续办理完毕且嘉和泰公司已支付全部土地补偿金后，太重公司即为嘉和泰公司办理土地使用权转让手续，转让费由嘉和泰公司承担。因此，该笔出让金不应算在太重公司收取的补偿金中。故按照《协议书》约定，嘉和泰公司应支付太重公司土地补偿金6058.3万元，已支付4580万元，欠付太重公司土地补偿金1478.3万元。（2）税金问题。双方在《补充协议》中约定：除流转税按76%和24%的比例由太重公司和嘉和泰公司承担外，其余所有税费均由嘉和泰公司承担。嘉和泰公司认为，各项税金的纳税主体是明确的，双方的约定是规避法律的行为，应属无效。一审法院认为双方当事人对税金的约定并不违反法律、法规的强制性规定。嘉和泰公司向太重公司支付的补偿金是双方约定的不含税价格，双方约定各种税金由嘉和泰公司承担合法有效。但是土地增值税和印花税太重公司并未交纳，营业税部分交纳部分未发生，对于未交纳的税费太重公司没有权利向嘉和泰公司主张，在各税费实际发生后，太重公司可依据《协议书》及《补充协议》向嘉和泰公司主张或另行起诉。对太重公司已缴付的41.25万元契税，予以支持。（3）违约金问题。一审法院认为嘉和泰公司没有完全履行其付款义务，是基于双方签订了两份合同，双方都有过错，因此对太重公司主张按照日万分之四计算违约金的请求，不予支持。但由于嘉和泰公司迟延付款的责任显然大过太重公司，其迟延付款的行为客观上给太重公司造成了利息损失。依照《合同法》第107条的规定，利息损失也属违约责任的一种，太重公司虽然未提出利息损失的请求，但提出了违约金请求。因此，嘉和泰公司应负担迟延付款的利息。

二审诉辩情况

嘉和泰公司上诉请求：（1）撤销一审判决，依法改判驳回太重公司的诉讼请求；（2）一、二审诉讼费用由太重公司承担。事实和理由如下：（1）关于《转让合同》的效力。《转让合同》是双方当事人真实意思表示，符合法律规定，并经政府批准，是最终确定双方土地使用权转让法律关系的合法文件，土地价格应以《转让合同》的约定为准。嘉和泰公司已按约定履行完毕自己的义务，不存在拖欠款项的行为，一审判决嘉和泰公司承担责任是错误的。（2）关于《协议书》和《补充协议》的效力。《协议书》和《补充协议》签订时，该宗土地为行政划拨地。根据法律规定，太重公司无权转让该宗土地，应属无效协议。在办理出让手续后，《协议书》的效力才得到补正，才发生法律效力。虽然该协议有效了，但它先天不足是事实，需要在履行过程中逐步合法化。《协议书》是《转让合同》的准备，并最终被《转让合同》取代。（3）一审判决认定"《协议书》和《转让合同》是针对同一标的所签订的新旧两份合同"。既然如此，根据合同法的一般原理，后合同（《转让合同》）的效力应当优于前合同(《协议书》),政府批准的合同效力当然优于未经批准的合同。(4)《转让合同》和《协议书》相冲突的约定,应以《转让合同》为准。与《协议书》相比,《转让合同》在转让范围、面积、价格、增值税负担等方面都发生了变化,当然应以《转让合同》为准。(5)《补充协议》就税费负担所作的约定,违反了《税法》的强制性规定。即使有效,增值税的负担约定也显失公平。增值税的纳税主体是转让人而非受让人,所以《转让合同》变更增值税由太重公司承担。(6)一审判决认定嘉和泰公司已付价款数额有误,嘉和泰公司代太重公司支付的 386.72 万元出让金,应计入已付款数额。(7)2005 年以后所付 330 万元是为了促使太重公司履行全面交付土地义务而被迫多付的。(8)假如一审判决结果是正确的,其对诉讼费的分担违背了人民法院诉讼收费办法,超过了嘉和泰公司应负担的比例。

针对嘉和泰公司的上诉,太重公司答辩称:(1)嘉和泰公司主张《转让合同》取代《协议书》和《补充协议》毫无根据且严重歪曲事实。(2)嘉和泰公司对协议约定的出让金和税金提出异议目的是歪曲协议、赖账。(3)嘉和泰公司认为 386.72 万元出让金应由太重公司承担,没有根据。

太重公司上诉请求:(1)撤销一审判决,依法改判支持太重公司一审的全部诉讼请求;(2)一、二审诉讼费用均由嘉和泰公司承担。事实和理由是:(1)一审判决对嘉和泰公司欠付土地转让金的事实没有认定是错误的。《协议书》约定嘉和泰公司支付土地补偿金每亩 94 万元,是对太重公司进行土地拆迁、安置、三通一平等工作的补偿,而非土地转让价格。《转让合同》约定的是土地转让金,是土地本身的转让价格。两份合同的约定并不矛盾,更不重复,嘉和泰公司应当分别履行相应的合同付款义务。《协议书》与《转让合同》的内容相互独立,没有重复,均有双方当事人的盖章签字。根据《合同法》规定,两份合同均成立并生效。在两份合同中,并没有任何相互否定或者变更的条款,分别构成双方不同的权利义务。(2)一审判决为嘉和泰公司减免大部分违约责任,没有依据,也不公平。一审判决已认定嘉和泰公司拖欠土地补偿金的事实存在,应当履行付款义务,但是将太重公司根据合同约定诉请的违约金改为支付同期贷款利息,并且违约金的起算时间也被推迟了 2 年零 8 个月之多,显然不符合约定,对太重公司是不公平的。根据《协议书》第 4 条约定,协议签订后 2 日内,嘉和泰公司支付土地补偿金 500 万元,10 日内支付 1500 万元;太重公司取得国有土地使用权后,双方签订土地使用权转让合同,此合同经土地局批准 10 日内,嘉和泰公司支付剩余的土地补偿金。第 5 条约定,嘉和泰公司未按本协议第 4 条约定的时间支付该条约定款项,则按该条应支付的款项,每超过一日按万分之四计息补偿给太重公司。以上约定清楚明确，对双方均有法律约束力，人民法院应当尊重当事人的意思自治。按《协议书》约定，嘉和泰公司应在《转让合同》经批准10日内付清土地补偿金。而《转让合同》经批准的时间双方均认可为2003年1月15日，则嘉和泰公司付清土地补偿金的时间应为2003年1月25日。太重公司正是据此计算违约金，并且对嘉和泰公司中间几次还款均相应予以核减，分段计算。截至2006年1月12日，嘉和泰公司应当支付违约金755.86256万元。这一计算结果既符合合同约定，也符合客观事实，应当得到法院的支持。（3）一审判决驳回太重公司对税金的诉讼请求是错误的。依法纳税是企业应承担的义务，税金对于太重公司是必然发生的费用，太重公司当然有权主张，是否已经发生并不影响嘉和泰公司承担合同义务。而且应纳税款的计算均有国家相关法律法规的规定，太重公司起诉税费金额是依法计算的结果，有充分的法律依据，应当得到支持。（4）一审判决对嘉和泰公司已付款数额认定也存在错误。嘉和泰公司支付的款项中有2002年4月2日2000万元的承兑汇票应扣除贴现利息30.3万元；8月12日1000万元的承兑汇票应扣除贴现利息15.6万元。

针对太重公司的上诉，嘉和泰公司答辩称：嘉和泰公司不欠太重公司任何款项，太重公司的上诉请求应被驳回。（1）《协议书》和《补充协议》已被《转让合同》取代。嘉和泰公司已按《转让合同》确定的价格履行完毕付款义务，并无任何拖欠。（2）嘉和泰公司按约履行了全部付款义务，不拖欠太重公司的任何款项，太重公司无权主张所谓的违约金。（3）太重公司主张的各种税费包括营业税、契税、印花税、土地增值税由嘉和泰公司承担不能成立。因为《转让合同》取代《协议书》及《补充协议》后，《转让合同》并没有约定上述税费由嘉和泰公司承担，《转让合同》第8条还明确约定增值税由太重公司承担。（4）太重公司认为已付款中应扣除贴现利息，没有依据。嘉和泰公司支付承兑汇票时，太重公司按票面金额开具了收据，已认可不扣除贴现利息，现在无权主张扣除。

二审裁判结果

最高人民法院判决：

一、维持山西省高级人民法院〔2006〕晋民初字第20号民事判决第三项；

二、变更山西省高级人民法院〔2006〕晋民初字第20号民事判决第一项为：山西嘉和泰房地产开发有限公司于判决生效后30日内向太原重型机械（集团）有限公司支付土地补偿金1508.6万元人民币，并从2005年9月23日起按实际迟延付款天数以日万分之四的比例计算违约金支付给太原重型机械

（集团）有限公司直至还清之日止；

三、变更山西省高级人民法院〔2006〕晋民初字第20号民事判决第二项为：山西嘉和泰房地产开发有限公司于判决生效后30日内，向太原重型机械（集团）有限公司支付营业税58.20624万元人民币，支付契税41.25万元人民币。

二审裁判理由

二审查明的事实与一审法院查明的事实相同。

最高人民法院认为，嘉和泰公司和太重公司对于《协议书》、《补充协议》及《转让合同》的真实性均无异议。综合双方当事人的上诉请求及事实和理由，本案二审争议的焦点问题是：（1）《协议书》、《补充协议》和《转让合同》的效力及相互关系问题；（2）嘉和泰公司已付土地补偿金的数额问题；（3）太重公司关于税金的请求是否成立问题；（4）太重公司关于违约金的请求是否成立问题。

1. 关于《协议书》、《补充协议》和《转让合同》的效力及相互关系问题。

首先，关于《协议书》、《补充协议》的效力问题，太重公司认为，《协议书》、《补充协议》是双方当事人的真实意思表示，不违反国家法律法规，是合法有效的合同。嘉和泰公司认为《协议书》签订时，该宗土地为行政划拨地，根据法律规定，太重公司无权转让该宗土地，应属无效协议。而《补充协议》就税费负担的约定，违反了税法的强制性规定。本院认为，《协议书》、《补充协议》是双方在平等的基础上，自愿协商达成的协议，是双方真实的意思表示。《协议书》不仅详细地约定了所转让土地的面积、价格、付款方式、违约责任，还具体约定了双方权利义务及履行程序。《协议书》签订时，嘉和泰公司及太重公司均知道该宗土地属于划拨用地，所以在《协议书》第3条第（8）项约定：由太重公司负责办理土地出让手续；第3条第（9）项约定：太重公司土地出让手续办理完毕，即为嘉和泰公司办理土地使用权转让手续。这一缔约行为并没有规避法律损害国家利益，事实上，太重公司和嘉和泰公司正是按照上述约定完成该宗土地转让的。2002年9月24日，太重公司与太原市国土资源局签订《出让合同》，取得该宗土地的使用权，嘉和泰公司支付土地出让金；同年12月，太重公司与嘉和泰公司签订《转让合同》，嘉和泰公司依据《协议书》向太原市国土资源局支付土地转让款，随后完成土地使用权变更登记；均是双方履行《协议书》的真实行为。根据最高人民法院《关于审理涉及国有土地使用权合同纠纷案件适用法律问题的解释》第9条规定："转让方未取得出让土地使用权证书与受让方订立合同转让土地使用权，起诉前转让方已经取得出让土地使用权证书或者有批准权的人民政府同意转让的，应当认定合同有效。"因此，《协议书》合法有效。《补充协议》是对《协议书》约定转让土地使用权的税费承担所作的补充约定，明确了转让土地使用权的税费如何承担及由谁承担的问题。虽然我国税收管理方面的法律法规对于各种税收的征收均明确规定了纳税义务人，但是并未禁止纳税义务人与合同相对人约定由合同相对人或第三人缴纳税款。税法对于税种、税率、税额的规定是强制性的，而对于实际由谁缴纳税款没有作出强制性或禁止性规定。故《补充协议》关于税费负担的约定并不违反税收管理方面的法律法规的规定，属合法有效协议。嘉和泰公司关于《协议书》签订时，所转让的土地属划拨地，太重公司无权转让及《补充协议》就税费负担的约定违反税法的强制性规定，均属无效协议的主张，没有法律依据，不予支持。一审法院关于《协议书》合法有效及《补充协议》与《协议书》具有相同的法律效力的认定是正确的，应予维持。

其次，关于《转让合同》的效力问题，嘉和泰公司认为，《转让合同》是双方当事人的真实意思表示，符合法律规定，并经政府批准，是最终确定双方土地使用权转让关系的合法文件，土地使用权转让价格应以《转让合同》约定为准。太重公司认为，《转让合同》有效，嘉和泰公司应承担《转让合同》约定的支付土地转让金义务。本院认为，太重公司与嘉和泰公司之所以在《协议书》之外又签订《转让合同》，是因为签订《协议书》时，双方当事人均知道所转让的土地属划拨用地，不能直接转让。只有在太重公司办完土地出让手续，取得国有出让土地使用权后，再与嘉和泰公司签订国有出让土地使用权转让合同，并由双方共同到土地管理部门办理登记备案，才能完成该土地使用权转让。因此，《转让合同》对于太重公司及嘉和泰公司来讲就是到土地管理部门办理登记备案手续，以完成《协议书》约定的转让土地使用权行为，而并非为了变更《协议书》的约定条款或者构成双方新的权利义务关系；对于土地管理部门来讲，以《转让合同》登记备案，则表明土地管理部门认可《转让合同》中的价格并据此征收转让税费，办理相关手续。虽然《转让合同》中的价格比双方当事人实际约定的价格低，但土地管理部门给予登记备案的事实表明，土地管理部门认可双方当事人可以此最低价格办理土地使用权转让手续，也表明双方当事人的这一做法并不违反土地管理部门的相关规定。事实上，土地管理部门也正是依据该《转让合同》办理了土地权属变更手续。由此可以认定，在本案中《转让合同》仅是双方办理登记备案之用，别无他用，其效力仅及于登记备案。《转让合同》对于合同双方既没有变更《协议书》约定条款，也不构成新的权利义务关系。从嘉和泰公司支付土地补偿金的过程和数额看,也可证明嘉和泰公司在签订《转让合同》后,仍是按《协议书》约定的土地补偿金数额支付的。故嘉和泰公司关于应以《转让合同》中的价格作为本案土地使用权转让价格及太重公司关于以《转让合同》请求另外支付土地转让金的主张,均不符合本案实际情况,没有事实依据,不能成立。

最后,关于《协议书》、《补充协议》与《转让合同》的关系问题,对于《补充协议》是《协议书》的补充约定双方均无异议,但对于《协议书》与《转让合同》双方争议较大。嘉和泰公司认为,《协议书》已被《转让合同》所取代,《转让合同》是本案唯一有效的合同。太重公司则认为,《协议书》约定的土地补偿金是对拆迁、安置的补偿。《转让合同》约定的土地转让金是土地本身的转让价格,两份合同的约定并不矛盾,也不重复,相互独立,均成立并有效。本院认为,双方当事人签订《转让合同》的目的是为了办理土地使用权转让登记备案手续。《转让合同》没有约定变更或取代《协议书》的条款,并未在双方当事人之间成立新的权利义务关系。从双方当事人实际履行合同的情况看,太重公司转让土地使用权收取土地补偿金、出让金、转让金、太重公司与太原市国土资源局签订《出让合同》及其与嘉和泰公司签订《转让合同》到土地管理部门登记等行为都是在履行《协议书》约定的权利义务。而嘉和泰公司支付土地补偿金、出让金、转让金,取得土地使用权等也是履行《协议书》约定的权利义务。因此,本案中的《转让合同》是双方在土地管理部门办理土地使用权转让手续的备案合同;《协议书》才是双方实际履行的合同。嘉和泰公司关于《转让合同》取代《协议书》,《转让合同》是本案唯一有效合同的主张不能成立。太重公司关于《协议书》和《转让合同》相互独立,均成立有效,并据此要求嘉和泰公司分别支付土地补偿金及土地转让金的主张也不能成立。

综上,本院认为,《协议书》及《补充协议》是合法有效的协议,是确定双方当事人权利义务及违约责任的合同依据。

2. 关于嘉和泰公司已付土地补偿金的数额问题。

太重公司对于已收到嘉和泰公司以承兑汇票、支票、现金形式支付的土地补偿金总额4580万元人民币并无异议。但认为其中2002年4月2日2000万元承兑汇票应扣除贴现利息30.3万元及2002年8月12日1000万元承兑汇票应扣除贴现利息15.6万元。本院认为,根据2002年3月26日太重公司与嘉和泰公司签订的《协议书》第4条第(1)项约定,嘉和泰公司在《协议书》签订10日内,应支付土地补偿金2000万元。嘉和泰公司应按约定时间履行付款义务。但嘉和泰公司以2002年9月到期的2000万元承兑汇票支付该笔土地补偿金,导致太重公司不能在约定时间实际收到该款项。太重公司只有支付贴现利息,才能在约定时间取得上述款项。嘉和泰公司这种以远期承兑汇票履行到期付款义务的行为,实际是迟延付款,属于不当履行合同义务的行为。由于嘉和泰公司不当履行合同义务,造成太重公司为此支付30.3万元的贴现利息损失,应由嘉和泰公司承担。太重公司关于扣除该贴现利息的上诉请求成立,应予支持。一审判决对此处理不当,应予纠正。关于2002年8月12日1000万元承兑汇票,是嘉和泰公司依据《协议书》第3条第(8)项的约定支付的土地出让金。而太重公司在一审中并未对土地出让金提出诉讼请求,因此太重公司关于该1000万元承兑汇票的贴现利息的上诉请求不属于本院二审的审理范围。

嘉和泰公司认为其2002年12月31日向太原市国土资源局支付的386.72万元土地出让金应计入已付土地补偿金数额。本院认为,该笔款项是2002年12月太重公司与嘉和泰公司签订《转让合同》后,由嘉和泰公司直接支付给太原市国土资源局的。依据《协议书》第3条第(9)项约定,太重公司土地出让手续办理完毕且嘉和泰公司支付全部土地补偿金后,太重公司即为嘉和泰公司办理土地使用权转让手续,转让费用由嘉和泰公司承担。故该笔款项属于嘉和泰公司应承担的土地转让款,不应计入其已付的土地补偿金数额。一审判决处理适当,应予维持。

综上,一审判决认定嘉和泰公司已付土地补偿金4580万元,尚欠太重公司土地补偿金1478.3万元有误,应予纠正。嘉和泰公司实欠太重公司土地补偿金1508.6万元。

3. 关于太重公司的税金请求是否成立问题。

根据《补充协议》的约定,除流转税按76%和24%的比例由太重公司和嘉和泰公司分别承担外,其余所有税费均由嘉和泰公司承担。如前所述,《补充协议》关于税费负担的约定并不违反税收管理法律法规的规定,是合法有效协议,双方当事人应按约定履行自己的义务。关于太重公司在没有缴纳税金的情况下是否有权请求嘉和泰公司支付其所承担的税金的问题。本院认为,《补充协议》约定转让土地使用权税费的承担,只是明确了转让土地使用权过程中所发生的相关税费由谁负担的问题。而对于何时缴纳何种税费及缴纳多少税费,《补充协议》没有约定,也无法约定。只有在相关主管部门确定税费种类及额度,太重公司缴纳后,嘉和泰公司才能支付。太重公司在未缴纳税金,也没有相关部门确定纳税数额的情况下,请求嘉和泰公司支付转让土地税金,没有事实依据。一审判决对于太重公司要求嘉和泰公司支付其尚未缴纳的税费的请求不予支持,但提示其在实际缴纳税费后可以向嘉和泰公司另行主张权利的处理，并无不当，应予维持。对太重公司已缴纳的营业税和契税，一审判决只支持太重公司的契税请求而没有支持其关于营业税的请求不当，应予纠正。对于太重公司已缴纳的242.526万元营业税。嘉和泰公司应按24%比例负担58.20624万元。

4. 关于太重公司的违约金请求是否成立问题。

本院认为，《协议书》对于双方当事人具体的权利义务中包括嘉和泰公司付款时间、数额及违约责任均作出了明确约定。太重公司及嘉和泰公司都应按照诚实、信用原则，实际履行合同义务。太重公司按约定办理了土地出让、转让手续并将涉案地块实际交付给嘉和泰公司。嘉和泰公司应按约定履行付款义务，但嘉和泰公司在取得土地使用权后，未按约定时间及数额支付土地补偿金。嘉和泰公司迟延向太重公司支付土地补偿金是引起本案诉讼的主要原因。因此，嘉和泰公司的行为已构成违约，应按合同约定承担违约责任。一审判决认定嘉和泰公司迟延付款构成违约，但对太重公司按照合同约定的日万分之四的比例计算违约金的请求却未予支持，并将双方当事人按照日万分之四的比例计算违约金的约定调整为按银行利率计算利息。根据《合同法》第114条之规定，人民法院对于当事人在合同中约定的违约金的数额，只有在当事人请求调整，并确实低于或过分高于违约行为给当事人造成的损失时，才能进行调整。一审判决对违约金的调整既违背当事人双方的约定，也缺少法律依据，应予纠正。太重公司关于嘉和泰公司应按合同约定承担违约责任，支付违约金的上诉请求理据充分，应予支持。因为嘉和泰公司最后支付土地补偿金的时间是2005年9月23日，太重公司此前并未要求嘉和泰公司支付违约金。故嘉和泰公司应从2005年9月23日起承担违约责任。

综上所述，嘉和泰公司的上诉请求没有事实和法律依据，应予驳回。太重公司的上诉请求，部分有事实和法律依据，应予支持；部分没有事实和法律依据，应予驳回。一审判决认定事实清楚，但适用法律部分有误，应予纠正。

建设用地使用权合同纠纷办案依据集成

1. 中华人民共和国物权法（2007年3月16日主席令第62号公布）（节录）

第一百三十五条 建设用地使用权人依法对国家所有的土地享有占有、使用和收益的权利，有权利用该土地建造建筑物、构筑物及其附属设施。

第一百三十六条 建设用地使用权可以在土地的地表、地上或者地下分别设立。新设立的建设用地使用权，不得损害已设立的用益物权。

第一百三十七条 设立建设用地使用权，可以采取出让或者划拨等方式。

工业、商业、旅游、娱乐和商品住宅等经营性用地以及同一土地有两个以上意向用地者的，应当采取招标、拍卖等公开竞价的方式出让。

严格限制以划拨方式设立建设用地使用权。采取划拨方式的，应当遵守法律、行政法规关于土地用途的规定。

第一百三十八条 采取招标、拍卖、协议等出让方式设立建设用地使用权的，当事人应当采取书面形式订立建设用地使用权出让合同。

建设用地使用权出让合同一般包括下列条款：

（一）当事人的名称和住所；

（二）土地界址、面积等；

（三）建筑物、构筑物及其附属设施占用的空间；

（四）土地用途；

（五）使用期限；

（六）出让金等费用及其支付方式；

（七）解决争议的方法。

第一百三十九条 设立建设用地使用权的，应当向登记机构申请建设用地使用权登记。建设用地使用权自登记时设立。登记机构应当向建设用地使用权人发放建设用地使用权证书。

第一百四十条 建设用地使用权人应当合理利用土地，不得改变土地用途；需要改变土地用途的，应当依法经有关行政主管部门批准。

第一百四十一条 建设用地使用权人应当依照法律规定以及合同约定支付出让金等费用。

第一百四十二条 建设用地使用权人建造的建筑物、构筑物及其附属设施的所有权属于建设用地使用权人，但有相反证据证明的除外。

第一百四十三条 建设用地使用权人有权将建设用地使用权转让、互换、出资、赠与或者抵押，但法律另有规定的除外。

第一百四十四条 建设用地使用权转让、互换、出资、赠与或者抵押的，当事人应当采取书面形式订立相应的合同。使用期限由当事人约定,但不得超过建设用地使用权的剩余期限。

第一百四十五条 建设用地使用权转让、互换、出资或者赠与的,应当向登记机构申请变更登记。

第一百四十六条 建设用地使用权转让、互换、出资或者赠与的,附着于该土地上的建筑物、构筑物及其附属设施一并处分。

第一百四十七条 建筑物、构筑物及其附属设施转让、互换、出资或者赠与的,该建筑物、构筑物及其附属设施占用范围内的建设用地使用权一并处分。

第一百四十八条 建设用地使用权期间届满前,因公共利益需要提前收回该土地的,应当依照本法第四十二条的规定对该土地上的房屋及其他不动产给予补偿,并退还相应的出让金。

第一百四十九条 住宅建设用地使用权期间届满的,自动续期。

非住宅建设用地使用权期间届满后的续期,依照法律规定办理。该土地上的房屋及其他不动产的归属,有约定的,按照约定;没有约定或者约定不明确的,依照法律、行政法规的规定办理。

第一百五十条 建设用地使用权消灭的,出让人应当及时办理注销登记。登记机构应当收回建设用地使用权证书。

第一百五十一条 集体所有的土地作为建设用地的,应当依照土地管理法等法律规定办理。

2. 中华人民共和国城市房地产管理法(2009年8月27修正)(节录)

第八条 土地使用权出让,是指国家将国有土地使用权(以下简称土地使用权)在一定年限内出让给土地使用者,由土地使用者向国家支付土地使用权出让金的行为。

第九条 城市规划区内的集体所有的土地,经依法征用转为国有土地后,该幅国有土地的使用权方可有偿出让。

第十条 土地使用权出让,必须符合土地利用总体规划、城市规划和年度建设用地计划。

第十一条 县级以上地方人民政府出让土地使用权用于房地产开发的,须根据省级以上人民政府下达的控制指标拟订年度出让土地使用权总面积方案,按照国务院规定,报国务院或者省级人民政府批准。

第十二条 土地使用权出让,由市、县人民政府有计划、有步骤地进行。出让的每幅地块、用途、年限和其他条件,由市、县人民政府土地管理部门会同城市规划、建设、房产管理部门共同拟定方案,按照国务院规定,报经有批准权的人民政府批准后,由市、县人民政府土地管理部门实施。

直辖市的县人民政府及其有关部门行使前款规定的权限,由直辖市人民政府规定。

第十三条 土地使用权出让,可以采取拍卖、招标或者双方协议的方式。

商业、旅游、娱乐和豪华住宅用地,有条件的,必须采取拍卖、招标方式;没有条件,不能采取拍卖、招标方式的,可以采取双方协议的方式。

采取双方协议方式出让土地使用权的出让金不得低于按国家规定所确定的最低价。

第十四条 土地使用权出让最高年限由国务院规定。

第十五条 土地使用权出让，应当签订书面出让合同。

土地使用权出让合同由市、县人民政府土地管理部门与土地使用者签订。

第十六条 土地使用者必须按照出让合同约定，支付土地使用权出让金；未按照出让合同约定支付土地使用权出让金的，土地管理部门有权解除合同，并可以请求违约赔偿。

第十七条 土地使用者按照出让合同约定支付土地使用权出让金的，市、县人民政府土地管理部门必须按照出让合同约定，提供出让的土地；未按照出让合同约定提供出让的土地的，土地使用者有权解除合同，由土地管理部门返还土地使用权出让金，土地使用者并可以请求违约赔偿。

第十八条 土地使用者需要改变土地使用权出让合同约定的土地用途的，必须取得出让方和市、县人民政府城市规划行政主管部门的同意，签订土地使用权出让合同变更协议或者重新签订土地使用权出让合同，相应调整土地使用权出让金。

第十九条 土地使用权出让金应当全部上缴财政，列入预算，用于城市基础设施建设和土地开发。土地使用权出让金上缴和使用的具体办法由国务院规定。

第二十条 国家对土地使用者依法取得的土地使用权，在出让合同约定的使用年限届满前不收回；在特殊情况下，根据社会公共利益的需要，可以依照法律程序提前收回，并根据土地使用者使用土地的实际年限和开发土地的实际情况给予相应的补偿。

第二十一条 土地使用权因土地灭失而终止。

第二十二条 土地使用权出让合同约定的使用年限届满，土地使用者需要继续使用土地的，应当至迟于届满前一年申请续期，除根据社会公共利益需要收回该幅土地的，应当予以批准。经批准准予续期的，应当重新签订土地使用权出让合同，依照规定支付土地使用权出让金。

土地使用权出让合同约定的使用年限届满，土地使用者未申请续期或者虽申请续期但依照前款规定未获批准的，土地使用权由国家无偿收回。

3. 中华人民共和国城镇国有土地使用权出让和转让暂行条例（1990年5月19日国务院令第55号公布）

第一章 总 则

第一条 为了改革城镇国有土地使用制度，合理开发、利用、经营土地，加强土地管理，促进城市建设和经济发展，制定本条例。

第二条 国家按照所有权与使用权分离的原则，实行城镇国有土地使用权出让、转让制度，但地下资源、埋藏物和市政公用设施除外。

前款所称城镇国有土地是指市、县城、建制镇、工矿区范围内属于全民所有的土地（以下简称土地）。

第三条 中华人民共和国境内外的公司、企业、其他组织和个人，除法律另有规定者外，均可依照本条例的规定取得土地使用权，进行土地开发、利用、经营。

第四条 依照本条例的规定取得土地使用权的土地使用者，其使用权在使用年限内可以转让、出租、抵押或者用于其他经济活动。合法权益受国家法律保护。

第五条 土地使用者开发、利用、经营土地的活动，应当遵守国家法律、法规的规定，并不得损害社会公共利益。

第六条 县级以上人民政府土地管理部门依法对土地使用权的出让、转让、出租、抵押、终止进行监督检查。

第七条 土地使用权出让、转让、出租、抵押、终止及有关的地上建筑物、其他附着物的登记，由政府土地管理部门、房产管理部门依照法律和国务院的有关规定办理。

登记文件可以公开查阅。

第二章 土地使用权出让

第八条 土地使用权出让是指国家以土地所有者的身份将土地使用权在一定年限内让与土地使用者，并由土地使用者向国家支付土地使用权出让金的行为。

土地使用权出让应当签订出让合同。

第九条 土地使用权的出让，由市、县人民政府负责，有计划、有步骤地进行。

第十条 土地使用权出让的地块、用途、年限和其他条件，由市、县人民政府土地管理部门会同城市规划和建设管理部门、房产管理部门共同拟定方案，按照国务院规定的批准权限报经批准后，由土地管理部门实施。

第十一条 土地使用权出让合同应当按照平等、自愿、有偿的原则，由市、县人民政府土地管理部门（以下简称出让方）与土地使用者签订。

第十二条 土地使用权出让最高年限按下列用途确定：

（一）居住用地七十年；

（二）工业用地五十年；

（三）教育、科技、文化、卫生、体育用地五十年；

（四）商业、旅游、娱乐用地四十年；

（五）综合或者其他用地五十年。

第十三条 土地使用权出让可以采取下列方式：

（一）协议；

（二）招标；

（三）拍卖。

依照前款规定方式出让土地使用权的具体程序和步骤，由省、自治区、直辖市人民政府规定。

第十四条 土地使用者应当在签订土地使用权出让合同后六十日内，支付全部土地使用权出让金。逾期未全部支付的，出让方有权解除合同，并可请求违约赔偿。

第十五条 出让方应当按照合同规定，提供出让的土地使用权。未按合同规定提供土地使用权的，土地使用者有权解除合同，并可请求违约赔偿。

第十六条 土地使用者在支付全部土地使用权出让金后，应当依照规定办理登记，领取土地使用证，取得土地使用权。

第十七条 土地使用者应当按照土地使用权出让合同的规定和城市规划的要求，开发、利用、经营土地。

未按合同规定的期限和条件开发、利用土地的，市、县人民政府土地管理部门应当予以纠正，并根据情节可以给予警告、罚款直至无偿收回土地使用权的处罚。

第十八条 土地使用者需要改变土地使用权出让合同规定的土地用途的，应当征得出让方同意并经土地管理部门和城市规划部门批准，依照本章的有关规定重新签订土地使用权出让合同，调整土地使用权出让金，并办理登记。

第三章 土地使用权转让

第十九条 土地使用权转让是指土地使用者将土地使用权再转移的行为，包括出售、交换和赠与。

未按土地使用权出让合同规定的期限和条件投资开发、利用土地的，土地使用权不得转让。

第二十条 土地使用权转让应当签订转让合同。

第二十一条 土地使用权转让时，土地使用权出让合同和登记文件中所载明的权利、义务随之转移。

第二十二条 土地使用者通过转让方式取得的土地使用权，其使用年限为土地使用权出让合同规定的使用年限减去原土地使用者已使用年限后的剩余年限。

第二十三条 土地使用权转让时，其地上建筑物、其他附着物所有权随之转让。

第二十四条 地上建筑物、其他附着物的所有人或者共有人，享有该建筑物、附着物使用范围内的土地使用权。

土地使用者转让地上建筑物、其他附着物所有权时，其使用范围内的土地使用权随之转让，但地上建筑物、其他附着物作为动产转让的除外。

第二十五条 土地使用权和地上建筑物、其他附着物所有权转让，应当依照规定办理过户登记。

土地使用权和地上建筑物、其他附着物所有权分割转让的，应当经市、县人民政府土地管理部门和房产管理部门批准，并依照规定办理过户登记。

第二十六条 土地使用权转让价格明显低于市场价格的，市、县人民政府有优先购买权。

土地使用权转让的市场价格不合理上涨时，市、县人民政府可以采取必要的措施。

第二十七条 土地使用权转让后，需要改变土地使用权出让合同规定的土地用途的，依照本条例第十八条的规定办理。

第四章 土地使用权出租

第二十八条 土地使用权出租是指土地使用者作为出租人将土地使用权随同地上建筑物、其他附着物租赁给承租人使用，由承租人向出租人支付租金的行为。

未按土地使用权出让合同规定的期限和条件投资开发、利用土地的，土地使用权不得出租。

第二十九条 土地使用权出租，出租人与承租人应当签订租赁合同。

租赁合同不得违背国家法律、法规和土地使用权出让合同的规定。

第三十条 土地使用权出租后，出租人必须继续履行土地使用权出让合同。

第三十一条 土地使用权和地上建筑物、其他附着物出租，出租人应当依照规定办理登记。

第五章 土地使用权抵押

第三十二条 土地使用权可以抵押。

第三十三条 土地使用权抵押时，其地上建筑物、其他附着物随之抵押。

地上建筑物、其他附着物抵押时，其使用范围内的土地使用权随之抵押。

第三十四条 土地使用权抵押，抵押人与抵押权人应当签订抵押合同。

抵押合同不得违背国家法律、法规和土地使用权出让合同的规定。

第三十五条 土地使用权和地上建筑物、其他附着物抵押，应当按照规定办理抵押登记。

第三十六条 抵押人到期未能履行债务或者在抵押合同期间宣告解散、破产的，抵押权人有权依照国家法律、法规和抵押合同的规定处分抵押财产。

因处分抵押财产而取得土地使用权和地上建筑物、其他附着物所有权的，应当依照规定办理过户登记。

第三十七条 处分抵押财产所得，抵押权人有优先受偿权。

第三十八条 抵押权因债务清偿或者其他原因而消灭的，应当依照规定办理注销抵押登记。

第六章 土地使用权终止

第三十九条 土地使用权因土地使用权出让合同规定的使用年限届满、提前收回及土地灭失等原因而终止。

第四十条 土地使用权期满，土地使用权及其地上建筑物、其他附着物所有权由国家无偿取得。土地使用者应当交还土地使用证，并依照规定办理注销登记。

第四十一条 土地使用权期满，土地使用者可以申请续期。需要续期的，应当依照本条例第二章的规定重新签订合同，支付土地使用权出让金，并办理登记。

第四十二条 国家对土地使用者依法取得的土地使用权不提前收回。在特殊情况下，根据社会公共利益的需要，国家可以依照法律程序提前收回，并根据土地使用者已使用的年限和开发、利用土地的实际情况给予相应的补偿。

第七章 划拨土地使用权

第四十三条 划拨土地使用权是指土地使用者通过各种方式依法无偿取得的土地使用权。

前款土地使用者应当依照《中华人民共和国城镇土地使用税暂行条例》的规定缴纳土地使用税。

第四十四条 划拨土地使用权，除本条例第四十五条规定的情况外，不得转让、出租、抵押。

第四十五条 符合下列条件的，经市、县人民政府土地管理部门和房产管理部门批准，其划拨土地使用权和地上建筑物，其他附着物所有权可以转让、出租、抵押：

（一）土地使用者为公司、企业、其他经济组织和个人；

（二）领有国有土地使用证；

（三）具有地上建筑物、其他附着物合法的产权证明；

（四）依照本条例第二章的规定签订土地使用权出让合同，向当地市、县人民政府补交土地使用权出让金或者以转让、出租、抵押所获收益抵交土地使用权出让金。

转让、出租、抵押前款划拨土地使用权的，分别依照本条例第三章、第四章和第五章的规定办理。

第四十六条 对未经批准擅自转让、出租、抵押划拨土地使用权的单位和个人，市、县人民政府土地管理部门应当没收其非法收入，并根据情节处以罚款。

第四十七条 无偿取得划拨土地使用权的土地使用者，因迁移、解散、撤销、破产或者其他原因而停止使用土地的，市、县人民政府应当无偿收回其划拨土地使用权，并可依照本条例的规定予以出让。

对划拨土地使用权，市、县人民政府根据城市建设发展需要和城市规划的要求，可以无偿收回，并可依照本条例的规定予以出让。

无偿收回划拨土地使用权时，对其地上建筑物、其他附着物，市、县人民政府应当根据实际情况给予适当补偿。

第八章 附 则

第四十八条 依照本条例的规定取得土地使用权的个人，其土地使用权可以继承。

第四十九条 土地使用者应当依照国家税收法规的规定纳税。

第五十条 依照本条例收取的土地使用权出让金列入财政预算，作为专项基金管理，主要用于城市建设和土地开发。具体使用管理办法，由财政部另行制定。

第五十一条 各省、自治区、直辖市人民政府应当根据本条例的规定和当地的实际情况选择部分条件比较成熟的城镇先行试点。

第五十二条 外商投资从事开发经营成片土地的，其土地使用权的管理依照国务院的有关规定执行。

第五十三条 本条例由国家土地管理局负责解释；实施办法由省、自治区、直辖市人民政府制定。

第五十四条 本条例自发布之日起施行。

4. 中华人民共和国土地管理法实施条例（1998年12月27日国务院令第256号发布）（节录）

第六条 依法改变土地所有权、使用权的，因依法转让地上建筑物、构筑物等附着物导致土地使用权转移的，必须向土地所在地的县级以上人民政府土地行政主管部门提出土地变更申请，由原土地登记机关依法进行土地所有权、使用权变更登记。土地所有权、使用权的变更，自变更登记之日起生效。

依法改变土地用途的，必须持批准文件，向土地所在地的县级以上人民政府土地行政主管部门提出土地变更登记申请，由原土地登记机关依法进行变更登记。

5. 最高人民法院关于审理涉及国有土地使用权合同纠纷案件适用法律问题的解释（2005年6月18日　法释〔2005〕5号）（节录）

一、土地使用权出让合同纠纷

第一条　本解释所称的土地使用权出让合同，是指市、县人民政府土地管理部门作为出让方将国有土地使用权在一定年限内让与受让方，受让方支付土地使用权出让金的协议。

第二条　开发区管理委员会作为出让方与受让方订立的土地使用权出让合同，应当认定无效。

本解释实施前，开发区管理委员会作为出让方与受让方订立的土地使用权出让合同，起诉前经市、县人民政府土地管理部门追认的，可以认定合同有效。

第三条　经市、县人民政府批准同意以协议方式出让的土地使用权，土地使用权出让金低于订立合同时当地政府按照国家规定确定的最低价的，应当认定土地使用权出让合同约定的价格条款无效。

当事人请求按照订立合同时的市场评估价格交纳土地使用权出让金的，应予支持；受让方不同意按照市场评估价格补足，请求解除合同的，应予支持。因此造成的损失，由当事人按照过错承担责任。

第四条　土地使用权出让合同的出让方因未办理土地使用权出让批准手续而不能交付土地，受让方请求解除合同的，应予支持。

第五条　受让方经出让方和市、县人民政府城市规划行政主管部门同意，改变土地使用权出让合同约定的土地用途，当事人请求按照起诉时同种用途的土地出让金标准调整土地出让金的，应予支持。

第六条　受让方擅自改变土地使用权出让合同约定的土地用途，出让方请求解除合同的，应予支持。

二、土地使用权转让合同纠纷

第七条　本解释所称的土地使用权转让合同，是指土地使用权人作为转让方将出让土地使用权转让于受让方，受让方支付价款的协议。

第八条　土地使用权人作为转让方与受让方订立土地使用权转让合同后，当事人一方以双方之间未办理土地使用权变更登记手续为由，请求确认合同无效的，不予支持。

第九条　转让方未取得出让土地使用权证书与受让方订立合同转让土地使用权，起诉前转让方已经取得出让土地使用权证书或者有批准权的人民政府同意转让的，应当认定合同有效。

第十条　土地使用权人作为转让方就同一出让土地使用权订立数个转让合同，在转让合同有效的情况下，受让方均要求履行合同的，按照以下情形分别处理：

（一）已经办理土地使用权变更登记手续的受让方，请求转让方履行交付土地等合同义务的，应予支持；

（二）均未办理土地使用权变更登记手续，已先行合法占有投资开发土地的受让方请求转让方履行土地使用权变更登记等合同义务的，应予支持；

（三）均未办理土地使用权变更登记手续，又未合法占有投资开发土地，先行支付土地转让款的受让方请求转让方履行交付土地和办理土地使用权变更登记等合同义务的，应予支持；

（四）合同均未履行，依法成立在先的合同受让方请求履行合同的，应予支持。

未能取得土地使用权的受让方请求解除合同、赔偿损失的，按照《中华人民共和国合同法》的有关规定处理。

第十一条 土地使用权人未经有批准权的人民政府批准，与受让方订立合同转让划拨土地使用权的，应当认定合同无效。但起诉前经有批准权的人民政府批准办理土地使用权出让手续的，应当认定合同有效。

第十二条 土地使用权人与受让方订立合同转让划拨土地使用权，起诉前经有批准权的人民政府同意转让，并由受让方办理土地使用权出让手续的，土地使用权人与受让方订立的合同可以按照补偿性质的合同处理。

第十三条 土地使用权人与受让方订立合同转让划拨土地使用权，起诉前经有批准权的人民政府决定不办理土地使用权出让手续，并将该划拨土地使用权直接划拨给受让方使用的，土地使用权人与受让方订立的合同可以按照补偿性质的合同处理。

十二、采矿权转让合同纠纷

31. 采矿权转让应符合什么条件?

采矿权是指在依法取得的采矿许可证规定的范围内,开采矿产资源和获得所开采的矿产品的权利。取得采矿许可证的单位或者个人称为采矿权人。已取得采矿权的矿山企业,因企业合并、分立,与他人合资、合作经营,或者因企业资产出售以及有其他变更企业资产产权的情形而需要变更采矿权主体的,经依法批准可以将采矿权转让他人采矿。转让采矿权,应当具备下列条件:(1)矿山企业投入采矿生产满1年;(2)采矿权属无争议;(3)按照国家有关规定已经缴纳采矿权使用费、采矿权价款、矿产资源补偿费和资源税;(4)国务院地质矿产主管部门规定的其他条件。国有矿山企业在申请转让采矿权前,应当征得矿山企业主管部门的同意。国家禁止将采矿权倒卖牟利,转让国家出资勘查所形成的探矿权、采矿权的,必须进行评估。

典型疑难案件参考

成都鹏伟实业有限公司与江西省永修县人民政府、永修县鄱阳湖采砂管理工作领导小组办公室采矿权纠纷案(《最高人民法院公报》2010年第4期)

基本案情

2006年,永修县政府决定以拍卖的方式出让鄱阳湖永修县水域5、6、7、8号4个采区的采砂权。采砂办制作并在"中国投资在线"网站上登载了《永修县砂石开发招商引资推介书(鄱阳湖采砂开发项目)》(以下简称《推介书》)。该《推介书》称:"鄱阳湖汛期早,时间长,从每年4月上旬到11月底,开采期长达200天;投资金额1.1亿元人民币以上,主要为购买采矿权的价款和税费;销售总额可达7—10亿元,利润5000—7000万元。"为配合招商引资，采砂办工作人员编写了《江西省鄱阳湖永修采区2006年采砂可行性报告》（以下简称《可行性报告》），对采砂权的投资前景，包括运作盈利方式、设备投入、人员配置、效益等方面作了详细的分析预算：按每天采砂260船，每条船1500吨，每吨8元计算，每个工作日泵船销砂收入可达312万元，投资方按30%的比例提取提成款，每天可收入93.6万元，整个采季按180天计算，总收入可达16848万元；成本包括采矿权价款1.1亿元，加上快艇成本、租船租金、燃油费、人员工资、生活费用、利息、海事安监工商收费等，总成本约11832.4万元（按6个月采期计算）；利润5015.6万元。该《可行性报告》在"投资风险"一栏中指出，采砂存在政策风险、市场风险和自然风险。"自然风险，如果遇上枯水年，会对开采期造成较大影响。不过，1998年长江流域是大水年。从1998年至今，已经8年。按一般规律，今年也是大水年。即使不是大水年，按照鄱阳湖常年水位，从5月初到10月底，开采6个月（180天）是没有问题的。"采砂办提供给鹏伟公司董事长张伟的《鄱阳湖6、7、8三个采区评估（2006）报告》也指出："采区正常营运时间本年度5月中旬—11月中旬，全年为期6个月，为作保守投资评估，减去因天气等因素，假定正常营业时间为4个月（120天）。"

2006年4月17日，江西省水利厅作出赣水政法字〔2006〕24号批复，主要内容为："原则同意2006年鄱阳湖永修县部分水域河道采砂开采权拍卖方案。拍卖可采期限为2006年5月1日至2006年12月31日，控制采砂船为38条，年控制开采总量为2320万吨。"该批复附件载明："鄱阳湖永修县6号采区控制泵数5艘、年控采量110万吨，6-1号采区控制泵数5艘、年控采量600万吨，7号采区控制泵数10艘、年控采量330万吨，7-1号采区控制泵数4艘、年控采量500万吨，8号采区控制泵数2艘、年控采量50万吨，8-1号采区控制泵数2艘、年控采量150万吨；全年禁采4个月以上。"

采砂办委托山东银星拍卖有限公司负责本次采砂权出让事宜，双方作出的《拍卖会标的清单》和《拍卖会特别约定》载明："鄱阳湖永修县6、7、8号采区采砂权起拍价4068万元；买受人承担采区工作费用25.2万元，按核定采砂船1000元/月/艘收取；税费3550万元，包括应缴国家税收、河道采砂管理费和矿产资源补偿费。"2006年4月26日，鹏伟公司以4678万元竞得鄱阳湖永修县水域6、7、8号采区采砂权。随后，鹏伟公司陆续向永修县非税收入管理局交纳8228万元，该局出具了相应金额的收费票据，8228万元的收费项目名称均为"采区拍卖款"。2006年5月10日，采砂办与鹏伟公司正式签订《鄱阳湖永修县6、7、8号采区采砂权出让合同》（以下简称《采砂权出让合同》），约定："一、采砂权使用期限自签订本合同之日至2006年12月31日止,同时满足防汛要求;采砂船数量28艘(功率4000kW以内/艘);年控制采量1740万吨;二、拍卖成交金额8228万元(包括税费);……十、本合同约定的采区采砂权使用期限,是根据上级主管部门的批文当年度的有效可采期,实际可采期限以当年水位不能供采砂船只作业时为准。"

自2006年7月以后,江西省持续高温干旱天气,降雨偏少,长江江西段出现同期罕见枯水位,鄱阳湖水大量流入长江,水位急剧下降,出现自20世纪70年代初期以来罕见的低水位。2006年8月18日,因鄱阳湖水位过低造成运砂船难以进入采区,鹏伟公司被迫停止采砂。为此,鹏伟公司致函采砂办要求解决开采时间缩短、砂源不足等问题。根据江西省永修县港航管理所的证明,该所于2006年度每日在6时至18时段对鄱阳湖永修水域5、6、7、8号采区的采砂收取货物港务费,共计收取875.774万元,有效收费票据7935张,即砂量875.774万吨,运力船只7935艘次。据此,鄱阳湖永修水域5、6、7、8号采区平均每艘运砂船运力为1103.6849吨。根据鹏伟公司自认其共运砂20900船次,可推算出采量为2306.7015万吨。另据江西省水文局档案资料记载,2006年8月18日湖口水道星子站日平均水位为13.05米,该水位自1970年以来一般出现在10月中下旬以后。据采砂办和鹏伟公司介绍,2006年鄱阳湖的砂石价格在6元至8元之间。

原审另查明:采砂办是永修县政府直属事业单位,其宗旨和业务范围为:负责宣传国家有关法律法规和政策,协调采砂各方关系,对采砂进行监管,维护采砂正常秩序,经费来源为财政拨款。根据《2006年鄱阳湖水修辖区采砂管理实施办法》,采砂管理工作领导小组由永修县委、县政府相关部门和单位主要领导组成,采砂管理工作领导小组下设采砂办,负责采砂日常工作,其工作经费由永修县财政安排。本案纠纷发生后,2007年鄱阳湖永修县水域5、6、7号采区的采砂权被永修县水电建筑工程公司经拍卖取得,该公司与永修县水务局签订《鄱阳湖永修水域河砂开采管理协议》,约定,开采期限"原则上自本协议签订起至2007年12月31日止,实际可采期以当年水位不能供采砂船只作业时为准。同时满足防汛要求和国家重点建设要求等不可预见的相关政策。因水位等客观原因造成不能生产等的一切风险由永修县水电建筑工程公司自行承担"。永修县水电建筑工程公司取得的采砂权年控制采量为2380万吨,合同价款6016万元,其中河道砂石资源费1904万元,该公司自2007年6月20日进场开采至2007年10月10日停止作业。

▶ 一审诉辩情况

2007年8月,鹏伟公司提起民事诉讼,请求解除其与采砂办签订的《采砂权出让合同》；采砂办、永修县政府依照合同约定补足135天采期并提供全部税费发票；如采砂办、永修县政府不能补足采期，则应退还鹏伟公司多支付的拍卖成交款4727万元（含税费）；诉讼费用由采砂办、永修县政府承担。一审庭审中，鹏伟公司撤回了补足135天采期的诉讼请求。

▶ 一审裁判结果 ◀

江西省高级人民法院判决：驳回鹏伟公司的诉讼请求。

▶ 一审裁判理由 ◀

江西省高级人民法院认为：采砂办是永修县政府成立的负责采砂日常管理工作的事务性机构，其在永修县政府的授权下拍卖出让采砂权，该行为的法律后果应由永修县政府承担。采砂办与鹏伟公司签订的《采砂权出让合同》系当事人的真实意思表示，内容符合江西省水利厅批复文件对采砂泵船数量、年控制采量和禁采期限所作的限制，不违反我国法律、行政法规的强制性规定，应认定为合法有效。根据《采砂权出让合同》第1条有关年控制采量以及第10条有关实际可采期限的约定，鹏伟公司的采砂权要受到采量和采期的双重限制，即在鄱阳湖永修水域水位可供采砂作业的情况下，鹏伟公司的采量上限为1740万吨，一旦达到该采量鹏伟公司就应停止开采，合同履行完毕；当鄱阳湖永修水域水位因季节、气候变化自然下降导致采砂泵船、运砂船无法作业时，即使鹏伟公司的采量尚未达到1740万吨，鹏伟公司也只能停止开采，合同权利义务终止。由于鄱阳湖水文状况每年各异，在合同订立时无法准确预见因水位下降导致无法采砂作业的具体时间，故《采砂权出让合同》对采期的表述较为概括，在第10条约定"实际可采期以当年水位不能供采砂船只作业时为准"。因此，关于鹏伟公司提出该条款表明其取得的采砂权只受采期限制、不受采量限制的诉讼主张，不予采信。根据现有证据材料，可推算出截至2006年8月18日停止采砂作业时，鹏伟公司的采砂量为2306.7015万吨，已经超出了《采砂权出让合同》约定的1740万吨年控制采量。因此，《采砂权出让合同》在2006年8月18日之前即因采量达到合同约定而履行完毕，在合同履行完毕以后发生的无水供采现象，不论是否属于不可抗力均不能构成解除合同的理由。故鹏伟公司提出的因不可抗力致使部分采砂权益没有实现，要求解除《采砂权出让合同》的诉讼请求，不予支持。况且，即使如鹏伟公司所称，本案1740万吨砂石开采权的收益与8228万元的合同价款不构成合理对价，因其投标竞拍是期望取得一定期限的采砂权，鹏伟公司取得采砂权后，为获取经济利益必然违反江西省水利厅批复文件的限制进行超量开采，鹏伟公司的该合同目的具有不法性。根据民法的不法原因给付理论，鹏伟公司在不法合同目的无法实现的情况下诉求返还已经支付的部分合同价款，法律亦不应给予保护。关于鹏伟公司诉求提供税票的问题，因《采砂权出让合同》未作约定，不属于本案审理范畴。

二审诉辩情况

鹏伟公司上诉称：（1）双方签订的《采砂权出让合同》中对于采砂量的限制并非双方真实的意思表示。采砂办在"中国投资在线"网站发布的公开拍卖《推介书》中介绍，开采期长达200天，销售额可达7—10亿元。按此计算，年采砂量可达1亿吨以上。鹏伟公司中标后，在与采砂办签订出让合同时，对合同条款中增加的采量限制条款当时就提出异议，永修县委、县政府主要领导解释，合同上加上采量限制是"为了对付省水利厅的检查"，并向上诉人承诺采砂量"实际不受限制"。如果限制1740万吨的采量，销售额尚不足1.4亿元，按每吨毛利2元计算，采砂权人毛收入仅有3480万元，项目干下来，采砂权人不仅赚不到钱，反而要赔4800万元。原审认定鹏伟公司实际采砂2306.7万吨，与实际不符。（2）合同在履行过程中，出现了百年不遇的特大旱灾，使采砂有效开采期比合同约定的有效开采期减少135天，合同目的不能实现。鹏伟公司取得的是采砂权，但合同实际履行过程中，鹏伟公司没有依合同获得相应的矿产产品，采砂办和永修县政府没有失去相应数额的矿产资源，却按照合同取得了全部价款，造成合同履行的不公平，有悖于合同法的基本原则。（3）鉴于采砂办和永修县政府不能用延展采砂期的方式允许上诉人继续采砂，变更合同，弥补损失已经失去了可能性，鹏伟公司只能要求采砂办和永修县政府返还合理对价以外的部分合同价款，按照鹏伟公司实际行使采砂权的期限和合同约定的235天的采砂天数的比例，返还鹏伟公司4727万元。按照出让合同约定，鹏伟公司缴纳的税费3350万元一并包含在合同总价款之中，已经采砂办代收，但采砂办并未交纳该笔费用，采砂办和永修县政府有义务将多交的部分返还给鹏伟公司。鹏伟公司一审的诉讼请求是合理合法的，请求二审撤销原审判决，改判支持其一审诉讼请求。

被上诉人永修县政府及采砂办答辩称：（1）《采砂权出让合同》内容真实，合法有效。1740万吨是上级行政主管部门对年采量的行政许可限制。《采砂权出让合同》明确约定年控制采量为1740万吨，鹏伟公司在合同上签字并加盖公章表明其对合同确认无异议。鹏伟公司以《推介书》、《可行性报告》等否认该约定，称该约定不是双方真实意思表示，不足采信。《推介书》、《可行性报告》非《采砂权出让合同》的组成部分，对合同双方不具有法律约束力。鹏伟公司称县领导承诺不限量开采，但并未提出证据证实是哪位领导在何时何地作出过该承诺。（2）鹏伟公司认为合同履行过程中，出现了百年不遇的特大旱灾，使采砂有效开采期比合同约定的有效开采期减少135天，造成合同实际履行上的不公平不能成立。首先，《采砂权出让合同》关于："采砂权使用期限自签订本合同之日至2006年12月31日止"、"采砂权实际可采期限以当年水位不能供采砂船只作业时为准"的规定是合同履行期限和实际可采期限的约定，合同并没有约定有235天的必采期。既然不存在235天必采期的约定，就不存在减少135天有效开采期。鄱阳湖采砂是一项依靠水位操作的特殊行业，开采时间长短取决于鄱阳湖水位的高低，鄱阳湖水位丰枯的自然现象决定了采砂不可能采至当年11月以后，鹏伟公司提供的水文资料也充分证明了这一事实。（3）鄱阳湖采砂是一项高风险、高效益的特殊行业，具有时间性、季节性的显著特点，本身蕴涵了巨大的商业风险。鹏伟公司参加采矿权竞买，即表明其对该风险知晓并认可。因此，8月18日以后出现低水位不能供采是鹏伟公司应当自行承担的商业风险。鹏伟公司以情势变更为由认为履行结果不公平，没有法律依据。至8月18日，鹏伟公司开采量达2306.7015万吨，已超过年控制采量1740万吨，合同目的已实现，其后发生的低水位不能供采现象，不可能造成合同履行结果上的不公平。鹏伟公司缴纳的8228万元中4678万元是通过拍卖程序竞价确定的采砂权拍卖价款，不存在情势变更的问题；3550万元是行政主管部门根据行政法律关系按1740万吨年控制采量计征的税费，更不存在情势变更的问题。鹏伟公司要求返还合理对价以外按实际采砂期限与235天采砂天数的比例折算的价款4727万元的请求依法不能成立。请求驳回上诉，维持原判。

二审裁判结果

最高人民法院判决：

一、撤销江西省高级人民法院〔2007〕赣民二初字第12号民事判决；

二、江西省永修县人民政府、永修县鄱阳湖采砂管理工作领导小组办公室于本判决生效之日起30日内退还成都鹏伟实业有限公司采砂权出让价款1079.54万元；

三、驳回成都鹏伟实业有限公司的其他诉讼请求。

二审裁判理由

二审对一审查明的事实予以确认。

最高人民法院认为：采砂办通过公开拍卖的方式与鹏伟公司签订的《采

砂权出让合同》系当事人的真实意思表示，合同内容不违反法律、行政法规的禁止性规定，应认定为合法有效。

《采砂权出让合同》约定：采砂权使用期限自签订本合同之日至2006年12月31日止，年控制采量1740万吨；本合同约定的采区采砂权使用期限，是根据上级主管部门的批文当年度的有效可采期，实际可采期限以当年水位不能供采砂船只作业时为准。对上述约定，鹏伟公司认为合同中约定的1740万吨采砂限制并不是鹏伟公司和采砂办的真实意思表示，永修县政府主要领导在签订合同时解释，合同加上采量限制是为了应对省水利厅的检查，并承诺采砂量实际不受限制。鹏伟公司在本案一审审理中以采砂办在网站发布的公开拍卖《推介书》和采砂办工作人员编写的《可行性报告》作为其证明上述主张的证据。永修县政府和采砂办认为，年控制采量1740万吨是上级行政主管部门对年采量的行政许可限制，鹏伟公司对《采砂权出让合同》关于1740万吨的约定无异议才签字盖章。该约定是明确的，不能以《推介书》和个人撰写的《可行性报告》来否定合同的效力。

对此，本院认为，采砂办在"中国投资在线"网站发布的公开拍卖《推介书》是对公开拍卖采砂权事宜向社会不特定对象发出的要约邀请，在受要约人与之建立合同关系，且双方对合同约定的内容产生争议时，该要约邀请对合同的解释可以产生证据的效力。采砂办工作人员编写的《可行性报告》与《推介书》的内容是一致的，是对要约的具体化和解释，在本案中可以作为证据使用。该《推介书》、《可行性报告》均以5、6、7、8号4个采区投资金额1.1亿元人民币为例对竞拍取得采砂权进行了宣传。按《可行性报告》开采期较少的180日计算口径，湖砂每吨8元，投资方按30%的比例提取提成款，则开采1740万吨湖砂利润为4176万元，也即，如果将合同解释为限量的1740万吨，那么鹏伟公司的投资回报仅为4176万元，同支付采砂办的采砂权价款及税费共计8228万元相较，显然不成比例。故鹏伟公司关于1740万吨采砂限制并不是鹏伟公司和采砂办的真实意思表示，《采砂权出让合同》系限时不限量合同的主张，本院予以支持。在实际履行合同过程中，作为采砂的监管部门，采砂办并未对鹏伟公司的采量加以监管和限制，在本案一、二审过程中也未能提供鹏伟公司采砂的具体数字、采量到达1740万吨的具体时间及此后采取了何种管理措施的证据，表明其对1740万吨的采砂限量并不真正关心，该行为可以间接证明《采砂权出让合同》并非真实的限量合同。

在本案一审过程中，采砂办举证鹏伟公司运砂20900船次，对此鹏伟公司予以认可，原审法院根据运沙船的平均吨位估算出鹏伟公司实际采砂2306.7015万吨，鹏伟公司称使用大船的平均吨位计算不科学，但并未提供实际采量的相关证据，原审法院的上述认定并无不妥，应予维持。根据《推介书》、《可行性报告》载明的投资回报计算方法，以鹏伟公司实际采量2306.7015万吨计算，鹏伟公司实际收入为5534余万元，与其支付的8228万元相比，其仍然处于亏损状态。

根据原审查明的事实，鹏伟公司在2006年5月10日签订《采砂权出让合同》后即开始采砂工作，至2006年8月18日停止采砂，共计开采100天。停止采砂的原因是：自2006年7月以后，江西省持续高温干旱天气，降雨偏少，长江江西段出现同期罕见枯水位，鄱阳湖水大量流入长江，水位急剧下降，出现自20世纪70年代初期以来罕见的低水位。因鄱阳湖水位过低造成运砂船难以进入采区，鹏伟公司被迫停止采砂。根据江西省水文局档案资料记载，2006年8月18日湖口水道星子站日平均水位为13.05米，该水位自1970年以来一般出现在10月中下旬以后。对上述事实双方均无异议。故可以认定，受36年未遇的鄱阳湖罕见低水影响，鹏伟公司采砂提前结束，该自然灾害与鹏伟公司的亏损具有直接的因果关系。对此，鹏伟公司和采砂办均无异议。

公平原则是当事人订立、履行民事合同所应遵循的基本原则。本院《关于适用〈合同法〉若干问题的解释（二）》第26条规定："合同成立以后客观情况发生了当事人在订立合同时无法预见的、非不可抗力造成的不属于商业风险的重大变化，继续履行合同对于一方当事人明显不公平或者不能实现合同目的，当事人请求人民法院变更或者解除合同的，人民法院应当根据公平原则，并结合案件的实际情况确定是否变更或者解除。"本案中，鹏伟公司所享有的鄱阳湖永修段采砂权虽然是通过竞拍方式取得的，但竞拍只是鹏伟公司与采砂办为订立《采砂权出让合同》所采取的具体方式，双方之间的合同行为仍应受《合同法》的调整。鹏伟公司在履行本案《采砂权出让合同》过程中遭遇鄱阳湖36年未遇的罕见低水位，导致采砂船不能在采砂区域作业，采砂提前结束，未能达到《采砂权出让合同》约定的合同目的，形成巨额亏损。这一客观情况是鹏伟公司和采砂办在签订合同时不可能预见到的，鹏伟公司的损失也非商业风险所致。在此情况下，仍旧依照合同的约定履行，必然导致采砂办取得全部合同收益，而鹏伟公司承担全部投资损失，对鹏伟公司而言是不公平的，有悖于合同法的基本原则。鹏伟公司要求采砂办退还部分合同价款，实际是要求对《采砂权出让合同》的部分条款进行变更，符合合同法和本院上述司法解释的规定，本院予以支持。

根据采砂办《推介书》、《可行性报告》载明的投资回报计算方法推算，鹏伟公司开采2306.7015万吨湖砂收入为5534余万元，其开采实际天数为100天，即每日收入55.34万元。按此进度，要收回成本，抵消其已支付的8228

万元采砂权价款及税费，鹏伟公司至少应采砂149天。另根据一审查明的事实，2006年8月18日，因鄱阳湖水位过低造成运砂船难以进入采区，鹏伟公司被迫停止采砂。据江西省水文局档案资料记载，在此时点，鄱阳湖湖口水道星子站日平均水位为13.05米，该水位自1970年以来一般出现在10月中下旬以后。据此推算，如未遇到自1970年以来的极低水位，鹏伟公司的采砂时间应当可以至160日左右。上述两种推算方法所确定的采砂期限与采砂办的《推介书》和《可行性报告》中对采砂期的宣传是基本吻合的。根据损失共担的公平原则，结合本案的实际情况，本院酌定采砂办应补偿鹏伟公司6、7、8号采区采砂共计30日。鉴于鄱阳湖采砂具有较强的季节性，且取得采砂权需经较为严格的行政许可程序，双方在本院二审中对补偿采期问题不能达成一致，采砂办应当退还部分采砂权出让价款以替代采期补偿。

  鹏伟公司一审请求采砂办退还其多支付的拍卖成交款4727万元，该项诉讼请求实际包含两项内容，即要求采砂办退还部分采砂权出让价款，同时退还其多缴纳的各种税费。纳税人缴纳税收及向行政机关缴纳规费不是平等主体之间的民事行为，不宜作为民事案件审理，故对鹏伟公司要求采砂办退还部分采砂税费的诉讼请求本案不予审理，鹏伟公司可向有关行政机关另行主张权利或作为行政案件另行起诉。鹏伟公司支付的8228万元拍卖成交款中，采砂权出让价款为4678万元，以采砂期限130日计算，每日为35.98万元，鹏伟公司实际少采砂30天，故采砂办应返还鹏伟公司采砂权出让价款1079.54万元。

  采砂办是永修县政府直属事业单位，系永修县采砂管理工作领导小组的日常办事机构。采砂管理工作领导小组由永修县委、县政府相关部门主要领导组成。采砂办经费来源为财政拨款，无独立承担民事责任的行为能力，故永修县政府应与采砂办共同承担本案的民事责任。

  综上，原审判决认定事实清楚，但适用法律有误，实体处理不当，本院予以纠正。鹏伟公司的部分上诉请求有事实和法律依据，本院予以支持。

采矿权转让合同纠纷办案依据集成

中华人民共和国矿产资源法（2009年8月27日修正）（节录）

第六条 除按下列规定可以转让外，探矿权、采矿权不得转让：

（一）探矿权人有权在划定的勘查作业区内进行规定的勘查作业，有权优先取得勘查作业区内矿产资源的采矿权。探矿权人在完成规定的最低勘查投入后，经依法批准，可以将探矿权转让他人。

（二）已取得采矿权的矿山企业，因企业合并、分立、与他人合资、合作经营，或者因企业资产出售以及有其他变更企业资产产权的情形而需要变更采矿权主体的，经依法批准可以将采矿权转让他人采矿。

前款规定的具体办法和实施步骤由国务院规定。

禁止将探矿权、采矿权倒卖牟利。

十三、房地产开发经营合同纠纷

32. 合作开发房地产合同的法律性质如何认定？

土地使用权投入方将其土地使用权变更为合作各方共有或者归于项目公司名下，是合作开发房地产合同的重要特征。判断合同的性质是否为合作开发房地产，不以合同名称为依据，而应审查合同的约定内容：（1）合作开发房地产合同约定提供土地使用权的当事人不承担经营风险，只收取固定利益的，应当认定为土地使用权转让合同；（2）合同约定提供资金的当事人不承担经营风险，只分配固定数量房屋的，应当认定为房屋买卖合同；（3）合同约定提供资金的当事人不承担经营风险，只收取固定数额货币的，应当认定为借款合同；（4）合同约定提供资金的当事人不承担经营风险，只以租赁或者其他形式使用房屋的，应当认定为房屋租赁合同。

典型疑难案件参考

长治市华茂副食果品有限公司与长治市杰昌房地产开发有限公司合作开发房地产合同纠纷案（《最高人民法院公报》2007年第8期）

基本案情

2001年8月22日，山西省长治市建设局根据长治市城区副食果品公司《关于华茂商业园区开发改造方案的报告》向山西省长治市人民政府请示，山西省长治市计委于2001年11月28日以长计投字〔2001〕216号批复同意长治市城区副食果品公司对华茂小区进行开发，项目总建筑面积43787平方米。2001年12月31日，山西省长治市建委为长治市城区副食果品公司核发建设项目选址意见书和建设用地规划许可证。2002年1月12日，山西省长治市人民政府办公厅以长政办发〔2002〕1号通知对华茂商业园区进行拆迁改造。

2002年3月28日，长治市城区副食果品公司变更登记为长治市华茂副食果品有限公司，该公司变更登记前后的法定代表人均为刘华川。2002年4月21日，杰昌公司注册成立，法定代表人为刘华川。2002年4月27日，山西省长治市计委以长计投字〔2002〕172号通知同意华茂商业园区一期工程超市购物中心建设，建筑面积为28380平方米。

　　2002年5月25日，华茂公司、苏福伦、香港益群企业贸易有限公司（以下简称香港益群公司）签订《协议书》，约定合作开发华茂商住园，但该协议未履行。2002年7月6日，华茂公司、苏福伦、香港益群公司、陈培森签订合作开发华茂商业园区项目的《房地产合作开发协议书》约定，各方一致同意合作开发建设华茂商业园区项目，各方的权利和义务通过本协议予以规范。主要条款有：一是原华茂商业园区项目已经长治市长计投字〔2001〕216号、长建发〔2001〕136号、长政办发〔2002〕1号、长计投字〔2002〕172号等文件批准，并办理了选址字58号建设项目选址意见书和长投2001年编号用地66号建设用地规划许可证。现因项目建设需要，经三方友好协商，增加苏福伦、香港益群公司对该项目进行开发建设。二是项目用地范围中包括华茂公司自有出让土地，即长治国用〔2001〕字第044号土地使用面积15293.9平方米及长治国用〔2001〕字第014号土地使用面积2451.2平方米。三是开发方式为各方商定以杰昌公司作为对华茂商住步行街改造建设的项目公司；对杰昌公司的股东股权进行变更；华茂公司应配合苏福伦、香港益群公司在本协议签订后办理杰昌公司股东变更登记手续，所发生的费用，由苏福伦、香港益群公司支付。四是开发条件为根据华茂商住步行街建设规划，该项目分两期建设并由苏福伦、香港益群公司具体实施。华茂公司负责将原改造建设单位由华茂公司变更为杰昌公司改造建设经营，负责办理杰昌公司开工前政府所有批文；华茂公司长治国用〔2001〕字第044号土地面积15293.9平方米和长治国用〔2001〕字第014号土地使用面积2451.2平方米，纳入杰昌公司对华茂商住步行街整体开发建设；土地变更手续在拆迁协议签订后统一办理；华茂公司按一、二期开发进度负责该部分土地地上建筑物的拆迁补偿安置及"三通一平"，并承担由此发生的费用（拆迁保证金、搬迁、拆除、清运）；华茂公司协同办理杰昌公司的股权变更手续和办理杰昌公司房地产开发经营的资质，所需费用由苏福伦、香港益群公司承担。苏福伦、香港益群公司负责除华茂公司提供项目建设用地以外部分土地的拆迁、安置及费用，并缴纳该部分所需补交的土地出让金，负责除华茂公司承担的费用之外本项目开发建设经营所需的全部资金的投入，负责杰昌公司具体运作，并对本项目整体进行规划设计、施工、销售，负责对其费用及项目公司注册资金的投入。五是分配与销售为华茂公司分得项目总建筑面积11070平方米房产，其中一期为商场3700平方米（作为对华茂超市长治国用〔2001〕字第014号宗地及其上部建筑物的拆迁补偿安置的全部费用）、独立店面500平方米、住宅2205平方米；二期为商场1000平方米、独立店面1500平方米、住宅2165平方米；项目开始运作，拆迁公告发布时，即由杰昌公司与华茂公司按照以上条件签订拆迁安置协议，具体补偿房产的位置、层次，在项目总图中商定；除补偿华茂公司11070平方米的房产外，其余的房产全部归苏福伦、香港益群公司所有；各方所得房产相对集中、好坏搭配，并按物业管理条例由各方各自承担应交的各项费用。协议还约定了房产销售、违约责任和期限等。

根据上述协议，2002年7月7日，杰昌公司的股东由刘华川、李钦定、李淑珍变更为刘华川、苏福伦和陈培森，法定代表人由刘华川变更为苏福伦。2002年11月20日，杰昌公司以出让的方式取得19983.19平方米的土地使用权。2002年10月25日，杰昌公司向山西省长治市城区计委申请：杰昌公司通过报名等程序取得了市政府挂牌出让华茂项目土地的开发权，与土地部门签署了国有土地使用权出让合同，交纳了土地出让金并办理了国有土地使用证；杰昌公司对项目的规划设计进行了优化调整，项目总建筑面积为74464平方米，分两期建设；……特申请变更立项，确立杰昌公司为项目开发主体，并申请将项目名称由"华茂商业园区"变更为"假日阳光广场"。

2002年11月1日，杰昌公司与华茂公司签订《拆迁安置协议》。主要约定：根据《长治市房屋拆迁管理实施办法》的规定及《房地产合作开发协议书》第5条第1款之约定，在坚持公平、守信的原则下，双方就拆迁安置中的有关事项签订如下协议：杰昌公司将严格按照原《房地产合作开发协议书》第5条之规定对华茂公司拆迁房屋进行安置补偿，鉴于华茂公司流动资金欠缺及目前拆迁工作中遇到的实际困难，双方协商同意，在原协议基础上，华茂公司减少分取项目一期的住宅建筑面积800平方米，由杰昌公司按每平方米建筑面积1000元的价格进行现金补偿，即华茂公司分得项目总建筑面积10270平方米（原为11070平方米）及现金补偿80万元。补偿房屋应相对集中，好坏搭配，具体补偿房产的位置、朝向、层次，在项目设计文件批准定稿后，在设计平面图纸中商定。本协议签订后，华茂公司即可将其长国用〔2001〕字第044号土地面积15293.9平方米的土地使用权人变更为杰昌公司，待二期拆迁开始时，将长治市国用〔2001〕字第014号土地面积2451.2平方米的土地使用权人变更为杰昌公司。本协议签订后，华茂公司需按原《房地产合作开发协议书》之规定，按项目建设进度对其用地范围内的地上建筑物进行拆除和场地"三通一平"，并承担相应的费用和责任。该协议还约定了定金、土地使用证、建筑许可证、房屋所有权证等内容。

2002年12月31日，山西省长治市计委根据杰昌公司的申请以长计投字〔2002〕604号批复：项目名称由原"华茂商业园区"更名为"假日阳光广场"；建设单位由华茂公司变更为杰昌公司；建设规模及主要内容：工程总用地面积19983平方米，总建筑面积74464平方米；总投资及资金来源：该项目总投资7500万元，资金全部由杰昌公司自筹解决。2003年6月19日，杰昌公司领取建设工程规划许可证。2003年8月11日，山西省长治市计委以长计投字〔2003〕328号通知，同意将"假日阳光广场"项目名称更名为"凯旋都汇广场"。

2003年11月8日，华茂公司与杰昌公司签订《补充协议书》，双方根据《房地产合作开发协议书》和《拆迁安置协议》，就项目分配补偿等具体问题协议如下：一是双方在项目运作过程中，应遵守互惠互利、诚实信用、合法等原则，涉及双方利益的事宜应互相透明及时沟通协商；二是补偿给华茂公司的房产面积、位置及其他要根据《拆迁安置协议》的约定进行补偿，具体补偿的类型、方位、面积、层次为：大小商场及店铺补偿面积、位置编号按双方签字的"建筑平面位置分配图"（附件一）及"商业补偿面积及位置编号表"（附件二）执行。协议还对设计变更相关事项约定：双方同意项目整体根据深圳设计装饰工程有限公司绘制的，并经长治市建设管理部门审批的全套施工图纸施工；杰昌公司应将立项文件、一书两证、施工许可证复印件在协议签订后15日内提交华茂公司一份备存；杰昌公司补偿给华茂公司的所有房产，按回迁安置对待，并协助华茂公司办理产权证及土地使用权证手续；华茂商业园区由杰昌公司整体开发，该园区的整体投资、规划、设计、建设、销售等均由杰昌公司负责；但根据合作原则，对上述问题，杰昌公司应及时与华茂公司沟通，涉及补偿华茂公司房产的设计、建设施工等相关问题，杰昌公司必须征求华茂公司意见，并取得华茂公司认可，不得自作主张，损害华茂公司利益；本协议与2002年7月6日合作协议及以前双方签订的协议具有同等法律效力；本协议与以前协议不一致或有矛盾的，以本协议为准。根据双方当事人的协议以及政府部门的批准文件，杰昌公司对该项目进行了开发。华茂公司在与杰昌公司就房产分配签订补充协议后，称才知道杰昌公司开发面积由43787平方米增加为71549.8平方米，作为合作开发主体请求就增加面积进行分配，为此双方发生纠纷。

▶ 一审诉辩情况 ▶

2004年9月22日，华茂公司向山西省长治市中级人民法院起诉，杰昌公司提出管辖权异议。2004年11月20日山西省高级人民法院以〔2004〕晋立民终字第77号裁定本案由山西省高级人民法院提审。华茂公司起诉称,华茂公司作为开发单位开发华茂商业园区项目,是经山西省长治市改革发展计划委员会以长计投字〔2001〕216号立项批准的,开发建设规模总面积为43787平方米。华茂公司为开发该项目,成立了杰昌公司,并办理了相关开发手续。2002年7月6日,根据山西省长治市人民政府有关文件,华茂公司作为土地投资合作者,与苏福伦、香港益群公司、陈培森签订了合作开发华茂商业园区项目的《房地产合作开发协议书》。协议签订后,华茂公司出于对合作方的信任并根据协议,为杰昌公司办理了变更注册登记和土地变更手续。双方根据《房地产合作开发协议书》,针对为华茂公司分配的房地产定位及相关问题,又签订了《拆迁安置协议》,在该协议中同时还约定华茂公司提供的26.62亩土地上的建筑物由华茂公司自己拆迁。

杰昌公司作为合作方苏福伦、香港益群公司、陈培森的合作代表和该项目的项目公司,在经营过程中违反双方合作原则,对涉及该项目的重大事项,对华茂公司既不公开,也不透明。如办理该项目的后改文件资料、设计图纸及相关资料及变更项目名称等重大事项,均由杰昌公司擅自行事,既不征求华茂公司意见,也不向华茂公司提供,更不告知华茂公司。在2003年9月份之前,华茂公司多次提出异议,并就给华茂公司分配房地产和定位问题,曾反复多次要求杰昌公司提供全套图纸及相关资料,杰昌公司拒不提供。后经华茂公司咨询才发现给华茂公司分配的商场设计高度不合理,项目名称已被杰昌公司单方变更为"凯旋都汇广场",为此双方发生纠纷。2003年11月8日,双方签订了《补充协议书》,该协议确定了双方运作的原则,并对当时发生的部分争议问题和相关问题达成了协议。但在协商签订该协议时,杰昌公司故意隐瞒了该项目建设规模已变更增加为71549.8平方米的重要事实。杰昌公司未根据《补充协议书》第5条第2项约定,于2003年11月18日才向华茂公司提供了该项目全套设计图纸和相关审批文件。由此发现杰昌公司不仅单方变更了该项目名称,同时在华茂公司开发使用土地面积不变的情况下,将原开发建设规模总面积43787平方米单方增加到71549.8平方米,其中比原来增加27762.8平方米,增加比例占61.2%。该增加的面积是在华茂公司所投资的26.62亩土地上增加和以该投资土地作为抵押向银行贷款形成的,无疑华茂公司的贡献是主要的。根据合作和公平原则及贡献大小,杰昌公司应按新增面积的50%的比例并按好坏位置、层次搭配原则和各类房产面积比例,为华茂公司再增加分配房产面积13881.4平方米。同时认为杰昌公司变更该项目名称,属单方违约,也是对华茂公司合法权益的损害。故请求:(1)判令杰昌公司在双方签订的

《房地产合作开发协议书》和《补充协议书》基础上,对其单方扩大建设规模增加的开发建设面积27762.8平方米,按50%的比例和各种类型房产面积比例,为华茂公司按照好坏位置、层次搭配原则增加分配面积共计13881.4平方米,其中住宅面积5480.38平方米,独立店铺2508.37平方米,大小商场5894.04平方米;(2)判令杰昌公司对合作项目决策的重大事项和全部预销售活动,由双方共同签字盖章办理手续,避免判决结果难以实现;(3)判令杰昌公司恢复双方协议项目名称"华茂商住步行街",停止和取消其单方变更的项目名称"凯旋都汇广场"及以该项目名称进行的预销售活动,并赔偿华茂公司经济损失100万元。

杰昌公司答辩称,双方没有合作开发的合同法律关系,双方是一种房屋拆迁、安置、补偿的合同法律关系。一是华茂公司无权分得《拆迁安置协议》及《补充协议书》之外的开发房屋面积的13881.4平方米。双方订立的《拆迁安置协议》标志着形式上的房地产合作开发关系的终止和实质上的房屋拆迁、安置、补偿关系的确立。《房地产合作开发协议书》名称上称为合作,但在其内容中并没有各方出资和所占比例的任何约定,不存在共同投资、共同经营、共担风险、共享盈余的房地产合作关系。双方的权利义务关系确立为《拆迁安置协议》中的拆迁人与被拆迁人之法律关系。开发过程中,杰昌公司对所有的被拆迁人(包括华茂公司)全部给予了安置和补偿,有些已经履行完毕,有的正在履行。华茂公司虽然曾经作为项目开发主体,有别于其他被拆迁人,但其全部利益已经在《拆迁安置协议》和《补充协议书》中得到了完全的安置和补偿。华茂公司现在不是杰昌公司的股东,因此,其无权干涉公司的决策和经营,更无权处分协议约定以外的开发房屋面积。根据《房地产合作开发协议书》约定原改造建设单位由华茂公司变更为杰昌公司,证明了开发项目已经变更为杰昌公司。《补充协议书》是对《拆迁安置协议》中双方为拆迁与被拆迁法律关系的再次认可。杰昌公司增加面积是从多方面加大了投入,是公司经营行为的结果。如果重新规划、设计在实施过程中出现了问题,导致公司经营亏损,华茂公司是否也要按照凭空来的50%的比例分担经营亏损呢?二是华茂公司提出"7·6"协议的前提是项目总面积为43787平方米不符合事实。双方签订协议前,对项目面积的增加早就达成了一致。签订"7·6"协议是在对原方案进行变更的前提下进行的,相关的变更手续也是华茂公司配合办理的。因此,华茂公司以项目面积增加为由要求多分房地产毫无道理。三是华茂公司的起诉已超过法定的除斥期间。华茂公司起诉杰昌公司要求增加分配面积的另一个理由是原协议"明显不合理不公平",华茂公司法定代表人刘华川早在2002年10—12月间就亲自到有关部门参与办理了相关事项的变更手续,从这个时间起算,华茂公司也以自己的行为放弃了此项权利。四是华茂公司无权要求杰昌公司在本项目进行整体规划、设计、销售等环节上对其尽告知义务或履行签字手续。根据《房地产合作开发协议书》约定,杰昌公司对本项目整体进行规划、设计、销售,并负责对其费用及项目公司注册资金的投入。更何况项目公司是有限责任公司,重大决策事项只对其公司的股东负责,而华茂公司并非杰昌公司的股东。五是华茂公司主张赔偿100万元没有任何依据,相反其应当赔偿杰昌公司巨额经济损失。杰昌公司既没有侵权行为,也没有违约行为,不存在给华茂公司赔偿的问题。综上,华茂公司无视大量的双方为拆迁安置、补偿合同法律关系的客观证据,以自己现在仍然属于房地产合作开发项目的合作主体为由主张增加13881.4平方米,超出了《拆迁安置协议》和《补充协议书》确立的补偿和安置面积的范围,其请求没有事实依据和法律依据。并且华茂公司的起诉超过了法定的除斥期间,依法应当驳回华茂公司的起诉,维护杰昌公司的合法权益。

一审裁判结果

山西省高级人民法院判决:

一、杰昌公司从增加的面积中补偿华茂公司5552平方米,其中住宅面积为2166平方米,独立店铺为1000平方米,大小商场为2386平方米;

二、驳回华茂公司的其他诉讼请求。

一审裁判理由

山西省高级人民法院认为,华茂公司与苏福伦、香港益群公司、陈培森于2002年7月6日签订的《房地产合作开发协议书》,华茂公司、杰昌公司分别于2002年11月1日签订的《拆迁安置协议》以及2003年11月8日签订的《补充协议书》,均系各方的真实意思表示,且各方均无异议,其法律效力应予确认,各方均应严格履行。根据《房地产合作开发协议书》中确定,华茂公司作为合作开发的主体共同签订了协议,且约定了其应履行的义务,即拆迁地上建筑物,达到"三通一平",并承担由此发生的费用等内容,由此应认定华茂公司系该项目的合作开发主体。《房地产合作开发协议书》同时约定了以杰昌公司作为对"华茂商住步行街"改造建设的项目公司。原改造建设单位由华茂公司变更为杰昌公司改造建设经营;除华茂公司承担"三通一平"的费用外,由苏福伦和香港益群公司负责本项目开发建设经营所需的全部资金的投入,并负责杰昌公司具体运作和本项目整体进行规划设计、施工、销售。对于房产的分配,规定除补偿华茂公司11070平方米的房产外,其余的房产全部归苏福伦和香港益群公司所有。由此证明华茂公司应分得的房产面积已确定为11070平方米。为履行《房地产合作开发协议书》而成立的项目公司即杰昌公司根据该协议与华茂公司就分配的房产面积及具体位置达成了《拆迁安置协议》和《补充协议书》，双方均应严格履行。

杰昌公司并非《房地产合作开发协议书》的一方当事人，而是作为合作各方成立的项目公司，负责对该项目进行规划设计、施工、销售。杰昌公司在对项目规划设计进行优化调整的基础上，将原建筑面积由43787平方米增加为71549.8平方米，并报经有关部门批准实施。其增加的面积是由杰昌公司在投入相同的土地上增加投资、优化设计而形成的，华茂公司仍是出让的26.62亩土地，并未增加其他投资。虽然华茂公司是合作开发的主体，但应分面积在《房地产合作开发协议书》中已确定为11070平方米；且在开发过程中华茂公司也与杰昌公司就其应分配的建筑面积又签订了《补充协议书》，进一步确定了其应得到补偿的房产面积和具体位置，故华茂公司请求对增加面积进行分配，理由不足。华茂公司称杰昌公司单方增加房产面积，致使所应分配的商场高度不合理、采光不足等问题，属履行合同过程中的违约问题，并非华茂公司增加分配房产面积的理由。但是鉴于在杰昌公司开发前，华茂公司已经做了一些前期的开发工作；在该项目的开发过程中，华茂公司作为合作一方又履行了《房地产合作开发协议书》规定的合作义务，根据公平和诚实信用原则，就杰昌公司开发中增加的面积可酌情对华茂公司进行适当补偿。

华茂公司诉请的对合作项目决策的重大事项和全部预销售活动由双方共同签字盖章、办理手续的请求，因华茂公司是与苏福伦、香港益群公司、陈培森签订的《房地产合作开发协议书》，该协议中合作方并未包括杰昌公司，杰昌公司只是合作方委托开发该项目的具有独立法人资格的项目公司，其享有独立经营活动的资格，且开发协议也赋予了杰昌公司相应的权利，华茂公司的诉请于法无据，不予支持。在开发过程中，杰昌公司将项目名称变更为"凯旋都汇广场"，是经过山西省长治市计委批准的，华茂公司请求恢复原"华茂商住步行街"的名称的理由不当，其因此请求赔偿造成的100万元经济损失，一审庭审中未提供相应的证据，也不予支持。

综上，华茂公司虽然是合作开发的主体，但其应分配的面积已在三份协议中确定，予以确认。杰昌公司作为开发的项目公司，对开发过程中增加的面积应归自己所有，但鉴于华茂公司作为该项目的合作一方，根据合作协议履行了自己的义务，从公平和诚实信用原则考虑，杰昌公司应酌情将增加面积27762平方米的20%给华茂公司作适当补偿，具体位置可根据好坏搭配的原则确定；对华茂公司的其他诉讼请求应予驳回。

二审诉辩情况

华茂公司和杰昌公司均不服一审判决，提起上诉。

华茂公司上诉称，一审判决不符合事实，应予改判。请求：依法撤销山西省高级人民法院〔2005〕晋民初字第1号民事判决，并改判杰昌公司对其单方扩大建设规模增加的开发建设面积27762.8平方米，按50%的比例和各种类型房产面积比例，为华茂公司按照好坏位置、层次搭配原则再行增加分配面积共计13881.4平方米。

主要事实和理由：

1. 杰昌公司是本案房地产合作开发项目合同义务的直接承担者和合作主体，其有义务就新增加的建筑面积给华茂公司重新分配。华茂公司作为本案合作开发的主体且已经履行了合作协议规定的合作义务。杰昌公司名义上是项目公司，但其直接被苏福伦、陈培森、香港益群公司所掌握和控制，在《房地产合作开发协议书》的履行过程中，杰昌公司既代表苏福伦、陈培森和香港益群公司履行他们在《房地产合作开发协议书》项目下的各项义务，又直接代表苏福伦、陈培森、香港益群公司与华茂公司签订与合作事项有关的各项补充协议，并且所有工作都是由杰昌公司以合作主体运作的。(1)《房地产合作开发协议书》中明确规定由苏福伦、香港益群公司负责杰昌公司的具体运作。(2) 苏福伦和陈培森是杰昌公司的控股股东，占杰昌公司98%的股份；陈培森同时又作为香港益群公司的名誉股东在杰昌公司代表香港益群公司行使权利。(3)《房地产合作开发协议书》中约定由苏福伦、香港益群公司所承担的义务包括负责除华茂公司提供项目建设用地以外部分土地的拆迁、安置及费用，缴纳该部分所需补交的土地出让金，以及负责本项目开发建设经营所需的全部资金的投入等，实际上都是由杰昌公司履行的。(4)《房地产合作开发协议书》签订后，就该合作协议的未尽事宜，各方又分别签订了《拆迁安置协议》和《补充协议书》，这两份协议都是杰昌公司代表苏福伦、陈培森、香港益群公司与华茂公司签订的，特别是在《补充协议书》中多次提到双方的合作关系。(5) 在山西省长治市城区人民政府所出具的《关于华茂公司和杰昌公司反映的有关问题协调会议纪要》中，杰昌公司也明确承认双方是合作关系，并表示要信守协议，在一审中提交的证据目录中也承认双方的合作关系。综上，无论在事实方面还是在书面协议方面，杰昌公司都已经代替了苏福伦、陈培森和香港益群公司成为《房地产合作开发协议书》的一方当事人，因此，其有义务直接承担本案合同责任并就新增加的建筑面积给华茂公司重新分配。

2. 26.62亩开发使用土地是华茂公司的合作投资土地，不是杰昌公司以出让方式取得的土地。该项目中总共使用土地35亩,其中26.62亩(占76.06%)开发使用土地,是华茂公司根据双方签订的《房地产合作开发协议书》自行承担拆迁安置费用,达到"三通一平"以自有出让土地及合作投资的方式过户在杰昌公司名下的,是双方合作的真实体现,并非杰昌公司以出让方式取得的。

3. 合作项目规模变更而增加的27762.8平方米建筑面积是双方投资形成的财产。项目规模变更后增加的27762.8平方米建筑面积是在已确定的开发土地上形成的,合作项目面积的增加,华茂公司投入的土地的价值也随之增值,没有华茂公司前期土地的投资,就不能有现在增加的建筑面积。且同样面积的土地上增加建筑面积,必然加大项目的容积率,减少绿化面积及公共设施,客观上减损了华茂公司原来应分得建筑面积的经济价值。

4. 本案房产项目增加的27762.8平方米建筑面积,双方在协议中并没有约定如何分配,理应由合作双方共同所有。

5. 对项目规模变更后增加的27762.8平方米建筑面积,应当按照公平原则及贡献大小的原则为华茂公司再行分配50%的房产。(1)在合同履行过程中,华茂公司以自有土地作为出资,履行了提供建设用地、支付土地出让金、进行拆迁安置、负责"三通一平"以及办理手续等义务,实际出资的市场价值超过6400万元。杰昌公司及其股东的实际投入却很少,只是在开发初期有少量的资金投入,建设项目开始后,款项来源主要是房产预售的销售款和银行贷款及施工单位的垫资,而这些运作如果没有华茂公司先期的土地投资是不能实现的。(2)即使把杰昌公司规划中所称的总投资7500万元全部作为其实际投入,与华茂公司实际投入的6400万元比较,双方总的投资比例也已经达到54%和46%。华茂公司仅要求在新增加的面积部分按照50%的比例分配,符合法律规定。(3)通常的房地产项目合作中,提供建设土地一方所占的分配比例至少占总面积的40%—50%,而本案中华茂公司不仅是提供建设土地的一方,还负责绝大部分用地的拆迁事宜。根据惯例及诚实信用原则,华茂公司要求对规模变更后所增加的面积再分得50%的房产是合情合理的。(4)华茂公司要求对新增加的建筑面积再分得其中的50%,符合公平原则。

6. 杰昌公司在履行合同过程中有多项违约事实。(1)杰昌公司单方面将双方约定的项目名称由"华茂商住步行街"变更为"凯旋都汇广场",严重损害华茂公司的利益,已构成违约。"华茂"是华茂公司十余年努力精心打造的商业品牌,是华茂公司的无形资产。在本案合作项目中使用该名称,具有重大的商业广告价值,因此是华茂公司与其合作者合作的前提条件之一。杰昌公司未经华茂公司同意,擅自将项目名称变更,使华茂公司本应获得的巨大的广告效益化为乌有,给华茂公司造成重大经济损失,因此,华茂公司要求杰昌公司将项目名称恢复为"华茂商住步行街"并赔付华茂公司的经济损失不少于100万元。(2)杰昌公司无权单方变更合作项目的规模增加总建筑面积,也已经构成违约。根据《房地产合作开发协议书》和《补充协议书》中确定的合作原则,"华茂商住步行街"由杰昌公司整体开发,但对整体投资、规划、设计、建设、销售等问题,杰昌公司应及时与华茂公司沟通,杰昌公司不得自作主张,损害华茂公司利益。因此,杰昌公司自行向山西省长治市计委申请变更总建筑面积,既违约又违反了诚实信用原则。

7. 合作项目重大事项依法应当由合作双方办理手续,由于杰昌公司在整个合作过程中种种欺诈和不诚信行为,已给华茂公司造成精神和经济上的很大损失,足以表明其毫无诚信可言。为防止其继续违规运作,华茂公司有理由要求与杰昌公司就共同涉及合作项目的重大事项和全部预销售活动行使决策权并共同签字盖章加以控制,以确保华茂公司分配利益和判决结果的实现。

杰昌公司上诉称,一审判决第一项错误,应根据本案事实和法律的规定作出改判。请求:(1)撤销山西省高级人民法院〔2005〕晋民初字第1号民事判决第一项,改判驳回华茂公司的全部诉讼请求;(2)维持山西省高级人民法院〔2005〕晋民初字第1号民事判决第二项;(3)华茂公司负担一、二审的全部诉讼费用。

主要事实和理由:

1. 一审判决认定华茂公司请求对增加面积分配的理由不足,是正确的,但在判决中适用公平和诚实信用的原则,判决杰昌公司适当补偿华茂公司5552平方米的面积,显然是错误和矛盾的。(1)华茂公司履行的义务均是3份协议中约定的义务,没有超出协议约定的范围,以履行这些义务为前提,才可以得到协议书中约定得到的安置补偿11070平方米的面积。因此,一审判决以履行协议约定的义务为理由而适用公平和诚实信用原则,从杰昌公司增加的面积中对华茂公司补偿是错误的。(2)不存在杰昌公司自行增加面积。所谓增加面积是针对华茂公司原来的设计方案而言的。该协议约定"华茂公司负责办理杰昌公司开工前政府所有批文:长政办发〔2002〕1号文待苏福伦、香港益群公司规划方案领导批示同意后,10个工作日内办理完毕"。可见,对该项目优化设计、增加面积是该协议各方的共识,否则用原来设计方案就可以,还要苏福伦、香港益群公司规划方案何用?而且在杰昌公司完成新的设计方案并上报立项变更的过程中,华茂公司是参与的。从该协议约定及证人杜自美等人的有关证言中可以得到印证。对华茂公司安置补偿11070平方米的面积是在其知情的情况下才确定的,而华茂公司在3份协议确立的权利与义务之外没有任何新的投入,因此,履行约定的义务获得约定的权利,不存在显失公平。
(3) 优化设计、增加建筑面积是各方签订《房地产合作开发协议书》的前提。原立项批文中项目总建筑面积43787平方米,其中地下停车场及相关配套项目幼儿园、老年娱乐中心、物业管理等无法销售的建筑面积共15300平方米,本项目拆迁面积高达26889平方米(实际拆迁面积达到30000多平方米)。按1:1安置补偿,可销售面积只有43787－15300－26889＝1598平方米。如果不增加项目面积,杰昌公司要亏损,不获得利润杰昌公司就不会与华茂公司签订协议。在新设计方案完成且新的立项批文下达后,2003年1月23日,华茂公司给杰昌公司总经理苏福伦的公函中提到"现《假日阳光广场平面位置图》已经城建规划部门认可,项目各层平面图已经定稿"充分说明,华茂公司对新的规划设计和新的项目名称没有提出任何异议。新的项目名称"假日阳光广场"是在新的立项批文中,与增加项目面积、变更项目开发主体、确定资金来源等事项一并下达的。华茂公司不可能只知道项目名称改变,却不知道项目面积增加。而且在《补充协议书》中明确"设计变更相关事项,双方同意项目整体根据深圳设计装饰工程有限公司绘制的,并经长治市建设管理部门审批的全套施工图纸施工"。因此,华茂公司完全知情且没有提出任何异议。
(4) 在民事权益显失公平的情况下,当事人完全可以在法定的期限内请求法院变更或撤销,而华茂公司并没有在法定的期限内请求。而且,从签订《拆迁安置协议》和其后的《补充协议书》的行为来看,华茂公司也是对自己权利的再次确认。

2. 一审判决认定华茂公司并非合作开发协议的一方当事人是正确的,但认定华茂公司属于项目合作开发主体是错误的。(1)《房地产合作开发协议书》虽然名称上为合作开发协议,但因为华茂公司既没有投入资金到项目公司共同经营,拆迁后的土地也不是作为投资进入到项目公司,又不愿意承担任何风险,所以实质上华茂公司不具备合作开发的主体资格,其只是将土地转让给了杰昌公司,其权利的获得在该协议中已经被确立为不承担任何风险的拆迁安置补偿之法律关系。一审判决认为该协议中约定了华茂公司应履行的义务,即拆迁地上建筑物、达到"三通一平"并承担由此发生的费用等内容,认定华茂公司系该项目的合作开发主体,是错误的。这些约定不属于合作开发合同要求的必需内容,而是被拆迁人为了转让土地而将生地变为熟地应当履行的约定义务,是华茂公司获得约定的11070平方米面积的前提条件之一。(2)《房地产合作开发协议书》主体之间的权利与义务已经通过两种不同的法律关系得到了分解。其一是除华茂公司以外的主体约定将出资进入到了杰昌公司,他们的权利义务根据股份出资比例在杰昌公司中体现;其二是华茂公司与变更后的项目开发主体杰昌公司签订《拆迁安置协议》，华茂公司的权利和义务在与杰昌公司的拆迁安置补偿法律关系中得到落实。(3) 杰昌公司作为该建设项目的项目公司，不仅受让了华茂公司的土地，而且还受让了其他被拆迁主体的土地。被拆迁人的权利已经在《拆迁安置协议》中得到落实。杰昌公司独立承担着经营风险，依法只能按公司法的规定由公司变更后的股东承受权利与义务。华茂公司不再占有杰昌公司股份，也就不能认定为项目的合作开发主体。

3. 杰昌公司与华茂公司之间只有唯一的一种拆迁安置法律关系。双方的拆迁安置法律关系在《房地产合作开发协议书》中已经事先约定好，又在《拆迁安置协议》和《补充协议书》中得到了充分的确认。无论是签订协议的主体称谓，还是实体上的权利与义务的细化约定，都充分地证明了双方的权利与义务关系是拆迁安置的法律关系。

二审裁判结果

最高人民法院判决：驳回上诉，维持原判。

二审裁判理由

最高人民法院二审查明的事实与一审法院查明的事实相同。

最高人民法院认为，本案所涉华茂公司和杰昌公司之间是合作开发关系还是拆迁安置补偿关系、杰昌公司是否违约及应否承担违约责任、新增加的面积应该如何处理三个方面的问题，是双方当事人二审中的争议焦点。

1. 关于华茂公司和杰昌公司之间是合作开发关系还是拆迁安置补偿关系的问题。从涉案项目的开发建设过程看，在华茂公司与苏福伦、香港益群公司、陈培森签订《房地产合作开发协议书》之前，华茂公司已提交了《关于华茂商业园区开发改造方案的报告》，并经政府批复同意获得对华茂商业园区进行开发的权利，获得了开发华茂商业园区的建设项目选址意见书和建设用地规划许可证。为开发建设需要，刘华川等股东在该协议签订前即注册成立了杰昌公司。该项目前期的立项、规划等审批手续均为华茂公司运作的结果，也是该协议签订的基础。该协议明确约定了各方的分工合作内容。华茂公司及杰昌公司提交的证据显示，该项目所占 19983.19 平方米土地面积中的 17762.59 平方米，是由华茂公司取得土地使用权的自有土地变更登记至杰昌公司名下，有 2220.6 平方米土地面积为杰昌公司直接以挂牌出让方式取得。华茂公司依照该协议将其已拥有土地使用权证的自有土地投入到合作项目中。《房地产合作开发协议书》的约定内容和实际履行过程表明，杰昌公司是该项目合作的载体，是为运作双方的合作项目设立的。华茂公司与杰昌公司在《房地产合作开发协议书》中不是合同的相对方,但是,华茂公司与苏福伦、香港益群公司、陈培森作为合同的相对方,约定了该项目开发方式以杰昌公司作为对"华茂商住步行街"改造建设的项目公司,原改造建设单位由华茂公司变更为杰昌公司改造建设经营;约定除华茂公司承担"三通一平"的费用外,由苏福伦和香港益群公司负责本项目开发建设经营所需的全部资金的投入,并负责杰昌公司具体运作和本项目整体进行规划设计、施工、销售。且约定"本项目整体竣工并完成销售归物业公司管理后,协议终止,项目公司注销"等内容。此后的《拆迁安置协议》及《补充协议书》内容也都是以《房地产合作开发协议书》为前提,由华茂公司与杰昌公司直接签订的。因此,杰昌公司在该项目合作中具有双重的地位,一方面作为华茂公司与苏福伦、香港益群公司、陈培森合作开发该项目的项目公司,另一方面随着协议的履行,替代苏福伦、香港益群公司、陈培森成为合作主体,与华茂公司继续进行项目的合作,并先后签订了《拆迁安置协议》及《补充协议书》。

合作开发房地产合同,是当事人订立的以提供土地使用权、资金等作为共同出资,共享利润、共担风险合作开发房地产为基本内容的协议。在一方以资金为投入,另一方以取得的土地使用权为投入的合作开发房地产合同中,土地使用权投入方将土地使用权变更为合作各方共有或者变更至项目公司名下,通常是合作开发房地产合同约定的重要内容,有的还要另行签订土地使用权转让合同。其真实意思表示是以土地使用权作价出资的合作,还是单一的土地使用权转让,合作各方是否共享利润、共担风险是主要的认定依据。各方约定共同成立专门的项目公司开发房地产,无论项目公司是否成立,以及土地使用权是否已经变更登记为项目公司享有,均不影响合作开发房地产合同的效力。《房地产合作开发协议书》中合作各方关于房产的分配,并没有无论项目盈亏任何一方都不承担合作风险亦获取固定利益的约定。合作各方均承担了实际的合作风险。该协议的实质是华茂公司以土地使用权出资,与相对方合作开发。因此,华茂公司与苏福伦、香港益群公司、陈培森之间通过《房地产合作开发协议书》及对该协议的实际履行行为形成合作关系。《房地产合作开发协议书》签订后,就该合作协议未尽事宜,又签订了《拆迁安置协议》和《补充协议书》,在此,杰昌公司是合作协议的主体,并承担了《房地产合作开发协议书》中苏福伦、香港益群公司、陈培森的权利和义务,负责履行该协议约定的有关内容。因此,华茂公司与杰昌公司之间存在实际合作开发关系。《拆迁安置协议》所确定的内容,是华茂公司与杰昌公司就具体拆迁安置事项形成的另一法律关系。

2. 关于杰昌公司是否违约及应否承担违约责任的问题。(1) 杰昌公司单方增加面积是否违约。该项目新增加的27762.8平方米建筑面积在《房地产合作开发协议书》中虽然没有约定，但是杰昌公司对项目重新进行优化设计，并变更立项进行开发建设，均符合《房地产合作开发协议书》关于该项目由苏福伦、香港益群公司具体实施，苏福伦、香港益群公司负责杰昌公司具体运作，并对本项目整体进行规划设计、施工、销售等约定内容的要求，是具体实际履行《房地产合作开发协议书》的行为，不属于单方增加面积的违约行为。(2) 变更所争议房地产项目名称是否违约。如上所述，杰昌公司既作为该合作项目实际的合作主体，又作为合作各方运作项目的项目公司，杰昌公司是合作方委托开发该项目的具有独立法人资格的项目公司，其享有独立经营活动的资格，且《房地产合作开发协议书》也赋予了杰昌公司相应的权利。在开发过程中，该项目已登记在杰昌公司名下，项目名称曾变更为"假日阳光广场"，华茂公司在往来函件中也实际认可"假日阳光广场"的名称，后杰昌公司报经山西省长治市计委批准又将该项目更名为"凯旋都汇广场"。杰昌公司变更所争议房地产项目名称并不违约。华茂公司请求恢复原"华茂商住步行街"名称的理据不足，其因此请求赔偿造成的100万元经济损失，庭审中也未提供相应的证据，一审法院对此不予支持，并无不当。

3. 关于新增加的面积应该如何处理的问题。《房地产合作开发协议书》、《拆迁安置协议》是以山西省长治市改革发展计划委员会以长计投字〔2001〕216号立项批准的开发建设规模总面积为43787平方米的华茂商业园区项目为基础的，该协议中约定华茂公司应分配11070平方米的房产，是依据43787平方米这个前提确定的。《补充协议书》载明"根据2002年7月6日四方签订的《房地产合作开发协议书》和双方签订的《拆迁安置协议》，并根据市、区两级政府协调会议精神，现就项目分配补偿等具体问题，经平等协商达成如下补充协议"，可见，合作各方仍然以原来的《房地产合作开发协议书》和《拆迁安置协议》为依据进行面积的分配补偿，并未就项目优化设计后的71549.8平方米建筑面积中增加部分的分配进行新的约定。华茂公司主张分配多增加的房屋面积，并非以股东身份对项目利润分配的主张，而是依据合作合同关系对《房地产合作开发协议书》有关约定房产分配面积发生变更而提出的请求。新增加的面积是合作项目的产物，理应归合作各方共同所有。但上述3份协议均未就新增的27762.8平方米建筑面积的分配再予约定，一审法院认为华茂公司请求的合同依据不足，并无不当。

该项目71549.8平方米的建筑面积是以杰昌公司名义报批，政府有关部门以长计〔2002〕130号文件批复为依据建设的，项目所占19983.19平方米土地面积中的17762.59平方米原来是华茂公司取得土地使用权的自有土地，

2220.6平方米土地面积为杰昌公司直接以挂牌出让方式取得。一审法院根据各方合作情况，对各方未作约定的新增面积，适用公平原则按照20%的比例确定给华茂公司，与参照双方最初约定分配面积所占分配比例以及合同履行过程中分配面积所占比例的变化等合作项目实际履行情况，综合考虑的结果大致相当，也符合本案实际，可予维持。

综上所述，华茂公司、杰昌公司的上诉请求缺乏有关事实及法律依据，均不予支持。一审判决对部分事实的认定虽不够准确，但对本案的实际处理结果没有造成影响，并不失公平，可予维持。

33. 合作开发房地产合同一方具备房地产开发经营资质，另一方不具备资质的，合同是否有效？

我国房地产业规定统一的市场准入机制，目的是对房地产开发主体进行规范，更好地保障购房者的利益。如果房地产合作开发双方都不具备经营资质，则开发项目的整体规划、配套设施、质量管理、资金保障、售后服务等均可能无法保障。但只要合作一方具备房地产开发经营资质，那么项目规划、购房者利益保护等问题都可得以解决。如具备房地产开发经营资质的一方对外承担赔偿责任之后，该方是否能向合作另一方实现追偿权，属于合作双方内部权利义务的分配问题，对社会公共利益并未造成实质性不利影响。因此，合作开发房地产合同一方具备房地产开发经营资质，另一方不具备资质的，合同仍为有效。

典型疑难案件参考

盐城港口集团有限公司诉盐城市馨安房地产开发有限公司合作开发房地产合同纠纷案

基本案情

港口公司（甲方）与馨安公司（乙方）签订《联合开发协议书》，约定：（1）甲公司拥有的某商办用地用于双方联合开发。（2）协议签订后15日内乙公司向甲公司缴纳合作保证金50万元整，甲公司收到保证金后30日内将该宗地使用权过户至乙公司名下，费用由甲方自理。（3）土地登记至乙公司名下后，双方共同提供建设资金准备开工。（4）由乙公司负责建筑，建成后房屋所有权各半分割。(5) 本协议中未尽事宜可经甲乙双方协商签订补充协议或备忘录,所产生的补充协议与本协议具有同等法律效力。其后,双方签订了《补充协议》,约定:(1) 该宗地开发建设的一切费用(包括工程建设资金、财务费用、规费、税费以及各项相关费用)全部由甲公司承担,对外结算以乙公司名义。(2) 乙公司在该地块开发终结前将全部建筑面积返还给甲公司,仅按市场销售价收取3%的管理费用。乙公司通过努力争取到的政策性减免或调整优惠,其优惠部分奖励70%给乙公司。协议签订后,双方履约的内容仅为:涉案地块过户至乙公司名下,并缴纳契税282792元。此后,由于双方对利益分配发生争议,导致合作无法正常开展。

一审诉辩情况

甲公司诉至法院,以双方实质系"借用"资质,请求解除协议,返还土地,赔偿损失。乙公司抗辩认为,双方系合法的合作关系,不存在"借用"资质,协议应继续履行。

一审裁判结果

江苏省盐城市中级人民法院判决:

一、馨安公司返还港口公司建军东路76号地块的土地使用权(地号为320902006001016、土地证号为盐国用〔2007〕第006000342)并赔偿港口集团人民币86338元;

二、驳回港口公司主张解除双方签订的关于建军东路76号开发地块《补充协议》以及《联合开发协议》的诉讼请求;

三、驳回港口公司其他诉讼请求。

一审裁判理由

江苏省盐城市中级人民法院认为,本案的争议焦点是案涉协议的效力。最高人民法院《关于审理涉及国有土地使用权合同纠纷案件适用法律问题的解释》第14条规定:"本解释所称合作开发房地产合同,是指当事人订立的以提供出让土地使用权、资金等作为共同投资,共享利润、共担风险合作开发房地产为基本内容的协议。"从这一规定可以看出,合作开发房地产合同在内容上最基本的法律特征是:共同投资、共享利润、共担风险。如果合同不具备这一基本的法律特征,即使合同当事人将合同名称定为"合作开发房地产合同",其真实性质亦必然发生变化,成为名为合作开发、实为其他性质的合同。结合本案,双方签订的无签约时间的《联合开发协议书》约定"补充协议和备忘录与本协议产生矛盾,以补充协议和备忘录为准"。《补充协议》又约定"馨安公司仅按市场售价收取3%的管理费、开发建设的一切费用均由港口公司承担、以馨安公司名义对外结算、财务人员由港口公司委派"等,从这些约定的权利与义务内容和合作开发房地产合同最基本的法律特征来看,本案的房地产联合开发协议,是名为合作开发,实则是借用房地产开发资质的行为。

根据《房地产管理法》第30条第1款规定,可以作为房地产开发企业必须具备五项条件,除符合一般企业设立的条件外,还必须具备足够的专业技术人员以及法律、行政法规规定的其他条件。从这些规定可以看出,该法对房地产开发企业的准入资格作出了限制。房地产经营资格是用来证明房地产开发企业开发经营能力和资信度的证明,是在房地产开发经营领域的市场准入制度,也是国家干预房地产市场的一种形式,以维护社会公共利益。借用资质进行房地产开发,其目的是掩盖出借资质的行为,规避国家对房地产资质制度的强制性规定。故本案当事人签订的《联合开发协议书》和《补充协议》,违反了国家的强制性法律,均应当认定为无效协议。基于案涉协议为无效,根据最高人民法院《关于民事诉讼证据的若干规定》第35条第1款规定,"诉讼过程中,当事人主张的法律关系的性质或者民事行为的效力与人民法院根据案件事实作出的认定不一致的,不受本规定第三十四条规定的限制,人民法院应当告知当事人可以变更诉讼请求",法院告知港口公司可以变更诉讼请求。港口公司拒绝变更诉讼请求,因港口公司主张解除双方签订的关于建军东路76号地块开发的《补充协议》和《联合开发协议》,故依法驳回港口公司主张解除双方签订的协议的诉讼请求。《合同法》第58条规定:"合同无效或者被撤销后,因该合同取得的财产,应当予以返还;不能返还或者没有必要返还的,应当折价补偿。有过错的一方应当赔偿对方因此所受到的损失,双方都有过错的,应当各自承担相应的责任。"馨安公司基于该无效的协议而取得的土地应当予以返还。港口公司履行此无效协议而缴纳的契税282792元,由此造成的损失,因双方都有过错,按照双方在本案中的过错责任大小,馨安公司赔偿港口公司86338元。对于港口公司主张返还土地将要发生的过户登记全部费用,因该费用是否产生、数额多少均为不确定,故港口公司可在实际费用发生后另行主张权利。

二审诉辩情况

馨安公司上诉认为双方的法律关系是合作开发房地产,协议有效,应继续履行。请求二审法院撤销原判,并依法改判驳回港口公司诉讼请求。

二审裁判结果

江苏省高级人民法院判决：

一、撤销江苏省盐城市中级人民法院〔2009〕盐民一初字第0014号判决主文第一、二、三项。

二、解除港口公司与馨安公司签订的《联合开发协议》、《补充协议》。

三、馨安公司于本判决生效之日起30日内返还港口公司建军东路76地块的土地使用权（地号为320902006001016、土地证号为盐国用〔2007〕第006000342）。

四、驳回港口公司要求馨安公司承担返还土地过户的全部费用、赔偿经济损失28.7792万元的诉讼请求。

五、驳回馨安公司的其他上诉请求。

二审裁判理由

江苏省高级人民法院认为，二审争议焦点为：（1）港口公司与馨安公司之间法律关系的性质及效力。（2）港口公司要求解除协议是否应予支持。

1. 关于港口公司与馨安公司之间法律关系的性质及效力问题。

港口公司与馨安公司就涉案地块进行合作开发，明确了具体合作事宜，协议内容反映，双方系合作开发房地产关系。最高人民法院《关于审理涉及国有土地使用权合同纠纷案件适用法律问题的解释》第15条规定："合作开发房地产合同的当事人一方具备房地产开发经营资质的，应当认定合同有效。当事人双方均不具备房地产开发经营资质的，应当认定合同无效。但起诉前当事人一方已经取得房地产开发经营资质或者已依法合作成立具有房地产开发经营资质的房地产开发企业的，应当认定合同有效。"本案中，馨安公司具备房地产开发资质，其与港口公司的合作符合法律规定，至于其内部利润怎么分配、盈亏怎么承担完全取决于双方的意思表示，对国家、社会并无实质性不利影响。因此，原审法院认定双方的合同无效缺乏法律依据。

2. 关于协议应否继续履行的问题。

本案双方当事人在协议尚未完全履行前即产生矛盾，现港口公司坚决要求解除协议，而馨安公司则要求继续履行。二审法院认为，根据《合同法》第93条和第94条的规定，当事人可以协商解除合同，或在约定的解除条件成就，或法定解除条件出现时，当事人可以解除合同。现港口公司在诉讼中提出，馨安公司在土地过户后对项目开发自行其是，不按其要求开展工作，不通报项目情况，侵犯港口公司对项目重大事项的决定权和知情权，存在重大违约，但不能提供充分证据予以证实。因此，港口公司主张馨安公司有重大违约行为的理由缺乏依据。港口公司要求解除合同并不符合法律规定的条件。但考虑到合作开发房地产兼具资合和人合的特点，在目前情况下，双方当事人因缺乏信赖已不具备继续合作的基础，且合作尚未真正履行，故判令双方继续履行合同并无实质意义。因此，根据《合同法》第110条的规定，二审不支持馨安公司要求继续履行合同的请求，依法判决双方合同予以解除。合同解除后，馨安公司宜将土地返还港口公司。对港口公司要求馨安公司承担土地返还的过户费用、赔偿损失的诉请，因本案合作协议的解除并非基于馨安公司的违约行为所致，故对港口公司的诉请不予支持。如馨安公司认为港口公司解除合同的行为致其遭受损失可另行主张。

34. 农村土地能否用于房地产开发经营？

《土地管理法》第43条第1款规定，任何单位和个人进行建设，需要使用土地的，必须依法申请使用国有土地。《城市房地产开发经营管理条例》第42条规定，城市规划区内集体所有的土地，经依法征用转为国有土地后，方可用于房地产开发经营。国家禁止集体土地用于房地产开发经营，以房地产开发企业出资、村委会提供集体土地作为合作条件而订立的房地产合作开发合同，属于无效合同。合同无效的，合作各方须承担包括返还投资款及土地、收缴违法所得等民事责任和拆除违章建筑、罚款等行政责任；如果情节严重，构成犯罪的，当事人还须依照《刑法》规定承担刑事责任。

35. 农村土地能否用于其他建设项目联合开发？

农村集体所有的土地不能用于房地产开发经营，并不意味不能在集体所有的土地上进行建设。根据《土地管理法》规定：（1）农村集体组织可以依法使用乡（镇）土地利用总体规划确定的建设用地兴办企业；其他单位、个人也可依法以集体土地的土地使用权入股、联营等形式共同举办企业。需要明确的是，以集体土地使用权为联建、联营条件所建的建筑物只能是企业办公用房，而不能变相进行商业性房地产开发。（2）乡（镇）村公共设施、公益事业建设需要使用集体土地的，也可依法使用。对于农用地转为建设用地的，依法应当符合土地利用总体规划和土地利用年度计划中确定的农用地转用指标；涉及城市、村镇建设的，还应当符合城市规划和村庄、集镇规划。

村集体经济项目的立项、承包方案以及兴办本村公益事业等涉及村民利益的事项，村委会必须提请村民会议或经村民会议授权的村民代表会议讨论决定方可办理。村委会经依法召集村民会议讨论决定后与他人签订的协议，应当认定为合法有效。

典型疑难案件参考

浙江省乐清市乐城镇石马北村村民委员会与浙江顺益房地产开发有限公司合作开发房地产合同纠纷案（《最高人民法院公报》2008年第9期）

基本案情

2003年1月，村委会集体所有的土地700余亩被乐清市国土资源局征用，乐清市国土资源局返还村委会留用地指标70亩，其中包括双方讼争的C-41地块（以下简称7号地块），作为村委会从事开发经营、兴办企业及村民住宅用地。由于土地被征用后，土地承包户强烈要求补足每亩30万元的补偿款，故村委会经村民代表会议讨论，决定开发7号地块，以解决土地承包户的补偿款问题。村委会与瑞安市汇通房地产开发有限公司（以下简称汇通公司）多次协商开发该地块。经村委会村民代表会议讨论后，村委会与汇通公司先后于2003年8月30日、9月9日、10月16日签订了3份协议书。其中，8月30日的协议书载明，双方就7号地块（约12.27亩，以附图为准）挂牌出让有关问题达成如下协议：（1）确保村委会该地块土地出让净值5000万元，即无论汇通公司以任何价格取得该地，均应净付给村委会5000万元。涉及该地块的政策等规定及政策或其他一切因素的变化而产生的任何权利与义务均与村委会无关。（2）若挂牌出让时其他公司取得该地块，村委会净得出让金少于5000万元，不足部分由汇通公司补足；村委会净得出让金多于5000万元，多余部分双方各半分成。（3）本协议签订后，汇通公司于2003年9月10日前付给村委会保证金3000万元（包括已收700万元），挂牌结束后多退少补。汇通公司承诺本协议签订后约6个月完成该地块出让。（4）本协议双方各执一份为凭。9月9日的协议书载明,村委会承诺拥有7号地块合法使用权,面积约为12.27亩,经村民代表大会决议,决定与汇通公司合作开发。为此,双方就相关事宜形成协议如下:(1)村委会提供上述土地使用权,汇通公司提供资金、技术、管理经营资源等为主进行开发事宜,双方共同开发上述土地,然后按约定比例分成。(2)为表示合作诚意,汇通公司先行支付3000万元前期资金到村委会账户,用于处理前期合作的相关费用等。(3)汇通公司即日起抽调组织人员,对土地进行勘察、测量、设计,完成相关经营技术数据和图纸,并进行必要的策划和广告,以提升该地块的商业价值。(4)合作的相关详细事宜,另行协商。在详细协议达成前,双方合作事宜必须不停止执行。2003年10月16日的协议书载明,村委会拥有一块被国家征用的返回地,面积约为12.27亩,规划编号为7号地块。对该地块,村委会承诺持有合法使用权。村委会经多次召开村民代表大会决议,决定与汇通公司共同合作开发该地块。为此,汇通公司支付村委会3000万元,同时,抽调人员进行合作开发的咨询、设计、勘察、策划等工作,基本完成开发实施前的所有工作,使该地块价值得以大幅度提升。现村委会提出,该地块按乐清市土地主管机关要求,必须"挂牌"出让,由此,必须对双方合作事宜重新进行协商。村委会经村民代表大会决议后,重新与汇通公司达成如下协议:(1)为了使双方合作事务继续下去,汇通公司参与乐清市土地主管机关就上述地块挂牌出让的竞投。如由汇通公司取得该地块权属,鉴于双方合作前汇通公司投入人、财等使地价上升等因素,双方约定:不论土地主管机关挂牌出让后返给村委会多少数额的土地出让款项,村委会净得额为5000万元,多余部分作为汇通公司此前合作过程的投入和努力的受益分成,此款连同汇通公司已付村委会的3000万元,由村委会一并返回给汇通公司。返回时间为村委会收到土地主管机关出让款项的7天内,否则,按日万分之十支付违约金。同时,汇通公司如支付土地主管机关出让款资金紧张,则可以提前要求村委会返回原所交的3000万元,村委会应予支持。(2)如挂牌出让由其他单位取得上述地块权属,则村委会返还汇通公司已投入支付的3000万元。同时,乐清市土地主管机关返回村委会的土地出让款额超过5000万元的,超出部分属双方前期合作的收益,双方各半分享,村委会应支付汇通公司享有的一半份额,支付时间及违约的条款同于第1条。(3)鉴于汇通公司曾承诺经设计策划并进行合作开发的土地总地价将达到5000万元,而此承诺作为村委会同意合作的前提,因此,如土地主管机关返回村委会款项少于5000万元,则汇通公司保证补足,兑现承诺。否则承担违约金3000万元。(4)协议达成前的双方所作口头、书面协议均作废,以本协议为准。(5)不论何种情形出现,双方就上述利益数额确定方案,对双方具有不可撤销的效力,如协议条款因故无效,则条款的有关数额转为同额赔偿款。

协议书签订后,汇通公司根据双方的约定先后支付给村委会3000万元,并为该地块的开发进行了前期设计、测量、资金筹集等工作。

2003年11月27日,汇通公司更名为顺益公司。

2003年11月5日,村委会向乐清市国土资源局呈送报告,要求对7号地块予以挂牌出让。2004年1月22日,乐清市国土资源局对7号地块使用权进行招标出让,后由顺益公司以1.565亿元的价格竞得。2004年2月27日,顺益公司与乐清市国土资源局签订了《国有土地使用权出让合同》。2004年3月8日至2004年5月12日,顺益公司分5次向乐清市国土资源局交清了1.565亿元土地出让金。村委会根据其与顺益公司的约定,将其中的8240万元转给了顺益公司。

一审诉辩情况

2005年7月11日,村委会向浙江省高级人民法院起诉,请求:确认双方当事人在2003年10月16日签订的协议书无效,并返还村委会5240万元;诉讼费由顺益公司承担。事实和理由为:2003年,乐清市国土资源局征用村委会土地700亩,按规定返还70亩作为村委会安置留用地,用于村民住宅和经营性开发。后村委会就该留用地中12.27亩的7号地块与顺益公司于2003年8月30日、10月16日签订了两份协议书。协议的大致意思为无论土地主管机关返还村委会的土地款是多少,村委会都净得5000万元,如由顺益公司竞得,则超出部分连同顺益公司已付给村委会的3000万元保证金一并返回顺益公司;如由其他单位竞得,则超出部分双方各半分成。2004年1月22日,乐清市国土资源局依法对7号地块土地使用权进行招标出让,后由顺益公司以1.565亿元的价格竞得。根据有关规定,乐清市政府又将该土地出让金中的1.224亿元返还给了村委会。2004年4月21日、5月8日,村委会分两次通过转账形式共付给了顺益公司8240万元(该款项包含了村委会返还顺益公司的1000万元保证金)。

对于村委会的上述行为,原告称当时村民并不知道。事后村民要求村委会向顺益公司索回除顺益公司已付3000万元保证金外的5240万元,但村委会未履行其职责。村民还向政府要求废除顺益公司的中标,也未被支持。村民又向法院起诉协议书无效,并要求退款,但因主体问题而未能立案。为此,村民依照《村民委员会组织法》重新选举了新村委成员和村主任。新村委成立后,曾要求政府主动废标,但政府仍在不作为。在招投标中,土地的起价为7000

万元，顺益公司以1.565亿元的价格竞得，而第二标的报价仅比顺益公司的竞得价低20万元。因此，双方当事人签订的协议书属恶意串通损害村民集体及其他竞标人合法利益的行为，属无效合同。双方应当返还各自取得的财产。顺益公司曾向村委会支付了3000万元保证金，村委会两次共向顺益公司支付了8240万元。因此，顺益公司应当向村委会返还除已付保证金外的5240万元。

顺益公司于2005年7月11日向一审法院提起反诉，后又申请撤回，一审法院裁定予以准许。

顺益公司答辩称：依据2003年1月28日村委会与乐清市国土资源局签订的统一征地协议及乐清市政府乐政〔1999〕7号、乐政〔2000〕149号文件，证明双方合作经营的标的物（土地）的取得是合法的。村委会于2003年8月29日召开村民代表大会，依法形成有效的村民代表决议。该次村民代表大会应到人数89人，实到72人，最后以71票同意，1票弃权，通过了该决议（其中村民代表应到44人、实到39人；党员应到45人、实到33人、党员外出5人）。双方的合作是以公开、自愿为基础，村委会所称双方恶意串通不实。2003年8月30日与10月16日的两份协议书是在村民代表大会以后双方签订的，基本内容与大会决议一致，但是对该土地挂牌时超过5000万元或低于5000万元时如何操作以及双方违约时的罚则作了进一步的约定，其实质是对双方权利与义务及罚则的界定。双方协议签订后，由于7号地块的建筑容积率政府未予规定，而容积率的高低，决定土地的商业价值，为此，顺益公司做了大量工作。2004年1月12日，乐清市国土资源局下发了建设用地批准书，该批准书规定容积率小于5.8，建筑面积小于50610平方米，从而提升了7号地块的商业价值。另按照双方的协议，顺益公司还进行了前期的土地规划设计、测量等。2004年2月28日，顺益公司以1.565亿元价格竞得7号土地使用权。同时，顺益公司与乐清市国土资源局签订了《国有土地使用权出让合同》，并经公证。综上，双方订立的协议是双方真实意思的表示，且符合相关的法律法规，故协议有效，双方应继续履行，请求依法驳回村委会的诉讼请求。

▶ **一审裁判结果**

浙江省高级人民法院判决：驳回村委会的诉讼请求。

▶ **一审裁判理由**

浙江省高级人民法院认为，综合双方当事人诉辩意见，本案争议的焦点是双方于2003年10月16日签订的协议书效力问题。村委会称，双方当事人签订的协议书系前任村"两委"所为，村民不知道，违反了《村民委员会组织法》有关规定，协议书系双方恶意串通，损害村民集体及其他竞标人合法利益的行为，依法应确认无效。顺益公司则称，该协议书已经村民代表会议讨论通过，双方恶意串通无事实证据；双方签订协议书后，顺益公司已为开发该地块做了大量的工作，并通过挂牌出让的合法途径取得了国有土地使用权，双方所签订的协议书是真实意思的表示，符合法律的规定，属有效协议。

村民代表会议的记录，证实村委会已按照《村民委员会组织法》第19条有关涉及村民利益处置的规定，就双方协议所指事项提交村民代表会议讨论通过，村委会称村民不知道与事实不符，不予采信。乐清市国土资源局文件乐土资〔2003〕76号函，只证明乐清市国土资源局于2003年6月15日发函给乐成镇石马北村双委，要求终止村双委所筹划的对7号地块向社会公开招标的行为，无法证明双方当事人之间系恶意串通。虽然诉争地块的挂牌出让的起始价为7100万元，最后成交价为1.565亿元，都高于双方协议约定的5000万元，但并没有证据证实双方当事人在签订协议前存在恶意串通的事实。双方签订协议的目的是确保双方的利益，且协议内容经过村民代表会议讨论通过，不存在损害集体利益的问题。乐清市国土资源局已于2004年2月27日确认诉争国有土地使用权的挂牌出让以1.565亿元成交，作为受让方顺益公司亦已经付清了土地出让款1.565亿元，并于2004年6月26日取得了讼争地块的国有土地使用权证，整个挂牌出让过程已经完成。双方对此并无异议，挂牌行为是合法有效的。顺益公司参与挂牌并没有违反招标拍卖挂牌出让国有土地使用权的规定，因此也不存在侵害其他竞投人利益的情况。本案不存在《合同法》第52条第2项规定的恶意串通，损害国家、集体或者第三人利益的无效情形，也不存在该条规定的其他无效情形，顺益公司主张双方协议有效，予以采纳。

二审诉辩情况

村委会不服一审判决，向最高人民法院提起上诉。请求：（1）撤销一审判决；（2）确认双方当事人在2003年10月16日签订的协议书无效，并返还村委会5240万元；（3）诉讼费由顺益公司承担。主要事实理由是：（1）村委会与顺益公司签订协议前未召开村民大会，"村民会议记录"来源不明，不应采信；（2）顺益公司没有提供证据证明因其做工作提高了土地容积率；（3）讼争土地挂牌损害其他竞标人的合法权益；（4）"村民会议记录"中张从定、唐长敏、杨明忠村民代表的签字是假的，不具有法律效力；（5）3份协议书没有经过合法的村民代表会议讨论；（6）"村民会议记录"没有对"超出5000万元的部分"如何分配作出明确约定。

顺益公司答辩称：对双方争执土地，顺益公司是经合法程序取得的，其与村委会不存在非法转让关系，也不存在与他人恶意串通等；"村民会议记录"的取得不违反法律，其真实性不可否认，三村民的证言前后矛盾，不可采信；对挂牌效力异议与本案无关。

二审裁判结果

最高人民法院判决：

一、撤销浙江省高级人民法院〔2005〕浙民一初字第7号民事判决。

二、浙江顺益房地产开发有限公司在本判决生效后15日内给付浙江省乐清市乐成镇石马北村村民委员会1620万元。如逾期不履行本判决确定的金钱给付义务，应当依照《中华人民共和国民事诉讼法》第232条的规定，加倍支付迟延履行期间的债务利息。

三、驳回浙江省乐清市乐成镇石马北村村民委员会的其他诉讼请求。

二审裁判理由

二审查明的事实与一审查明的事实相同。

最高人民法院认为，本案争议焦点为：（1）双方2003年10月16日签订的协议书是否有效；（2）土地挂牌出让所得价款1.224亿元如何处理；（3）对挂牌效力异议应如何认定。

1. 关于双方2003年10月16日签订的协议书是否有效的问题。双方当事人前后共签订3份协议书，村委会与顺益公司在签订8月30日协议书前，于2003年8月29日召开了村民代表大会，形成了会议决议。其内容为：确保净地款5000万元（土地竞标部门抽多少由顺益公司自负与村无涉），先付开发保证金3000万元解决困难，找补承包户，其余款在挂牌后付清（一次性），竞标后的价格多少双方均无反悔。会后第二天，双方当事人签订协议约定，顺益公司确保村委会该地块土地出让金净值5000万元，即无论顺益公司以任何价格取得该地，均应净付给村委会5000万元。涉及该地块的规定及政策或其他一切因素的变化而产生的任何权利与义务均与村委会无关。若挂牌出让时其他公司取得该地块，村委会净得出让金少于5000万元，不足部分由顺益公司补足，村委会净得出让金多于5000万元，多余部分双方各半分成。同年9月9日，双方又签订协议书，由于该协议书与双方争议问题无关不再赘述。2003年10月16日，双方签订第三份协议书，该协议书除约定村委会净得额为5000万元以外，又明确约定，多出5000万元的部分作为顺益公司此前合作过程的投入和努力的受益分成，此款连同顺益公司已付村委会的3000万元，由村委会一并返回给顺益公司。另该协议书还约定了本协议达成前的双方所作口头、书面协议均作废,以本协议书为准。

最高人民法院认为,村委会召开村民代表大会后,双方当事人签订的是8月30日协议书。而双方于10月16日签订协议书之前,村委会没有再召开村民代表大会。虽然两个协议书在约定的给付村委会土地出让款额及挂牌出让后出现的情况如何处理等内容上大致相同,但8月30日协议书没有明确约定竞标多于5000万元部分由村委会全部返回给顺益公司的内容,村民代表大会决议也没有此项内容。因此,10月16日协议书作为一个新协议,没有证据证明已经村民代表大会同意。顺益公司称10月16日协议书是经过村民代表大会决议而签订的事实依据不足,故该协议应认定无效。一审判决认定10月16日协议书有效是错误的,应予纠正。顺益公司提供的村民代表大会的会议记录,仅能证明8月30日协议书是经村民代表大会决议后签订的。根据村委会会议记录证明,2003年8月29日村委会召开了村民代表大会,到会人员72人,签名同意会议决议的71人,弃权1人。从会议召开的程序看,符合《村民委员会组织法》第18条的规定,而且8月30日协议书约定与村民代表大会决议内容基本上是一致的,即确保村委会取得净地款5000万元,对顺益公司中标后超出5000万元的部分如何处理均没有明确意见。因此,8月30日双方所签订的协议书内容是经过村民代表大会讨论决定的,符合《村民委员会组织法》第19条的规定,故该协议书应认定为有效。至于在庭审中,有3名村民代表称村民代表大会决议中,不是本人签名问题,本院认为,即使会议决议中有个别人的名字是代签的,也不能由此而否认多数村民代表通过的会议决议。因此,村委会主张8月30日协议书无效证据不足,不予支持。

2. 关于7号地块挂牌出让所得价款1.224亿元应如何处理的问题。最高人民法院认为,根据协议书的约定,1.224亿元土地价款中的5000万元应归村委会所有;其余7240万元双方当事人如何分配未作明确约定。分配这笔款项,应当衡平双方当事人的利益,从本案的具体情况看,顺益公司在土地竞标前对土地做了一些前期工作,这笔款项关系到失地村民的生产和生活。由于双方当事人的情况没有直接的可比性,确定分配款项的数额可以依据相对公平的原则由双方各分得一半,即村委会与顺益公司各分得3620万元。1.224亿元土地价款,村委会实得8620万元;顺益公司实得3620万元。因村委会已返还顺益公司8240万元,扣除村委会尚未退还顺益公司已付的2000万元保证金,顺益公司还应再付给村委会1620万元。

3. 关于对挂牌效力异议应如何认定问题。村委会认为在竞标中双方当事人有串标行为,侵害了第三方利益,应为无效。最高人民法院认为,乐清市国土资源局在确认讼争土地使用权的挂牌出让后,顺益公司中标,而且在中标后付清了土地出让款，并已取得了讼争地块的《国有土地使用权证》。对此，如果有第三方提出异议，认为在竞标中当事人有串标行为侵害其利益，应由第三方向有关部门提出主张，而村委会无权主张。对村委会的该项诉讼请求，不予支持。

房地产开发经营合同纠纷办案依据集成

1. 中华人民共和国城市房地产管理法（2009年8月27修正）（节录）

第二十五条　房地产开发必须严格执行城市规划，按照经济效益、社会效益、环境效益相统一的原则，实行全面规划、合理布局、综合开发、配套建设。

第二十六条　以出让方式取得土地使用权进行房地产开发的，必须按照土地使用权出让合同约定的土地用途、动工开发期限开发土地。超过出让合同约定的动工开发日期满一年未动工开发的，可以征收相当于土地使用权出让金百分之二十以下的土地闲置费；满二年未动工开发的，可以无偿收回土地使用权；但是，因不可抗力或者政府、政府有关部门的行为或者动工开发必需的前期工作造成动工开发迟延的除外。

第二十七条　房地产开发项目的设计、施工，必须符合国家的有关标准和规范。

房地产开发项目竣工，经验收合格后，方可交付使用。

第二十八条　依法取得的土地使用权，可以依照本法和有关法律、行政法规的规定，作价入股，合资、合作开发经营房地产。

第二十九条　国家采取税收等方面的优惠措施鼓励和扶持房地产开发企业开发建设居民住宅。

第三十条　房地产开发企业是以营利为目的，从事房地产开发和经营的企业。设立房地产开发企业，应当具备下列条件：

（一）有自己的名称和组织机构；

（二）有固定的经营场所；

（三）有符合国务院规定的注册资本；

（四）有足够的专业技术人员；

（五）法律、行政法规规定的其他条件。

设立房地产开发企业，应当向工商行政管理部门申请设立登记。工商行政管理部门对符合本法规定条件的，应当予以登记，发给营业执照；对不符合本法规定条件的，不予登记。

设立有限责任公司、股份有限公司，从事房地产开发经营的，还应当执行公司法的有关规定。

房地产开发企业在领取营业执照后的一个月内，应当到登记机关所在地的县级以上地方人民政府规定的部门备案。

第三十一条　房地产开发企业的注册资本与投资总额的比例应当符合国家有关规定。

房地产开发企业分期开发房地产的，分期投资额应当与项目规模相适应，并按照土地使用权出让合同的约定，按期投入资金，用于项目建设。

2. 城市房地产开发经营管理条例（1998年7月20日国务院令第248号公布）（节录）

第十条 确定房地产开发项目，应当符合土地利用总体规划、年度建设用地计划和城市规划、房地产开发年度计划的要求；按照国家有关规定需要经计划主管部门批准的，还应当报计划主管部门批准，并纳入年度固定资产投资计划。

第十一条 确定房地产开发项目，应当坚持旧区改建和新区建设相结合的原则，注重开发基础设施薄弱、交通拥挤、环境污染严重以及危旧房屋集中的区域，保护和改善城市生态环境，保护历史文化遗产。

第十二条 房地产开发用地应当以出让方式取得；但是，法律和国务院规定可以采用划拨方式的除外。

土地使用权出让或者划拨前，县级以上地方人民政府城市规划行政主管部门和房地产开发主管部门应当对下列事项提出书面意见，作为土地使用权出让或者划拨的依据之一：

（一）房地产开发项目的性质、规模和开发期限；
（二）城市规划设计条件；
（三）基础设施和公共设施的建设要求；
（四）基础设施建成后的产权界定；
（五）项目拆迁补偿、安置要求。

第十三条 房地产开发项目应当建立资本金制度，资本金占项目总投资的比例不得低于20%。

第十四条 房地产开发项目的开发建设应当统筹安排配套基础设施，并根据先地下、后地上的原则实施。

第十五条 房地产开发企业应当按照土地使用权出让合同约定的土地用途、动工开发期限进行项目开发建设。出让合同约定的动工开发期限满1年未动工开发的，可以征收相当于土地使用权出让金20%以下的土地闲置费；满2年未动工开发的，可以无偿收回土地使用权。但是，因不可抗力或者政府、政府有关部门的行为或者动工开发必需的前期工作造成动工迟延的除外。

第十六条 房地产开发企业开发建设的房地产项目，应当符合有关法律、法规的规定和建筑工程质量、安全标准、建筑工程勘察、设计、施工的技术规范以及合同的约定。

房地产开发企业应当对其开发建设的房地产开发项目的质量承担责任。

勘察、设计、施工、监理等单位应当依照有关法律、法规的规定或者合同的约定，承担相应的责任。

第十七条 房地产开发项目竣工，经验收合格后，方可交付使用；未经验收或者验收不合格的，不得交付使用。

房地产开发项目竣工后，房地产开发企业应当向项目所在地的县级以上地方人民政府房地产开发主管部门提出竣工验收申请。房地产开发主管部门应当自收到竣工验收申请之日起30日内，对涉及公共安全的内容，组织工程质量监督、规划、消防、人防等有关部门或者单位进行验收。

第十八条 住宅小区等群体房地产开发项目竣工，应当依照本条例第十七条的规定和下列要求进行综合验收：

（一）城市规划设计条件的落实情况；

（二）城市规划要求配套的基础设施和公共设施的建设情况；

（三）单项工程的工程质量验收情况；

（四）拆迁安置方案的落实情况；

（五）物业管理的落实情况。

住宅小区等群体房地产开发项目实行分期开发的，可以分期验收。

第十九条 房地产开发企业应当将房地产开发项目建设过程中的主要事项记录在房地产开发项目手册中，并定期送房地产开发主管部门备案。

第二十条 转让房地产开发项目，应当符合《中华人民共和国城市房地产管理法》第三十八条、第三十九条规定的条件。

第二十一条 转让房地产开发项目，转让人和受让人应当自土地使用权变更登记手续办理完毕之日起30日内，持房地产开发项目转让合同到房地产开发主管部门备案。

第二十二条 房地产开发企业转让房地产开发项目时，尚未完成拆迁补偿安置的，原拆迁补偿安置合同中有关的权利、义务随之转移给受让人。项目转让人应当书面通知被拆迁人。

3. 最高人民法院关于审理涉及国有土地使用权合同纠纷案件适用法律问题的解释（2005年6月18日 法释〔2005〕5号）（节录）

三、合作开发房地产合同纠纷

第十四条 本解释所称的合作开发房地产合同，是指当事人订立的以提供出让土地使用权、资金等作为共同投资，共享利润、共担风险合作开发房地产为基本内容的协议。

第十五条 合作开发房地产合同的当事人一方具备房地产开发经营资质的，应当认定合同有效。

当事人双方均不具备房地产开发经营资质的，应当认定合同无效。但起诉前当事人一方已经取得房地产开发经营资质或者已依法合作成立具有房地产开发经营资质的房地产开发企业的，应当认定合同有效。

第十六条 土地使用权人未经有批准权的人民政府批准，以划拨土地使用权作为投资与他人订立合同合作开发房地产的，应当认定合同无效。但起诉前已经办理批准手续的，应当认定合同有效。

第十七条 投资数额超出合作开发房地产合同的约定，对增加的投资数额的承担比例，当事人协商不成的，按照当事人的过错确定；因不可归责于当事人的事由或者当事人的过错无法确定的，按照约定的投资比例确定；没有约定投资比例的，按照约定的利润分配比例确定。

第十八条 房屋实际建筑面积少于合作开发房地产合同的约定，对房屋实际建筑面积的分配比例，当事人协商不成的，按照当事人的过错确定；因不可归责于当事人的事由或者当事人过错无法确定的，按照约定的利润分配比例确定。

第十九条　在下列情形下，合作开发房地产合同的当事人请求分配房地产项目利益的，不予受理；已经受理的，驳回起诉：

（一）依法需经批准的房地产建设项目未经有批准权的人民政府主管部门批准；

（二）房地产建设项目未取得建设工程规划许可证；

（三）擅自变更建设工程规划。

因当事人隐瞒建设工程规划变更的事实所造成的损失，由当事人按照过错承担。

第二十条　房屋实际建筑面积超出规划建筑面积，经有批准权的人民政府主管部门批准后，当事人对超出部分的房屋分配比例协商不成的，按照约定的利润分配比例确定。对增加的投资数额的承担比例，当事人协商不成的，按照约定的投资比例确定；没有约定投资比例的，按照约定的利润分配比例确定。

第二十一条　当事人违反规划开发建设的房屋，被有批准权的人民政府主管部门认定为违法建筑责令拆除，当事人对损失承担协商不成的，按照当事人过错确定责任；过错无法确定的，按照约定的投资比例确定责任；没有约定投资比例的，按照约定的利润分配比例确定责任。

第二十二条　合作开发房地产合同约定仅以投资数额确定利润分配比例，当事人未足额交纳出资的，按照当事人的实际投资比例分配利润。

第二十三条　合作开发房地产合同的当事人要求将房屋预售款充抵投资参与利润分配的，不予支持。

第二十四条　合作开发房地产合同约定提供土地使用权的当事人不承担经营风险，只收取固定利益的，应当认定为土地使用权转让合同。

第二十五条　合作开发房地产合同约定提供资金的当事人不承担经营风险，只分配固定数量房屋的，应当认定为房屋买卖合同。

第二十六条　合作开发房地产合同约定提供资金的当事人不承担经营风险，只收取固定数额货币的，应当认定为借款合同。

第二十七条　合作开发房地产合同约定提供资金的当事人不承担经营风险，只以租赁或者其他形式使用房屋的，应当认定为房屋租赁合同。

十四、房屋买卖合同纠纷

36. 售楼广告、宣传册等资料内容,是否具有法律效力?

房地产开发商为了促销商品房,往往在售楼广告、宣传册等资料中对商品房质量、外观、小区绿化环境等方面进行夸大宣传。判断售楼广告有无法律效力,主要是看广告内容是否具体确定。最高人民法院《关于审理商品房买卖合同纠纷案件适用法律若干问题的解释》第3条规定,出卖人就商品房开发规划范围内的房屋及相关设施所作的说明和允诺具体确定,并对商品房买卖合同的订立以及房屋价格的确定有重大影响的,商品房的销售广告和宣传资料视为要约。该说明和允诺即使未载入商品房买卖合同,亦应当视为合同内容,当事人违反的,应当承担违约责任。而何谓"重大影响",由法官自由裁量认定。商品房销售宣传册中载明外墙采用环保隔热保温新型材料,但未具体写明商品房的所有外墙均为保温材料,且宣传资料的内容并未对商品房价格的确定产生重大影响,因此,宣传册的内容不应视为合同内容。购房者要求在全部外墙安装环保隔热保温新型材料无合同依据,法院不予支持。

典型疑难案件参考

刘长福诉安徽皖能置业发展有限责任公司商品房买卖合同纠纷案

基本案情

2004年年初,安徽皖能置业发展有限责任公司开始开发建设贵都花园小区,在其商品房销售宣传册中载明:外墙均采用高级耐脏防水弹性乳胶漆,外墙采用环保隔热保温新型材料,外窗为双层中空玻璃彩色铝合金窗等。2004

年4月1日,刘长福与安徽皖能置业发展有限责任公司签订一份商品房买卖合同,并约定逾期交房,应自约定交付期限的第二天起至实际交付之日止,按日支付已付房价款万分之四的违约金。但双方同时约定在设计变更造成工期延期、因政府配套设施的批准造成延误等情形下,除双方协商同意解除合同或变更合同外,安徽皖能置业发展有限责任公司可据实予以延期。安徽皖能置业发展有限责任公司应于双方进行验收交接后90天内向刘长福交付验收合格的商品房证明文件。在合同附件三中关于房屋的装饰设备标准载明:外墙为涂料,门窗为铝合金门窗、入户防盗门(彩铝、中空玻璃)等。

在房屋施工过程中,2003年12月11日,安徽省建筑科学研究院出具设计修改通知单,将原定保温浆料外保温系统改为聚苯乙烯泡沫塑料板薄抹灰外墙外保温系统。2003年12月17日、2004年8月28日,施工单位安徽省第一建筑工程公司分别以南、北楼外墙保温设计发生大变更及小区道路路面施工方案变更为由,申请延长工期60天、30天,建设单位和监理单位均签字确认。

2004年8月28日,安徽皖能置业发展有限责任公司向贵都花园各业主发出通知,告知各业主:因车行道、人行道变更设计,原定交房期限将延至2004年10月30日。2004年11月11日,安徽皖能置业发展有限责任公司将贵都花园北楼104号房屋交付刘长福。

贵都花园北楼外墙在其东、南、西三面全部采用了环保保温隔热材料,而在北面部分外墙外未采用保温材料。该楼全部窗户除北面的厨房及北面客房两扇窗户外均采用双层中空彩色玻璃铝合金窗。刘长福在实际入住该房后发现房屋出现多处裂缝,经双方现场勘验,刘长福住房裂缝有三种类型:一是阳台处沉降缝;二是砖墙与钢筋混凝土墙收缩不一致引起的;三是顶板底部混凝土收缩形成的。2006年4月,刘长福诉至法院。

一审诉辩情况

刘长福诉称,双方签订商品房买卖合同后,安徽皖能置业发展有限责任公司未按约交房,外墙未能如宣传广告所称全部采用环保隔热保温材料,窗户也未按合同约定全部采用中空玻璃,且房屋存在多处裂缝。故请求判令安徽皖能置业发展有限责任公司交付房屋验收合格证明文件;承担逾期交房违约金;全部安装广告宣传册中承诺的隔热保温新型材料;依照合同将普通玻璃改装为双层中空玻璃彩色铝合金窗;对房屋裂缝进行维修等。

安徽皖能置业发展有限责任公司辩称,房屋验收合格证明文件已向原告说明、出示;由于变更设计造成延期,不构成违约;外墙隔热保温符合合同约定;按照设计方案未采用中空玻璃;房屋开裂也是刘长福拒绝协助维修造成,应驳回其诉讼请求。

一审裁判结果

安徽省包河区人民法院判决：

一、安徽皖能置业发展有限责任公司应于判决生效之日后10日内将贵都花园房屋的竣工验收备案表复印件交付刘长福；

二、安徽皖能置业发展有限责任公司应于判决生效后10日内给付刘长福逾期交房违约金1920元，自2004年10月31日至2004年11月11日，按每日万分之四计算；

三、安徽皖能置业发展有限责任公司应于判决生效后30日将刘长福房屋（贵都花园北楼104室）的裂缝修复完毕；

四、安徽皖能置业发展有限责任公司应于判决生效后30日内将刘长福的房屋（贵都花园北楼104室）北面的两扇普通玻璃窗改装为双层中空玻璃彩色铝合金窗；

五、驳回刘长福的其他诉讼请求。

一审裁判理由

安徽省包河区人民法院审理后认为，根据合同约定，因设计变更造成工期延期的，至迟应于2004年10月30日交付房屋。但安徽皖能置业发展有限责任公司实际交付之日为2004年11月11日，故安徽皖能置业发展有限责任公司已构成违约，应承担逾期交房违约金。安徽皖能置业发展有限责任公司在房屋交付时至今未能按约履行交付房屋验收合格的相关证明文件，对于刘长福要求交付贵都花园房屋验收证明文件的诉讼请求应予支持。另因安徽皖能置业发展有限责任公司交付的商品房在保修期间出现裂缝，该公司应按照维修约定，及时修复房屋的瑕疵。依据双方合同的约定，安徽皖能置业发展有限责任公司应按合同约定将其改装为双层中空玻璃彩色铝合金窗。宣传资料为要约邀请，该资料也未具体明确写明商品房的所有外墙均为保温材料，且宣传资料的内容并未对商品房价格的确定产生重大影响，因此，宣传册的内容不应视为合同内容，刘长福据此要求在全部外墙安装环保隔热保温新型材料的诉讼请求无合同依据，依法不应予以支持。

二审诉辩情况

刘长福不服提出上诉，称安徽皖能置业发展有限责任公司在贵都花园销售宣传册中，有关房屋将采用外墙保温系统的说明及允诺明确具体，其也正是基于此才以高出其他同类楼盘的价格购买了贵都花园的房屋。安徽皖能置业发展有限责任公司于2004年11月11日将房屋交付自己，原审违约金计算错误等。

安徽皖能置业发展有限责任公司辩称，房屋验收合格证明文件已向刘长福说明、出示；由于变更设计造成延期，不构成违约；外墙隔热保温符合合同约定；按照设计方案未采用中空玻璃，房屋开裂刘长福拒绝协助维修等。

▶ 二审裁判结果

安徽省合肥市中级人民法院判决：驳回上诉，维持原判。

▶ 二审裁判理由

二审查明的事实基本同一审查明的事实，同时另查明贵都花园北楼北面部分外墙外未采用保温材料系依据设计图纸施工。

安徽省合肥市中级人民法院审理后认为，刘长福与安徽皖能置业发展有限责任公司间签订的商品房买卖合同合法有效。双方合同明确约定房屋应于2004年9月28日前交付，但因设计变更延长的期限，安徽皖能置业发展有限责任公司应于2004年10月30日前交付房屋。而其直至2004年11月11日才将房屋交付刘长福，原审计算逾期交房违约金并无不当。刘长福已实际领取房屋，故其主张逾期交房违约金应计算至竣工验收备案之日的上诉请求无法律依据，依法不予支持。

贵都花园商品房销售宣传册中虽然说明了该商品房的外墙为环保隔热保温新型材料，但宣传资料为要约邀请，该资料也未具体明确写明商品房的所有外墙均为保温材料，且宣传资料的内容并未对商品房价格的确定产生重大影响，因此，安徽皖能置业发展有限责任公司销售宣传册的内容不应视为合同内容，刘长福据此要求安徽皖能置业发展有限责任公司在全部外墙安装环保隔热保温新型材料的诉讼请求无合同依据，依法不予支持。

37. 出售未取得产权证房屋的合同是否有效？

鼓励交易是合同法的重要精神，《城市房地产管理法》立法目的是解决房地产开发经营和交易行为不规范的问题，规范对象是行政管理行为，以行政法中的规范来否定民事合同的效力，应特别谨慎。该法第38条并未规定买卖未领取权属证书的房产合同无效，而仅产生房屋转让不能及时颁证或不能如期过户的结果，属于管理性规范，不应据此认定合同无效。《物权法》确立了物权与债权区分原则，当事人之间订立有关设立、变更、转让和消灭不动产物权的合同，除法律另有规定或者合同另有约定外，自合同成立时生效；未办理物权登记的，不影响合同效力。出售方因"炒楼花"而获利，如再诉请确认买卖合同无效，将使购房者蒙受巨大的损失，认定该类合同无效明显有悖诚实信用原则。因此，双方买卖未取得产权证房产的合同，实为债权转让合同，出卖方对于该房产的合同债权是确定的，应当依照合同法规则判断该类买卖合同的效力，认定为有效合同。目前，各地法院在处理这类案件时，通常考虑到立法指导思想上的转变，基于诚实信用原则，根据合同法规则认定买卖未取得产权证房产的合同有效，判决由违约方承担违约责任。守约方要求继续履行买卖合同的，法院予以支持。

典型疑难案件参考

张瑞龙诉何少玲、张彩兰房屋买卖合同纠纷案

基本案情

被告（反诉原告）何少玲、张彩兰因无力偿还向张敦游的借款人民币4万元，向原告（反诉被告）张瑞龙借款34万元。1999年2月27日，经原、被告协商，双方立下协议书，被告同意以38万元的价格将坐落于龙田镇龙安街第一幢第108号店面抵偿给原告，用于偿还上述全部借款。该店面系被告何少玲、张彩兰拆迁安置而来的房产，尚未办理房屋所有权登记及领取产权证。1999年2月28日，被告何少玲、张彩兰出具卖断契，以人民币365000元的价格将该店面转让给原告张瑞龙，其中34万元是用于抵偿原告张瑞龙的借款，另外25000元用于偿还张敦游的借款。当日，被告何少玲、张彩兰即将讼争店面房移交给原告张瑞龙管理使用，此后该店面房一直由原告张瑞龙出租管理使用至今。1999年3月17日，被告登记领取了讼争店面融龙国用〔1999〕第5015号国有土地使用证，并将该证交给原告张瑞龙保管。

一审诉辩情况

2005年2月22日，原告张瑞龙向一审法院起诉，请求确认原、被告店面房买卖合同（卖断契）有效；被告何少玲、张彩兰向一审法院提起反诉，请求确认反诉原、被告签订的房屋买卖合同无效，并请求反诉被告返还反诉原告

店面房。

一审裁判结果

福建省福清市人民法院判决：

一、驳回原告张瑞龙的诉讼请求；

二、反诉原告何少玲、张彩兰与反诉被告张瑞龙于1999年2月28日签订的卖断契无效；

三、原告（反诉被告）张瑞龙应于本判决发生法律效力即日将福清市龙田镇三村龙安街1号楼108房屋、融龙国用〔1999〕第5015号国有土地使用证及房屋租金收益人民币114000元返还被告（反诉原告）何少玲、张彩兰；被告（反诉原告）何少玲、张彩兰应当返还原告（反诉被告）张瑞龙原房屋转让价款人民币365000元，并按中国人民银行同类同期贷款利率支付自1999年2月28日起至还款之日止的利息。

一审裁判理由

福建省福清市人民法院认为：被告何少玲于1999年3月17日经福清市土地局登记并领取了讼争的福清市龙田镇三村龙安街1号楼108号店面房的土地使用证，但该房至今未经房屋管理部门登记，未领取房屋所有权证。根据《城市房地产管理法》第37条第6项规定："未依法登记领取权属证书的房地产不得转让"，建设部《城市房屋权属登记管理办法》第5条第1款规定："房屋权属证书是权利人依法拥有房屋所有权并对房屋行使占有、使用、收益和处分权利的唯一合法凭证。"第31条规定："房屋权属证书包括《房屋所有权证》、《房屋共有权证》、《房屋他项权证》或者《房地产权证》、《房地产共有权证》、《房地产他项权证》。"因此，被告（反诉原告）仅取得讼争店面房的《国有土地使用证》，但至今未登记取得《房屋所有权证》，故不能认定论争房产已经依法登记并领取权属证书，依法该房产不得转让。原告（反诉被告）与被告（反诉原告）之间转让房产的行为，违反了国家法律的强制性规定，其转让行为依法应当认定为无效，该行为开始起就没有法律约束力，因此，原告（反诉被告）与被告（反诉原告）之间的买卖合同依法应当认定无效。对于讼争房未经权属登记，双方当事人应当是明知的，故对于该无效民事行为，原、被告双方均存在过错，应各自承担相应的返还财物及相应利益的责任。原告（反诉被告）张瑞龙应当一并返还占用讼争店面期间已收取的租金收益人民币114000元。但被告（反诉原告）何少玲、张彩兰使用原房屋转让价款多年，应当赔偿原告（反诉被告）张瑞龙原房屋转让款被使用期间本应取得的正常利息利益损失，被告（反诉原告）现主张按照国家贷款的利率支付使用期间的利息，符合法律规定，依法可予以准许。

二审诉辩情况

上诉人张瑞龙上诉称：（1）一审法院适用法律错误。《城市房地产管理法》所适用的对象是城市规划区，而本案讼争房屋坐落在福清市龙田镇三村龙安街，这显然不是城市规划区内的土地，因此不适用《城市房地产管理法》。一审法院认定被上诉人在转让店面房时未取得权属证书，是曲解法律的结果。房屋权属证书在我国现有管理体制下是分别由建设行政管理部门和国土资源管理部门分别登记核发，国土资源行政部门核发的《土地使用权证》也是《城市房地产管理法》所规定的房产权属证之一。（2）该店面房转让应是有效和合法的。首先，县级以下乡、村目前均尚未完全普及推开房产登记制度，普遍是以土地登记和领取土地使用权证为准。被上诉人在一审辩论终结前已取得了国有土地使用权证，应认定已取得房产权属证。其次，上诉人于1999年2月28日与被上诉人签订店面房买卖协议，上诉人付清了房价款，店面房也由上诉人管理、使用和收益，在诉讼时已时隔6年，被上诉人均未提出异议。目前被上诉人所转让的店面现可以办理房屋所有权证，但被上诉人以种种理由推托，故意不配合上诉人办理上述权属证书。被上诉人在领取《国有土地使用权证》时，就足以证明该讼争房的产权已清晰，已不存在产权不明问题。况且上诉人与被上诉人签订买卖店面房契约时，双方都具有相应的民事行为能力，意思表示真实，卖断契内容为法律允许买卖的私有财产，不损害国家和社会公共利益，一审法院认定买卖店面房协议（卖断契）无效，既无法律依据，也有悖于诚实信用的原则，有损交易的安全。因此，请求二审法院撤销一审判决，依法改判确认双方签订的卖断契有效。

被上诉人何少玲、张彩兰辩称：（1）一审法院适用《民法通则》第58条及《城市房地产管理法》第37条规定是准确适用法律。本案讼争房屋是行政建制镇国有土地上进行房地产开发的房屋，其房地产管理应适用《城市房地产管理法》，被上诉人认为不适用该法，没有根据。（2）相关法律、规章的规定表明《房屋产权证》与《土地使用证》是性质、用途根本不同的证书，"两证"不可相互代替，《土地使用权证》不是房屋权属证书之一。上诉人将被上诉人的《土地使用权证》当做房屋所有权属证，是对法律的歪曲。（3）民事行为必须遵守法律。诚信原则必须以遵守法律为前提，本案讼争房屋卖断契是不合法行为，依照《民法通则》第58条规定应确定为无效行为。一审法院判决事实认定清楚，适用法律正确，请求驳回上诉，维持原判。

> 二审裁判结果

福建省福州市中级人民法院判决：

一、撤销福清市人民法院〔2005〕融民初字第990号民事判决；

二、确认上诉人张瑞龙（一审原告、反诉被告）与被上诉人何少玲、张彩兰（一审被告、反诉原告）1999年2月28日签订的卖断契为有效合同；

三、驳回被上诉人（一审被告、反诉原告）何少玲、张彩兰的反诉请求。

> 二审裁判理由

福建省福州市中级人民法院认为：《中华人民共和国城市房地产管理法》第37条第6项规定不得转让的房地产包括未依法登记领取权属证书的房地产，该条规定的立法目的是保证进入市场交易的房地产产权清晰合法，避免权属不清的房地产进入市场后，扰乱市场秩序，损害当事人的合法权益。本案讼争房产系拆迁安置取得的房产，拆迁前房产属被上诉人所有，并由其办理了拆迁安置手续，安置后的房产并已领取了国有土地使用证，表明讼争房产权属明确，具有合法的权利来源，仅未及时领取房屋所有权证，不应列入《城市房地产管理法》第37条第6项规定的"未依法登记领取权属证书的房地产"的涵盖范围。

上诉人与被上诉人签订房屋买卖合同即卖断契时，被上诉人事实上对买卖标的已拥有了占有、使用、处分和收益的权利，被上诉人没有提供充足证据证明买卖合同的签订存在乘人之危的情形，应认定出自双方真实意思表示。卖断契中被上诉人确认出卖房产权属明确，自愿卖断给被上诉人，表示决不反悔。房屋买卖价款也以双方约定的方式支付完毕，讼争房产交付被上诉人占有使用已达6年之久，讼争房产的国有土地使用证也交由上诉人保管，被上诉人现提出确认房屋买卖合同无效的主张，有悖诚实信用原则。被上诉人在一审中作为反诉原告提出的要求上诉人即反诉被告返还讼争房产的反诉请求，理应驳回。

综上所述，本案讼争房产买卖合同主体资格合法，出自双方真实意思表示，买卖标的权利来源合法明晰，内容未违反法律规定，应确认为有效合同。一审法院认定讼争房产转让违反了《城市房地产管理法》的强制性规定，从而认定讼争合同无效，不符合《城市房地产管理法》的立法目的和鼓励交易的合同法立法目的，也与不轻易认定合同无效的现代民商司法理念相悖离，不利于维护民法诚实信用原则及市场交易安全，本院依法予以纠正。上诉人上诉理由成立，本院予以支持。

38. 房屋出现裂缝、渗漏等质量问题，购房者如何主张赔偿？

出卖人交付的房屋从设计施工至竣工均经有关行政管理部门审核批准，该房屋通过标准审查仅是行政管理部门认定的事实，不能据此否定房屋存在质量缺陷的客观事实。在房屋建筑工程质量诉讼中，建设行政主管部门的审批文件以及建筑工程勘察、设计、施工、工程监理等单位签署的质量合格文件仅属诉讼证据，对法院认定案件事实并不具有当然的确定力和拘束力。如果存在房屋裂缝、渗漏等客观事实，并且确系建筑施工所致，则应认定房屋存在质量缺陷。出卖人交付的房屋质量不符合工程建设强制性标准以及合同约定的，构成违约，购房者可根据房屋状况及损失大小，合理选择要求对方承担修理、退房、减少价款、赔偿损失等违约责任。

典型疑难案件参考

杨珺诉东台市东盛房地产开发有限公司商品房销售合同纠纷案（《最高人民法院公报》2010年第11期）

基本案情

2006年3月25日，原告杨珺与被告东盛房地产公司签订商品房买卖合同一份，该合同载明，原告购买被告开发的坐落于东台市原新东南路（现海陵南路）水景湾10号楼A室房屋一套，房屋用途为居住，房屋总价款为441430元，《住宅质量保证书》作为合同的附件；出卖人自房屋交付使用之日起，按照《住宅质量保证书》承诺的内容承担相应的保修责任，在房屋保修范围和保修期限内发生质量问题，出卖人应当履行保修义务，因不可抗力或者非出卖人原因造成的损坏，出卖人不承担责任，但可协助维修，维修费用由购买人承担。水景湾10号楼为叠加别墅，除去顶楼阁楼层后有4个结构层，为砖混结构，屋面未设置保温层，对此，被告向原告出售房屋时未予告知。该楼的设计单位为通州市建筑设计院，施工单位为通州市华建建筑安装工程公司，监理单位为通州市天元建设监理咨询有限公司。该楼于2005年4月1日开工，2006年1月20日竣工。

2006年6月21日，原告杨珺领取了涉案房屋的房屋所有权证。在装修、居住过程中，原告发现房屋存在墙体多处裂缝、窗户渗漏等问题，多次报修，被告东盛房地产公司多次派员维修，但均未能根本修复。

2007年9月3日，原告杨珺将被告东盛房地产公司诉至法院要求其修复房屋的裂缝。审理中，原告申请对墙体裂缝渗漏的原因及维修方案进行鉴定。2007年12月11日，南京东南建设工程安全鉴定有限公司作出SF207078-1号《东台市水景湾10号楼A室裂缝原因及维修方案鉴定报告》（以下简称鉴定报告），其鉴定结论为：水景湾10号楼A室产生墙体裂缝的主要原因是温度变化时结构材料的不均匀收缩所致，屋面未做保温层和墙体砌筑质量较差导致顶部楼层温度裂缝明显，上述裂缝对主体结构安全没有影响，但严重影响观瞻和使用功能。其整改修复方案为：（1）现有裂缝的修复方案：对内外贯通的裂缝可采用结构胶进行灌缝，对墙面粉刷层的裂缝，可铲除原粉刷层，进行重新粉刷。（2）防止裂缝继续发展的处理方案：由于水景湾10号楼A室的裂缝基本上都属于温度缝，当温差较大时，房屋的裂缝发展会比较明显，虽然温度裂缝不影响主体结构的安全性能，但是会影响建筑的观瞻和使用，因此，应该采取措施，降低温度变化带给建筑的损伤，考虑到10号楼A室的屋面未设置保温层，建议拆除原屋面瓦，参照图集苏J9801-1/8新做保温层面。新保温屋面各层做法如下：（1）原屋面瓦；（2）25厚1:2.5水泥砂浆掺107胶，内调16号镀锌钢丝网一层；（3）40厚挤塑保温板；（4）3ram厚高分子卷材SBS一层；（5）20厚1:3水泥砂浆找平层；（6）钢筋混凝土现浇屋面板。

2007年12月19日，原告杨珺向法院提出撤诉申请，同日法院作出〔2007〕东民一初字第1895号民事裁定书，裁定准许原告撤诉，同年12月21日，原告另诉要求被告东盛房地产公司承担根治修复房屋裂缝渗漏及相关费用的民事责任，赔偿因裂缝渗漏造成的损失7100元。

2008年1月7日，原告杨珺申请对东台市水景湾10号楼A室房屋整改修复工程造价进行评估。2008年7月9日，中国建设银行股份有限公司江苏省分行作出建苏宁价〔2008〕213号《关于东台市水景湾10号楼A室房屋整改修复工程造价的鉴定意见》，结论为：原告位于东台市水景湾10号楼A室房屋整改修复工程造价为35481.36元。

▶ 一审诉辩情况

原告杨珺诉称：2006年3月25日，原告与被告东盛房地产公司签订商品房买卖合同，购买被告开发的东台市水景湾10号楼A室房屋一套，并于同年5月至9月进行了精装修。在装修、居住过程中，原告发现房屋存在墙体裂缝、窗户渗漏等问题，虽然被告得知后对裂缝及渗漏问题进行了多次处理，但仍未能根治修复，从而给原告造成了损失。随后，南京东南建设工程安全鉴定有限公司对裂缝渗漏原因及修复方案进行了鉴定，认定墙体裂缝主要是因温度变化时结构材料的不均匀收缩所致，屋面未做保温层和墙体砌筑质量较差导致楼层温度裂缝明显，而墙体裂缝是窗户部位产生渗漏的直接原因。故原告要求被告承担修复房屋裂缝及相关费用的民事责任，赔偿因裂缝渗漏造成的损失7100元。

被告东盛房地产公司辩称：被告交付给原告杨珺的房屋经竣工验收合格，被告仅在保修期限内依据合同约定和法律规定承担维修责任。被告的施工图设计文件通过了有关行政部门审查，符合国家强制性标准及规范的要求。屋面未做保温层符合设计要求和规定，不是被告的过错。新建、增建屋面保温层不属于被告的法定义务。原告的主张没有合同和法律规定上的依据，故请求驳回原告的诉讼请求。

一审裁判结果

江苏省东台市人民法院判决：

一、被告东盛房地产公司于本判决生效之日起3个月内对属于原告杨珺所有的坐落于东台市原新东南路（现海陵南路）水景湾10号楼A室按南京东南建设工程安全鉴定有限公司作出的第SF207078-1号《东台市水景湾10号楼A室裂缝原因及维修方案鉴定报告》中所明确的整改修复方案进行整改修复；

二、驳回原告杨珺的其他诉讼请求。

一审裁判理由

江苏省东台市人民法院认为，本案一审的争议焦点是：（1）被告东盛房地产公司出售给原告杨珺的房屋是否存在质量问题；（2）若存在质量问题，被告是否应当承担民事责任；（3）若被告应当承担民事责任，则应当承担何种方式的民事责任。

第一，被告东盛房地产公司出售给原告杨珺的房屋存在质量缺陷。（1）根据《建筑法》第60条、第62条的规定，竣工验收的建筑工程的屋顶、墙面不得有渗漏、开裂等质量缺陷，且建筑工程实行质量保修制度。该法及国务院《建筑工程质量管理条例》未对"质量缺陷"作出进一步的解释或规定。建设部《房屋建筑工程质量保修办法》第3条规定："本办法所称房屋建筑工程质量保修，是指对房屋建筑工程竣工验收后在保修期限内出现的质量缺陷，予以修复。本办法所称质量缺陷，是指房屋建筑工程的质量不符合工程建设强制性标准以及合同的约定。"参照该条规定，只要房屋建筑工程质量不符合法定标准以及合同目的,则可以认定存在质量缺陷。(2)根据《建筑法》第52条的规定,建筑工程勘察、设计、施工的质量必须符合国家有关建筑工程安全标准的要求,具体管理办法由国务院规定。根据《建筑工程质量管理条例》第3条、第16条的规定,建设单位、勘察单位、设计单位、施工单位、工程监理单位依法对建筑工程质量负责,建设单位在收到建设工程竣工报告后,应当组织对建筑工程质量负责的有关单位进行竣工验收,由勘察、设计、施工、工程监理等单位分别签署质量合格文件后,方可交付使用。在当事人对房屋建筑工程质量提起的诉讼中,建设单位提供的有关行政管理部门的批准文件,以及勘察、设计、施工、工程监理等单位的质量合格文件,只能作为证据使用,对人民法院认定事实不具有当然的确定力和拘束力。(3)本案中,原告购买的房屋存在裂缝、渗漏等问题,这是一个客观事实,并且该客观事实经司法鉴定结论证实系温度变化时结构材料不均匀收缩所致,屋面设计瑕疵和墙体砌筑质量较差导致顶部楼层温度裂缝明显。综合以上三点,足以认定本案被告出售给原告的房屋存在质量缺陷,被告认为房屋的施工设计文件经有关行政部门审核批准、房屋竣工后经有关单位验收合格,因此应当认定房屋质量合格的理由,不予采纳。

第二,被告东盛房地产公司应当对本案的房屋质量缺陷承担相应的民事责任。(1)如上所述,我国实行建筑工程质量保修制度。根据《质量管理条例》第40条的规定,在正常使用条件下,房屋主体结构工程的保修期限为设计文件规定的该工程的合理使用年限,房间和外墙面的防渗漏工程的保修期限为5年,保修期自竣工验收合格之日起计算。根据司法鉴定结论,本案讼争房屋的主体结构虽然不存在安全问题,但存在裂缝的质量缺陷,且出现了渗漏。原告杨珥在保修期内主张权利,应当予以支持。(2)根据《产品质量法》第2条的规定,建设工程不适用该法,因此,原告主张的房屋质量缺陷责任应当适用建筑法律法规的规定以及民事法律的一般性规定。《建筑法》第58条、第60条确定了由施工单位对建筑工程施工质量负责的一般原则。《质量管理条例》第41条规定:"建设工程在保修范围内和保修期限内发生质量问题的,施工单位应当履行保修义务,并对造成的损失承担赔偿责任。"以上建筑法律法规的规定,旨在明确建筑工程质量的最终责任承担者为施工单位。根据《合同法》第155条的规定,出卖人交付的标的物不符合质量要求的,买受人可以要求其承担相应的违约责任。所以,原告向被告主张权利有法律规定上的依据。(3)本案中,被告交付给原告的房屋存在的质量缺陷比较隐蔽,经鉴定,质量缺陷的产生原因在房屋交付时即已存在,只是在交付后才被发现。在原、被告双方签订的《住宅质量保证书》中,也约定了在房屋保修范围和保修期限内发生质量问题,出卖人应当履行保修义务。综合以上三点,原告有权主张被告承担相应的民事责任。

第三,被告东盛房地产公司应当对房屋质量缺陷承担修复责任。根据《合同法》第111条的规定,对于质量不符合约定的,买受人可以合理选择要求对方承担修理、更换、重作、退货、减少价款或者报酬等违约责任。最高人民法院《关于审理商品房买卖合同纠纷案件适用法律若干问题的解释》第13条规定:"因房屋质量问题严重影响正常居住使用,买受人请求解除合同和赔偿损失的,应予支持。交付使用的房屋存在质量问题,在保修期内,出卖人应当承担修复责任;出卖人拒绝修复或者在合理期限内拖延修复的,买受人可以自行或者委托他人修复。修复费用及修复期间造成的其他损失由出卖人承担。"本案中,被告交付给原告杨珺的房屋因出现裂缝渗漏质量问题严重影响居住使用,原告选择要求被告承担根治修复房屋裂缝渗漏的民事责任,依法应予支持,被告应当按照南京东南建设工程安全鉴定有限公司作出的第SF207078-1号鉴定报告中所明确的整改修复方案履行修复义务。关于原告要求被告承担根治修复房屋裂缝渗漏的相关费用的诉讼请求,因该费用尚未实际发生,不予支持。关于原告要求被告赔偿因裂缝渗漏造成的损失7100元,证据不足,不予支持。

二审诉辩情况

东盛房地产公司不服一审判决,向江苏省盐城市中级人民法院提起上诉,主要理由是:一审认定事实错误。上诉人提供的施工图纸及竣工验收文件等,能够证明本案房屋设计施工通过了有关行政部门的强制性标准审查,被上诉人杨珺的屋面未设计、未设置保温层,符合当时的建筑标准和规范,故一审法院判决上诉人按鉴定报告方案修复房屋裂缝渗漏,依据不足;被上诉人在购买该商品房时,上诉人已经依据相关规定提供了相应的图纸及资料,双方对房屋的结构、层次等在合同中作了明确的约定,房屋竣工交付时,上诉人也依据相关规定提供了验收证明书及质量监督报告等文件,被上诉人应当知道屋面未设置保温层的事实,故一审判决认定上诉人在售房和交房时未尽告知义务,无事实依据。请求二审查明事实,依法改判上诉人仅对室内裂缝部分承担修复义务,并驳回被上诉人的其他诉讼请求。

二审裁判结果

江苏省盐城市中级人民法院:驳回上诉,维持原判。

二审裁判理由

江苏省盐城市中级人民法院经二审，确认了一审查明的事实。

江苏省盐城市中级人民法院认为：上诉人东盛房地产公司与被上诉人杨珺签订房屋买卖合同，其应当保证出卖的房屋符合法律规定或者合同约定的质量，现上诉人交付给被上诉人的房屋出现墙体裂缝及渗漏问题，经专业部门鉴定，其主要原因系温度变化时结构材料不均匀收缩所致，而屋面未做保温层和墙体砌筑质量较差导致顶部楼层温度裂缝明显。对此，上诉人作为房屋的出卖人，对其出售房屋存在的质量缺陷，依法应当承担相应的修复义务，一审判决并无不当。

关于上诉人东盛房地产公司以交付的房屋通过了有关行政管理部门的强制性标准审查且通过了竣工验收为由拒绝承担相应责任的主张，法院认为，虽然上诉人交付的房屋从设计施工至竣工均经有关行政管理部门审核批准，未设置保温层符合当时的建筑标准和规范，但是上诉人交付给被上诉人杨珺的房屋存在明显的质量缺陷，且已严重影响被上诉人对房屋的正常居住使用，其原因亦经相关专业部门鉴定。上诉人提出的房屋通过标准审查仅是有关行政管理部门认定的事实，并不能据此否定房屋存在质量缺陷的客观事实。故对上诉人的该上诉理由，不予采纳。

上诉人东盛房地产公司认为，其已向被上诉人杨珺出具了房屋的相关图纸资料，被上诉人应当知道屋面未设置保温层的事实。对此本院认为，房屋的图纸资料属于专业技术材料，没有上诉人的相关告知，被上诉人仅凭常识，不可能得知房屋未设置保温层，即使被上诉人知道未设置保温层的事实，在上诉人交付房屋时，被上诉人也不可能知道未设置保温层会产生裂缝渗漏等问题。且本案中的房屋质量缺陷具有隐蔽性，被上诉人在使用过程中才得以发现。上诉人不能以订立合同时所拥有的信息优势来免除保证房屋质量的法定责任。故上诉人的这一上诉理由，不予采纳。

39. 商品房实际面积与合同约定不符，面积差价款应如何处理？

根据最高人民法院《关于审理商品房买卖合同纠纷案件适用法律若干问题的解释》第14条的规定，如果开发商交付使用的房屋套内建筑面积或者建筑面积与商品房买卖合同约定面积不符，有以下几种处理方式：（1）合同有约定的，按照约定处理。（2）合同没有约定或者约定不明确的，按照以下原则处理：①面积误差比绝对值在3%以内（含3%），按照合同约定的价格据实结算，买受人请求解除合同的，不予支持；②面积误差比绝对值超出3%，买受人请求解除合同、返还已付购房款及利息的，应予支持。买受人同意继续履行合同，房屋实际面积大于合同约定面积的，面积误差比在3%以内（含3%）部分的房价款由买受人按照约定的价格补足，面积误差比超出3%部分的房价款由出卖人承担，所有权归买受人；房屋实际面积小于合同约定面积的，面积误差比在3%以内（含3%）部分的房价款及利息由出卖人返还买受人，面积误差比超过3%部分的房价款由出卖人双倍返还买受人。

根据合同相对性原则，在二手房交易中，购房者从开发商处购得商品房后，将房产卖给第三人并已依法办理房产过户手续，如发现该房产实际面积与合同面积不符，则有权向开发商主张违约责任的适格主体为初始购房者。该第三人因与开发商不存在合同关系，无权向开发商主张权利或承担义务。

典型疑难案件参考

孙全乐诉天津豪业建设发展有限公司房屋买卖合同纠纷案

基本案情

2000年1月31日，原告孙全乐与被告天津豪业建设发展有限公司（以下简称豪业公司）签订商品房买卖合同，孙全乐购买豪业公司开发的坐落于河北区狮子林大街嘉海花园C座0601号（现3号楼601号）房屋一套。合同约定：销售面积为148.12平方米，实际总售价为482442元。孙全乐于2006年8月得知，产权证确认的面积为142.03平方米，比销售面积减少了6.09平方米，房屋面积减少部分的购房款按原单价计算共计人民币19835.80元。合同第4条约定"房屋实际面积与销售面积的差别不超过销售面积的±3%（包括±3%）时，每平方米价格保持不变，房价款总金额按实际面积调整，多退少补。甲方（即被告）应于30日内将差额房款退还给乙方（即原告）。实际面积与销售面积的差别超过±3%时，每平方米价格保持不变，房价款总金额按实际面积调整，多退少补，甲方（即被告）将差额价款于30日内退还给乙方（即原告）。"2005年年底，孙全乐与第三人费国兰通过中介签订购买该房合同书后，二人为规避中介而悔约，中介将合同书收回。2006年8月孙全乐得知房屋实际面积是142.03平方米后，将该情况告知费国兰。2006年10月8日孙全乐与费国兰在河北区房地产管理局签订天津市房产买卖协议书，并办理房屋产权变更手续。双方在协议约定：出卖人为孙全乐、买受人为费国兰，房屋坐落于河北区嘉海花园3-601，建筑面积142.03平方米，房屋价款为600000元人民币。同日费国兰交齐了全部房款并实际居住该房，为该房现在的所有权人。

诉辩情况

原告孙全乐诉称：豪业公司交付的商品房屋与合同约定不符，存在面积差，请求人民法院判令被告豪业公司退还原告房屋面积差价款20036.1元，诉讼费用由被告承担。

被告豪业建设公司辩称：产权证上的面积与合同销售的面积确实存在差异，但原告孙全乐已将该房屋卖与第三人费国兰，立案时孙全乐已不是这套房屋的产权人，其提供的合同已经中止，不具备申请退面积差价的条件；费国兰购买原告房屋的时候已经知道面积的误差，他们之间在合同上明确约定面积是142.03平方米，是按这一面积进行房屋交易，再者费国兰与我们之间没有任何合同上的关系，因此其也不享有退面积差价的权利。

第三人费国兰述称：我是产权人，实际受损失的是我，豪业公司多收的房款是非法收入，理应退还。当初认可在房管局的协议是为了取得房本，但不代表我对一切不合法的条件都认可。所以豪业公司多收的房屋差价款应该退还给我。

裁判结果

天津市河北区人民法院判决：被告天津豪业建设发展有限公司立即返还原告孙全乐房屋面积减少的差价房款19835.80元。

裁判理由

天津市河北区人民法院认为：原、被告的商品房买卖合同关系合法有效，双方均应依据合同内容行使权利、履行义务。现孙全乐已依合同向豪业公司交纳全部房款，其合同义务已经履行完毕，而豪业公司交付房屋的实际面积与合同约定面积不符，减少了6.09平方米，并未完全履行合同义务。应依约定向承担退还面积差价款的责任，原告孙全乐诉讼请求系其合同权利的正当行使，依法应予支持。

关于豪业公司主张孙全乐已将房屋转卖给第三人费国兰，已经不具备退款资格的抗辩理由，河北区人民法院认为，孙全乐是否将房屋转卖他人，并不影响双方之间业已存在的买卖合同关系，也不影响孙全乐依据合同继续向豪业公司主张权利，豪业公司也不能因孙全乐将房屋转卖他人而免除自己的合同责任。如采纳豪业公司的辩称理由，则其无须向任何人承担退款责任，将获得不当利益，明显有违公平原则，故该抗辩理由不予采纳。

关于费国兰提出的房屋面积差价款应退给第三人的主张，河北区人民法院认为，房屋面积差价款的返还请求权是基于买卖合同的约定而产生的权利，依据合同的相对性原则，该返还请求权仅在与房屋开发商存在直接合同关系的当事人之间存在，而费国兰与豪业公司并无任何合同关系，孙全乐将房屋转卖给费国兰的过程中，也并没有将房屋面积差价款的返还请求权让与给费国兰，因此，费国兰无权向被告索要房屋面积差价款。

原告孙全乐与第三人费国兰之间的二手房买卖合同关系与本案讼争的商品房买卖合同不属同一法律关系，双方如有争议，应另行解决。

一审判决后，三方当事人均未提出上诉，判决已发生法律效力。

40. 开发商逾期办证的，如何计算逾期办证违约金？

因开发商原因造成逾期办证的，通常为以下情形：用地手续不合法；未交清土地使用权出让金；违规开发建设，超过审批面积加建导致超出部分无法办证；没有取得建设用地规划许可证；没有办理施工许可；迟竣工迟验收；未能通过综合验收合格等。根据最高人民法院《关于审理商品房买卖合同纠纷案件适用法律若干问题的解释》第18条规定，如果开发商存在逾期办证的情形，购房者可按照合同约定要求其支付逾期办证违约金，合同没有约定违约金或者损失数额难以确定的，可以按照已付购房款总额，参照中国人民银行规定的金融机构计收逾期贷款利息的标准计算。开发商是否逾期的期限标准为：（1）商品房买卖合同约定的办理房屋所有权登记的期限；（2）商品房买卖合同的标的物为尚未建成房屋的，自房屋交付使用之日起90日；（3）商品房买卖合同的标的物为已竣工房屋的，自合同订立之日起90日。

典型疑难案件参考

黄葳诉广州番禺奥林匹克花园房地产开发有限公司逾期办证违约责任纠纷案

基本案情

广州番禺奥林匹克花园房地产开发有限公司（以下简称奥园房产公司）是具有合法房地产开发资质和预售广州奥林匹克花园房地产资格的企业法人。2001年10月8日，黄葳与奥园房产公司签订《商品房买卖合同》及补充协议，约定：黄葳购买奥园房产公司开发的位于番禺区大石镇奥林匹克花园洛杉矶奥运村2区19座（B型）202房屋一套，建筑面积为83.463平方米，总价为289199元；奥园房产公司须于2002年3月28日前将经验收合格的上述房屋交付给黄葳使用，并约定了黄葳的付款方式和逾期付款的违约责任；关于产权登记，双方约定奥园房产公司应当在商品房交付使用后180日内，将办理权属登记需由奥园房产公司提供的资料报产权登记机关备案，如因奥园房产公司的责任，黄葳不能在房屋交付使用后360日内取得房地产权属证书的，黄葳不退房，自逾期日起奥园房产公司以已付房价款按银行同期贷利率计付违约金给黄葳；双方在补充协议中亦再次重申该房实际交付使用后180天内，奥园房产公司应协同黄葳办理该房的登记手续。合同签订后，黄葳依约办理了按揭贷款手续，并在合同期限内付清了上述全部购房款给奥园房产公司，奥园房产公司于2002年4月6日将讼争房屋交付黄葳使用。2003年4月16日，奥园房产公司取得讼争房屋所在楼宇的《商品房地产权证明书》。

在一审庭审过程中，奥园房产公司出具时间为2003年11月15日的封发邮件清单，其中编号为0985的挂号信收件人为本案黄葳，证明其向黄葳发出了《办证通知书》。2004年11月15日，奥园房产公司向广州市番禺区房地产交易中心申报讼争房屋按揭办证转抵押，广州市番禺区国土资源和房屋管理局于2004年12月20日填发了黄葳为权属人的上述纠纷房屋的《房地产权证》（编号为粤房地证字C2659715号）。黄葳认为奥园房产公司没有按期为其办证已构成违约，遂于2004年11月24日提起本案诉讼。

一审庭审中，黄葳与奥园房产公司双方确认黄葳于2004年11月15日向奥园房产公司提出办证申请。

二审期间，黄葳提供：（1）《收件回执》一份，该《收件回执》落款为广州番禺奥林匹克花园房地产开发有限公司，但加盖广东奥园置业有限公司销售部印章,用以证明黄葳已于2003年11月29日向奥园房产公司提交《商品房按揭办证转抵押登记申请书》一份及身份证副本三份;(2)发票联一份,用以证明黄葳已于2001年8月24日向奥园房产公司交付代收契税、土地登记费、房产证印花税、所有权转移登记费、房地产交易手续费共4725元。奥园房产公司认为该两份证据不属于法律规定的新证据,黄葳在二审期间才提交已超过举证期限,不同意质证;另认为广东奥园置业有限公司销售部与奥园房产公司是两个独立的法人,不确认黄葳在2003年11月29日向奥园房产公司提交过办证资料。

一审裁判结果

广州市番禺区人民法院判决:驳回黄葳的诉讼请求。

一审裁判理由

广州市番禺区人民法院认为,双方签订的《商品房买卖合同》及其补充协议,内容合法,意思表示真实,为合法有效的合同,对双方当事人均具有法律约束力。按照合同约定,奥园房产公司应于房屋交付使用后360天内协助黄葳办理房地产权证。奥园房产公司于2003年11月15日通知黄葳提交办理房地产权证所需资料,但黄葳于2004年11月15日才向奥园房产公司提出办证申请,而根据番禺地区通常办理预购商品房权属登记手续须提交办证部门的资料,买房人的申请是其中一个必要条件,故黄葳申请日之前不能办证的责任应由黄葳自己承担。奥园房产公司在收到黄葳办证申请后已及时向广州市番禺区园土资源和房屋管理局申报了商品房按揭办证转抵押的手续,并在本案审理过程中取得了《房地产权证》,对此奥园房产公司并无过错,因此,黄葳要求奥园房产公司支付逾期办理房产证的违约金证据不足,不予支持。

二审裁判结果

广州市中级人民法院判决:

一、撤销广州市番禺区人民法院〔2004〕番法民初字第8543号民事判决;

二、广州番禺奥林匹克花园房地产开发有限公司于本判决送达之日起15日内,以黄葳已付购房款289199元为本金,按同期银行贷款利率为标准计付从2003年4月1日起至2003年11月15日止的逾期办证违约金给上诉人黄葳;

三、驳回黄葳的其他诉讼请求。

二审裁判理由

广州市中级人民法院认为：黄葳与奥园房产公司签订的《商品房买卖合同》及补充协议是双方当事人的真实意思表示，内容没有违反法律、行政法规的强制性规定，合法有效，双方当事人均应自觉履行。黄葳已于合同期限内支付了全部购房款，奥园房产公司也于 2002 年 4 月 6 日将房屋交给黄葳使用。根据合同约定，奥园房产公司负有协助黄葳办证的义务，并且在因奥园房产公司的责任致使黄葳不能在房屋交付使用后 360 日内取得房地产权属证书的，承担违约责任。由于取得讼争房屋所在楼宇的《商品房地产权证明书》是购房人办理权属登记之前必须由开发商完善的手续，本案中奥园房产公司直至 2003 年 4 月 16 日才取得讼争房屋所在楼宇的《商品房地产权证明书》，始具备为黄葳办理权属登记的前提条件，之后又迟至 2003 年 11 月 15 日才通知黄葳交纳相关办证资料，由此导致黄葳不能在收楼后 360 日内取得讼争房屋的房地产权属证书，应属于奥园房产公司的责任导致的迟延，奥园房产公司应就此期间（2003 年 4 月 1 日起至 2003 年 11 月 15 日止）承担逾期办证的违约责任。在奥园房产公司发出办证通知后，黄葳应积极向奥园房产公司提交相关办证资料并填写办证申请。一审期间，黄葳确认其于 2004 年 11 月 15 日向奥园房产公司提出办证申请，二审中黄葳又辩称其已于 2003 年 11 月 29 日向奥园房产公司递交办证资料，但其提供的《收件回执》盖章单位非奥园房产公司，奥园房产公司亦不予确认其司在 2003 年 11 月 29 日收到过黄葳的资料，因此，黄葳二审陈述所依据的证据不足以推翻其一审作出的对其不利的陈述，根据最高人民法院《关于民事诉讼证据的若干规定》第 74 条的规定，本院确认黄葳的一审陈述，即黄葳于 2004 年 11 月 15 日才向奥园房产公司提出办证申请，当日奥园房产公司已向房管部门递交资料协助黄葳办证，履行了其协助办证义务。因此，自 2003 年 11 月 16 日起至 2004 年 12 月 20 日房管部门核发讼争房屋房产证期间，均不是因奥园房产公司的责任导致的办证迟延，依照双方合同约定，奥园房产公司无须承担此期间的逾期办证违约责任。综上，黄葳上诉请求奥园房产公司承担自 2003 年 4 月 1 日起至 2003 年 11 月 15 日止的逾期办证违约责任，合法有据，予以支持，违约金可以依照双方约定的以黄葳已付房价款 289199 元为本金，按银行同期贷款利率标准计算；黄葳请求奥园房产公司支付 2003 年 11 月 16 日之后的逾期办证违约责任，缺乏合同依据，不予支持。原审判令驳回黄葳全部诉讼请求不当，予以纠正。

41. 一房二卖纠纷如何处理？

根据《物权法》第 15 条的规定，我国采取债权形式主义的物权变动模式，将物权变动的原因及其结果进行区分，将合同效力与物权效力区分开。债权合同作为物权变动的原因，其法律效力不受能否发生物权变动这一结果的影响。房屋买卖合同是否有效，从签订之日就已经确定，而不能通过合同是否履行反过来决定合同的效力。合同是否履行，涉及的是违约责任问题。房产是否登记过户，不影响房屋买卖合同的效力。

一房二卖的出卖人如何承担赔偿损失责任，与出卖人的主体性质有关。如果出卖人为房地产开发企业，根据最高人民法院《关于审理商品房买卖合同纠纷案件适用法律若干问题的解释》第 8 条规定，商品房买卖合同订立后，开发商又将该房屋出卖给第三人的，买受人可以请求解除合同、返还已付购房款及利息、赔偿损失，并可以请求出卖人承担不超过已付购房款一倍的赔偿责任。买受人提出"双倍赔偿"的主张能否实现，应综合考量买卖合同的效力状况、合同目的能否实现的因素，由法官根据出卖人的违约程度、买受人的受损状况自由裁量，在实务中存在具体的个案差异。该司法解释的规范对象限于房屋出卖人主体为房地产开发企业的情形，平等的民事主体之间的买卖合同不能据此主张"双倍赔偿"，赔偿损失的范围按照合同法规则确定，损失赔偿额＝实际损失＋可得利益损失＋可预见规则的限制，并视合同是否约定违约金及定金条款认定违约责任。

典型疑难案件参考

史志军诉荥阳市房地产开发（集团）有限公司房屋买卖合同纠纷案

基本案情

2000 年 3 月，经荥阳市建设管理局批准，被告在荥阳市索河中段南侧该公司院内开始建职工住宅楼一幢，并部分向社会出售。2000 年 9 月 25 日，原、被告协商达成口头协议，被告将该住宅楼东门栋 4 楼南户 141 平方米的房屋，以每平方米 800 元、共计 112800 元的价格卖给原告。原告于当日即付给被告 2 万元，被告给原告出具收据一份，该收据写明系付住宅楼房款（东门栋4楼南户），并盖有被告公司财务专用章。后原告又分别于2001年3月7日、4月3日、4月28日付款2万元、3万元、2万元，被告均给原告出具了收据。2005年4月，原告到被告处要求被告交付房屋时，得知被告已将该房屋另外卖给了刘福敏，并于2005年年初将该房的钥匙交给了刘福敏。

诉辩情况

原告诉称，原告于2000年9月购买了被告正在施工的位于该公司院内的住宅楼东门栋4楼南户，原告陆续付款9万元。该房交工后，原告到被告处要房钥匙时，被告知房屋已被卖给刘福敏，并于2005年春节后，将该房钥匙交给了刘福敏。原告多次找被告交涉，但一直无果。现诉至法院，要求解除合同，判令被告返还已付购房款9万元，并赔偿购房款的一倍9万元。

原告提供的证据有：（1）2000年9月25日被告给原告出具的2万元收据，收据上盖有河南省荥阳市房地产开发（集团）有限公司财务专用章。该收据注明："今收到史志军人民币2万元，系付住宅楼房款（东门栋4楼南户）。"（2）2001年3月7日被告收到原告2万元房款的收据。收据上盖有河南省荥阳市房地产开发（集团）有限公司财务专用章。该收据注明："今收到史志军人民币2万元，系付住宅楼房款。"（3）2001年4月3日被告收到原告3万元房款的收据。收据上盖有河南省荥阳市房地产开发（集团）有限公司财务专用章。该收据注明："今收到史志军人民币3万元，系付住宅楼房款。"（4）2001年4月28日被告收到原告2万元房款的收据。收据上盖有河南省荥阳市房地产开发（集团）有限公司财务专用章。该收据注明："今收到史志军人民币2万元，系付住宅楼房款。"（5）被告的工商登记档案一份，主要内容为：河南省荥阳市房地产开发（集团）有限公司法定代表人是张方义，经营范围为：房地产开发、经营、商品房销售等。（6）刘福敏的丈夫闫景宾（读音）的电话录音磁带，证明原告所购被告的位于荥房集团院内的住宅楼东门栋4楼南户房屋已由被告另外卖给刘福敏，并交付房屋钥匙。

被告未提供书面答辩状，亦未提供证据。

根据原告的申请，法院依法调取了以下证据：（1）2005年4月26日和2005年5月25日向刘福敏进行调查的笔录。该笔录内容显示将荥房集团院内的住宅楼东门栋4楼南户房屋另外卖给刘福敏，并交付房屋钥匙。（2）荥房集团建设工程规划许可证附件［1］，编号：〔2000〕荥城规建管（许）字第10号（附①荥房集团建设申请，②土地使用权证明，③宗地图）。其主要内容为："2001年3月21日，荥阳市建设局许可河南省荥阳市房地产开发（集团）有限公司在索河路中段南侧建住宅楼一幢。"

法院在庭审过程中出示了原告提供的证据（1）—（5），证据（6）在法庭上予以播放，对法院调取的证据向双方当事人出示，并主持当事人进行了质证。

原告认为自己提供的证据和法院依法调取的证据充分证明被告将卖给原告的房屋又出卖给他人，是典型的一房二卖，严重违约。

被告称原告提供的证据（6）听不清，但对原告录音磁带整理的书面材料无异议，对原告提供的其他证据和法院调取的证据均无异议。

裁判结果

河南省荥阳市人民法院判决：

一、解除原告史志军与被告河南省荥阳市房地产开发（集团）有限公司所订立的口头房屋买卖合同；

二、被告河南省荥阳市房地产开发（集团）有限公司于本判决生效后10日内返还原告史志军已付购房款9万元，并赔偿原告史志军9万元。

裁判理由

河南省荥阳市人民法院认为，按照《合同法》第10条第1款的规定，当事人订立合同，有书面形式、口头形式和其他形式。原、被告所订立的房屋买卖的口头协议，系双方当事人真实意思表示，且不违背国家相关法律、法规，为有效协议，应受法律保护。《合同法》第60条规定，当事人应当按照约定全面履行自己的义务；第107条规定，当事人一方不履行合同义务或者履行合同义务不符合约定的，应当承担继续履行、采取补救措施或者赔偿损失等违约责任。原告在合同成立后，先后向被告支付购房款9万元，履行了自己的主要义务。被告在收取原告购房款9万元后，另将该房屋出售并交付给他人，构成根本性违约，导致原、被告之间订立的房屋买卖合同中原告的目的不能实现，对此纠纷，被告应负全部责任。《合同法》第94条第4项规定，当事人一方迟延履行合同或者有其他违约行为致使不能实现合同目的的，当事人可以解除合同，原告要求解除合同的诉讼请求，符合法律的规定，法院予以支持。

最高人民法院《关于审理商品房买卖合同纠纷案件适用法律若干问题的解释》第8条第2项的规定，商品房买卖合同成立后，出卖人又将房屋出卖给第三人，导致商品房买卖合同目的不能实现的，无法取得房屋的买受人可以请求解除合同、返还已付购房款及利息、赔偿损失，并可以请求出卖人承担不超过已付购房款一倍的赔偿责任。被告所建虽为职工住宅楼，但被告具有房地产开发、经营、房地产销售的资格，并将建成的房屋向不属于自己职工以外的其他人员公开销售，其房屋销售的性质就是商品房销售，故可参照适用上述规定。原告要求被告返还已付购房款9万元，并赔偿已付购房款的一倍9万元的诉讼请求，理由正当，不违反有关法律的规定，应予支持。

宣判后，原、被告均未提出上诉，本案已发生法律效力。

42. 预告登记产生什么法律效力？

预告登记是为保全一项将来发生不动产物权变动为目的的请求权的不动产登记。根据《物权法》第20条的规定，当事人签订买卖房屋或者其他不动产物权的协议，为保障将来实现物权，按照约定可以向登记机构申请预告登记。预告登记后，未经预告登记的权利人同意，处分该不动产的，不发生物权效力。预告登记的具有保全效力，可以排斥后来的其他物权变动。买受人与出卖人签订房屋买卖合同并作了预告登记，该买卖合同的履行得以保障，可防范出卖人一房数卖的行为，其他未作预告登记的买受人将无法办理产权过户手续。《物权法》第20条对预告登记设置了一定的期限，预告登记后，债权消灭或者自能够进行不动产登记之日起3个月内未申请登记的，预告登记失效。

43. 合同登记备案与预告登记有何区别？

商品房预售合同的登记备案是政府主管部门行使监管职权、房地产经营企业满足预售条件履行报备义务接受资格审查的一项行政管理行为。《城市房地产管理法》第45条、《城市商品房预售管理办法》第10条均规定商品房预售合同须报县级以上人民政府房产管理部门和土地管理部门登记备案。合同登记备案属于行政管理范畴，不产生登记请求权的物权效力。预告登记是买卖双方为保障将来物权的实现，按照约定向登记机构申请预告登记。依照《房屋登记办法》第70条规定，申请预购商品房预告登记应以下提供材料：（1）登记申请书；（2）申请人的身份证明；（3）已登记备案的商品房预售合同；（4）当事人关于预告登记的约定；（5）其他必要材料。因此，合同登记备案属于行政管理范畴，不产生登记请求权的物权效力；而预告登记产生保全效力，未经预告登记权利人同意而处分该不动产的，不发生物权效力。

典型疑难案件参考

陈小菲诉厦门象屿建设集团有限责任公司商品房买卖合同案

基本案情

2005年3月22日，被告与第三人何学勇签订了编号为0303451号的《商品房买卖合同》，厦门市土地房产管理部门于2005年3月29日依当时的备案登记办法即通过在《商品房买卖合同》正本上加盖相应备案印章的方式办理了登记备案（依《厦门市人民政府办公厅转发市国土房产局关于厦门市商品房销售合同网上登记备案管理办法的通知》，厦门市自2005年7月1日起商品房销售合同登记备案方式更改为网上登记备案）。2006年4月24日，原、被告双方签订了编号为01027314号的《商品房买卖合同》，该合同经厦门市土地房产管理部门于2006年4月26日采用网上登记的形式进行了登记备案。以上两份买卖合同均以被告为卖方，被告在合同中出售的标的物均为"金象嘉园二期—1层21号"车位，该车位的售价均为11万元。作为买方的第三人及原告均向被告支付了讼争车位价款（其中原告于2006年4月24日支付11万元至被告账户），亦分别向物业服务公司缴纳使用金象嘉园二期车位的物业管理费。原告早于第三人装修并居住使用金象嘉园的商品房。

一审诉辩情况

原告陈小菲诉称：原、被告双方于2006年4月25日签订了购买金象嘉园二期—1层21号车位的《商品房买卖合同》，约定原告向被告购买该车位，价款人民币11万元。合同经厦门市土地房产管理部门备案。该车位的价款，原告已于2006年4月24日支付至被告账户。合同签订后，被告无正当理由拒绝将书面购房合同正本、购房发票原件交付原告。目前，原告已经经入住金象嘉园商品房（该商品房合同另行签订），并同时对21号车位进行了实际使用。但被告没有在合同约定的期限内履行义务，办理原告车位的产权证。原告认为：(1) 双方签订的合同依法成立且生效，被告应当交付合同正本及开具发票；(2) 被告应为原告办理车位产权证，至今尚未履约应承担违约责任；(3) 车位是商品房的附属物，被告在交付商品房的同时也交付了车位，现原告对车位实际使用，原告诉请合同继续履行于法有据。原告诉请：(1) 判令被告立即将金象嘉园二期—1层21号车位的购房合同正本、发票原件交付给原告；(2) 判令被告立即为原告办理金象嘉园二期—1层21号车位的产权证；

（3）本案诉讼费用由被告承担。

被告厦门象屿集团有限公司辩称：（1）原告称其正在使用21号车位与事实不符，第三人何学勇才是诉争车位的使用人。被告与第三人何学勇于2005年3月22日签订了0303451号商品房买卖合同，房管局于2005年3月29日依当时的备案登记办法即通过在《商品房买卖合同》正本上加盖备案章的方式办理了备案登记（2005年7月1日起，备案方式更改为网上备案登记）。被告在2005年12月31日将讼争车位交付给第三人使用。（2）被告与原告签订的买卖合同不成立。如前所述，讼争车位已出售第三人并经备案登记，但房管部门在2005年7月后改用网上备案登记时错误地将讼争车位（21号）登记为27号，导致网上楼盘表信息显示21号车位（即讼争车位）未出售。2006年4月24日，在不知该信息错误的情况下，根据网上显示的错误信息，被告拟将21号车位出售予原告。但是，在商品房买卖合同盖章后送达原告之前，被告发现了错误的情况，随即致函原告协商，被告也一直未将合同送达原告。根据《合同法》的规定，被告虽然在合同上盖章但合同并未送达原告，因此买卖合同不成立。（3）退一步讲，即便被告与原告的合同成立，该合同也是无效合同。原告与第三人成立买卖合同在前，第三人已是讼争车位的所有权人和使用权人。被告与原告签订合同时已无权处分讼争车位，因此，双方的合同系无效合同。故请求驳回原告的诉讼请求。

第三人何学勇述称：原告比其迟几个月购买车库，原、被告之间是否存在交易的情形自己并不清楚，因为其是漳州人，在购买后，有一次回漳州了，回来就发现其车位上挂着原告的车牌号，当时就找到了开发商的负责人，被告知该车位产生了纠纷；现在车位的使用情况是其与原告谁先回来，就由谁先将车子停入，这给其生活带来了困扰；其房子装修、入住是比原告晚，但是车位是其先行使用的，而且现在其已经长期居住在金象嘉园了，所以不再像以前偶尔使用停车位，而是要经常使用停车位；其比原告先买了车位，所以车位应该是属于第三人，请求人民法院依法驳回原告的诉讼请求。

▶ 一审裁判结果

福建省思明区人民法院判决：

一、被告厦门象屿建设集团有限责任公司应于本判决生效之日起10日内向原告陈小菲交付编号为01027314号的《商品房买卖合同》正本及购买金象嘉园二期—1层21号车位发票原件。

二、驳回原告陈小菲的其他诉讼请求。

一审裁判理由

福建省厦门市思明区人民法院经公开审理查明：对双方当事人上述没有争议的事实，法院予以确认。对双方争议的（1）"被告是否实际向原告交付21号车位"与（2）"第三人及原告实际使用讼争车位的情况"的事实，依据被告举证的"厦门象屿建设集团有限责任公司金象嘉园交房手续办理表"、原告举证的"照片"及庭审陈述查明如下：被告在2005年12月31日将讼争车位交付给第三人使用，从未向原告办理讼争车位的交付手续；原告目前实际使用讼争车位，第三人未实际使用讼争车位。

福建省厦门市思明区人民法院根据上述事实和证据认为，依法成立的合同对双方当事人均具有约束力，当事人应当本着诚信原则，全面、勤勉地履行合同。

本案双方争议焦点在于原告与被告的合同是否成立以及是否生效。

1. 关于原、被告合同是否成立。

法院认为本案的两份债权合同即编号为0303451号的《商品房买卖合同》和编号为01027314号的《商品房买卖合同》均已经合同当事人签订，虽然前者签订在先，后者签订在后，且标的物相同，但依照《合同法》第32条之规定两份合同均成立。被告抗辩与原告签订的后一份合同虽加盖了印章但未送达原告，因而合同不能成立的意见，于法相悖，法院不予采纳。此外，被告抗辩系因房管部门失误致使其重复出售同一车位进而主张与原告签订的合同不成立，法院认为关于系他人原因导致意思表示错误的相应事实前提并无证据证明，且被告亦未基于重大误解而请求变更或撤销合同，因此该抗辩意见亦无法成立。

2. 关于原、被告签订的合同是否生效。

法院认为本案当事人约定买卖的讼争车位属房产，依照《城市房地产管理法》（2007年修订）第36条的规定，对于讼争标的物的转让应办理权属登记，本案讼争转让的车位虽经两次出售却从未依法律规定办理权属登记。而该法仅规定房地产转让必须经过权属登记，并未进一步规定房地产转让合同经过权属登记才能生效，故依照最高人民法院《关于适用〈中华人民共和国合同法〉若干问题的解释（一）》第9条第1款的规定，在案两份合同的法律效力不受权属未经登记的影响，仍为生效合同，但讼争车位的所有权不能转移。具体而言，被告与第三人签订的合同具有效力，但即便合同经备案登记、车位交付给第三人，亦未能发生车位所有权转移的法律效力；同时，被告与原告所签订的合同亦具有效力，同样的该份合同虽经备案登记、原告实际使用车位，亦不产生车位所有权变动的法律效力。被告抗辩其交付车位于第三人在先，与原告签订合同时已无权处分讼争车位，即便后一合同成立亦属无效的意见，与法不符，不能成立。

3. 基于以上的分析，原、被告之间的合同成立并生效，合同双方当事人均应依约履行权利及义务。

原告已依约向被告支付了购买车位的款项，被告应向原告开具相应的发票，同时被告亦应将经双方签名或盖章的讼争车位的购房合同正本交付原告。原告的第（1）项诉请具有事实及法律依据，法院均予以照准。

另外，关于原告的第（2）项诉请。查原、被告签订的编号为01027314号的《商品房买卖合同》，其中第15条"关于产权登记的约定"中约定被告履行义务的前提为"出卖人（即被告）应当在商品房交付使用后365日内"，履行义务的内容（不包括违约责任）为"将办理权属登记需由出卖人提供的资料报产权登记机关备案"。然而，据已查明的——被告并未向原告交付讼争车位的事实，可认定被告承担该项约定义务的前提条件尚未成就；其次，据该条约定，被告的义务内容仅系"将办理权属登记需由出卖人提供的资料报产权登记机关备案"并非原告的第（2）项诉请内容即"办理金象嘉园二期—1层21号车位的产权证"，因此，被告的第（2）项诉请缺乏事实及合同依据，法院不予支持。

二审诉辩情况

上诉人象屿公司上诉称：（1）上诉人和被上诉人拟订立的01027314号《商品房买卖合同》没有成立。根据《合同法》的规定，合同的订立要经过要约、承诺两个阶段。承诺可以在承诺通知到达要约人之前撤回。本案针对被上诉人购买21号车位的要约，上诉人虽然作出了承诺，在合同上进行盖章，但是，该合同从未送达至被上诉人，上诉人在承诺到达被上诉人之前即撤回承诺。因此，01027314号《商品房买卖合同》的订立阶段没有完成，该合同根本不成立。（2）即便上诉人与被上诉人拟订立的《商品房买卖合同》成立，该合同也应认定为无效合同。根据《物权法》第20条的规定，上诉人和何学勇签订的商品房买卖合同经依法备案登记，具有物权公示效力和对抗第三人的效力，上诉人再行处分该商品房的行为是无效的，上诉人和被上诉人签订的01027314号《商品房买卖合同》即便成立，也应认定为无效合同。（3）即便上诉人和被上诉人拟订立的《商品房买卖合同》被认定为成立生效，根据上诉人发给被上诉人的解除函，该合同也已经解除。请求二审法院依法撤销一审判决并驳回一审原告的全部诉讼请求。

被上诉人陈小菲答辩称：双方的合同已经成立并已经实际履行。根据《物权法》的规定，没有过户不影响不动产买卖合同的效力。请求驳回上诉人的上诉，维持原判。

二审裁判结果

福建省厦门市中级人民法院判决：驳回上诉，维持原判。

二审裁判理由

福建省厦门市中级人民法院认为，上诉人象屿公司与被上诉人陈小菲签订的商品房买卖合同合法有效，此乃物权变动的原因关系，与物权变动合同关系相区别。原审判决被上诉人向上诉人陈小菲交付编号为01027314号《商品房买卖合同》正本及购买金象嘉园二期—1层21号车位发票原件正确。上诉人的上诉理由缺乏法律根据，应予驳回。原审判决认定事实清楚，适用的法律正确。

44. 经济适用房能否买卖？

经济适用房是指政府提供政策优惠，限定建设标准、供应对象和销售价格，具有保障性质的政策性住房。经济适用住房管理应建立严格的准入和退出机制。经济适用住房由市、县人民政府按限定的价格，统一组织向符合购房条件的低收入家庭出售。经济适用住房供应实行申请、审核、公示和轮候制度。市、县人民政府应当制定经济适用住房申请、审核、公示和轮候的具体办法，并向社会公布。在取得房屋所有权证和土地使用权证一定年限后，方可按市场价格进行自由交易。国家七部委联合发布的《经济适用住房管理办法》（建住房〔2007〕258号）第30条规定，经济适用住房购房人拥有有限产权。购买经济适用住房不满5年，不得直接上市交易，购房人因特殊原因确需转让经济适用住房的，由政府按照原价格并考虑折旧和物价水平等因素进行回购。购买经济适用住房满5年，购房人上市转让经济适用住房的，应按照届时同地段普通商品住房与经济适用住房差价的一定比例向政府交纳土地收益等相关价款，具体交纳比例由市、县人民政府确定，政府可优先回购；购房人也可以按照政府所定的标准向政府交纳土地收益等相关价款后，取得完全产权。

典型疑难案件参考

张某诉西安某房地产开发有限公司经济适用房买卖合同案

基本案情

原告张某系陕西省武功县人，非西安市城镇户口，不符合在西安市购买经济适用房的条件。被告某房地产公司所销售的西安市某小区项目是2004年5月办理的《建设用地规划许可证》，用地项目名称：经济适用房；同年9月办理了《国有土地使用证》，该证载明用途：住宅经济适用房；使用类型：划拨。2007年5月，被告取得西安规划局颁发的《建设工程规划许可证》，该证载明建设项目名称：经济适用房。

一审诉辩情况

原告张某诉称，2006年1月12日，乙方张某与甲方某房地产公司签订了编号为AN0135的认购协议书，协议书约定：乙方自愿购买甲方投资开发的位于西安市长缨路某小区项目的商品房，认购房产为第15栋2-11层03号房；付款方式为一次性付款，认购单价为2432元每平方米，认购面积为102.14平方米，总价为248404元；乙方所认购的商品房销售面积及其他的约定，以甲乙双方签订的商品房买卖合同为准；此协议签订后，乙方需按时签订商品房买卖合同，如乙方因故不再购买此商品房，甲方应退还乙方已付房款，并解除此协议；甲方交房日期为2007年12月31日。合同签订后，原告如约一次性支付了全部购房款248404元。2007年12月31日，被告并未向张某交付合同约定的房屋。原告张某遂起诉至西安市新城区人民法院，要求被告返还购房款248404元和已付购房款一倍的赔偿金248404元。

被告某房地产公司辩称，其开发的西安某小区系经济适用房性质，张某不具备经济适用房的购房资格，而其至今也未办妥房屋预售许可证，双方无法签订房屋买卖合同，其与张某之间的认购协议书作为预约合同已无法达到促使双方签订真实合同的目的，实际上已无法继续履行。表示可将张某交付的248404元认购款予以退回，但张某所主张的房款一倍的赔偿，没有事实和法律依据，请求法院依法驳回。

一审裁判结果

陕西省新城区人民法院判决：
一、被告某房地产公司于判决书生效之日起20日内退还原告购房款

248404元，并承担自2006年1月12日起至付款之日止的利息。

二、驳回原告张某的其余诉讼请求。

一审裁判理由

陕西省新城区人民法院认为，张某与被告某房地产公司之间所签订的认购协议书不符合房屋买卖合同的构成要素，不是房屋买卖合同。因双方并未签订房屋买卖合同，故张某之购房款，被告应予退还。关于张某要求对其进行购房款一倍的赔偿，不适用最高人民法院《关于审理商品房买卖合同纠纷案件适用法律若干问题的解释》中关于五种承担一倍赔偿的情形，又因本案是经济适用房认购协议纠纷，不是不动产，亦不能适用《消费者权益保护法》的有关规定。故张某要求进行一倍赔偿之诉请，于法无据，不予支持。而被告某房地产公司明知其出卖的是经济适用房，张某不具有购买资格，仍与其签订认购协议书，确有一定过错，故应赔偿张某自交款之日起的利息损失。

二审诉辩情况

宣判后，张某不服一审判决，提起上诉诉称：（1）其与被上诉人签订认购协议书后，已如约履行了约定的付款义务。被上诉人在协商定约时，隐瞒涉案房屋经济适用房的性质，致房屋无法交付，存在恶意欺诈和根本违约。原审判令被上诉人返还购房款本金并承担购房款的利息损失，未明确利息的种类及数额，亦未考虑赔偿损失，明显违反法律的公平公正及诚实信用原则。（2）双方所签订的认购协议书符合法律规定要件，应为合法有效的商品房买卖合同。被上诉人恶意欺诈、故意隐瞒房屋性质及没有取得商品房预售许可证的事实是导致本案发生的根源，应当承担合同不能履行的全部过错责任。综上，请求撤销原判第二项，判令被上诉人返还其购房款24840元，明确利息种类及数额。并支付购房款一倍的经济损失248404元，承担本案一、二审诉讼费。

被上诉人坚持原审辩称意见，并称双方认购协议书是意向书，并非房屋买卖合同。涉案小区属经济适用房，其并未改变土地用途作商品房开发，其要求张某提供购买经济适用房的申请资料符合经济适用房销售程序。表示同意原审判决。

二审裁判结果

陕西省西安市中级人民法院审理期间，张某以其与被上诉人达成和解且已履行完毕为由撤回上诉。

45. 购买农村小产权房是否受法律保护？

小产权房是在农村集体土地上建造的房屋的通俗称谓。根据《土地管理法》、《城市房地产开发经营管理条例》等规定，农民集体所有的土地的使用权不得出让、转让或者出租用于非农业建设，国家禁止集体土地用于房地产开发经营，开发企业不能通过出让、转让、承租等方式合法取得农民集体土地的使用权，不可能再向市场转移合法的土地使用权。根据《物权法》"房地一体主义"原则，土地使用权和土地上的房屋捆绑流转，房地产开发经营的存在基础是土地使用权可以上市流通交易，集体土地不能用于房地产商业开发，农村小产权房自然也就禁止对外流转。《国务院办公厅关于严格执行有关农村集体建设用地法律和政策的通知》、《中共中央国务院关于切实加强农业基础设施进一步促进农业发展农民增收的若干意见》都明确规定：城镇居民不得到农村购买宅基地、农民住宅或"小产权房"。小产权房买卖合同因违反法律法规的强制性规定，属于无效合同，不受法律保护。

实务中，乡镇政府自己颁发所谓小产权证的做法是违反法律规定的。根据《城市房地产管理法》第60条的规定，有权颁发房屋所有权证书的是县级以上地方人民政府房产管理部门，乡镇政府依法对房地产没有确权权能，小产权证根本不能证明所购买房屋的合法性。买卖双方为规避法律规定而将合同名称定为"房屋使用权买卖合同"、"使用权房买卖合同"、"房屋永久出租合同"等，如果合同的实际履行在客观上违反《土地管理法》等强制性规定，均属于无效合同。

十四、房屋买卖合同纠纷

典型疑难案件参考

吴清方诉厦门市寿石山老年公寓开发建设有限公司合同纠纷案

基本案情

2007年10月30日，原告吴清方与被告寿石山公司在厦门签订一份《房屋使用权转让协议书》，合同约定原告受让一套位于厦门市集美区后溪镇寿石山老年公寓具有使用权的房屋，该使用权房系编号为B72单元单体公寓，共上下两层，占地面积49.4平方米，建筑面积77平方米，单价为6600元/平方米；车库建筑面积为12平方米，单价为3300元/平方米；另赠送花园绿地面积98.8—148.2平方米，总价为547800元。原告分别于2007年10月30日、2007年11月24日支付被告使用权房预付款30000元、134340元，以上共计164340元。2007年11月13日，原告支付沈惠珍"购买集美别墅"中介费2000元。2006年12月26日，厦门市民政局发出厦民〔2006〕178号文件，文件主要内容为：同意厦门市集美区合发林果场在集美区后溪镇岩内村寿石山筹建"厦门市寿石山老年公寓"，其性质为营利性民办社会福利机构，为退休的老干部、老职工及港、澳、台和海内外侨胞提供服务，项目建设用地及基建按照各级土地、规划部门的有关规定和意见办理。2007年1月30日，陈建设、陈建军、陈建宽、陈坤明各出具确认书一份，内容分别为4人确认分别将"厦集土证后溪字第980283号"、"厦集土证后溪字第980281号"、"厦集土证后溪字第980280号"、"厦集土证后溪字第980289号"集体土地使用权证上分别登记的175.35平方米、118.17平方米、205平方米、245平方米宅基地全部权益转让给了江宝金。陈建设等4人在确认书上签名、捺印，经过厦门市公证处公证。2009年8月3日，江宝金出具声明一份，内容主要为，陈建设等4人转让宅基地全部权益时，厦门市寿石山老年公寓建设有限公司尚未成立，其是寿石山公司的法定代表人，故先将土地权益转让到江宝金名下，2007年6月寿石山公司成立后，上述权益已经全部转到寿石山公司。

诉辩情况

原告吴清方诉称，原告通过中介于2007年10月30日与被告签订一份《房屋使用权转让协议书》，约定原告受让被告开发建设的厦门市集美区后溪镇寿石山老年公寓B72单元房屋使用权，总价款为人民币547800元。协议明确该项目的建设依据为：（1）厦民〔2006〕178号《厦门市民政局关于同意筹建"厦门市寿石山老年公寓"的批复》；（2）厦集土证后溪第980280、980281、980283、980289号《集体土地使用权证》。合同签订后，原告分两次向被告支付购房首付款人民币164340元，并向中介单位支付了2000元中介费。原告认为，被告开发建设的老年公寓项目，实质是利用集体土地开发建设商品房，其行为违反了《土地管理法》等相关法律规定。被告因违法建设，未取得预售许可，将开发建设的房屋出售给原告同样违反法律规定。因此，双方签订的合同违反了国家法律的强制性规定，应依《合同法》第52条之规定，认定合同无效。对于合同无效，被告负有全部的过错。按照合同无效的法律责任，被告应返还原告已付购房款及利息，并赔偿由此给原告造成的经济损失。故请求法院判令：（1）确认原、被告双方于 2007 年 10 月 30 日签订的《房屋使用权转让协议书》无效；（2）被告立即返还原告购房款 164340 元，并自原告付款之日起至实际还款日止，按银行同期同类贷款利率支付利息；（3）判令被告赔偿原告中介费损失 2000 元；（4）判令被告承担本案全部诉讼费用。

被告寿石山公司口头答辩称：本案所涉房屋使用权转让合同合法有效，原告的起诉没有法律依据，请求法院驳回原告诉讼请求。

裁判结果

福建省厦门市集美区人民法院判决：

一、确认原告吴清方与被告厦门市寿石山老年公寓开发建设有限公司于 2007 年 10 月 30 日签订的《房屋使用权转让协议书》无效。

二、被告厦门市寿石山老年公寓开发建设有限公司应于本判决生效之日起 10 日内向原告吴清方返还购房款 164340 元及相应利息（其中 30000 元购房款利息，自 2007 年 10 月 30 日起至实际还款日止，按银行同期同类贷款利率的 50% 计算；134340 元购房款利息，自 2007 年 11 月 30 日起至实际还款日止，按银行同期同类贷款利率的 50% 计算）。

三、被告厦门市寿石山老年公寓开发建设有限公司应于本判决生效之日起 10 日内赔偿原告吴清方中介费损失 1000 元。

四、驳回原告吴清方的其他诉讼请求。

裁判理由

福建省厦门市集美区人民法院经审理认为，本案的争议焦点在于原、被告于 2007 年 10 月 30 日签订的《房屋使用权转让协议》是否违反法律、行政法规的强制性规定而无效。原告认为被告开发建设的老年公寓项目，实质是利用集体土地开发建设商品房，其行为违反了《土地管理法》等相关法律规定。同时，被告因违法建设，未取得预售许可，将开发建设的房屋出售给原告同样违反法律规定。故双方签订的合同违反了国家法律的强制性规定而无效。被告认为有厦门市民政局"厦民〔2006〕178 号文"批复同意，故筹建"厦门市寿石山老年公寓"项目合法；有陈建设等 4 人的确认书、相应宅基地使用权证及江宝金声明，故筹建"厦门市寿石山老年公寓"项目用地合法；有〔2007〕厦经证第 5332—5337 号《公证书》，故筹建"厦门市寿石山老年公寓"项目建设合法。本院认为，陈建设等 4 人的确认书并不必然能产生农村宅基地权属转让的效果，被告提供 4 份《公证书》也仅证明陈建设等 4 人在确认书上签字捺印，并不能充分证明"厦门市寿石山老年公寓"项目建设用地的合法性。本案讼争使用权房建设的土地系陈建设等4人声明"转让"的农村宅基地，将农村集体土地上建设的房屋以使用权房名义转让的协议是否有效，关键是看有无违反现行法律和行政法规的强制性规定。《土地管理法》第43条第1款规定，"任何单位和个人进行建设，需要使用土地的，必须依法申请使用国有土地；但是，兴办乡镇企业和村民建设住宅经依法批准使用本集体经济组织农民集体所有的土地的，或者乡（镇）村公共设施和公益事业建设经依法批准使用农民集体所有的土地的除外。"第63条规定，"农民集体所有的土地的使用权不得出让、转让或者出租用于非农建设；但是，符合土地利用总体规划并依法取得建设用地的企业，因破产、兼并等情形致使土地使用权依法发生转移的除外。"由此可见，法律对农村集体土地的建设用地原则上限定在农用范围，非农建设的范围则采取了列举形式，除上述法定之情形外任何单位和个人均不得基于建设用地的目的使用农村集体土地。本案中被告并未提供证据证明"厦门市寿石山老年公寓"符合上述规定已获得用地许可，即便"厦门市寿石山老年公寓"因属于乡（镇）村公共设施和公益事业建设使用农村集体土地的情形而获得用地许可，原告将该项目的使用权房转让给福建省大田县均溪镇凤山西路70号501室原告吴清方作为个人住宅使用，其实质已不再是基于乡（镇）村公共设施和公益事业目的使用该项目下集体土地，而已经改变为基于个人住宅而使用该宗土地。由于原告吴清方并非集美区后溪镇岩内村的集体成员，其使用讼争房屋项下土地的行为不属于农民使用宅基地等农用情形，也非法定可以用于非农建设的情形，其使用讼争房屋项下农村集体土地的行为实质上将超越《土地管理法》的强制性规定，原、被告签订的《房屋使用权转让协议》客观上将产生原告吴清方违反《土地管理法》的强制性规定而使用农村集体土地的效果，故双方签订的使用权房买卖协议因违反法律的强制性规定，应属无效。

综上，本案系原、被告因买卖建设在农村集体土地上产权房而产生的合同纠纷，双方签订的《房屋使用权转让协议》因违反国家法律法规的强制性规定而无效。《合同法》第58条规定，合同无效，因合同取得的财产应当予以返还，有过错的一方应当赔偿对方因此所受到的损失，双方都有过错的，应当各自承担相应的责任。故原告请求被告返还购房款164340元的主张于法有据，应予支持。本案中讼争合同明确载明了涉案房屋的位置、建设用地等基本情况，原被告均应知道购买的使用权房系位于后溪镇岩内村，属于农村集体土地上建设的房屋，原告通过协议购买使用权房的行为将违反法律的强制性规定，故应认定双方具有同等过错，对原告主张因合同无效产生的购房款利息及中介费损失，应由双方平均负担，原告主张损失的合理部分应予支持，超过部分于法无据，不予支持。

案件宣判后，双方在法定上诉期限内均未上诉，现已产生法律效力。

房屋买卖合同纠纷办案依据集成

1. 中华人民共和国城市房地产管理法（2009年8月27修正）（节录）

第四章 房地产交易

第一节 一般规定

第三十二条 房地产转让、抵押时，房屋的所有权和该房屋占用范围内的土地使用权同时转让、抵押。

第三十三条 基准地价、标定地价和各类房屋的重置价格应当定期确定并公布。具体办法由国务院规定。

第三十四条 国家实行房地产价格评估制度。

房地产价格评估，应当遵循公正、公平、公开的原则，按照国家规定的技术标准和评估程序，以基准地价、标定地价和各类房屋的重置价格为基础，参照当地的市场价格进行评估。

第三十五条 国家实行房地产成交价格申报制度。

房地产权利人转让房地产，应当向县级以上地方人民政府规定的部门如实申报成交价，不得瞒报或者作不实的申报。

第三十六条 房地产转让、抵押，当事人应当依照本法第五章的规定办理权属登记。

第二节 房地产转让

第三十七条 房地产转让，是指房地产权利人通过买卖、赠与或者其他合法方式将其房地产转移给他人的行为。

第三十八条 下列房地产，不得转让：

（一）以出让方式取得土地使用权的，不符合本法第三十九条规定的条件的；

（二）司法机关和行政机关依法裁定、决定查封或者以其他形式限制房地产权利的；

（三）依法收回土地使用权的；

（四）共有房地产，未经其他共有人书面同意的；

（五）权属有争议的；

（六）未依法登记领取权属证书的；

（七）法律、行政法规规定禁止转让的其他情形。

第三十九条 以出让方式取得土地使用权的，转让房地产时，应当符合下列条件：

（一）按照出让合同约定已经支付全部土地使用权出让金，并取得土地使用权证书；

（二）按照出让合同约定进行投资开发，属于房屋建设工程的，完成开发投资总额的百分之二十五以上，属于成片开发土地的，形成工业用地或者其他建设用地条件。

转让房地产时房屋已经建成的，还应当持有房屋所有权证书。

第四十条 以划拨方式取得土地使用权的，转让房地产时，应当按照国务院规定，报有批准权的人民政府审批。有批准权的人民政府准予转让的，应当由受让方办理土地使用权出让手续，并依照国家有关规定缴纳土地使用权出让金。

以划拨方式取得土地使用权的，转让房地产报批时，有批准权的人民政府按照国务院规定决定可以不办理土地使用权出让手续的，转让方应当按照国务院规定将转让房地产所获收益中的土地收益上缴国家或者作其他处理。

第四十一条 房地产转让，应当签订书面转让合同，合同中应当载明土地使用权取得的方式。

第四十二条 房地产转让时，土地使用权出让合同载明的权利、义务随之转移。

第四十三条 以出让方式取得土地使用权的，转让房地产后，其土地使用权的使用年限为原土地使用权出让合同约定的使用年限减去原土地使用者已经使用年限后的剩余年限。

第四十四条 以出让方式取得土地使用权的，转让房地产后，受让人改变原土地使用权出让合同约定的土地用途的，必须取得原出让方和市、县人民政府城市规划行政主管部门的同意，签订土地使用权出让合同变更协议或者重新签订土地使用权出让合同，相应调整土地使用权出让金。

第四十五条 商品房预售，应当符合下列条件：
（一）已交付全部土地使用权出让金，取得土地使用权证书；
（二）持有建设工程规划许可证；
（三）按提供预售的商品房计算，投入开发建设的资金达到工程建设总投资的百分之二十五以上，并已经确定施工进度和竣工交付日期；
（四）向县级以上人民政府房产管理部门办理预售登记，取得商品房预售许可证明。

商品房预售人应当按照国家有关规定将预售合同报县级以上人民政府房产管理部门和土地管理部门登记备案。

商品房预售所得款项，必须用于有关的工程建设。

第四十六条 商品房预售的，商品房预购人将购买的未竣工的预售商品房再行转让的问题，由国务院规定。

2. 城市房地产开发经营管理条例（1998年7月20日国务院令第248号公布）（节录）

第二十三条 房地产开发企业预售商品房，应当符合下列条件：
（一）已交付全部土地使用权出让金，取得土地使用权证书；
（二）持有建设工程规划许可证和施工许可证；
（三）按提供的预售商品房计算，投入开发建设的资金达到工程建设总投资的25%以上，并已确定施工进度和竣工交付日期；
（四）已办理预售登记，取得商品房预售许可证明。

第二十四条 房地产开发企业申请办理商品房预售登记，应当提交下列文件：
（一）本条例第二十三条第（一）项至第（三）项规定的证明材料；
（二）营业执照和资质等级证书；
（三）工程施工合同；
（四）预售商品房分层平面图；

（五）商品房预售方案。

第二十五条 房地产开发主管部门应当自收到商品房预售申请之日起10日内，作出同意预售或者不同意预售的答复。同意预售的，应当核发商品房预售许可证明；不同意预售的，应当说明理由。

第二十六条 房地产开发企业不得进行虚假广告宣传，商品房预售广告中应当载明商品房预售许可证明的文号。

第二十七条 房地产开发企业预售商品房时，应当向预购人出示商品房预售许可证明。

房地产开发企业应当自商品房预售合同签订之日起30日内，到商品房所在地的县级以上人民政府房地产开发主管部门和负责土地管理工作的部门备案。

第二十八条 商品房销售，当事人双方应当签订书面合同。合同应当载明商品房的建筑面积和使用面积、价格、交付日期、质量要求、物业管理方式以及双方的违约责任。

第二十九条 房地产开发企业委托中介机构代理销售商品房的，应当向中介机构出具委托书。中介机构销售商品房时，应当向商品房购买人出示商品房的有关证明文件和商品房销售委托书。

第三十条 房地产开发项目转让和商品房销售价格，由当事人协商议定；但是，享受国家优惠政策的居民住宅价格，应当实行政府指导价或者政府定价。

第三十一条 房地产开发企业应当在商品房交付使用时，向购买人提供住宅质量保证书和住宅使用说明书。

住宅质量保证书应当列明工程质量监督单位核验的质量等级、保修范围、保修期和保修单位等内容。房地产开发企业应当按照住宅质量保证书的约定，承担商品房保修责任。

保修期内，因房地产开发企业对商品房进行维修，致使房屋原使用功能受到影响，给购买人造成损失的，应当依法承担赔偿责任。

第三十二条 商品房交付使用后，购买人认为主体结构质量不合格的，可以向工程质量监督单位申请重新核验。经核验，确属主体结构质量不合格的，购买人有权退房；给购买人造成损失的，房地产开发企业应当依法承担赔偿责任。

第三十三条 预售商品房的购买人应当自商品房交付使用之日起90日内，办理土地使用权变更和房屋所有权登记手续；现售商品房的购买人应当自销售合同签订之日起90日内，办理土地使用权变更和房屋所有权登记手续。房地产开发企业应当协助商品房购买人办理土地使用权变更和房屋所有权登记手续，并提供必要的证明文件。

3. 城市房产交易价格管理暂行办法（1994年11月11日国家计划委员会发布）

第一章 总 则

第一条 为适应城市房产交易市场的发展，规范价格行为，维护交易价格的正常秩序，保护交易双方的合法权益，依据国家有关法律、法规制定本暂行办法。

第二条 本暂行办法适用于城市规划区范围内公民、法人和其他组织拥有产权的房屋的买卖、租赁、抵押、典当和其它有偿转让房屋产权等经营活动中的价格及房产交易市场各类经营性服务收费的管理。

第三条 国务院价格主管部门负责全国房产交易价格管理工作；县级以上地方各级人民政府的价格主管部门负责本行政区域内房产交易价格管理工作。

各级政府价格主管部门应会同有关部门加强对房产交易价格的监督。

第二章 管理原则

第四条 国家对房产交易价格实行直接管理与间接管理相结合的原则，建立主要由市场形成价格的机制。保护正当的价格竞争，禁止垄断、哄抬价格。

第五条 房产交易价格及经营性服务收费，根据不同情况分别实行政府定价和市场调节价。

向居民出售的新建普通商品住宅价格、拆迁补偿房屋价格及房产交易市场的重要的经营性服务收费实行政府定价。

房产管理部门统一经营管理的工商用房租金，由当地人民政府根据本地实际情况确定价格管理形式。

其他各类房屋的买卖、租赁价格，房屋的抵押、典当价格及房产交易市场的其他经营性服务收费实行市场调节。

第六条 实行政府定价的房产交易价格和经营性服务收费，由政府价格主管部门会同有关部门按照价格管理权限制定和调整。

房产交易价格和经营性服务收费的管理权限，除国务院价格主管部门另有规定外，由省、自治区、直辖市政府价格主管部门确定。

第七条 实行政府定价的房产交易价格和经营性服务收费，政府价格主管部门应根据房屋价值、服务费用、市场供求变化及国家政策要求合理制定和调整。

第八条 对实行市场调节的房产交易价格，城市人民政府可依据新建商品房基准价格、各类房屋重置价格或其所公布的市场参考价格进行间接调控和引导。必要时，也可实行最高或最低限价。

第三章 价格评估

第九条 实行市场调节价的房产交易，交易双方或其中一方可委托有关评估机构进行房产价格评估，双方可依据评估的价格协商议定成交价格。

第十条 房产价格评估业务，由经依法设立的具有房地产估价资格的机构办理。

房产价格评估，应遵循公正、公平、公开的原则，遵守国家有关的法律、法规，执行规定的估价办法、标准和程序。

第十一条 房产价格评估，应以政府制定、公布的各类房屋的重置价格为基础，结合成新折扣，考虑房屋所处环境、楼层、朝向等因素，参照当地市场价格进行评估。

第十二条 房屋评估重置折扣价格计算公式：

评估价格 = 房屋重置价格 × 成新折扣 ×（1 ± 环境差价率 ± 楼层差价率 ± 朝向差价率）

计价单位为建筑面积平方米。

第十三条 房屋重置价格以当地政府届时公布的价格为准。

房屋成新折扣以不同建筑结构房屋的耐用年限为基础，考虑因维修和保养不同而实际新旧程度不同的情况评定。

第十四条　环境差价根据整幢房屋的日照、通风以及周围的绿化、污染等因素综合评定。

整幢房屋交易的楼层、朝向差价免计；整幢房屋各部位的楼层、朝向差价按整幢房屋各部位楼层、朝向差价的代数和分别趋近于零的原则视具体情况评定。

第十五条　按房屋重置折扣价方法所评估出的价格，可参照当地可比市场价格补充修正。

由于评估条件的限制或其它原因不宜采用重置折扣价方法评估的，也可选择其它评估方法评估房产价格。

第十六条　房产价格评估中涉及地价评估的，执行地价评估的技术标准和程序。

第十七条　房产价格评估中出现的价格纠纷，由政府价格主管部门负责仲裁。

第十八条　房产价格评估的具体办法由省、自治区、直辖市政府价格主管部门制定。

第四章　监督与监测

第十九条　各级政府价格主管部门负责房产交易价格及经营性服务收费的监督检查工作。

第二十条　房产交易价格和经营性服务收费实行明码标价制度。

进入房产交易市场交易的房屋，应在交易场所挂牌出示其座落位置、建筑结构、规格、面积、计价单位和销售（出租）价格。

经营性服务收费，应在服务经营场所的醒目位置公布项目名称、规格、服务内容、计费单位、收费标准。

第二十一条　国家实行房产交易成交价格申报制度。房产权利人应当向县级以上人民政府如实申报成交价格，不得瞒报或者作不实申报。

第二十二条　各级政府价格主管部门应认真做好房产交易价格变化的监测工作，及时对房产交易价格情况进行分析、汇总，定期制定公布市场参考价格，并向上一级政府价格主管部门报送情况。

第五章　罚　　则

第二十三条　凡违反本暂行办法，有下列行为之一的，由政府价格主管部门依照国家有关规定给予处罚。

（一）越权定价和擅自设立收费项目、提高收费标准的；

（二）虚置成本，短给面积，进行价格欺诈的；

（三）垄断、哄抬房价严重干扰市场秩序的；

（四）不按规定的估价办法、标准和程序估价和故意抬高、压低被估房价的。

（五）不执行规定的明码标价制度的；

（六）不按规定申报成交价格的；

（七）其他违反本暂行办法的行为。

第二十四条　被处罚单位和个人对处罚决定不服的，依据《中华人民共和国价格管理条例》规定申请复议；对复议决定不服的，可向人民法院起诉。

第六章　附　　则

第二十五条　房产管理部门直管公房和机关、团体、企事业单位自管公房向职工出售、出租住宅的价格不适用本办法。

房产管理部门直管的公房和机关、团体、企事业单位自管的公房向职工出售、出租住宅的价格评估可参照本暂行办法执行。

第二十六条 房产交易及管理中涉及行政事业性收费的，由政府价格主管部门、财政部门按规定权限制定。

第二十七条 各省、自治区、直辖市政府价格主管部门可根据本暂行办法制定实施细则，并报国家计委备案。

第二十八条 本暂行办法发布前有关规定凡与本办法抵触的，以本办法为准。

第二十九条 本暂行办法由国家计委解释。

第三十条 本暂行办法自1994年12月1日起施行。

4. 商品房销售管理办法（2001年4月4日建设部令第88号发布）

第一章 总 则

第一条 为了规范商品房销售行为，保障商品房交易双方当事人的合法权益，根据《中华人民共和国城市房地产管理法》、《城市房地产开发经营管理条例》，制定本办法。

第二条 商品房销售及商品房销售管理应当遵守本办法。

第三条 商品房销售包括商品房现售和商品房预售。

本办法所称商品房现售，是指房地产开发企业将竣工验收合格的商品房出售给买受人，并由买受人支付房价款的行为。

本办法所称商品房预售，是指房地产开发企业将正在建设中的商品房预先出售给买受人，并由买受人支付定金或者房价款的行为。

第四条 房地产开发企业可以自行销售商品房，也可以委托房地产中介服务机构销售商品房。

第五条 国务院建设行政主管部门负责全国商品房的销售管理工作。

省、自治区人民政府建设行政主管部门负责本行政区域内商品房的销售管理工作。

直辖市、市、县人民政府建设行政主管部门、房地产行政主管部门（以下统称房地产开发主管部门）按照职责分工，负责本行政区域内商品房的销售管理工作。

第二章 销售条件

第六条 商品房预售实行预售许可制度。

商品房预售条件及商品房预售许可证明的办理程序，按照《城市房地产开发经营管理条例》和《城市商品房预售管理办法》的有关规定执行。

第七条 商品房现售，应当符合以下条件：

（一）现售商品房的房地产开发企业应当具有企业法人营业执照和房地产开发企业资质证书；

（二）取得土地使用权证书或者使用土地的批准文件；

（三）持有建设工程规划许可证和施工许可证；

（四）已通过竣工验收；

（五）拆迁安置已经落实；

（六）供水、供电、供热、燃气、通讯等配套基础设施具备交付使用条件，其他配套基础设施和公共设施具备交付使用条件或者已确定施工进度和交付日期；

（七）物业管理方案已经落实。

第八条 房地产开发企业应当在商品房现售前将房地产开发项目手册及符合商品房现售条件的有关证明文件报送房地产开发主管部门备案。

第九条 房地产开发企业销售设有抵押权的商品房，其抵押权的处理按照《中华人民共和国担保法》、《城市房地产抵押管理办法》的有关规定执行。

第十条 房地产开发企业不得在未解除商品房买卖合同前，将作为合同标的物的商品房再行销售给他人。

第十一条 房地产开发企业不得采取返本销售或者变相返本销售的方式销售商品房。

房地产开发企业不得采取售后包租或者变相售后包租的方式销售未竣工商品房。

第十二条 商品住宅按套销售，不得分割拆零销售。

第十三条 商品房销售时，房地产开发企业选聘了物业管理企业的，买受人应当在订立商品房买卖合同时与房地产开发企业选聘的物业管理企业订立有关物业管理的协议。

第三章 广告与合同

第十四条 房地产开发企业、房地产中介服务机构发布商品房销售宣传广告，应当执行《中华人民共和国广告法》、《房地产广告发布暂行规定》等有关规定，广告内容必须真实、合法、科学、准确。

第十五条 房地产开发企业、房地产中介服务机构发布的商品房销售广告和宣传资料所明示的事项，当事人应当在商品房买卖合同中约定。

第十六条 商品房销售时，房地产开发企业和买受人应当订立书面商品房买卖合同。

商品房买卖合同应当明确以下主要内容：

（一）当事人名称或者姓名和住所；

（二）商品房基本状况；

（三）商品房的销售方式；

（四）商品房价款的确定方式及总价款、付款方式、付款时间；

（五）交付使用条件及日期；

（六）装饰、设备标准承诺；

（七）供水、供电、供热、燃气、通讯、道路、绿化等配套基础设施和公共设施的交付承诺和有关权益、责任；

（八）公共配套建筑的产权归属；

（九）面积差异的处理方式；

（十）办理产权登记有关事宜；

（十一）解决争议的方法；

（十二）违约责任；

（十三）双方约定的其他事项。

第十七条 商品房销售价格由当事人协商议定，国家另有规定的除外。

第十八条 商品房销售可以按套（单元）计价，也可以按套内建筑面积或者建筑面积计价。

商品房建筑面积由套内建筑面积和分摊的共有建筑面积组成，套内建筑面积部分为独立产权，分摊的共有建筑面积部分为共有产权，买受人按照法律、法规的规定对其享有权利，承担责任。

按套（单元）计价或者按套内建筑面积计价的，商品房买卖合同中应当注明建筑面积和分摊的共有建筑面积。

第十九条 按套（单元）计价的现售房屋，当事人对现售房屋实地勘察后可以在合同中直接约定总价款。

按套（单元）计价的预售房屋，房地产开发企业应当在合同中附所售房屋的平面图。平面图应当标明详细尺寸，并约定误差范围。房屋交付时，套型与设计图纸一致，相关尺寸也在约定的误差范围内，维持总价款不变；套型与设计图纸不一致或者相关尺寸超出约定的误差范围，合同中未约定处理方式的，买受人可以退房或者与房地产开发企业重新约定总价款。买受人退房的，由房地产开发企业承担违约责任。

第二十条 按套内建筑面积或者建筑面积计价的，当事人应当在合同中载明合同约定面积与产权登记面积发生误差的处理方式。

合同未作约定的，按以下原则处理：

（一）面积误差比绝对值在3%以内（含3%）的，据实结算房价款；

（二）面积误差比绝对值超出3%时，买受人有权退房。买受人退房的，房地产开发企业应当在买受人提出退房之日起30日内将买受人已付房价款退还给买受人，同时支付已付房价款利息。买受人不退房的，产权登记面积大于合同约定面积时，面积误差比在3%以内（含3%）部分的房价款由买受人补足；超出3%部分的房价款由房地产开发企业承担，产权归买受人。产权登记面积小于合同约定面积时，面积误差比绝对值在3%以内（含3%）部分的房价款由房地产开发企业返还买受人；绝对值超出3%部分的房价款由房地产开发企业双倍返还买受人。

$$面积误差比 = \frac{产权登记面积 - 合同约定面积}{合同约定面积} \times 100\%$$

因本办法第二十四条规定的规划设计变更造成面积差异，当事人不解除合同的，应当签署补充协议。

第二十一条 按建筑面积计价的，当事人应当在合同中约定套内建筑面积和分摊的共有建筑面积，并约定建筑面积不变而套内建筑面积发生误差以及建筑面积与套内建筑面积均发生误差时的处理方式。

第二十二条 不符合商品房销售条件的，房地产开发企业不得销售商品房，不得向买受人收取任何预订款性质费用。

符合商品房销售条件的，房地产开发企业在订立商品房买卖合同之前向买受人收取预订款性质费用的，订立商品房买卖合同时，所收费用应当抵作房价款；当事人未能订立商品房买卖合同的，房地产开发企业应当向买受人返还所收费用；当事人之间另有约定的，从其约定。

第二十三条　房地产开发企业应当在订立商品房买卖合同之前向买受人明示《商品房销售管理办法》和《商品房买卖合同示范文本》；预售商品房的，还必须明示《城市商品房预售管理办法》。

第二十四条　房地产开发企业应当按照批准的规划、设计建设商品房。商品房销售后，房地产开发企业不得擅自变更规划、设计。

经规划部门批准的规划变更、设计单位同意的设计变更导致商品房的结构型式、户型、空间尺寸、朝向变化，以及出现合同当事人约定的其他影响商品房质量或者使用功能情形的，房地产开发企业应当在变更确立之日起10日内，书面通知买受人。

买受人有权在通知到达之日起15日内做出是否退房的书面答复。买受人在通知到达之日起15日内未作书面答复的，视同接受规划、设计变更以及由此引起的房价款的变更。房地产开发企业未在规定时限内通知买受人的，买受人有权退房；买受人退房的，由房地产开发企业承担违约责任。

第四章　销售代理

第二十五条　房地产开发企业委托中介服务机构销售商品房的，受托机构应当是依法设立并取得工商营业执照的房地产中介服务机构。

房地产开发企业应当与受托房地产中介服务机构订立书面委托合同，委托合同应当载明委托期限、委托权限以及委托人和被委托人的权利、义务。

第二十六条　受托房地产中介服务机构销售商品房时，应当向买受人出示商品房的有关证明文件和商品房销售委托书。

第二十七条　受托房地产中介服务机构销售商品房时，应当如实向买受人介绍所代理销售商品房的有关情况。

受托房地产中介服务机构不得代理销售不符合销售条件的商品房。

第二十八条　受托房地产中介服务机构在代理销售商品房时不得收取佣金以外的其他费用。

第二十九条　商品房销售人员应当经过专业培训，方可从事商品房销售业务。

第五章　交　付

第三十条　房地产开发企业应当按照合同约定，将符合交付使用条件的商品房按期交付给买受人。未能按期交付的，房地产开发企业应当承担违约责任。

因不可抗力或者当事人在合同中约定的其他原因，需延期交付的，房地产开发企业应当及时告知买受人。

第三十一条　房地产开发企业销售商品房时设置样板房的，应当说明实际交付的商品房质量、设备及装修与样板房是否一致，未作说明的，实际交付的商品房应当与样板房一致。

第三十二条　销售商品住宅时，房地产开发企业应当根据《商品住宅实行质量保证书和住宅使用说明书制度的规定》（以下简称《规定》），向买受人提供《住宅质量保证书》、《住宅使用说明书》。

第三十三条　房地产开发企业应当对所售商品房承担质量保修责任。当事人应当在合同中就保修范围、保修期限、保修责任等内容做出约定。保修期从交付之日起计算。

商品住宅的保修期限不得低于建设工程承包单位向建设单位出具的质量保修书约定保修期的存续期；存续期少于《规定》中确定的最低保修期限的，保修期不得低于《规定》中确定的最低保修期限。

非住宅商品房的保修期限不得低于建设工程承包单位向建设单位出具的质量保修书约定保修期的存续期。

在保修期限内发生的属于保修范围的质量问题，房地产开发企业应当履行保修义务，并对造成的损失承担赔偿责任。因不可抗力或者使用不当造成的损坏，房地产开发企业不承担责任。

第三十四条 房地产开发企业应当在商品房交付使用前按项目委托具有房产测绘资格的单位实施测绘，测绘成果报房地产行政主管部门审核后用于房屋权属登记。

房地产开发企业应当在商品房交付使用之日起60日内，将需要由其提供的办理房屋权属登记的资料报送房屋所在地房地产行政主管部门。

房地产开发企业应当协助商品房买受人办理土地使用权变更和房屋所有权登记手续。

第三十五条 商品房交付使用后，买受人认为主体结构质量不合格的，可以依照有关规定委托工程质量检测机构重新核验。经核验，确属主体结构质量不合格的，买受人有权退房；给买受人造成损失的，房地产开发企业应当依法承担赔偿责任。

第六章 法律责任

第三十六条 未取得营业执照，擅自销售商品房的，由县级以上人民政府工商行政管理部门依照《城市房地产开发经营管理条例》的规定处罚。

第三十七条 未取得房地产开发企业资质证书，擅自销售商品房的，责令停止销售活动，处5万元以上10万元以下的罚款。

第三十八条 违反法律、法规规定，擅自预售商品房的，责令停止违法行为，没收违法所得；收取预付款的，可以并处已收取的预付款1%以下的罚款。

第三十九条 在未解除商品房买卖合同前，将作为合同标的物的商品房再行销售给他人的，处以警告，责令限期改正，并处2万元以上3万元以下罚款；构成犯罪的，依法追究刑事责任。

第四十条 房地产开发企业将未组织竣工验收、验收不合格或者对不合格按合格验收的商品房擅自交付使用的，按照《建设工程质量管理条例》的规定处罚。

第四十一条 房地产开发企业未按规定将测绘成果或者需要由其提供的办理房屋权属登记的资料报送房地产行政主管部门的，处以警告，责令限期改正，并可处以2万元以上3万元以下罚款。

第四十二条 房地产开发企业在销售商品房中有下列行为之一的，处以警告，责令限期改正，并可处以1万元以上3万元以下罚款。

（一）未按照规定的现售条件现售商品房的；

（二）未按照规定在商品房现售前将房地产开发项目手册及符合商品房现售条件的有关证明文件报送房地产开发主管部门备案的；

（三）返本销售或者变相返本销售商品房的；
（四）采取售后包租或者变相售后包租方式销售未竣工商品房的；
（五）分割拆零销售商品住宅的；
（六）不符合商品房销售条件，向买受人收取预订款性质费用的；
（七）未按照规定向买受人明示《商品房销售管理办法》、《商品房买卖合同示范文本》、《城市商品房预售管理办法》的；
（八）委托没有资格的机构代理销售商品房的。

第四十三条　房地产中介服务机构代理销售不符合销售条件的商品房的，处以警告，责令停止销售，并可处以2万元以上3万元以下罚款。

第四十四条　国家机关工作人员在商品房销售管理工作中玩忽职守、滥用职权、徇私舞弊，依法给予行政处分；构成犯罪的，依法追究刑事责任。

第七章　附　则

第四十五条　本办法所称返本销售，是指房地产开发企业以定期向买受人返还购房款的方式销售商品房的行为。

本办法所称售后包租，是指房地产开发企业以在一定期限内承租或者代为出租买受人所购该企业商品房的方式销售商品房的行为。

本办法所称分割拆零销售，是指房地产开发企业以将成套的商品住宅分割为数部分分别出售给买受人的方式销售商品住宅的行为。

本办法所称产权登记面积，是指房地产行政主管部门确认登记的房屋面积。

第四十六条　省、自治区、直辖市人民政府建设行政主管部门可以根据本办法制定实施细则。

第四十七条　本办法由国务院建设行政主管部门负责解释。

第四十八条　本办法自2001年6月1日起施行。

5. 城市房地产转让管理规定（2001年8月15日建设部令第96号修正）

第一条　为了加强对城市房地产转让的管理，维护房地产市场秩序，保障房地产转让当事人的合法权益，根据《中华人民共和国城市房地产管理法》，制定本规定。

第二条　凡在城市规划区国有土地范围内从事房地产转让，实施房地产转让管理，均应遵守本规定。

第三条　本规定所称房地产转让，是指房地产权利人通过买卖、赠与或者其他合法方式将其房地产转移给他人的行为。

前款所称其他合法方式，主要包括下列行为：
（一）以房地产作价入股、与他人成立企业法人，房地产权属发生变更的；
（二）一方提供土地使用权，另一方或者多方提供资金，合资、合作开发经营房地产，而使房地产权属发生变更的；
（三）因企业被收购、兼并或合并，房地产权属随之转移的；
（四）以房地产抵债的；
（五）法律、法规规定的其他情形。

第四条 国务院建设行政主管部门归口管理全国城市房地产转让工作。

省、自治区人民政府建设行政主管部门归口管理本行政区域内的城市房地产转让工作。

直辖市、市、县人民政府房地产行政主管部门（以下简称房地产管理部门）负责本行政区域内的城市房地产转让管理工作。

第五条 房地产转让时，房屋所有权和该房屋占用范围内的土地使用权同时转让。

第六条 下列房地产不得转让：

（一）以出让方式取得土地使用权但不符合本规定第十条规定的条件的；

（二）司法机关和行政机关依法裁定、决定查封或者以其他形式限制房地产权利的；

（三）依法收回土地使用权的；

（四）共有房地产，未经其他共有人书面同意的；

（五）权属有争议的；

（六）未依法登记领取权属证书的；

（七）法律、行政法规规定禁止转让的其他情形。

第七条 房地产转让，应当按照下列程序办理：

（一）房地产转让当事人签订书面转让合同；

（二）房地产转让当事人在房地产转让合同签订后90日内持房地产权属证书、当事人的合法证明、转让合同等有关文件向房地产所在地的房地产管理部门提出申请，并申报成交价格；

（三）房地产管理部门对提供的有关文件进行审查，并在7日内作出是否受理申请的书面答复，7日内未作书面答复的，视为同意受理；

（四）房地产管理部门核实申报的成交价格，并根据需要对转让的房地产进行现场查勘和评估；

（五）房地产转让当事人按照规定缴纳有关税费；

（六）房地产管理部门办理房屋权属登记手续，核发房地产权属证书。

第八条 房地产转让合同应当载明下列主要内容：

（一）双方当事人的姓名或者名称、住所；

（二）房地产权属证书名称和编号；

（三）房地产座落位置、面积、四至界限；

（四）土地宗地号、土地使用权取得的方式及年限；

（五）房地产的用途或使用性质；

（六）成交价格及支付方式；

（七）房地产交付使用的时间；

（八）违约责任；

（九）双方约定的其他事项。

第九条 以出让方式取得土地使用权的，房地产转让时，土地使用权出让合同载明的权利、义务随之转移。

第十条 以出让方式取得土地使用权的，转让房地产时，应当符合下列条件：

（一）按照出让合同约定已经支付全部土地使用权出让金，并取得土地使用权证书的；

（二）按照出让合同约定进行投资开发，属于房屋建设工程的，应完成开发投资总额的百分之二十五以上；属于成片开发土地的，依照规划对土地进行开发建设，完成供排水、供电、供热、道路交通、通信等市政基础设施、公用设施的建设，达到场地平整，形成工业用地或者其他建设用地条件。

转让房地产时房屋已经建成的，还应当持有房屋所有权证书。

第十一条 以划拨方式取得土地使用权的，转让房地产时，按照国务院的规定，报有批准权的人民政府审批。有批准权的人民政府准予转让的，除符合本规定第十二条所列的可以不办理土地使用权出让手续的情形外，应当由受让方办理土地使用权出让手续，并依照国家有关规定缴纳土地使用权出让金。

第十二条 以划拨方式取得土地使用权的，转让房地产时，属于下列情形之一的，经有批准权的人民政府批准，可以不办理土地使用权出让手续，但应当将转让房地产所获收益中的土地收益上缴国家或者作其他处理。土地收益的缴纳和处理的办法按照国务院规定办理。

（一）经城市规划行政主管部门批准，转让的土地用于建设《中华人民共和国城市房地产管理法》第二十三条规定的项目的；

（二）私有住宅转让后仍用于居住的；

（三）按照国务院住房制度改革有关规定出售公有住宅的；

（四）同一宗土地上部分房屋转让而土地使用权不可分割转让的；

（五）转让的房地产暂时难以确定土地使用权出让用途、年限和其他条件的；

（六）根据城市规划土地使用权不宜出让的；

（七）县级以上人民政府规定暂时无法或不需要采取土地使用权出让方式的其他情形。

依照前款规定缴纳土地收益或作其他处理的，应当在房地产转让合同中注明。

第十三条 依照本规定第十二条规定转让的房地产再转让，需要办理出让手续、补交土地使用权出让金的，应当扣除已经缴纳的土地收益。

第十四条 国家实行房地产成交价格申报制度。

房地产权利人转让房地产，应当如实申报成交价格，不得瞒报或者作不实的申报。

房地产转让应当以申报的房地产成交价格作为缴纳税费的依据。成交价格明显低于正常市场价格的，以评估价格作为缴纳税费的依据。

第十五条 商品房预售按照建设部《城市商品房预售管理办法》执行。

第十六条 房地产管理部门在办理房地产转让时，其收费的项目和标准，必须经有批准权的物价部门和建设行政主管部门批准，不得擅自增加收费项目和提高收费标准。

第十七条 违反本规定第十条第一款和第十一条，未办理土地使用权出让手续，交纳土地使用权出让金的，按照《中华人民共和国城市房地产管理法》的规定进行处罚。

第十八条 房地产管理部门工作人员玩忽职守、滥用职权、徇私舞弊、索贿受贿的，依法给予行政处分；构成犯罪的，依法追究刑事责任。

第十九条 在城市规划区外的国有土地范围内进行房地产转让的，参照本规定执行。

第二十条 省、自治区人民政府建设行政主管部门、直辖市房地产行政主管部门可以根据本规定制定实施细则。

第二十一条 本规定由国务院建设行政主管部门负责解释。

第二十二条 本规定自1995年9月1日起施行。

6. 城市商品房预售管理办法（2004年7月20日建设部令第131号修正）

第一条 为加强商品房预售管理，维护商品房交易双方的合法权益，根据《中华人民共和国城市房地产管理法》、《城市房地产开发经营管理条例》，制定本办法。

第二条 本办法所称商品房预售是指房地产开发企业（以下简称开发企业）将正在建设中的房屋预先出售给承购人，由承购人支付定金或房价款的行为。

第三条 本办法适用于城市商品房预售的管理。

第四条 国务院建设行政主管部门归口管理全国城市商品房预售管理；

省、自治区建设行政主管部门归口管理本行政区域内城市商品房预售管理；

市、县人民政府建设行政主管部门或房地产行政主管部门（以下简称房地产管理部门）负责本行政区域内城市商品房预售管理。

第五条 商品房预售应当符合下列条件：

（一）已交付全部土地使用权出让金，取得土地使用权证书；

（二）持有建设工程规划许可证和施工许可证；

（三）按提供预售的商品房计算，投入开发建设的资金达到工程建设总投资的25%以上，并已经确定施工进度和竣工交付日期。

第六条 商品房预售实行许可制度。开发企业进行商品房预售，应当向房地产管理部门申请预售许可，取得《商品房预售许可证》。

未取得《商品房预售许可证》的，不得进行商品房预售。

第七条 开发企业申请预售许可，应当提交下列证件（复印件）及资料：

（一）商品房预售许可申请表；

（二）开发企业的《营业执照》和资质证书；

（三）土地使用权证、建设工程规划许可证、施工许可证；

（四）投入开发建设的资金占工程建设总投资的比例符合规定条件的证明；

（五）工程施工合同及关于施工进度的说明；

（六）商品房预售方案。预售方案应当说明预售商品房的位置、面积、竣工交付日期等内容，并应当附预售商品房分层平面图。

第八条 商品房预售许可依下列程序办理：

（一）受理。开发企业按本办法第七条的规定提交有关材料，材料齐全的，房地产管理部门应当当场出具受理通知书；材料不齐的，应当当场或者5日内一次性书面告知需要补充的材料。

（二）审核。房地产管理部门对开发企业提供的有关材料是否符合法定条件进行审核。开发企业对所提交材料实质内容的真实性负责。

（三）许可。经审查，开发企业的申请符合法定条件的，房地产管理部门应当在受理之日起10日内，依法作出准予预售的行政许可书面决定，发送开发企业，并自作出决定之日起10日内向开发企业颁发、送达《商品房预售许可证》。

经审查，开发企业的申请不符合法定条件的，房地产管理部门应当在受理之日起10日内，依法作出不予许可的书面决定。书面决定应当说明理由，告知开发企业享有依法申请行政复议或者提起行政诉讼的权利，并送达开发企业。

商品房预售许可决定书、不予商品房预售许可决定书应当加盖房地产管理部门的行政许可专用印章，《商品房预售许可证》应当加盖房地产管理部门的印章。

（四）公示。房地产管理部门作出的准予商品房预售许可的决定，应当予以公开，公众有权查阅。

第九条 开发企业进行商品房预售，应当向承购人出示《商品房预售许可证》。售楼广告和说明书应当载明《商品房预售许可证》的批准文号。

第十条 商品房预售，开发企业应当与承购人签订商品房预售合同。开发企业应当自签约之日起30日内，向房地产管理部门和市、县人民政府土地管理部门办理商品房预售合同登记备案手续。

房地产管理部门应当积极应用网络信息技术，逐步推行商品房预售合同网上登记备案。

商品房预售合同登记备案手续可以委托代理人办理。委托代理人办理的，应当有书面委托书。

第十一条 开发企业预售商品房所得款项应当用于有关的工程建设。

商品房预售款监管的具体办法，由房地产管理部门制定。

第十二条 预售的商品房交付使用之日起90日内，承购人应当依法到房地产管理部门和市、县人民政府土地管理部门办理权属登记手续。开发企业应当予以协助，并提供必要的证明文件。

由于开发企业的原因，承购人未能在房屋交付使用之日起90日内取得房屋权属证书的，除开发企业和承购人有特殊约定外，开发企业应当承担违约责任。

第十三条 开发企业未取得《商品房预售许可证》预售商品房的，依照《城市房地产开发经营管理条例》第三十九条的规定处罚。

第十四条 开发企业不按规定使用商品房预售款项的，由房地产管理部门责令限期纠正，并可处以违法所得3倍以下但不超过3万元的罚款。

第十五条 开发企业隐瞒有关情况、提供虚假材料，或者采用欺骗、贿赂等不正当手段取得商品房预售许可的，由房地产管理部门责令停止预售，撤销商品房预售许可，并处3万元罚款。

第十六条 省、自治区建设行政主管部门、直辖市建设行政主管部门或房地产行政管理部门可以根据本办法制定实施细则。

第十七条 本办法由国务院建设行政主管部门负责解释。

第十八条 本办法自1995年1月1日起施行。

7. 房屋登记办法（2008年2月15日建设部令第168号发布）

第一章 总 则

第一条 为了规范房屋登记行为，维护房地产交易安全，保护权利人的合法权益，依据《中华人民共和国物权法》、《中华人民共和国城市房地产管理法》、《村庄和集镇规划建设管理条例》等法律、行政法规，制定本办法。

第二条 本办法所称房屋登记，是指房屋登记机构依法将房屋权利和其他应当记载的事项在房屋登记簿上予以记载的行为。

第三条 国务院建设主管部门负责指导、监督全国的房屋登记工作。

省、自治区、直辖市人民政府建设（房地产）主管部门负责指导、监督本行政区域内的房屋登记工作。

第四条 房屋登记，由房屋所在地的房屋登记机构办理。

本办法所称房屋登记机构，是指直辖市、市、县人民政府建设（房地产）主管部门或者其设置的负责房屋登记工作的机构。

第五条 房屋登记机构应当建立本行政区域内统一的房屋登记簿。

房屋登记簿是房屋权利归属和内容的根据，由房屋登记机构管理。

第六条 房屋登记人员应当具备与其岗位相适应的专业知识。

从事房屋登记审核工作的人员，应当取得国务院建设主管部门颁发的房屋登记上岗证书，持证上岗。

第二章 一般规定

第七条 办理房屋登记，一般依照下列程序进行：

（一）申请；

（二）受理；

（三）审核；

（四）记载于登记簿；

（五）发证。

房屋登记机构认为必要时，可以就登记事项进行公告。

第八条 办理房屋登记，应当遵循房屋所有权和房屋占用范围内的土地使用权权利主体一致的原则。

第九条 房屋登记机构应当依照法律、法规和本办法规定，确定申请房屋登记需要提交的材料，并将申请登记材料目录公示。

第十条 房屋应当按照基本单元进行登记。房屋基本单元是指有固定界限、可以独立使用并且有明确、唯一的编号（幢号、室号等）的房屋或者特定空间。

国有土地范围内成套住房，以套为基本单元进行登记；非成套住房，以房屋的幢、层、间等有固定界限的部分为基本单元进行登记。集体土地范围内村民住房，以宅基地上独立建筑为基本单元进行登记；在共有宅基地上建造的村民住房，以套、间等有固定界限的部分为基本单元进行登记。

非住房以房屋的幢、层、套、间等有固定界限的部分为基本单元进行登记。

第十一条　申请房屋登记，申请人应当向房屋所在地的房屋登记机构提出申请，并提交申请登记材料。

申请登记材料应当提供原件。不能提供原件的，应当提交经有关机关确认与原件一致的复印件。

申请人应当对申请登记材料的真实性、合法性、有效性负责，不得隐瞒真实情况或者提供虚假材料申请房屋登记。

第十二条　申请房屋登记，应当由有关当事人双方共同申请，但本办法另有规定的除外。

有下列情形之一，申请房屋登记的，可以由当事人单方申请：

（一）因合法建造房屋取得房屋权利；

（二）因人民法院、仲裁委员会的生效法律文书取得房屋权利；

（三）因继承、受遗赠取得房屋权利；

（四）有本办法所列变更登记情形之一；

（五）房屋灭失；

（六）权利人放弃房屋权利；

（七）法律、法规规定的其他情形。

第十三条　共有房屋，应当由共有人共同申请登记。

共有房屋所有权变更登记，可以由相关的共有人申请，但因共有性质或者共有人份额变更申请房屋登记的，应当由共有人共同申请。

第十四条　未成年人的房屋，应当由其监护人代为申请登记。监护人代为申请未成年人房屋登记的，应当提交证明监护人身份的材料；因处分未成年人房屋申请登记的，还应当提供为未成年人利益的书面保证。

第十五条　申请房屋登记的，申请人应当使用中文名称或者姓名。申请人提交的证明文件原件是外文的，应当提供中文译本。

委托代理人申请房屋登记的，代理人应当提交授权委托书和身份证明。境外申请人委托代理人申请房屋登记的，其授权委托书应当按照国家有关规定办理公证或者认证。

第十六条　申请房屋登记的，申请人应当按照国家有关规定缴纳登记费。

第十七条　申请人提交的申请登记材料齐全且符合法定形式的，应当予以受理，并出具书面凭证。

申请人提交的申请登记材料不齐全或者不符合法定形式的，应当不予受理，并告知申请人需要补正的内容。

第十八条　房屋登记机构应当查验申请登记材料，并根据不同登记申请就申请登记事项是否是申请人的真实意思表示、申请登记房屋是否为共有房屋、房屋登记簿记载的权利人是否同意更正，以及申请登记材料中需进一步明确的其他有关事项询问申请人。询问结果应当经申请人签字确认，并归档保留。

房屋登记机构认为申请登记房屋的有关情况需要进一步证明的，可以要求申请人补充材料。

第十九条　办理下列房屋登记，房屋登记机构应当实地查看：

（一）房屋所有权初始登记；

（二）在建工程抵押权登记；

（三）因房屋灭失导致的房屋所有权注销登记；

（四）法律、法规规定的应当实地查看的其他房屋登记。

房屋登记机构实地查看时，申请人应当予以配合。

第二十条　登记申请符合下列条件的，房屋登记机构应当予以登记，将申请登记事项记载于房屋登记簿：

（一）申请人与依法提交的材料记载的主体一致；

（二）申请初始登记的房屋与申请人提交的规划证明材料记载一致，申请其他登记的房屋与房屋登记簿记载一致；

（三）申请登记的内容与有关材料证明的事实一致；

（四）申请登记的事项与房屋登记簿记载的房屋权利不冲突；

（五）不存在本办法规定的不予登记的情形。

登记申请不符合前款所列条件的，房屋登记机构应当不予登记，并书面告知申请人不予登记的原因。

第二十一条　房屋登记机构将申请登记事项记载于房屋登记簿之前，申请人可以撤回登记申请。

第二十二条　有下列情形之一的，房屋登记机构应当不予登记：

（一）未依法取得规划许可、施工许可或者未按照规划许可的面积等内容建造的建筑申请登记的；

（二）申请人不能提供合法、有效的权利来源证明文件或者申请登记的房屋权利与权利来源证明文件不一致的；

（三）申请登记事项与房屋登记簿记载冲突的；

（四）申请登记房屋不能特定或者不具有独立利用价值的；

（五）房屋已被依法征收、没收，原权利人申请登记的；

（六）房屋被依法查封期间，权利人申请登记的；

（七）法律、法规和本办法规定的其他不予登记的情形。

第二十三条　自受理登记申请之日起，房屋登记机构应当于下列时限内，将申请登记事项记载于房屋登记簿或者作出不予登记的决定：

（一）国有土地范围内房屋所有权登记，30个工作日，集体土地范围内房屋所有权登记，60个工作日；

（二）抵押权、地役权登记，10个工作日；

（三）预告登记、更正登记，10个工作日；

（四）异议登记，1个工作日。

公告时间不计入前款规定时限。因特殊原因需要延长登记时限的，经房屋登记机构负责人批准可以延长，但最长不得超过原时限的一倍。

法律、法规对登记时限另有规定的，从其规定。

第二十四条 房屋登记簿应当记载房屋自然状况、权利状况以及其他依法应当登记的事项。

房屋登记簿可以采用纸介质，也可以采用电子介质。采用电子介质的，应当有唯一、确定的纸介质转化形式，并应当定期异地备份。

第二十五条 房屋登记机构应当根据房屋登记簿的记载，缮写并向权利人发放房屋权属证书。

房屋权属证书是权利人享有房屋权利的证明，包括《房屋所有权证》、《房屋他项权证》等。申请登记房屋为共有房屋的，房屋登记机构应当在房屋所有权证上注明"共有"字样。

预告登记、在建工程抵押权登记以及法律、法规规定的其他事项在房屋登记簿上予以记载后，由房屋登记机构发放登记证明。

第二十六条 房屋权属证书、登记证明与房屋登记簿记载不一致的，除有证据证明房屋登记簿确有错误外，以房屋登记簿为准。

第二十七条 房屋权属证书、登记证明破损的，权利人可以向房屋登记机构申请换发。房屋登记机构换发前，应当收回原房屋权属证书、登记证明，并将有关事项记载于房屋登记簿。

房屋权属证书、登记证明遗失、灭失的，权利人在当地公开发行的报刊上刊登遗失声明后，可以申请补发。房屋登记机构予以补发的，应当将有关事项在房屋登记簿上予以记载。补发的房屋权属证书、登记证明上应当注明"补发"字样。

在补发集体土地范围内村民住房的房屋权属证书、登记证明前，房屋登记机构应当就补发事项在房屋所在地农村集体经济组织内公告。

第二十八条 房屋登记机构应当将房屋登记资料及时归档并妥善管理。

申请查询、复制房屋登记资料的，应当按照规定的权限和程序办理。

第二十九条 县级以上人民政府建设（房地产）主管部门应当加强房屋登记信息系统建设，逐步实现全国房屋登记簿信息共享和异地查询。

第三章 国有土地范围内房屋登记

第一节 所有权登记

第三十条 因合法建造房屋申请房屋所有权初始登记的，应当提交下列材料：

（一）登记申请书；

（二）申请人身份证明；

（三）建设用地使用权证明；

（四）建设工程符合规划的证明；

（五）房屋已竣工的证明；

（六）房屋测绘报告；

（七）其他必要材料。

第三十一条 房地产开发企业申请房屋所有权初始登记时，应当对建筑区划内依法属于全体业主共有的公共场所、公用设施和物业服务用房等房屋一并申请登记，由房屋登记机构在房屋登记簿上予以记载，不颁发房屋权属证书。

第三十二条　发生下列情形之一的，当事人应当在有关法律文件生效或者事实发生后申请房屋所有权转移登记：

（一）买卖；
（二）互换；
（三）赠与；
（四）继承、受遗赠；
（五）房屋分割、合并，导致所有权发生转移的；
（六）以房屋出资入股；
（七）法人或者其他组织分立、合并，导致房屋所有权发生转移的；
（八）法律、法规规定的其他情形。

第三十三条　申请房屋所有权转移登记，应当提交下列材料：

（一）登记申请书；
（二）申请人身份证明；
（三）房屋所有权证书或者房地产权证书；
（四）证明房屋所有权发生转移的材料；
（五）其他必要材料。

前款第（四）项材料，可以是买卖合同、互换合同、赠与合同、受遗赠证明、继承证明、分割协议、合并协议、人民法院或者仲裁委员会生效的法律文书，或者其他证明房屋所有权发生转移的材料。

第三十四条　抵押期间，抵押人转让抵押房屋的所有权，申请房屋所有权转移登记的，除提供本办法第三十三条规定材料外，还应当提交抵押权人的身份证明、抵押权人同意抵押房屋转让的书面文件、他项权利证书。

第三十五条　因人民法院或者仲裁委员会生效的法律文书、合法建造房屋、继承或者受遗赠取得房屋所有权，权利人转让该房屋所有权或者以该房屋设定抵押权时，应当将房屋登记到权利人名下后，再办理房屋所有权转移登记或者房屋抵押权设立登记。

因人民法院或者仲裁委员会生效的法律文书取得房屋所有权，人民法院协助执行通知书要求房屋登记机构予以登记的，房屋登记机构应当予以办理。房屋登记机构予以登记的，应当在房屋登记簿上记载基于人民法院或者仲裁委员会生效的法律文书予以登记的事实。

第三十六条　发生下列情形之一的，权利人应当在有关法律文件生效或者事实发生后申请房屋所有权变更登记：

（一）房屋所有权人的姓名或者名称变更的；
（二）房屋坐落的街道、门牌号或者房屋名称变更的；
（三）房屋面积增加或者减少的；
（四）同一所有权人分割、合并房屋的；
（五）法律、法规规定的其他情形。

第三十七条 申请房屋所有权变更登记，应当提交下列材料：

（一）登记申请书；

（二）申请人身份证明；

（三）房屋所有权证书或者房地产权证书；

（四）证明发生变更事实的材料；

（五）其他必要材料。

第三十八条 经依法登记的房屋发生下列情形之一的，房屋登记簿记载的所有权人应当自事实发生后申请房屋所有权注销登记：

（一）房屋灭失的；

（二）放弃所有权的；

（三）法律、法规规定的其他情形。

第三十九条 申请房屋所有权注销登记的，应当提交下列材料：

（一）登记申请书；

（二）申请人身份证明；

（三）房屋所有权证书或者房地产权证书；

（四）证明房屋所有权消灭的材料；

（五）其他必要材料。

第四十条 经依法登记的房屋上存在他项权利时，所有权人放弃房屋所有权申请注销登记的，应当提供他项权利人的书面同意文件。

第四十一条 经登记的房屋所有权消灭后，原权利人未申请注销登记的，房屋登记机构可以依据人民法院、仲裁委员会的生效法律文书或者人民政府的生效征收决定办理注销登记，将注销事项记载于房屋登记簿，原房屋所有权证收回或者公告作废。

第二节 抵押权登记

第四十二条 以房屋设定抵押的，当事人应当申请抵押权登记。

第四十三条 申请抵押权登记，应当提交下列文件：

（一）登记申请书；

（二）申请人的身份证明；

（三）房屋所有权证书或者房地产权证书；

（四）抵押合同；

（五）主债权合同；

（六）其他必要材料。

第四十四条 对符合规定条件的抵押权设立登记，房屋登记机构应当将下列事项记载于房屋登记簿：

（一）抵押当事人、债务人的姓名或者名称；

（二）被担保债权的数额；

（三）登记时间。

第四十五条 本办法第四十四条所列事项发生变化或者发生法律、法规规定变更抵权的其他情形的,当事人应当申请抵押权变更登记。

第四十六条 申请抵押权变更登记,应当提交下列材料:

(一)登记申请书;

(二)申请人的身份证明;

(三)房屋他项权证书;

(四)抵押人与抵押权人变更抵押权的书面协议;

(五)其他必要材料。

因抵押当事人姓名或者名称发生变更,或者抵押房屋坐落的街道、门牌号发生变更申请变更登记的,无需提交前款第(四)项材料。

因被担保债权的数额发生变更申请抵押权变更登记的,还应当提交其他抵押权人的书面同意文件。

第四十七条 经依法登记的房屋抵押权因主债权转让而转让,申请抵押权转移登记的,主债权的转让人和受让人应当提交下列材料:

(一)登记申请书;

(二)申请人的身份证明;

(三)房屋他项权证书;

(四)房屋抵押权发生转移的证明材料;

(五)其他必要材料。

第四十八条 经依法登记的房屋抵押权发生下列情形之一的,权利人应当申请抵押权注销登记:

(一)主债权消灭;

(二)抵押权已经实现;

(三)抵押权人放弃抵押权;

(四)法律、法规规定抵押权消灭的其他情形。

第四十九条 申请抵押权注销登记的,应当提交下列材料:

(一)登记申请书;

(二)申请人的身份证明;

(三)房屋他项权证书;

(四)证明房屋抵押权消灭的材料;

(五)其他必要材料。

第五十条 以房屋设定最高额抵押的,当事人应当申请最高额抵押权设立登记。

第五十一条 申请最高额抵押权设立登记,应当提交下列材料:

(一)登记申请书;

(二)申请人的身份证明;

(三)房屋所有权证书或房地产权证书;

(四)最高额抵押合同;

(五)一定期间内将要连续发生的债权的合同或者其他登记原因证明材料;

（六）其他必要材料。

第五十二条　当事人将最高额抵押权设立前已存在债权转入最高额抵押担保的债权范围，申请登记的，应当提交下列材料：

（一）已存在债权的合同或者其他登记原因证明材料；

（二）抵押人与抵押权人同意将该债权纳入最高额抵押权担保范围的书面材料。

第五十三条　对符合规定条件的最高额抵押权设立登记，除本办法第四十四条所列事项外，登记机构还应当将最高债权额、债权确定的期间记载于房屋登记簿，并明确记载其为最高额抵押权。

第五十四条　变更最高额抵押权登记事项或者发生法律、法规规定变更最高额抵押权的其他情形，当事人应当申请最高额抵押权变更登记。

第五十五条　申请最高额抵押权变更登记，应当提交下列材料：

（一）登记申请书；

（二）申请人的身份证明；

（三）房屋他项权证书；

（四）最高额抵押权担保的债权尚未确定的证明材料；

（五）最高额抵押权发生变更的证明材料；

（六）其他必要材料。

因最高债权额、债权确定的期间发生变更而申请变更登记的，还应当提交其他抵押权人的书面同意文件。

第五十六条　最高额抵押权担保的债权确定前，最高额抵押权发生转移，申请最高额抵押权转移登记的，转让人和受让人应当提交下列材料：

（一）登记申请书；

（二）申请人的身份证明；

（三）房屋他项权证书；

（四）最高额抵押权担保的债权尚未确定的证明材料；

（五）最高额抵押权发生转移的证明材料；

（六）其他必要材料。

最高额抵押权担保的债权确定前，债权人转让部分债权的，除当事人另有约定外，房屋登记机构不得办理最高额抵押权转移登记。当事人约定最高额抵押权随同部分债权的转让而转移的，应当在办理最高额抵押权确定登记之后，依据本办法第四十七条的规定办理抵押权转移登记。

第五十七条　经依法登记的最高额抵押权担保的债权确定，申请最高额抵押权确定登记的，应当提交下列材料：

（一）登记申请书；

（二）申请人的身份证明；

（三）房屋他项权证书；

（四）最高额抵押权担保的债权已确定的证明材料；

（五）其他必要材料。

第五十八条　对符合规定条件的最高额抵押权确定登记，登记机构应当将最高额抵押权担保的债权已经确定的事实记载于房屋登记簿。

当事人协议确定或者人民法院、仲裁委员会生效的法律文书确定了债权数额的，房屋登记机构可以依照当事人一方的申请将债权数额确定的事实记载于房屋登记簿。

第五十九条　以在建工程设定抵押的，当事人应当申请在建工程抵押权设立登记。

第六十条　申请在建工程抵押权设立登记的，应当提交下列材料：

（一）登记申请书；
（二）申请人的身份证明；
（三）抵押合同；
（四）主债权合同；
（五）建设用地使用权证书或者记载土地使用权状况的房地产权证书；
（六）建设工程规划许可证；
（七）其他必要材料。

第六十一条　已经登记在建工程抵押权变更、转让或者消灭的，当事人应当提交下列材料，申请变更登记、转移登记、注销登记：

（一）登记申请书；
（二）申请人的身份证明；
（三）登记证明；
（四）证明在建工程抵押权发生变更、转移或者消灭的材料；
（五）其他必要材料。

第六十二条　在建工程竣工并经房屋所有权初始登记后，当事人应当申请将在建工程抵押权登记转为房屋抵押权登记。

第三节　地役权登记

第六十三条　在房屋上设立地役权的，当事人可以申请地役权设立登记。

第六十四条　申请地役权设立登记，应当提交下列材料：

（一）登记申请书；
（二）申请人的身份证明；
（三）地役权合同；
（四）房屋所有权证书或者房地产权证书；
（五）其他必要材料。

第六十五条　对符合规定条件的地役权设立登记，房屋登记机构应当将有关事项记载于需役地和供役地房屋登记簿，并可将地役权合同附于供役地和需役地房屋登记簿。

第六十六条　已经登记的地役权变更、转让或者消灭的，当事人应当提交下列材料，申请变更登记、转移登记、注销登记：

（一）登记申请书；
（二）申请人的身份证明；

（三）登记证明；

（四）证明地役权发生变更、转移或者消灭的材料；

（五）其他必要材料。

第四节 预告登记

第六十七条 有下列情形之一的，当事人可以申请预告登记：

（一）预购商品房；

（二）以预购商品房设定抵押；

（三）房屋所有权转让、抵押；

（四）法律、法规规定的其他情形。

第六十八条 预告登记后，未经预告登记的权利人书面同意，处分该房屋申请登记的，房屋登记机构应当不予办理。

预告登记后，债权消灭或者自能够进行相应的房屋登记之日起三个月内，当事人申请房屋登记的，房屋登记机构应当按照预告登记事项办理相应的登记。

第六十九条 预售人和预购人订立商品房买卖合同后，预售人未按照约定与预购人申请预告登记，预购人可以单方申请预告登记。

第七十条 申请预购商品房预告登记，应当提交下列材料：

（一）登记申请书；

（二）申请人的身份证明；

（三）已登记备案的商品房预售合同；

（四）当事人关于预告登记的约定；

（五）其他必要材料。

预购人单方申请预购商品房预告登记，预售人与预购人在商品房预售合同中对预告登记附有条件和期限的，预购人应当提交相应的证明材料。

第七十一条 申请预购商品房抵押权预告登记，应当提交下列材料：

（一）登记申请书；

（二）申请人的身份证明；

（三）抵押合同；

（四）主债权合同；

（五）预购商品房预告登记证明；

（六）当事人关于预告登记的约定；

（七）其他必要材料。

第七十二条 申请房屋所有权转移预告登记，应当提交下列材料：

（一）登记申请书；

（二）申请人的身份证明；

（三）房屋所有权转让合同；

（四）转让方的房屋所有权证书或者房地产权证书；

（五）当事人关于预告登记的约定；

（六）其他必要材料。

第七十三条 申请房屋抵押权预告登记的，应当提交下列材料：

（一）登记申请书；
（二）申请人的身份证明；
（三）抵押合同；
（四）主债权合同；
（五）房屋所有权证书或房地产权证书，或者房屋所有权转移登记的预告证明；
（六）当事人关于预告登记的约定；
（七）其他必要材料。

第五节 其他登记

第七十四条 权利人、利害关系人认为房屋登记簿记载的事项有错误的，可以提交下列材料，申请更正登记：

（一）登记申请书；
（二）申请人的身份证明；
（三）证明房屋登记簿记载错误的材料。

利害关系人申请更正登记的，还应当提供权利人同意更正的证明材料。

房屋登记簿记载确有错误的，应当予以更正；需要更正房屋权属证书内容的，应当书面通知权利人换领房屋权属证书；房屋登记簿记载无误的，应当不予更正，并书面通知申请人。

第七十五条 房屋登记机构发现房屋登记簿的记载错误，不涉及房屋权利归属和内容的，应当书面通知有关权利人在规定期限内办理更正登记；当事人无正当理由逾期不办理更正登记的，房屋登记机构可以依据申请登记材料或者有效的法律文件对房屋登记簿的记载予以更正，并书面通知当事人。

对于涉及房屋权利归属和内容的房屋登记簿的记载错误，房屋登记机构应当书面通知有关权利人在规定期限内办理更正登记；办理更正登记期间，权利人因处分其房屋权利申请登记的，房屋登记机构应当暂缓办理。

第七十六条 利害关系人认为房屋登记簿记载的事项错误，而权利人不同意更正的，利害关系人可以持登记申请书、申请人的身份证明、房屋登记簿记载错误的证明文件等材料申请异议登记。

第七十七条 房屋登记机构受理异议登记的，应当将异议事项记载于房屋登记簿。

第七十八条 异议登记期间，房屋登记簿记载的权利人处分房屋申请登记的，房屋登记机构应当暂缓办理。

权利人处分房屋申请登记，房屋登记机构受理登记申请但尚未将申请登记事项记载于房屋登记簿之前，第三人申请异议登记的，房屋登记机构应当中止办理原登记申请，并书面通知申请人。

第七十九条 异议登记期间，异议登记申请人起诉，人民法院不予受理或者驳回其诉讼请求的，异议登记申请人或者房屋登记簿记载的权利人可以持登记申请书、申请人的身份证明、相应的证明文件等材料申请注销异议登记。

第八十条 人民法院、仲裁委员会的生效法律文书确定的房屋权利归属或者权利内容与房屋登记簿记载的权利状况不一致的，房屋登记机构应当按照当事人的申请或者有关法律文书，办理相应的登记。

第八十一条 司法机关、行政机关、仲裁委员会发生法律效力的文件证明当事人以隐瞒真实情况、提交虚假材料等非法手段获取房屋登记的，房屋登记机构可以撤销原房屋登记，收回房屋权属证书、登记证明或者公告作废，但房屋权利为他人善意取得的除外。

第四章　集体土地范围内房屋登记

第八十二条 依法利用宅基地建造的村民住房和依法利用其他集体所有建设用地建造的房屋，可以依照本办法的规定申请房屋登记。

法律、法规对集体土地范围内房屋登记另有规定的，从其规定。

第八十三条 因合法建造房屋申请房屋所有权初始登记的，应当提交下列材料：

（一）登记申请书；
（二）申请人的身份证明；
（三）宅基地使用权证明或者集体所有建设用地使用权证明；
（四）申请登记房屋符合城乡规划的证明；
（五）房屋测绘报告或者村民住房平面图；
（六）其他必要材料。

申请村民住房所有权初始登记的，还应当提交申请人属于房屋所在地农村集体经济组织成员的证明。

农村集体经济组织申请房屋所有权初始登记的，还应当提交经村民会议同意或者由村民会议授权经村民代表会议同意的证明材料。

第八十四条 办理村民住房所有权初始登记、农村集体经济组织所有房屋所有权初始登记，房屋登记机构受理登记申请后，应当将申请登记事项在房屋所在地农村集体经济组织内进行公告。经公告无异议或者异议不成立的，方可予以登记。

第八十五条 发生下列情形之一的，权利人应当在有关法律文件生效或者事实发生后申请房屋所有权变更登记：

（一）房屋所有权人的姓名或者名称变更的；
（二）房屋坐落变更的；
（三）房屋面积增加或者减少的；
（四）同一所有权人分割、合并房屋的；
（五）法律、法规规定的其他情形。

第八十六条 房屋所有权依法发生转移，申请房屋所有权转移登记的，应当提交下列材料：

（一）登记申请书；
（二）申请人的身份证明；
（三）房屋所有权证书；

（四）宅基地使用权证明或者集体所有建设用地使用权证明；

（五）证明房屋所有权发生转移的材料；

（六）其他必要材料。

申请村民住房所有权转移登记的，还应当提交农村集体经济组织同意转移的证明材料。

农村集体经济组织申请房屋所有权转移登记的，还应当提交经村民会议同意或者由村民会议授权经村民代表会议同意的证明材料。

第八十七条　申请农村村民住房所有权转移登记，受让人不属于房屋所在地农村集体经济组织成员的，除法律、法规另有规定外，房屋登记机构应当不予办理。

第八十八条　依法以乡镇、村企业的厂房等建筑物设立抵押，申请抵押权登记的，应当提交下列材料：

（一）登记申请书；

（二）申请人的身份证明；

（三）房屋所有权证书；

（四）集体所有建设用地使用权证明；

（五）主债权合同和抵押合同；

（六）其他必要材料。

第八十九条　房屋登记机构对集体土地范围内的房屋予以登记的，应当在房屋登记簿和房屋权属证书上注明"集体土地"字样。

第九十条　办理集体土地范围内房屋的地役权登记、预告登记、更正登记、异议登记等房屋登记，可以参照适用国有土地范围内房屋登记的有关规定。

第五章　法律责任

第九十一条　非法印制、伪造、变造房屋权属证书或者登记证明，或者使用非法印制、伪造、变造的房屋权属证书或者登记证明的，由房屋登记机构予以收缴；构成犯罪的，依法追究刑事责任。

第九十二条　申请人提交错误、虚假的材料申请房屋登记，给他人造成损害的，应当承担相应的法律责任。

房屋登记机构及其工作人员违反本办法规定办理房屋登记，给他人造成损害的，由房屋登记机构承担相应的法律责任。房屋登记机构承担赔偿责任后，对故意或者重大过失造成登记错误的工作人员，有权追偿。

第九十三条　房屋登记机构工作人员有下列行为之一的，依法给予处分；构成犯罪的，依法追究刑事责任：

（一）擅自涂改、毁损、伪造房屋登记簿；

（二）对不符合登记条件的登记申请予以登记，或者对符合登记条件的登记申请不予登记；

（三）玩忽职守、滥用职权、徇私舞弊。

第六章　附　　则

第九十四条　房屋登记簿的内容和管理规范，由国务院建设主管部门另行制定。

第九十五条 房屋权属证书、登记证明，由国务院建设主管部门统一制定式样，统一监制，统一编号规则。

县级以上地方人民政府由一个部门统一负责房屋和土地登记工作的，可以制作、颁发统一的房地产权证书。房地产权证书的式样应当报国务院建设主管部门备案。

第九十六条 具有独立利用价值的特定空间以及码头、油库等其他建筑物、构筑物的登记，可以参照本办法执行。

第九十七条 省、自治区、直辖市人民政府建设（房地产）主管部门可以根据法律、法规和本办法的规定，结合本地实际情况，制定房屋登记实施细则。

第九十八条 本办法自2008年7月1日起施行。《城市房屋权属登记管理办法》（建设部令第57号）、《建设部关于修改〈城市房屋权属登记管理办法〉的决定》（建设部令第99号）同时废止。

8. 最高人民法院关于审理商品房买卖合同纠纷案件适用法律若干问题的解释（2003年4月28日　法释〔2003〕7号）

为正确、及时审理商品房买卖合同纠纷案件，根据《中华人民共和国民法通则》、《中华人民共和国合同法》、《中华人民共和国城市房地产管理法》、《中华人民共和国担保法》等相关法律，结合民事审判实践，制定本解释。

第一条 本解释所称的商品房买卖合同，是指房地产开发企业（以下统称为出卖人）将尚未建成或者已竣工的房屋向社会销售并转移房屋所有权于买受人，买受人支付价款的合同。

第二条 出卖人未取得商品房预售许可证明，与买受人订立的商品房预售合同，应当认定无效，但是在起诉前取得商品房预售许可证明的，可以认定有效。

第三条 商品房的销售广告和宣传资料为要约邀请，但是出卖人就商品房开发规划范围内的房屋及相关设施所作的说明和允诺具体确定，并对商品房买卖合同的订立以及房屋价格的确定有重大影响的，应当视为要约。该说明和允诺即使未载入商品房买卖合同，亦应当视为合同内容，当事人违反的，应当承担违约责任。

第四条 出卖人通过认购、订购、预订等方式向买受人收受定金作为订立商品房买卖合同担保的，如果因当事人一方原因未能订立商品房买卖合同，应当按照法律关于定金的规定处理；因不可归责于当事人双方的事由，导致商品房买卖合同未能订立的，出卖人应当将定金返还买受人。

第五条 商品房的认购、订购、预订等协议具备《商品房销售管理办法》第十六条规定的商品房买卖合同的主要内容，并且出卖人已经按照约定收受购房款的，该协议应当认定为商品房买卖合同。

第六条 当事人以商品房预售合同未按照法律、行政法规规定办理登记备案手续为由，请求确认合同无效的，不予支持。

当事人约定以办理登记备案手续为商品房预售合同生效条件的，从其约定，但当事人一方已经履行主要义务，对方接受的除外。

第七条 拆迁人与被拆迁人按照所有权调换形式订立拆迁补偿安置协议，明确约定拆迁人以位置、用途特定的房屋对被拆迁人予以补偿安置，如果拆迁人将该补偿安置房屋另行出卖给第三人，被拆迁人请求优先取得补偿安置房屋的，应予支持。

被拆迁人请求解除拆迁补偿安置协议的，按照本解释第八条的规定处理。

第八条 具有下列情形之一，导致商品房买卖合同目的不能实现的，无法取得房屋的买受人可以请求解除合同、返还已付购房款及利息、赔偿损失，并可以请求出卖人承担不超过已付购房款一倍的赔偿责任：

（一）商品房买卖合同订立后，出卖人未告知买受人又将该房屋抵押给第三人；

（二）商品房买卖合同订立后，出卖人又将该房屋出卖给第三人。

第九条 出卖人订立商品房买卖合同时，具有下列情形之一，导致合同无效或者被撤销、解除的，买受人可以请求返还已付购房款及利息、赔偿损失，并可以请求出卖人承担不超过已付购房款一倍的赔偿责任：

（一）故意隐瞒没有取得商品房预售许可证明的事实或者提供虚假商品房预售许可证明；

（二）故意隐瞒所售房屋已经抵押的事实；

（三）故意隐瞒所售房屋已经出卖给第三人或者为拆迁补偿安置房屋的事实。

第十条 买受人以出卖人与第三人恶意串通，另行订立商品房买卖合同并将房屋交付使用，导致其无法取得房屋为由，请求确认出卖人与第三人订立的商品房买卖合同无效的，应予支持。

第十一条 对房屋的转移占有，视为房屋的交付使用，但当事人另有约定的除外。

房屋毁损、灭失的风险，在交付使用前由出卖人承担，交付使用后由买受人承担；买受人接到出卖人的书面交房通知，无正当理由拒绝接收的，房屋毁损、灭失的风险自书面交房通知确定的交付使用之日起由买受人承担，但法律另有规定或者当事人另有约定的除外。

第十二条 因房屋主体结构质量不合格不能交付使用，或者房屋交付使用后，房屋主体结构质量经核验确属不合格，买受人请求解除合同和赔偿损失的，应予支持。

第十三条 因房屋质量问题严重影响正常居住使用，买受人请求解除合同和赔偿损失的，应予支持。

交付使用的房屋存在质量问题，在保修期内，出卖人应当承担修复责任；出卖人拒绝修复或者在合理期限内拖延修复的，买受人可以自行或者委托他人修复。修复费用及修复期间造成的其他损失由出卖人承担。

第十四条 出卖人交付使用的房屋套内建筑面积或者建筑面积与商品房买卖合同约定面积不符，合同有约定的，按照约定处理；合同没有约定或者约定不明确的，按照以下原则处理：

（一）面积误差比绝对值在3%以内（含3%），按照合同约定的价格据实结算，买受人请求解除合同的，不予支持；

（二）面积误差比绝对值超出3%，买受人请求解除合同、返还已付购房款及利息的，应予支持。买受人同意继续履行合同，房屋实际面积大于合同约定面积的，面积误差比在

3%以内（含3%）部分的房价款由买受人按照约定的价格补足，面积误差比超出3%部分的房价款由出卖人承担，所有权归买受人；房屋实际面积小于合同约定面积的，面积误差比在3%以内（含3%）部分的房价款及利息由出卖人返还买受人，面积误差比超过3%部分的房价款由出卖人双倍返还买受人。

第十五条　根据《合同法》第九十四条的规定，出卖人迟延交付房屋或者买受人迟延支付购房款，经催告后在三个月的合理期限内仍未履行，当事人一方请求解除合同的，应予支持，但当事人另有约定的除外。

法律没有规定或者当事人没有约定，经对方当事人催告后，解除权行使的合理期限为三个月。对方当事人没有催告的，解除权应当在解除权发生之日起一年内行使；逾期不行使的，解除权消灭。

第十六条　当事人以约定的违约金过高为由请求减少的，应当以违约金超过造成的损失30%为标准适当减少；当事人以约定的违约金低于造成的损失为由请求增加的，应当以违约造成的损失确定违约金数额。

第十七条　商品房买卖合同没有约定违约金数额或者损失赔偿额计算方法，违约金数额或者损失赔偿额可以参照以下标准确定：

逾期付款的，按照未付购房款总额，参照中国人民银行规定的金融机构计收逾期贷款利息的标准计算。

逾期交付使用房屋的，按照逾期交付使用房屋期间有关主管部门公布或者有资格的房地产评估机构评定的同地段同类房屋租金标准确定。

第十八条　由于出卖人的原因，买受人在下列期限届满未能取得房屋权属证书的，除当事人有特殊约定外，出卖人应当承担违约责任：

（一）商品房买卖合同约定的办理房屋所有权登记的期限；

（二）商品房买卖合同的标的物为尚未建成房屋的，自房屋交付使用之日起90日；

（三）商品房买卖合同的标的物为已竣工房屋的，自合同订立之日起90日。

合同没有约定违约金或者损失数额难以确定的，可以按照已付购房款总额，参照中国人民银行规定的金融机构计收逾期贷款利息的标准计算。

第十九条　商品房买卖合同约定或者《城市房地产开发经营管理条例》第三十三条规定的办理房屋所有权登记的期限届满后超过一年，由于出卖人的原因，导致买受人无法办理房屋所有权登记，买受人请求解除合同和赔偿损失的，应予支持。

第二十条　出卖人与包销人订立商品房包销合同，约定出卖人将其开发建设的房屋交由包销人以出卖人的名义销售的，包销期满未销售的房屋，由包销人按照合同约定的包销价格购买，但当事人另有约定的除外。

第二十一条　出卖人自行销售已经约定由包销人包销的房屋，包销人请求出卖人赔偿损失的，应予支持，但当事人另有约定的除外。

第二十二条　对于买受人因商品房买卖合同与出卖人发生的纠纷，人民法院应当通知包销人参加诉讼；出卖人、包销人和买受人对各自的权利义务有明确约定的，按照约定的内容确定各方的诉讼地位。

第二十三条　商品房买卖合同约定，买受人以担保贷款方式付款、因当事人一方原因未能订立商品房担保贷款合同并导致商品房买卖合同不能继续履行的，对方当事人可以请求解除合同和赔偿损失。因不可归责于当事人双方的事由未能订立商品房担保贷款合同并导致商品房买卖合同不能继续履行的，当事人可以请求解除合同，出卖人应当将收受的购房款本金及其利息或者定金返还买受人。

第二十四条　因商品房买卖合同被确认无效或者被撤销、解除，致使商品房担保贷款合同的目的无法实现，当事人请求解除商品房担保贷款合同的，应予支持。

第二十五条　以担保贷款为付款方式的商品房买卖合同的当事人一方请求确认商品房买卖合同无效或者撤销、解除合同的，如果担保权人作为有独立请求权第三人提出诉讼请求，应当与商品房担保贷款合同纠纷合并审理；未提出诉讼请求的，仅处理商品房买卖合同纠纷。担保权人就商品房担保贷款合同纠纷另行起诉的，可以与商品房买卖合同纠纷合并审理。

商品房买卖合同被确认无效或者被撤销、解除后，商品房担保贷款合同也被解除的、出卖人应当将收受的购房款和购房款的本金及利息分别返还担保权人和买受人。

第二十六条　买受人未按照商品房担保贷款合同的约定偿还贷款，亦未与担保权人办理商品房抵押登记手续，担保权人起诉买受人，请求处分商品房买卖合同项下买受人合同权利的，应当通知出卖人参加诉讼；担保权人同时起诉出卖人时，如果出卖人为商品房担保贷款合同提供保证的，应当列为共同被告。

第二十七条　买受人未按照商品房担保贷款合同的约定偿还贷款，但是已经取得房屋权属证书并与担保权人办理了商品房抵押登记手续，抵押权人请求买受人偿还贷款或者就抵押的房屋优先受偿的，不应当追加出卖人为当事人，但出卖人提供保证的除外。

第二十八条　本解释自2003年6月1日起施行。

《中华人民共和国城市房地产管理法》施行后订立的商品房买卖合同发生的纠纷案件，本解释公布施行后尚在一审、二审阶段的，适用本解释。

《中华人民共和国城市房地产管理法》施行后订立的商品房买卖合同发生的纠纷案件，在本解释公布施行前已经终审，当事人申请再审或者按照审判监督程序决定再审的，不适用本解释。

《中华人民共和国城市房地产管理法》施行前发生的商品房买卖行为，适用当时的法律、法规和《最高人民法院〈关于审理房地产管理法施行前房地产开发经营案件若干问题的解答〉》。

十五、房屋拆迁安置补偿合同纠纷

46. 被拆迁人选择房屋产权调换产生纠纷的，应如何处理？

房屋拆迁中，被征收人可以选择货币补偿，也可以选择房屋产权调换。房屋征收部门与被征收人在征收补偿方案确定的签约期限内达不成补偿协议，或者被征收房屋所有权人不明确的，由房屋征收部门报请作出房屋征收决定的市、县级人民政府依照《国有土地上房屋征收与补偿条例》的规定，按照征收补偿方案作出补偿决定，并在房屋征收范围内予以公告。被征收人对补偿决定不服的，可以依法申请行政复议，也可以依法提起行政诉讼。如双方不能达成补偿协议，只能向有关部门申请裁决，不属于民事案件。补偿协议达成后，拆迁人应及时全面地履行各项合同义务。房屋建设过程中，擅自改变安置房的结构、面积、朝向等，应承担相应的违约责任。针对安置房面积不足的违约情形，如补偿协议未约定如何处理而双方又未能达成补充协议的，依照《合同法》第61、62、125条的规定，按订立合同时履行地的市场价格履行或者依法应当执行政府定价或者按政府指导价履行，确定不足面积的补偿标准。2011年《国有土地上房屋征收与补偿条例》调整的对象是国有土地上房屋征收与补偿活动，对于征用集体土地房屋拆迁安置补偿问题，目前尚无国家层面的法律法规和系统的理论，各地做法差异较大。

典型疑难案件参考

重庆市渝西房地产经营有限公司诉璧山县糖果糕点厂房屋拆迁补偿安置协议纠纷抗诉案

基本案情

2001年8月15日,璧山县糖果糕点厂(以下简称糖果厂)与重庆市渝西房地产经营有限公司(以下简称渝西公司)签订《房屋拆迁补偿安置协议书》,协议约定:(1)渝西公司的房屋由糖果厂拆迁,拆迁补偿形式为产权调换;(2)还房为临街门面10.3平方米,等面积建安造价为650元/平方米;不是门面的非住宅暂定面积297平方米,等面积建安造价为396元/平方米;(3)安置房屋竣工后,建筑面积据实结算,多退少补。协议签订后,渝西公司的房屋交给糖果厂拆建。新房建好后,还房门面面积比协议约定的面积减少4.862平方米。过渡期至2002年3月29日已届满,但直至2003年11月30日渝西公司向重庆市璧山县人民法院提起诉讼时,糖果厂也未交付拆迁还房。

原审裁判

重庆市璧山县人民法院一审审理认为:原、被告签订的《房屋拆迁补偿安置协议书》合法有效。被告未按约履行还房义务,将还房门面面积减少4.862平方米,存在过错,应承担相应的民事责任。依照《合同法》第107条、最高人民法院《关于民事诉讼证据的若干规定》第2条之规定,判决:糖果厂在判决生效后10日内退给渝西公司因减少门面面积的等面积建安费3160.30元;驳回渝西公司的其他诉讼请求。

渝西公司不服,向重庆市第一中级人民法院提出上诉。重庆市第一中级人民法院二审审理认为:糖果厂还房面积不足的4.862平方米的价格按等面积建安造价650元/平方米计算并未违反约定,渝西公司提出按约定价格之外的商品房价格计算的上诉理由不能成立,不予采纳,判决:驳回上诉,维持原判。

抗诉理由

渝西公司不服二审判决,向检察机关提出申诉。重庆市人民检察院审查后向重庆市高级人民法院提出抗诉,理由是:二审判决糖果厂还房面积不足的4.862平方米的价格按建安造价650元/平方米错误。虽然双方签订的协议中约定"安置房屋竣工后,建筑面积据实结算,多退少补",但并不等于申诉人减少的门面面积应按安置房的价格结算。因是产权调换,所签协议是指10.3平方米的门面面积按建安造价650元/平方米计算,超出或者减少面积的结算应根据璧山县人民政府2001年6月13日璧山府发〔2001〕45号《关于印发璧山县城市房屋拆迁管理实施办法的通知》第17条第2款规定:非住宅在原拆迁范围内或就近用新房安装的,实行等建筑面积安置。……被拆除房屋实行产权调换的,被拆除房屋由拆迁人按拆除房屋重置价结合成新(评估价)支付给房屋使用权人,偿还房屋与原拆除房屋建筑面积相等的偿还房屋由房屋使用权人按建筑安装工程造价支付给拆迁人;超过原拆除房屋建筑面积部分按商品房价格结算。也就是说,超面积部分按商品房价格结算,根据《民法通则》第4条民事活动应当遵循自愿公平、等价有偿的原则,比约定面积少了近一半的面积部分也应按商品房价格减去建筑安装工程造价后剩余部分补偿给申诉人。申诉人也可将这部分钱加上建筑安装工程造价后在其他处买回所欠面积的门面。故原终审判决错误。

▶ 再审结果

重庆市高级人民法院受理抗诉后,指令重庆市第一中级人民法院再审。该院再审认为:糖果厂未按约履行还房义务,将还房门面面积减少4.862平方米,应承担相应责任。虽协议中约定,等面积还房按建筑造价650元/平方米计算,但对还房面积不足部分按何标准补偿未约定。糖果厂抗辩称应按650元/平方米计算,而原判决也按此标准主张缺乏依据。《重庆市城市房屋拆迁管理条例》第29条规定:"实际偿还建筑面积与原拆除房屋建筑面积相等的,按建筑安装工程造价结算;超过或不足原拆除房屋建筑面积的部分按商品房价格计算。"糖果厂还房门面面积减少4.862平方米,应当按照该地段商品房门面的平均售价3500元/平方米计算标准偿还给渝西公司。重庆市人民检察院抗诉理由成立,本院予以支持。依据《中华人民共和国民事诉讼法》第153条第1款第2项、第184条之规定,判决:

一、撤销本院〔2004〕渝一中民终字第3187号民事判决、璧山县人民法院〔2004〕璧民初字第136号民事判决第一项;

二、维持璧山县人民法院〔2004〕璧民初字第136号民事判决第二、三项;

三、糖果厂在收到本判决书10日内偿还在安置中减少渝西公司门面面积4.862平方米的金额17017元。

47. 确定农村房屋拆迁补偿款时应考虑哪些因素？

农村宅基地是集体组织无偿提供本集体成员建造自住房屋的，宅基地的使用、占有具有强烈的人身属性。在农村宅基地上所建造的房屋，在确定权利人时，不能因为出资就对建造的房屋享有完全权利，宅基地使用权人是当然的权利人。农村宅基地建造房屋的价值要远远大于建造成本，因为其中包含了土地使用权的价值。农村房屋拆迁补偿款按其法律属性可分为三类：（1）地上物补偿，即对房屋及附属设施的补偿。这部分补偿款应在查明房屋所有权人的基础上进行分配，根据权利人对财产的贡献大小、财产来源、居住状况等综合考虑。（2）宅基地使用权补偿。对宅基地使用权进行补偿的项目有四项，即拆迁安置房购置面积指标、被拆迁房屋区位补偿、宅基地用地差值补偿和空方补偿。宅基地使用权的补偿，应当明确宅基地的使用权人。（3）其他补偿，指搬家费、过渡费和拆迁奖励。此外，还存在一次性补偿项目，这是给予被拆迁户拆迁补偿的一个兜底性补偿项目，是按拆迁户最后确定的拆迁补偿总额减去已有项目的补偿额计算的。

典型疑难案件参考

曹斌诉曹桂新等继承析产案

基本案情

王门姑娘系王某某的母亲，曹桂新与王某某系夫妇，生育有一女一子，即曹斌和曹建。1992年王某某户申请建房用地，申请人有王某某、曹桂新、曹建和曹斌。此时，王某某等四人均为农业户口。1992年5月村、乡经审批同意王某某户建房用地的申请。审批核准的建筑占地面积为87.4平方米加19平方米，即106.4平方米。1994年10月，在唐闸镇街道高店村三组开始动工建造了两楼两底楼房一幢，约一年后建造平房一间，其中楼房占地面积为87.4平方米，建筑面积为174.8平方米，平房建筑面积19平方米。此后，王某某以户主身份领取了该房屋的所有权证。2007年9月18日王某某去世。2008年1月4日南通市中房拆迁有限公司与曹桂新签订了《房屋拆迁补偿安置协议》一份，并将房屋交与该公司拆除。根据《房屋拆迁补偿安置协议》的约定，曹桂新户拆迁补偿款为384600.87元，其中被拆迁房屋建筑造价补偿为111019.47元，附属设施、设备等补偿98637元，被拆迁房屋区位补偿为167580元。被拆迁房屋区位补偿中，房屋占地面积（楼房加平房）区位补偿为106400元，楼房二层面积区位补偿为61180元（以实际面积打七折计算）。曹桂新和曹建尚未办理上述拆迁补偿款的领取手续。根据拆迁安置面积确认表，该户拆迁安置面积为193.8平方米，结合《房屋拆迁补偿安置协议》的约定，该户可在怡园北村以1700元/平方米的价格购买193.8平方米的安置房屋。

另查明，曹斌与李某某于1991年10月举行结婚仪式，次月即生一子，1992年10月13日李某某和曹斌登记领取了结婚证。李某某、曹斌及其子未在钟秀街道运河村申请建房。2008年2月27日，曹斌将户口从港闸区唐闸镇街道高店村三组1号迁至崇川区钟秀街道运河村六组45号。

诉辩情况

原告曹斌诉称：1992年5月原告与父亲曹桂新、弟弟曹建及母亲王某某共同申请在高店村三组1号修建楼房一幢，房屋所有权登记在王某某名下。2008年1月征地拆迁，曹桂新与拆迁公司签订了《房屋拆迁补偿安置协议》，并将房屋拆除。王某某于2007年9月18日去世，其遗产继承人为本案的原、被告四人，现要求对王某某的遗产享有1/4的继承权并予分割。因原告对房屋及宅基地享有财产权利，对房屋拆迁补偿利益亦享有分割请求权，现请求法院对拆迁补偿利益中的被拆迁房屋建筑造价补偿、附属设施设备等补偿、被拆迁房屋区位补偿和拆迁安置面积进行分割，原告应得补偿款为104782.86元、安置面积为60.56平方米。如法院认为王某某不享有宅基地使用权，其遗产份额作相应调整，由法院依法判决。

被告曹桂新辩称：1992年申请建房用地，1994年才开始建造，这是我和王某某辛苦多年的财产，当时起房子时曹建没有工作，而原告1989年就出嫁了，故原告对房屋不享有所有权；王某某去世前跟我说一切财产归我，原告无权继承。

被告曹建辩称：原告不应分得房屋拆迁补偿利益，建房时原告已经出嫁。本人对房屋的建设有贡献，对房屋享有所有权。母亲王某某在去世时曾当着舅舅、大姨、小姨和村干部的面立下了口头遗嘱，一切财产归我父亲曹桂新，所以原告无权继承。如果法院认定口头遗嘱不成立，本人不放弃对母亲遗产的继承权，将所得份额与两被告共同所有。

被告王门姑娘辩称：依法继承其女儿王某某的遗产。

裁判结果

江苏省南通市港闸区人民法院依照《中华人民共和国民法通则》第75条

第2款、第76条、第78条第3款、第134条第1款第4项,《中华人民共和国继承法》第3条、第5条、第9条、第10条第2款、第13条第1款之规定,判决:在曹桂新户拆迁补偿安置权益中,曹斌享有拆迁补偿款62551元、安置面积64.6平方米;王门姑娘享有拆迁补偿款27084元;其余拆迁补偿款294965.87元和安置面积129.2平方米为曹桂新和曹建共同所有。

裁判理由

江苏省南通市港闸区人民法院经审理认为:王某某户于1992年提出建房用地的申请,房屋于1994年建造,而曹斌在1991年10月已与李某某结婚,在次年10月领取了结婚证。从一般情况理解,曹斌结婚后其收入应当用于其组建的家庭,何况曹斌不能证明其已经将工资交给王某某。因此,曹斌主张对房屋享有财产所有权的主张不能成立,法院不予支持。

尽管曹斌对房屋不享有财产所有权份额,但不等于说曹斌不享有宅基地使用权。农村建房是以户为单位申请的,本案中是以王某某为户主申请建房,曹斌是建房申请人之一,且是农业户口,此后,曹斌也未曾在钟秀街道运河村申请建房,重新取得宅基地。因此,曹斌享有宅基地使用权。尽管在拆迁安置面积确认表中未登记有曹斌,但曹斌实际上是宅基地使用权人,法院应当按照实际情况予以确认。

房屋主要是由曹桂新和王某某出资兴建的,建房时曹建也已经参加工作,作为家庭成员对建房亦有贡献,但由于工作时间较短,所作贡献肯定小于其父母。因此,对王某某享有房屋所有权的份额确定为2/5比较适宜。尽管王某某在申请建房时是建房用地申请人之一,享有宅基地使用权,但由于宅基地使用权具有人身权利性质,在王某某死亡后即不再享有宅基地使用权。因此,在房屋被拆迁时,宅基地使用权人应为曹桂新、曹建和曹斌。

在房屋拆迁补偿利益中,被拆迁房屋建筑造价补偿和附属设施、设备等补偿是对被拆迁房屋及其附属物的补偿,而被拆迁房屋区位补偿和安置面积是对宅基地使用权的补偿。被拆迁房屋区位补偿中,房屋占地面积区位补偿纯粹是对宅基地使用权的一种补偿,而楼房二层面积区位补偿的取得与房屋建有二层有密切关系,因此在分割时应当更多地考虑房屋所有权人的贡献。

由于曹斌对被拆迁房屋及其附属物不具有财产性权利,因此,不能据此请求分割被拆迁房屋建筑造价补偿和附属设施、设备等补偿;由于房屋被拆迁时宅基地使用权人为曹桂新、曹建和曹斌,因此,曹斌对被拆迁房屋占地面积区位补偿和安置面积享有分割权利,据其享有的宅基地使用权可分割1/3的利益。

由于王某某对被拆迁房屋及其附属物享有2/5的权益,因此,被拆迁房屋建筑造价补偿、附属设施、设备等补偿和楼房二层面积区位补偿的2/5是王某某的遗产；由于王某某在其死亡时即失去宅基地使用权，故被拆迁房屋占地面积区位补偿和安置面积中没有王某某的遗产份额。曹桂新和曹建辩称王某某死亡前立下口头遗嘱，其所有的财产由曹桂新继承，但没有向法院提供证据进行佐证，因此，王某某的遗产应当按法定继承的方式进行继承和分割。王某某的法定继承人有王门姑娘、曹桂新、曹斌和曹建4人，此4人对王某某的遗产各享有1/4的权益。

综合上述认定，曹斌在拆迁补偿安置权益中享有的财产份额为：1/3的被拆迁房屋占地面积区位补偿和安置面积、1/10的被拆迁房屋建筑造价补偿、附属设施设备等补偿和楼房二层面积区位补偿，折算成数额后，曹斌享有拆迁补偿款62551元〔（111019.47＋98637＋61180）×1/10＋106400÷3〕、安置面积64.6平方米（193.8÷3）。王门姑娘在拆迁补偿安置权益中享有的财产份额为：1/10的被拆迁房屋建筑造价补偿、附属设施设备等补偿和楼房二层面积区位补偿，由于王门姑娘要求对其继承的份额单独列出，故法院确认其应得拆迁补偿款为27084元。

宣判后，双方均未上诉，一审判决已生效。

48. 被拆迁人死亡的，建房安置指标能否继承？

被征收人可以选择货币补偿，也可以选择房屋产权调换。在房屋产权调换方式中，如果被拆迁人死亡的，在各继承人之间可能就建房安置指标产生争议，如何处理法律未作规定。由于政府从合理利用土地资源，以节约用地统一安置为目的，拆迁安置中按被拆迁房屋实际面积给予土地使用指标计划，实行有条件的安置，从而导致被拆迁人内部对有限的建房指标产生争议，法院在处理案件中涉及指标处理问题。如果按原房屋产权人（包括共有权人）平均分配，面积可能少到几平方米，根本不可能建房，既不符合城市规划要求，当事人也不认可，无法建房，难以解决安置问题，不具有可操作性。在这种情形下，可用作价补偿，由争议双方竞价，以最高价格一方获得指标，同时给对方经济补偿的方式解决。在当事人不同意竞价的情况下，可综合考虑各当事人的居住情况，以居住较困难最急需解决居住问题的一方给予指标，参照现实交易价格，对建房指标面积计算所得指标价值给予补偿解决。

典型疑难案件参考

杨本英等人诉景正莲、杨本清安置建房指标继承纠纷案

基本案情

被告景正莲与杨泽彬生前系夫妻关系,共生育三女一子(杨本莲、杨本英、杨本俊、杨本清)。景正莲与杨泽彬共同生活期间有土木结构房屋60余平方米。杨本莲、杨本英、杨本清、杨本俊各自于1970年、1988年、1982年、1990年结婚,除杨本清婚后长期与杨泽彬、景正莲共同生活外,杨本莲、杨本英、杨本俊婚后均各自单独生活。1984年将60余平方米的房屋改建成201.65平方米。杨泽彬于2000年10月7日病逝。2004年5月,因其居住地沙坪新区土地开发,该房屋被拆迁,景正莲、杨本清得到安置补偿费95869.31元,安置住房指标4套,每套112.6平方米、门面房指标84平方米。

原审诉辩情况

原审原告杨本莲、杨本英、杨本俊共同诉称:2000年10月其父杨泽彬病逝,遗留土木结构房屋201.65平方米,由其母亲景正莲和兄弟杨本清占有居住,2004年5月该片区的土地开发,房屋被拆迁,获得补偿费95869.31元,安置建房指标4套,每套112.6平方米、门面房指标84平方米均被二被告全部占有,侵害了三原告应有的财产继承权,所有继承人应共同分配房屋拆迁补偿费95869.31元,享有8.04平方米门面房和49.04平方米的住房指标继承权。

原审被告杨本清辩称,被拆迁的房屋中只有60平方米是父母的财产,1984年自己又新建140平方米。三原告与家庭共同生活期间既未出钱又未出力,各自结婚后单独生活,对父母未尽赡养义务,父亲病逝也未出钱安葬,无权继承父亲遗产。

原审被告景正莲辩称,三原告均系自己与杨泽彬所生之女,各自结婚后单独生活,未尽赡养责任,自身又丧失劳动能力没有固定的生活来源,死者的那部分遗产应全部归自己继承享有,其子女均无权继承。

原审裁判结果

云南省水富县人民法院判决:

一、被告景正莲、杨本清共同支付死者杨泽彬房屋遗产的补偿费给原告杨本英、杨本莲、杨本俊每人6120元;

二、死者杨泽彬房屋遗产的住房建房指标及门面指标归被告景正莲、杨本清所有，由景正莲、杨本清补偿原告杨本英、杨本莲、杨本俊每人6101.7元。

以上两项，在本判决书生效之日起10日内由景正莲、杨本清支付原告杨本英、杨本莲、杨本俊每人12221.7元。

原审裁判理由

云南省水富县人民法院认为，原、被告双方均系法定继承人，享有同等的继承权。1984年，改旧新建的201.65平方米房屋的共有人为杨泽彬、景正莲、杨本英、杨本清及杨本清的妻子王家文。死者杨泽彬的房屋遗产有64.2平方米，改建的201.65平方米中有30平方米为杨泽彬的遗产，剩余的171.65平方米为杨泽彬、景正莲、杨本英、杨本清及杨本清的妻子王家文共有，每人有34.2平方米，死者杨泽彬的房屋遗产共计64.2平方米，转化成安置补偿费30601.6元。五继承人各继承6120元，建房指标不便分开，归景正莲、杨本清，由景正莲、杨本清分别给予杨本英、杨本莲、杨本俊货币补偿，即补偿6101.7元。

再审诉辩情况

宣判后，双方当事人均未提出上诉，判决已发生法律效力。杨本英又以财产权属纠纷起诉景正莲、杨本清、王家文。在审理中，昭通中级法院认为，本院作出的〔2004〕水民初字第99号生效的民事判决书认定事实不清，适用法律不当，导致该案不能正常审理，建议重审继承纠纷案。2007年4月17日，经原审法院审判委员会讨论决定，撤销〔2004〕水民初书第99号民事判决书，另行组成合议庭进行再审。

再审裁判结果

云南省水富县人民法院依照《中华人民共和国继承法》第2条，第9条，第13条第1款、第2款、第3款，第26条，第29条以及《中华人民共和国民事诉讼法》第64条第1款的规定，经审判委员会讨论决定，遂判决：

一、撤销本院〔2004〕水民初字第99号民事判决书；

二、被继承人杨泽彬房屋遗产总价值为68520元，原告杨本莲、杨本英、杨本俊及被告杨本清各继承11755.7元，景正莲继承21497.2元；

三、争议的建房指标及房屋拆迁补偿费归被告景正莲、杨本清所有，由景正莲、杨本清共同补偿原告杨本莲、杨本英、杨本俊各11755.7元（已领取）；

四、驳回第三人王家文关于拆旧新建房屋是其夫妻共同财产的诉讼请求。

再审裁判理由

再审中，根据原、被告的诉辩主张存在以下争议：(1) 原告杨本清及王家文夫妻、杨本英是否是房屋共有权人；(2) 死者杨泽彬生前有多少财产可作遗产。

针对诉争的焦点，云南省水富县人民法院再审查明：被告景正莲与被继承人杨泽彬是夫妻，二人生育了三女一子，即本案当事人杨本英、杨本莲、杨本俊、杨本清。景正莲与杨泽彬共同生活期间，在水富县向家坝镇（原云富镇）沙坪村民小组有4间土木结构房屋。1970年，杨本莲出嫁到丈夫家生活。1982年，杨本清与第三人王家文结婚。1984年3月3日，杨本英因结婚离开景正莲、杨泽彬，到其丈夫家生活。1984年下半年，景正莲、杨泽彬、杨本清、王家文将部分土木结构房屋拆除，新建了142.8平方米土木结构瓦房，次年3月，拆剩的老房子和新建房都以被继承人杨泽彬的名字办理了房产证，房屋总共占地204.9平方米。2000年10月7日，杨泽彬病逝，留下的遗产是有证房。2004年5月，沙坪新区土地开发，以被继承人杨泽彬为户主的家庭房屋全部被拆迁（其中：有证房201.65平方米、无证房169.6平方米、临时建筑24.6平方米），共获补偿费、补助费95869.31元及4套建房指标（每套可建住房122.6平方米、门面房21平方米），扣除4套建房指标应交纳的土地费、配套费、图纸设计费53632.80元，余下的42176.51补偿费、补助费被杨本清、景正莲领取。有证房的补偿标准为每平方米240元。

云南省水富县人民法院再审认为：遗产是公民死亡时遗留的个人合法财产。被继承人杨泽彬的遗产包含在夫妻共同财产和家庭共有财产中，在遗产分割时，应当先分出他人的财产。杨泽彬死亡时，其家庭房屋占地面积为204.9平方米，减去1984年改旧新建的142.8平方米，未改建的62.10平方米房屋系杨泽彬与景正莲夫妻的共同财产，分出景正莲的一半，杨泽彬的遗产为31.05平方米；改旧新建的142.8平方米房屋是杨泽彬、景正莲、杨本清、王家文的家庭共有财产，杨泽彬的遗产占四分之一，即35.7平方米，被继承人杨泽彬的房屋遗产合计为66.75平方米。2004年，该房屋被拆迁后，按每平方米240元所获的16020元拆迁补偿费属遗产；根据房屋遗产面积，其家庭所获的4个建房指标中，有一个建房指标是遗产被拆迁所得，该指标是国家给予被拆迁户的建房许可，有一定的财产价值，应视为被继承人杨泽彬的遗产。原告杨本莲、杨本英、杨本俊及被告景正莲、杨本清均是被继承人杨泽彬的第一顺序法定继承人，杨泽彬死亡时未留有遗嘱，继承人又无丧失继承权的法定情形，故5人均享有继承权。原告杨本莲、杨本英、杨本俊及被告杨本清的继承份额均等,被告景正莲与被继承人共同生活,现已70多岁,已经缺乏劳动能力,在分配遗产时,应当多分。本案的诉讼时效为两年,从继承人知道或应当知道其权利被侵犯之日起计算。被继承人杨泽彬死亡后,三原告没有作出放弃继承的表示,视为接受继承;在2004年房屋被拆迁前,虽然遗产被被告实际管理,但遗产客观存在,双方也没有对遗产如何分割进行协商,也就不存在原告继承权被侵犯。2004年,遗产房屋被拆迁,被告领取了房屋拆迁补助费后,两年的诉讼时效开始计算,同年原告就起诉到法院要求继承,因此,本案没有超过诉讼时效。原告杨本英、杨本莲、杨本俊要求继承其父杨泽彬遗产的请求合法,予以采纳。家庭共有系家庭成员共同劳动、共同积累而形成,只有对家庭财产尽了义务的家庭成员,才是家庭共有财产的共有人。原告杨本英虽然在出嫁前与其娘家人共同劳动、共同生活,但1984年拆旧新建房屋时,杨本英已出嫁成为另外一个家庭的成员,杨本英在庭审中又未提交其出资、出力的证据,故原告杨本英关于其是1984年拆旧新建房屋的共有人的主张不能成立,不予采纳。原告杨本英、杨本莲关于被继承人死亡时留有现金的主张因无证据证实,不予采纳。被告关于原告已丧失胜诉权的意见本院不予采纳。被告及第三人关于拆旧新建房屋的权利人是杨本清、王家文的主张,证据不足,不予采纳。建房指标已由被告出资修建完毕,不宜竞价,本院参照本县同年、同地段民间对建房指标的交易情况,确定本案作为遗产的指标折价为人民币52500元。被继承人杨泽彬遗产房屋总价值为68520元(补偿费加指标折价)。鉴于遗产实物已不存在的实际,由二被告根据遗产的总价值结合各自的继承份额共同给予三原告货币补偿较为合理。本院〔2004〕水民初字第99号民事判决书认定原告杨本英是1988年结婚,因而是拆旧新建房屋的共有人,并将不属遗产的无证房、临时建筑所获补偿费纳入房屋遗产平均计算,属认定事实错误,应予以纠正。

再审宣判后,各方当事人均未提出异议,杨本英与景正莲、杨本清、王家文财产权属纠纷一案也由杨本英撤诉。

房屋拆迁安置补偿合同纠纷办案依据集成

《国有土地上房屋征收与补偿条例》（2011年1月21日国务院令第590号公布）

第一章 总 则

第一条 为了规范国有土地上房屋征收与补偿活动，维护公共利益，保障被征收房屋所有权人的合法权益，制定本条例。

第二条 为了公共利益的需要，征收国有土地上单位、个人的房屋，应当对被征收房屋所有权人（以下称被征收人）给予公平补偿。

第三条 房屋征收与补偿应当遵循决策民主、程序正当、结果公开的原则。

第四条 市、县级人民政府负责本行政区域的房屋征收与补偿工作。

市、县级人民政府确定的房屋征收部门（以下称房屋征收部门）组织实施本行政区域的房屋征收与补偿工作。

市、县级人民政府有关部门应当依照本条例的规定和本级人民政府规定的职责分工，互相配合，保障房屋征收与补偿工作的顺利进行。

第五条 房屋征收部门可以委托房屋征收实施单位，承担房屋征收与补偿的具体工作。房屋征收实施单位不得以营利为目的。

房屋征收部门对房屋征收实施单位在委托范围内实施的房屋征收与补偿行为负责监督，并对其行为后果承担法律责任。

第六条 上级人民政府应当加强对下级人民政府房屋征收与补偿工作的监督。

国务院住房城乡建设主管部门和省、自治区、直辖市人民政府住房城乡建设主管部门应当会同同级财政、国土资源、发展改革等有关部门，加强对房屋征收与补偿实施工作的指导。

第七条 任何组织和个人对违反本条例规定的行为，都有权向有关人民政府、房屋征收部门和其他有关部门举报。接到举报的有关人民政府、房屋征收部门和其他有关部门对举报应当及时核实、处理。

监察机关应当加强对参与房屋征收与补偿工作的政府和有关部门或者单位及其工作人员的监察。

第二章 征收决定

第八条 为了保障国家安全、促进国民经济和社会发展等公共利益的需要，有下列情形之一，确需征收房屋的，由市、县级人民政府作出房屋征收决定：

（一）国防和外交的需要；

（二）由政府组织实施的能源、交通、水利等基础设施建设的需要；

（三）由政府组织实施的科技、教育、文化、卫生、体育、环境和资源保护、防灾减灾、文物保护、社会福利、市政公用等公共事业的需要；

（四）由政府组织实施的保障性安居工程建设的需要；

（五）由政府依照城乡规划法有关规定组织实施的对危房集中、基础设施落后等地段进行旧城区改建的需要；

（六）法律、行政法规规定的其他公共利益的需要。

第九条 依照本条例第八条规定，确需征收房屋的各项建设活动，应当符合国民经济和社会发展规划、土地利用总体规划、城乡规划和专项规划。保障性安居工程建设、旧城区改建，应当纳入市、县级国民经济和社会发展年度计划。

制定国民经济和社会发展规划、土地利用总体规划、城乡规划和专项规划，应当广泛征求社会公众意见，经过科学论证。

第十条 房屋征收部门拟定征收补偿方案，报市、县级人民政府。

市、县级人民政府应当组织有关部门对征收补偿方案进行论证并予以公布，征求公众意见。征求意见期限不得少于30日。

第十一条 市、县级人民政府应当将征求意见情况和根据公众意见修改的情况及时公布。

因旧城区改建需要征收房屋，多数被征收人认为征收补偿方案不符合本条例规定的，市、县级人民政府应当组织由被征收人和公众代表参加的听证会，并根据听证会情况修改方案。

第十二条 市、县级人民政府作出房屋征收决定前，应当按照有关规定进行社会稳定风险评估；房屋征收决定涉及被征收人数量较多的，应当经政府常务会议讨论决定。

作出房屋征收决定前，征收补偿费用应当足额到位、专户存储、专款专用。

第十三条 市、县级人民政府作出房屋征收决定后应当及时公告。公告应当载明征收补偿方案和行政复议、行政诉讼权利等事项。

市、县级人民政府及房屋征收部门应当做好房屋征收与补偿的宣传、解释工作。

房屋被依法征收的，国有土地使用权同时收回。

第十四条 被征收人对市、县级人民政府作出的房屋征收决定不服的，可以依法申请行政复议，也可以依法提起行政诉讼。

第十五条 房屋征收部门应当对房屋征收范围内房屋的权属、区位、用途、建筑面积等情况组织调查登记，被征收人应当予以配合。调查结果应当在房屋征收范围内向被征收人公布。

第十六条 房屋征收范围确定后，不得在房屋征收范围内实施新建、扩建、改建房屋和改变房屋用途等不当增加补偿费用的行为；违反规定实施的，不予补偿。

房屋征收部门应当将前款所列事项书面通知有关部门暂停办理相关手续。暂停办理相关手续的书面通知应当载明暂停期限。暂停期限最长不得超过1年。

第三章　补　偿

第十七条 作出房屋征收决定的市、县级人民政府对被征收人给予的补偿包括：

（一）被征收房屋价值的补偿；

（二）因征收房屋造成的搬迁、临时安置的补偿；

（三）因征收房屋造成的停产停业损失的补偿。

市、县级人民政府应当制定补助和奖励办法，对被征收人给予补助和奖励。

第十八条 征收个人住宅，被征收人符合住房保障条件的，作出房屋征收决定的市、县级人民政府应当优先给予住房保障。具体办法由省、自治区、直辖市制定。

第十九条 对被征收房屋价值的补偿，不得低于房屋征收决定公告之日被征收房屋类似房地产的市场价格。被征收房屋的价值，由具有相应资质的房地产价格评估机构按照房屋征收评估办法评估确定。

对评估确定的被征收房屋价值有异议的，可以向房地产价格评估机构申请复核评估。对复核结果有异议的，可以向房地产价格评估专家委员会申请鉴定。

房屋征收评估办法由国务院住房城乡建设主管部门制定，制定过程中，应当向社会公开征求意见。

第二十条 房地产价格评估机构由被征收人协商选定；协商不成的，通过多数决定、随机选定等方式确定，具体办法由省、自治区、直辖市制定。

房地产价格评估机构应当独立、客观、公正地开展房屋征收评估工作，任何单位和个人不得干预。

第二十一条 被征收人可以选择货币补偿，也可以选择房屋产权调换。

被征收人选择房屋产权调换的，市、县级人民政府应当提供用于产权调换的房屋，并与被征收人计算、结清被征收房屋价值与用于产权调换房屋价值的差价。

因旧城区改建征收个人住宅，被征收人选择在改建地段进行房屋产权调换的，作出房屋征收决定的市、县级人民政府应当提供改建地段或者就近地段的房屋。

第二十二条 因征收房屋造成搬迁的，房屋征收部门应当向被征收人支付搬迁费；选择房屋产权调换的，产权调换房屋交付前，房屋征收部门应当向被征收人支付临时安置费或者提供周转用房。

第二十三条 对因征收房屋造成停产停业损失的补偿，根据房屋被征收前的效益、停产停业期限等因素确定。具体办法由省、自治区、直辖市制定。

第二十四条 市、县级人民政府及其有关部门应当依法加强对建设活动的监督管理，对违反城乡规划进行建设的，依法予以处理。

市、县级人民政府作出房屋征收决定前，应当组织有关部门依法对征收范围内未经登记的建筑进行调查、认定和处理。对认定为合法建筑和未超过批准期限的临时建筑的，应当给予补偿；对认定为违法建筑和超过批准期限的临时建筑的，不予补偿。

第二十五条 房屋征收部门与被征收人依照本条例的规定，就补偿方式、补偿金额和支付期限、用于产权调换房屋的地点和面积、搬迁费、临时安置费或者周转用房、停产停业损失、搬迁期限、过渡方式和过渡期限等事项，订立补偿协议。

补偿协议订立后，一方当事人不履行补偿协议约定的义务的，另一方当事人可以依法提起诉讼。

第二十六条 房屋征收部门与被征收人在征收补偿方案确定的签约期限内达不成补偿协议，或者被征收房屋所有权人不明确的，由房屋征收部门报请作出房屋征收决定的市、县级人民政府依照本条例的规定,按照征收补偿方案作出补偿决定,并在房屋征收范围内予以公告。

补偿决定应当公平,包括本条例第二十五条第一款规定的有关补偿协议的事项。

被征收人对补偿决定不服的,可以依法申请行政复议,也可以依法提起行政诉讼。

第二十七条 实施房屋征收应当先补偿、后搬迁。

作出房屋征收决定的市、县级人民政府对被征收人给予补偿后,被征收人应当在补偿协议约定或者补偿决定确定的搬迁期限内完成搬迁。

任何单位和个人不得采取暴力、威胁或者违反规定中断供水、供热、供气、供电和道路通行等非法方式迫使被征收人搬迁。禁止建设单位参与搬迁活动。

第二十八条 被征收人在法定期限内不申请行政复议或者不提起行政诉讼,在补偿决定规定的期限内又不搬迁的,由作出房屋征收决定的市、县级人民政府依法申请人民法院强制执行。

强制执行申请书应当附具补偿金额和专户存储账号、产权调换房屋和周转用房的地点和面积等材料。

第二十九条 房屋征收部门应当依法建立房屋征收补偿档案,并将分户补偿情况在房屋征收范围内向被征收人公布。

审计机关应当加强对征收补偿费用管理和使用情况的监督,并公布审计结果。

第四章 法律责任

第三十条 市、县级人民政府及房屋征收部门的工作人员在房屋征收与补偿工作中不履行本条例规定的职责,或者滥用职权、玩忽职守、徇私舞弊的,由上级人民政府或者本级人民政府责令改正,通报批评;造成损失的,依法承担赔偿责任;对直接负责的主管人员和其他直接责任人员,依法给予处分;构成犯罪的,依法追究刑事责任。

第三十一条 采取暴力、威胁或者违反规定中断供水、供热、供气、供电和道路通行等非法方式迫使被征收人搬迁,造成损失的,依法承担赔偿责任;对直接负责的主管人员和其他直接责任人员,构成犯罪的,依法追究刑事责任;尚不构成犯罪的,依法给予处分;构成违反治安管理行为的,依法给予治安管理处罚。

第三十二条 采取暴力、威胁等方法阻碍依法进行的房屋征收与补偿工作,构成犯罪的,依法追究刑事责任;构成违反治安管理行为的,依法给予治安管理处罚。

第三十三条 贪污、挪用、私分、截留、拖欠征收补偿费用的,责令改正,追回有关款项,限期退还违法所得,对有关责任单位通报批评、给予警告;造成损失的,依法承担赔偿责任;对直接负责的主管人员和其他直接责任人员,构成犯罪的,依法追究刑事责任;尚不构成犯罪的,依法给予处分。

第三十四条 房地产价格评估机构或者房地产估价师出具虚假或者有重大差错的评估报告的,由发证机关责令限期改正,给予警告,对房地产价格评估机构并处5万元以上20万元以下罚款,对房地产估价师并处1万元以上3万元以下罚款,并记入信用档案;情节严重的,吊销资质证书、注册证书;造成损失的,依法承担赔偿责任;构成犯罪的,依法追究刑事责任。

第五章 附 则

第三十五条 本条例自公布之日起施行。2001年6月13日国务院公布的《城市房屋拆迁管理条例》同时废止。本条例施行前已依法取得房屋拆迁许可证的项目，继续沿用原有的规定办理，但政府不得责成有关部门强制拆迁。

十六、供用电、水、气、热力合同纠纷

49. 户外水管破裂引起漏水，用户是否需要缴纳水费？

户外共用供水管道的维修养护责任划分问题，涉及自来水公司的维修责任，以及居民之间、居民与自来水公司之间责任的划分。《城市供水条例》第28条规定，用水单位自行建设的与城市公共供水管道连接的户外管道及其附属设施，必须经城市自来水供水企业验收合格并交其统一管理后，方可使用。自来水公司对于与城市公共供水管道相连的小区户外管道已经验收合格，并交由自来水公司统一管理。自来水公司对供水管道的管理，理应包括定期检查、及时排除故障，使之能正常供水。户外供应设施的维修义务，并不由使用人承担，故户外水管破裂引起的漏水不应由用户承担责任，用户无须缴纳水费。

典型疑难案件参考

徐州市自来水总公司诉陈庆健等供水合同纠纷案

基本案情

陈庆健等六被告所居住的莲花井小区7号楼1单元是六被告通过购买公有住宅取得，原告徐州市自来水总公司与六被告自1995年即建立了供用水关系。2004年2月，因自原告的水表至六被告住房外墙之间水管破裂漏水，原告于2004年2月16日正常抄表时，发现被告所用单元水表指数为4030吨，减去1月用水指数855吨，实际用水为3175吨，随后在送达水费通知单时提醒被告注意，水费通知单同时注明交费日期、交费地点和单价每吨1.90元。被告以不承担漏水损失为由，没有在规定的3月3日之前缴纳水费，后经原告多次催交，但一直未付。原告遂诉至法院，请求人民法院依法判令六被告连带偿还拖欠原告水费

6032.50元,滞纳金7389.80元,合计13422.30元,并负担诉讼费。

一审诉辩情况

原告徐州市自来水总公司认为,该处漏水点在进户总水表以内,属房屋共用设施部分,维修责任属于被告或者原产权单位,因此漏水损失当然由六被告承担。由于双方结算是以总水表为准,六被告应向原告承担连带责任。六被告未依照原告的通知交纳水费,依照规定应收取滞纳金。

被告陈庆健、杜晓丽、张令华、满广胜、韩方营、满忠南认为,用水量3175吨不准确,应该是漏水量加上用水量是3175吨。我们仅仅承担正常用水的水费。我们每月正常用水40余吨,2月份不是用水高峰月份,可以按50吨支付水费。水量猛增的原因是户外水管破裂,而非正常用水。根据有关法律法规的规定,被告对户外水管没有维修义务,户外水管破裂引起的漏水不应由被告承担责任。被告方各自用水,应承担各自用水的责任,不存在所谓承担连带责任的义务。关于滞纳金,无论是建设部的规定还是《城市供水条例》都没有规定用户对共用管道有维修责任,相反我们只是在门户内承担维修责任。因此原告要求我们承担我们不应承担的水费,我们不能承担,更不存在滞纳金的问题。

一审裁判结果

徐州市云龙区人民法院判决:

一、被告陈庆健、杜晓丽、张令华、满广胜、韩方营、满忠南于判决生效10日内共同连带付给原告徐州市自来水总公司水费95元;

二、驳回原告对六被告的其他诉讼请求。

一审裁判理由

徐州市云龙区人民法院经审理认为,根据《城市供水条例》第28条规定:用水单位自行建设的与城市公共供水管道连接的户外管道及其附属设施,必须经城市自来水供水企业验收合格并交其统一管理后,方可使用。建设部《公有住宅售后维修养护管理暂行办法》第6条规定:"公有住宅出售后,住宅共用部位和共用设施设备的维修养护由售房单位承担,也可以由售房单位在售房时委托房地产经营管理单位承担。"本案争议涉及的漏水位置在原告的水表至被告住房外墙之间,该位置的水管属于住宅的共用设施设备。根据上述法规和部门规章的规定,本案漏水位置的水管的维修义务不应由六被告承担。因此,原告要求六被告承担漏水水费及滞纳金的诉讼请求不能成立,依法不予支持。关于漏水量与正常用水量的确定,六被告根据以往的正常用水量确定2004年2月份共同用水50吨无不妥,对原告要求六被告支付该部分水费的主张予以支持。发生漏水时，供用水关系的双方当事人一方是原告，另一方是六被告，是六被告共同与原告发生的供用水关系，不是六被告分别与原告发生的供用水关系。因此，应当支付的水费六被告应共同向原告承担连带责任。

二审诉辩情况

徐州市自来水总公司不服一审判决，向徐州市中级人民法院提起上诉称，上诉人与六被上诉人产权的分界点是进户总水表，之前由上诉人投资和管理，之后由被上诉人所有和管理。上诉人履行了供水义务，被上诉人应依进户总水表的读数向上诉人交纳水费。被上诉人房屋内部水表对履行双方供水合同无法律意义，只是各被上诉人相互之间分担水费多少的内部参考依据。共用管道的维修责任属被上诉人或原产权单位，共用管道漏水所产生的责任只能由被上诉人负责。请求撤销原判，改判支持上诉人一审的诉讼请求。

二审裁判结果

徐州市中级人民法院经审理判决：驳回上诉，维持原判。

50. 物业公司及业主委员会是否有义务代业主缴纳水电费？

为方便群众生活，节省时间，提高效率，现实中一般由各小区业主委员会或物业管理公司代抄水表，代为收取水费，并代为缴纳以配合供水企业的工作。但根据合同相对性原则，供水合同的当事人是实际用水人和供水企业，实际用水人作为最终用户，应承担缴纳水费的合同义务。若发生欠缴水费纠纷，供水企业应向实际用水者催缴，无权向物业管理公司或业主委员会主张权利。《物业管理条例》第45条规定："物业管理区域内，供水、供电、供气、供热、通信、有线电视等单位应当向最终用户收取有关费用。物业服务企业接受委托代收前款费用的，不得向业主收取手续费等额外费用。"水费的缴纳义务人为最终用户（业主），业主委员会、物业管理公司在履行水费代收代缴义务过程中与供水企业、用户分别形成了委托关系。如果用户拒绝缴纳水费或者未缴纳水费，业主委员会或物业管理公司作为受托人没有代缴的义务。

典型疑难案件参考

厦门水务集团有限公司诉厦门市文图花园业主委员会等承担交纳整个物业小区所有业主的用水水费及滞纳金案

基本案情

2001年11月11日,原告水务公司与被告长兴物业公司签订一份《同城特约委托收款结算水费协议书》,协议书约定双方水费的结算,采用同城特约委托收款的结算方式。用户对当月的水费数据有疑问的,可在接到收款凭据后5日内到自来水公司办理有关查询、核实等事宜。协议签订后,被告长兴物业公司每两个月向物业小区内各业主即用户收取相应水费后交与原告。后因发生争议,被告长兴物业公司自2003年12月19日起停止代理缴费。

诉辩情况

原告水务公司认为被告文图花园业委会欠水费175825.03元及滞纳金49311.33元,而被告长兴物业公司应承担连带清偿责任。

被告文图花园业委会辩称,文图花园业委会既不是最终用户,也不是合同当事人,原告要求文图花园业委会缴纳水费及滞纳金,无合同及法律依据。

被告长兴物业公司辩称,长兴物业公司也不是最终用户,原告要求长兴物业公司承担连带清偿责任,无任何依据。

裁判结果

福建省厦门市思明区人民法院判决:驳回原告的诉讼请求。

裁判理由

福建省厦门市思明区人民法院认为,原告水务公司与被告长兴物业公司签订的同城特约委托收款结算水费协议书,虽约定了双方水费的结算,但实际上用水户并非仅为两被告,而是物业小区内的所有业主。两被告作为物业管理履行的是代收代缴义务,被告文图花园业委会本身不对整个物业小区所有业主的用水水费负有缴纳义务,只有在其代收之后方能代缴。而在本案审理过程中,原告并未提出有关业主已向两被告交付了水费以及两被告本身用水欠费的相关证据。因此,原告主张被告文图花园业委会缴纳水费和滞纳金,没有事实和法律的依据,依法不能成立。原告要求被告长兴物业公司承担连带清偿责任,因原告主张被告文图花园业委会的债务不成立而不予支持。

宣判后,双方均未上诉,一审判决已生效。

供用电、水、气、热力合同纠纷办案依据集成

1. 中华人民共和国合同法（1999年3月15日主席令第15号公布）（节录）

第一百七十六条 供用电合同是供电人向用电人供电，用电人支付电费的合同。

第一百七十七条 供用电合同的内容包括供电的方式、质量、时间，用电容量、地址、性质，计量方式，电价、电费的结算方式，供用电设施的维护责任等条款。

第一百七十八条 供用电合同的履行地点，按照当事人约定；当事人没有约定或者约定不明确的，供电设施的产权分界处为履行地点。

第一百七十九条 供电人应当按照国家规定的供电质量标准和约定安全供电。供电人未按照国家规定的供电质量标准和约定安全供电，造成用电人损失的，应当承担损害赔偿责任。

第一百八十条 供电人因供电设施计划检修、临时检修、依法限电或者用电人违法用电等原因，需要中断供电时，应当按照国家有关规定事先通知用电人。未事先通知用电人中断供电，造成用电人损失的，应当承担损害赔偿责任。

第一百八十一条 因自然灾害等原因断电，供电人应当按照国家有关规定及时抢修。未及时抢修，造成用电人损失的，应当承担损害赔偿责任。

第一百八十二条 用电人应当按照国家有关规定和当事人的约定及时交付电费。用电人逾期不交付电费的，应当按照约定支付违约金。经催告用电人在合理期限内仍不交付电费和违约金的，供电人可以按照国家规定的程序中止供电。

第一百八十三条 用电人应当按照国家有关规定和当事人的约定安全用电。用电人未按照国家有关规定和当事人的约定安全用电，造成供电人损失的，应当承担损害赔偿责任。

第一百八十四条 供用水、供用气、供用热力合同，参照供用电合同的有关规定。

2. 中华人民共和国电力法（2009年8月27日修正）（节录）

第二十七条 电力供应与使用双方应当根据平等自愿、协商一致的原则，按照国务院制定的电力供应与使用办法签订供用电合同，确定双方的权利和义务。

第二十八条 供电企业应当保证供给用户的供电质量符合国家标准。对公用供电设施引起的供电质量问题，应当及时处理。

用户对供电质量有特殊要求的，供电企业应当根据其必要性和电网的可能，提供相应的电力。

第二十九条 供电企业在发电、供电系统正常的情况下，应当连续向用户供电，不得中断。因供电设施检修、依法限电或者用户违法用电等原因，需要中断供电时，供电企业应当按照国家有关规定事先通知用户。

用户对供电企业中断供电有异议的，可以向电力管理部门投诉；受理投诉的电力管理

部门应当依法处理。

第三十条 因抢险救灾需要紧急供电时，供电企业必须尽速安排供电，所需供电工程费用和应付电费依照国家有关规定执行。

第三十一条 用户应当安装用电计量装置。用户使用的电力电量，以计量检定机构依法认可的用电计量装置的记录为准。

用户受电装置的设计、施工安装和运行管理，应当符合国家标准或者电力行业标准。

第三十二条 用户用电不得危害供电、用电安全和扰乱供电、用电秩序。

对危害供电、用电安全和扰乱供电、用电秩序的，供电企业有权制止。

第三十三条 供电企业应当按照国家核准的电价和用电计量装置的记录，向用户计收电费。

供电企业查电人员和抄表收费人员进入用户，进行用电安全检查或者抄表收费时，应当出示有关证件。

用户应当按照国家核准的电价和用电计量装置的记录，按时交纳电费；对供电企业查电人员和抄表收费人员依法履行职责，应当提供方便。

十七、赠与合同纠纷

51. 附义务赠与合同纠纷应如何处理？

通常情况下，赠与合同是一种单务无偿合同，受赠人在取得受赠财产的所有权时不需要付出任何对价，赠与人对于受赠人负无偿给予财产的义务，受赠人不负担义务。但赠与合同的单务性也有例外，《合同法》第190条规定："赠与可以附义务。赠与附义务的，受赠人应当按照约定履行义务。"赠与所附负担义务与赠与人所负的给付义务不具有对价关系。受赠人不履行赠与合同约定的义务，赠与人可以撤销赠与。赠与人行使撤销权的，赠与合同效力溯及地消灭，双方权利义务回复到未订立赠与合同之前的状态。作为社会公益捐款的受益人，依法对捐款享有受益的权利，但如果该捐款是附条件或附义务的捐款，则受赠人在享有捐款受益权的同时，不得违反捐款人为捐款所设定的合理条件或义务。否则，赠与人可行使撤销权。

典型疑难案件参考

蒋鲜丽诉陈马烈、《家庭教育导报》社返还公益捐赠纠纷案（《最高人民法院公报》2003年第4期）

基本案情

原告蒋鲜丽系浙江省兰溪市墩头镇育才学校学生，因家庭困难，通过《金华日报》向社会各界求援，请求帮助其完成学业。在被告《家庭教育导报》及社会各界的帮助下，原告蒋鲜丽共收到捐赠款人民币17430.84元，该捐款全部存在校长陈马烈的名下。

2001年5月27日、5月30日、6月1日，被告《家庭教育导报》社分别与浙江省女记者协会、杭州新世纪外国语学校、杭州天地实验小学签订捐赠协议，约定：受赠人为《家庭教育导报》社，捐款用于蒋鲜丽，可由受赠人指定专人保管，捐赠人有权监督捐款的使用，3笔捐款共计金额为人民币13041.84元。协议还约定：若蒋鲜丽不继续就学，捐款由受赠人转给其他贫困儿童就学用或协商转交其他失学儿童。

一审诉辩情况

原告蒋鲜丽诉称：我因家庭困难，多年拖欠学费。为了继续求学，通过向社会请求帮助，获得了各方面的捐款。这些捐款都由被告陈马烈存入自己名下，并拒绝向我返还。诉讼请求：确认陈马烈私自存款行为无效，退还17430.84元捐款，并赔偿交通损失费300元，赔偿精神损失费5万元。

被告陈马烈辩称：我只是保管捐款，自己从未动用过一分钱，原告起诉我擅自动用捐款没有事实和法律依据。

被告《家庭教育导报》社辩称：原告诉称的捐款数额属实，但这部分捐款的捐赠对象是报社，报社已按照捐款人的要求将捐款用于蒋鲜丽的学习，为此，委托蒋鲜丽所在学校的校长陈马烈保管捐款并无不当。

一审裁判结果

杭州市下城区人民法院判决：

一、被告陈马烈于本判决生效后10日内返还原告蒋鲜丽捐赠款4389元，由原告监护人蒋建余代为保管。

二、驳回原告蒋鲜丽的其他诉讼请求。

一审裁判理由

杭州市下城区人民法院认为：公民和法人为公益事业进行的捐助行为，应属于赠与行为，无论是捐赠人的赠与权利，还是受赠人接受捐款的权利，均应依法受到保护。根据法律的规定，捐款人在行使赠与权利时，有权决定捐款的使用方法，包括签订捐赠协议，对捐助对象附加条件或者义务。受赠人在接受捐款时，有义务遵守赠与人为捐款特别设定的条件。本案中，浙江省女记者协会、杭州新世纪外国语学校、杭州天地实验小学在捐款的同时，与被告《家庭教育导报》社分别签订了捐赠协议，协议的内容符合法律的有关规定，应视为有效。因捐赠协议均明确约定，捐款的受赠人为被告《家庭教育导报》社，受益人为蒋鲜丽，故《家庭教育导报》社有权指定专人保管捐款，并有权决定将13041.84元捐赠款交蒋鲜丽所在学校的校长陈马烈保管，用于支付蒋鲜丽在学校学习的费用。根据捐款人的意思表示，蒋鲜丽虽然是捐款的受益人，但蒋鲜丽及监护人无权要求《家庭教育导报》社和陈马烈将该部分捐款直接交付其使用。但是，除浙江省女记者协会、杭州新世纪外国语学校、杭州天地实验小学的捐款外，本案中的其他社会各界捐赠蒋鲜丽的4389元捐赠款，捐赠人在捐款时并没有设定条件或者义务，对于这部分捐款，蒋鲜丽及监护人有权要求由自己保管。因蒋鲜丽尚未成年，不具备完全的行为能力，可交由其监护人蒋建余保管，但该款项必须专门用于蒋鲜丽的学习。陈马烈和《家庭教育导报》社要求代为保管这部分捐款缺乏依据，不予支持。蒋鲜丽及其监护人要求陈马烈和《家庭教育导报》社赔偿交通费、精神损失费的诉讼请求，因原告未能提供相关证据支持其主张，故依法不能成立，不予支持。

二审诉辩情况

上诉人蒋鲜丽诉称：一审判决一方面认定我"共收到捐赠款17430.84元"的事实，另一方面又认定"现上述捐赠款存在该校校长陈马烈名下"的事实，并没有对捐助款是如何转到陈马烈名下的事实进行说明。本案涉及的捐助活动和捐助对象是特定的，陈马烈未经我及法定监护人的同意，将捐款存入自己名下违反了法律的规定，应承担返还的责任。《家庭教育导报》社擅自保管存款凭证的行为，妨碍了我对捐助款行使所有权和使用权，亦应承担相应的民事责任。《家庭教育导报》社提交的3份捐赠合同系事后补签的，不应认定。请求依法改判被上诉人返还全部捐助款。

被上诉人陈马烈未作答辩。

被上诉人《家庭教育导报》社辩称：捐赠活动是《家庭教育导报》社发起，3份捐赠合同均系当时所签，完全合法有效。《家庭教育导报》社作为受赠人有权指定捐款保管人，陈马烈系受指定对捐款进行保管的，捐款的使用是合法合理的，报社未侵害上诉人的权益。

二审裁判结果

杭州市中级人民法院判决：驳回上诉，维持原判。

二审裁判理由

杭州市中级人民法院认为：在《家庭教育导报》社及社会各界的帮助下，至本案纠纷发生为止，为使蒋鲜丽完成学业，各捐款人向蒋鲜丽捐款人民币共计17430.84元，其中浙江省女记者协会、杭州新世纪外国语学校、杭州天地实验小学三捐款人共计捐款人民币13041.84元，另4389元系其他捐款人通过邮寄或其他方式的捐赠款，上述款项均以蒋鲜丽所在学校校长陈马烈的名义存于银行的事实清楚。浙江省女记者协会、杭州新世纪外国语学校、杭州天地实验小学三捐款人不同意将其捐款交蒋鲜丽的家长保管的意思表示明确，且陈马烈对这部分捐款所实施的保管行为并不违反该三捐款人与《家庭教育导报》社所订立的合同；蒋鲜丽的监护人认为三份合同系事后补签的，因而合同是无效的，缺乏法律根据。蒋鲜丽作为社会公益捐款的受益人，依法对捐款享有受益的权利，但如果该捐款是附条件或附义务的捐款，则蒋鲜丽在享有捐款受益权的同时，不得违反捐款人为捐款所设定的合理条件或义务。本案中，浙江省女记者协会、杭州新世纪外国语学校、杭州天地实验小学在捐款时，均在赠款协议中附加了使用捐款的条件，蒋鲜丽在享受上述受捐款权利时，有义务遵守捐款人设定的条件。现蒋鲜丽的监护人要求《家庭教育导报》社及陈马烈将浙江省女记者协会、杭州新世纪外国语学校、杭州天地实验小学三捐款人的捐款13041.84元交其本人保管，明显不符合赠与人捐款时的意思表示，故不予支持。

52. 赠与行为发生后，什么情况下可撤销赠与？

赠与合同是诺成合同，但在合同成立生效后，赠与人可依法行使撤销权。撤销原因可分为两种：一是赠与合同的任意撤销。赠与人在赠与财产的权利转移之前可以撤销赠与。以一般动产为标的的赠与合同，在交付赠与标的之前，赠与人可以任意撤销赠与；以需要办理登记等手续的财产为标的的赠与合同，在办理权利转移登记前，赠与人可以任意撤销赠与。但具有救灾、扶贫等社会公益、道德义务性质的赠与合同或者经过公证的赠与合同，不得任意撤销，赠与人不交付赠与的财产的，受赠人可以要求交付。二是赠与合同的法定撤销。受赠人有下列情形之一的，赠与人可以撤销赠与：（1）严重侵害赠与人或者赠与人的近亲属；（2）对赠与人有扶养义务而不履行；（3）不履行赠与合同约定的义务。只要具备上述法定撤销事由，不论赠与合同以何种形式订立、赠与的财产是否已交付、赠与是否具有社会公益、道德义务性质，撤销权人均可撤销赠与。赠与人的撤销权，自知道或者应当知道撤销原因之日起1年内行使。赠与人的继承人或者法定代理人的撤销权，自知道或者应当知道撤销原因之日起6个月内行使。该期间为除斥期间。超过这一期间，赠与人不得再行使撤销权。

典型疑难案件参考

陈毅生、张秀珍诉陈杨赠与合同案

基本案情

陈毅生、张秀珍系陈杨的祖父母。位于宜昌市内的一处房屋系陈毅生、张秀珍的共同财产，其为补贴生活将该房的阳台及一间房屋出租。2002年10月23日，经宜昌市伍家岗区公证处公证，陈毅生、张秀珍夫妇与陈杨签订了赠与合同，约定将胜利四路24-101号房屋以附赡养义务的方式赠与陈杨，同时约定陈毅生、张秀珍在有生之年有居住使用该房屋的权利，有关该房的产权过户及其一切手续由受赠人陈杨办理。2002年10月30日，陈杨依据赠与合同公证书将房屋过户到了自己名下。此后，双方就房屋过户发生纠纷，陈毅生、张秀珍要求收回赠与的房屋。2004年2月2日至5日，陈毅生、张秀珍要求陈杨返还房屋，陈杨拒绝，双方便发生冲突，宜昌市公安局大公桥派出所接到张秀珍的报警后进行了调解，但未能达成协议。2004年3月1日下午，陈杨上门要求承租人搬出房屋，表示要收回房屋并与承租人发生争执。陈毅生出面阻止陈杨的行为时被陈杨推倒在地，造成陈毅生口鼻出血，张秀珍见状打"110"报警，经警察和当地居委会工作人员的劝阻陈杨才离去。2004年3月2日，陈毅生经宜昌市第一人民医院检查，其面部、胸部、腰骶部软组织挫伤（局部裂伤）。2004年3月9日，陈毅生因心脏病发作住院治疗。事后，陈杨未采取任何形式缓和双方的关系，遂引起诉讼，陈毅生、张秀珍坚决要求收回赠与房屋，陈杨表示拒绝退还。

一审诉辩情况

原告陈毅生、张秀珍诉称：位于宜昌市胜利四路24-101号的房屋系其夫妻的共同财产，其退休后主要依靠出租该房的部分房间来维持生活。2002年10月23日，在孙女陈杨（被告）多次要求下，经宜昌市伍家岗区公证处公证，其将房屋以附赡养义务的方式赠与了被告，同时约定原告在有生之年仍然居住该房屋。2003年1月，被告将该房屋产权证书从原告处骗取，并依据赠与合同，将房屋产权过户到被告名下，随后要求承租该房屋的人退房。2004年3月1日，被告上门声称收回出租房，并与承租人发生争执，原告陈毅生出面阻止被告行为时，被其殴打，经报警在警察和当地居委会人员劝阻下，被告方才离开。原告陈毅生经医院确诊，其面部、胸部、腰骶部软组织挫伤（局部裂伤），并引发心脏病住院，而被告至今未主动道歉，亦未承担医疗费用。

被告的行为严重侵害了原告权益，给原告身心造成了巨大伤害，特诉至法院，请求撤销赠与合同，返还房产。

被告陈杨辩称：（1）原告陈毅生未到庭（原告张秀珍及委托代理人王军荣到庭参加诉讼），诉状上陈毅生的签名是伪造的；（2）根据《合同法》第192条的规定，原告行使撤销权已超过法定的除斥期间；（3）在公证处办理房产赠与是由原告主动提出的，并不是被告多次要求，办理产权过户也是在原告陈毅生的要求下办理的，不可能在产权人不知情的情况下办理产权过户；（4）被告与承租户发生过纠纷，是因租赁合同到期，被告的住房条件不好，其要求承租户搬出；（5）被告与原告生活一年多，二原告都是退休职工，又有房屋出租收入，在经济上不存在被告进行赡养，被告在生活照顾上尽到了赡养义务。综上，原告的诉讼请求没有事实和法律规定，请求驳回原告的诉请。

一审裁判结果

湖北省宜昌市伍家岗区人民法院判决：
一、撤销原告陈毅生、张秀珍与被告陈杨之间的房屋赠与。
二、位于宜昌市胜利四路24-101号房屋的产权归原告陈毅生、张秀珍所有，被告陈杨于本判决生效之日起20日内协助原告办理更名过户手续，所需费用由原告承担。

一审裁判理由

湖北省宜昌市伍家岗区人民法院认为：（1）公民有委托律师代为进行诉讼活动的权利。原告陈毅生的委托代理人参加了诉讼，本人因病可以不参加庭审，其未出庭并不表示他不主张或已放弃诉讼权利；被告未向法院提供任何证据证明诉状上陈毅生的签名是伪造的，被告抗辩理由，缺乏事实和法律依据，不予采纳。（2）公民对自己的合法财产有自由进行处分的权利。位于宜昌市胜利四路24-101号的房屋系原告陈毅生、张秀珍夫妻的共同财产，二原告与孙女陈杨是自愿签订的房产赠与合同，该房产赠与行为未侵犯他人合法权利，符合法律规定，且经公证机关的公证，故该赠与合同合法有效。（3）赠与财产依法需要办理所有权转移手续的，应当办理相关手续。我国法律规定房产所有权对外公示以登记为准，被告为实现赠与目的，根据赠与合同的约定有权将受赠与的房产过户到自己名下。因此，被告在办理赠与合同公证后办理房产过户，并不违反双方的约定及法律规定。（4）受赠人严重侵害赠与人或不履行赠与合同所约定义务的，赠与人有行使撤销权的权利。原告将房产赠与被告附有义务，其目的是为了被告能从精神和生活上给予其抚慰和照料，而被告却在取得赠与房产后，无视原告年老体弱、多病和经济并不宽裕的现实情况，强行收回原告已出租的房屋，并在与原告发生的冲突中，造成原告陈毅生身体多处受伤，其行为对原告的精神和身体已构成严重伤害，也直接导致原告与被告不能继续相处，赠与合同所附义务亦不能实现。因此，为维护社会关系的稳定，保护赠与人及老年人的合法权利，倡导优良的道德观念，原告要求撤销该房产赠与合同符合法律规定，应予支持。(5) 依法成立的赠与合同，在出现撤销赠与的法定事由后，赠与人应在知道撤销原因之日起一年内行使撤销权。原告与被告的房产赠与行为虽已逾期一年，但被告伤害原告身心之日至原告起诉之日的期间，未超过法定期限，原告在法定事由出现后即依法行使了撤销权。因此，原告的主张并未过除斥期间，被告以原告的撤销权过了除斥期间的抗辩理由不成立。

二审诉辩情况

上诉人陈杨不服一审法院的上述判决，向湖北省宜昌市中级人民法院提起上诉称：请求撤销一审判决，确认赠与合同不可撤销。因为上诉人已尽或在尽赠与合同所附义务；并且，上诉人并未严重侵害被上诉人。被上诉人陈毅生、张秀珍答辩称：上诉人在受赠后未履行赠与合同的义务，并违反赠与合同，多次要赶走承租人，其行为给被上诉人造成了很大的伤害。请求二审法院依法裁判。

二审裁判结果

湖北省宜昌市中级人民法院判决：驳回上诉，维持原判。

二审裁判理由

湖北省宜昌市中级人民法院认为，被上诉人陈毅生、张秀珍将自己所有的房屋赠与给上诉人陈杨，不违反法律规定，属有效合同，但该赠与合同中附赠与人对赠与的标的物房屋有永久居住权的条件，即对房屋有使用的权利。本案中，受赠人陈杨不履行赠与合同约定的义务，强行赶承租人搬家，欲收回赠与人出租的房屋，阻碍赠与人行使房屋使用权，属违约行为。根据《合同法》第192条第1款第3项的规定，受赠人有不履行赠与合同约定义务情形的，赠与人可以撤销赠与。故上诉人陈杨诉称未严重侵害赠与人，要求改判赠与合同不可撤销的上诉理由不成立。

赠与合同纠纷办案依据集成

1. 中华人民共和国合同法（1999年3月15日主席令第15号公布）（节录）

第十一章 赠与合同

第一百八十五条 赠与合同是赠与人将自己的财产无偿给予受赠人，受赠人表示接受赠与的合同。

第一百八十六条 赠与人在赠与财产的权利转移之前可以撤销赠与。

具有救灾、扶贫等社会公益、道德义务性质的赠与合同或者经过公证的赠与合同，不适用前款规定。

第一百八十七条 赠与的财产依法需要办理登记等手续的，应当办理有关手续。

第一百八十八条 具有救灾、扶贫等社会公益、道德义务性质的赠与合同或者经过公证的赠与合同，赠与人不交付赠与的财产的，受赠人可以要求交付。

第一百八十九条 因赠与人故意或者重大过失致使赠与的财产毁损、灭失的，赠与人应当承担损害赔偿责任。

第一百九十条 赠与可以附义务。

赠与附义务的，受赠人应当按照约定履行义务。

第一百九十一条 赠与的财产有瑕疵的，赠与人不承担责任。附义务的赠与，赠与的财产有瑕疵的，赠与人在附义务的限度内承担与出卖人相同的责任。

赠与人故意不告知瑕疵或者保证无瑕疵，造成受赠人损失的，应当承担损害赔偿责任。

第一百九十二条 受赠人有下列情形之一的，赠与人可以撤销赠与：

（一）严重侵害赠与人或者赠与人的近亲属；

（二）对赠与人有扶养义务而不履行；

（三）不履行赠与合同约定的义务。

赠与人的撤销权，自知道或者应当知道撤销原因之日起一年内行使。

第一百九十三条 因受赠人的违法行为致使赠与人死亡或者丧失民事行为能力的，赠与人的继承人或者法定代理人可以撤销赠与。

赠与人的继承人或者法定代理人的撤销权，自知道或者应当知道撤销原因之日起六个月内行使。

第一百九十四条 撤销权人撤销赠与的，可以向受赠人要求返还赠与的财产。

第一百九十五条 赠与人的经济状况显著恶化，严重影响其生产经营或者家庭生活的，可以不再履行赠与义务。

2. 中华人民共和国公益事业捐赠法（1999年6月28日主席令第19号公布）（节录）

第十二条　捐赠人可以与受赠人就捐赠财产的种类、质量、数量和用途等内容订立捐赠协议。捐赠人有权决定捐赠的数量、用途和方式。

捐赠人应当依法履行捐赠协议，按照捐赠协议约定的期限和方式将捐赠财产转移给受赠人。

第十三条　捐赠人捐赠财产兴建公益事业工程项目，应当与受赠人订立捐赠协议，对工程项目的资金、建设、管理和使用作出约定。

捐赠的公益事业工程项目由受赠单位按照国家有关规定办理项目审批手续，并组织施工或者由受赠人和捐赠人共同组织施工。工程质量应当符合国家质量标准。

捐赠的公益事业工程项目竣工后，受赠单位应将工程建设、建设资金的使用和工程质量验收情况向捐赠人通报。

第十八条　受赠人与捐赠人订立了捐赠协议的，应当按照协议约定的用途使用捐赠财产，不得擅自改变捐赠财产的用途。如果确需改变用途的，应当征得捐赠人的同意。

十八、借款合同纠纷

53. 行为人私刻单位公章进行贷款诈骗，单位是否需承担民事责任？

最高人民法院《关于在审理经济纠纷案件中涉及经济犯罪嫌疑若干问题的规定》第5条规定，行为人私刻单位公章或者擅自使用单位公章、业务介绍信、盖有公章的空白合同书以签订经济合同的方法进行的犯罪行为，单位有明显过错，且该过错行为与被害人的经济损失之间具有因果关系的，单位对该犯罪行为所造成的经济损失，依法应当承担赔偿责任。单位规章制度不健全、用人失察、对公司高级管理人员监管不力，是单位明显过错的表现，应依法对贷款人的损失承担主要赔偿责任。私刻单位公章进行骗贷的行为是否构成表见代理，取决于贷款人客观上是否有充分的理由相信行为人具有代理权。贷款人是善意相对人的，构成表见代理，单位作为被代理人应按合同约定承担其与贷款人之间的民事责任。贷款人有过错的，不属于善意相对人的，不适用表见代理，而应由有过错的贷款人对损失承担相应的民事责任。

典型疑难案件参考

兴业银行广州分行与深圳市机场股份有限公司借款合同纠纷案（《最高人民法院公报》2009年第11期）

基本案情

2002年10月间，崔绍先（时任深圳机场公司总经理、董事会董事，主持深圳机场公司的日常工作）使用深圳机场公司的公章以深圳机场公司名义与民生银行广州分行签订了1.3亿元的银行承兑合同。贷出的1.3亿元被转入由张玉明任董事长的西北亚奥信息技术公司（以下简称西北亚奥公司），由西北亚奥公司开出汇票在湖南岳阳农行贴现。2003年3月，崔绍先使用深圳机场公司的公章以深圳机场公司名义与上海浦东发展银行广州分行（以下简称浦发银行广州分行）签订了贷款1.6亿元的合同，以该1.6亿元贷款偿还了前笔向民生银行广州分行的借款本息。在此笔贷款到期时，崔绍先亲自与兴业银行广州分行人员商谈贷款，并向兴业银行广州分行人员介绍西北亚奥公司出纳员李振海为深圳机场公司助理会计师，指使李振海假冒深圳机场公司工作人员（崔亲笔涂改自己的名片给李振海印制名片），使用私刻的深圳机场公司公章于2003年7月11日与兴业银行广州分行签订《基本授信合同》，约定兴业银行向深圳机场公司提供最高限额为人民币3亿元的基本授信额度，用于解决深圳机场公司正常的流动资金周转，授信有效期自2003年7月11日至2004年7月10日止。同年7月14日和12月9日，李振海按崔绍先的授意代表深圳机场公司在崔绍先办公室与兴业银行广州分行分别签订了数额为2亿和2500万元的两份贷款合同，共贷款2.25亿元，年利率4.779%，贷款期限一年。开户和贷款所需的深圳机场公司营业执照、税务登记证、法定代表人身份证明、授权委托书、董事会决议等相关资料，全部由崔绍先提交并加盖私刻的深圳机场公司公章。2.25亿元贷款发放后，李振海按崔绍先的授意将其中的1.6亿元通过深圳市机场航空货运有限公司（以下简称深圳机场航空货运公司）账户偿还浦发银行广州分行的1.6亿元借款，余款转入西北亚奥公司等处。在2.25亿元贷款即将到期时，2004年7月5日，崔绍先又亲自用私刻的深圳机场公司假公章在其办公室与兴业银行广州分行签订了3份各7500万元的借新贷还旧贷合同，年利率5.841%，贷款期限一年，对2.25亿元贷款延期。2004年8月11日和2005年1月4日，兴业银行广州分行直接或通过安永会计师事务所向深圳机场公司发出贷款核数函和直接追收函，崔绍先又亲自拟函和签名并使用私刻的深圳机场公司公章行文答复兴业银行广州分行。

兴业银行广州分行发放2.25亿元贷款后，已收至2004年11月24日共667万元的贷款利息。其中，深圳航空货运有限公司汇入309万元；深圳市深唐供水设备工业有限公司汇入90万元；新宝莱实业发展（深圳）有限公司汇入10万元；李振海交现金188万元；张玉明深圳账户转款70万元。

广东省高级人民法院另查明：2005年2月24日，张玉明、崔绍先、李振海等人因涉嫌贷款诈骗犯罪被深圳市公安局逮捕。2006年2月27日，深圳市人民检察院对崔绍先等人涉嫌犯罪一案向深圳市中级人民法院提起公诉。2007年8月7日，深圳市中级人民法院对崔绍先、张玉明、李振海等所涉贷款诈骗罪一案作出〔2006〕深中法刑二初字第134号刑事判决。该刑事判决认定以下事实：2003年5月，被告人崔绍先为帮助被告人张玉明融资，以深圳机场公司名义和浦发展银行广州分行签订2亿元人民币的基本授信合同及1.6亿元的贷款合同，该贷款被张玉明的公司占有。为了偿还到期的该笔贷款，被告人张玉明、崔绍先商定盗用深圳机场公司的名义以机场扩建候机楼需资金的理由向兴业银行广州分行贷款。被告人张玉明、崔绍先授意被告人李振海假冒机场公司的财务人员办理向兴业银行广州分行贷款的具体事宜。同年7月11日，被告人李振海假冒深圳机场公司的财务人员代表该公司与兴业银行广州分行签订了金额为3亿元人民币的基本授信合同，伪造深圳机场公司法定代表人授权书，代表该公司与兴业银行广州分行签订了金额分别为2亿元人民币和0.25亿元人民币的借款合同，并在合同及所有贷款资料上加盖其伪造的深圳机场公司公章。2.25亿元人民币贷出后，全部由李振海转到张玉明控制的公司非法占有。2004年年初，2.25亿元人民币即将到期，被告人张玉明、崔绍先、李振海采取"借新还旧"的方式，利用上述授信合同内剩余的0.75亿元贷款额度，循环贷款3次，共计贷款2.25亿元人民币，将还贷的期限变相延长一年。被告人崔绍先在延期的贷款合同上签名。被告人李振海在延期的贷款合同上加盖了伪造的深圳机场公司公章。该判决认为：张玉明、田其伟、崔绍先、李振海以非法占有为目的，使用虚假的证明文件和经济合同，诈骗银行贷款，数额特别巨大，其行为已构成诈骗贷款罪；张玉明、田其伟构成合同诈骗罪。在共同犯罪中，张玉明在诈骗贷款和合同诈骗均是主犯。田其伟在诈骗贷款是从犯，在合同诈骗是主犯。崔绍先在贷款诈骗中虽未占有赃款，但其协助张玉明进行贷款诈骗，帮助张玉明非法占有他人财产，属贷款诈骗共犯中的从犯。鉴于崔绍先没有实际占有他人财产，犯罪后主动投案如实供述自己的罪行，应认定为自首，归案后协助公安机关抓获同案犯张玉明、李振海，属于重大立功表现，依法应当减轻处罚。该院判决：

一、被告人张玉明犯贷款诈骗罪，判处无期徒刑，剥夺政治权利终身，并处没收个人全部财产；犯合同诈骗罪，判处无期徒刑，剥夺政治权利终身，并处没收个人全部财产。决定执行无期徒刑，剥夺政治权利终身，并处没收个人全部财产；被告人田其伟犯贷款诈骗罪，判处有期徒刑八年，并处罚金人民币1万元；犯合同诈骗，判处有期徒刑十五年，并处罚金人民币2万元。决定执行有期徒刑十七年，并处罚金人民币3万元；被告人李振海犯贷款诈骗罪，判处有期徒刑十五年，并处罚金人民币2万元；被告人崔绍先犯贷款诈骗罪，判处有期徒刑六年，并处罚金人民币1万元。

二、缴扣的假印章由公安机关予以没收销毁，犯罪所得的财物继续予以追缴。深圳市中级人民法院作出该刑事一审判决后，张玉明、田其伟、李振海三人向广东省高级人民法院提出上诉。崔绍先在一审承认控罪，判决后未提出上诉。

一审诉辩情况

兴业银行广州分行于2005年1月向广东省高级人民法院提起诉讼，请求：（1）判令解除双方2003年7月11日签署的《基本授信合同》及基于该《基本授信合同》签订的金额分别为2亿元和2500万元的两份贷款合同及2004年7月与深圳机场公司以借新还旧的方式签订的每份金额为7500万元的借款合同。（2）判令深圳机场公司立即返还借款本金22500万元、利息及罚息2125929.36元（合计人民币22712592.36元，暂计至2005年1月24日）。（3）由深圳机场公司承担本案兴业银行广州分行为实现债权而支付的所有费用。广东省高级人民法院受理后，因深圳市公安局对深圳机场公司原总经理崔绍先等人涉嫌贷款诈骗一案正在进行刑事侦查，根据深圳机场公司的申请，该院于2005年12月19日裁定中止案件的审理。在深圳市人民检察院对崔绍先等人涉嫌利用合同诈骗贷款一案向深圳市中级人民法院提起公诉，深圳市中级人民法院对该刑事案件开庭审理后，广东省高级人民法院恢复案件审理。

一审裁判结果

广东省高级人民法院判决：

一、确认本案所涉的授信合同、贷款合同全部无效；

二、深圳机场公司于判决生效之日起15日内赔偿兴业银行广州分行贷款损失19250万元本息（利息从2004年11月25日起按中国人民银行规定的同期贷款利率计至还款之日，逾期付款按中国人民银行规定的同期贷款利率双倍计付利息）；

三、驳回兴业银行广州分行的其他诉讼请求。

一审裁判理由

广东省高级人民法院认为：本案所涉贷款，系崔绍先等人通过私刻公章以深圳机场公司的名义与兴业银行广州分行签订借款合同的形式诈骗而来。本案所涉的基本授信合同、贷款合同均属《合同法》第52条第3项所规定的"以合法的形式掩盖非法目的"，违反法律禁止性规定的合同，因此均应认定无效。崔绍先等人以深圳机场公司的名义诈骗贷款已造成兴业银行广州分行2.25亿元贷款及相关利息的损失。崔绍先等人诈骗贷款的行为与因本案所涉的基本授信合同、贷款合同所产生的民事赔偿关系，是分别适用刑事法律和民事法律审理的两种不同法律关系的案件。本案深圳机场公司应否对崔绍先等人诈骗贷款造成兴业银行广州分行2.25亿元贷款及相关利息的损失承担责任，应当根据深圳机场公司对崔绍先的行为是否存在明显过错，且该过错行为与兴业银行广州分行的贷款损失之间是否具有因果关系而认定。

崔绍先是深圳机场公司的总经理、董事会董事，当时主持深圳机场公司的日常工作。崔绍先利用总经理的职务便利，亲自与兴业银行广州分行人员商谈贷款事宜，为授信合同、贷款合同签订人李振海提供虚假身份（名片、介绍信等），为诈骗案提供了一系列的虚假文件，指使李振海以私刻的公章代表深圳机场公司与兴业银行广州分行签订贷款合同骗取贷款，在两份贷款延期合同上亲笔签名，并在兴业银行广州分行有关查询函上签字确认。而且，本案所涉两份贷款合同均在崔绍先的办公室所签订。崔绍先上述一系列的作为，造成兴业银行广州分行有理由相信崔绍先是在履行职务行为。崔绍先在两年多时间多次以深圳机场公司名义骗取巨额贷款而不为深圳机场公司所知，深圳机场公司董事会严重失职，负有对公司高管人员失察、放任管理的重大过错责任。又因为深圳机场公司董事会的这一重大过错责任过错与兴业银行广州分行的贷款损失具有直接的因果关系。因此，深圳机场公司应当对兴业银行广州分行贷款损失承担与其过错相适应的民事责任。崔绍先利用职务之便使用深圳机场公司的真公章先后与民生银行和浦发银行签订贷款合同，骗取了巨额贷款。贷款虽然没有被深圳机场公司实际使用，但对民生银行和浦发银行贷款的清偿责任，依法应由深圳机场公司承担。本案所涉的2.25亿元贷款中，有1.6亿元用于偿还了深圳机场公司欠浦发银行的贷款债务。因此，深圳机场公司应将这1.6亿元赔偿给兴业银行广州分行。

兴业银行广州分行作为商业银行，应当知道深圳机场公司为上市的股份公司，贷款有比一般公司贷款更为严格的条件。但兴业银行广州分行人员在洽谈本案巨额贷款时仅与深圳机场公司总经理崔绍先和李振海见面洽谈，未依贷款规章对两人的权限和贷款用途、使用等情况进行严格审查，未履行金融机构发放贷款应尽的谨慎注意义务，轻信崔绍先的行为系职务行为，致使崔绍先和李振海等人能够轻易诈骗贷款。因此，兴业银行广州分行对本案所涉贷款被骗所造成的损失也负有重大的过错责任，应当分担本案的贷款损失。对于2.25亿贷款本金和未付利息的损失，除上述深圳机场公司应赔偿1.6亿元本息外，余额6500万元本息的损失，由兴业银行广州分行自行承担50%即3250万元本息的损失。其余3250万元本息的损失，仍应由深圳机场公司承担赔偿责任。对兴业银行广州分行诉讼请求中的实现债权而支付的费用，因没有证据证明，不予支持。

二审诉辩情况

深圳机场公司上诉称：（1）最高人民法院《关于在审理经济纠纷案件中

涉及经济犯罪嫌疑若干问题的规定》第5条第1款规定:"行为人盗窃、盗用单位的公章、业务介绍信、盖有公章的空白合同书,或者私刻单位的公章签订经济合同、骗取财物归个人占有、使用、处分或者进行其他犯罪活动构成犯罪的,单位对行为人该犯罪行为所造成的经济损失不承担民事责任。"本案中所有贷款材料全部虚假、所有公章全系伪造,所有与贷款有关的银行账户均非深圳机场公司的真实账户,所有资金深圳机场公司未使用分文,公司董事会对崔绍先等人签订贷款合同及资金流向完全不知情。崔绍先虽具有总经理身份,但并无签订如此巨额贷款合同的权限,根据深圳市中级人民法院刑事判决,其在共同犯罪中为从犯,在2.25亿元贷款诈骗案中的作用是次要的。贷款被骗完全是兴业银行广州分行的工作人员违法违规所致。崔绍先的总经理身份与兴业银行广州分行的经济损失之间并不存在因果关系,深圳机场公司在本案中并无过错,不应对本案的贷款本息承担赔偿责任。(2)原审判决认定深圳机场公司和兴业银行广州分行对2.25亿元贷款被骗负有同等过错责任,就应判决兴业银行广州分行对2.25亿元的贷款被骗后的全部后果承担50%的责任,而不是仅对其中的6500万元承担50%的责任。广东省高级人民法院在审理本案过程中,对不属于本案的民生银行广州分行与深圳机场公司贷款纠纷案和浦发银行广州分行与深圳机场公司贷款纠纷案进行了审理,认定本案所涉的2.25亿元用于偿还了深圳机场公司欠浦发银行广州分行的贷款,因此深圳机场公司应将该1.6亿元赔偿给兴业银行广州分行,并进而判决本案所涉2.25亿元被骗贷款中的1.6亿元全部由深圳机场公司赔偿。违反了民事诉讼中的"一案一诉"的原则,剥夺了深圳机场公司对民生银行广州分行借款案和浦发银行广州分行借款案的抗辩权。故请求二审撤销原审民事判决第二项,改判深圳机场公司不承担民事责任。

兴业银行广州分行上诉称:崔绍先参与了2.25亿元贷款的全过程。崔绍先虽然不是深圳机场公司的法定代表人,但其身份为深圳机场公司主持日常工作的董事总经理,本案所有合同全部都是在深圳机场公司办公场所内崔绍先的总经理办公室签署,虽然事后证实崔绍先以深圳机场公司名义签署涉案合同所使用的公章、董事会决议、授权委托书等是其伪造的,但签约时形式上手续完备,兴业银行广州分行有理由相信崔绍先等行为属于有权代理和职务行为。本案2.25亿元贷款中有1.6亿元由崔绍先归还了应当由深圳机场公司负责归还的浦发银行广州分行1.6亿元借款。由此可见,深圳机场公司是涉案贷款的实际使用人和受益人,本案贷款是兴业银行广州分行和深圳机场公司之间的关系,而不是与崔绍先个人之间的关系。兴业银行广州分行在签署本案贷款合同时虽未能发现崔绍先提供的公章和相关证明文件属于伪造,但该过失并不能成为深圳机场公司免除全部或部分责任的依据。故崔绍先以深圳机场公司名义与兴业银行广州分行签署的本案借款合同的行为构成表见代理行为，签署的涉案合同均为有效合同，对被代理人深圳机场公司依法产生法律效力，深圳机场公司应当依合同约定归还全部借款本息（含罚息）。一审判决认定事实清楚，但判决结果未依法充分、全面保护兴业银行广州分行的合法权益，请二审判令解除本案基本授信合同及基于该合同所签署的共计金额为2.25亿元的3份人民币短期借款合同；判令深圳机场公司返还借款本金2.25亿元及利息和罚息。

二审裁判结果

最高人民法院判决：驳回上诉，维持原判。

二审裁判理由

在最高人民法院二审开庭质证过程中，深圳机场公司和兴业银行广州分行均未就此案提出新证据，双方对广东省高级人民法院认定的本案主要事实均无异议，故最高人民法院对原审判决认定的事实予以确认。

二审开庭后，最高人民法院于2008年12月8日收到深圳机场公司函件，称张玉明、田其伟、李振海刑事案件二审被广东省高级人民法院发回重审，请求最高人民法院据此对本案发回广东省高级人民法院重新审理。对此，最高人民法院认为，深圳机场公司对本案主要事实无异议，该案与相关刑事案件可以分开审理，且不具备发回重审的理由，故对深圳机场公司的该项请求不予支持。

最高人民法院认为，本案二审的焦点问题为：深圳机场公司和兴业银行广州分行签订的基本授信合同和相关借款合同的效力，崔绍先的行为是否构成表见代理，及深圳机场公司和兴业银行广州分行的民事责任承担问题。

根据本案查明的事实，本案所涉贷款系崔绍先等人伪造文件，虚构贷款用途，通过私刻公章以深圳机场公司的名义与兴业银行广州分行签订借款合同诈骗而来，所骗款项全部由张玉明控制的公司非法占有，张玉明、崔绍先、李振海正在接受国家司法机关的刑事追究。崔绍先等人的真实目的是骗取银行信贷资产，签订本案所涉基本授信合同及相关贷款合同只是诈骗银行信贷资产的形式和手段。上述行为符合《合同法》第52条第3项规定的合同无效情形，原审判决根据上述规定认定本案所涉基本授信合同及相关贷款合同系以合法的形式掩盖非法目的，上述合同无效并无不妥，最高人民法院予以维持。

最高人民法院《关于在审理经济纠纷案件中涉及经济犯罪嫌疑若干问题的规定》第5条第2款规定："行为人私刻单位公章或者擅自使用单位公章、

业务介绍信、盖有公章的空白合同书以签订经济合同的方法进行的犯罪行为，单位有明显过错，且该过错行为与被害人的经济损失之间具有因果关系的，单位对该过错行为所造成的损失，依法应当承担赔偿责任。"崔绍先系深圳机场公司的董事、总经理，在本案发生期间主持深圳机场公司的日常工作。崔绍先伙同张玉明、李振海等人为偿还骗取的其他商业银行的到期贷款，亲自与兴业银行广州分行人员商谈贷款事宜，提供虚假文件和伪造的董事会决议，指使李振海以私刻的公章代表深圳机场公司签订授信合同和贷款合同，并在其后亲自使用私刻的公章与兴业银行广州分行签订了借新还旧的贷款合同，使兴业银行广州分行误以为崔绍先是在履行职务行为，贷款系深圳机场公司所为，从而造成2.25亿元骗贷最终得逞。上述情形之所以能够发生，崔绍先利用其特殊的身份参与骗贷活动固然系主要原因，但也与深圳机场公司规章制度不健全、用人失察、对公司高级管理人员监管不力密不可分，故深圳机场公司在本案中具有明显过错，应依法对兴业银行广州分行的损失承担主要的赔偿责任。

兴业银行广州分行在签订和履行本案2.25亿元贷款合同的过程当中，未尽审慎注意义务，对私刻的深圳机场公司公章、伪造的证明文件和董事会决议未进行必要的鉴别和核实，在贷款的审查、发放、贷后跟踪检查等环节具有明显疏漏。深圳机场公司作为上市公司，在长达两年时间内未在上市公司半年报和年报中披露本案所涉贷款，兴业银行对此亦未能察觉并采取相应措施，反而与其签订了借新还旧的新合同。故兴业银行广州分行在本案中也存在一定过错，对本案的损失应承担相应的民事责任。

关于兴业银行广州分行上诉所称本案崔绍先的行为构成表见代理，本案授信合同和与之相关的一系列贷款合同为有效合同，深圳机场公司应依贷款合同返还贷款本息（包括罚息）的上诉请求。最高人民法院认为，表见代理是行为人没有代理权、超越代理权或者代理权终止后继续以代理人名义订立合同，而善意相对人客观上有充分的理由相信行为人具有代理权，则该代理行为有效，被代理人应按合同约定承担其与相对人之间的民事责任。但是，在相对方有过错的场合，不论该种过错是故意还是过失，无表见代理适用之余地。因本案基本授信合同及相关贷款合同，均为以合法的形式掩盖非法目的的无效合同，且兴业银行广州分行在本案所涉贷款过程中具有过错，故本案不适用合同法关于表见代理的规定，深圳机场公司和兴业银行广州分行应根据各自的过错程度承担相应的民事责任。

关于双方对本案民事责任的承担，广东省高级人民法院将2.25亿元中的1.6亿元认定为深圳机场公司应当偿还欠浦发银行广州分行的前一笔债务，该部分损失应当由深圳机场公司承担全部责任，而其余的6500万元由深圳机场公司和兴业银行广州分行双方各自承担50%的责任。对此，最高人民法院认为，原审判决对本案损失数额及民事责任分担原则的确定有误，判令深圳机场公司承担前一笔1.6亿元的偿还责任不当，应予纠正。本案2.25亿元之中的1.6亿元确被崔绍先等用于偿还欠浦发银行广州分行的前一笔债务，但深圳机场公司是否应当偿还浦发银行广州分行1.6亿元贷款与本案无关，该偿付行为并未使2.25亿元骗贷的性质有所改变，本案应以2.25亿元及未付利息作为损失，确定民事责任的承担范围。然而，原审判决对本案损失数额的确定和民事责任的分担比例确定虽然欠妥，但该判决确定深圳机场公司赔偿兴业银行广州分行损失本金1.925亿元及未付利息，兴业银行广州分行自行承担损失本金3250万元及利息，即深圳机场公司承担本案2.25亿元贷款本息损失的近85%，兴业银行广州分行自行承担本息损失的近15%。从结果看，双方当事人的责任承担与其过错程度是相适应的，故原审判决确定的双方当事人对本案损失的承担数额并无不妥，对此最高人民法院予以维持。

综上，原审判决认定事实清楚，适用法律正确，虽然对损失数额与责任分担比例的认定欠妥，但处理结果并无不当。深圳机场公司和兴业银行广州分行的上诉请求无事实和法律依据，最高人民法院均不予支持。

54. 只有借条没有付款凭证，能否主张还款？

借条是证明双方存在借贷合意和借贷关系实际发生的直接证据，具有较强的证明力，除非有确凿的相反证据足以推翻借据所记载的内容，一般不轻易否定借据的证明力。否则，如果对借条作为民间借贷借款事实依据的普遍性质予以否定，有违社会习惯与公众普遍认知，不利于维护社会诚实信用。但现实中不排除存在借款人先出具借条但未实际付款，名为借款实为赌债或标会款，债务人为逃避债务而与他人恶意串通伪造虚假债务，离婚中夫妻一方与他人共谋伪造虚假借条等复杂情况，因此仅有借条而没有汇款凭证的，还应根据具体个案情况进行审查。对于现金交付的借贷，债权人仅凭借据起诉而未提供付款凭证，债务人对款项交付提出合理异议的，法院可以要求出借人本人、法人或者其他组织的有关经办人员到庭，陈述款项现金交付的原因、时间、地点、款项来源、用途等具体事实和经过，并接受对方当事人和法庭的询问。无正当理由拒不到庭的，应承担相应后果。法院应当根据现金交付的金额大小、出借人的支付能力、当地或者当事人之间的交易方式、交易习惯以及借贷双方的亲疏关系等诸因素，结合当事人本人的陈述和庭审言词辩论情况以及提供的其他间接证据，依据民事诉讼高度盖然性的证明标准，运用逻辑推理、日常生活常理等，综合审查判断借贷事实是否真实发生。必要时，法院可以依职权进行调查取证。对金额较小的现金交付，出借人作出合理解释的，一般视为债权人已经完成行为意义上的证明责任，可以认定借贷事实存在。对于金额大小的界定，鉴于各地区经济发展状况、出借人个体经济能力存在差异，可由法官根据个案具体情况裁量。

反过来，如果仅有付款凭证而没有借据，而债务人否认借款关系的，由于付款的性质与用途多种多样，仅有付款凭证尚不足以证实借款事实的存在，债权人应当就双方存在借贷合意进一步提供证据。

典型疑难案件参考

屠宏毅诉俞磊民间借贷纠纷案

基本案情

2008年6月2日，中晖公司向原告屠宏毅借款200万元，先由被告俞磊以其本人的名义出具借条1份。同日，原告屠宏毅与中晖公司签订了借款协议，约定中晖公司向原告借款263万元，其中包括了被告俞磊出具的上述借条中的200万元，并约定交付时间为借款协议签订的当日。但原告此后一直未将被告出具的借条销毁。2008年9月12日，原告就本案起诉，同月25日，原告又起诉中晖公司，要求其清偿借款263万元及借款利息。

诉辩情况

原告屠宏毅诉称，该笔借款有被告亲笔出具的借条为证，被告应立即归还借款200万元。

被告俞磊辩称，被告出具借条后，原告并未将借款交付给被告，而是将借款直接交付给了中晖公司，并且还与该公司另行签订了借款协议，因此该借款不应由我归还。

裁判结果

宁波市北仑区人民法院判决：驳回原告屠宏毅的诉讼请求。

裁判理由

宁波市北仑区人民法院经审理认为：原告屠宏毅虽然向法院提供了被告俞磊出具的借条，但借条并非是唯一的债权凭证，原告屠宏毅还应向法院提供其已经向被告俞磊交付了借条中约定的借款的证据，但原告屠宏毅无法提供上述证据。相反，被告俞磊提供的录音资料，能够证明原告屠宏毅并非是向被告俞磊交付借款，而是向中晖公司交付。另外，从借款的资金来源和支付方式分析，原告在庭审中称其为向俞磊交付借款，共向银行借款600万元，其中200多万元用于偿还其此前尚欠俞磊的借款，200万元出借给俞磊，其余100多万元作为自由资金使用，出借给俞磊的200万元是通过银行汇款的方式支付；而其同时又称出借给中晖公司的263万元属同日以现金的方式一次性支付，但不能说明该263万元的资金来源，如此巨额的资金一次性以现金交付显然不具有合理性。因此，可判定原告虽持有被告出具的借条和中晖公司出具的借款协议两份债权凭证，但实际仅支付了一次借款的事实。另外，原告屠宏毅在被告出具借条的当天也与中晖公司签订了借款协议，且现原告屠宏毅已经向本院起诉实际借款人中晖公司，要求该公司偿还其借款263万元。因此，被告俞磊虽然向原告屠宏毅出具了借条，但原、被告之间的借款合同并未实际履行，故被告俞磊无须向原告偿还200万元借款。原告屠宏毅的诉讼请求证据不足，不予支持。

宣判后，双方当事人均未提出上诉，该判决已发生法律效力。

55. 农村房产未办理抵押登记，抵押权是否有效设立？

民间借贷活动中，借条中经常约定以借款人或担保人的房产作为抵押担保，该抵押权是否有效设立，应当区分房产是城市房产还是农村房产。《物权法》规定，房产抵押应当办理抵押登记，抵押权自登记时设立。而《担保法》规定，以城市房地产或者乡（镇）、村企业的厂房等建筑物抵押的，办理抵押物登记的部门为县级以上地方人民政府规定的部门，并没有规定农村房产抵押也应当办理抵押登记手续。因此,以城市房地产或者乡(镇)、村企业的厂房作为抵押物的,未经办理抵押登记手续,抵押权未设立,债权人无权主张就抵押物优先受偿;以农村房产作抵押的,从保护抵押权人的利益出发,应当认定抵押权有效设立,债权人有权就抵押房产优先受偿。

典型疑难案件参考

吴章友诉俞晓峰、宋亚珠、宋孔彬民间借贷纠纷案

基本案情

被告俞晓峰、宋亚珠系夫妻关系,被告宋孔彬系被告宋亚珠之父。2008年3月5日,被告俞晓峰、宋亚珠向原告借款90000元,并将属被告宋孔彬的房产证、土地证作保证,征得原告同意后,被告俞晓峰出具借条一份。借条载明:"今借吴章友人民币玖万元整(90000元),用岳父宋孔彬房产证、土地证作担保(借款期限2008年3月5日—2009年3月5日)。逾期罚息壹分并付超期讨债工资每天60元。"被告宋亚珠作为担保人在借条上签名。2008年8月12日,被告宋孔彬对被告俞晓峰的借款及用其的房产证、土地证作担保的事实予以认可,并在借条上作为担保人签了名。2009年2月4日,被告宋孔彬的妻子病故。借款到期后,被告俞晓峰未归还借款,被告宋亚珠、宋孔彬未承担保证责任。

诉辩情况

原告吴章友起诉称:2008年3月5日,被告俞晓峰因装潢需要向原告借款90000元,并出具借条一份,约定一年还清,并由被告宋亚珠、宋孔彬作为担保。但借款到期后,被告俞晓峰未偿还借款,被告宋亚珠、宋孔彬也未履行担保责任。故请求:(1)判令被告俞晓峰归还借款90000元,被告宋亚珠、宋孔彬负连带责任;(2)判令被告支付逾期罚息一分利,并支付超期讨债工资每天60元;(3)由讨债引起的一切费用以及误工、损失费用由三被告承担;(4)确认原告对宋孔彬用以做借款抵押物的房屋、土地使用权享有抵押权。

被告宋孔彬在法定答辩期间未作书面答辩,但在庭审中口头答辩称:(1)被告宋孔彬在借条上签字属实,但当时被告宋孔彬根本不知道以房产证作抵押的事实,因为房产证一直在被告俞晓峰和被告宋亚珠处。2008年8月

12日被告宋孔彬签字时，被告俞晓峰和被告宋亚珠只是告诉被告宋孔彬房产证押一下，并没说该钱不还房屋要抵押；（2）由于没有办理房屋抵押登记手续，原告对该房产没有享有抵押权；（3）本案涉及的房产被告宋孔彬没有处分权，该房产属于宋孔彬夫妻共同所有，虽其妻子已经过世，由被告宋孔彬及子女享有其妻子的继承权。综上，故要求法院驳回原告对被告宋孔彬的诉讼请求。

裁判结果

浙江省奉化市人民法院判决：

一、被告俞晓峰、宋亚珠在本判决生效后5日内归还给原告吴章友借款人民币90000元，并支付按月利率10‰按本金人民币9000元，自2009年3月6日起计算至判决确定的履行之日的利息；

二、被告俞晓峰、宋亚珠赔偿原告吴章友误工损失300元；

三、被告宋孔彬对上述款项在抵押房产价值范围内承担补充清偿责任；

四、驳回原告吴章友的其他诉讼请求。

裁判理由

浙江省奉化市人民法院认为：合法的借贷关系受法律保护。形式上由被告俞晓峰向原告借款，被告宋亚珠作担保，事实上，被告俞晓峰、宋亚珠属夫妻关系，应视为被告俞晓峰、宋亚珠向原告共同借款，其借贷关系明确。借款到期后，被告俞晓峰、宋亚珠理应在约定的期限内予以归还。至于双方所讼争的房产抵押合同是否成立的问题，本院认为，被告宋孔彬将属于自己的房产证、土地证交与自己的女儿，被告宋亚珠向银行贷款，后事实上向原告借款，将被告宋孔彬的房产证、土地证作担保，2008年8月12日，被告宋孔彬对借款和抵押担保事实确认后，在借条中签下了自己的名字，该房产抵押合同成立。因《担保法》对农村房产是否需要办理抵押登记手续未作强制规定，为此，被告宋孔彬的抵押行为是有效的。至于被告宋孔彬对所抵押的房产是否有处分权的问题，本院认为，借款时间是2008年3月5日，被告宋孔彬对借款确认担保时间是2008年8月12日，在这之前被告宋孔彬之妻未死亡，且其妻也知道房产证为其女儿贷款作抵押，事后，2009年2月4日被告宋孔彬妻死亡，所以，在该房产抵押时，该房产为被告宋孔彬与其妻的共同财产，该房产被告宋孔彬有权处分。关于原告起诉要求还款，被告方负连带责任及按约定支付利息、超期讨债工资等诉讼请求，本院认为，被告俞晓峰、宋亚珠属夫妻关系，并在借款时共同签名，其真实意思是被告俞晓峰、宋亚珠共同向原告借款，应视为共同债务,由被告俞晓峰、宋亚珠共同偿还;被告宋孔彬将房产作抵押,应承担抵押担保责任,为此,对被告俞晓峰、宋亚珠的借款在房产抵押价值范围内承担补充清偿责任。对原告主张要求逾期罚息一分的诉讼请求,双方在借条中作了约定,应理解为按月利率10‰计算,该利息也未违反法律规定,本院予以支持。对原告主张的超期讨债工资每天60元的诉讼请求,因原告未向本院提供其为实现债权所损失时间的确切证据,本院认为原告为实现债权确有一定的损失,为此,予以酌情考虑,宜定为5天。

宣判后,双方均未上诉,判决已生效。

56. 借条约定利率为1%,但未写明是月利率还是年利率,应如何处理?

借条约定利率1%但未写明是月利率还是年利率,或者借条记载利息1分,出借人认为是月利率1%,借款人则主张是每月支付利息1分钱,这些情况在生活中比较常见,容易引起争议。法律规定,自然人之间的借款合同对支付利息没有约定或者约定不明确的,视为不支付利息。债务人通常以约定不明为由拒绝支付利息。《合同法》第125条第1款规定:"当事人对合同条款的理解有争议的,应当按照合同所使用的词句、合同的有关条款、合同的目的、交易习惯以及诚实信用原则,确定该条款的真实意思。"借条约定利息,表明出借人并非基于亲朋好友关系向借款人提供无偿帮助。借款人出具借条承诺按1%利率付息,说明该借款是需要支付利息的,而不是无息借款,特别是在借条内容是借款人自己书写的场合,借款人以自己书写的借条内容不明确为由拒绝支付利息,更是有违诚实信用原则。民间借贷基于计算方便的考虑,约定利率时通常以月利率而非年利率为计算标准,并且民间借贷利率适当高于银行贷款利率也符合一般的交易惯例。因此,遵循合同解释原则,借条记载"利率1%"或"利息1分"应认定为月利率1%更符合日常的交易惯例。

典型疑难案件参考

蔡锡满诉蔡淡辉民间借贷纠纷案

基本案情

2000年12月20日，蔡淡辉与许晓林共向蔡锡满借款2万元，每人1万元。同日，蔡淡辉与许晓林立下借条交给蔡锡满执存，该借条载明："兹有蔡淡辉、许晓林两人向蔡锡满借款人民币2万元（贰万元整），利息以1%计算，2000年12月20日，借款人：蔡淡辉、许晓林"。后来，许晓林还清了借款。蔡淡辉经蔡锡满催讨，于2007年8月20日、12月16日、2008年7月26日、2009年2月26日分别付还蔡锡满各2000元，合计8000元。之后，双方对尚欠蔡锡满借款的数额有争议，蔡锡满遂起诉至法院，请求判令蔡淡辉归还借款1万元本金及负担本案的诉讼费。

一审诉辩情况

蔡淡辉辩称：对借条载明借款金额1万元没有异议，但对蔡锡满主张的双方约定按月1%支付利息有异议，认为双方没有约定利息是按月1%支付还是按年1%支付，属约定不明，应视为不支付利息。蔡淡辉对自己的主张的还款金额8000元提供"协议"一张，证明2007年9月18日双方协议由蔡淡辉分期付还蔡锡满借款，自约定之日起至2009年2月26日前蔡淡辉共付还蔡锡满8000元本金。

蔡锡满对蔡淡辉提供的"协议"有异议，认为该协议是蔡淡辉自制的，蔡锡满并没有与蔡淡辉达成还款协议，但蔡锡满对"协议"记载的自2007年8月20日至2009年2月26日蔡淡辉4次还款8000元没有异议，认为蔡淡辉付还的8000元是付还2000年12月20日该笔借款的利息。

一审裁判结果

揭阳市揭东县人民法院判决：

一、被告蔡淡辉应于判决生效之日起30日内付还原告蔡锡满借款人民币2000元；

二、驳回原告蔡锡满的其他诉讼请求。

一审裁判理由

揭阳市揭东县人民法院认为：本案是民间借贷纠纷，蔡淡辉于2000年12

月 20 日向蔡锡满借款 1 万元,有蔡淡辉亲笔签名的借条为证据,蔡淡辉也没有异议,应予以确认。对于争议的焦点问题,蔡锡满主张按月 1% 计算利息的依据是 2000 年 12 月 20 日的借条,该借条中记载"利息以 1% 计算",而蔡淡辉不承认,因借条没有明确利息的计付方式,双方约定不明确,根据《合同法》第 211 条第 1 款关于"自然人之间的借款合同对支付利息没有约定或者约定不明确的,视为不支付利息"的规定,蔡锡满和蔡淡辉之间的借款应视为不支付利息。对于蔡淡辉称 2002 年起至 2009 年 2 月 26 日共付还蔡锡满 8000 元,双方对此没有异议,可予以确认。因双方之间的借款视为不支付利息,故蔡淡辉付还的 8000 元应视为付还蔡锡满的本金,现尚欠蔡锡满借款本金 2000 元。

二审诉辩情况

蔡锡满不服一审判决提起上诉。

二审裁判结果

揭阳市中级人民法院判决:
一、撤销揭东县人民法院〔2009〕揭东法民一初字第 128 号民事判决;
二、蔡淡辉应于判决生效之日起 30 日内付还蔡锡满借款人民币 1 万元。

二审裁判理由

揭阳市中级人民法院二审认为,本案争议的焦点:关于利息约定是否明确的问题。本案借条记载"利息以 1% 计算",蔡锡满主张 1% 是月利率,蔡淡辉主张利息约定不明确,应视为不支付利息。双方对"利息以 1% 计算"有不同的理解,依照《合同法》第 125 条第 1 款规定,当事人对合同条款的理解有争议的,应当按照合同所使用的词句、合同的有关条款、合同的目的、交易习惯以及诚实信用原则,确定该条款的真实意思。蔡锡满将资金借给蔡淡辉做生意,不是向生活有需要的亲朋好友提供无偿帮助,其目的应是通过提供借款来获取利益;蔡淡辉自己书写借条承诺利息以 1% 计算,说明该借款是要支付利息的,而不是无息借款,现以自己书写的内容不明确为由主张借款应视为不支付利息,有违诚信原则;民间借贷基于计算方便等方面的考虑,对利率进行约定时通常是约定月利率而不是约定年利率。综上,遵循合同解释的原则,借条记载"利息以 1% 计算"应当理解为月利率 1% 较符合民间交易习惯。

关于蔡淡辉已付还的 8000 元是付还本金还是付还利息的问题。蔡淡辉主张自 2007 年 8 月 20 日起分 4 次付还共 8000 元依双方协议是付还本金。

蔡锡满对蔡淡辉提交的协议予以否认，主张协议内容是蔡淡辉利用还款记录上面的空白自己写的，并提供了吟清的书面证言予以证实。吟清是蔡锡满的妻子，其未经人民法院许可，没有出庭接受当事人的质询，其书面证言的证明力不足。虽然蔡锡满没有提供充分证据证明协议内容是蔡淡辉单方添造的，但该协议没有蔡锡满的签名，协议内容与还款记录不是紧密结合不可分割的整体，蔡锡满以收款人身份签名，所确认的是还款的金额，难以肯定其签名是对协议内容的认可。双方当事人所持证据都不能充分证明自己主张的事实，蔡淡辉对待证事实负有举证责任，依法应承担不利后果，其主张双方曾达成还款协议，不能采信。双方当事人对支付利息的期限没有约定，依照《合同法》第205条的规定，本案利息应该在每届满一年时支付，蔡淡辉各次付还款项均不足以清偿还款时应支付的利息，故其已付还共8000元应认定是付还利息而不是付还本金。蔡锡满要求蔡淡辉归还借款本金1万元，理由成立，予以支持。

再审诉辩情况

蔡淡辉不服二审判决，向广东省人民检察院申诉。广东省人民检察院提起抗诉。

再审裁判结果

广东省高级人民法院再审判决：维持广东省揭阳市中级人民法院〔2009〕揭中法民一终字第79号民事判决。

再审裁判理由

广东省高级人民法院再审认为，本案属于民间借贷纠纷。根据广东省人民检察院的抗诉意见及蔡淡辉的申诉意见、蔡锡满的答辩意见，蔡锡满、蔡淡辉对双方成立借款合同关系、蔡锡满借款1万元给蔡淡辉，蔡淡辉已归还8000元的事实无异议，予以确认。本案再审的焦点问题是蔡淡辉归还蔡锡满的8000元款项应认定为归还本金还是利息。蔡淡辉于2000年12月20日向蔡锡满出具的借条约定"利息以1%计算"，双方对该约定应否适用《合同法》第211条第1款之规定产生争议。依照《合同法》第125条规定，当事人对合同条款的理解有争议的，应当按照合同所使用的词句、合同的有关条款、合同的目的、交易习惯以及诚实信用原则，确定该条款的真实意思。首先，上述借条明确约定了蔡淡辉向蔡锡满借款须支付利息，但蔡淡辉在案中主张其无须向蔡锡满支付利息，违反了《民法通则》第4条关于民事活动应当遵循诚实信用原则的规定。其次，另一借款人许晓林在二审期间出具书面证言证实上述借条约定的利率为月利率1%。蔡淡辉不能否认该证言的真实性，参照许晓林陈述的事实，双方约定的利息计算标准应为月利率1%。再次，蔡锡满借款给蔡淡辉系用于营利性的生产经营，并非日常生活所需，双方约定的1%的利率应认定为月利率更符合日常的交易惯例。二审判决认为应按照民间交易习惯对借条的内容进行解释，该意见并非蔡锡满的主张，而是二审法院的观点，故广东省人民检察院认为应由蔡锡满承担交易习惯的举证责任不当。最后，蔡淡辉在一审期间提交一份"协议"，以证明本案借款无须支付利息。但是，从该"协议"的内容看，蔡锡满在还款的时间和金额之后签名确认，其真实的意思表示是对蔡淡辉还款事实的确认，并非对该"协议"上半部分关于本案总的应还款金额为1万元的确认。因此，蔡淡辉提交的该"协议"不能证明本案借款无须支付利息。

57. 逾期利息如何计算？

根据意思自治原则，借贷双方有约定逾期利息计算标准的，按约定执行。但如果未作约定，则现行的逾期贷款利率不具有可操作性。《中国人民银行关于人民币贷款利率有关问题的通知》（银发〔2003〕251号）将逾期贷款罚息利率由按日万分之二点一计收利息改为在借款合同载明的贷款利率水平上加收30%—50%，这就导致如果借款合同未约定逾期付款违约金标准，无法参照中国人民银行规定的金融机构计收逾期贷款利息的标准计算逾期付款违约金。2004年1月1日至今，最高人民法院未出台新的司法解释来解决此问题。各地法院对逾期利息的计算标准也各不相同，比较常见的计算方法可归纳为：（1）合同有约定逾期利息的，按照约定标准计算；（2）合同未约定逾期利息，但有约定借款期限内借款利率的，按借款合同载明的借款利率130%—150%计算逾期利息；（3）合同未约定逾期利息，也未约定借款期限内借款利率的，法院一般按中国人民银行发布的同期同类贷款利率计算逾期利息，但也有按银行同类贷款利率130%—150%计算的情形。

58. 借款人已还款项是先还利息还是先还本金？

最高人民法院《关于适用〈中华人民共和国合同法〉若干问题的解释（二）》第21条规定："债务人除主债务之外还应当支付利息和费用，当其给付不足以清偿全部债务时，并且当事人没有约定的，人民法院应当按照下列顺序抵充：（一）实现债权的有关费用；（二）利息；（三）主债务。"借款合同有约定偿还顺序时按照约定执行，没有约定偿还顺序，而借款人的还款又不足以清偿所有债务时，应按照先还息后还本的顺序，认定已还款项先偿还约定或法定需支付的实现债权的有关费用（如合同约定的律师代理费、差旅费等），如有盈余，再抵扣到期利息，最后再抵扣本金。

典型疑难案件参考

邵明辉诉宁波亨丰汽配有限公司等民间借贷纠纷案

基本案情

2007年9月17日，被告亨丰汽配公司因经营需要与原告订立借款人民币3000000元的借款合同，约定一个月后即2007年10月16日归还，若逾期归还，被告将承担每日5000元的违约金，被告芦雪成、陈玮、孙琤对上述借款及利息承担连带担保责任。后原告通过第三人宁波烨华投资有限公司于2007年9月17日以及2007年9月25日分两次合计将1000000元通过划账转入被告亨丰汽配公司的账号。后被告陈玮为履行自己的担保之责，曾于2007年11月28日、12月4日、12月29日、2008年2月2日通过银行汇款以及转账的方式向原告邵明辉分别归还过40000元、48000元、88000元以及48000元，合计224000元。余款尚未归还。另查，被告陈玮、孙琤系夫妻关系。

诉辩情况

原告诉称，2007年9月17日，被告亨丰汽配公司因经营需要与原告订立借款3000000元的借款合同，约定一个月后归还，若逾期归还，被告将承担每日5000元的违约金，告芦雪成、陈玮、孙琤对上述借款及利息承担连带担保责任。后原告邵明辉分两次将1000000元借给被告亨丰汽配公司，但直至起诉之日，被告亨丰汽配公司未履行还款责任，被告芦雪成、陈玮、孙琤也未履行担保责任。

被告宁波亨丰汽配有限公司未出庭参加本案诉讼。

被告芦雪成未出庭参加本案诉讼，但在庭前答辩称，欠款及其担保属实。

被告陈玮未按时参加本案诉讼，但在庭后答辩称，原告所诉的借款以及担保属实，但其以个人名义分4次共归还了224000元，并提供了相应的还款凭证。

被告孙琤未出庭参加本案诉讼。

裁判结果

浙江省宁波市江北区人民法院判决：

一、被告宁波亨丰汽配有限公司于本判决生效后10日内支付原告邵明辉借款本金858083元以及支付逾期利息（按2008年2月3日后的中国人民银行公布的同期同种贷款基准利率的4倍为标准计算至本判决确定的履行之日止）；

二、被告芦雪成、陈玮、孙琤对上列第一项借款本息承担连带偿付责任，被告芦雪成、陈玮、孙琤承担保证责任后，有权向被告宁波亨丰汽配有限公司追偿；

三、驳回原告邵明辉的其他诉讼请求。

裁判理由

浙江省宁波市江北区人民法院认为，本案原、被告之间的借款合同是各方真实意思表示，内容（除违约金约定外）未违反法律的强制性规定，系有效合同，双方均应恪守。原告依约向被告亨丰汽配公司提供借款，且双方明确了归还期限，现被告亨丰汽配公司没有依约按时归还全部借款，被告芦雪成、陈玮、孙琤也未完全履行自己担保责任，显属违约，应承担相应的法律责任。另外，本案中原告既诉请被告按银行同期贷款基准利率的4倍支付逾期还款利息，又要求被告另行支付约定的逾期还款违约金200000元，原告的上述两项诉请已远远超出了有关逾期还款利息或违约金的规定，且合同中约定的逾期还款违约金在民间借贷中宜理解为逾期还款利息，故法院仅支持原告要求被告按中国人民银行公布的同期贷款基准利率的4倍支付逾期还款利息的诉请，对原告诉请被告另行支付违约金的诉请予以驳回。故，原告要求被告归还借款本金1000000元以及利息563217.53元和被告芦雪成、陈玮、孙琤对上述款项承担连带还款责任的诉请，因原告计算方式有误，法院依法予以纠正。在本案中，被告陈玮曾于 2007 年 11 月 28 日、12 月 4 日、12 月 29 日、2008 年 2 月 2 日通过银行汇款以及转账的方式向原告邵明辉分别归还过 40000 元、48000 元、88000 元以及 48000 元，因原、被告双方均未在合同中明确先归还本金还是先归还逾期还款利息，且本案尚有部分被告缺席，法院认为，对被告陈玮归还的款项宜先冲抵归还日的逾期还款利息，有盈余时再冲抵本金，故依此计算方法计算至 2008 年 2 月 2 日止被告实际尚欠原告借款本金 858083 元，而之后的利息，按中国人民银行公布的同期同种贷款基准利率的 4 倍计算至本判决确定的履行之日止。保证人承担担保责任后，依法对借款人享有追偿权。

宣判后，双方均未上诉，一审判决已生效。

借款合同纠纷办案依据集成

1. 中华人民共和国合同法（1999年3月15日主席令第15号公布）（节录）

第十二章 借款合同

第一百九十六条 借款合同是借款人向贷款人借款，到期返还借款并支付利息的合同。

第一百九十七条 借款合同采用书面形式，但自然人之间借款另有约定的除外。

借款合同的内容包括借款种类、币种、用途、数额、利率、期限和还款方式等条款。

第一百九十八条 订立借款合同，贷款人可以要求借款人提供担保。担保依照《中华人民共和国担保法》的规定。

第一百九十九条 订立借款合同，借款人应当按照贷款人的要求提供与借款有关的业务活动和财务状况的真实情况。

第二百条 借款的利息不得预先在本金中扣除。利息预先在本金中扣除的，应当按照实际借款数额返还借款并计算利息。

第二百零一条 贷款人未按照约定的日期、数额提供借款，造成借款人损失的，应当赔偿损失。

借款人未按照约定的日期、数额收取借款的，应当按照约定的日期、数额支付利息。

第二百零二条 贷款人按照约定可以检查、监督借款的使用情况。借款人应当按照约定向贷款人定期提供有关财务会计报表等资料。

第二百零三条 借款人未按照约定的借款用途使用借款的，贷款人可以停止发放借款、提前收回借款或者解除合同。

第二百零四条 办理贷款业务的金融机构贷款的利率，应当按照中国人民银行规定的贷款利率的上下限确定。

第二百零五条 借款人应当按照约定的期限支付利息。对支付利息的期限没有约定或者约定不明确，依照本法第六十一条的规定仍不能确定，借款期间不满一年的，应当在返还借款时一并支付；借款期间一年以上的，应当在每届满一年时支付，剩余期间不满一年的，应当在返还借款时一并支付。

第二百零六条 借款人应当按照约定的期限返还借款。对借款期限没有约定或者约定不明确，依照本法第六十一条的规定仍不能确定的，借款人可以随时返还；贷款人可以催告借款人在合理期限内返还。

第二百零七条 借款人未按照约定的期限返还借款的，应当按照约定或者国家有关规定支付逾期利息。

第二百零八条 借款人提前偿还借款的，除当事人另有约定的以外，应当按照实际借款的期间计算利息。

第二百零九条 借款人可以在还款期限届满之前向贷款人申请展期。贷款人同意的，可以展期。

第二百一十条 自然人之间的借款合同，自贷款人提供借款时生效。

第二百一十一条 自然人之间的借款合同对支付利息没有约定或者约定不明确的，视为不支付利息。

自然人之间的借款合同约定支付利息的，借款的利率不得违反国家有关限制借款利率的规定。

2. 中华人民共和国商业银行法（2003年12月17日修正）（节录）

第一章 总　则

第一条 为了保护商业银行、存款人和其他客户的合法权益，规范商业银行的行为，提高信贷资产质量，加强监督管理，保障商业银行的稳健运行，维护金融秩序，促进社会主义市场经济的发展，制定本法。

第二条 本法所称的商业银行是指依照本法和《中华人民共和国公司法》设立的吸收公众存款、发放贷款、办理结算等业务的企业法人。

第三条 商业银行可以经营下列部分或者全部业务：

（一）吸收公众存款；

（二）发放短期、中期和长期贷款；

（三）办理国内外结算；

（四）办理票据承兑与贴现；

（五）发行金融债券；

（六）代理发行、代理兑付、承销政府债券；

（七）买卖政府债券、金融债券；

（八）从事同业拆借；

（九）买卖、代理买卖外汇；

（十）从事银行卡业务；

（十一）提供信用证服务及担保；

（十二）代理收付款项及代理保险业务；

（十三）提供保管箱服务；

（十四）经国务院银行业监督管理机构批准的其他业务。

经营范围由商业银行章程规定，报国务院银行业监督管理机构批准。

商业银行经中国人民银行批准，可以经营结汇、售汇业务。

第四条 商业银行以安全性、流动性、效益性为经营原则，实行自主经营，自担风险，自负盈亏，自我约束。

商业银行依法开展业务，不受任何单位和个人的干涉。

商业银行以其全部法人财产独立承担民事责任。

第五条 商业银行与客户的业务往来，应当遵循平等、自愿、公平和诚实信用的原则。

第六条 商业银行应当保障存款人的合法权益不受任何单位和个人的侵犯。

第七条 商业银行开展信贷业务，应当严格审查借款人的资信，实行担保，保障按期收回贷款。商业银行依法向借款人收回到期贷款的本金和利息，受法律保护。

第八条 商业银行开展业务，应当遵守法律、行政法规的有关规定，不得损害国家利益、社会公共利益。

第九条 商业银行开展业务，应当遵守公平竞争的原则，不得从事不正当竞争。

第十条 商业银行依法接受国务院银行业监督管理机构的监督管理，但法律规定其有关业务接受其他监督管理部门或者机构监督管理的，依照其规定。

第四章 贷款和其他业务的基本规则

第三十四条 商业银行根据国民经济和社会发展的需要，在国家产业政策指导下开展贷款业务。

第三十五条 商业银行贷款，应当对借款人的借款用途、偿还能力、还款方式等情况进行严格审查。商业银行贷款，应当实行审贷分离、分级审批的制度。

第三十六条 商业银行贷款，借款人应当提供担保。商业银行应当对保证人的偿还能力，抵押物、质物的权属和价值以及实现抵押权、质权的可行性进行严格审查。

经商业银行审查、评估，确认借款人资信良好，确能偿还贷款的，可以不提供担保。

第三十七条 商业银行贷款，应当与借款人订立书面合同。合同应当约定贷款种类、借款用途、金额、利率、还款期限、还款方式、违约责任和双方认为需要约定的其他事项。

第三十八条 商业银行应当按照中国人民银行规定的贷款利率的上下限，确定贷款利率。

第三十九条 商业银行贷款，应当遵守下列资产负债比例管理的规定：

（一）资本充足率不得低于百分之八；

（二）贷款余额与存款余额的比例不得超过百分之七十五；

（三）流动性资产余额与流动性负债余额的比例不得低于百分之二十五；

（四）对同一借款人的贷款余额与商业银行资本余额的比例不得超过百分之十；

（五）国务院银行业监督管理机构对资产负债比例管理的其他规定。

本法施行前设立的商业银行，在本法施行后，其资产负债比例不符合前款规定的，应当在一定的期限内符合前款规定。具体办法由国务院规定。

第四十条 商业银行不得向关系人发放信用贷款；向关系人发放担保贷款的条件不得优于其他借款人同类贷款的条件。

前款所称关系人是指：

（一）商业银行的董事、监事、管理人员、信贷业务人员及其近亲属；

（二）前项所列人员投资或者担任高级管理职务的公司、企业和其他经济组织。

第四十一条 任何单位和个人不得强令商业银行发放贷款或者提供担保。商业银行有权拒绝任何单位和个人强令要求其发放贷款或者提供担保。

第四十二条 借款人应当按期归还贷款的本金和利息。

借款人到期不归还担保贷款的，商业银行依法享有要求保证人归还贷款本金和利息或者就该担保物优先受偿的权利。商业银行因行使抵押权、质权而取得的不动产或者股权，应当自取得之日起二年内予以处分。

借款人到期不归还信用贷款的，应当按照合同约定承担责任。

第四十三条　商业银行在中华人民共和国境内不得从事信托投资和证券经营业务，不得向非自用不动产投资或者向非银行金融机构和企业投资，但国家另有规定的除外。

第四十四条　商业银行办理票据承兑、汇兑、委托收款等结算业务，应当按照规定的期限兑现，收付入账，不得压单、压票或者违反规定退票。有关兑现、收付入账期限的规定应当公布。

第四十五条　商业银行发行金融债券或者到境外借款，应当依照法律、行政法规的规定报经批准。

第四十六条　同业拆借，应当遵守中国人民银行的规定。禁止利用拆入资金发放固定资产贷款或者用于投资。

拆出资金限于交足存款准备金、留足备付金和归还中国人民银行到期贷款之后的闲置资金。拆入资金用于弥补票据结算、联行汇差头寸的不足和解决临时性周转资金的需要。

第四十七条　商业银行不得违反规定提高或者降低利率以及采用其他不正当手段，吸收存款，发放贷款。

第四十八条　企业事业单位可以自主选择一家商业银行的营业场所开立一个办理日常转账结算和现金收付的基本账户，不得开立两个以上基本账户。

任何单位和个人不得将单位的资金以个人名义开立账户存储。

第四十九条　商业银行的营业时间应当方便客户，并予以公告。商业银行应当在公告的营业时间内营业，不得擅自停止营业或者缩短营业时间。

第五十条　商业银行办理业务，提供服务，按照规定收取手续费。收费项目和标准由国务院银行业监督管理机构、中国人民银行根据职责分工，分别会同国务院价格主管部门制定。

第五十一条　商业银行应当按照国家有关规定保存财务会计报表、业务合同以及其他资料。

第五十二条　商业银行的工作人员应当遵守法律、行政法规和其他各项业务管理的规定，不得有下列行为：

（一）利用职务上的便利，索取、收受贿赂或者违反国家规定收受各种名义的回扣、手续费；

（二）利用职务上的便利，贪污、挪用、侵占本行或者客户的资金；

（三）违反规定徇私向亲属、朋友发放贷款或者提供担保；

（四）在其他经济组织兼职；

（五）违反法律、行政法规和业务管理规定的其他行为。

第五十三条　商业银行的工作人员不得泄露其在任职期间知悉的国家秘密、商业秘密。

第九章　附　　则

第九十一条　本法施行前，按照国务院的规定经批准设立的商业银行不再办理审批手续。

第九十二条　外资商业银行、中外合资商业银行、外国商业银行分行适用本法规定，法律、行政法规另有规定的，依照其规定。

第九十三条 城市信用合作社、农村信用合作社办理存款、贷款和结算等业务，适用本法有关规定。

第九十四条 邮政企业办理商业银行的有关业务，适用本法有关规定。

第九十五条 本法自1995年7月1日起施行。

3. 贷款通则（1996年6月28日中国人民银行令1996年第2号发布）（节录）

第二十九条 签订借款合同：

所有贷款应当由贷款人与借款人签订借款合同。借款合同应当约定借款种类、借款用途、金额、利率、借款期限、还款方式、借、贷双方的权利、义务、违约责任和双方认为需要约定的其他事项。

保证贷款应当由保证人与贷款人签订保证合同，或保证人在借款合同上载明与贷款人协商一致的保证条款。加盖保证人的法人公章，并由保证人的法定代表人或其授权代理人签署姓名。抵押贷款、质押贷款应当由抵押人、出质人与贷款人签订抵押合同、质押合同，需要办理登记的，应依法办理登记。

4. 最高人民法院关于人民法院审理借贷案件的若干意见（1991年8月13日 法（民）发〔1991〕21号）

人民法院审理借贷案件，应按照自愿、互利、公平、合法的原则，保护债权人和债务人的合法权益，限制高利率。根据审判实践经验，现提出以下意见，供审理此类案件时参照执行。

一、公民之间的借贷纠纷，公民与法人之间的借贷纠纷以及公民与其他组织之间的借贷纠纷，应作为借贷案件受理。

二、因借贷外币、台币和国库券等有价证券发生纠纷诉讼到法院的，应按借贷案件受理。

三、对于借贷关系明确，债权人申请支付令的，人民法院应按照民事诉讼法关于督促程序的有关规定审查受理。

四、人民法院审查借贷案件的起诉时，根据民事诉讼法第一百零八条的规定，应要求原告提供书面借据；无书面借据的，应提供必要的事实根据，对于不具备上述条件的起诉，裁定不予受理。

五、债权人起诉时，债务人下落不明的，由债务人原住所地或其财产所在地法院管辖。法院应要求债权人提供证明借贷关系存在的证据，受理后公告传唤债务人应诉，公告期限届满，债务人仍不应诉，借贷关系明确的，经审理后可缺席判决；借贷关系无法查明的，裁定中止诉讼。

在审理中债务人出走，下落不明，借贷关系明确的，可以缺席判决；事实难以查清的，裁定中止诉讼。

六、民间借贷的利率可以适当高于银行的利率，各地人民法院可根据本地区的实际情况具体掌握，但最高不得超过银行同类贷款利率的四倍（包含利率本数）。超出此限度的，超出部分的利息不予保护。

七、出借人不得将利息计入本金谋取高利。审理中发现债权人将利息计入本会计算复利的，其利率超出第六条规定的限度时，超出部分的利息不予保护。

八、借贷双方对有无约定利率发生争议，又不能证明的，可参照银行同类贷款利率计息。

借贷双方对约定的利率发生争议，又不能证明的，可参照本意见第6条规定计息。

九、公民之间的定期无息借贷，出借人要求借款人偿付逾期利息，或者不定期无息借贷经催告不还，出借人要求偿付催告后利息的，可参照银行同类贷款的利率计息。

十、一方以欺诈、胁迫等手段或者乘人之危，使对方在违背真实意思的情况下所形成的借贷关系，应认定为无效。借贷关系无效由债权人的行为引起的，只返还本金；借贷关系无效由债务人的行为引起的，除返还本金外，还应参照银行同类贷款利率给付利息。

十一、出借人明知借款人是为了进行非法活动而借款的，其借贷关系不予保护。对双方的违法借贷行为，可按照民法通则第一百三十四条第三款及《关于贯彻执行〈中华人民共和国民法通则〉若干问题的意见（试行）》（以下简称《意见》（试行））第163条、164条的规定予以制裁。

十二、公民之间因借贷外币、台币发生纠纷，出借人要求以同类货币偿还的，可以准许。借款人确无同类货币的，可参照偿还时当地外汇调剂价折合人民币偿还。出借人要求偿付利息的，可参照偿还时中国银行外币储蓄利率计息。

借贷外汇券发生的纠纷，参照以上原则处理。

十三、在借贷关系中，仅起联系、介绍作用的人，不承担保证责任。对债务的履行确有保证意思表示的，应认定为保证人，承担保证责任。

十四、行为人以借款人的名义出具借据代其借款，借款人不承认，行为人又不能证明的，由行为人承担民事责任。

十五、合伙经营期间，个人以合伙组织的名义借款，用于合伙经营的，由合伙人共同偿还；借款人不能证明借款用于合伙经营的，由借款人偿还。

十六、有保证人的借贷债务到期后，债务人有清偿能力的，由债务人承担责任；债务人无能力清偿、无法清偿或者债务人下落不明的，由保证人承担连带责任。

借期届满，债务人未偿还欠款，借、贷双方未征求保证人同意而重新对偿还期限或利率达成协议的，保证人不再承担保证责任。

无保证人的借贷纠纷，债务人申请追加新的保证人参加诉讼，法院不应准许。

对保证责任有争议的，按照《意见》（试行）第108条、109条、110条的规定处理。

十七、审理借贷案件时，对于因借贷关系产生的正当的抵押关系应予保护。如发生纠纷，分别按照民法通则第八十九条第二项以及《意见》（试行）第112条、113条、114条、115条、116条的规定处理。

十八、对债务人有可能转移、变卖、隐匿与案件有关的财产的，法院可根据当事人申请或依职权采取查封、扣押、冻结、责令提供担保等财产保全措施。被保全的财物为生产资料的，应责令申请人提供担保。财产保全应根据被保全财产的性质采用妥善的方式，尽可能减少对生产、生活的影响，避免造成财产损失。

十九、对债务人一次偿付有困难的借贷案件，法院可以判决或调解分期偿付。根据当事人的给付能力，确定每次给付的数额。

二十、执行程序中，双方当事人协商以债务人劳务或其他方式清偿债务，不违反法律规定，不损害社会利益和他人利益的，应予准许，并将执行和解协议记录在案。

二十一、被执行人无钱还债，要求以其他财物抵偿债务，申请执行人同意的，应予准许。双方可以协议作价或请有关部门合理作价，按判决数额将相应部分财物交付申请执行人。

被执行人无钱还债，要求以债券、股票等有价证券抵偿债务，申请执行人同意的，应予准许；要求以其他债权抵偿债务的，须经申请执行人同意并通知被执行人的债权人，办理相应的债权转移手续。

二十二、被执行人有可能转移、变卖、隐匿被执行财产的，应及时采取执行措施。被执行人抗拒执行构成妨害民事诉讼的，按照民事诉讼法第一百零二条、第二百二十七条的规定处理。

5. 最高人民法院关于企业或个人欠国家银行贷款逾期两年未还应当适用民法通则规定的诉讼时效问题的批复（1993年2月22日　法复〔1990〕1号）

河南省高级人民法院：

你院豫法研〔1990〕23号请示收悉。关于企业或个人欠国家银行贷款逾期两年未还是否适用民法通则规定的诉讼时效问题，经研究，答复如下：

国家各专业银行及其他金融机构系实行独立核算的经济实体。它们与借款的企业或公民之间的借贷关系，是平等主体之间的债权债务关系。国家各专业银行及其他金融机构向人民法院请求保护其追偿贷款权利的，应当适用民法通则关于诉讼时效的规定。确已超过诉讼时效期间，并且没有诉讼时效中止、中断或者延长诉讼时效期间情况的，人民法院应当判决驳回其诉讼请求。

此复

6. 最高人民法院关于银行、信用社扣划预付货款收贷应否退还问题的批复（1994年3月9日　法复〔1994〕1号）

四川省高级人民法院：

你院川高法〔1993〕12号《关于银行、信用社扣划预付货款收贷应否退还的请示》收悉。经研究，答复如下：

一、根据《中华人民共和国民法通则》第七十二条之规定，除当事人另有约定外，一方当事人按照合同约定将预付货款汇入对方帐户，对方当事人即取得该款项的所有权。

二、预付款人将预付货款汇入对方当事人帐户后，即丧失了该款的所有权。因此，该款被银行、信用社或其他金融机构扣划还贷后，预付款人无权向银行、信用社和其他金融机构请求返还。在预付款人诉收款人的经济纠纷案件中，也不应将银行、信用社和其他金融机构作为第三人参加诉讼。

三、如果银行、信用社和其他金融机构明知借款人无履行合同的能力，而与其同谋或怂恿其通过签订合同收取预付货款还贷的，预付款人可以直接要求银行、信用社和其他金融机构返还已经还贷的预付货款。

四、银行、信用社和其他金融机构对预付款人承诺专款专用而又扣划该款还贷的，预付款人亦可直接要求银行、信用社和其他金融机构返还被其扣划的预付货款。

此复

7. 最高人民法院关于如何确认公民与企业之间借贷行为效力问题的批复
（1999年2月9日　法释〔1999〕3号）

黑龙江省高级人民法院：

你院黑高法〔1998〕192号《关于公民与企业之间借贷合同效力如何确认的请示》收悉。经研究，答复如下：

公民与非金融企业（以下简称企业）之间的借贷属于民间借贷。只要双方当事人意思表示真实即可认定有效。但是，具有下列情形之一的，应当认定无效：

（一）企业以借贷名义向职工非法集资的；

（二）企业以借贷名义非法向社会集资的；

（三）企业以借贷名义向社会公众发放贷款的；

（四）其他违反法律、行政法规的行为。

借贷利率超过银行同期同类贷款利率4倍的，按照最高人民法院法（民）发〔1991〕21号《关于人民法院审理借贷案件的若干意见》的有关规定办理。

此复

8. 最高人民法院关于超过诉讼时效期间借款人在催款通知单上签字或者盖章的法律效力问题的批复
（1999年2月11日　法释〔1999〕7号）

河北省高级人民法院：

你院〔1998〕冀经一请字第38号《关于超过诉讼时效期间信用社向借款人发出的"催收到期贷款通知单"是否受法律保护的请示》收悉。经研究，答复如下：

根据《中华人民共和国民法通则》第四条、第九十条规定的精神，对于超过诉讼时效期间，信用社向借款人发出催收到期贷款通知单，债务人在该通知单上签字或者盖章的，应当视为对原债务的重新确认，该债权债务关系应受法律保护。

此复

9. 最高人民法院关于审理涉及金融不良债权转让案件工作座谈会纪要
（2009年3月30日　法发〔2009〕19号）

为了认真落实中央关于研究解决金融不良债权转让过程中国有资产流失问题的精神，统一思想，明确任务，依法妥善公正地审理涉及金融不良债权转让案件，防止国有资产流失，保障金融不良债权处置工作的顺利进行，维护和促进社会和谐稳定，最高人民法院邀请全国人大常委会法制工作委员会、中共中央政法委员会、国务院法制办公室、财政部、国务院国有资产监督管理委员会、中国银行业监督管理委员会、中国人民银行和审计署等单位，于2008年10月14日在海南省海口市召开了全国法院审理金融不良债权转让案件工作座谈会。各省、自治区、直辖市高级人民法院和解放军军事法院以及新疆维吾尔自治区高级人民法院生产建设兵团分院主管民商审判工作的副院长、相关审判庭的负责同志参加了座谈会。与会同志通过认真讨论，就关于审理涉及金融不良债权转让案件的主要问题取得了一致的看法。现纪要如下：

一、关于审理此类案件应遵循的原则

会议认为，此类案件事关金融不良资产处置工作的顺利进行，事关国有资产保护，事关职工利益保障和社会稳定。因此，人民法院必须高度重视此类案件，并在审理中注意坚持以下原则：

（一）坚持保障国家经济安全原则。民商事审判工作是国家维护经济秩序、防范和化解市场风险、维护国家经济安全的重要手段。全国法院必须服从和服务于国家对整个国民经济稳定和国有资产安全的监、控，从中央政策精神的目的出发，以民商事法律、法规的基本精神为依托，本着规范金融市场、防范金融风险、维护金融稳定、保障经济安全的宗旨，依法公正妥善地审理此类纠纷案件，确保国家经济秩序稳定和国有资产安全。

（二）坚持维护企业和社会稳定原则。金融不良资产的处置，涉及企业重大经济利益，全国法院要进一步强化政治意识、大局、意识、责任意识和保障意识，从维护国家改革、发展和稳定的大局出发，依法公正妥善地审理好此类纠纷案件，切实防止可能引发的群体性、突发性和恶性事件，切实做到"化解矛盾、理顺关系、安定人心、维护秩序"。

（三）坚持依法公正和妥善合理的原则。人民法院在审理此类案件中，要将法律条文规则的适用与中央政策精神的实现相结合，将坚持民商法的意思自治、平等保护等理念与国家经济政策、金融市场监管和社会影响等因素相结合，正确处理好保护国有资产、保障金融不良资产处置工作顺利进行、维护企业和社会稳定的"关系，做到统筹兼顾、妥善合理，确保依法公正与妥善合理的统一，确保审判的法律效果和社会效果统一。

（四）坚持调解优先、调判结合的原则。为了避免矛盾激化，维护社会稳定，平衡各方利益，人民法院在诉讼中应当向当事人充分说明国家的政策精神，澄清当事人对法律和政策的模糊认识。坚持调解优先，积极引导各方当事人本着互谅互让的精神进行协商，尽最大可能采用调解的方式解决纠纷。如果当事人不能达成和解，人民法院要根据相关法律法规以及本座谈会纪要（以下简称《纪要》）进行妥善公正的审理。

二、关于案件的受理

会议认为，为确保此类案件得到公正妥善的处理，凡符合民事诉讼法规定的受理条件及《纪要》有关规定精神涉及的此类案件，人民法院应予受理。不良债权已经剥离至金融资产管理公司又被转让给受让人后，国有企业债务人知道或者应当知道不良债权已经转让而仍向原国有银行清偿的，不得对抗受让人对其提起的追索之诉，国有企业债务人在对受让人清偿后向原国有银行提起返还不当得利之诉的，人民法院应予受理；国有企业债务人不知道不良债权已经转让而向原国有银行清偿的，可以对抗受让人对其提起的追索之诉，受让人向国有银行提起返还不当得利之诉的，人民法院应予受理。

受让人在对国有企业债务人的追索诉讼中，主张追加原国有银行为第三人的，人民法院不予支持；在《纪要》发布前已经终审或者根据《纪要》做出终审的，当事人根据《纪要》认为生效裁判存在错误而申请再审的，人民法院不予支持。

案件存在下列情形之一的，人民法院不予受理：（一）金融资产管理公司与国有银行就政策性金融资产转让协议发生纠纷起诉到人民法院的；（二）债权人向国家政策性关闭破产的国有企业债务人主张清偿债务的；（三）债权人向已列入经国务院批准的全国企业政策性关闭破产总体规划并拟实施关闭破产的国有企业债务人主张清偿债务的；（四）《纪要》发布前，受让人与国有企业债务人之间的债权债务关系已经履行完毕，优先购买权人或国有企业债务人提起不良债权转让合同无效诉讼的；（五）受让人自金融资产管理公司受让不良债权后，以不良债权存在瑕疵为由起诉原国有银行的；（六）国有银行或金融资产管理公司转让享受天然林资源保护工程政策的国一有森工企业不良债权而引发受让人向森工企业主张债权的（具体详见《天然林资源保护区森工企业金融机构债务免除申请表》名录）；（七）在不良债权转让合同无效之诉中，国有企业债务人不能提供相应担保或者优先购买权人放弃优先购买权的。

三、关于债权转让生效条件的法律适用和自行约定的效力

会议认为，不良债权成立在合同法施行之前，转让于合同法施行之后的，该债权转让对债务人生效的条件应适用合同法第八十条第一款的规定。

金融资产管理公司受让不良债权后，自行与债务人约定或重新约定诉讼管辖的，如不违反法律规定，人民法院应当认定该约定有效。金融资产管理公司在不良债权转让合同中订有禁止转售、禁止向国有银行、各级人民政府、国家机构等追偿、禁止转让给特定第三人等要求受让人放弃部分权利条款的，人民法院应认定该条款有效。国有银行向金融资产管理公司转让不良债权，或者金融资产管理公司收购、处置不良债权的，担保债权同时转让，无须征得担保人的同意，担保人仍应在原担保范围内对受让人继续承担担保责任。担保合同中关于合同变更需经担保人同意或者禁止转让主债权约定，对主债权和担保权利转让没有约束力。

四、关于地方政府等的优先购买权

会议认为，为了防止在通过债权转让方式处置不良债权过程中发生国有资产流失，相关地方人民政府或者代表本级人民政府履行出资人职责的机构、部门或者持有国有企业债务人国有资本的集团公司可以对不良债权行使优先购买权。

金融资产管理公司向非国有金融机构法人转让不良债权的处置方案、交易条件以及处置程序、方式确定后，单笔（单户）转让不良债权的，金融资产管理公司应当通知国有企业债务人注册登记地的优先购买权人。以整体"资产包"的形式转让不良债权的，如资产包中主要债务人注册登记地属同一辖区，应当通知该辖区的优先购买权人；如资产包中主要债务人注册登记地属不同辖区，应当通知主要债务人共同的上级行政区域的优先购买权人。

按照确定的处置方案、交易条件以及处置程序、方式，上述优先购买权人在同等条件

下享有优先购买权。优先购买权人收到通知后明确表示不予购买或者在收到通知之日起三十日内未就是否行使优先购买权做出书面答复，或者未在公告确定的拍卖、招标日之前做出书面答复或者未按拍卖公告、招标公告的规定时间和条件参加竞拍、竞标的，视为放弃优先购买权。

金融资产管理公司在《纪要》发布之前已经完成不良债权转让，上述优先购买权人主张行使优先购买权的，人民法院不予支持，债务人主张优先购买不良债权的，人民法院不予支持。

五、关于国有企业的诉权及相关诉讼程序

会议认为，为避免当事人滥用诉权，在受让人向国有企业债务人主张债权的诉讼中，国有企业债务人以不良债权转让行为损害国有资产等为由，提出不良债权转让合同无效抗辩的，人民法院应告知其向同一人民法院另行提起不良债权转让合同无效的诉讼；国有企业债务人不另行起诉的，人民法院对其抗辩不予支持。国有企业债务人另行提起不良债权转让合同无效诉讼的，人民法院应中止审理受让人向国有企业债务人主张债权的诉讼，在不良债权转让合同无效诉讼被受理后，两案合并审理。国有企业债务人在二审期间另行提起不良债权转让合同无效诉讼的，人民法院应中止审理受让人向国有企业债务人主张债权的诉讼，在不良债权转让合同无效诉讼被受理且做出一审裁判后再行审理。

国有企业债务人提出的不良债权转让合同无效诉讼被受理后，对于受让人的债权系直接从金融资产管理公司处受让的，人民法院应当将金融资产管理公司和受让人列为案件当事人；如果受让人的债权系金融资产管理公司转让给其他受让人后，因该受让人再次转让或多次转让而取得的，人民法院应当将金融资产管理公司和该转让人以及后手受让人列为案件当事人。

六、关于不良债权转让合同无效和可撤销事由的认定

会议认为，在审理不良债权转让合同效力的诉讼中，人民法院应当根据合同法和《金融资产管理公司条例》等法律法规，并参照国家相关政策规定，重点审查不良债权的可转让性、受让人的适格性以及转让程序的公正性和合法性。金融资产管理公司转让不良债权存在下列情形的，人民法院应当认定转让合同损害国家利益或社会公共利益或者违反法律、行政法规强制性规定而无效。（一）债务人或者担保人为国家机关的；（二）被有关国家机关依法认定为涉及国防、军工等国家安全和敏感信息的以及其他依法禁止转让或限制转让情形的；（三）与受让人恶意串通转让不良债权的；（四）转让不良债权公告违反《金融资产管理公司资产处置公告管理办法（修订）》规定，对依照公开、公平、公正和竞争、择优原则处置不良资产造成实质性影响的；（五）实际转让的资产包与转让前公告的资产包内容严重不符，且不符合《金融资产管理公司资产处置公告管理办法（修订）》规定的；（六）根据有关规定应经合法、独立的评估机构评估，但未经评估的；或者金融资产管理公司与评估机构、评估机构与债务人、金融资产管理公司和债务人、以及三方之间恶意串通，低估、漏估不良债权的；（七）根据有关规定应当采取公开招标、拍卖等方式处置，但未公开招标、拍卖的；或者公开招标中的投标人少于三家（不含三家）的；或者以拍卖方式转让不良债权时，未公开选择有资质的拍卖中介机构的；或者未依照《中华人民共和

国拍卖法》的规定进行拍卖的；（八）根据有关规定应当向行政主管部门办理相关报批或者备案、登记手续而未办理，且在一审法庭辩论终结前仍未能办理的；（九）受让人为国家公务员、金融监管机构工作人员、政法干警、金融资产管理公司工作人员、国有企业债务人管理人员、参与资产处置工作的律师、会计师、评估师等中介机构等关联人或者上述关联人参与的非金融机构法人的；（十）受让人与参与不良债权转让的金融资产管理公司工作人员、国有企业债务人或者受托资产评估机构负责人员等有直系亲属关系的；（十一）存在其他损害国家利益或社会公共利益的转让情形的。

在金融资产管理公司转让不良债权后，国有企业债务人有证据证明不良债权根本不存在或者已经全部或部分归还而主张撤销不良债权转让合同的，人民法院应当撤销或者部分撤销不良债权转让合同；不良债权转让合同被撤销或者部分撤销后，受让人可以请求金融资产管理公司承担相应的缔约过失责任。

七、关于不良债权转让无效合同的处理

会议认为，人民法院认定金融不良债权转让合同无效后，对于受让人直接从金融资产管理公司受让不良债权的，人民法院应当判决金融资产管理公司与受让人之间的债权转让合同无效；受让人通过再次转让而取得债权的，人民法院应当判决金融资产管理公司与转让人、转让人与后手受让人之间的系列债权转让合同无效。债权转让合同被认定无效后，人民法院应当按照合同法的相关规定处理；受让人要求转让人赔偿损失，赔偿损失数额应以受让人实际支付的价金之利息损失为限。相关不良债权的诉讼时效自金融不良债权转让合同被认定无效之日起重新计算。

金融资产管理公司以整体"资产包"的形式转让不良债权中出现单笔或者数笔债权无效情形、或者单笔或数笔不良债权的债务人为非国有企业，受让人请求认定合同全部无效的，人民法院应当判令金融资产管理公司与转让人之间的资产包债权转让合同无效；受让人请求认定已履行或已清结部分有效的，人民法院应当认定尚未履行或尚未清结部分无效，并判令受让人将尚未履行部分或尚未清结部分返还给金融资产管理公司，金融资产管理公司不再向受让人返还相应价金。

八、关于举证责任分配和相关证据的审查

会议认为，人民法院在审查不良债权转让合同效力时，要加强对不良债权转让合同、转让标的、转让程序、以及相关证据的审查，尤其是对受让人权利范围、受让人身份合法性以及证据真实性的审查。不良债权转让合同中经常存在诸多限制受让人权利范围的条款，人民法院应当要求受让人向法庭披露不良债权转让合同以证明其权利合法性和权利范围。受让人不予提供的，人民法院应当责令其提供；受让人拒不提供的，应当承担举证不能的法律后果。人民法院在对受让人身份的合法性以及是否存在恶意串通等方面存在合理怀疑时，应当根据最高人民法院《关于民事诉讼证据的若干规定》及时合理地分配举证责任；但人民法院不得仅以不良债权出让价格与资产账面额之间的差额幅度作为引起怀疑的证据，而应当综合判断。对当事人伪造或变造借款合同、担保合同、借款借据、修改缔约时间和债务人还贷时间以及产生诉讼时效中断证据等情形的，人民法院应当严格依据相关法律规定予以制裁。

九、关于受让人收取利息的问题

会议认为，受让人向国有企业债务人主张利息的计算基数应以原借款合同本金为准；受让人向国有企业债务人主张不良债权受让日之后发生的利息的，人民法院不予支持。但不良债权转让合同被认定无效的，出让人在向受让人返还受让款本金的同时，应当按照中国人民银行规定的同期定期存款利率支付利息。

十、关于诉讼或执行主体的变更

会议认为，金融资产管理公司转让已经涉及诉讼、执行或者破产等程序的不良债权的，人民法院应当根据债权转让合同以及受让人或者转让人的申请，裁定变更诉讼主体或者执行主体。在不良债权转让合同被认定无效后，金融资产管理公司请求变更受让人为金融资产管理公司以通过诉讼继续追索国有企业债务人的，人民法院应予支持。人民法院裁判金融不良债权转让合同无效后当事人履行相互返还义务时，尘炊不良。债樱最终受让人舞、始逐与前手相互返还，直至完成第一受让人与金融资产管理公司的相互返还。后手受让人直接对金融资产管理公司主张不良债权转让合同无效并请求赔偿的，人民法院不予支持。

十一、关于既有规定的适用

会议认为，国有银行向金融资产管理公司转让不良债权，或者金融资产管理公司受让不良债权后，通过债权转让方式处置不良资产的，可以适用最高人民法院《关于审理金融资产管理公司收购、管理、处置国有银行不良贷款形成的资产的案件适用法律若干问题的规定》、《关于贯彻执行最高人民法院"十二条"司法解释有关问题的函的答复》、《关于金融资产管理公司收购、管理、处置银行不良资产有关问题的的补充通知》和《关于国有金融资产管理公司处置国有商业银行不良资产案件交纳诉讼费用的通知》。受让人受让不良债权后再行转让的，不适用上述规定，但受让人为相关地方人民政府或者代表本级人民政府履行出屠人职责的机构、部门或者持有国有企业债务人国有资本的集剧公司除外。

国有银行或者金融资产管理公司根据《关于贯彻执行最高人民法院"十二条"司法解释有关问题的函的答复》的规定，在全国或省级有影响的报纸上发布有催收内容的债权转让通知或公告的，该公告或通知之日应为诉讼时效的实际中断日。上述公告或者通知对保证合同诉讼时效发生同等效力。

十二、关于《纪要》的适用范围

会议认为，在《纪要》中，国有银行包括国有独资商业银行、国有控股商业银行以及国有政策性银行；金融资产管理公司包括华融、长城、东方和信达等金融资产管理公司和资产管理公司通过组建或参股等方式成立的资产处置联合体。国有企业债务人包括国有独资和国有控股的企业法人。受让人是指非金融资产管理公司法人、自然人。不良债权转让包括金融资产管理公司政策性和商业性不良债权的转让。政策性不良债权是指1999年2000年上述四家金融资产管理公司在国家统一安排下通过再贷款或者财政担保的商业票据形式支付收购成本从中国银行、中国农业银行、中国建设银行、中国工商银行以及国家开发银行收购的不良债权；商业性不良债权是指2004年至2005年上述四家金融资产管理公司在政府主管部门主导下从交通银行、中国银行、中国建设银行和中国工商银行收购的不良债权。

《纪要》的内容和精神仅适用于在《纪要》发布之后尚在一审或者二审阶段的涉及最初转让方为国有银行、金融资产管理公司通过债权转让方式处置不良资产形成的相关案件。人民法院依照审判监督程序决定再审的案件，不适用《纪要》。

会议还认为，鉴于此类纠纷案件具有较强政策性，人民法院在案件审理过程中，遇到难度大、涉及面广或者涉及社会稳定的案件，要紧紧依靠党委领导，自觉接受人大监督，必要时也可以请示上级人民法院。在不良债权处置工作中发现违规现象的，要及时与财政、金融监管部门联系或者向金融监管部门提出司法建议；对存在经济犯罪嫌疑、发现犯罪线索的，要及时向有关侦查机关移送案件或者案件线索。上级人民法院要加强审理此类纠纷案件的监督指导，及时总结审判经验，发布案件指导，依法妥善公正地审理好此类案件。

十八、借款合同纠纷

十九、保证合同纠纷

59. 保证期间与诉讼时效如何并行计算？

保证期间是指由当事人约定或法律规定在主债务履行期届满后，保证人能够容许债权人主张权利的最长期限。在保证期间中，债权人应当向债务人提起诉讼或仲裁（在一般保证中）或向保证人（在连带保证中）主张权利。逾此期限，债权人未提起上述主张的，保证人则不承担保证责任。（1）一般保证的保证人与债权人未约定保证期间的，保证期间为主债务履行期届满之日起6个月。保证期间届满前，债权人未对债务人提起诉讼或者申请仲裁的，保证人免除保证责任；债权人已提起诉讼或者申请仲裁的，保证期间适用诉讼时效中断的规定，从判决或者仲裁裁决生效之日起，开始计算保证合同的诉讼时效。（2）连带责任保证的保证人与债权人未约定保证期间的，债权人有权自主债务履行期届满之日起6个月内要求保证人承担保证责任。保证期间届满前，债权人未要求保证人承担保证责任的，保证人免除保证责任。债权人在保证期间届满前要求保证人承担保证责任的，从债权人要求保证人承担保证责任之日起，开始计算保证合同的诉讼时效。

一般保证中，主债务诉讼时效中断，保证债务诉讼时效中断；连带责任保证中，主债务诉讼时效中断，保证债务诉讼时效不中断。一般保证和连带责任保证中，主债务诉讼时效中止的，保证债务的诉讼时效同时中止。

典型疑难案件参考

闫小朝诉宋福长、魏运中买卖合同纠纷案

基本案情

2003年1月1日，被告宋福长（甲方）与原告闫小朝（乙方）签订一份买卖协议。约定，甲方将580棵杨树以55000元卖给乙方，乙方先预付款10000元，甲方收到预付款后应在10日内办妥伐树所需的有关手续，乙方在11日伐树，乙方将树伐完的同时，应向甲方结清树款45000元。如甲方不能在10日内办妥有关伐树手续，甲方应在11日内将10000元预付款还给乙方，同时，甲方补偿乙方损失1000元。被告魏运中作为担保人在该协议上签了名。协议签订之日，原告即付给被告宋福长树款10000元，被告并为原告出具了收条，被告魏运中在该收条下面签字。协议签订后，被告宋福长并未按协议履行其义务。2003年1月13日，被告宋福长为原告出具保证一份，承诺于2003年1月17日退还原告树款10000元，并注明"运中不在场照付"。后原告追要10000元树款，经被告魏运中手，于2003年1月、2月份还原告1600元，尚欠8400元树款未还原告。

一审裁判结果

河南省许昌县人民法院判决：

一、被告宋福长于判决书生效之日起3日内给付原告闫小朝树款8400元，并赔偿原告闫小朝违约金1000元，合计9400元。

二、被告魏运中承担连带清偿责任。

三、驳回原告的其他诉讼请求。

一审裁判理由

河南省许昌县人民法院认为，被告宋福长与原告闫小朝签的协议书是双方真实意思表示，该协议书合法有效，双方应按协议约定履行各自的义务。但被告宋福长在收到原告预付10000元树款后，并未按协议约定履行其义务，实属违约，应承担违约责任，按协议约定赔偿原告违约金1000元，并退还尚欠原告的树款8400元。被告魏运中辩称，其在买卖树的过程中系见证人而非担保人；即使担保关系成立，也已超过保证期间，故不应承担担保责任。原审法院对被告魏运中的这一辩称未予支持，其理由为：（1）庭审中被告魏运中承认协议书下面担保人栏内名字是其本人所签。（2）根据书写规范，应是原告在协议书中把"见证人"改写为"担保人"之后，被告魏运中才在"担保人"栏内签的名。（3）没有证据证明1600元系宋福长让魏运中转交。故被告魏运中在本案中系担保人。因其对保证方式未明确约定，应按连带责任保证承担保证责任，原告向其主张权利时并未超过保证期间。依照有关法律规定，被告魏运中应承担连带责任保证。至于原告要求被告给付来回要账的支出费用500元，因原告未提交相关证据，对原告的这一请求不予支持；对原告要求被告支付银行利息2400元的请求，也不予支持，因依照有关法律规定，约定有违约金的，不应再支付利息。

二审诉辩情况

一审判决后，被告魏运中不服，向河南省许昌市中级人民法院提起上诉，称原审认定事实错误。2003年1月1日的协议书中上诉人签名原意为见证人，被上诉人闫小朝私自将见证人改为担保人，并非上诉人真实意思表示，上诉人不应承担本案担保责任。请求撤销原判，依法改判。

二审裁判结果

河南省许昌市中级人民法院判决：
一、维持〔2005〕许县法民二初字第53号民事判决第一、三项；
二、撤销〔2005〕许县法民二初字第53号民事判决第二项，改判：魏运中依法免除本案保证责任。

二审裁判理由

二审查明的事实与原审查明事实一致。

河南省许昌市中级人民法院经审理认为，2003年1月1日原审被告宋福长与被上诉人闫小朝签订买卖协议，闫小朝将协议书中见证人改为担保人，上诉人魏运中对此明知且未提出异议，事后亦未申请撤销，应视为其接受该协议内容的变更，其在协议中系担保人地位，该保证应为有效保证。由于当事人对保证方式及保证期间均未约定，根据《担保法》相关之规定，保证人应按照连带责任保证承担保证责任；保证期间应为主债务履行期届满之日起6个月。由于买卖双方在协议中约定，如宋福长不能在10日内办妥有关手续，则应在11日内退还闫小朝树款10000元，该协议系附条件协议。因宋福长未于10日内即2003年1月11日以前办妥手续，该协议所附条件已成就。根据协议约定，宋福长应于11日内即于2003年1月13日前将10000元树款退还闫小朝，2003年1月13日应为双方主债务履行期限届满之日。本案保证人保证期间应为2003年1月13日起6个月。另，宋福长于2003年1月13日单方出具保证，承诺于 2003 年 1 月 17 日返还闫小朝树款 10000 元，其将主债务履行期限推迟及放弃保证，均系单方意思表示。保证人仍应在原保证期间承担保证责任。而被上诉人闫小朝有证据证明主张权利的时间即原审起诉系在 2004 年 12 月 21 日，已超出 6 个月保证期间，保证人依法应免除保证责任。原审判决魏运中承担连带清偿责任不当，依法应予改判，原审认定其他部分事实清楚。

保证合同纠纷办案依据集成

1. 中华人民共和国民法通则（2990年8月27日修正）（节录）

第八十九条 依照法律的规定或者按照当事人的约定，可以采用下列方式担保债务的履行：

（一）保证人向债权人保证债务人履行债务，债务人不履行债务的，按照约定由保证人履行或者承担连带责任；保证人履行债务后，有权向债务人追偿。

（二）债务人或者第三人可以提供一定的财产作为抵押物。债务人不履行债务的，债权人有权依照法律的规定以抵押物折价或者以变卖抵押物的价款优先得到偿还。

（三）当事人一方在法律规定的范围内可以向对方给付定金。债务人履行债务后，定金应当抵作价款或者收回。给付定金的一方不履行债务的，无权要求返还定金；接受定金的一方不履行债务的，应当双倍返还定金。

（四）按照合同约定一方占有对方的财产，对方不按照合同给付应付款项超过约定期限的，占有人有权留置该财产，依照法律的规定以留置财产折价或者以变卖该财产的价款优先得到偿还。

2. 中华人民共和国担保法（1995年6月30日主席令第50号公布）（节录）

第十三条 保证人与债权人应当以书面形式订立保证合同。

第十四条 保证人与债权人可以就单个主合同分别订立保证合同，也可以协议在最高债权额限度内就一定期间连续发生的借款合同或者某项商品交易合同订立一个保证合同。

第十五条 保证合同应当包括以下内容：

（一）被保证的主债权种类、数额；

（二）债务人履行债务的期限；

（三）保证的方式；

（四）保证担保的范围；

（五）保证的期间；

（六）双方认为需要约定的其他事项。

保证合同不完全具备前款规定内容的，可以补正。

第十六条 保证的方式有：

（一）一般保证；

（二）连带责任保证。

第十七条 当事人在保证合同中约定，债务人不能履行债务时，由保证人承担保证任的，为一般保证。

一般保证的保证人在主合同纠纷未经审判或者仲裁，并就债务人财产依法强制执行仍不能履行债务前，对债权人可以拒绝承担保证责任。

有下列情形之一的，保证人不得行使前款规定的权利：

（一）债务人住所变更，致使债权人要求其履行债务发生重大困难的；

（二）人民法院受理债务人破产案件，中止执行程序的；

（三）保证人以书面形式放弃前款规定的权利的。

第十八条 当事人在保证合同中约定保证人与债务人对债务承担连带责任的，为连带责任保证。

连带责任保证的债务人在主合同规定的债务履行期届满没有履行债务的，债权人可以要求债务人履行债务，也可以要求保证人在其保证范围内承担保证责任。

第十九条 当事人对保证方式没有约定或者约定不明确的，按照连带责任保证承担证责任。

第二十条 一般保证和连带责任保证的保证人享有债务人的抗辩权。债务人放弃对债务的抗辩权的，保证人仍有权抗辩。

抗辩权是指债权人行使债权时，债务人根据法定事由，对抗债权人行使请求权的权利。

3. 最高人民法院关于贯彻执行《中华人民共和国民法通则》若干问题的意见（1988年4月2日　法办发〔1988〕6号）（节录）

107. 不具有法人资格的企业法人的分支机构，以自己的名义对外签订的保证合同，一般应当认定无效。但因此产生的财产责任，分支机构如有偿付能力的，应当自行承担；如无偿付能力的，应由企业法人承担。

108. 保证人向债权人保证债务人履行债务的，应当与债权人订立书面保证合同，确定保证人对主债务的保证范围和保证期限。虽未单独订立书面保证合同，但在主合同中写明保证人的保证范围和保证期限，并由保证人签名盖章的，视为书面保证合同成立。公民间的口头保证，有两个以上无利害关系人证明的，也视为保证合同成立，法律另有规定的除外。

保证范围不明确的，推定保证人对全部主债务承担保证责任。

109. 在保证期限内，保证人的保证范围，可因主债务的减少而减少。新增加的债务，未经保证人同意担保的，保证人不承担保证责任。

110. 保证人为二人以上的，相互之间负连带保证责任。但是保证人与债权人约定按份承担保证责任的除外。

111. 被担保的经济合同确认无效后，如果被保证人应当返还财产或者赔偿损失的，除有特殊约定外，保证人仍应承担连带责任。

4. 最高人民法院关于适用《中华人民共和国担保法》若干问题的解释（2000年12月8日　法释〔2000〕44号）（节录）

第十三条 保证合同中约定保证人代为履行非金钱债务的，如果保证人不能实际代为履行，对债权人因此造成的损失，保证人应当承担赔偿责任。

第十四条 不具有完全代偿能力的法人、其他组织或者自然人，以保证人身份订立保证合同后，又以自己没有代偿能力要求免除保证责任的，人民法院不予支持。

第十六条　从事经营活动的事业单位、社会团体为保证人的，如无其他导致保证合同无效的情况，其所签定的保证合同应当认定为有效。

第十七条　企业法人的分支机构未经法人书面授权提供保证的，保证合同无效。因此给债权人造成损失的，应当根据担保法第五条第二款的规定处理。

企业法人的分支机构经法人书面授权提供保证的，如果法人的书面授权范围不明，法人的分支机构应当对保证合同约定的全部债务承担保证责任。

企业法人的分支机构经营管理的财产不足以承担保证责任的，由企业法人承担民事责任。

企业法人的分支机构提供的保证无效后应当承担赔偿责任的，由分支机构经营管理的财产承担。企业法人有过错的，按照担保法第二十九条的规定处理。

第十八条　企业法人的职能部门提供保证的，保证合同无效。债权人知道或者应当知道保证人为企业法人的职能部门的，因此造成的损失由债权人自行承担。

债权人不知保证人为企业法人的职能部门，因此造成的损失，可以参照担保法第五条第二款的规定和第二十九条的规定处理。

第十九条　两个以上保证人对同一债务同时或者分别提供保证时，各保证人与债权人没有约定保证份额的，应当认定为连带共同保证。

连带共同保证的保证人以其相互之间约定各自承担的份额对抗债权人的，人民法院不予支持。

第二十条　连带共同保证的债务人在主合同规定的债务履行期届满没有履行债务的，债权人可以要求债务人履行债务，也可以要求任何一个保证人承担全部保证责任。

连带共同保证的保证人承担保证责任后，向债务人不能追偿的部分，由各连带保证人按其内部约定的比例分担。没有约定的，平均分担。

第二十一条　按份共同保证的保证人按照保证合同约定的保证份额承担保证责任后，在其履行保证责任的范围内对债务人行使追偿权。

第二十二条　第三人单方以书面形式向债权人出具担保书，债权人接受且未提出异议的，保证合同成立。

主合同中虽然没有保证条款，但是，保证人在主合同上以保证人的身份签字或者盖章的，保证合同成立。

第二十三条　最高额保证合同的不特定债权确定后，保证人应当对在最高债权额限度内就一定期间连续发生的债权余额承担保证责任。

第三十二条　保证合同约定的保证期间早于或者等于主债务履行期限的，视为没有约定，保证期间为主债务履行期届满之日起六个月。

保证合同约定保证人承担保证责任直至主债务本息还清时为止等类似内容的，视为约定不明，保证期间为主债务履行期届满之日起二年。

第三十七条　最高额保证合同对保证期间没有约定或者约定不明的，如最高额保证合同约定有保证人清偿债务期限的，保证期间为清偿期限届满之日起六个月。没有约定债务清偿期限的，保证期间自最高额保证终止之日或自债权人收到保证人终止保证合同的书面通知到达之日起六个月。

第四十一条 债务人与保证人共同欺骗债权人，订立主合同和保证合同的，债权人可以请求人民法院予以撤销。因此给债权人造成损失的，由保证人与债务人承担连带赔偿责任。

5. 最高人民法院关于处理担保法生效前发生保证行为的保证期间问题的通知（2002年8月1日　法释〔2002〕144号）

各省、自治区、直辖市高级人民法院，解放军军事法院，新疆维吾尔自治区高级人民法院生产建设兵团分院：

我院于2000年12月8日公布法释〔2000〕44号《关于适用〈中华人民共和国担保法〉若干问题的解释》后，一些部门和地方法院反映对于担保法实施前发生的保证行为如何确定保证期间问题没有作出规定，而我院于1994年4月15日公布的法发〔1994〕8号《关于审理经济合同纠纷案件有关保证的若干问题的规定》对此问题亦不十分明确。为了正确审理担保法实施前的有关保证合同纠纷案件，维护债权人和其他当事人的合法权益，经商全国人大常委会法制工作委员会同意，现就有关问题通知如下：

一、对于当事人在担保法生效前签订的保证合同中没有约定保证期限或者约定不明确的，如果债权人已经在法定诉讼时效期间内向主债务人主张了权利，使主债务没有超过诉讼时效期间，但未向保证人主张权利的，债权人可以自本通知发布之日起6个月（自2002年8月1日至2003年1月31日）内，向保证人主张权利。逾期不主张的，保证人不再承担责任。

二、主债务人进入破产程序，债权人没有申报债权的，债权人亦可以在上述期间内向保证人主张债权，如果债权人已申报了债权，对其在破产程序中未受清偿的部分债权，债权人可以在破产程序终结后6个月内向保证人主张。

三、本通知发布时，已经终审的案件、再审案件以及主债务已超过诉讼时效的案件，不适用本通知。

6. 最高人民法院关于已承担保证责任的保证人向其他保证人行使追偿权问题的批复（2002年11月11日　法释〔2002〕37号）

云南省高级人民法院：

你院云高法〔2002〕160号《关于已经承担了保证责任的保证人向保证期间内未被主张保证责任的其他保证人行使追偿权是否成立的请示》收悉。经研究，答复如下：

根据《中华人民共和国担保法》第十二条的规定，承担连带责任保证的保证人一人或者数人承担保证责任后，有权要求其他保证人清偿应当承担的份额，不受债权人是否在保证期间内向未承担保证责任的保证人主张过保证责任的影响。

此复

二十、抵押合同纠纷

60. 抵押人转让已抵押财产的行为是否有效？

按照抵押物的不同，抵押权分为登记生效与登记对抗。其一，登记生效的情形。根据《物权法》规定，抵押物为以下财产的，应当办理抵押登记，抵押权自登记时设立：（1）建筑物和其他土地附着物；（2）建设用地使用权；（3）以招标、拍卖、公开协商等方式取得的荒地等土地承包经营权；（4）正在建造的建筑物。其二，登记对抗的情形。抵押物为以下财产的，抵押权自抵押合同生效时设立，未经登记，不得对抗善意第三人：（1）生产设备、原材料、半成品、产品；（2）正在建造的船舶、航空器；（3）交通运输工具。《担保法》规定，办理抵押物登记的部门如下：（1）以无地上定着物的土地使用权抵押的，为核发土地使用权证书的土地管理部门；（2）以城市房地产或者乡（镇）、村企业的厂房等建筑物抵押的，为县级以上地方人民政府规定的部门；（3）以林木抵押的，为县级以上林木主管部门；（4）以航空器、船舶、车辆抵押的，为运输工具的登记部门；（5）以企业的设备和其他动产抵押的，为财产所在地的工商行政管理部门。当事人以上述五种财产以外的其他财产抵押的，可以自愿办理抵押物登记，登记部门为抵押人所在地的公证部门，未办理抵押物登记的，不得对抗第三人。

根据《担保法》第49条、最高人民法院《关于适用〈中华人民共和国担保法〉若干问题的解释》第67条，在未通知抵押权人和未告知受让人的情况下，抵押人转让已办理登记的抵押物，只要抵押人在转让后向抵押权人清偿了债务，或者受让人代替抵押人清偿了债务，使物上设定的抵押权消灭，转让行为仍可以有效。受让人清偿债务后可以向抵押人追偿。

典型疑难案件参考

百花公司诉浩鑫公司买卖合同纠纷案(《最高人民法院公报》2006年第3期)

基本案情

1996年12月18日,原遵义制药厂(以下简称原制药厂)与中国工商银行遵义营业部(以下简称遵义工行)签订《最高额抵押合同》,约定原制药厂以其房屋、机器设备、土地使用权,对其1996年12月18日至1999年12月18日之间向遵义工行的贷款在380万元限额内提供抵押担保,抵押物由工商行政管理部门办理登记。1998年5月13日,原制药厂被其上级主管部门遵义市红花岗区工业经济局(以下简称红花岗工业局)转让给瑞康公司。1998年11月5日,瑞康公司又与本案原告百花公司签订《瑞康公司出让其下属遵义市制药厂协议书》,约定:瑞康公司将收购原制药厂的全部资产(包括厂名、商标、药品批准文号、生产工艺文件、药品生产企业合格证等无形资产和土地使用权、生产厂房设备、交通工具、通信工具、办公用品等有形资产以及债权)出让给百花公司,由百花公司承担原制药厂的全部债务和经济责任。协议生效后,百花公司向遵义工行支付了原制药厂的借款利息。

1998年12月12日,原告百花公司与被告浩鑫公司签订《资产折换协议书》约定:(1)百花公司将原制药厂的土地使用权及地上所有建筑物、附属物,与浩鑫公司等量资产折换后转让给浩鑫公司。(2)浩鑫公司以450万元资产折换百花公司上述资产,折换后浩鑫公司拥有原制药厂全部土地使用权及地上建筑物、附属物的所有权。(3)签订合同时,浩鑫公司给百花公司支付20万元保证金;合同生效,双方共同办理好浩鑫公司的土地使用证并交付给浩鑫公司后,浩鑫公司再给百花公司支付130万元保证金;150万元保证金的同期银行贷款利息由百花公司承担,浩鑫公司在结算时扣除。(4)浩鑫公司新建的厂房完工后,百花公司必须在30日内将原制药厂设备搬入新厂,以便浩鑫公司进场建设;百花公司搬迁到新厂后,即与浩鑫公司组成移交小组进行资产移交。(5)一方违约必须向对方支付违约金25万元,造成损失的赔偿损失。该《资产折换协议书》签订时,百花公司既未向抵押权人遵义工行通知,也未将财产抵押情况向受让人浩鑫公司告知。同年12月22日,百花公司与浩鑫公司签订《资产折换补充协议(一)》,约定:(1)浩鑫公司向百花公司支付的150万元保证金,百花公司只承担其中100万元的同期银行贷款利息,剩余50万元的利息由浩鑫公司自行承担。（2）浩鑫公司对原制药厂厂址进行土地开发的一切费用，由浩鑫公司承担。1999年2月3日，百花公司与浩鑫公司签订《补充协议（二）》，约定：（1）本补充协议签订之日，浩鑫公司应向百花公司支付300万元保证金；扣除已支付的40万元，再需支付260万元；百花公司承担其中250万元的同期同类银行贷款利息；利息从付款翌日起，每季度末由百花公司支付给浩鑫公司。（2）新建厂房保证在一年内竣工。如不能按期竣工，谁的原因谁负责。（3）自浩鑫公司新建的厂房及车间竣工交付日起30日内，百花公司如不能将原制药厂使用的土地交给浩鑫公司，则应每月向浩鑫公司缴纳租赁费5万元，直到土地交付时止。之后，浩鑫公司向百花公司付款340万元，并根据百花公司提供的地籍资料，申办了土地使用权预登记证，将原制药厂的4517.6平方米土地变更为浩鑫公司的住宅建设用地。2000年11月1日，百花公司与浩鑫公司签订第三份补充协议，约定：（1）百花公司收取浩鑫公司的340万元，加上应承担的银行利息366172.63元，作为已支付的置换土地款。按450万元资产总价扣除前述款项后，浩鑫公司还应向百花公司支付733827.37元，此款应在本协议生效后的11月8日支付。（2）浩鑫公司付款后3个月内，百花公司必须将土地及地上建筑物、附着物全部交付给浩鑫公司。百花公司搬迁之前，须向浩鑫公司支付租金，租赁合同另行签订。（3）任何一方未按本协议条款执行，则应向另一方承担20万元违约金，并承担继续履行义务。此后，浩鑫公司向百花公司指定的账户汇入733827.37元。遵初39号判决与黔高16号判决发生法律效力后，浩鑫公司又根据这两份生效判决，代百花公司履行了偿还160万元借款及此款相应利息的义务，遵义工行的抵押权已实现。

一审诉辩情况

原告诉称：通过签订《资产折换协议书》，原告将下属企业原遵义市制药厂（以下简称原制药厂）的土地使用权、地上所有建筑物、附属物，等量折换450万元资产后转让给被告。这份《资产折换协议书》及其补充协议存在以下问题：（1）资产折换前没有征得国有资产管理部门同意，没有进行评估和招标，违反了国有资产的交易程序，造成国有资产流失；（2）资产折换前也没有取得行业主管部门的同意，以至于双方签约时要追求的目的根本不能实现，合同可以解除；（3）折换的资产在转让前，已经被抵押给遵义工行，并且办理过抵押登记。请求依照《担保法》第49条第1款的规定，确认原告与被告签订的《资产折换协议书》及其补充协议无效，本案诉讼费由双方共同负担。

被告浩鑫公司辩称：原告百花公司违反诚实信用原则，在向被告转让财产时故意隐瞒了抵押实情。被告对抵押一事不知情，在履行《资产折换协议书》过程中投入很大财力。原告将抵押的土地使用权转让后，抵押权人遵义工行曾以百花公司为被告、浩鑫公司为第三人，提起过借款担保合同纠纷诉讼。考虑到遵义工行并非想占有抵押财产，而是为了收回其发放的贷款，如果确认《资产折换协议书》无效，无疑会给善意的浩鑫公司造成巨额损失，故在借款担保合同纠纷案中，遵义市中级人民法院以〔2002〕遵市法民二初字第39号（以下简称遵初39号判决）、贵州省高级人民法院以〔2004〕黔高民二终字第16号民事判决书（以下简称黔高16号判决）判决：在百花公司不能清偿遵义工行的债务时，由浩鑫公司代为清偿；浩鑫公司代偿债务后，取得对百花公司的追偿权，同时遵义工行的抵押权消灭。本被告履行了上述判决确定的代偿义务，遵义工行的抵押权当然应该消灭。现在原告起诉主张《资产折换协议书》无效，不是为维护法律的尊严，而是看到其转让的财产正在不断升值，企图通过诉讼来重新占有这份财产。原告是有限公司，不是国有企业；原告转让给被告的财产，是几经转让得来，并非国有资产；原告即便是国有企业，所转让的财产即便是国有资产，但作为一个市场主体，原告有自己独立的经营权；原告未征得国有资产管理部门同意而转让国有财产，是其与国有资产管理部门内部的关系，不应该影响到对外签订转让协议的效力；原告起诉既请求确认合同无效，又称双方当事人签订合同的目的根本不能实现，合同可以解除，而只有有效合同才涉及解除。原告的起诉理由自相矛盾，不能成立，其诉讼请求应当驳回。

一审裁判结果

遵义市中级人民法院判决：驳回原告百花公司的诉讼请求。

一审裁判理由

遵义市中级人民法院认为：原告百花公司与被告浩鑫公司签订的《资产折换协议书》及其补充协议，是平等主体的两个法人之间自愿达成的合意，是双方当事人的真实意思表示，且不违反法律、法规的强制性规定，依法成立，受法律保护。

原告百花公司起诉主张，其向被告浩鑫公司转让财产时违反了国有资产的交易程序，这是其请求确认《资产折换协议书》及其补充协议无效的理由之一。经查，红花岗工业局向瑞康公司转让原制药厂时，其中包括土地使用权转让；而瑞康公司向百花公司转让原制药厂时，其中也包括土地使用权转让，几经转让的财产早已脱离国有资产范畴。《民事诉讼法》第64条第1款规定："当事人对自己提出的主张，有责任提供证据。"最高人民法院《关于民事诉讼证据的若干规定》第2条第2款规定："没有证据或者证据不足以证明当事人的事实主张的，由负有举证责任的当事人承担不利后果。"根据诉讼主张，百花公司有证明自己是国有公司、转让财产是国有资产的举证责任。百花公司提交的证据，不能证明这两个问题，应当承担不利后果。百花公司主张其转让财产违反了国有资产交易程序，该主张因没有事实根据和法律依据而不能成立。

原告百花公司起诉主张，资产折换前没有取得行业主管部门的同意，以至双方签约时要追求的目的根本不能实现，合同可以解除，这是其请求确认《资产折换协议书》及其补充协议无效的理由之二。《合同法》第93条规定当事人协商一致可以解除合同，当事人可以在合同中约定一方解除合同的条件，第94条还规定了可以解除合同的5种情形。但法律规定可以解除的合同，都是有效合同，无效合同自始就没有法律约束力，无须解除。百花公司既认为《资产折换协议书》及其补充协议是可以解除的合同，又请求确认《资产折换协议书》及其补充协议无效，请求与理由互相矛盾。

原告百花公司起诉还主张，财产在转让前已经抵押并办理过抵押登记，依照《担保法》第49条第1款规定转让行为无效，这是其请求确认《资产折换协议书》及其补充协议无效的理由之三。《担保法》第49条的立法目的是保障抵押权人享有的债权能够实现。该条第1款虽然规定了"抵押期间，抵押人转让已办理登记的抵押物的，应当通知抵押权人并告知受让人转让物已经抵押的情况；抵押人未通知抵押权人或者未告知受让人的，转让行为无效"，但最高人民法院《关于适用〈中华人民共和国担保法〉若干问题的解释》第67条第1款还规定："抵押权存续期间，抵押人转让抵押物未通知抵押权人或者未告知受让人的，如果抵押物已经登记的，抵押权人仍可以行使抵押权；取得抵押物所有权的受让人，可以代替债务人清偿其全部债务，使抵押权消灭。受让人清偿债务后可以向抵押人追偿。"据此可以认为，在未通知抵押权人或者未告知受让人的情形下，抵押人转让已办理登记的抵押物，该转让行为并非绝对无效。如果受让人代替抵押人向抵押权人清偿了全部债务，使抵押权消灭，那么转让行为可以有效。在抵押权人的债权实现后，即丧失了《担保法》第49条第1款的适用前提。遵初39号判决已确认《资产折换协议书》及其补充协议有效，黔高16号判决维持原判，这两份判决已发生法律效力。在本案中，受让人、被告浩鑫公司根据生效民事判决，代抵押人百花公司履行了还款义务，抵押权人遵义工行的债权得到实现，抵押权从而消灭，限制抵押财产转让的权利瑕疵不复存在，故对百花公司的这一诉讼理由不予支持。《合同法》第52条规定："有下列情形之一的，合同无效：（一）一方以欺诈、胁迫的手段订立合同，损害国家利益；（二）恶意串通，损害国家、集体或者第三人利益；（三）以合法形式掩盖非法目的；（四）损害社会公共利益；（五）违反法律、行政法规的强制性规定。"在浩鑫公司代百花公司履行还款义务后，《资产折换协议书》及其补充协议不存在无效合同的法定情形，应当认定有效，对双方当事人均有法律约束力。

二审诉辩情况

百花公司上诉称：（1）一审时，上诉人已提交相应证据，证明上诉人的名称变更为雪清公司，这个变更已经工商行政管理机关核准。一审在无相反证据的情况下，认定上诉人的名称尚未变更，是认定诉讼主体不当。（2）虽然遵初39号判决及黔高16号判决中都提到《资产折换协议书》及其补充协议，但都对其效力未作认定。一审称《资产折换协议书》及其补充协议已被生效判决确认，没有事实根据与法律依据。（3）《担保法》第49条第1款的规定是法律硬性规定，只要在抵押期间，抵押人不履行通知、告知义务，转让已办理登记的抵押物，转让行为就是无效的。上诉人与被上诉人签订《资产折换协议书》时，既未通知抵押权人也未告知受让人，明显违反《担保法》的规定，《资产折换协议书》应为无效。一审认定其有效，属适用法律不当。（4）一审的立案时间是2004年7月18日，而被上诉人是在同年9月29日才履行完代偿义务。这就是说，上诉人提起本案诉讼时，抵押权并未消灭。一审未清楚认定抵押权消灭的时间，判决以抵押权消灭为由驳回上诉人的诉讼请求，是错判。请求二审改判。

上诉人百花公司提交公司变更登记申请书和遵义市工商行政管理局红花岗区分局出具的证明，用以证明经工商行政管理机关核准，百花公司的名称已于2004年9月30日变更为雪清公司。

二审裁判结果

贵州省高级人民法院判决：驳回上诉，维持原判。

二审裁判理由

贵州省高级人民法院经审理，确认一审查明的事实基本属实。

二审应解决的争议焦点是：（1）上诉人的公司名称如何认定？（2）《资产折换协议书》及其补充协议的效力是否已被生效判决确认？（3）《资产折换协议书》及其补充协议是否有效？（4）抵押权消灭时间有无必要认定？（5）上

诉人在抵押权未消灭时提起本案诉讼,其诉讼请求能否驳回?

贵州省高级人民法院认为:

关于第一点。上诉人百花公司在二审提交的新证据,足以证明其公司名称已变更为雪清公司,且这个变更已经工商行政管理机关核准,被上诉人浩鑫公司对此也无异议,故应当将上诉人的公司名称确定为雪清公司,原百花公司的诉权依法由雪清公司承继。在一审立案时,由于雪清公司提交的证据不能证明公司更名经过工商行政管理机关核准,故一审仍将百花公司列为本案诉讼当事人,并无不当。雪清公司关于一审认定诉讼主体不当的上诉理由不能成立,予以驳回。

关于第二点。遵初39号判决在解决抵押权人遵义工行和抵押人百花公司主张确认《资产折换协议书》及其补充协议无效的问题时,曾经论述:"在因百花公司清偿或浩鑫公司代偿债务后,抵押权丧失,限制抵押财产转让的权利瑕疵消灭,即应认定《资产折换协议书》以及补充协议有效,故本院对前述要求确认《资产折换协议书》以及补充协议无效的主张不予采信,予以驳回。"其时,被上诉人浩鑫公司尚未代偿百花公司的债务,因此遵初39号判决中的这段论述,应当理解为是附条件地承认《资产折换协议书》以及补充协议的效力,并非直接确认《资产折换协议书》以及补充协议有效。遵初39号是一审判决,不是生效法律文书,在黔高16号这一生效的二审民事判决中,未提及《资产折换协议书》以及补充协议的效力问题。一审关于"遵初39号判决已确认《资产折换协议书》及其补充协议有效"的表述与事实不符,上诉人雪清公司的此条上诉理由应予采纳。对《资产折换协议书》以及补充协议的效力,应当在本案中确认。

关于第三点。《资产折换协议书》签订后,被上诉人浩鑫公司已根据协议,向上诉人雪清公司支付了折换款,并根据雪清公司提供的地籍资料,到遵义市红花岗区国土局申办了土地使用权预登记证。这些事实证明,签订《资产折换协议书》以及补充协议,是雪清公司与浩鑫公司的真实意思表示。《担保法》第33条第1款规定:"本法所称抵押,是指债务人或者第三人不转移对本法第三十四条所列财产的占有,将该财产作为债权的担保。债务人不履行债务时,债权人有权依照本法规定以该财产折价或者以拍卖、变卖该财产的价款优先受偿。"据此可以认为,抵押权是以确保债务清偿为目的设立的物权,是依附于主债权而存在的从权利。主债权消灭,抵押权亦消灭。抵押权设定后,抵押人对抵押物的所有权并未丧失,而所有权中就包括了对物的处分权。抵押人并非不能向他人转让抵押物,只是应当在转让时履行通知抵押权人和告知受让人的义务。抵押人不履行通知、告知义务就转让抵押物,只要在转让后抵押人向抵押权人清偿债务,或者受让人在得知受让物上有抵押权后代抵押人清偿债务,使物上设定的抵押权消灭,转让仍可以有效。现查明,浩鑫公司已经向抵押权人遵义工行代偿了雪清公司的全部债务,从而使抵押权因债权实现而消灭,限制雪清公司向浩鑫公司转让抵押物的权利瑕疵不复存在,因此可以认定,雪清公司与浩鑫公司签订的《资产折换协议书》以及补充协议,未损害他人利益,并已实际履行完毕,应为有效。

关于第四点。一审在查明被上诉人浩鑫公司向抵押权人遵义工行代偿了上诉人雪清公司的全部债务后,认定抵押权因债权实现而消灭。雪清公司上诉认为,抵押权消灭的时间应以诉讼提起的时间为准;在其提起本案诉讼时,浩鑫公司并未代其向遵义工行履行还款义务,抵押权并未消灭,一审这一认定属认定事实错误。法律和司法解释只规定了抵押权可以因担保的债权实现而消灭,没有规定抵押权消灭以何时为准。雪清公司的这一上诉理由没有法律依据,予以驳回。

关于第五点。《担保法》第1条开宗明义地规定:"为促进资金融通和商品流通,保障债权的实现,发展社会主义市场经济,制定本法。"这是《担保法》的立法目的。该法第49条第1款虽然规定抵押人未履行通知、告知义务的转让行为无效,但是第2款、第3款还规定"转让抵押物的价款明显低于其价值的,抵押权人可以要求抵押人提供相应的担保;抵押人不提供的,不得转让抵押物","抵押人转让抵押物所得的价款,应当向抵押权人提前清偿所担保的债权或者向与抵押权人约定的第三人提存。超过债权数额的部分,归抵押人所有,不足部分由债务人清偿"。综观《担保法》第49条可以看出,此条并非剥夺抵押人对抵押物的转让权,而是要保障抵押权人享有的债权能够实现。

法律确立公民、法人和其他组织的权利与义务,建立和规范社会秩序,最终体现的是国家整体利益。公民、法人和其他组织在法律面前一律平等。任何公民、法人和其他组织都享有法律规定的权利,同时必须履行法律规定的义务,都应当从立法本意上去理解和遵守法律,不能断章取义地利用法律。能够援引《担保法》第49条第1款的规定来主张转让行为无效的,应当是合法权益受到损害的抵押权人或者受让人。是否行使这一权利,应当由抵押权人或者受让人决定。在《担保法》第49条中,抵押人只有通知、告知、提供相应担保、清偿担保债权等义务,没有据以起诉抵押权人或者受让人的权利。只要抵押人本着诚信原则,依法履行这些义务,他人合法权益就不会受到侵害,从而也不会发生纠纷。作为抵押人,上诉人雪清公司在转让抵押财产时不履行法定的通知、告知义务,转让抵押财产后,仍然不履行清偿债权的义务,却执意援引《担保法》第49条第1款来主张转让无效，以达到依法不应达到的毁约目的，其行为不是维护法律。只要抵押权能消灭，无论是在消灭前还是消灭后提起本案诉讼，雪清公司的诉讼请求均不应满足。

综上，一审判决驳回上诉人雪清公司的诉讼请求，适用法律并无不当，应当维持。雪清公司的上诉理由不能成立，应予驳回。

抵押合同纠纷办案依据集成

1. 中华人民共和国物权法（2007年3月16日主席令第62号公布）（节录）

第一百八十五条　设立抵押权，当事人应当采取书面形式订立抵押合同。

抵押合同一般包括下列条款：

（一）被担保债权的种类和数额；

（二）债务人履行债务的期限；

（三）抵押财产的名称、数量、质量、状况、所在地、所有权归属或者使用权归属；

（四）担保的范围。

第一百八十六条　抵押权人在债务履行期届满前，不得与抵押人约定债务人不履行到期债务时抵押财产归债权人所有。

第一百八十七条　以本法第一百八十条第一款第一项至第三项规定的财产或者第五项规定的正在建造的建筑物抵押的，应当办理抵押登记。抵押权自登记时设立。

第一百八十八条　以本法第一百八十条第一款第四项、第六项规定的财产或者第五项规定的正在建造的船舶、航空器抵押的，抵押权自抵押合同生效时设立；未经登记，不得对抗善意第三人。

第一百八十九条　企业、个体工商户、农业生产经营者以本法第一百八十一条规定的动产抵押的，应当向抵押人住所地的工商行政管理部门办理登记。抵押权自抵押合同生效时设立；未经登记，不得对抗善意第三人。

依照本法第一百八十一条规定抵押的，不得对抗正常经营活动中已支付合理价款并取得抵押财产的买受人。

2. 最高人民法院关于适用《中华人民共和国担保法》若干问题的解释（2000年12月8日　法释〔2000〕44号）（节录）

第五十六条　抵押合同对被担保的主债权种类、抵押财产没有约定或者约定不明，根据主合同和抵押合同不能补正或者无法推定的，抵押不成立。

法律规定登记生效的抵押合同签订后，抵押人违背诚实信用原则拒绝办理抵押登记致使债权人受到损失的，抵押人应当承担赔偿责任。

第五十七条　当事人在抵押合同中约定，债务履行期届满抵押权人未受清偿时，抵押物的所有权转移为债权人所有的内容无效。该内容的无效不影响抵押合同其他部分内容的效力。

二十一、储蓄存款合同纠纷

61. 储户存款被冒领，银行是否需要承担赔偿责任？

在实际交易操作流程中，金融机构审查确认取款权利人合法性的要素是：存款凭证、密码、身份证。储蓄存款合同纠纷中，该三要素对储户存款被冒领产生的影响不同，责任大小认定也不同。银行对于储户存款被冒领是否免责，取决于其兑付行为是否符合法律规定及操作流程规范。银行未尽到合理的审查义务，对于存款被冒领有过错的，应按过错程度对储户承担相应的赔偿责任。储户对于发生存款损失有过错的，亦应承担相应的责任。

典型疑难案件参考

李名沁诉中国建设银行股份有限公司北京安华支行储蓄存款合同纠纷案

基本案情

2005年1月18日，李名沁在建设银行下属的营业网点开设了活期储蓄存款账户，账号为1104159980130125611，户名为李名沁，并设置了取款密码。截至2006年8月26日，上述账户中存款余额为1384000.18元。

2006年8月26日，李名沁将上述存折交付给案外人李丹。在2006年8月26日至2006年9月15日间，李丹分18笔将该存折内的1383938.8元取出，具体取款情况如下：（1）2006年8月26日，取款4.9万元；（2）2006年8月26日，转账3笔，数额分别为10万元、19万元和49万元；（3）2006年8月27日，取款5万元；（4）2006年8月28日，取款5万元；（5）2006年8月29日，取款5万元；（6）2006年8月30日，取款5万元；（7）2006年8月31日，分两次取款，数额分别为2.66万元和2.22万元；（8）2006年9月1日，取款4.14万元；（9）2006年9月3日，取款5万元；（10）2006年9月4日，取款4.8万元；（11）2006年9月5日，取款5万元；（12）2006年9

月6日，取款5万元；(13) 2006年9月13日，分两次取款，数额分别是238.8元和5万元；(14) 2006年9月15日，取款1.67万元。

2006年10月17日，李名沁得知存折上的存款被李丹取走，同日向北京市公安局以诈骗罪报案并办理了存折挂失手续。

2006年10月21日，李丹及其配偶王大维为李名沁书写了还款承诺书，内容为："李丹自2006年8月26日至9月15日期间，为其他目的，盗用了李名沁建设存折里的138.4万元。因此，欠李名沁138.4万元，李丹、王大维保证：在2006年10月25日归还80万元现金或抵押价值80万元的可交易的房产证一套。在2006年11月11日归还余额58.4万元。"当日，李丹被逮捕。

2007年5月25日，北京市第二中级人民法院以〔2007〕二中刑初字第824号刑事判决书判决："一、李丹犯诈骗罪，判处有期徒刑十四年，剥夺政治权利三年，并处罚金一万四千元；二、扣押在案的四十一万六千六百一十八元连同DELL牌笔记本电脑一台及电脑包一个之变价款按比例发还各被害人；三、继续追缴被告人李丹违法所得发还被害人李名沁、曹岚、王健、崔浩、陈小房、胡祥树、赵建伟、方娜、王滢、刘磊、肖特、刘宁、孙弘慧、吕宏宇。"该判决书认定李丹编造以"先租后售"的方式优惠购买单位公房的虚假事实，骗取李名沁等14人的信任，以收取房租等名义骗取被害人62.065万元，以收取押金、购房款及税款等名义骗取被害人630.4029万元。审理中，李名沁自认法院已向其发还追缴财产109311.11元。

审理中，安华支行提出李丹是凭存折、李名沁的身份证及存折密码支取款项，李名沁否认曾将存折密码告诉李丹，也未将本人身份证交给李丹。就本案的相关问题，一审法院向李丹进行了核实。李丹确认李名沁未交给其身份证，为取款其制作了李名沁的假身份证，假身份证中使用了李丹的相片和李名沁的各项身份信息。但对于如何取得存折密码，李丹表示记不清了。此外，安华支行提出李丹取款中的4笔业务发生在建设银行其他支行的，分别是2006年9月3日的1笔、2006年9月13日的2笔和2006年9月15日的1笔，对此李名沁表示不清楚，安华支行未进一步提供证据佐证。

▶ 一审诉辩情况

李名沁于2005年1月18日在中国建设银行股份有限公司北京分行紫竹桥支行存款，与安华支行建立了存储关系。2005年李名沁经朋友介绍认识一女子名叫李丹，该人谎称是中国银行、中国东方资产管理公司职员。经过经常接触，李丹得到了李名沁的信任。李丹经常称能够以"先租后售"的方式购买单位公产房屋。李名沁为了照顾父母方便，遂委托李丹以"先租后售"的方式选购一套房屋。

2006年8月26日,李丹称"现在可以办理购房手续",并要求李名沁将存有138.4万元购房款的存折交给她。李丹当时称"这存折只是让产权人看一下,在办理过户手续时要求李名沁一起去办,并强调到时候李名沁一定要到银行将存折上的138.4万元转账到产权人存折上"。李名沁认为本人不到银行且没有本人的身份证,存折内的资金不会丢失,遂将存折交给李丹。

2006年10月17日,李名沁得知李丹已将银行存款取走后,及时向公安机关报案,并于当日向安华支行办理了存折挂失手续,但此时李丹已将存折内的款项全部取出。安华支行作为专业银行,竟然违法、违规操作,使按照正常程序无法提走的李名沁存款被李丹轻易提走,安华支行的行为给李名沁造成了巨大的经济损失。

综上,安华支行违法违规操作行为是造成李名沁经济损失的主要原因,其负有不可推卸的责任。现诉至法院,要求安华支行赔偿李名沁存款损失127.45万元。

安华支行辩称:(1)李名沁的起诉对象有误。本案为储蓄存款合同纠纷,而在本案中,李名沁未在我行申请开户,故李名沁并未与我行建立任何储蓄存款合同关系,我行不应该成为本案的被告。(2)我行已按照正常的业务操作规程办理储蓄取款业务。2006年8月26日至2006年9月15日期间,账号为1104159980130125611的储户在我行下属的多家营业网点办理了14笔业务,其中11笔为5万元以下(包括5万元)的现金取现,3笔为5万元以上的银行转账。对于上述业务,我行各营业网点均按照人民银行相关会计制度及取款规定的操作规程严格办理,根本不存在任何违法违规的行为。首先,根据中国人民银行的相关规定,对于活期存款,取款的依据是存折,客户只要持有存折,便可向银行申请取款,而银行也必须根据客户的申请启动相应的取款程序,至于能否最终取款,客户还需要通过密码输入程序。本案中涉及的14笔取款业务均是根据该规定,应持有存折人的申请启动的取款业务流程。其次,根据中国人民银行《关于个人存取款业务管理有关问题的批复》的规定:"若代理人代理存款人办理支取本息合计5万元(不含5万元)以上人民币或等值,营业网点经办人员必须要求代理人同时提供代理人及存款人的有效身份证,并审核有效身份证件与存单、存折姓名、金额、币种等内容一致后,方可办理支取手续。"该规定既适用于取现也适用于转账。根据上述规定,我行在办理的11笔5万元以下取现业务无须履行上述审核程序,取款人凭存折申请取款后,通过密码输入程序,即可取款。对于其余3笔5万元以上的转账业务,由于不是存款人本人亲自办理,故我行相关网点工作人员分别审核了存款人即李名沁及代理取款人的身份证件,并将上述证件号码分别登记在大额交易转账凭条上的身份证件号码栏内。(3)即使李名沁与我行的储蓄存款合同关系成立,我行也履行了自己应尽的合同义务。李名沁在开户行申请开户时填写了储蓄开户申请书,该申请书背面客户须知已明确告知客户要牢记并妥善保管、使用个人密码,以防存款被他人冒领。本案中,客户向我行出示了活期储蓄存折,并能正确输入密码,自然我行必须履行相应的付款义务。至于客户存折和密码的来源,我行没有义务也没有能力去审查。(4)李名沁对自己的主张未提供相应的证据证明。根据《民事诉讼法》的相关规定,"银行有违规行为"的事项应由李名沁负举证责任。李名沁提供的证据均与该事实缺乏关联性,故我行认为李名沁的诉讼请求应当予以驳回。(5)李名沁所述事实与其提供的证据自相矛盾。首先,李丹持有存折的时间不少于20天,李名沁在如此长的时间内让李丹持有存折及密码,难道仅仅是"让产权人看一下"?其次,根据刑事判决书对事实的认定,李名沁将存折交付李丹的时候其真实目的是在履行合同义务,而并非如李名沁所述的"将存折交与李丹让产权人看一下"。而且在如此长的期限内李名沁也没有采取查询账户内款项并及时办理挂失手续的措施。最后,根据询问笔录中李丹的供述:"2006年8月初,我告诉李名沁交付房屋全款的余额138万余元,李名沁答应了,这样,在同年8月26日李名沁在西单……将存有138万元的存折交给我,我收完钱后,以各种理由一直延期没给李名沁往下办房产证……我收的李名沁的钱也给花光了。"上述供述与李名沁"只是让产权人看一下"的事实大相径庭。综上,请求法院驳回李名沁的诉讼请求。

一审裁判结果

北京市朝阳区人民法院判决:

一、安华支行于本判决生效后7日内赔偿李名沁234000元。

二、驳回李名沁的其他诉讼请求。如果未按该判决指定的期间履行给付金钱义务,应当依照《中华人民共和国民事诉讼法》第229条之规定,加倍支付迟延履行期间的债务利息。

一审裁判理由

北京市朝阳区人民法院认为:李名沁与安华支行以活期储蓄存款存折为表现形式的储蓄存款合同关系,符合法律规定,合法有效。

存款存折是记载存款行为及金额的原始凭证,作为储户的李名沁,应当妥善加以保管。李名沁自愿将该存折交予李丹的行为本身,就使自己的存款存在安全风险。而在交出存折后长达近两个月的时间内，李名沁没有采取任何有效措施查询、了解存款变动情况，使李丹可以从容地、分批次地将全部存款取出，李名沁的疏忽大意无疑放任了可能存在的损害后果的发生。因此，李名沁对于其存款损失的发生有过错，应自行承担相应责任。

金融机构的责任免除，应以其兑付行为符合法律、法规及规章的规定为前提。依照中国人民银行《关于加强金融机构个人存取款业务管理的通知》的相关规定，办理个人存取款业务的金融机构对一日一次性从储蓄账户提取现金5万元（不含5万元）以上的，储蓄机构柜台人员必须要求取款人提供有效身份证件，并经储蓄机构负责人审核后予以支付。可见，5万元以上的取现业务应区别于5万元以下的取现业务，储蓄机构不仅需要审查身份证的有效性，还需要该机构的负责人进行二次审查。这种审查的目的，无疑是为了确认取款人身份的真实，确保兑付行为的合法。结合本案，李丹一日内在安华支行处办理了3笔金额在5万元以上的转账业务，总金额78万元。李丹供认取款过程中使用的系伪造的李名沁身份证，而李名沁在办理存折挂失手续时尚持有自己的身份证，且安华支行亦未提交其他的证据证明李丹曾持有李名沁的有效身份证，故该院依法对李丹使用了伪造的李名沁身份证这一事实予以确认。安华支行未对取款人的身份情况尽到合理、充分的审查义务，对存款损失的发生有过错。

故，该院认为李名沁、安华支行对于李名沁存款被冒领所产生的损失均有过错，应按照各自的过错程度分别承担民事责任。双方的具体责任比例，由该院依法酌定。由于并无法律、法规或规章规定金融机构对一次支取5万元以下的存款负有相对严格的审查义务，因此李名沁就此部分损失向安华支行主张权利，没有法律依据，该院不予考虑。安华支行的赔偿范围以一次取款在5万元以上的3笔业务为限。

二审诉辩情况

李名沁与安华支行均不服，提起上诉。

二审裁判结果

北京市第二中级人民法院判决：驳回上诉，维持原判。

二审裁判理由

北京市第二中级人民法院经审理查明：2005年1月18日，李名沁在安华支行以外的建设银行网点开立了本案存折，并填写了储蓄开户凭条，该凭条载明："提示：请客户提交本凭条前认真阅读背面的'客户须知'。"背面的"客户须知"中载明：客户应牢记并妥善保管、使用个人密、印，切勿将个人密、印泄露给他人，以防存款被他人冒领。如发生储蓄凭证、密码丢失等情况，请立即到我行办理挂失手续，对于挂失前发生的资金损失，我行不承担责任。

2006年8月26日，有一笔49万元的存款从李名沁存折中以转账方式转出。该转账凭条正面在"客户审核"栏中载明的收款人为王宇，记载了收款账户；转账金额为49万元；凭条右下角载明：客户对"客户审核"栏内容确认签名，该处签有"袁庆华 王宇 李名沁"手写字样。该凭条的背面在"交易申请人姓名："一栏签有"李名沁"手写字样；转账金额以手写填写；"身份证件号码（大额交易时填写）"一栏中填写了上述三人的身份证号码；右下角签名处签有"李名沁"手写字样。安华支行认为上述款项系由袁庆华代理转账。

同日，李名沁存折中转出10万元。该转账凭条正面在"客户审核"栏中载明的收款人为李丹，记载了收款账户；转账金额为10万元；凭条右下角载明：客户对"客户审核"栏内容确认签名，该处签有"李名沁 李丹"手写字样。该凭条的背面在"交易申请人姓名："一栏签有"李名沁"手写字样；转账金额以手写填写；"身份证件号码（大额交易时填写）"一栏中填写了上述两人的身份证号码；右下角签名处签有"李名沁 李丹"手写字样。安华支行认为上述款项系由李丹代理转账。

同日，李名沁存折中还转出19万元。该转账凭条正面在"客户审核"栏中载明的收款人为李丹，记载了收款账户；转账金额为19万元；凭条右下角载明：客户对"客户审核"栏内容确认签名，该处签有"李名沁 李丹"手写字样。该凭条的背面在"交易申请人姓名："一栏签有"李名沁"手写字样；转账金额以手写填写；"身份证件号码（大额交易时填写）"一栏中填写了上述两人的身份证号码；右下角签名处签有"李名沁 李丹"手写字样。安华支行认为上述款项系由李丹代理转账。

2006年10月16日，李丹曾以办理房屋过户手续为由与李名沁见面。

李名沁在公安机关2006年10月17日的询问笔录中陈述：我开始找钱打算办手续想把这房子全款买下来。2006年8月26日下午给了李丹一个建设银行存折，并告诉了她这存折的密码，并让她把我原转账给她约30万元用剩下的约20万元转到我这建设银行存折里。

2009年6月8日，本院对李丹进行了询问，李丹陈述：存折是李名沁交给我的，还问我要不要身份证，我说不要了。存折是一个有密码的活期存折，我去替她交房款。身份证是假的，我自己找人做的。对于获取李名沁身份证号码的途径，李丹解释称：交契税时需要身份证复印件，李名沁给了我二代身份证的复印件。假身份证的号码是李名沁的,照片是我的。转款时,我出具了假的身份证,没有同时出示过我自己的身份证。李名沁知道我去取钱,也知道我能取出钱,她知道我去交房款。对密码是如何取得的记不清了。

建设银行总行〔2000〕1028号《关于转发中国人民银行的通知》中规定:存款人一日一次性从储蓄账户支取本息合计5万元(不含5万元)以上人民币,营业网点经办人员必须要求存款人提供本人有效身份证件,并审核有效身份证件与存单、存折姓名、金额、币种等内容一致后,方可办理支取手续。若代理人代理存款人办理上述业务,必须要求代理人同时提供代理人及存款人的有效身份证件,并审核有效身份证件与存单、存折姓名、金额、币种等内容一致后,方可办理支取手续。

二审其他事实与一审法院查明的事实一致。

北京市第二中级人民法院认为:(1)李名沁在刑事询问笔录中认可其将存折密码告知了李丹,该做法系对存折密码未进行妥善保管。李丹在持有李名沁存折的同时,掌握了存折密码,其依据上述凭证即可以顺利进行5万元(含5万元)以下数额的取款。就5万元以下款项的取出,安华支行不存在过错,故本院对李名沁就该部分款项作出的赔偿主张不予支持。(2)李丹在安华支行办理了3笔金额在5万元以上的转账业务,总金额为78万元。根据建设银行总行《关于转发中国人民银行的通知》的规定,从储蓄账户支取本息合计5万元(不含5万元)以上人民币,营业网点经办人员必须审核存款人的有效身份证件。根据上述规定,安华支行在办理上述转账业务时必须审核李名沁的有效身份证件,如未尽审查义务,则应当承担相应责任。李丹自2006年8月26日至2006年9月15日先后取款18次,分13天才得以将存款分批取出,现已被判诈骗罪,且李名沁在挂失时持有自己的身份证,据此,本院有理由相信李丹未持有李名沁的有效身份证。安华支行在李丹未持有李名沁有效身份证件的情况下,办理了上述78万元的转账业务,存在过失,应承担赔偿责任。另外,存款人身份证件、存折及密码共同构成了交易认证的对象,三者都具有唯一性的特点,但是其中密码具有秘密性的特征,密码一旦确定和输入,非经复杂破译程序不可能再现,因此密码只有本人知悉,是保障交易安全的最重要因素,而身份证虽然具有唯一性,但容易被伪造,对于保证交易安全具有相对的不稳定性,因此储户对于密码应当具有更高程度的注意义务。在本案转款业务办理时,银行尚不具备审查身份证真实性的条件和能力,所以本案所涉转款中,对密码的认证识别属于实质性审查,是交易过程中更加关键的步骤。所以,本案中,存款人李名沁对于密码和存折的保管义务大于安华支行对于身份证件的审查义务,在取款的三个环节即存折、密码及存款人身份证件当中,李名沁在存折和密码两个重要环节中存在未妥善保管的过错，应对78万元的存款损失承担主要责任。安华支行在审查有效身份证环节上存在过失，应承担次要责任。所以，一审判决酌定由安华支行赔偿李名沁234000元并无不当。

综上，对于李名沁与安华支行的上诉请求，本院均不予支持。一审判决认定事实清楚、适用法律正确，处理并无不当，应予维持。

储蓄存款合同纠纷办案依据集成

1. 中华人民共和国民法通则（2009年8月27日修正）（节录）

第七十五条　公民的个人财产，包括公民的合法收入、房屋、储蓄、生活用品、文物、图书资料、林木、牲畜和法律允许公民所有的生产资料以及其他合法财产。

公民的合法财产受法律保护，禁止任何组织或者个人侵占、哄抢、破坏或者非法查封、扣押、冻结、没收。

2. 中华人民共和国商业银行法（2003年12月27日修正）（节录）

第二十九条　商业银行办理个人储蓄存款业务，应当遵循存款自愿、取款自由、存款有息、为存款人保密的原则。

对个人储蓄存款，商业银行有权拒绝任何单位或者个人查询、冻结、扣划，但法律另有规定的除外。

第三十条　对单位存款，商业银行有权拒绝任何单位或者个人查询，但法律、行政法规另有规定的除外；有权拒绝任何单位或者个人冻结、扣划，但法律另有规定的除外。

第三十一条　商业银行应当按照中国人民银行规定的存款利率的上下限，确定存款利率，并予以公告。

第三十三条　商业银行应当保证存款本金和利息的支付，不得拖延、拒绝支付存款本金和利息。

3. 储蓄管理条例（1992年12月11日国务院令第107号公布）

第一章　总　则

第一条　为了发展储蓄事业，保护储户的合法权益，加强储蓄管理，制定本条例。

第二条　凡在中国境内办理储蓄业务的储蓄机构和参加储蓄的个人，必须遵守本条例的规定。

第三条　本条例所称储蓄是指个人将属于其所有的人民币或者外币存入储蓄机构，储蓄机构开具存折或者存单作为凭证，个人凭存折或者存单可以支取存款本金和利息，储蓄机构依照规定支付存款本金和利息的活动。

任何单位和个人不得将公款以个人名义转为储蓄存款。

第四条　本条例所称储蓄机构是指经中国人民银行或其分支机构批准，各银行、信用合作社办理储蓄业务的机构，以及邮政企业依法办理储蓄业务的机构。

第五条　国家保护个人合法储蓄存款的所有权及其他合法权益，鼓励个人参加储蓄。

储蓄机构办理储蓄业务，必须遵循"存款自愿，取款自由，存款有息，为储户保密"的原则。

第六条　中国人民银行负责全国储蓄管理工作。

中国人民银行及其分支机构负责储蓄机构和储蓄业务的审批、协调、仲裁有关储蓄机构之间在储蓄业务方面的争议,监督、稽核储蓄机构的业务工作,纠正和处罚违反国家储蓄法律、法规和政策的行为。

第七条 中国人民银行经国务院批准,可以采取适当措施稳定储蓄,保护储户利益。

第八条 除储蓄机构外,任何单位和个人不得办理储蓄业务。

第二章 储蓄机构

第九条 储蓄机构的设置,应当遵循统一规划,方便群众,注重实效,确保安全的原则。

第十条 储蓄机构的设置,应当按照国家有关规定报中国人民银行或其分支机构批准,并申领《经营金融业务许可证》,但国家法律、行政法规另有规定的除外。

第十一条 储蓄机构的设置必须具备下列条件:
(一)有机构名称、组织机构和营业场所;
(二)熟悉储蓄业务的工作人员不少于四人;
(三)有必要的安全防范设备。

第十二条 经当地中国人民银行分支机构批准,储蓄机构可以设立储蓄代办点。储蓄代办点的管理办法,由中国人民银行规定。

第十三条 储蓄机构应当按照规定时间营业,不得擅自停业或者缩短营业时间。

第十四条 储蓄机构应当保证储蓄存款本金和利息的支付,不得违反规定拒绝支付储蓄存款本金和利息。

第十五条 储蓄机构不得使用不正当手段吸收储蓄存款。

第三章 储蓄业务

第十六条 储蓄机构可以办理下列人民币储蓄业务:
(一)活期储蓄存款;
(二)整存整取定期储蓄存款;
(三)零存整取定期储蓄存款;
(四)存本取息定期储蓄存款;
(五)整存零取定期储蓄存款;
(六)定活两便储蓄存款;
(七)华侨(人民币)整存整取定期储蓄存款;
(八)经中国人民银行批准开办的其他种类的储蓄存款。

第十七条 经外汇管理部门批准,储蓄机构可以办理下列外币储蓄业务:
(一)活期储蓄存款;
(二)整存整取定期储蓄存款;
(三)经中国人民银行批准开办的其他种类的外币储蓄存款。

办理外币储蓄业务,存款本金和利息应当用外币支付。

第十八条 储蓄机构办理定期储蓄存款时,根据储户的意愿,可以同时为储户办理定期储蓄存款到期自动转存业务。

第十九条 根据国家住房改革的有关政策和实际需要,经当地中国人民银行分支机构批准，储蓄机构可以办理个人住房储蓄业务。

第二十条 经中国人民银行或其分支机构批准，储蓄机构可以办理下列金融业务：

（一）发售和兑付以居民个人为发行对象的国库券、金融债券、企业债券等有价证券；

（二）个人定期储蓄存款存单小额抵押贷款业务；

（三）其他金融业务。

第二十一条 储蓄机构可以办理代发工资和代收房租、水电费等服务性业务。

第四章 储蓄存款利率和计息

第二十二条 储蓄存款利率由中国人民银行拟订，经国务院批准后公布，或者由国务院授权中国人民银行制定、公布。

第二十三条 储蓄机构必须挂牌公告储蓄存款利率，不得擅自变动。

第二十四条 未到期的定期储蓄存款，全部提前支取的，按支取日挂牌公告的活期储蓄存款利率计付利息；部分提前支取的，提前支取的部分按支取日挂牌公告的活期储蓄存款利率计付利息，其余部分到期时按存单开户日挂牌公告的定期储蓄存款利率计付利息。

第二十五条 逾期支取的定期储蓄存款，其超过原定存期的部分，除约定自动转存的外，按支取日挂牌公告的活期储蓄存款利率计付利息。

第二十六条 定期储蓄存款在存期内遇有利率调整，按存单开户日挂牌公告的相应的定期储蓄存款利率计付利息。

第二十七条 活期储蓄存款在存入期间遇有利率调整，按结息日挂牌公告的活期储蓄存款利率计付利息。全部支取活期储蓄存款，按清户日挂牌公告的活期储蓄存款利率计付利息。

第二十八条 储户认为储蓄存款利息支付有错误时，有权向经办的储蓄机构申请复核；经办的储蓄机构应当及时受理、复核。

第五章 提前支取、挂失、查询和过户

第二十九条 未到期的定期储蓄存款，储户提前支取的，必须持存单和存款人的身份证明办理；代储户支取的，代支取人还必须持其身份证明。

第三十条 存单、存折分为记名式和不记名式。记名式的存单、存折可以挂失，不记名式的存单、存折不能挂失。

第三十一条 储户遗失存单、存折或者预留印鉴的印章的，必须立即持本人身份证明，并提供储户的姓名、开户时间、储蓄种类、金额、帐号及住址等有关情况，向其开户的储蓄机构书面申请挂失。在特殊情况下，储户可以用口头或者函电形式申请挂失，但必须在五天内补办书面申请挂失手续。

储蓄机构受理挂失后，必须立即停止支付该储蓄存款；受理挂失前该储蓄存款已被他人支取的，储蓄机构不负赔偿责任。

第三十二条 储蓄机构及其工作人员对储户的储蓄情况负有保密责任。

储蓄机构不代任何单位和个人查询、冻结或者划拨储蓄存款，国家法律、行政法规另有规定的除外。

第三十三条 储蓄存款的所有权发生争议，涉及办理过户的，储蓄机构依据人民法院

发生法律效力的判决书、裁定书或者调解书办理过户手续。

第六章 法律责任

第三十四条 违反本条例规定,有下列行为之一的单位和个人,由中国人民银行或其分支机构责令其纠正,并可以根据情节轻重处以罚款、停业整顿、吊销《经营金融业务许可证》;情节严重,构成犯罪的,依法追究刑事责任:

(一)擅自开办储蓄业务的;

(二)擅自设置储蓄机构的;

(三)储蓄机构擅自开办新的储蓄种类的;

(四)储蓄机构擅自办理本条例规定以外的其他金融业务的;

(五)擅自停业或者缩短营业时间的;

(六)储蓄机构采取不正当手段吸收储蓄存款的;

(七)违反国家利率规定,擅自变动储蓄存款利率的;

(八)泄露储户储蓄情况或者未经法定程序代为查询、冻结、划拨储蓄存款的;

(九)其他违反国家储蓄法律、法规和政策的。

违反本条例第三条第二款规定的,依照国家有关规定予以处罚。

第三十五条 对处罚决定不服的,当事人可以依照《中华人民共和国行政复议法》的规定申请复议。对复议决定不服的,当事人可以依照《中华人民共和国行政诉讼法》的规定向人民法院提起诉讼。

第三十六条 复议申请人逾期不起诉又不履行复议决定的,依照《中华人民共和国行政复议法》的规定执行。

第三十七条 储蓄机构违反国家有关规定,侵犯储户合法权益,造成损失的,应当依法承担赔偿责任。

第七章 附 则

第三十八条 本条例施行前的定期储蓄存款,在原定存期内,依照本条例施行前国家有关规定办理计息事宜。

第三十九条 本条例由中国人民银行负责解释,实施细则由中国人民银行制定。

第四十条 本条例自一九九三年三月一日起施行。一九八〇年五月二十八日中国人民银行发布的《中国人民银行储蓄存款章程》同时废止。

二十二、信用卡纠纷

62. 信用卡被他人盗用消费,商家是否应予赔偿?

中国人民银行《银行卡联网联合业务规范》规定,特约商户应对信用卡消费承担审核义务,审卡内容包括:卡片签名条上无"样卡"或"专用卡"等非正常签名的字样;卡片无打洞、剪角、毁改或涂改的痕迹;信用卡还需审查卡的有效期、照片卡上的照片。对于设定密码并预留签名的信用卡,特约商户收银员应核对信用卡使用人在交易凭证上的签字与信用卡签名条上的签字是否一致。信用卡使用人签名与卡片背面签名不一致,且与信用卡正面的拼音明显不同,商家未尽到必要的审核义务,应承担赔偿责任。受害人在犯罪分子的威胁之下透露密码,应适当减轻商家的赔偿责任。

典型疑难案件参考

蔡红辉诉金才来信用卡纠纷案(《最高人民法院公报》2010年第12期)

基本案情

2009年5月16日22日时30分许,原告蔡红辉驾车在邱隘镇方庄社区路边停车时,被罪犯汪成楠等4人劫持。罪犯通过搜身,劫得原告身上现金850元、价值21177元的手表1只、信用卡6张,并用威胁手段获得前述信用卡的密码。罪犯限制原告的人身自由,先后在几家银行的ATM机上取得现金49200元。5月17日8时许,罪犯汪成楠至被告金才来个体经营的宁波市鄞州邱隘金凤珠宝店,以劫得的鄞州银行、中国银行两张信用卡及密码刷卡购得价值78670元的黄金项链3条、黄金手链2条和黄金戒指2枚,并以"刘明"的名义在两份POS签购单上持卡人签名处签名,该签名与信用卡背面的预留签名不符。当日9时,原告被解除人身限制后报案。案发后,公安机关陆续将4

名罪犯抓获，追回现金 15040 元、黄金项链 2 条、黄金手链 2 条和黄金戒指 2 枚，其中 1 条价值 8013 元的黄金项链系罪犯汪成楠所有并自愿退赔给原告，其余价值 42693 元的金饰均系罪犯从被告处刷卡购得。前述款物已由公安机关发还原告，其余现金和实物被罪犯挥霍或遗失。4 名罪犯以抢劫罪被判刑后，至今未继续退赔原告的经济损失。

另查明，宁波市工商银行委托宁波银联商务有限公司作为甲方与乙方宁波市鄞州邱隘金凤珠宝店签订的《宁波市特约商户受理银联卡协议书》第 8 条第 10 款规定："乙方应严格按甲方最新提供的《宁波市特约商户 POS 受理指南》受理银联卡，乙方收银人员应核对持卡人在交易凭证上的签字，与银联卡签名条上的签字是否一致（持不记名 IC 卡交易除外），乙方受理要求持卡人必须签名的交易时，银联卡上没有签名、签名无法辨认、签名被涂改或者明显不一致的，乙方应拒绝交易。若因交易签购单无持卡人签名或者签名与卡片预留的签名明显不符，由此造成的经济损失，由乙方承担相应责任。"

诉辩情况

原告蔡红辉诉称：2009 年 5 月 16 日 22 时 30 分许，原告驾车在宁波市邱隘镇方庄社区路边停车时，被案外人汪成楠等 4 人劫持。汪成楠等 4 人抢走原告信用卡 6 张，逼迫原告说出密码并限制原告的人身自由。5 月 17 日 9 时，原告被解除人身限制后立即报案。后查询信用卡记录得知，5 月 19 日上午 8 时 19 分、8 时 20 分，原告的信用卡被他人在被告金才来经营的宁波市鄞州邱隘金凤珠宝店进行了刷卡消费，其中鄞州银行信用卡消费 75000 元，中国银行信用卡消费 3670 元，POS 签购单上持卡人签名为刘明。原告在前述两张信用卡背面均有原告本人的预留签名，被告未审查该持卡人签名与信用卡预留签名是否一致，也未对持卡人的身份证进行核对审查，对持卡人的不正常消费行为未采取严格的审查措施，导致原告财产受损，故应承担相应的赔偿责任，请求法院判令被告赔偿原告经济损失 78670 元。

被告金才来辩称：首先，法律并未禁止使用他人的信用卡消费，而且信用卡上也无法显示相关信息，被告无法确认持卡消费人是否是原告蔡红辉本人；其次，原告被盗刷的两张信用卡均是凭密码消费，而不是凭签名消费，故原告经济损失与被告无关；最后，案发后，公安机关已经追回部分赃物、赃款，因此原告实际的经济损失不足 78670 元。请求驳回原告的诉讼请求。

裁判结果

浙江省宁波市鄞州区人民法院判决：被告金才来赔偿原告蔡红辉经济损失

19086元。

裁判理由

浙江省宁波市鄞州区人民法院一审认为,本案争议的焦点是:对于既设定了密码又预留了签名的信用卡,犯罪分子以胁迫信用卡所有人的手段获得该卡密码后,在信用卡特约商户处消费,签名与预留签名不符,商户没有核对信用卡使用人在交易凭证上的签字与信用卡签名条上的签字是否一致,导致信用卡所有人财产受到损失,商户应否承担赔偿责任。

中国人民银行《银行卡联网联合业务规范》第三章"业务流程"C项规定:"持卡人将银行卡交特约商户收银员;特约商户收银员在POS上刷卡,输入交易金额,要求持卡人通过密码键盘输入6位个人密码,如发卡行不要求输入密码的,由收银员直接按确认键。交易成功,打印交易单据,收银员核对单据上打印交易账号和卡号是否相符后交持卡人签名确认,并对信用卡交易核对签名与卡片背面签名是否一致后,将银行卡、签购单回单联等交持卡人;交易不成功,收银员应就提示向持卡人解释。"本案中,宁波市鄞州邱隘金凤珠宝店作为乙方,与宁波市工商银行委托的宁波银联商务有限公司签订的《宁波市特约商户受理银联卡协议书》第8条第10款规定:"乙方应严格按甲方最新提供的《宁波市特约商户POS受理指南》受理银联卡,乙方收银人员应核对持卡人在交易凭证上的签字,与银联卡签名条上的签字是否一致(持不记名IC卡交易除外),乙方受理要求持卡人必须签名的交易时,银联卡上没有签名、签名无法辨认、签名被涂改或者明显不一致的,乙方应拒绝交易。若因交易签购单无持卡人签名或者签名与卡片预留的签名明显不符,由此造成的经济损失,由乙方承担相应责任。"原告蔡红辉按照其与发卡银行的约定,在信用卡上预留了签名,设定了密码。发卡银行在信用卡正面印制了原告姓名的拼音。宁波市鄞州邱隘金凤珠宝店是银联卡的特约商户,被告金才来作为业主在受理银联信用卡时,应当核对持卡人在交易凭证上的签字与信用卡签名条上的签字、信用卡正面的拼音姓名是否一致。本案犯罪分子持抢劫所得的信用卡至被告处刷卡购买黄金饰品,持卡人在POS签购单上的签名与信用卡背面的预留签名不符,也与信用卡正面的拼音明显不同,因此,应当认定被告未进行认真审核,对原告因此而造成的损失,被告应当承担相应责任。原告虽设定了密码,但在犯罪分子的威胁之下透露了密码,故应当适当减轻被告的赔偿责任。结合案情全面分析,酌定被告应对原告的损失承担60%的赔偿责任。

关于原告蔡红辉损失的计算问题,涉案信用卡在被告处刷卡消费的金额为78670元，但应当扣除公安机关追回并发还原告的金饰价值合计42693元，此外，罪犯自愿退赔的黄金项链，可按8013元评估价，根据刷卡消费额占全部损失的比例予以折算扣减。因此，对于原告信用卡消费损失的金额应认定为31810元。按照被告承担60%责任计算，应当赔偿原告19086元。

宣判后，双方均未上诉，一审判决已经发生法律效力。

信用卡纠纷办案依据集成

全国人民代表大会常务委员会关于《中华人民共和国刑法》有关信用卡规定的解释（2004年12月29日）

全国人民代表大会常务委员会根据司法实践中遇到的情况，讨论了刑法规定的"信用卡"的含义问题，解释如下：

刑法规定的"信用卡"，是指由商业银行或者其他金融机构发行的具有消费支付、信用贷款、转账结算、存取现金等全部功能或者部分功能的电子支付卡。

现予公告。

二十三、租赁合同纠纷

63. 租赁物的维修义务由谁承担？

出租人将租赁物交付承租人使用收益，应当承担标的物瑕疵担保义务，使租赁物在租赁期间保持符合约定的用途，如果租赁物出现问题，除双方另有约定外，出租人应当履行维修义务。承租人应当按照约定的方法或者租赁物的性质使用租赁物。出租人的维修义务一般是在承租人按约定使用租赁物的情况下出现的合理损耗或者是由租赁物的性质所要求的对租赁物的正常的维护，如果因承租人的保管使用不善造成租赁物的损坏，出租人不负维修的义务。承租人在租赁物需要维修时可以要求出租人在合理期限内维修。出租人未履行维修义务的，承租人可以自行维修，维修费用由出租人负担。因维修租赁物影响承租人使用的，应当相应减少租金或者延长租期。

典型疑难案件参考

伊海宾诉新疆德仕房地产开发有限公司摊位租赁合同案

基本案情

2002年4月22日，原告伊海宾与被告德仕公司签订一份摊位租赁合同。合同规定：自2002年4月16日至2017年4月15日，承租德仕公司综合商业大厦前二层编号为9223号摊位，用于服装销售……合同签订后，原告伊海宾在交付必要费用后，接手该摊位进行服装销售。自2003年起，由于该摊位环境温度不能达到经营场所所需温度，导致原告无法正常经营。

一审诉辩情况

原告伊海宾诉称：根据我与被告德仕公司的租赁合同，原告自2002年4月起承租其摊位15年进行服装经营，但自2003年因冬季室温太低，不能保证正常经营,导致原告经营困难。要求判令被告采取措施,以使摊位环境达到16摄氏度的正常经营条件。

被告德仕公司辩称:我方提供经营场所符合经营条件,原告起诉应予驳回。

一审裁判结果

天山区人民法院判决:限被告德仕公司在2006年7月底前完成对原告伊海宾经营场所的整修,使之达到本市冬季16摄氏度室温的要求。

一审裁判理由

天山区人民法院认为:原告伊海宾承租被告德仕公司摊位用于服装经营,显然要求该经营场所要能够满足人们逗留时不感到不舒服。按照相关的规定,本市冬季室温不得低于16摄氏度。对于原告伊海宾之经营场所,考虑人员往来频率较之家居要高出许多和冷热交换的因素,该场所室温要求至少不低于16摄氏度。现被告德仕公司为出租人,未能提供符合服装经营条件的经营场所,理应承担补救责任,直至达到原告伊海宾的要求。因此,原告伊海宾诉讼请求合理,本院予以支持。

二审诉辩情况

德仕公司上诉称:(1)原审判决认定我公司提供给伊海宾经营的摊位环境温度不能达到经营场所所需要的温度,却未能明确温度是太冷还是太热,且所需温度应该是多少度。(2)原审判决以环鹏热力公司2006年1月18日室温测定的记录表作为认定本案事实的依据不当,因该记录表未加盖单位公章亦无其法定代表人签名。(3)根据国家建设部、新疆维吾尔自治区及乌鲁木齐市有关部门的相关规定,只有密闭式居民住宅冬季采暖期室温不低于16摄氏度,而非密闭式场所的室温。原审法院在双方当事人对供暖温度没有约定的情况下,要求我公司提供的经营场所冬季室温达到16摄氏度,没有法律依据。综上,原审法院查证事实不清,且适用法律有误,要求依法改判。

伊海宾答辩称:我与德仕公司签订摊位经营权租赁合同后,按约定履行了向该公司支付相关费用的义务。但2003年起该公司提供给我经营的场所冬季室温太低,影响了我的正常经营。原审法院审理中我已提供了德仕公司出具的市场温度太冷,致使我无法经营的证明。现环鹏热力公司出具的室温测定记录表虽未加盖单位公章,但其记载的市场温度过低的情况与上述证明相一致。另原审判决要求德仕公司的市场冬季室温需达到16摄氏度,符合出租人应在租赁期间保持租赁物符合约定用途的法律规定。故原审法院认定事实清楚,适用法律正确，请求二审法院维持原判。

二审裁判结果

乌鲁木齐市中级人民法院判决：驳回上诉，维持原判。

二审裁判理由

乌鲁木齐市中级人民法院查明：2002年4月22日，伊海宾与德仕公司签订一份摊位经营租赁合同。合同约定：由伊海宾承租德仕公司位于乌鲁木齐市小西门的综合商业大厦前二层编号为9223号摊位15年的经营权，经营期限为2002年4月16日至2017年4月15日，经营项目为服装销售。合同签订后，伊海宾如约向德仕公司交纳了摊位使用费等费用。德仕公司即将该摊位交付伊海宾经营使用。从2003年起，因德仕公司综合商业大厦冬季供暖温度低，影响了伊海宾的正常经营。伊海宾经营期间，德仕公司于2006年1月12日给乌鲁木齐市中三路工商所出具证明，内容为：我市场摊位伊海宾，因市场太冷，无法经营，须请假。

乌鲁木齐市中级人民法院认为：德仕公司作为房屋的出租人，在承租人伊海宾按约向其交纳摊位使用费等费用后，有义务使租赁的场所符合使用的状态，即适合承租人伊海宾达到使用、收益的目的。现伊海宾在经营期间，因德仕公司提供的摊位使用场所冬季采暖温度过低，影响了伊海宾的正常经营，未尽到出租方义务，原审法院据此判决德仕公司承担其出租的综合商业大厦的修缮义务，符合法律的规定。另因德仕公司与供热单位对其商厦的冬季供热温度未进行明确约定，故原审法院参考乌鲁木齐地区冬季供暖居民室内温度不低于16摄氏度的相关规定，判决德仕公司提供经营场所整修后的冬季室温达到16摄氏度，并无不当。综上，德仕公司上诉请求理由不成立，原审法院判决正确，应予维持。

64. 承租经营超市柜台下班后黄金首饰失窃，超市是否需要赔偿？

合同关系中，债务人在承担合同给付义务之外，为辅助债权人实现其利益，根据诚实信用原则而产生附随义务。合同的附随义务，是根据合同性质、目的及交易习惯等延伸出来的一种义务，其与合同主义务具有依附性，是合同当事人未约定，但依据合同性质、目的和交易习惯等，而由法律直接规定的一种义务。附随义务是根据诚实信用原则随着债的关系的发展而产生的；附随义务在任何债的关系中均可能发生，不受债的种类限制。《合同法》第60条第2款规定："当事人应当遵循诚实信用原则，根据合同的性质、目的和交易习惯履行通知、协助、保密等义务。"出租人与承租人就某一特定经营场所签订专柜租赁合同，根据专柜租赁合同的性质、目的和行业习惯，应当保障经营场所安全，避免承租人财产受到侵害，这是专柜租赁合同的附随义务。超市未尽安全保障义务，致使经营者黄金首饰等贵重物品被盗，应承担相应的赔偿责任。

典型疑难案件参考

谢丽珍诉南安市新百姓仓储超市有限公司租赁合同纠纷案

基本案情

2005年3月4日，原告谢丽珍以"香港钻俏媚意大利首饰公司"的名义与被告新百姓超市签订《驻场合同书》、《专柜合同书》各1份。《驻场合同书》约定：被告同意原告在其经营的官桥商场派驻销售人员，驻场期限2005年3月4日至2006年3月3日。《专柜合同书》第2条对驻场期限作了同样的约定。《专柜合同书》第5条约定：(1)乙方（即原告）提供品牌金银首饰类型的商品在甲方（即被告）官桥店进行销售。(2)甲方场内的所有专柜区的划分与确认应由甲方统一安排，并有权根据销售需要进行调整，乙方应积极配合。(3)乙方在甲方商场（店）内的一切经营活动应服从甲方的统一管理，并遵守甲方的各项规章制度，否则视为违约。第9条第2款约定：乙方应严格遵守甲方商场（店）内的一切规定，如未按规定执行的，以甲方第三次整改通知时间为准，视为乙方违约，其造成的一切损失由乙方全权负责。第10条约定：(1) 装修柜台由乙方负责；(2) 场地使用费每月 1000 元……(7) 甲方应保证乙方在本商场独家经营金银首饰。

香港钻俏媚意大利首饰公司并未在香港进行商业登记。《驻场合同书》、《专柜合同书》上除了加盖香港钻俏媚意大利首饰公司印章外，由谢丽珍在"业务代表"一栏及"法人代表"一栏签名，并提供了其个人银行账号。

2006 年 2 月，杨金华、袁田牙、彭军、黄兵、吴冬云、彭健、钱有福等人合谋盗窃新百姓超市。其中，彭军、钱有福系新百姓超市的保安员，在共同犯罪中，彭军向钱有福提供了新百姓超市二楼安全门的钥匙，由钱有福另行配制了一把，两人还共同绘制了新百姓超市的地理结构、监控分布等情况图，并提供给袁田牙。该案中，杨金华等人共偷走了谢丽珍经营的黄金首饰 1102 件（价值 555294 元）。前述盗窃案告破后，公安机关共追回并退给原告谢丽珍金银首饰 793 件。

一审诉辩情况

原告谢丽珍认为，原、被告之间签订《驻场合同书》、《专柜合同书》明确约定了经营场所的管理责任，整个经营场所是在被告的管理之下，原告依约向被告交纳了管理费用，现柜台在非营业时间被盗，该损失应由被告给予赔偿。请求法院判令被告赔偿经济损失人民币 160819.27 元。

被告新百姓超市则认为，超市已经尽到了相应的保障义务，而物品保管也不是超市应有的义务；原告的损失系由盗窃者的犯罪行为所造成，超市与盗窃者之间并不存在共同行为或混合过错，原告应向盗窃者主张权利才是正确的；原告未将出售的贵重商品放置于保险柜，对其物品管理失当，应当自负其责。

一审裁判结果

福建省泉州市中级人民法院判决：
一、被告南安市新百姓仓储超市有限公司应于本判决生效之日起 10 日内赔偿原告谢丽珍金银首饰被盗损失 124563.2 元。
二、驳回原告谢丽珍的其他诉讼请求。

一审裁判理由

福建省泉州市中级人民法院认为，经营场所的安全保障义务，是新百姓超市作为超市经营方应尽的附随义务，现新百姓超市违反了其应承担的附随义务，应当承担造成损失的赔偿责任；而谢丽珍对其经营的贵重物品未尽严格的安全注意义务，也应自行承担部分责任。

二审诉辩情况

新百姓超市不服提起上诉。

二审裁判结果

福建省高级人民法院判决：驳回上诉，维持原判。

二审裁判理由

福建省高级人民法院认为：保障经营场所安全是上诉人应尽的附随义务。由于上诉人对其出租的场所在安全保障上存在疏忽的过错，其雇用的保安勾结外人共同作案，导致出租柜台商品被盗，应承担主要的赔偿责任。被上诉人作为承租人对其出售的贵重商品在非经营期间内仅放置于加锁的玻璃柜台内，未尽到严格的安全注意义务，也有过错，亦应自行承担商品被盗的部分损失后果。原审根据公平原则对责任承担作出处理，判决结果适当。

65. 承租人对租赁房屋进行装修扩建的，如何处理？

对租赁物进行扩建、增设他物，在民法上称为添附。承租人对租赁物有权进行占有、使用、收益，但其对租赁物不享有所有权，不能擅自对租赁物进行改善或者增设他物。承租人对租赁物进行装饰装修或扩建改造，分两种情形处理：其一，经出租人同意的情形。承租人经出租人同意装饰装修，租赁期间届满或者合同解除时，除当事人另有约定外，未形成附合的装饰装修物，可由承租人拆除。因拆除造成房屋毁损的，承租人应当恢复原状。承租人经出租人同意装饰装修，合同解除时，双方对已形成附合的装饰装修物的处理没有约定的，按照下列情形分别处理：(1) 因出租人违约导致合同解除，承租人请求出租人赔偿剩余租赁期内装饰装修残值损失的，应予支持。(2) 因承租人违约导致合同解除，承租人请求出租人赔偿剩余租赁期内装饰装修残值损失的，不予支持。但出租人同意利用的，应在利用价值范围内予以适当补偿。(3) 因双方违约导致合同解除，剩余租赁期内的装饰装修残值损失，由双方根据各自的过错承担相应的责任。(4) 因不可归责于双方的事由导致合同解除的，剩余租赁期内的装饰装修残值损失，由双方按照公平原则分担。承租人经

> 出租人同意装饰装修，租赁期间届满时，承租人请求出租人补偿附合装饰装修费用的，除双方另有约定外，不予支持。其二，未经出租人同意的情形。未经出租人同意，承租人擅自装饰装修或者扩建，所产生的费用由承租人负担。出租人可以要求承租人恢复原状，不能恢复原状的，可以要求赔偿损失。

典型疑难案件参考

赣榆县工商行政管理局诉伏开贵房屋租赁合同纠纷案

基本案情

2001年，被告伏开贵租赁原告赣榆县工商局所有的位于赣榆县农贸市场西北角处的营业房。双方未签订书面租赁协议，被告按月交纳租金。被告在租赁期间，在该营业房内建造简易冷库并对外经营使用。2003年9月至2004年10月被告累计欠原告租金2240元未付。2004年11月，根据赣榆县城整体规划的需要和赣建拆布字〔2004〕02号房屋拆迁公告的要求，赣榆县人民政府决定于2004年11月20日关闭赣榆县农贸市场，并要求工商部门积极配合好拆迁工作。原告遂于2004年11月17日、11月20日、11月29日、12月21日多次书面通知被告限期搬出所租用的营业房内的物品并办理退房手续。被告以租赁期间所建冷库耗资巨大、搬迁给其造成损失太大、原告应予补偿为由，拒绝搬迁。

一审诉辩情况

原告诉称，自2001年被告不定期租用原告所有赣榆县农贸市场内西北角营业用房至今，逐月缴纳租金至2003年8月，自2003年9月至今没有支付租金。现因原告拆迁，国有土地被征用，须迁出营业房，但被告以营业房有自建冷库为由，拒不退还营业房。被告承租不定期房屋，原告有权随时收回，被告以营业房有自建冷库为由，拒不交还其租用营业房，侵犯了原告的权利。要求依法解除合同并判令被告退还其租用原告所有的位于赣榆农贸市场西北角的房屋，并搬出营业房内物品，同时支付所欠租金2240元。

被告辩称，原告所诉与事实不符。答辩人租用原告房屋，并建有冷库，若拆迁，将会给我带来140000元的损失，原告应赔偿被告因拆迁所造成的损失。

一审裁判结果

赣榆县人民法院判决：

一、解除原告连云港市赣榆工商行政管理局与被告伏开贵间的房屋租赁合同。

二、被告伏开贵于本判决生效之日起 10 日内给付原告租金 2240 元。

三、原告连云港市赣榆县工商行政管理局于本判决生效之日起 10 日内补偿被告各项损失（拆装、搬运费用 1340 元、材料损失 21000 元）的 50% 即人民币 11170 元。

一审裁判理由

赣榆县人民法院认为，原、被告就房屋租赁所达成的口头约定为有效合同。因双方未采用书面形式，故应视为不定期租赁，对不定期租赁，当事人可以随时解除合同。本案原告作为出租人已在合理期限之前通知被告（本案承租人）解除合同，故对原告要求解除与被告的租赁合同，由被告返还其所租用房屋的诉讼请求，法院予以支持。被告未按约定给付原告租金，被告称不给付租金系经原告方领导同意，对此被告不能举证证实，且原告予以否认，故对原告要求被告给付租金的诉讼请求，法院予以支持。被告不应在不定期租赁的房屋内安装使用时间较为长久的固定设备，安装使用时间较为长久的固定设备应当与原告协商一致签订书面协议；原告对被告在承租的营业房内修建简易冷库，当时未表示反对，且被告已经使用经营多年，原告亦未有提出异议，故应视为原告对被告在该营业房内修建简易冷库的认可。现在原告要求解除租赁合同系城镇建设、旧城改造的需要，并非其主观因素要求解除不定期租赁合同。因双方未对解除租赁合同后该增设物如何处理进行约定，故按公平原则处理为宜。对连云港市价格认证中心的鉴定结论，原、被告虽有异议，但均不要求进行重新评估鉴定，故对该鉴定结论，法院予以确认。

二审诉辩情况

伏开贵不服，提出上诉称：（1）一审法院判决上诉人给付被上诉人租金 2240 元与事实不符，且证据不足。2001 年 6 月 21 日，被上诉人强行拆除上诉人的 4 间冷库，造成上诉人损失 12000 元，上诉人于 2001 年 11 月 22 日向赣榆县外来投资者投诉中心反映这个问题，该部门经过调查和调解，于 2001 年 12 月 27 日给上诉人的答复中称被上诉人免除了上诉人部分租金，上诉人除了免除的租金外，其他的租金都交给了被上诉人青口分局的工作人员。另外，一审原告并没有提供足够的证据证明上诉人拖欠其租金。（2）一审判决显失公正。上诉人在租用的营业用房内修建冷库是经过被上诉人同意的，在上诉人经营时间很短的情况下,被上诉人擅自终止双方的租赁关系,拆除房子,给上诉人造成了十几万元的经济损失。上诉人冷库设备拆装搬运费和材料损失经评估为 22340 元,对于这部分损失,被上诉人于情于理于法应全额赔偿,而一审判决被上诉人给付上诉人仅承担 50%,有失公正。

二审裁判结果

连云港市中级人民法院判决:驳回上诉,维持原判。

二审裁判理由

二审法院经审理,确认了一审法院认定的事实。

连云港市中级人民法院认为,上诉人租赁被上诉人的房屋用于经营,就应按双方约定向被上诉人支付租金。上诉人上诉称其不欠被上诉人 2003 年 9 月至 2004 年 10 月期间的租金,并称被上诉人免除了其部分租金,免除之外的租金已被其交付给了被上诉人青口分局的工作人员,但上诉人对此未能提供证据证明,法院不予采信。关于上诉人要求被上诉人应对其冷库设备拆装搬运费及材料损失承担全部赔偿责任的主张,由于双方对解除租赁合同后冷库设备拆装搬运费及材料损失的分担未有约定,且双方对此损失的造成均具有过错,一审依据公平原则判决双方平均分担损失并无不妥,故法院对上诉人的该项主张不予支持。

66. 承租人转租租赁房屋的,如何处理?

承租人对租赁房屋不享有处分权,不能擅自转租租赁房屋。需要转租的,须经出租人同意。承租人经出租人同意转租的,承租人与次承租人之间形成新的租赁合同关系,但出租人与承租人之间的租赁关系不因转租而受影响,原租赁合同继续有效。承租人仍应向出租人承担支付租金、在租赁期间届满时返还租赁物的义务,次承租人对租赁物造成损失的,承租人应当向出租人赔偿损失,再向次承租人追偿。承租人未经出租人同意擅自转租,损害了出租人的处分权,因租赁物的转移占有使出租人无法对租赁物的使用状况进行监督,破坏了出租人对承租人的信任。因此,承租人未经出租人同意转租的,出租人可以解除合同。但是,出租人知道或者应当知道承租人转租,但在 6 个月内未提出异议,其以承租人未经同意为由请求解除合同或者认定转租合同无效的,法院不予支持。

典型疑难案件参考

叶文卿诉吴小伟无效转让合同案

基本案情

2007年10月1日，原告叶文卿与被告吴小伟签订一份转让协议书，协议约定如下：由叶文卿将其承租经营的"悦来公寓"转让给吴小伟经营，包括公寓内的一切经营设备均归吴小伟所有，转让价格为420000元，转让时间自2007年10月1日开始，叶文卿有义务协调好公寓楼的房东同意其转租给吴小伟经营，包括租赁合同延续至原合同约定的期限及合同到期的优先权；转让款的付款方式为分期付款，吴小伟先支付120000元，2007年10月1日至2007年11月1日期间再付200000元，此期间吴小伟应按月利率1%支付利息给叶文卿，余款100000元吴小伟应于半年内付清，且应自2007年11月1日起按月利率1.5%支付利息至款项付清为止。协议签订当天，吴小伟向叶文卿支付一个月的利息3000元。协议签订当天，吴小伟即开始接手"悦来公寓"进行公寓经营，现"悦来公寓"仍由吴小伟实际经营。

"悦来公寓"开业至今未向工商部门办理相关经营证照。2007年11月27日，厦门市集美区工商行政管理局以叶文卿为经营人向实际经营者吴小伟发出"责令停止经营活动通知书"，认为其于乐安北71号从事公寓式旅社经营活动，涉嫌无照经营，责令其立即停止相关经营活动。

"悦来公寓"位于孙贵琳所有的集美区乐安北71、72号的自建住宅，"悦来公寓"系叶文卿在经营出租房过程中启用的名称。自2007年10月1日起吴小伟开始支付房租至2008年7月20日。

一审诉辩情况

原告叶文卿诉称：原告于2007年10月1日与被告签订一份转让协议书，约定由原告将其本人位于集美孙厝的"悦来公寓"的经营权转让给被告，转让款共计300000元，由被告分期支付，如果被告未在约定期限内付款时应按约定的月利率1%及1.5%支付利息。被告于协议签订当日向原告写下一张欠条，欠条内容载明被告应于签约后一个月内支付给原告转让款200000元，但现在付款期限已过，被告却未按约定支付转让款。原告曾多次向被告追索欠款，但均未果，为此，向法院起诉，请求判令被告返还原告欠款共计200000元及利息924元（利息自2007年11月2日按月利率1%计算至11月15日止），共计200924元。

被告吴小伟辩称：原、被告在转让协议书中明确约定，转租款总计420000元，并非原告所称300000元，2007年9月26日，被告已向原告支付第一期转租款120000元，2007年10月1日签约之日，被告又向原告支付余款300000元和2007年10月份的利息3000元，至今被告已经向原告合计支付相关款项123000元；双方签订的转让协议书实质为无效合同，双方签订的转让协议书明确约定将原告承租经营的"悦来公寓"转租于被告，原告至今未向被告提供出租人（产权人）同意转租的合法凭证，且至今未向被告提供租赁房屋具备经营权的合法凭证，租赁房屋并不具备合法经营权，因此请求依法驳回原告的诉讼请求。

反诉原告吴小伟诉称：2007年10月1日，反诉原告与反诉被告签订转让协议书，约定由反诉被告将其承租并具备经营权的集美孙盾"悦来公寓"（集美区乐安北71、72号）转租于反诉原告，转租款共计420000元，反诉原告已经向反诉被告支付转租款120000元及利息3000元。2007年10月1日，反诉原告开始经营"悦来公寓"，但反诉被告至今未向反诉原告提供其具备承租权的合法凭证，也未向反诉原告提供"悦来公寓"出租人（产权人）同意反诉被告将承租房屋转租于反诉原告的合法凭证，反诉被告并不具备"悦来公寓"转租权；并且反诉被告至今未向反诉原告提供"悦来公寓"具备经营权的合法凭证，"悦来公寓"并不具备合法经营权。由于反诉被告不具备承租权、转租权及合法经营权，双方签订的转让协议书为无效合同，鉴于原告故意隐瞒事实、骗取反诉原告签订合同的行为已经严重违反了国家相关法律法规，现提起反诉，请求判令：（1）确认反诉原告与反诉被告签订的转让协议书无效；（2）反诉被告还反诉原告已经支付的转租款120000元和转租款利息3000元，并支付上述款项利息（利息自2007年10月1日起按银行同期贷款利率计至实际付款日止）。

反诉被告叶文卿辩称：双方签订的协议书实质为转租合同，反诉被告收取的实际是转租费，反诉被告与反诉原告签订转让协议书后反诉原告已经接手了该房屋，转租的合同之所以未签订，是因为反诉原告违约，未向反诉被告支付转让款；双方签订的协议书没有违反法律的规定，应当认定为有效协议。

▶ 一审裁判结果

福建省厦门市集美区人民法院判决：

一、反诉原告吴小伟与反诉被告叶文卿签订的转让协议书为无效协议书；

二、反诉被告叶文卿应于本判决生效之日起10日内返还反诉原告吴小伟已付款项123000元；

三、反诉原告吴小伟应当在收取上述款项的同时将"悦来公寓"(包括吴小伟接手"悦来公寓"前叶文卿购置的经营设备)返还给反诉被告叶文卿;

四、驳回原告叶文卿的诉讼请求。

一审裁判理由

福建省厦门市集美区人民法院认为,关于双方签订的转让协议书是否有效,吴小伟主张双方签订的转让协议书系无效合同,理由是协议书涉及房屋转租及旅社经营权转让两部分,从房屋转租合同的角度看,叶文卿未能提供证据证明其具备悦来公寓承租权及"悦来公寓"出租人同意其将房屋转租给被告,转让协议书涉及的转租合同属于效力待定合同;从旅社经营权转让合同的角度看,"悦来公寓"并不具备合法的旅社经营权,转让协议指向的是违法的标的,违反了法律、行政法规的强制性规定,依《合同法》第52条的规定,该协议属无效合同。吴小伟提供"悦来公寓"转让前使用的广告名片、广告单及厦门市集美区工商行政管理局责令停止经营活动通知书以证明自己的上述主张。叶文卿主张双方签订的协议书系有效合同,理由是协议书的性质为转租合同,协议双方的意思表示真实,且未违反法律规定,出租人事实上已经认可了叶文卿的转租行为,转让协议书并不涉及经营权。本院认为,双方签订的协议书第一段即明确表述"今甲方(即本案原告)欲把其承租经营中的'悦来公寓'转让给乙方(即本案被告)经营,包括甲方公寓内的一切经营设备归乙方所有……"从双方约定的上述内容分析,应当认定,原告在与被告签订协议之时以自己拥有"悦来公寓"的经营权为前提,原、被告双方签订的协议书约定的转让标的为"悦来公寓"的经营权,房屋转租行为只是转让经营权的同时必须的一种附属行为。由于"悦来公寓"自叶文卿开始经营至其转让给吴小伟经营至今均未向相关部门申请营业许可,叶文卿在转让"悦来公寓"时并未拥有公寓的合法经营权,其转让行为违反了国务院《无照经营查处取缔办法》的规定,因此,叶文卿与吴小伟签订的转让协议无效。现原告主张转让协议书有效,并要求被告支付转让款及利息,于法无据,应予驳回。反诉原告主张确认双方签订的转让协议书无效,并要求反诉被告返还已支付的转让款120000元及利息3000元,于法有据,应予支持。关于反诉原告主张的反诉被告应当支付其已付款项123000元的利息,本院认为,原、被告双方在签订转让协议书时,反诉原告未审查反诉被告是否拥有"悦来公寓"的经营权,违反了其作为受让人应尽的审查注意义务,其对转让协议书的无效也有过错,因此对于其已付款的利息损失,应当由反诉原告自行承担,故对反诉原告的利息主张本院不予支持。

二审诉辩情况

宣判后,叶文卿不服提出上诉。

二审裁判结果

福建省厦门市中级人民法院判决:驳回上诉,维持原判。

二审裁判理由

除一审法院查明的事实外,福建省厦门市中级人民法院另查明:双方对原审查明的事实没有异议,但上诉人叶文卿认为,虽然"悦来公寓"至今尚未向工商行政管理部门办理相应经营证照,但由于上诉人原来从事的是私房出租,不需要经过工商管理部门许可;被上诉人吴小伟认为,"悦来公寓"虽目前仍由被上诉人经营,但原因是上诉人不来收回,被上诉人为避免损失只好继续经营。鉴于双方对原审查明的事实均无异议,本院予以确认。本院在审理中查明,原审在2008年8月21日进行的庭审中,上诉人叶文卿在原审法院出示该院调取的叶文卿2007年9月26日资金账户存款凭条后陈述,对该存款凭条的真实性、关联性无异议,吴小伟曾向其支付12万元,但是后来吴小伟又将该12万元要回去用来贷款,上诉人叶文卿在本院审理中对该笔录及其签名没有异议,并明确陈述没有证据证明其所称的吴小伟后将该12万元要回去的事实。鉴于上诉人叶文卿对其已经收取吴小伟12万元的事实进行了确认且对该事实与本案的关联性无异议,其在此后既未能举证证明其系因其他法律关系收取该款项,亦未能举证证明吴小伟已经取回该款的事实,本院对其所主张的其未收取吴小伟12万元转让款的事实不予采纳。审理中,上诉人叶文卿陈述,该房产原系其向业主租来用于转租给他人使用的,与业主订有租赁合同,但未能提供其与业主之间的租赁合同。本院在审理中另查明,原审在2008年7月22日进行的庭审中,吴小伟陈述,转让协议签订后,其自2007年10月1日开始付房租,房租系由其直接支付到房东的账户上的。叶文卿对此事实没有异议,予以认可。

福建省厦门市中级人民法院认为,双方当事人签订的《转让协议书》中的首部对转让标的进行了说明,即上诉人叶文卿把其"承租经营中的'悦来公寓'转让给乙方(即被上诉人吴小伟)经营,包括甲方(即上诉人叶文卿)公寓内的一切设备归乙方所有";合同第1条约定:"转让后,(被上诉人吴小伟)自主经营,包括水电、房租租金的交纳,与甲方无关。"上述表述表明了如下事实:(1)该公寓在转让时由上诉人叶文卿从事经营;(2)被上诉人吴小伟签订合同的目的在于进行经营;(3)公寓内所有设备在转让后均归被上诉人吴小伟所有；（4）转让后，由被上诉人吴小伟直接向业主而非上诉人叶文卿支付房租。从上述事实可知，首先，双方签订该转让协议的目的均在于经营而非自用：上诉人叶文卿在签订《转让协议书》之前该公寓所从事的是经营活动，被上诉人吴小伟签订该协议也在于将来在该公寓内从事经营活动。其次，从交易标的分析，上诉人叶文卿通过该协议将该公寓内从事经营活动的权利转让给被上诉人吴小伟并将公寓内的设备全部转让给被上诉人吴小伟，依此获得一定对价；吴小伟直接向该房产的业主支付房租，叶文卿并不收取房租，并未从吴小伟使用该房屋的行为中获取租金对价。双方的交易标的并非该房屋的使用权而是在该房产内从事经营活动的权利以及经营所需设备。上述情形并不符合转租合同的特征，原审将该合同的性质界定为经营权转让合同并无不当，上诉人叶文卿关于本案所涉转让协议的性质为转租合同的主张没有事实和法律依据，本院不予采纳。基于上诉人叶文卿在签订转让协议之前并未取得公寓的合法经营权，更未办理转让经营权的营业许可，该转让协议违反了国务院《无照经营查处取缔办法》第2条的强制性规定，依据《合同法》第52条第1款第5项的规定应为无效，原审认定该转让协议无效正确，应予维持。实际上，即便依照上诉人陈述，该协议的性质为转租合同，但是，首先，由于上诉人叶文卿至今仍既未证明其与业主的租赁关系，亦未证明其在签订转让协议前已经业主同意或事后取得业主认可，以表明其依法可以进行转租，该转让协议亦应为无效；其次，依上诉人叶文卿陈述，其向业主租赁房屋后进行转租、转让并从中获取一定利益，该行为本身亦属于一种经营行为而其未办理相关证照，也违反了国务院《无照经营查处取缔办法》的上述相关规定，其转让行为亦应为无效。

租赁合同纠纷办案依据集成

1. 中华人民共和国合同法（1999年3月15日主席令第15号公布）（节录）

第二百一十二条 租赁合同是出租人将租赁物交付承租人使用、收益，承租人支付租金的合同。

第二百一十三条 租赁合同的内容包括租赁物的名称、数量、用途、租赁期限、租金及其支付期限和方式、租赁物维修等条款。

第二百一十四条 租赁期限不得超过二十年。超过二十年的，超过部分无效。

租赁期间届满，当事人可以续订租赁合同，但约定的租赁期限自续订之日起不得超过二十年。

第二百一十五条 租赁期限六个月以上的，应当采用书面形式。当事人未采用书面形式的，视为不定期租赁。

第二百一十六条 出租人应当按照约定将租赁物交付承租人，并在租赁期间保持租赁物符合约定的用途。

第二百一十七条 承租人应当按照约定的方法使用租赁物。对租赁物的使用方法没有约定或者约定不明确，依照本法第六十一条的规定仍不能确定的，应当按照租赁物的性质使用。

第二百一十八条 承租人按照约定的方法或者租赁物的性质使用租赁物，致使租赁物受到损耗的，不承担损害赔偿责任。

第二百一十九条 承租人未按照约定的方法或者租赁物的性质使用租赁物，致使租赁物受到损失的，出租人可以解除合同并要求赔偿损失。

第二百二十条 出租人应当履行租赁物的维修义务，但当事人另有约定的除外。

第二百二十一条 承租人在租赁物需要维修时可以要求出租人在合理期限内维修。

出租人未履行维修义务的，承租人可以自行维修，维修费用由出租人负担。因维修租赁物影响承租人使用的，应当相应减少租金或者延长租期。

第二百二十二条 承租人应当妥善保管租赁物，因保管不善造成租赁物毁损、灭失的，应当承担损害赔偿责任。

第二百二十三条 承租人经出租人同意，可以对租赁物进行改善或者增设他物。

承租人未经出租人同意，对租赁物进行改善或者增设他物的，出租人可以要求承租人恢复原状或者赔偿损失。

第二百二十四条 承租人经出租人同意，可以将租赁物转租给第三人。承租人转租的，承租人与出租人之间的租赁合同继续有效，第三人对租赁物造成损失的，承租人应当赔偿损失。

承租人未经出租人同意转租的，出租人可以解除合同。

第二百二十五条 在租赁期间因占有、使用租赁物获得的收益，归承租人所有，但当事人另有约定的除外。

第二百二十六条 承租人应当按照约定的期限支付租金。对支付期限没有约定或者约定不明确，依照本法第六十一条的规定仍不能确定，租赁期间不满一年的，应当在租赁期间届满时支付；租赁期间一年以上的，应当在每届满一年时支付，剩余期间不满一年的，应当在租赁期间届满时支付。

第二百二十七条 承租人无正当理由未支付或者迟延支付租金的，出租人可以要求承租人在合理期限内支付。承租人逾期不支付的，出租人可以解除合同。

第二百二十八条 因第三人主张权利，致使承租人不能对租赁物使用、收益的，承租人可以要求减少租金或者不支付租金。

第三人主张权利的，承租人应当及时通知出租人。

第二百二十九条 租赁物在租赁期间发生所有权变动的，不影响租赁合同的效力。

第二百三十条 出租人出卖租赁房屋的，应当在出卖之前的合理期限内通知承租人，承租人享有以同等条件优先购买的权利。

第二百三十一条 因不可归责于承租人的事由，致使租赁物部分或者全部毁损、灭失的，承租人可以要求减少租金或者不支付租金；因租赁物部分或者全部毁损、灭失，致使不能实现合同目的，承租人可以解除合同。

第二百三十二条 当事人对租赁期限没有约定或者约定不明确，依照本法第六十一条的规定仍不能确定的，视为不定期租赁。当事人可以随时解除合同，但出租人解除合同应当在合理期限之前通知承租人。

第二百三十三条 租赁物危及承租人的安全或者健康的，即使承租人订立合同时明知该租赁物质量不合格，承租人仍然可以随时解除合同。

第二百三十四条 承租人在房屋租赁期间死亡的，与其生前共同居住的人可以按照原租赁合同租赁该房屋。

第二百三十五条 租赁期间届满，承租人应当返还租赁物。返还的租赁物应当符合按照约定或者租赁物的性质使用后的状态。

第二百三十六条 租赁期间届满，承租人继续使用租赁物，出租人没有提出异议的，原租赁合同继续有效，但租赁期限为不定期。

2. 中华人民共和国城市房地产管理法（2009年8月27修正）（节录）

第五十三条 房屋租赁，是指房屋所有权人作为出租人将其房屋出租给承租人使用，由承租人向出租人支付租金的行为。

第五十四条 房屋租赁，出租人和承租人应当签订书面租赁合同，约定租赁期限、租赁用途、租赁价格、修缮责任等条款，以及双方的其他权利和义务，并向房产管理部门登记备案。

第五十五条 住宅用房的租赁，应当执行国家和房屋所在城市人民政府规定的租赁政策。租用房屋从事生产、经营活动的，由租赁双方协商议定租金和其他租赁条款。

第五十六条 以营利为目的，房屋所有权人将以划拨方式取得使用权的国有土地上建成的房屋出租的，应当将租金中所含土地收益上缴国家。具体办法由国务院规定。

3. 商品房屋租赁管理办法（2010年12月1日中华人民共和国住房和城乡建设部令第6号发布）

第一条　为加强商品房屋租赁管理，规范商品房屋租赁行为，维护商品房屋租赁双方当事人的合法权益，根据《中华人民共和国城市房地产管理法》等有关法律、法规，制定本办法。

第二条　城市规划区内国有土地上的商品房屋租赁（以下简称房屋租赁）及其监督管理，适用本办法。

第三条　房屋租赁应当遵循平等、自愿、合法和诚实信用原则。

第四条　国务院住房和城乡建设主管部门负责全国房屋租赁的指导和监督工作。

县级以上地方人民政府建设（房地产）主管部门负责本行政区域内房屋租赁的监督管理。

第五条　直辖市、市、县人民政府建设（房地产）主管部门应当加强房屋租赁管理规定和房屋使用安全知识的宣传，定期分区域公布不同类型房屋的市场租金水平等信息。

第六条　有下列情形之一的房屋不得出租：

（一）属于违法建筑的；

（二）不符合安全、防灾等工程建设强制性标准的；

（三）违反规定改变房屋使用性质的；

（四）法律、法规规定禁止出租的其他情形。

第七条　房屋租赁当事人应当依法订立租赁合同。房屋租赁合同的内容由当事人双方约定，一般应当包括以下内容：

（一）房屋租赁当事人的姓名（名称）和住所；

（二）房屋的坐落、面积、结构、附属设施，家具和家电等室内设施状况；

（三）租金和押金数额、支付方式；

（四）租赁用途和房屋使用要求；

（五）房屋和室内设施的安全性能；

（六）租赁期限；

（七）房屋维修责任；

（八）物业服务、水、电、燃气等相关费用的缴纳；

（九）争议解决办法和违约责任；

（十）其他约定。

房屋租赁当事人应当在房屋租赁合同中约定房屋被征收或者拆迁时的处理办法。

建设（房地产）管理部门可以会同工商行政管理部门制定房屋租赁合同示范文本，供当事人选用。

第八条　出租住房的，应当以原设计的房间为最小出租单位，人均租住建筑面积不得低于当地人民政府规定的最低标准。

厨房、卫生间、阳台和地下储藏室不得出租供人员居住。

第九条 出租人应当按照合同约定履行房屋的维修义务并确保房屋和室内设施安全。未及时修复损坏的房屋,影响承租人正常使用的,应当按照约定承担赔偿责任或者减少租金。

房屋租赁合同期内,出租人不得单方面随意提高租金水平。

第十条 承租人应当按照合同约定的租赁用途和使用要求合理使用房屋,不得擅自改动房屋承重结构和拆改室内设施,不得损害其他业主和使用人的合法权益。

承租人因使用不当等原因造成承租房屋和设施损坏的,承租人应当负责修复或者承担赔偿责任。

第十一条 承租人转租房屋的,应当经出租人书面同意。

承租人未经出租人书面同意转租的,出租人可以解除租赁合同,收回房屋并要求承租人赔偿损失。

第十二条 房屋租赁期间内,因赠与、析产、继承或者买卖转让房屋的,原房屋租赁合同继续有效。

承租人在房屋租赁期间死亡的,与其生前共同居住的人可以按照原租赁合同租赁该房屋。

第十三条 房屋租赁期间出租人出售租赁房屋的,应当在出售前合理期限内通知承租人,承租人在同等条件下有优先购买权。

第十四条 房屋租赁合同订立后三十日内,房屋租赁当事人应当到租赁房屋所在地直辖市、市、县人民政府建设(房地产)主管部门办理房屋租赁登记备案。

房屋租赁当事人可以书面委托他人办理租赁登记备案。

第十五条 办理房屋租赁登记备案,房屋租赁当事人应当提交下列材料:

(一)房屋租赁合同;

(二)房屋租赁当事人身份证明;

(三)房屋所有权证书或者其他合法权属证明;

(四)直辖市、市、县人民政府建设(房地产)主管部门规定的其他材料。

房屋租赁当事人提交的材料应当真实、合法、有效,不得隐瞒真实情况或者提供虚假材料。

第十六条 对符合下列要求的,直辖市、市、县人民政府建设(房地产)主管部门应当在三个工作日内办理房屋租赁登记备案,向租赁当事人开具房屋租赁登记备案证明:

(一)申请人提交的申请材料齐全并且符合法定形式;

(二)出租人与房屋所有权证书或者其他合法权属证明记载的主体一致;

(三)不属于本办法第六条规定不得出租的房屋。

申请人提交的申请材料不齐全或者不符合法定形式的,直辖市、市、县人民政府建设(房地产)主管部门应当告知房屋租赁当事人需要补正的内容。

第十七条 房屋租赁登记备案证明应当载明出租人的姓名或者名称,承租人的姓名或者名称、有效身份证件种类和号码,出租房屋的坐落、租赁用途、租金数额、租赁期限等。

第十八条 房屋租赁登记备案证明遗失的,应当向原登记备案的部门补领。

第十九条 房屋租赁登记备案内容发生变化、续租或者租赁终止的，当事人应当在三十日内，到原租赁登记备案的部门办理房屋租赁登记备案的变更、延续或者注销手续。

第二十条 直辖市、市、县建设（房地产）主管部门应当建立房屋租赁登记备案信息系统，逐步实行房屋租赁合同网上登记备案，并纳入房地产市场信息系统。

房屋租赁登记备案记载的信息应当包含以下内容：

（一）出租人的姓名（名称）、住所；

（二）承租人的姓名（名称）、身份证件种类和号码；

（三）出租房屋的坐落、租赁用途、租金数额、租赁期限；

（四）其他需要记载的内容。

第二十一条 违反本办法第六条规定的，由直辖市、市、县人民政府建设（房地产）主管部门责令限期改正，对没有违法所得的，可处以五千元以下罚款；对有违法所得的，可以处以违法所得一倍以上三倍以下，但不超过三万元的罚款。

第二十二条 违反本办法第八条规定的，由直辖市、市、县人民政府建设（房地产）主管部门责令限期改正，逾期不改正的，可处以五千元以上三万元以下罚款。

第二十三条 违反本办法第十四条第一款、第十九条规定的，由直辖市、市、县人民政府建设（房地产）主管部门责令限期改正；个人逾期不改正的，处以一千元以下罚款；单位逾期不改正的，处以一千元以上一万元以下罚款。

第二十四条 直辖市、市、县人民政府建设（房地产）主管部门对符合本办法规定的房屋租赁登记备案申请不予办理，对不符合本办法规定的房屋租赁登记备案申请予以办理，或者对房屋租赁登记备案信息管理不当，给租赁当事人造成损失的，对直接负责的主管人员和其他直接责任人员依法给予处分；构成犯罪的，依法追究刑事责任。

第二十五条 保障性住房租赁按照国家有关规定执行。

第二十六条 城市规划区外国有土地上的房屋租赁和监督管理，参照本办法执行。

第二十七条 省、自治区、直辖市人民政府住房和城乡建设主管部门可以依据本办法制定实施细则。

第二十八条 本办法自2011年2月1日起施行，建设部1995年5月9日发布的《城市房屋租赁管理办法》（建设部令第42号）同时废止。

4. 最高人民法院关于审理城镇房屋租赁合同纠纷案件具体应用法律若干问题的解释（2009年7月30日 法释〔2009〕11号）

为正确审理城镇房屋租赁合同纠纷案件，依法保护当事人的合法权益，根据《中华人民共和国民法通则》、《中华人民共和国物权法》、《中华人民共和国合同法》等法律规定，结合民事审判实践，制定本解释。

第一条 本解释所称城镇房屋，是指城市、镇规划区内的房屋。

乡、村庄规划区内的房屋租赁合同纠纷案件，可以参照本解释处理。但法律另有规定的，适用其规定。

当事人依照国家福利政策租赁公有住房、廉租住房、经济适用住房产生的纠纷案件，不适用本解释。

第二条　出租人就未取得建设工程规划许可证或者未按照建设工程规划许可证的规定建设的房屋，与承租人订立的租赁合同无效。但在一审法庭辩论终结前取得建设工程规划许可证或者经主管部门批准建设的，人民法院应当认定有效。

第三条　出租人就未经批准或者未按照批准内容建设的临时建筑，与承租人订立的租赁合同无效。但在一审法庭辩论终结前经主管部门批准建设的，人民法院应当认定有效。

租赁期限超过临时建筑的使用期限，超过部分无效。但在一审法庭辩论终结前经主管部门批准延长使用期限的，人民法院应当认定延长使用期限内的租赁期间有效。

第四条　当事人以房屋租赁合同未按照法律、行政法规规定办理登记备案手续为由，请求确认合同无效的，人民法院不予支持。

当事人约定以办理登记备案手续为房屋租赁合同生效条件的，从其约定。但当事人一方已经履行主要义务，对方接受的除外。

第五条　房屋租赁合同无效，当事人请求参照合同约定的租金标准支付房屋占有使用费的，人民法院一般应予支持。

当事人请求赔偿因合同无效受到的损失，人民法院依照合同法的有关规定和本司法解释第九条、第十三条、第十四条的规定处理。

第六条　出租人就同一房屋订立数份租赁合同，在合同均有效的情况下，承租人均主张履行合同的，人民法院按照下列顺序确定履行合同的承租人：

（一）已经合法占有租赁房屋的；

（二）已经办理登记备案手续的；

（三）合同成立在先的。

不能取得租赁房屋的承租人请求解除合同、赔偿损失的，依照合同法的有关规定处理。

第七条　承租人擅自变动房屋建筑主体和承重结构或者扩建，在出租人要求的合理期限内仍不予恢复原状，出租人请求解除合同并要求赔偿损失的，人民法院依照合同法第二百一十九条的规定处理。

第八条　因下列情形之一，导致租赁房屋无法使用，承租人请求解除合同的，人民法院应予支持：

（一）租赁房屋被司法机关或者行政机关依法查封的；

（二）租赁房屋权属有争议的；

（三）租赁房屋具有违反法律、行政法规关于房屋使用条件强制性规定情况的。

第九条　承租人经出租人同意装饰装修，租赁合同无效时，未形成附合的装饰装修物，出租人同意利用的，可折价归出租人所有；不同意利用的，可由承租人拆除。因拆除造成房屋毁损的，承租人应当恢复原状。

已形成附合的装饰装修物，出租人同意利用的，可折价归出租人所有；不同意利用的，由双方各自按照导致合同无效的过错分担现值损失。

第十条　承租人经出租人同意装饰装修，租赁期间届满或者合同解除时，除当事人另有约定外，未形成附合的装饰装修物，可由承租人拆除。因拆除造成房屋毁损的，承租人应当恢复原状。

第十一条　承租人经出租人同意装饰装修，合同解除时，双方对已形成附合的装饰装修物的处理没有约定的，人民法院按照下列情形分别处理：

（一）因出租人违约导致合同解除，承租人请求出租人赔偿剩余租赁期内装饰装修残值损失的，应予支持；

（二）因承租人违约导致合同解除，承租人请求出租人赔偿剩余租赁期内装饰装修残值损失的，不予支持。但出租人同意利用的，应在利用价值范围内予以适当补偿；

（三）因双方违约导致合同解除，剩余租赁期内的装饰装修残值损失，由双方根据各自的过错承担相应的责任；

（四）因不可归责于双方的事由导致合同解除的，剩余租赁期内的装饰装修残值损失，由双方按照公平原则分担。法律另有规定的，适用其规定。

第十二条　承租人经出租人同意装饰装修，租赁期间届满时，承租人请求出租人补偿附合装饰装修费用的，不予支持。但当事人另有约定的除外。

第十三条　承租人未经出租人同意装饰装修或者扩建发生的费用，由承租人负担。出租人请求承租人恢复原状或者赔偿损失的，人民法院应予支持。

第十四条　承租人经出租人同意扩建，但双方对扩建费用的处理没有约定的，人民法院按照下列情形分别处理：

（一）办理合法建设手续的，扩建造价费用由出租人负担；

（二）未办理合法建设手续的，扩建造价费用由双方按照过错分担。

第十五条　承租人经出租人同意将租赁房屋转租给第三人时，转租期限超过承租人剩余租赁期限的，人民法院应当认定超过部分的约定无效。但出租人与承租人另有约定的除外。

第十六条　出租人知道或者应知道承租人转租，但在六个月内未提出异议，其以承租人未经同意为由请求解除合同或者认定转租合同无效的，人民法院不予支持。

因租赁合同产生的纠纷案件，人民法院可以通知次承租人作为第三人参加诉讼。

第十七条　因承租人拖欠租金，出租人请求解除合同时，次承租人请求代承租人支付欠付的租金和违约金以抗辩出租人合同解除权的，人民法院应予支持。但转租合同无效的除外。

次承租人代为支付的租金和违约金超出其应付的租金数额，可以折抵租金或者向承租人追偿。

第十八条　房屋租赁合同无效、履行期限届满或者解除，出租人请求负有腾房义务的次承租人支付逾期腾房占有使用费的，人民法院应予支持。

第十九条　承租人租赁房屋用于以个体工商户或者个人合伙方式从事经营活动，承租人在租赁期间死亡、宣告失踪或者宣告死亡，其共同经营人或者其他合伙人请求按照原租赁合同租赁该房屋的，人民法院应予支持。

第二十条　租赁房屋在租赁期间发生所有权变动，承租人请求房屋受让人继续履行原租赁合同的，人民法院应予支持。但租赁房屋具有下列情形或者当事人另有约定的除外：

（一）房屋在出租前已设立抵押权，因抵押权人实现抵押权发生所有权变动的；

（二）房屋在出租前已被人民法院依法查封的。

第二十一条　出租人出卖租赁房屋未在合理期限内通知承租人或者存在其他侵害承租人优先购买权情形，承租人请求出租人承担赔偿责任的，人民法院应予支持。但请求确认出租人与第三人签订的房屋买卖合同无效的，人民法院不予支持。

第二十二条　出租人与抵押权人协议折价、变卖租赁房屋偿还债务，应当在合理期限内通知承租人。承租人请求以同等条件优先购买房屋的，人民法院应予支持。

第二十三条　出租人委托拍卖人拍卖租赁房屋，应当在拍卖5日前通知承租人。承租人未参加拍卖的，人民法院应当认定承租人放弃优先购买权。

第二十四条　具有下列情形之一，承租人主张优先购买房屋的，人民法院不予支持：

（一）房屋共有人行使优先购买权的；

（二）出租人将房屋出卖给近亲属，包括配偶、父母、子女、兄弟姐妹、祖父母、外祖父母、孙子女、外孙子女的；

（三）出租人履行通知义务后，承租人在十五日内未明确表示购买的；

（四）第三人善意购买租赁房屋并已经办理登记手续的。

第二十五条　本解释施行前已经终审，本解释施行后当事人申请再审或者按照审判监督程序决定再审的案件，不适用本解释。

二十四、承揽合同纠纷

67. 对定作的高尔夫球杆不满意,能否要求退货?

承揽合同是承揽人按照定作人的要求完成工作,交付工作成果,定作人给付报酬的合同。承揽包括加工、定作、修理、复制、测试、检验等工作。承揽人向定作人交付的是一种劳动成果,且劳动成果所体现的产品并不具有普遍适用性,而是具有符合定作人需要或要求的特殊性。承揽人的合同义务可归纳为:(1)亲自完成主要工作的义务;(2)合理使用材料的义务;(3)及时通知和保密的义务;(4)接受监督检查的义务;(5)交付工作成果的义务。承揽人应对工作成果承担瑕疵担保责任,承揽人交付的工作成果不符合质量要求的,定作人可以要求承揽人承担修理、重作、减少报酬、赔偿损失等违约责任。交付的工作成果有隐蔽瑕疵,验收时用通常方法或约定的方法不能发现,验收后在使用过程中暴露或致定作人或第三人遭受损害的,承揽人应根据合同约定或法律的规定,承担损害赔偿责任。

典型疑难案件参考

朱某诉北京恩爱思高尔夫用品有限公司定作合同纠纷案

基本案情

2009年6月8日,朱某经人介绍,到恩爱思公司定作高尔夫球杆一套,双方协商商定价款为3.8万元。在协商过程中,朱某未对球杆型号及具体数据提出特别要求,也未专门提示恩爱思公司要根据其身高情况适当加长球杆尺寸,而是要求恩爱思公司按照朱某的情况去做。恩爱思公司在询问了朱某的身高、年龄及之前使用球杆的型号后,根据朱某的陈述及公司的经验,确定了朱某应当使用球杆的相关数据并进行制作。后朱某陆续向恩爱思公司付款3万元,恩爱思公司向朱某交付了13支球杆。后朱某在使用上述球杆过程中发现,由于定作球杆长度过短,故其击球水平受到影响。但恩爱思公司拒不承认定作产品存在问题。

诉辩情况

朱某诉至法院,要求解除双方于2009年6月8日口头订立的高尔夫球杆买卖合同;恩爱思公司返还朱某支付的3万元款项;恩爱思公司赔偿利息50.11元(自2009年6月8日暂算至2009年12月31日,按银行同期活期存款利率计算)。

恩爱思公司辩称并反诉称:朱某所述与事实严重不符。朱某到恩爱思公司订购高尔夫球杆时,双方对球杆的具体情况进行了洽商和确定。恩爱思公司按照约定交付了合格的球杆,朱某却多次因资金紧张未支付余款。当时双方商量的价格3.8万元是在朱某可以将款项及时付清的条件下给予的优惠,现朱某没有及时付款,故球杆价格还应当以55280元计算。另外,朱某在使用球杆过程中两次将1号木杆损坏,到恩爱思公司进行了有偿维修和更换,双方约定了收费标准,但朱某至今未支付维修更换费用。故不同意朱某的诉讼请求,并提出反诉,要求朱某支付余款25280元、维修更换费6000元及上述款项的利息(自2009年6月8日起至实际给付之日止)。

朱某针对恩爱思公司的反诉辩称:不同意恩爱思公司的反诉请求。因已主张解除合同,故不同意支付维修费。双方签订合同时已经商定了3.8万元的价格,现在又主张原价没有依据。

裁判结果

北京市朝阳区人民法院判令:
一、爱思公司退还制作款22000元;
二、朱某退还该公司全部高尔夫球杆。

裁判理由

北京市朝阳区人民法院经审理认为:因朱某与恩爱思公司之间并未签订书面合同,则只能通过双方签约过程及该行业现状及普遍做法加以判断。首先,针对高尔夫球杆定作行业而言,因球杆的技术数据并非一般人所能掌握和获取,故球杆定作者在定作球杆时,通常不可能提供与自身匹配的具体数据,而是依赖于球杆制作人的技术条件。因此,为定作者进行科学的测量和判断,根据定作者身体条件和运动习惯等情况为定作者确定高尔夫球杆的技术数据,是高尔夫球杆制作人的一项当然义务。恩爱思公司在为朱某确定球杆数据时,未采取由定作人进行试用的方式方法，也未采取任何科学技术手段对影响球杆使用效果的全部因素进行准确测量，而仅凭朱某的陈述及公司经验，显然存在一定的履约瑕疵。本案中，恩爱思公司依据其单方确定而未经定作人确认的数据制作产品，就意味着其要承担制作出的产品不符合定作人要求的风险。由于恩爱思公司在签约方面的重大瑕疵，导致目前对于球杆是否适用于朱某的问题无法得出客观判断，而定作人朱某本人又明确提出不适合，则该不利后果理应由恩爱思公司承担。同时，朱某也存在盲目信任恩爱思公司的签约瑕疵，且已实际使用了恩爱思公司交付的球杆，故其应当给予恩爱思公司一定的补偿，补偿金额由法院予以酌定。

宣判后，双方均未上诉，一审判决已生效。

68. 定作人支付设备款的行为，能否证明设备已验收合格？

承揽合同中，承揽人负有验收质量保证义务。承揽人完成工作的，应当向定作人交付工作成果，并提交必要的技术资料和有关质量证明。定作人应当验收该工作成果。加工承揽合同约定，承揽人应对制造、安装的设备调试合格后交付定作人，虽然承揽人进行了多次调试，但双方没有办理设备验收手续，也没有其他证据证明已将设备调试合格，不能仅以定作人已陆续支付设备款的行为主张定作设备已调试合格。承揽人交付的工作成果不符合质量要求的，定作人可以要求承揽人承担修理、重作、减少报酬、赔偿损失等违约责任。

另外，合同经双方协商签订后，一方在盖章时对部分条款作了修改，另一方对此未提出异议，或无证据表明其已提出异议的，应认定其同意修改后的合同内容。

典型疑难案件参考

吉林冶金设备厂诉烟台冶金研究所加工承揽合同纠纷案（《最高人民法院公报》2004年第6期）

基本案情

1987年11月4日和1988年2月1日，烟台冶金所与吉林设备厂先后签订了《预氧化炉制造合同》和《沥清碳纤维碳化炉制造合同》。《预氧化炉制造合同》约定：烟台冶金所提供制造图纸3套，负责生产厂房供电、供水、供氧等公共设施的配套，提供设备调试大纲并参加局部调试。吉林设备厂负责预氧化炉的加工、制造，负责解决预氧化炉加工制造中的技术问题，参加预氧化炉的调试。1988年9月底完成全套预氧化炉的制造。总加工制造费为35万元，合同生效后两周内，烟台冶金所支付给吉林设备厂11万元，设备到后，支付给吉林设备厂总制造费的50%，设备在烟台冶金所安装调试合格后一次付清剩余加工费。《沥清碳纤维碳化炉制造合同》约定：烟台冶金所提供制造图纸3套，负责生产厂房供电、供水、供氮等公共设施的配套，提供设备调试大纲并参加局部调试。吉林设备厂负责沥清碳纤维碳化炉的加工、制造，负责解决加工制造中的技术问题和成套设备的现场安装调试等。1988年11月底全套碳化炉装置从吉林发出。总加工制造费为42万元，结算办法为合同生效后两周内，烟台冶金所支付给吉林设备厂126000元，设备到后，支付给吉林设备厂总制造费的50%，设备在烟台冶金所安装调试合格后一次付清剩余加工费。两份合同签订后，烟台冶金所向吉林设备厂支付了236000元加工费。

因原材料涨价等因素，1988年12月2日，双方经协商签订了《关于烟台冶金新材料研究所委托吉林冶金机电设备制造厂加工制造预氧化炉和碳化炉合同的补充协议》，约定将预氧化炉由原造价35万元上调到65万元，沥清碳纤维碳化炉由原造价42万元上调到122万元；补充协议生效后两周内，烟台冶金所将新增造价110万元的50%即55万元预付给吉林设备厂，其余款项待设备在安装调试合格后一次付清。两台设备的交货期推迟到1989年3月底和5月底；如设备拖期交货，烟台冶金所将在未付款额中按每拖延一天2000元扣除设备拖延费。该《补充协议》烟台冶金所签字盖章后，在由吉林设备厂带回吉林签字盖章时，吉林设备厂将《补充协议》第2条中"其余款项待设备在安装调试合格后一次付清"的内容变更为"设备到货后，付全部货款的90%，安装调试合格后全部付清"，将交货期限变更为"1989年4月底和6月底"，将第3条第3款变更为"如设备拖期交货，烟台冶金所将在未付款额中按每拖延一天500元扣除设备拖延费"，并将补充协议签字盖章后寄给烟台冶金所。烟台冶金所收到修改后的补充协议后，没有提出书面异议。

在吉林设备厂制造加工过程中，因部分外加工件不能及时到位等原因，影响了设备的总装，故双方不能按合同约定的时间进行设备交接。1989年5月5日、10月10日和1990年2月26日，双方对设备延期交货和付款问题进行了协商，烟台冶金所认可氧化炉交货期推迟至1989年6月末，碳化炉交货期最终确定在1990年4月底。吉林设备厂最终交付设备的时间为氧化炉1989年8

月5日、碳化炉1990年6月20日。1991年7月10日，双方签订了一份《预氧化炉和碳化炉调试及付款协议》，该《协议》约定，调试中如发现质量问题，由吉林设备厂负责处理，已进行单机调试后，遗留问题待下阶段处理。由于制造质量产生的问题，吉林设备厂负责解决；由于设计和工艺不合理造成的问题，吉林设备厂协助解决，不承担责任。吉林设备厂参加预氧化炉、碳化炉投料试车工作。该《协议》还约定，另外，在烟台冶金所支付2万元后，由吉林设备厂派人完成调试。余款在当年资金松动时，优先考虑支付，力争年底结清。另外，该《协议》第6条约定：本协议与原合同、补充协议具有同等法律效力，若有抵触，以本协议为准。在烟台冶金所支付了2万元，该厂又派人对设备进行调试，但是，没有办理验收手续。预氧化炉和碳化炉也未试产。烟台冶金所陆续给付吉林设备厂部分加工款，仍欠加工款525835.56元。1992年11月11日，烟台冶金所以〔92〕烟冶财字第7号函向吉林设备厂表示，承认尚欠设备款53万余元。1994年3月31日，烟台冶金所与吉林设备厂对往来账进行核对时称："由于目前我所资金紧张，尾款不能付出，待资金松动时，我所再付设备款。"当吉林设备厂索要余款时，烟台冶金所以吉林设备厂逾期交货、设备质量不合格为由拒付，双方发生纠纷，诉诸法院。

法院再审期间，组织双方当事人到设备安装现场进行查看，烟台冶金所提出预氧化炉存在的问题是：设备密封达不到设计标准，炉内底板断裂，氧化炉滚动网带跑偏。碳化炉存在的问题是：差压变速器的型号不符合设计标准等。吉林设备厂对上述事实在本院质证时予以否认，认为不排除设备被人为破坏，并提出对设备进行鉴定的要求。

▶ 一审裁判结果

吉林市中级人民法院判决：烟台冶金所给付吉林设备厂加工设备款525835.56元；逾期付款滞纳金249246.05元。

▶ 一审裁判理由

吉林市中级人民法院审理认为，吉林设备厂与烟台冶金所签订的加工承揽合同和1991年7月10日签订的调试及付款协议有效，烟台冶金所未按约付款属违约行为。

▶ 二审诉辩情况

烟台冶金所不服提出上诉。

二审裁判结果

吉林省高级人民法院判决：驳回上诉，维持原判。

二审裁判理由

吉林省高级人民法院经审理认为：原审认定事实清楚，适用法律适当。

再审诉辩情况

烟台冶金所不服吉林省高级人民法院终审判决，向最高人民法院申请再审，最高人民法院批转由吉林省高级人民法院予以再审。吉林省高级人民法院对本案进行了再审，再审认为，原一、二审认定事实没有错误。因双方合作良好，故设备调试后没有办理验收手续。原审没有认定《关于烟台冶金新材料研究所委托吉林冶金机电设备制造厂加工制造预氧化炉和碳化炉合同的补充协议》，是因为该协议在盖章过程中，吉林设备厂进行了单方修改，不是双方当事人的真实意思表示，因此无效；但在调整设备价格上无争议，应予尊重这一客观事实。对逾期交货未予认定不妥，依照《民事诉讼法》第153条第1款第2项的规定，该院判决：

一、维持〔1997〕吉经终字第102号民事判决；

二、吉林设备厂给付烟台冶金所逾期付货违约金28785元。

烟台冶金所不服上述再审判决，向最高人民法院提出申请再审称：原审认定事实不清，加工承揽合同签订后，吉林设备厂又与烟台冶金所签订了《补充协议》，将设备加工款增加了110万元，吉林设备厂不仅逾期交货，且交付的设备没有调试合格。烟台冶金所在给付设备款的同时，多次催促吉林设备厂来调试，当吉林设备厂几次派人来要款，均被申请人拒绝，并申明必须尽快派人来调试设备，待合格后再付款。至于财务部门出具的材料，仅仅是财务对账单，不能证明设备已调试合格。原审把最后一次调试设备的时间定在1991年6月，而把1991年8月至11月共同调试这一事实回避了，这次调试形成了由烟台冶金所和吉林设备厂、设计单位三方认可的阶段调试总结，总结中对设备存在的问题以及如何解决这些问题均有明确规定，调试中尚未解决的问题由吉林设备厂负责解决，但是，吉林设备厂再未派人进行调试。再审认为"双方合作良好，没有办理验收手续"与事实不符，烟台冶金所不会答应以合格产品的价格换回不合格的设备，要求本院依法改判。

吉林设备厂答辩认为，原审认定事实清楚，适用法律正确，吉林设备厂已将设备调试合格，亦不存在逾期交货问题。其不能付款的真正原因是资金紧张。烟台冶金所提交的预氧化炉、碳化炉调试阶段总结是虚假证据，且已丧失寻求法律保护的权利，要求维持原审判决。

再审裁判结果

最高人民法院判决：

一、撤销吉林省高级人民法院〔1998〕吉经再字第26号、〔1997〕吉经终字第102号民事判决和吉林省吉林市中级人民法院〔1996〕吉经初字第80号民事判决；

二、吉林冶金机电设备制造厂加工的预氧化炉和沥清碳纤维碳化炉，由烟台冶金新材料研究所自行处理；

三、吉林冶金机电设备制造厂向烟台冶金新材料研究所偿付不能交付合格设备的违约金673200元；

四、吉林冶金机电设备制造厂偿付烟台冶金新材料研究所逾期交货设备款47500元；

五、烟台冶金新材料研究所向吉林冶金机电设备制造厂支付设备欠款525835.56元；

六、烟台冶金新材料研究所向吉林冶金机电设备制造厂支付逾期付款违约金323388.87元；

七、驳回双方其他诉讼请求。

再审裁判理由

最高人民法院再审认为：烟台冶金所与吉林设备厂签订的《预氧化炉制造合同》和《沥清碳纤维碳化炉制造合同》以及1991年7月10日签订的《预氧化炉和碳化炉调试及付款协议》，是双方当事人的真实意思表示，合同内容不违反法律规定，原审认定有效是正确的。1988年12月2日，双方经协商签订的补充协议，吉林设备厂在盖章过程中将部分条款作了修改后，寄回了烟台冶金所，烟台冶金所接受了修改后的补充协议，没有提出书面异议，因此亦应认定该补充协议有效。再审判决作出的该协议在盖章过程中，吉林设备厂进行了单方修改，不是双方当事人的真实意思表示，因此无效，但在调整设备价格上无争议，应予支持的认定，将补充协议分成两部分，前半部分认定有效，后半部分认定无效，属认定事实不当，应予纠正。

烟台冶金所提出吉林设备厂调试的设备不合格，双方至今没有办理验收手续，并以阶段调试总结作为证据，因该总结没有吉林设备厂签字盖章，也无其他证据证明吉林设备厂收到阶段调试总结，因此，不能作为证据使用。按照合同约定，负责两台设备的安装调试是吉林设备厂的义务，从本院到设备现场勘验的情况看，预氧化炉密封能否达到设计标准、滚动网带跑偏问题，因设备存放时间过长，已无法确认。但预氧化炉炉底钢板出现裂缝、碳化炉差压变速器没有按照设计图纸型号安装问题是客观存在的，这种质量问题并不涉及设计是否合理，因为设计是否合理、设备制造完毕后是否具有生产价值不是吉林设备厂的义务。吉林设备厂的义务就是按照合同约定对设备进行制造、安装，调试合格后交付给烟台冶金所。虽然吉林设备厂对设备进行了多次调试，但是，双方没有办理设备验收手续，也没有其他证据证明其已将设备调试合格。吉林设备厂仅以烟台冶金所陆续支付设备款的行为，来证明设备已调试合格的理由缺乏证明力，因为向定作人交付合格的定作物是承揽人的义务，向承揽人按时付款是定作人的义务，两者享有的权利不同，承担的义务也不同。由于吉林设备厂无法提供设备调试合格的证据，因此，应认定吉林设备厂向烟台冶金所交付的设备不合格。两台设备因放置时间过长，已失去重新鉴定的条件，故吉林设备厂关于重新鉴定的请求，本院不予支持。再审判决以双方合作良好，没有办理验收手续为由认定吉林设备厂交付了合格设备，属于适用法律不当，应予纠正。

1988年12月2日，经过变更后的《关于烟台冶金新材料研究所委托吉林冶金机电设备制造厂加工制造预氧化炉和碳化炉合同的补充协议》约定，"设备到货后，付全部货款的90%，安装调试合格后全部付清。"吉林设备厂最终交付设备的时间为氧化炉1989年8月5日、碳化炉1990年6月20日。1991年7月10日，双方签订了一份《预氧化炉和碳化炉调试及付款协议》，再次变更了付款方式，吉林设备厂对烟台冶金所延迟付款未提出异议，因此，烟台冶金所延迟付款的行为可以不予追究。烟台冶金所对于设备调试存在的问题，仅以电话形式联系，没有书面提出异议，亦有过错，其承认尚欠部分设备加工款，因此，对这部分延期付款的行为应承担相应的民事责任。

吉林设备厂交付的预氧化炉逾期交货35天，碳化炉逾期交货60天，按照《补充协议》约定逾期交货一天，扣除设备费500元，双方应按照合同约定履行。原审判处吉林设备厂给付烟台冶金所逾期交货违约金28785元没有事实依据，应予纠正。

承揽合同纠纷办案依据集成

1. 中华人民共和国合同法（1999年3月15日主席令第15号公布）（节录）

第十五章 承揽合同

第二百五十一条 承揽合同是承揽人按照定作人的要求完成工作，交付工作成果，定作人给付报酬的合同。

承揽包括加工、定作、修理、复制、测试、检验等工作。

第二百五十二条 承揽合同的内容包括承揽的标的、数量、质量、报酬、承揽方式、材料的提供、履行期限、验收标准和方法等条款。

第二百五十三条 承揽人应当以自己的设备、技术和劳力，完成主要工作，但当事人另有约定的除外。

承揽人将其承揽的主要工作交由第三人完成的，应当就该第三人完成的工作成果向定作人负责；未经定作人同意的，定作人也可以解除合同。

第二百五十四条 承揽人可以将其承揽的辅助工作交由第三人完成。承揽人将其承揽的辅助工作交由第三人完成的，应当就该第三人完成的工作成果向定作人负责。

第二百五十五条 承揽人提供材料的，承揽人应当按照约定选用材料，并接受定作人检验。

第二百五十六条 定作人提供材料的，定作人应当按照约定提供材料。承揽人对定作人提供的材料，应当及时检验，发现不符合约定时，应当及时通知定作人更换、补齐或者采取其他补救措施。

承揽人不得擅自更换定作人提供的材料，不得更换不需要修理的零部件。

第二百五十七条 承揽人发现定作人提供的图纸或者技术要求不合理的，应当及时通知定作人。因定作人怠于答复等原因造成承揽人损失的，应当赔偿损失。

第二百五十八条 定作人中途变更承揽工作的要求，造成承揽人损失的，应当赔偿损失。

第二百五十九条 承揽工作需要定作人协助的，定作人有协助的义务。定作人不履行协助义务致使承揽工作不能完成的，承揽人可以催告定作人在合理期限内履行义务，并可以顺延履行期限；定作人逾期不履行的，承揽人可以解除合同。

第二百六十条 承揽人在工作期间，应当接受定作人必要的监督检验。定作人不得因监督检验妨碍承揽人的正常工作。

第二百六十一条 承揽人完成工作的，应当向定作人交付工作成果，并提交必要的技术资料和有关质量证明。定作人应当验收该工作成果。

第二百六十二条 承揽人交付的工作成果不符合质量要求的，定作人可以要求承揽人承担修理、重作、减少报酬、赔偿损失等违约责任。

第二百六十三条 定作人应当按照约定的期限支付报酬。对支付报酬的期限没有约定或者约定不明确，依照本法第六十一条的规定仍不能确定的，定作人应当在承揽人交付工作成果时支付；工作成果部分交付的，定作人应当相应支付。

第二百六十四条 定作人未向承揽人支付报酬或者材料费等价款的，承揽人对完成的工作成果享有留置权，但当事人另有约定的除外。

第二百六十五条 承揽人应当妥善保管定作人提供的材料以及完成的工作成果，因保管不善造成毁损、灭失的，应当承担损害赔偿责任。

第二百六十六条 承揽人应当按照定作人的要求保守秘密，未经定作人许可，不得留存复制品或者技术资料。

第二百六十七条 共同承揽人对定作人承担连带责任，但当事人另有约定的除外。

第二百六十八条 定作人可以随时解除承揽合同，造成承揽人损失的，应当赔偿损失。

2. 最高人民法院关于如何确定加工承揽合同履行地问题的函（1989年8月8日 〔1989〕法经（函）字第22号）

上海市高级人民法院：

你院〔1989〕沪高经核字第3号请示报告收悉。关于如何确定加工承揽合同履行地问题，经研究答复如下：

合同履行地应为合同规定义务履行的地点。加工承揽合同主要是以承揽方按照定作方的特定要求完成加工生产任务为履约内容的，承揽方履约又是以使用自己的设备、技术、人力为前提条件的。因此，加工承揽方所在地应为合同规定义务履行的地点，即合同履行地。但是，本案合同签订地在你市虹口区，合同承揽方所在地在你市松江县，松江县应为合同履行地。故，虹口区法院和松江县法院对本案均有管辖权。现两院在管辖上发生争议，根据民事诉讼法（试行）第三十三条规定，应由上海市中级法院指定管辖。

3. 最高人民法院经济审判庭关于如何确定加工承揽合同履行地问题的电话答复（〔1989〕年11月23日）

天津市高级人民法院：

你院津高法经〔1989〕7号"关于如何确定加工承揽合同履行地问题的请示"收悉。经研究答复如下：

合同履行地应为合同规定义务履行的地点。加工承揽合同主要是以承揽方按照定作方的特定要求完成加工生产任务为履约内容的，承揽方履约又是以使用自己的设备、技术、人力为前提条件的。因此，加工承揽方所在地通常应为合同规定义务履行的地点，即合同履行地。

此复

4. 最高人民法院关于审理人身损害赔偿案件适用法律若干问题的解释（2003年12月26日 法释〔2003〕20号）（节录）

第十条 承揽人在完成工作过程中对第三人造成损害或者造成自身损害的，定作人不承担赔偿责任。但定作人对定作、指示或者选任有过失的，应当承担相应的赔偿责任。

二十五、建设工程合同纠纷

69. 如何区分建设工程的挂靠经营与内部承包？

现实市场中工程资源有限，建筑企业众多，竞争激烈，存在"有资质、没活干"和"没资质、有活干"的矛盾，挂靠经营由此应运而生。挂靠是指为进行工程建设，不具有相应施工资质的施工人（即挂靠人）借用有资质建筑公司（被挂靠人）的资质、公章、财务凭证等，向被挂靠人交纳管理费，承揽并进行工程建设的行为。建设工程施工挂靠经营合同的特征为：（1）订立合同的主体为不具有相应施工资质的施工人；（2）挂靠人为企业的，其与被挂靠人相互独立，双方财务、人事管理、劳动用工各自独立；挂靠人为个人的，其与被挂靠人不存在劳动合同关系；（3）挂靠合同约定挂靠人自负盈亏，并向被挂靠人交纳管理费；（4）被挂靠人向挂靠人提供施工所需的资质、公章、凭证等材料。此外，从合同订立时间上看，建筑企业一般先与发包方订立建设工程承包合同，然后再与内部承包人订立内部承包合同；而挂靠人一般先与被挂靠人订立挂靠合同（实践中多表现为名为"内部承包"，实为"挂靠"），然后以被挂靠人名义承揽工程。《建筑法》第26条规定："禁止建筑施工企业以任何形式允许其他单位或者个人使用本企业的资质证书、营业执照，以本企业的名义承揽工程。"因此，建设工程施工挂靠经营合同无效，其法律后果为：（1）挂靠人为实际施工人，其有权向工程发包人与被挂靠人主张工程款；（2）法院有权收缴双方因履行挂靠合同的非法所得。对于挂靠人而言，其非法所得应为扣除实际施工成本以外已经实际取得的工程利润；对于被挂靠人而言，其收取的工程管理费应当被收缴；（3）被挂靠人有可能受到行政处罚。

> 内部承包，是指建筑企业为了增强企业活力，建立内部竞争机制，在公司内部组建项目部从事工程施工的行为。挂靠经营为法律禁止，内部承包为法律允许。只要建筑企业能采取措施、分派人员直接参与工程施工、对外直接向发包人承担合同上的权利和义务，就应认定为内部承包。从合同订立时间上看，建筑企业一般先与发包方订立建设工程承包合同，然后再与内部承包人订立内部承包合同；而挂靠人一般先与被挂靠人订立挂靠合同，然后以被挂靠人名义承揽工程。

典型疑难案件参考

曲修钊诉青岛广发建筑有限公司一般建设工程合同纠纷案

基本案情

原告曲修钊系个体建筑商，挂靠被告名下，以被告项目部经理的名义从事建筑工程业务。2000年1月1日，原告与被告签订合同书。双方约定：公司下属各项目经理部为承包单位，项目经理全面负责，独立核算，自负盈亏，实行全面经济承包责任制，盈利由承包人分配。亏损由承包人负无限经济责任，经济纠纷由承包人以财产作抵押。各种税金、建委管理费等由各项目部自负，公司代扣代交。公司分配给项目经理部的工程，按工程总造价5%交纳管理费，项目经理部自己承接的工程，按工程总造价的3%交纳管理费等。承包期限自2000年1月1日起。1999年12月27日，被告与青岛金都房地产开发公司即墨分公司签订建设工程施工合同。由被告承接了青岛金都房地产开发公司即墨分公司开发的即墨市"金都花园"1至6号楼工程，由4个项目部分别承包，其中5、6号楼由原告曲修钊项目部施工，该两座楼工程总价款3607396.5元。施工期间，原告交给了被告管理费93500元。工程结束后，金都房地产支付了部分工程款，余款未付。后双方通过诉讼程序对余款进行了解决，被告针对4个项目部制作了金都房款分配表，由被告的代理律师江崇涛负责资金发放。其他3个项目部经理均按分配表中的款项签字领走了自己应分得的工程款。原告在领款时对该分配表中的一些扣款事项提出异议，认为被告无理由多扣了自己的工程款，其在领取了505397.23元的工程款后，向法院起诉，要求被告支付多扣的工程款23万元。另查明，被告的工程款分配表中，在"原告"一栏共有8项内容，第一项为结算余额700474.51元；第二项为扣质保金13084.3元；第三项扣267239.65元；第四项为余额420150.56元；第五项为扣84030.11元；第六项为扣17604.93元；第七项为加上180311.82元和6569.895元；第八项为最终应分额505397.235元。因被告没有出庭，审判人员查阅〔2005〕即民初字第3864号卷宗，在庭审笔录中，被告对以上8项内容解释为：第一项为从金都公司要回来应分给原告的结余款；第二项扣的是质保金；第三项是按原告工程价款3607396.5元，扣了5%的管理费和5%的税金，计360739.65元，因原告已交93500元，所以该项内容为267239.65元；第四项为余额；第五项是律师代理费及保全担保金84030.11元；第六项也是律师代理费及保全担保金17604.93元；第七项是应退给原告的保全担保金180311.82元和金都公司多付的30000元工程款，原告又分摊上6569.895元；第八项即原告应得的505397.235元。原告对该分配表中第三项和第六项提出异议，对其他内容予以认可。其对第三项的异议是：(1) 工程为自己所承揽，应按3%扣除管理费。(2) 被告没有缴税，并且税率也不是5%。对第六项的异议是，被告称该款项系律师代理费及保全担保金与第五项相矛盾，不予认可。又查明，原告称工程是自己承揽的，没有向法庭举证。

一审诉辩情况

原告曲修钊诉称：1999年至2000年间，我以被告的名义承建了即墨市金都花园5号、6号楼工程，现该工程已结算完毕且工程款已付清，被告无故扣押我工程款23万元，我多次索要未果，请求人民法院依法判令被告支付所剩工程款23万元，诉讼费用由被告承担。

被告广发公司辩称：(1) 本案属于内部承包协议，不是平等主体之间的民事纠纷，不属于人民法院管辖。(2) 原告所诉与客观事实不符。被告所扣款是原告应交纳的5%的管理费和5%的税费以及被告的4个项目部应交纳的律师费、财产保全担保金。(3) 原告的主张不符合合同约定。

一审裁判结果

山东省即墨市人民法院判决：被告广发公司于本判决生效后10日内付给原告曲修钊工程款197974.75元。

一审裁判理由

山东省即墨市人民法院认为，原告曲修钊与被告广发公司签订的合同是双方在自愿、平等的基础上达成的，是双方意思的真实表示，各方应当自觉履行合同约定的权利和义务。一方违约，另一方有权主张自己的权利。根据双方的约定，原告自己承揽工程，应向被告交纳3%的管理费，被告分配的工程应交纳5%的管理费。本案原告称工程是自己承揽的没有举证，应承担举证不能的法律后果，其主张的应交纳3%的管理费，不予支持。被告主张的交纳5%的管理费的答辩理由，予以支持。被告制作的金都房款分配表系单方行为，未有原告认可，被告也没有证据证明分配表的合法性和有效性，虽然其他3个项目部经理按分配表领走了工程款，但并不能证明原告对此予以认可，故原告的异议成立。被告在答辩状中称应扣除原告工程总价款5%的税金，但没有向法庭举证，且原告不予认可，不予支持。若被告能证明已代缴了税款，可向法庭另行主张权利。被告称扣除的84030.11元系律师代理费和保全担保金。又称扣除的17604.93元也是律师代理费和保全担保金，两者自相矛盾，原告对后一笔律师代理费和保全担保金不予认可，对该笔扣款不予支持。原告称对84030.11元的律师代理费和保全担保金系自己真实的意思表示，予以采纳。综上，在结算回来属于原告的700474.51元的工程款中，扣除质保金13084.3元，扣除按5%的管理费86869.83元（原告已交93500元），扣除原告认可的律师代理费和保全担保金84030.11元，加上退回的保全担保金180311.82元及多分摊的6569.895元，原告应分得工程款703371.98元，因原告已领取505397.23元，被告尚欠原告工程款197974.75元。被告在开庭前提交了答辩状和部分材料，经传票传唤无正当理由拒不到庭，系无视法律的行为，应承担不利的法律后果。

二审诉辩情况

被告不服提出上诉，请求撤销原判，驳回被上诉人起诉。主要理由：（1）本案属于内部承包合同纠纷，不是平等主体之间的民事纠纷。不属于人民法院管辖。（2）被上诉人诉讼主体不适格。（3）上诉人一审庭审缺席并非故意，而系意外事件。（4）一审将5%的税费判归被上诉人违反法律规定。

二审裁判结果

山东省青岛市中级人民法院判决：

一、撤销即墨市人民法院〔2006〕即民初字第946号民事判决。

二、上诉人青岛广发建筑有限公司于本判决生效后10日内付给被上诉人曲修钊工程款74241.06元。

二审裁判理由

山东省青岛市中级人民法院查明，上诉人与被上诉人双方签订的承包合同第4条约定，甲方（上诉人）的权利义务为：……享有统一管理财务、技术、质检安全等工作并进行检查督促的权利；享有对大型机具、技术人员和施工人员统一管理调配使用的权利；负有提供技术保障、质量检查、指导安全生产的义务。另查明，被上诉人是以上诉人项目经理部的名义与上诉人签订的内部承包合同，该项目经理部未经工商登记，未领取营业执照。双方当事人对该事实予以认可。

上诉人在二审提交即墨市公安局刑事警察大队报案证明一份，证明其一审委托代理人曾到该队报案称：被上诉人曾威胁其不准代表上诉人出庭，否则全家有生命危险，并将其水杯摔碎、办公室玻璃打碎。被上诉人认为该证明只是单方报案证明，并非最终结论。上诉人提交《工程财务管理制度》一份，证明其与被上诉人之间是内部承包关系。被上诉人认为该证据与本案无关。上诉人提交完税凭证一宗，被上诉人认为该证据是复印件，不予质证。

二审查明的其他事实与一审相同。

山东省青岛市中级人民法院认为，本案争议的焦点问题是：（1）双方签订的合同性质，本案是否属于人民法院受案范围。（2）被上诉人是否有权向上诉人主张返还工程总价款5%的税费。

关于第一个焦点问题。二审法院认为，从本案上诉人与被上诉人双方签订合同的内容看，双方签订的承包合同第4条约定，甲方（上诉人）的权利义务为：……享有统一管理财务、技术、质检安全等工作并进行检查督促的权利；享有对大型机具、技术人员和施工人员统一管理调配使用的权利；负有提供技术保障、质量检查、指导安全生产的义务。实际上，上诉人对外也直接向发包人承担合同上的权利和义务，发包人对此并无异议，且上诉人已通过诉讼程序向发包人追回了余款。因此，本案上诉人与被上诉人之间应认定为内部承包关系，上诉人认为其与被上诉人是一种企业内部承包关系，该上诉理由虽然成立，但本院对其关于本案不应由人民法院受理的主张不予支持，理由是：第一，上诉人所依据的最高人民法院〔1987〕法研字第24号文件，实际上是1987年12月1日最高人民法院研究室作出的一个电话答复，并非规范的司法解释。第二，最高人民法院上述电话答复对企业内部承包合同纠纷并非绝对排除法院管辖。第三，随着企业改制的全面推行，越来越多的企业不再有所谓的主管部门，且企业自身作为当事人，很难调处与下属机构的纠纷，因此，对此类纠纷，只要符合我国《民事诉讼法》第108条规定的条件，人民法院就应予以立案受理。第四，本案上诉人与被上诉人之间在签订合同时法律地位平等，权利义务一致，因履行该合同而发生的纠纷应属于平等主体之间的民事纠纷。故本案属于人民法院受理的民事案件范围。

关于第二个焦点问题。二审法院认为，被上诉人应得工程款应是总工程款扣除代缴税款和管理费等之后的余额。即使上诉人未完成代缴义务，被上诉人也无权代替税务机关向上诉人追缴税款。原审法院认定该税金归被上诉人所有不当，本院应予纠正。参照《青岛市工程结算资料汇编》有关规定，工程价款中的税金包括营业税、城市建设维护税及教育费附加，税金由总包企业统一交纳，综合税率市区为3.41%，县城或镇为3.35%；建委定额管理费费率为0.09%。因上诉人住所地在县城，应适用3.35%的综合税率。被上诉人完成的工程价款为3607396.5元，上诉人应代扣代缴的法定税费应为123733.69元〔3607396.5×（3.35%+0.09%）〕，上诉人主张按工程价款的5%扣除相关税费缺少法律依据。原审法院认定上诉人所欠被上诉人的工程款中，包含了上诉人应代扣代缴的123733.69元的法定税费，本院依法予以扣除。为此，上诉人尚欠被上诉人工程款应为74241.06元（197974.75-123733.69）。

关于被上诉人主体是否适格问题。二审法院认为，被上诉人是以上诉人项目经理部的名义与上诉人签订的内部承包合同，但该项目经理部未经工商登记，未领取营业执照。根据民事诉讼法理论和相关司法解释，未登记领取营业执照的法人或其他组织进行的民事活动，应以直接责任人为当事人。因此，被上诉人作为该项目部经理和直接责任人，应当是本案适格诉讼主体，不存在主体不适格问题。

关于上诉人的其他上诉理由。因其二审中提交的有关证据难以支持该主张，缺少事实及法律依据，二审法院对上诉人的其他上诉理由不予采信。

综上，上诉人上诉理由部分成立，二审法院予以部分支持。原审判决适用法律不当，二审法院依法应予纠正。

70. 建设工程实际施工人应向谁主张支付工程欠款？

承包人与发包人订立建设工程施工合同后，往往又将建设工程转包或者违法分包给第三人，第三人就是实际施工人。最高人民法院《关于审理建设工程施工合同纠纷案件适用法律问题的解释》第26条规定："实际施工人以转包人、违法分包人为被告起诉的，人民法院应当依法受理。实际施工人以发包人为被告主张权利的，人民法院可以追加转包人或者违法分包人为本案当事人。发包人只在欠付工程价款范围内对实际施工人承担责任。"实际施工人可以向转包人、违法分包人及发包人主张权利，这是对合同相对性原则的有限度突破，发包人在欠付工程款的范围内对实际施工人承担责任。欠付工程款，是指发包人依据承包合同应付而欠付承包人的工程价款。实际施工人向发包人主张权利时，发包人只是在欠付工程价款的范围内，将本应直接付给承包人的价款支付给实际施工人。

典型疑难案件参考

徐永祥诉慈溪市城市发展有限公司、慈溪城关建筑有限公司、徐嘉余建设工程欠款纠纷案

基本案情

慈溪市城市发展有限公司作为承包人于2003年2月25日与发包人慈溪经济开发区管理委员会签订了关于3#路市政工程（八塘江至九塘路）的《慈溪经济开发区杭州湾新区市政工程施工合同》，2003年4月15日，慈溪市城市发展有限公司又作为承包人与发包人慈溪经济开发区管理委员会签订了关于五金大道市政工程的《慈溪经济开发区杭州湾新区市政工程施工合同》。嗣后，慈溪市城市发展有限公司将杭州湾新区二期市政工程中的路基、路面、桥梁、排水等工程内容分包给慈溪城关建筑有限公司，并于2003年4月20日签订了《杭州湾新区二期市政工程分包协议书》，双方在协议书中约定工程以包工包料的方式承包。慈溪城关建筑有限公司从慈溪市城市发展有限公司处承包杭州湾新区二期市政工程的部分施工工程后，又将其按分包协议书承包来的部分施工工程中的4座桥梁工程交由徐嘉余实际负责施工，徐嘉余所负责的工程除了需向慈溪城关建筑有限公司上交一定比例的管理费及负担相应的税金外，盈亏自负。徐嘉余为完成上述4座桥梁工程将部分工序或配套项目分别交由徐永祥及其他人完成。徐嘉余将其中的五金大道羊路头北江桥施工过程中的钻机造孔交由原本熟悉的同行徐永祥实施。徐嘉余跟徐永祥发生业务关系的时候，没有得到慈溪市城市发展有限公司、慈溪城关建筑有限公司的授权。徐永祥自2003年6月至9月期间在五金大道羊路头江桥工地实施钻机造孔作业，徐永祥自承接钻机造孔业务后，徐嘉余一共向其支付了23782元，经徐永祥催讨，徐嘉余同徐永祥进行了结算，并以"桥梁一队徐嘉余"的名义出具落款日期为2006年10月8日的结算单，确认徐永祥在（五金大道）羊路头江桥的钻机造孔费共计为123782元，已付23782元，尚欠余额100000元。

一审诉辩情况

徐永祥向法院起诉要求慈溪市城市发展有限公司、慈溪城关建筑有限公司、徐嘉余连带清偿徐永祥的工程款及工程款的利息。

一审裁判结果

浙江省慈溪市人民法院判决：

一、徐嘉余于本判决生效之日向徐永祥支付工程款100000元及自2004年11月11日起按中国人民银行同期贷款利率计算的工程款利息。

二、驳回徐永祥的其他诉讼请求。

一审裁判理由

浙江省慈溪市人民法院认为，慈溪市城市发展有限公司作为承包方向建设单位承包了杭州湾新区二期市政工程的部分工程之后，违反与建设单位的约定，未经建设单位的同意把其所承包来的部分工程即路基、路面、桥梁、排水等工程项目又分包给慈溪城关建筑有限公司，就其违法分包出去的部分工程而言，慈溪市城市发展有限公司是违法分包人。慈溪城关建筑有限公司从慈溪市城市发展有限公司处通过分包协议承包部分工程后，又将其通过分包形式承包来的其中4座桥梁工程转包给徐嘉余，慈溪城关建筑有限公司是4座桥梁工程转包人，徐嘉余负责实际施工，徐嘉余除向慈溪城关建筑有限公司上交管理费及负担相应的税费之外在经济上自负盈亏，故徐嘉余是涉案4座桥梁的实际施工人。徐嘉余跟徐永祥发生业务关系的时候，既没有得到慈溪市城市发展有限公司、慈溪城关建筑有限公司的书面授权，也没有得到授权的表象，所以，徐嘉余并不是慈溪市城市发展有限公司或慈溪城关建筑有限公司的代理人或者表见代理人。徐嘉余与徐永祥发生关系时的行为不能认为是代表慈溪市城市发展有限公司的职务行为，徐永祥实施的施工行为，都是与徐嘉余作为实际施工人的施工行为相配套的行为，合同关系只发生在徐永祥与徐嘉余之间。所以，徐永祥也不能向慈溪市城市发展有限公司、慈溪城关建筑有限公司主张相应的工程款。徐嘉余在庭审过程中已经确认尚欠徐永祥工程款的金额，故徐嘉余应当向徐永祥支付相应的工程款。

二审诉辩情况

徐永祥上诉称：慈溪市城市发展有限公司将工程承包后，是工程承包人。当其将工程部分分包给慈溪城关建筑有限公司，则慈溪市城市发展有限公司为转包人，慈溪城关建筑有限公司为违法分包人。慈溪城关建筑有限公司在工程分包后，又将其中的涉案工程转包给徐嘉余，则慈溪城关建筑有限公司具有双重身份。其既是违法分包人，又是违法转包人，徐嘉余为分包人。徐嘉余承包工程后，又将涉案工程中部分工程交由徐永祥实际施工，因此，徐永祥是该部分工程的实际施工人。要求二审法院撤销一审判决，判令慈溪市城市发展有限公司、慈溪城关建筑有限公司、徐嘉余连带清偿徐永祥的工程款及工程款的利息。

二审裁判结果

浙江省宁波市中级人民法院判决：驳回上诉，维持原判。

二审裁判理由

浙江省宁波市中级人民法院经审理认为，慈溪经济开发区管理委员会作为发包人将慈溪经济开发区杭州湾新区部分市政工程发包给慈溪市城市发展有限公司，慈溪市城市发展有限公司将上述工程又部分分包给慈溪城关建筑有限公司，慈溪城关建筑有限公司再将承包工程中建造4座桥梁工程承包给徐嘉余。由于慈溪市城市发展有限公司未经建设单位慈溪经济开发区管理委员会认可，将其承包的部分建设工程交由慈溪城关建筑有限公司完成，慈溪市城市发展有限公司的行为属违法分包。同样，慈溪城关建筑有限公司将其承包工程中建造4座桥梁工程再分包给徐嘉余，慈溪城关建筑有限公司的行为也属违法分包，而徐嘉余作为违法分包人慈溪城关建筑有限公司建设工程施工部分（仅有4座桥梁）的承包的当事人，徐嘉余是"4座桥梁"项目的实际施工人。徐嘉余将其中一座五金大道羊路头江桥的钻机造孔工作交给徐永祥施工，双方之间形成承揽关系，徐永祥并不是五金大道羊路头江桥全部工程的实际施工人，仅是桥梁钻机造孔的承揽人，故徐永祥要求慈溪市城市发展有限公司、慈溪城关建筑有限公司与徐嘉余共同承担徐嘉余尚欠其的款项，缺乏事实和法律依据，本院难以支持，徐永祥应向定作人徐嘉余主张权利。原审法院根据慈溪市城市发展有限公司申请追加了慈溪城关建筑有限公司，又根据慈溪城关建筑有限公司申请追加徐嘉余为本案当事人，判决由徐嘉余向徐永祥支付尚欠款项及利息，并无不当。

71. 建设工程款及利息如何计算？

建筑工程造价应当按照国家有关规定，由发包单位与承包单位在合同中约定。公开招标发包的，其造价的约定，须遵守招标投标法律的规定。发包单位应当按照合同的约定，及时拨付工程款项。当事人对建设工程的计价标准或者计价方法有约定的，按照约定结算工程价款。因设计变更导致建设工程的工程量或者质量标准发生变化，当事人对该部分工程价款不能协商一致的，可以参照签订建设工程施工合同时当地建设行政主管部门发布的计价方法或者计价标准结算工程价款。发承包双方在确定合同价时，应当考虑市场环境和生产要素价格变化对合同价的影响。合同价可以采用以下方式：（1）固定价。合同总价或者单价在合同约定的风险范围内不可调整。（2）可调价。合同总价或者单价在合同实施期内，根据合同约定的办法调整。（3）成本加酬金。建设工程施工合同有效，但建设工程经竣工验收不合格的，工程价款结算按照以下情形分别处理：（1）修复后的建设工程经竣工验收合格，发包人请求承包人承担修复费用的，应予支持；（2）修复后的建设工程经竣工验收不合格，承包人请求支付工程价款的，不予支持。因建设工程不合格造成的损失，发包人有过错的，也应承担相应的民事责任。

当事人对欠付工程价款利息计付标准有约定的，按照约定处理；没有约定的，按照中国人民银行发布的同期同类贷款利率计息。利息从应付工程价款之日计付。当事人对付款时间没有约定或者约定不明的，下列时间视为应付款时间：（1）建设工程已实际交付的，为交付之日；（2）建设工程没有交付的，为提交竣工结算文件之日；（3）建设工程未交付，工程价款也未结算的，为当事人起诉之日。

典型疑难案件参考

江西圳业房地产开发有限公司与江西省国利建筑工程有限公司建设工程施工合同纠纷案（《最高人民法院公报》2007年第6期）

基本案情

江西省进贤县人民政府与深圳市圳昌投资实业有限公司签订《进贤县政府大院开发及新区建设合同书》。圳昌公司向进贤县人民政府出具授权委托书，委托圳业公司全权负责该项目的开发、经营和建设。圳业公司申请设立"进贤县政府大院开发行政中心建设项目总指挥部"，并经进贤县工商行政管理局依法核准。进贤县政府大院开发行政中心建设项目总指挥部分别与国利公司签订了3份《建设工程施工合同》及其《补充协议书》，建设工程项目分别为进贤县行政中心建设工程县政府大楼、档案馆、食堂及宾馆。合同约定的承包范围为土建工程（基础、主体、屋面、砌筑、塑钢窗、抹灰楼地面、水电安装等），3份合同的工程总价款为人民币1424万元。工程项目采用可调价格，合同价款调整方法、范围为：按施工图、变更通知书、签证单进行调整，调整范围不得超过圳业公司与进贤县政府决算价格，最终价格以进贤县政府审定认可的造价为基础。合同约定国利公司承建的工程项目全面竣工结算后，圳业公司半年内需向国利公司支付90%的工程款，土建保修期满付70%，余款30%作为工程质保金。国利公司同意在工程总造价上让利8%。结算依据为2001年《全国统一建筑（安装）工程定额》（江西省单位估价表），按三类取费。工程质量标准：政府大楼及档案馆为市级优良工程，如达不到市优将扣除工程总造价3%作为违约金；宾馆、食堂为合格工程。合同关于工程竣工结算约定：发包人（圳业公司）收到承包人（国利公司）递交的竣工结算报告及结算资料后28天内进行核实，给予确认或者提出修改意见。发包人收到竣工结算报告及结算资料后28天内无正当理由不支付工程竣工结算价款，从第29天起按承包人同期向银行贷款利率支付拖欠工程价款的利息，并承担违约责任。在施工过程中，圳业公司将合同约定的屋面、水电安装工程发包给他人施工。圳业公司于2004年收到国利公司递交的进贤县行政中心建设工程——档案馆、政府大楼、食堂、宾馆楼的工程决算书。工程决算书反映的工程总造价为24742895.8元。2004年，国利公司承建的县政府大楼、档案馆、食堂、宾馆楼通过竣工验收并投入使用。食堂、宾馆楼经验收评定为合格工程；政府大楼、档案馆经南昌市建设工程质量监督站评为市级优质结构工程；政府大楼经南昌市城乡建设委员会评定为市级优良工程。进贤县政府大院开发行政中心建设项目总指挥部向各施工单位发出通知，要求各施工单位尽快提供齐全有效的决算资料进入决算程序。至本案起诉之日止，圳业公司共向国利公司支付工程款人民币1264万元。国利公司单方提供的工程决算显示，圳业公司尚欠国利公司工程款12102895.8元。

另查明，圳昌公司与进贤县人民政府签订《进贤县政府大院开发及新区建设合同书》第11条约定："新区建设工程验收合格后，双方进行财务结算，结算必须在验收之日起壹个月内完成。"圳昌公司与进贤县人民政府的工程结算至今未进行。

一审诉辩情况

国利公司的诉讼请求是：判令圳业公司清偿工程款1210万元及利息90万元；由圳业公司承担本案的案件受理费和财产保全费。

一审裁判结果

江西省高级人民法院判决：圳业公司于判决生效之日起15日内向国利公司支付工程款812.08万元及利息（利息数额自开始按中国人民银行发布的同期同类贷款利率计算至执行完毕时止，但工程款中3%保修金不计利息）。

一审裁判理由

江西省高级人民法院认为，圳业公司申请并经工商行政管理部门依法核准设立进贤县政府大院开发行政中心建设项目总指挥部，该指挥部与国利公司所签订的3份《建设工程施工合同》及其《补充协议书》，系当事人的真实意思表示，其内容没有违反国家法律及行政法规的禁止性规定，应为合法有效。该指挥部因无法人资格，其民事责任由圳业公司承担。圳业公司对其在本案中的诉讼地位无异议，该院依法予以确认。国利公司按合同约定履行了义务，完成了承包范围内的县政府大楼、档案馆、食堂及宾馆土建工程。工程竣工后，圳业公司向国利公司支付了部分工程款。在工程结算中，国利公司向圳业公司分别递交了县政府大楼、档案馆、食堂及宾馆的工程决算书。双方签订的建设工程施工合同中关于工程竣工结算条款约定，发包人收到承包人递交的竣工结算报告及结算资料后28天内进行核实，给予确认或者提出修改意见，发包人收到竣工结算报告及结算资料后28天内无正当理由不支付工程竣工结算价款，从第29天起按承包人同期向银行贷款利率支付拖欠工程价款的利息，并承担违约责任。最高人民法院《关于审理建设工程施工合同纠纷案件适用法律问题的解释》第20条规定："当事人约定，发包人收到竣工结算文件后，在约定期限内不予答复，视为认可竣工结算文件的，按照约定处理。承包人请求按照竣工结算文件结算工程价款的，应予支持。"国利公司提出的关于圳业公司支付所欠工程款的诉讼请求，符合双方之间的约定及最高人民法院上述司法解释的规定，依法应予支持。圳业公司收到国利公司递交的工程决算书后，未在合同约定的时间内对决算问题提出任何异议。圳业公司关于国利公司未向其提交完整的决算资料，导致决算工作无法正常进行，责任完全在国利公司的抗辩理由不能成立。双方当事人所签订的建设工程施工合同虽然约定工程项目采用可调价格，合同价款调整方法、范围为：按施工图、变更通知书、签证单进行调整，调整范围不得超过圳业公司与进贤县人民政府决算价格，最终价格以进贤县人民政府审定认可的造价为基础，但圳业公司与进贤县人民政府至今未就承建的工程造价进行决算，进贤县人民政府最终审定认可的造价无法确定。在对本案所涉工程款可调部分价格进行司法鉴定时，圳业公司未在法院对外委托鉴定部门通知要求的时间内按规定交纳鉴定费用，应视为圳业公司行使诉讼权利中对鉴定请求的放弃。国利公司在诉讼请求中，要求判令圳业公司清偿所欠工程款1210万元。诉讼中，国利公司递交书面材料，说明在起诉时未将双方当事人签订的补充协议中8%（计197.92万元）让利从工程款中减去，圳业公司实际尚欠国利公司工程款1012.08万元。此为国利公司在法律规定范围内对自己民事权利的处分，一审法院予以准许。上述款项减去通过先予执行圳业公司向国利公司支付的200万元，圳业公司向国利公司支付的工程款应为812.08万元。国利公司要求圳业公司支付所欠工程款利息90万元，因未能提供计算依据，所欠工程款利息数额只能按一般利息计算规则予以确定。且依据合同约定，国利公司诉请所欠工程款中还含有3%的工程质量保修金。合同约定土建工程质量保修期为一年，现保质期已过，但依据合同约定，保修金在返还时不计算利息。故国利公司关于要求圳业公司支付利息的诉请，一审法院部分不予支持。

二审诉辩情况

圳业公司不服一审判决提出上诉。

二审裁判结果

最高人民法院判决：变更江西省高级人民法院〔2005〕赣民一初字第5号民事判决为：江西圳业房地产开发有限公司于本判决生效之日起15日内给付江西省国利建筑工程有限公司工程款6394467.67元及利息30万元。

二审裁判理由

最高人民法院二审查明：本案中的"资料楼"即是《建设工程施工合同》约定的档案馆；圳业公司不是《会议纪要》的参与方；国利公司编制的工程结算书因计算错误，多算工程款1879343.98元。二审期间，国利公司出具《确认函》，明确表示放弃工程款的利息60万元；放弃因编制工程结算书中计算错误而多算的工程款1879343.98元，两项合计2479343.98元。二审查明的其他事实与一审法院查明的事实相同。

最高人民法院认为：圳业公司与国利公司签订的3份《建设工程施工合同》及其《补充协议书》，是双方当事人的真实意思表示，其内容不违反法律法规的规定，应认定合法有效。上述合同对双方当事人均具有约束力。当事人二审期间争议的主要问题是：

1. 关于支付工程款的条件是否已经成就的问题。国利公司已经履行了合同义务，且涉案工程已通过验收并交付使用，圳业公司对工程质量不持异议。

此后，国利公司依约将竣工结算文件提交给圳业公司。圳业公司在收到竣工资料后的28日内，既不表示认可也未提出修改意见，违反了双方当事人选择适用的建设部制定的《建设工程施工合同》格式文本中第33条第3款的规定，从第29天起，支付工程款的条件成就。圳业公司的违约行为不能阻却支付工程款条件的成就。

关于《会议纪要》对工程款支付时间的影响。圳业公司以该《会议纪要》及国利公司向其递交的《工程款正常支付申报表》和其分4次通过工商银行向国利公司支付工程款的9张凭证作为证据，主张该《会议纪要》对双方当事人具有约束力。根据该《会议纪要》，国利公司已经领取了部分工程款，在有关工程总结算完成前，不得再索要工程款。国利公司则认为，圳业公司提出的《工程款正常支付申请表》及付款凭证举证不属于新证据，对这些在举证期限届满后提交的证据不予认可。国利公司还主张，《会议纪要》上虽有其项目经理熊小平的签字，但其并不负责国利公司财务和工程结算。未经公司授权，熊小平在该纪要上签字无效。上诉人支付全部工程款的条件已经成就。本院认为，该《会议纪要》列明的与会方并不包括圳业公司，作为与会的工程款付款义务人在该纪要上盖章的是圳昌公司。该纪要与圳业公司没有直接关系，即使圳业公司举出的相关付款凭证证明国利公司已经领取了部分工程款，也并不能证明其通过该《会议纪要》承诺不向圳业公司索要工程款。由于圳昌公司、圳业公司均为独立的法人，是不同的民事主体，圳业公司关于"圳昌公司就是圳业公司"的主张不能成立，其关于《会议纪要》形成后至进贤县人民政府有关工程总结算完成前，国利公司不得要求圳业公司支付工程款的主张亦不能成立。因此，对于圳业公司关于支付工程款条件未成就的主张，本院不予支持。

2.关于工程款的计算问题。鉴于本案合同约定工程采用可调价格，双方当事人在价格调整问题上存在争议。圳业公司认为，一审判决将国利公司提交的6份工程变更单全部予以确认是错误的，其中两份没有建设单位代表签字，一份没有设计单位代表签字。这3份工程变更单是无效的。国利公司则坚持认为6份变更单有效。经审查，这6份工程变更单中虽有两份没有建设单位代表签字，但均系圳业公司提出变更，并由其和国利公司、监理单位的代表签字后经双方当事人盖章确认。由于涉案合同是在双方当事人之间履行的，作为发包方的圳业公司有义务将工程变更单提交建设单位、设计单位代表签字，即使工程变更单存在未提交有关代表签字的瑕疵，也不能成为其否认工程变更单效力的理由。因此，一审法院认定6份工程变更单有效并无不当。对圳业公司关于部分工程变更单未经建设单位等签字确认，应认定无效的主张，本院不予支持。

圳业公司虽主张已付清全部工程款，但不能提出有效证据加以证明。因此，一审法院只能以国利公司提供的证据作为计算工程款的依据。尽管圳业公司提出了通过鉴定确定工程款数额的请求，且这一请求因其未按期交纳鉴定费而未能得到支持，但在确定工程款数额问题上，圳业公司仍享有抗辩权。对于其抗辩，本院仍应进行审查。圳业公司提出因国利公司计算工程款有误，致使一审判决认定的工程款数额多了1879343.98元。本院二审期间，国利公司对误算工程款一事予以确认并明确表示放弃向圳业公司主张1879343.98元工程款的诉讼请求，本院对此依法予以确认。圳业公司关于一审判决多算上述工程款的抗辩有理，本院予以支持。

3. 关于一审判决适用最高人民法院《关于审理建设工程施工合同纠纷案件适用法律问题的解释》第20条之规定是否正确的问题。适用本条司法解释的前提条件是，当事人之间约定了发包人收到竣工结算文件后，在约定的期限内不予答复，则视为认可竣工结算文件。本案当事人只是选择适用了建设部制定的建设工程施工合同格式文本，并没有对发生上述情况下是否以承包人报送的竣工结算文件作为工程款结算依据一事作出特别约定。因此，不能以《建设工程施工合同》格式文本中的通用条款第33条第3款之规定为据，简单地推定出发包人认可以承包人报送的竣工结算文件为确定工程款数额的依据。圳业公司关于本案不应适用最高人民法院《关于审理建设工程施工合同纠纷案件适用法律问题的解释》第20条的上诉理由成立，本院予以支持。

本案不适用最高人民法院《关于审理建设工程施工合同纠纷案件适用法律问题的解释》第20条之规定，以承包人单方提交的竣工结算文件作为确认工程款数额的依据，并不意味着《建设工程施工合同》格式文本中通用条款第33条第3款的内容，对双方当事人没有约束力，违反这一规定，仍应承担违约责任。之所以维持一审判决以国利公司向圳业公司报送的竣工结算文件作为确认工程款数额基础的结论，是因为在一审诉讼中，国利公司将该竣工结算文件作为确定工程款数额的证据提交后，圳业公司没有在一审法院指定的举证期限内提出相反的证据，亦未在这一期限内申请鉴定。在一审法院同意就与工程款有关的问题进行鉴定后，圳业公司以不同意一审法院确定的鉴定范围为由，未在一审法院负责对外委托鉴定工作的部门指定的期限内交纳鉴定费，致使鉴定工作未能进行，应承担举证不能的后果。在此情况下，人民法院只能以一方当事人提供的证据作为确认工程款的依据。

4. 关于一审程序是否违法的问题。一审法院根据国利公司提出的财产保全申请和江西联友房地产开发有限公司出具的担保，依法裁定冻结、查封、扣押圳业公司的财产。之后，该院又根据国利公司提交的《先予执行申请书》和江西联友房地产开发有限公司另行出具的担保，依法裁定从冻结款中向国利公司支付 200 万元，用以支付为国利公司所拖欠的民工工资等，圳业公司声称国利公司没有提供担保与事实不符，一审法院的先予执行措施符合法定条件。本案一审中工程造价的鉴定未能进行，是由于圳业公司放弃鉴定权利的行为造成的。国利公司未将涉案工程的建设单位进贤县人民政府、开发商圳昌公司列为第三人，后两者也未申请参加诉讼，且二者均非涉案合同义务的承担者，故一审法院未将后两者追加为第三人并无不当。圳业公司关于一审程序违法的上诉理由不能成立，本院不予采信。

5. 关于工程款利息的计算问题。圳业公司上诉请求驳回国利公司的全部诉讼请求，应当包括驳回国利公司关于工程款利息的诉讼请求。本院二审期间，国利公司以《确认函》的方式表示放弃 60 万元工程款利息。国利公司的上述意思表示真实，不违反法律规定，本院对此予以认可。根据双方当事人所签合同约定，工程款的利息应当从国利公司向圳业公司提交竣工结算报告第 29 天起算。由于国利公司起诉时主张的利息总额为 90 万元，扣除其自愿放弃的 60 万元，国利公司主张的工程款利息应当以 30 万元为限。因以中国人民银行同期同类贷款利率计息，所得利息总数已经超过 30 万元，故国利公司所得工程款利息应为 30 万元。

综上，一审判决在计算工程款数额和确认利息起算日期上有误，适用法律不当，依法应予纠正。

72. 建设工程价款优先受偿权应在何时行使？

为解决拖欠工程款和农民工工资等社会问题，最高人民法院《关于建设工程价款优先受偿权问题的批复》赋予建筑工程承包人享有建设工程价款优先受偿权，优于抵押权和其他债权。建筑工程价款包括承包人为建设工程应当支付的工作人员报酬、材料款等实际支出的费用，不包括承包人因发包人违约所造成的损失。承包人行使优先权方式有两种：一种是与发包人协议将工程折价，另一种是向人民法院提起诉讼的方式。为平衡相关利害关系人的利益，该司法解释规定，建设工程承包人行使优先权的期限为 6 个月，自建设工程竣工之日或者建设工程合同约定的竣工之日起计算。建设工程价款优先权的行使期间是不变期间，承包

> 人必须在工程竣工或合同约定的竣工之日起 6 个月内行使权利，逾期即丧失优先权，但工程价款债权并不消灭。基于平衡承包人和其他市场交易主体利益的考虑，建设工程价款优先权的行使期间不适用中断、延长的规定，否则，因中断、延长事由不具有公示性，会破坏承包人和建设工程发包人的其他债权人的利益平衡。

典型疑难案件参考

重庆市北兴工程建设开发有限责任公司诉重庆龙诚房地产开发有限公司建设工程施工合同纠纷案

基本案情

2001 年 2 月 28 日，北兴公司与龙诚公司签订了《建设工程施工合同》，约定北兴公司承建龙诚巴黎世家 A 栋 C 型、B 栋工程项目（现名瑞迪荣都）。合同签订后，北兴公司按龙诚公司的开工指令进场施工。该工程完工后，其工程价款经重庆市竣通工程造价咨询有限公司审核为 18384224.09 元。瑞迪荣都裙楼商业用房于 2005 年 12 月 28 日竣工，龙诚公司在 2006 年 1 月 16 日就裙楼、非住宅部分申请新建登记。2007 年 6 月 30 日，龙诚公司向北兴公司出具"瑞迪荣都"工程欠款及承诺书，承诺前述工程款总额为 18384224.09 元，截至 2007 年 6 月 30 日，龙诚公司已付款金额为 9283059.29 元，尚欠工程款金额为 9101164.80 元，于 2008 年 3 月底前付清。北兴公司于 2006 年 1 月 17 日向龙诚公司发出催告函件，内容为：（1）龙诚公司应根据工程欠款情况，及时作出付款计划及方案；（2）若两个月内未付款，则从 2006 年 2 月起按月息千分之一收取滞纳金；（3）若龙诚公司未在 2006 年 2 月前付款或制订有可操作性的付款计划，北兴公司将依据法律规定行使工程款优先权，以其承建的该项目进行拍卖或协商折价的方式抵偿工程款。龙诚公司曾为重庆金弓鞋业有限公司向重庆市渝北区农村信用合作联社王家信用社贷款作了抵押担保，抵押物为重庆市江北区建新东路 243 号名义层负一层、物理层第四层建筑面积为 1348.94 平方米的 2 号商场和名义层负三层、物理层第二层建筑面积为 3398.60 平方米的车库（1—58、62—80、90—101），并办理了抵押登记，王家信用社曾就借款合同纠纷及抵押物优先受偿权诉至重庆市第一中级人民法院，该院于 2008 年 3 月 28 日以〔2007〕渝一中法民初字第 306 号民事判决，对王家信用社就抵押担保物的优先受偿权予以了确认,该判决已发生法律效力。

本案一审诉讼中,北兴公司表示其建设工程价款优先权针对的是王家信用社抵押权部分的房屋。

一审诉辩情况

北兴公司以龙诚公司未按承诺书支付工程款为请求判令:(1)龙诚公司支付工程款9101164.80元;(2)北兴公司对其承建的瑞迪荣都工程享有建设工程价款优先权。

一审裁判结果

重庆市第一中级人民法院判决:

一、由龙诚公司于判决生效之日起10日内向北兴公司支付工程款9101164.80元。

二、北兴公司对其承建的巴黎世家(现瑞迪荣都)工程(王家信用社享有抵押权的房屋部分)享有建设工程价款优先权。

一审裁判理由

重庆市第一中级人民法院认为,北兴公司作为具有相应资质的建筑施工企业,其与龙诚公司签订的《建设工程施工合同》系双方的真实意思表示,且符合法律有关规定,属有效协议,对双方当事人具有法律约束力。龙诚公司向北兴公司承诺下欠工程款9101164.80元,于2008年3月底前付清,但至今未付清工程款,其应当承担给付工程欠款的民事责任,故对北兴公司要求龙诚公司支付下欠工程款9101164.80元的诉讼请求予以支持。其次,根据《合同法》第286条的规定,承包人行使优先权有两种方式:一种是与发包人协议将工程折价,另一种是向人民法院提起诉讼。最高人民法院《关于建设工程价款优先受偿权问题的批复》第4条规定:"建设工程承包人行使优先权的期限为六个月,自建设工程竣工之日或者建设工程合同约定的竣工之日起计算。"本案中,工程竣工最后期限为2005年12月28日,北兴公司在2006年1月17日向龙诚公司发出《关于要求清算拖欠工程款及主张建设工程款优先受偿权的催告函》,认为其有权以承建的工程拍卖或折价的价款优先受偿,并请求龙诚公司将巴黎世家(现瑞迪荣都)工程拍卖或折价后优先偿付工程款900余万元,龙诚公司也认可该事实。由此可见,北兴公司在法律规定的期限内行使了建设工程价款优先权,故北兴公司要求对其承建的瑞迪荣都工程享有建设工程价款优先权的诉讼请求亦予以支持。

二审诉辩情况

渝北支行不服提起上诉。

二审裁判结果

重庆市高级人民法院判决：

一、维持重庆市第一中级人民法院〔2008〕渝一中法民初字第122号民事判决第一项；

二、撤销重庆市第一中级人民法院〔2008〕渝一中法民初字第122号民事判决第二项。

二审裁判理由

重庆市高级人民法院认为，北兴公司不能享有建设工程价款优先权。首先，关于渝北支行是否是本案利害关系人的问题。根据重庆市江北区人民法院的生效裁判文书，该院是先将"瑞迪荣都"大厦名义层负二层的部分商场作价给了渝北支行，渝北支行才申请解除了"瑞迪荣都"大厦名义层负一层、负三层的抵押。因此，重庆市高级人民法院认为，渝北支行的债权之所以能在执行中得以实现，正是因为其享有"瑞迪荣都"大厦名义层负一层、负三层的抵押权。虽然在执行中渝北支行得到的是负二层的部分商场，但系重庆市江北区人民法院对"瑞迪荣都"大厦所涉债务统一执行的结果，因此，渝北支行实现的是负一层、负三层的抵押权。现北兴公司请求对渝北支行享有抵押权部分的房屋即"瑞迪荣都"大厦名义层负一层、负三层享有建设工程价款优先权，故渝北支行可以作为本案的利害关系人。

其次，根据我国《合同法》第286条的规定，承包人行使优先权有两种方式：一种是与发包人协议将工程折价，另一种是向人民法院提起诉讼的方式。承包人行使优先受偿权的除斥期间为6个月，本案所涉工程的竣工日期为2005年12月28日，按照上述司法解释的规定，北兴公司应在2006年5月28日之前与龙诚公司协议将工程折价或向人民法院提起诉讼，才能表示其在法律规定的期限内行使了建设工程价款优先权。本案中，北兴公司举证证明其在2006年1月17日向龙诚公司发出《关于要求清算拖欠工程款及主张建设工程款优先受偿权的催告函》，虽然龙诚公司认可北兴公司曾发出该催告函，但因利害关系人渝北支行提出异议，并请求鉴定，故北兴公司有义务提交原件。因北兴公司无法提交催告函原件，重庆市高级人民法院认为，北兴公司未尽足够的举证义务，其举示的《关于要求清算拖欠工程款及主张建设工程款优先受偿权的催告函》系复印件，不能证明其在法律规定的期限内行使了建设工程价款优先权。故渝北支行请求撤销北兴公司对其承建的瑞迪荣都工程享有建设工程价款优先权的上诉请求应予支持。

建设工程合同纠纷办案依据集成

1. 中华人民共和国合同法（1999年3月15日主席令第15号公布）（节录）

第十六章 建设工程合同

第二百六十九条 建设工程合同是承包人进行工程建设，发包人支付价款的合同。

建设工程合同包括工程勘察、设计、施工合同。

第二百七十条 建设工程合同应当采用书面形式。

第二百七十一条 建设工程的招标投标活动，应当依照有关法律的规定公开、公平、公正进行。

第二百七十二条 发包人可以与总承包人订立建设工程合同，也可以分别与勘察人、设计人、施工人订立勘察、设计、施工承包合同。发包人不得将应当由一个承包人完成的建设工程肢解成若干部分发包给几个承包人。

总承包人或者勘察、设计、施工承包人经发包人同意，可以将自己承包的部分工作交由第三人完成。第三人就其完成的工作成果与总承包人或者勘察、设计、施工承包人向发包人承担连带责任。承包人不得将其承包的全部建设工程转包给第三人或者将其承包的全部建设工程肢解以后以分包的名义分别转包给第三人。

禁止承包人将工程分包给不具备相应资质条件的单位。禁止分包单位将其承包的工程再分包。建设工程主体结构的施工必须由承包人自行完成。

第二百七十三条 国家重大建设工程合同，应当按照国家规定的程序和国家批准的投资计划、可行性研究报告等文件订立。

第二百七十四条 勘察、设计合同的内容包括提交有关基础资料和文件（包括概预算）的期限、质量要求、费用以及其他协作条件等条款。

第二百七十五条 施工合同的内容包括工程范围、建设工期、中间交工工程的开工和竣工时间、工程质量、工程造价、技术资料交付时间、材料和设备供应责任、拨款和结算、竣工验收、质量保修范围和质量保证期、双方相互协作等条款。

第二百七十六条 建设工程实行监理的，发包人应当与监理人采用书面形式订立委托监理合同。发包人与监理人的权利和义务以及法律责任，应当依照本法委托合同以及其他有关法律、行政法规的规定。

第二百七十七条 发包人在不妨碍承包人正常作业的情况下，可以随时对作业进度、质量进行检查。

第二百七十八条 隐蔽工程在隐蔽以前，承包人应当通知发包人检查。发包人没有及时检查的，承包人可以顺延工程日期，并有权要求赔偿停工、窝工等损失。

第二百七十九条 建设工程竣工后，发包人应当根据施工图纸及说明书、国家颁发的施工验收规范和质量检验标准及时进行验收。验收合格的，发包人应当按照约定支付价款，并接收该建设工程。

建设工程竣工经验收合格后，方可交付使用；未经验收或者验收不合格的，不得交付使用。

第二百八十条　勘察、设计的质量不符合要求或者未按照期限提交勘察、设计文件拖延工期，造成发包人损失的，勘察人、设计人应当继续完善勘察、设计，减收或者免收勘察、设计费并赔偿损失。

第二百八十一条　因施工人的原因致使建设工程质量不符合约定的，发包人有权要求施工人在合理期限内无偿修理或者返工、改建。经过修理或者返工、改建后，造成逾期交付的，施工人应当承担违约责任。

第二百八十二条　因承包人的原因致使建设工程在合理使用期限内造成人身和财产损害的，承包人应当承担损害赔偿责任。

第二百八十三条　发包人未按照约定的时间和要求提供原材料、设备、场地、资金、技术资料的，承包人可以顺延工程日期，并有权要求赔偿停工、窝工等损失。

第二百八十四条　因发包人的原因致使工程中途停建、缓建的，发包人应当采取措施弥补或者减少损失，赔偿承包人因此造成的停工、窝工、倒运、机械设备调迁、材料和构件积压等损失和实际费用。

第二百八十五条　因发包人变更计划，提供的资料不准确，或者未按照期限提供必需的勘察、设计工作条件而造成勘察、设计的返工、停工或者修改设计，发包人应当按照勘察人、设计人实际消耗的工作量增付费用。

第二百八十六条　发包人未按照约定支付价款的，承包人可以催告发包人在合理期限内支付价款。发包人逾期不支付的，除按照建设工程的性质不宜折价、拍卖的以外，承包人可以与发包人协议将该工程折价，也可以申请人民法院将该工程依法拍卖。

建设工程的价款就该工程折价或者拍卖的价款优先受偿。

第二百八十七条　本章没有规定的，适用承揽合同的有关规定。

2. 中华人民共和国铁路法（2009年8月27日修正）（节录）

第三十三条　铁路发展规划应当依据国民经济和社会发展以及国防建设的需要制定，并与其他方式的交通运输发展规划相协调。

第三十四条　地方铁路、专用铁路、铁路专用线的建设计划必须符合全国铁路发展规划，并征得国务院铁路主管部门或者国务院铁路主管部门授权的机构的同意。

第三十五条　在城市规划区范围内，铁路的线路、车站、枢纽以及其他有关设施的规划，应当纳入所在城市的总体规划。

铁路建设用地规划，应当纳入土地利用总体规划。为远期扩建、新建铁路需要的土地，由县级以上人民政府在土地利用总体规划中安排。

第三十六条　铁路建设用地，依照有关法律、行政法规的规定办理。

有关地方人民政府应当支持铁路建设，协助铁路运输企业做好铁路建设征用土地工作和拆迁安置工作。

第三十七条　已经取得使用权的铁路建设用地，应当依照批准的用途使用，不得擅自改作他用；其他单位或者个人不得侵占。

侵占铁路建设用地的，由县级以上地方人民政府土地管理部门责令停止侵占、赔偿损失。

第三十八条 铁路的标准轨距为1435毫米。新建国家铁路必须采用标准轨距。

窄轨铁路的轨距为762毫米或者1000毫米。

新建和改建铁路的其他技术要求应当符合国家标准或者行业标准。

第三十九条 铁路建成后，必须依照国家基本建设程序的规定，经验收合格，方能交付正式运行。

第四十条 铁路与道路交叉处，应当优先考虑设置立体交叉；未设立体交叉的，可以根据国家有关规定设置平交道口或者人行过道。在城市规划区内设置平交道口或者人行过道，由铁路运输企业或者建有专用铁路、铁路专用线的企业或者其他单位和城市规划主管部门共同决定。

拆除已经设置的平交道口或者人行过道，由铁路运输企业或者建有专用铁路、铁路专用线的企业或者其他单位和当地人民政府商定。

第四十一条 修建跨越河流的铁路桥梁，应当符合国家规定的防洪、通航和水流的要求。

3. 中华人民共和国建筑法（2011年4月22日修正）（节录）

第十五条 建筑工程的发包单位与承包单位应当依法订立书面合同，明确双方的权利和义务。

发包单位和承包单位应当全面履行合同约定的义务。不按照合同约定履行义务的，依法承担违约责任。

第十八条 建筑工程造价应当按照国家有关规定，由发包单位与承包单位在合同中约定。公开招标发包的，其造价的约定，须遵守招标投标法律的规定。

发包单位应当按照合同的约定，及时拨付工程款项。

第三十一条 实行监理的建筑工程，由建设单位委托具有相应资质条件的工程监理单位监理。建设单位与其委托的工程监理单位应当订立书面委托监理合同。

第三十二条 建筑工程监理应当依照法律、行政法规及有关的技术标准、设计文件和建筑工程承包合同，对承包单位在施工质量、建设工期和建设资金使用等方面，代表建设单位实施监督。

工程监理人员认为工程施工不符合工程设计要求、施工技术标准和合同约定的，有权要求建筑施工企业改正。

工程监理人员发现工程设计不符合建筑工程质量标准或者合同约定的质量要求的，应当报告建设单位要求设计单位改正。

4. 最高人民法院关于建设工程价款优先受偿权问题的批复（2002年6月20日 法释〔2002〕16号）

上海市高级人民法院：

你院沪高法〔2001〕14号《关于合同法第286条理解与适用问题的请示》收悉。经研究，答复如下：

一、人民法院在审理房地产纠纷案件和办理执行案件中，应当依照《中华人民共和国合同法》第二百八十六条的规定，认定建筑工程的承包人的优先受偿权优于抵押权和其他债权。

二、消费者交付购买商品房的全部或者大部分款项后，承包人就该商品房享有的工程价款优先受偿权不得对抗买受人。

三、建筑工程价款包括承包人为建设工程应当支付的工作人员报酬、材料款等实际支出的费用，不包括承包人因发包人违约所造成的损失。

四、建设工程承包人行使优先权的期限为六个月，自建设工程竣工之日或者建设工程合同约定的竣工之日起计算。

五、本批复第一条至第三条自公布之日起施行，第四条自公布之日起六个月后施行。

此复。

5. 最高人民法院关于审理建设工程施工合同纠纷案件适用法律问题的解释（2004年10月25日　法释〔2004〕14号）

根据《中华人民共和国民法通则》、《中华人民共和国合同法》、《中华人民共和国招标投标法》、《中华人民共和国民事诉讼法》等法律规定，结合民事审判实际，就审理建设工程施工合同纠纷案件适用法律的问题，制定本解释。

第一条　建设工程施工合同具有下列情形之一的，应当根据合同法第五十二条第（五）项的规定，认定无效：

（一）承包人未取得建筑施工企业资质或者超越资质等级的；

（二）没有资质的实际施工人借用有资质的建筑施工企业名义的；

（三）建设工程必须进行招标而未招标或者中标无效的。

第二条　建设工程施工合同无效，但建设工程经竣工验收合格，承包人请求参照合同约定支付工程价款的，应予支持。

第三条　建设工程施工合同无效，且建设工程经竣工验收不合格的，按照以下情形分别处理：

（一）修复后的建设工程经竣工验收合格，发包人请求承包人承担修复费用的，应予支持；

（二）修复后的建设工程经竣工验收不合格，承包人请求支付工程价款的，不予支持。

因建设工程不合格造成的损失，发包人有过错的，也应承担相应的民事责任。

第四条　承包人非法转包、违法分包建设工程或者没有资质的实际施工人借用有资质的建筑施工企业名义与他人签订建设工程施工合同的行为无效。人民法院可以根据民法通则第一百三十四条规定，收缴当事人已经取得的非法所得。

第五条　承包人超越资质等级许可的业务范围签订建设工程施工合同，在建设工程竣工前取得相应资质等级，当事人请求按照无效合同处理的，不予支持。

第六条　当事人对垫资和垫资利息有约定，承包人请求按照约定返还垫资及其利息的，应予支持，但是约定的利息计算标准高于中国人民银行发布的同期同类贷款利率的部分除外。

当事人对垫资没有约定的，按照工程欠款处理。

当事人对垫资利息没有约定，承包人请求支付利息的，不予支持。

第七条 具有劳务作业法定资质的承包人与总承包人、分包人签订的劳务分包合同，当事人以转包建设工程违反法律规定为由请求确认无效的，不予支持。

第八条 承包人具有下列情形之一，发包人请求解除建设工程施工合同的，应予支持：

（一）明确表示或者以行为表明不履行合同主要义务的；

（二）合同约定的期限内没有完工，且在发包人催告的合理期限内仍未完工的；

（三）已经完成的建设工程质量不合格，并拒绝修复的；

（四）将承包的建设工程非法转包、违法分包的。

第九条 发包人具有下列情形之一，致使承包人无法施工，且在催告的合理期限内仍未履行相应义务，承包人请求解除建设工程施工合同的，应予支持：

（一）未按约定支付工程价款的；

（二）提供的主要建筑材料、建筑构配件和设备不符合强制性标准的；

（三）不履行合同约定的协助义务的。

第十条 建设工程施工合同解除后，已经完成的建设工程质量合格的，发包人应当按照约定支付相应的工程价款；已经完成的建设工程质量不合格的，参照本解释第三条规定处理。

因一方违约导致合同解除的，违约方应当赔偿因此而给对方造成的损失。

第十一条 因承包人的过错造成建设工程质量不符合约定，承包人拒绝修理、返工或者改建，发包人请求减少支付工程价款的，应予支持。

第十二条 发包人具有下列情形之一，造成建设工程质量缺陷，应当承担过错责任：

（一）提供的设计有缺陷；

（二）提供或者指定购买的建筑材料、建筑构配件、设备不符合强制性标准；

（三）直接指定分包人分包专业工程。

承包人有过错的，也应当承担相应的过错责任。

第十三条 建设工程未经竣工验收，发包人擅自使用后，又以使用部分质量不符合约定为由主张权利的，不予支持；但是承包人应当在建设工程的合理使用寿命内对地基基础工程和主体结构质量承担民事责任。

第十四条 当事人对建设工程实际竣工日期有争议的，按照以下情形分别处理：

（一）建设工程经竣工验收合格的，以竣工验收合格之日为竣工日期；

（二）承包人已经提交竣工验收报告，发包人拖延验收的，以承包人提交验收报告之日为竣工日期；

（三）建设工程未经竣工验收，发包人擅自使用的，以转移占有建设工程之日为竣工日期。

第十五条 建设工程竣工前，当事人对工程质量发生争议，工程质量经鉴定合格的，鉴定期间为顺延工期期间。

第十六条 当事人对建设工程的计价标准或者计价方法有约定的，按照约定结算工程价款。

因设计变更导致建设工程的工程量或者质量标准发生变化，当事人对该部分工程价款不能协商一致的，可以参照签订建设工程施工合同时当地建设行政主管部门发布的计价方法或者计价标准结算工程价款。

建设工程施工合同有效，但建设工程经竣工验收不合格的，工程价款结算参照本解释第三条规定处理。

第十七条 当事人对欠付工程价款利息计付标准有约定的，按照约定处理；没有约定的，按照中国人民银行发布的同期同类贷款利率计息。

第十八条 利息从应付工程价款之日计付。当事人对付款时间没有约定或者约定不明的，下列时间视为应付款时间：

（一）建设工程已实际交付的，为交付之日；

（二）建设工程没有交付的，为提交竣工结算文件之日；

（三）建设工程未交付，工程价款也未结算的，为当事人起诉之日。

第十九条 当事人对工程量有争议的，按照施工过程中形成的签证等书面文件确认。承包人能够证明发包人同意其施工，但未能提供签证文件证明工程量发生的，可以按照当事人提供的其他证据确认实际发生的工程量。

第二十条 当事人约定，发包人收到竣工结算文件后，在约定期限内不予答复，视为认可竣工结算文件的，按照约定处理。承包人请求按照竣工结算文件结算工程价款的，应予支持。

第二十一条 当事人就同一建设工程另行订立的建设工程施工合同与经过备案的中标合同实质性内容不一致的，应当以备案的中标合同作为结算工程价款的根据。

第二十二条 当事人约定按照固定价结算工程价款，一方当事人请求对建设工程造价进行鉴定的，不予支持。

第二十三条 当事人对部分案件事实有争议的，仅对有争议的事实进行鉴定，但争议事实范围不能确定，或者双方当事人请求对全部事实鉴定的除外。

第二十四条 建设工程施工合同纠纷以施工行为地为合同履行地。

第二十五条 因建设工程质量发生争议的，发包人可以以总承包人、分包人和实际施工人为共同被告提起诉讼。

第二十六条 实际施工人以转包人、违法分包人为被告起诉的，人民法院应当依法受理。

实际施工人以发包人为被告主张权利的，人民法院可以追加转包人或者违法分包人为本案当事人。发包人只在欠付工程价款范围内对实际施工人承担责任。

第二十七条 因保修人未及时履行保修义务，导致建筑物毁损或者造成人身、财产损害的，保修人应当承担赔偿责任。

保修人与建筑物所有人或者发包人对建筑物毁损有过错的，各自承担相应的责任。

第二十八条 本解释自二〇〇五年一月一日起施行。

施行后受理的第一审案件适用本解释。

施行前最高人民法院发布的司法解释与本解释相抵触的，以本解释为准。

二十六、运输合同纠纷

73. 旅客遭受人身损害，违约之诉与侵权之诉有何不同？

承运人与旅客之间存在客运合同关系，承运人负有将旅客安全运至目的地的合同义务。发生道路交通事故的，受害人可以提起侵权之诉，也可以提起违约之诉。例如，承运车辆因与其他车辆发生碰撞而致旅客人身伤害，受害人可基于客运合同关系单独起诉承运人，也可基于侵权关系起诉承运人与其他车辆营运人共同承担赔偿责任。此为违约责任与侵权责任的竞合，受害人只能选择其一，不能同时主张两种责任。受害人选择提起违约之诉或侵权之诉，应把握二者的主要区别：（1）归责原则不同。侵权责任一般采取过错责任原则，在法律有特殊规定的情况下，采取无过错责任原则；违约责任一般采取无过错责任原则，在法律有明确规定的情况下，采取过错责任原则。（2）构成要件不同。侵权责任以存在损害后果为要件。违约行为不以损害为构成要素，如违约金责任、定金罚责等，只有赔偿损失以损害为要件。（3）举证责任不同。在侵权责任中，一般侵权行为的受害人，有义务就加害人是否有过错负举证责任。而在违约责任中，违约方只有证明具有法定或约定的免责事由时才能免责。（4）免责条件不同。在侵权责任中，免责条件只能是法定的。在违约责任中，除了法定的免责条件外，合同当事人还可以事先约定不承担民事责任的情况，但当事人不得预先约定免除故意或重大过失的责任。（5）责任形式不同。侵权责任的形式包括停止侵害、返还财产、恢复原状、赔礼道歉、消除影响、恢复名誉、赔偿损失等。侵权责任既包括财产责任，也包括非财产责任。违约责任的形式主要有强制实际履行、支付违约金、赔偿损失等。违约责任

> 主要是财产责任。(6) 损害赔偿的范围不同。违约责任的赔偿范围是对财产损失的赔偿，而且是可预见性的财产损失的赔偿，精神损害赔偿不在赔偿范围内。而侵权之诉的赔偿，不仅包括财产损失，还包括人身伤害中精神损害的赔偿。(7) 诉讼管辖不同。违约之诉由被告住所地或者合同履行地人民法院管辖，因铁路、公路、水上、航空运输和联合运输合同纠纷提起的诉讼，由运输始发地、目的地或者被告住所地人民法院管辖。因侵权行为提起的诉讼，由侵权行为地或者被告住所地人民法院管辖，侵权行为地包括侵权行为实施地和结果发生地。
>
> 受害者依照客运合同提起违约之诉的益处是：只须列承运人为被告，无须再列其他侵权人；可供选择的管辖法院比较多；举证上只须提供初步证据即可，实体上的证明责任由被告承担。但相比侵权之诉的不足是，精神损害赔偿的主张得不到法院支持。

典型疑难案件参考

刘洪喜等诉徐州市公共交通有限责任公司、刘修文、袁庆才客运合同赔偿纠纷案

基本案情

2005年9月8日下午，刘书光购票乘坐江苏省徐州市公共交通有限责任公司的109路亚星客车，该车沿310国道行驶时，与安徽省宿州市中联集团永安运输有限公司的半挂货车相撞，致刘书光、杜奎、王后玲等4人死亡，12人受伤。事故发生后，江苏省铜山县公安局认定宿州市永安公司的货车驾驶员王广州负事故的全部责任，徐州市公交公司的客车驾驶员冯先坤及乘客刘书光、杜奎、王后玲等人无责任。

刘书光购票乘坐的亚星客车登记车主为徐州市公交公司，该车实际车主为被告刘修文和袁庆才，铜山客运分公司是徐州市公交公司的分支机构。2005年1月，江苏省交通厅运输管理局曾下发《关于实施全省营运客车承运人责任保险制度的通知》，要求该省所有班线客运的营运车辆必须投保承运人责任险，并明确农村班线客车每座最低责任保险金额为20万元。2005年7月，徐州市公交公司铜山客运分公司与中国人民财产保险股份有限公司徐州市云龙支公司签订营运客车承运人责任险协议，约定每座责任限额10万元，其中死亡

残疾赔偿金7.5万元，医疗赔偿金2.5万元，保险期间为6个月，自2005年7月5日至2006年1月4日止。

诉辩情况

刘书光的父亲刘洪喜、母亲孙秀玲、妻子周生侠、女儿刘言和徐州市公交公司、宿州市永安公司等就赔偿事宜协商未果，遂作为刘书光的近亲属，将刘书光乘坐的客车的登记车主徐州市公交公司和实际车主刘修文、袁庆才诉至法院称：在交通事故中刘书光无责任，被告未按照合同约定安全将乘客运输至目的地，应承担赔偿责任。请求法院判令三被告赔偿死亡赔偿金、扶养费、精神损害抚慰金等损失合计228701元。

被告徐州市公交公司、刘修文、袁庆才辩称：对事故发生的经过及给原告造成的伤害后果没有异议，但我方对事故无责任。原告以我方违约为由提起合同之诉，根据法律规定，原告主张的精神损害抚慰金不应支持。对原告主张的其他费用同意按有关规定计算，超出部分不应赔偿。原告提供的购买手机收据不是正式发票，原告也不能证明手机是在事故发生时丢失的，因此不应赔偿。我方和原告对旅客伤亡如何赔偿没有约定，应当根据《道路运输条例》规定的赔偿责任限额，即在4万元的范围内进行赔偿，原告超过限额部分损失的诉讼请求应予驳回。

裁判结果

江苏省铜山县人民法院判决：

一、被告刘修文、袁庆才赔偿原告刘洪喜等4人因刘书光死亡造成的死亡赔偿金95080元，丧葬费9101元，被扶养人生活费54630元，合计158811元，于本判决生效后10日内付清。被告徐州市公共交通有限责任公司承担连带赔偿责任。

二、驳回原告的其他诉讼请求。

裁判理由

江苏省铜山县人民法院认为：根据《合同法》关于客运合同的相关规定，刘书光购票乘坐三被告的客车，即与三被告形成客运合同关系，三被告作为承运人，负有将旅客刘书光安全运输到约定地点的义务，在运输过程中造成刘书光伤亡，三被告应当承担无过错损害赔偿责任。其中被告刘修文、袁庆才是该客车的实际车主，是实际承运人，依法应当承担损害赔偿责任；被告徐州市公交公司是该客车的登记车主，是向乘客出具汽车票据人，并对车辆管理收益，依法应与被告刘修文、袁庆才承担连带赔偿责任。

关于原告损失的确定，《合同法》第113条规定，当事人一方不履行合同义务或者履行合同义务不符合约定，给对方造成损失的，损失赔偿额应当相当于因违约所造成的损失，现在被告辩称只能赔偿原告4万元损失显然不符合这一法律规定。计算原告的损失，应按照最高人民法院《关于审理人身损害赔偿案件适用法律若干问题的解释》中规定的赔偿范围和标准，并参照本地的实际生活水平计算。原告系依据客运合同纠纷起诉请求赔偿损失，其主张精神损害抚慰金没有法律依据，法院不予支持。原告主张的扶养费超出了有关法律规定标准，超出部分法院不予支持。原告主张的手机损失，因证据不足，法院亦不予支持。

综上，刘书光乘坐三被告的客运车辆，被告未将其安全运输到约定地点，对其造成的损失应承担损害赔偿责任，依照法律规定赔偿原告因此造成的全部损失。原告合法的诉讼请求法院予以支持。

宣判后，双方均未上诉，一审判决已生效。

74. 货运合同中的货物损失数额如何计算？

承运人对运输过程中货物的毁损、灭失承担损害赔偿责任。《合同法》第312条规定："货物的毁损、灭失的赔偿额，当事人有约定的，按照其约定；没有约定或者约定不明确，依照本法第六十一条的规定仍不能确定的，按照交付或者应当交付时货物到达地的市场价格计算。法律、行政法规对赔偿额的计算方法和赔偿限额另有规定的，依照其规定。"对货物损失额的认定，在双方约定的计算方式与鉴定机构评估的损失额有冲突时，原则上应采用双方约定的计算方式，但当事人未能对约定的计算方式进行举证时，法院采信鉴定机构的鉴定结论。承运人证明货物的毁损、灭失是因不可抗力、货物本身的自然性质或者合理损耗以及托运人、收货人的过错造成的，不承担损害赔偿责任。

典型疑难案件参考

陈伯明诉陈利等货物运输合同纠纷案

基本案情

2005年1月3日，原告陈伯明接受了浙江省温岭市月华冷冻厂一批价值

171711元的货物（海鲜）交给被告陈利运输至西安市，乘运途中由于被告陈利未能保证行车安全，致使车上货物部分受损。2005年1月6日，原告和被告陈利就货物损失赔偿达成协议，约定：2005年1月5日原告委托被告运往西安的货物总价值171711元。因被告车辆在运输途中突然起火，把车辆和货物烧毁，所有毁损的货物由被告陈利赔偿给原告；没有毁损的货物由原告运回温岭市松门加工，加工好的海鲜由加工厂证明总价值，除去包装加工费、运费，剩下的余款归被告；运回海鲜的运费14000元。2005年1月8日，洛阳市价格认证中心对所损货物进行鉴定，价值为30455元。

诉辩情况

原告陈伯明诉称：2005年1月3日，原告接了温岭市月华冷冻厂一批价值171711元的货物交给被告陈利运输到西安。承运途中由于被告陈利的原因，致货物失火造成大部分受损。2005年1月6日，原告和被告陈利就货物赔偿达成协议：所有损坏的货物由陈利赔偿；没有损坏的货物由原告拉回加工，由加工厂证明价值；运回货物的运输费14000元由陈利承担。后来原告拉回的货物价值为89082元，包装加工费为18031.40元，被告陈利给原告这批货物造成的损失为114660.40元（171711－89082＋18031.40＋14000）。请求判令被告赔偿原告损失100000元。

被告陈利辩称：被告陈利不是运输合同当事人，陈利作为被告主体不适格；原告的货物是车辆自燃造成的，属于不可抗力，应部分或全部免除责任；原告货物损失不应是11万多元，而是30455元，有洛阳市交通事故定损单可以证明；原告没有先履行义务，故无权要求被告履行义务。请求驳回原告诉讼请求。

裁判结果

安徽省五河县人民法院判决：
一、被告陈利应赔偿原告陈伯民44455元，于本判决生效后10日内付清。
二、被告五河县河口汽车修理厂对被告陈利上述应付款项承担连带责任。

裁判理由

安徽省五河县人民法院认为：原告陈伯明将货物交给被告陈利运输，原、被告双方已形成货物运输合同关系。由于被告陈利在承运途中未能保证行车安全，致使所运货物部分受损，原告陈伯明和被告陈利对货物损失赔偿已达成协议，虽然双方对货物损失的计算方式进行了约定；但加工厂出具的证明形式上不符合法定要求，证明的内容不严谨、不规范，本院不予采信，故货物损失额应以法定鉴定机构的鉴定结论30455元为准。运回货物的运费14000元应计算在损失中。因被告陈利是货车的实际车主,又是直接运输人,故对所运货物造成损失应承担损害赔偿责任,被告五河县河口汽车修理厂是该车登记的法定车主,故对该货物损失应承担连带责任。

宣判后,双方均未上诉,一审判决已生效。

75. 无单放货使托运人不能收回货款,应如何赔偿?

提单,是指用以证明海上货物运输合同和货物已经由承运人接收或者装船,以及承运人保证据以交付货物的单证。提单中载明的向记名人交付货物,或者按照指示人的指示交付货物,或者向提单持有人交付货物的条款,构成承运人据以交付货物的保证。提单只是海上货物运输合同存在的证明,而且不是唯一的证明。当提单主体与海上货物运输合同主体不一致时,在没有书面合同的情况下,法院可以根据履行义务的实际情况来确定海上货物运输合同中的托运人。因无单放货使托运人不能收回货款,承运人应向托运人承担赔偿责任。托运人在启运港持未经贸易流转的正本提单起诉承运人的,不存在海上货物运输合同关系中可以凭提单向承运人主张提货权利的第三人,不需要解决提单持有人有无提货权的问题。

典型疑难案件参考

浙江纺织公司诉台湾立荣公司海上货物运输合同无单放货纠纷案(《最高人民法院公报》2005年第12期)

基本案情

2000年7月31日、同年8月7日,原告浙江纺织公司与案外人K公司以传真方式分别签订了各20万套男、女生校服的售货确认书,嗣后作为该项贸易不可撤销可转让信用证的被转让受益人,收到了案外人HBZMNANCEMMITED出具的4份信用证项下文件。信用证项下文件规定,托运人为ALHOSANFORIMPORTANDEXPORT/AL FARISFORIMPORT,收货人为凭伊高教部指示,货物标签上需显示ALHOSAN或ALFARIS或FAST根据买方安排。

原告浙江纺织公司按照售货确认书的要求,通过签订购销合同和全额支付国内含税收购价款,从国内东阳市时装三厂有限公司等9家厂商处收购了涉案各类服装。在信用证规定的货物出运期限及信用证有效期已过的情况下,浙江纺织公司仍在启运港通过案外人华海国际货运有限公司、鸿海国际船务货运公司、上海外联发国际货运有限公司以及三星货代公司的层层代理下,分21批次向被告台湾立荣公司出运男生校服86900套、女生校服34500套。这些货物的外销价合计2602562美元,国内含税收购价合计21414348.25元。按信用证要求,浙江纺织公司对出运货物履行了出具声明、船龄证明、货物质检等手续并支付了海运费后,通过前述各货运代理环节取得台湾立荣公司的代理人——上海联合国际船舶代理有限公司签发的21套正本海运提单,这些提单上的收货人均为凭伊高教部指示。在庭审中,台湾立荣公司确认其已收取了相关海运费。

涉案货物出运后,原告浙江纺织公司将全套贸易单证通过交通银行杭州分行向HBZFINANCELIMITED托收,因无人赎单,全套贸易单证最终由该行退还浙江纺织公司,退单背面均没有伊高教部的指示背书。庭审中,被告台湾立荣公司确认其已将涉案货物运抵伊拉克并交付给该国政府指定的伊拉克国家水运公司,由后者向伊高教部交付所有货物,故涉案货物的正本海运提单均未收回。

▶一审诉辩情况

原告诉讼请求:判令被告赔偿原告的贷款损失2602562美元,退税损失3111486.35元(以下未特别注明的货币单位均为人民币),贴息损失78076.86元,利息损失2555234.67元,律师费用60万元,律师差旅费用2万元。

▶一审裁判结果

上海海事法院判决:

一、被告台湾立荣公司应在本判决生效之日起10日内,赔偿原告浙江纺织公司贷款损失2602562美元,及该款自2001年1月1日起至2002年9月30日止按中国人民银行现行企业活期存款利率计算产生的银行利息;

二、被告台湾立荣公司应在本判决生效之日起10日内,赔偿原告浙江纺织公司退税款损失3111486.35元,及该款自2001年7月1日起至2002年9月30日止按中国人民银行现行企业活期存款利率计算产生的银行利息;

三、对原告浙江纺织公司的其他诉讼请求不予支持。

▶一审裁判理由

上海海事法院认为:本案争议焦点是:提单上"托运人"一栏中未列名

的人能否以托运人主体资格提起本案诉讼？台湾立荣公司应否承担无单放货责任？无单放货引起的经济损失应当如何认定？

关于第一个问题。1978年3月在德国汉堡召开的联合国海上货物运输会议通过的《汉堡规则》，首次将海上货物运输中的托运人定义为：与承运人订立海上货物运输合同的人（简称缔约人）或是将货物实际交付承运人的人（简称交货人）。参照这一定义，《海商法》第42条第3项规定："'托运人'，是指：1. 本人或者委托他人以本人名义或者委托他人为本人与承运人订立海上货物运输合同的人；2. 本人或者委托他人以本人名义或者委托他人为本人将货物交给与海上货物运输合同有关的承运人的人。"根据语法文义理解，《汉堡规则》中以"或"字分离缔约人、交货人，因此《汉堡规则》所指的托运人只能是缔约人及货人中的一种人；而《海商法》则是以分号将缔约人、交货人并列，故缔约人、交货人均可以成为《海商法》所指的托运人。鉴于《海商法》没有强制规定交货人作为托运人时必须在提单中载明，因此交货人能否作为托运人，不以其名称是否出现在提单上为法定条件。《海商法》第72条规定："货物由承运人接收或者装船后，应托运人的要求，承运人应当签发提单。提单可以由承运人授权的人签发。提单由载货船舶的船长签发的，视为代表承运人签发。"根据业已查明的事实，原告浙江纺织公司从国内各生产厂商处完成收购后，依次通过各货运代理环节，向被告台湾立荣公司订舱，支付运费并交付出运；台湾立荣公司也依次通过各货运代理环节，接受了涉案货物，收取了运费，并按照浙江纺织公司的要求出具了海运提单。除了浙江纺织公司以外，目前没有证据证明他人向台湾立荣公司交付了涉案货物，并指示该公司如何履行本案海上货物运输合同。尽管根据贸易中的约定，浙江纺织公司未将其名称在提单上载明，但前述事实证明，该公司无疑是本案海上货物运输合同项下的缔约人和唯一交货人。通常情况下，货物所有权的转移，应以支付对价为条件。本案没有证据证明浙江纺织公司已向他人转移了涉案货物所有权，台湾立荣公司仅以浙江纺织公司不是提单中记载的托运人为由，主张该公司转移了对涉案货物的所有权，缺乏足够的事实根据和法律依据。涉案提单如果在贸易中合法流转，应有伊高教部的指示背书。而该部背书的前提，是其曾经合法持有过涉案提单。浙江纺织公司举证证明，涉案提单自托收后，因无人赎单而被银行退回。伊高教部根本未见到涉案提单，当然不会在其上面指示背书。鉴于涉案提单尚未进入贸易中合法流转，浙江纺织公司持有的是因贸易遇挫而被银行退回的提单，等同于以货主或者提单签发后第一持有人的身份持有涉案提单，其持单形式正当合法，有权据以向相对人主张提单项下相应的权利。事实上，涉案货物自出运至今两年多的时间里，除了浙江纺织公司外，没有他人持涉案正本海运提单向台湾立荣公司主张过提单项下相应权利。对浙江纺织公司是本案海上货物运输合同项下的缔约人和唯一交货人，台湾立荣公司已经以自身行为予以默认。否则，其无理由依照浙江纺织公司及其货运代理人的要求缮制涉案提单，更无理由通过各货运代理环节，将其出具的提单流转到浙江纺织公司手中，使该公司成为涉案提单签发后的第一合法持有人。据此，应当认定浙江纺织公司有资格以涉案货物托运人的身份提起本案诉讼。

关于第二个问题。《海商法》第71条规定："提单，是指用以证明海上货物运输合同和货物已经由承运人接收或者装船，以及承运人保证据以交付货物的单证。提单中载明的向记名人交付货物，或者按照指示人的指示交付货物，或者向提单持有人交付货物的条款，构成承运人据以交付货物的保证。"第79条规定："提单的转让，依照下列规定执行：（一）记名提单：不得转让；（二）指示提单：经过记名背书或者空白背书转让；（三）不记名提单：无需背书，即可转让。"《合同法》第107条规定："当事人一方不履行合同义务或者履行合同义务不符合约定的，应当承担继续履行、采取补救措施或者赔偿损失等违约责任。"提单是承运人出具的保证书，凭正本提单交付提单项下货物，是承运人保证履行的一项义务，这早已成为一个海运惯例。这个惯例约束承运人向提单持有人（正常贸易情况下是支付了贸易对价或起码是表面形式上承诺支付贸易对价的人）交付提单项下货物，对维护正常贸易秩序发挥重要作用，因此被立法者所吸收。毕竟，海上货物运输是为贸易服务的。尽管被告台湾立荣公司企图证明，其已按涉案提单的指示，将提单项下货物交付给了伊高教部，但该公司不得不承认，其在交付涉案货物时未收回正本海运提单。作为承运人，台湾立荣公司如此履行义务，不仅不符合海上货物运输合同中的约定，也违反了海运惯例和法律规定，应当承担违约责任，赔偿因无单放货而使浙江纺织公司遭受的实际损失。本案案由是海上货物运输合同无单放贷纠纷，除非台湾立荣公司能以充分证据证明，因浙江纺织公司在贸易中的过错导致其无单放货，责任应当免除，否则无论浙江纺织公司在贸易中有无过错及有多大过错，均不属本案审理范围。台湾立荣公司关于"原告未收到相关货款，是其在贸易合同中的轻率、疏忽行为所致。这是贸易合同项下原告与他人的争议，与被告无关，其诉讼请求应当驳回"的诉讼主张，不予采纳。

关于第三个问题。《海商法》第55条第1款规定："货物灭失的赔偿额，按照货物的实际价值计算；货物损坏的赔偿额，按照货物受损前后实际价值的差额或者货物的修复费用计算。"《合同法》第113条第1款规定："当事人一方不履行合同义务或者履行合同义务不符合约定，给对方造成损失的，损失赔偿额应当相当于因违约所造成的损失，包括合同履行后可以获得的利益，但不得超过违反合同一方订立合同时预见到或者应当预见到的因违反合同可能造成的损失。"被告台湾立荣公司在目的港违约，未收回正本提单即向他人交付提单项下货物，致使本案单、货分离。原告浙江纺织公司目前虽合法持有全套涉案货物正本提单，却已无法通过转让提单来向他人交付提单项下货物，并据以收回提单项下货款。台湾立荣公司应赔偿浙江纺织公司因此遭受的损失。现有证据证明浙江纺织公司遭受的损失包括：涉案货物外销价2602562美元，此款是浙江纺织公司在正常贸易情况下应取得的货款，也是涉案货物的实际价值；退税款3111486.35元，这是根据国家有关部门规定，浙江纺织公司在正常贸易情况下应取得的款项；涉案货物外销价2602562美元从正常收汇时间2001年1月起至2002年9月底，退税款3111486.35元从国家规定退税期2001年7月起至2002年9月底，这两笔款在此期间按企业活期存款利率计算的利息，是正常贸易情况下浙江纺织公司应取得的法定孳息，属于该公司实际损失的组成部分。以上款项，均应由台湾立荣公司赔偿。

原告浙江纺织公司诉请被告台湾立荣公司赔偿的贴息损失及贴息损失的相应利息，是根据浙江省政府为鼓励出口创汇制定的地方政策计算的。地方政策在特定行政区域内有效，对外不具有普遍约束力，故该公司的此项诉请不予支持。

原告浙江纺织公司诉请被告台湾立荣公司赔偿的律师费及律师差旅费，虽然属于浙江纺织公司为支持诉讼而支出的相应费用，但由于现有法律法规对这部分诉请尚无明确规定，同时也由于对这部分诉请目前尚缺乏统一的、具体的、可供实际操作的计算标准，故目前难以支持。

二审诉辩情况

2002年11月28日，立荣海运公司与台湾长荣国际储运股份有限公司（以下简称长荣储运公司）合并。一审宣判后长荣储运公司不服，以立荣海运公司权利义务承受人的身份提出上诉。

二审裁判结果

上海市高级人民法院判决：驳回上诉，维持原判。

二审裁判理由

上海市高级人民法院认为：提单只是海上货物运输合同的证明，而且不是唯一的证明，提单不能等同于海上货物运输合同。《海商法》第42条第3项第1目规定，托运人是指本人或者委托他人以本人名义或者委托他人为本人与承运人订立海上货物运输合同的人。第73条规定，提单缺少托运人名称等项内容，不影响提单的性质。由此可见，法律没有要求托运人必须亲自与承运人订立海上货物运输合同，托运人完全可以委托他人与承运人订立合同；法律允许托运人要求承运人在签发提单时不记载托运人，或者将他人记载为名义上的托运人，托运人这样做不影响提单的性质。因为这是托运人行使自己的权利，由此产生的后果由托运人承担。该要求没有加重承运人的责任，承运人仍只负责运输并向托运人指定的收货人交货，因此没必要拒绝。提单记载的主体，可能只是形式上的海上货物运输合同当事人，实践中提单主体与海上货物运输合同主体不一致的情形是存在的。在没有书面合同的情况下，可以根据当事人履行义务的实际情况来确定海上货物运输合同的当事人，不能完全取决于提单的记载。

在本案中，虽然中间有几家公司层层代理，但是向上诉人长荣储运公司交付货物、支付运费并提出缮制提单具体要求的，却只有被上诉人浙江纺织公司，其他公司从事的均是代理工作。长荣储运公司完全按照浙江纺织公司的要求，在签发提单时将三家国外公司记载为名义托运人，向浙江纺织公司委托的货代公司交付了提单，并从货代公司处收取了浙江纺织公司交付的运费。这个事实足以证明，是浙江组织公司与长兼储运公司建立了事实上的海上货物运输合同关系。原判认定浙江纺织公司是海上货物运输合同的缔约人、涉案提单项下货物的托运人，并无不当。长荣储运公司关于双方之间不存在海上货物运输合同关系的上诉理由，没有事实根据和法律依据，不予采纳。

被上诉人浙江纺织公司以托运人身份，在启运港持正本提单，起诉作为承运人的上诉人长荣储运公司违约无单放货给其造成不能收回货款的损失，主张损害赔偿。作为海上货物运输合同中的当事人，承运人长荣储运公司无单放贷，托运人浙江纺织公司当然有权请求承运人赔偿因无单放货给其造成的货款不能收回损失。如果否认托运人享有这一权利，等于让依约履行义务的托运人对承运人的违约后果负责，显然不符合公平原则，有悖于法律规定，不利于维护社会经济秩序。在涉案提单由托运人在启运港持有，未经贸易流转的情况下，不存在海上货物运输合同关系中可以凭提单向承运人主张提货权利的第三人，因此无须解决提单持有人有无提货权的问题。长荣储运公司关于浙江纺织公司非提单持有人、没有提货权等上诉理由，对浙江纺织公司的持单没有实际意义，也与本案的处理无直接联系，不予采纳。

在本案中，上诉人长荣储运公司无单放货，致使被上诉人浙江纺织公司不仅不能收回货款，而且还因不具备办理出口退税的条件遭受退税款损失。这些损失，是长荣储运公司实施无单放货违约行为时应当预见也可以预见的。原审判令长荣储运公司赔偿这些损失，符合《合同法》第113条的规定。

76. 旅客持有"不得退票，不得转签"的机票，航空公司可否拒绝转签？

旅客购买机票后与航空公司形成航空旅客运输合同关系，享按时乘坐航班到达目的地的合同权利。航班延误分为合理延误与不合理延误，因天气、突发事件、空中交通管制、安检以及旅客等承运人无法控制的因素造成的延误为合理延误，因机务维护、航班调配、商务、机组等承运人可以预见并避免的因素造成的延误为不合理延误。对打折机票中"不得退票，不得转签"的内容，应依照诚实信用原则进行解释：（1）因乘客自身原因导致错过航班的，承运人有权拒绝转签；（2）因合理延误而将使旅客错过同一机票确定的衔接航班并可能滞留中转机场的，承运人在始发地可以要求旅客签转给其他承运人；（3）如果合理延误情况下承运人未尽到第二点的告知义务，承运人有义务在中转机场将乘客签转其他承运人。承运人未尽义务而致旅客遭受损失的，应承担赔偿责任。

典型疑难案件参考

阿卜杜勒诉中国东方航空股份有限公司国际航空旅客运输合同纠纷案

基本案情

2004年12月29日，原告阿卜杜勒（ABDULWAHEED）购买了一张由香港国泰航空公司作为出票人的机票，机票列明的航程安排为：12月31日11点，从上海乘坐被告东方航空公司的MU703航班至香港；同日16点，乘坐香港国泰航空公司的航班至卡拉奇。机票背面条款注明，该合同应遵守《华沙公约》所指定的有关责任的规则和限制。该机票为打折票，机票上注明不得退票、不得转签。2004年12月30日15点，浦东机场地区开始下中雪，22点至23点机场被迫关闭1小时，导致该日104个航班延误。次日因需处理飞机除冰、补班调配等问题，从浦东机场起飞的航班有43架次被取消、142架次被延误，出港正常率只有24.1%。当日，MU703航班也由于天气原因延误3小时22分钟起飞，以致阿卜杜勒一行到达香港机场后，未能赶上国泰航空公司飞往卡拉奇的衔接航班。

在浦东机场候机时，原告阿卜杜勒及家属已经意识到MU703航班延迟到达香港，会错过国泰航空公司的衔接航班，于是多次到被告东方航空公司的服务台询问如何处理。东方航空公司工作人员让阿卜杜勒填写了《续航情况登记表》，并表示填好表格后会帮助解决。阿卜杜勒及家属到达香港后，东方航空公司工作人员向阿卜杜勒告知了两个处理方案：其一为在香港机场等候3天，然后搭乘国泰航空公司下一航班，3天费用自理；其二为自行出资购买其他航空公司的机票至卡拉奇，约需费用2.5万港元。阿卜杜勒当即表示对这两个方案均无法接受。阿卜杜勒的妻子杜琳因携带着婴儿，也无法接受东方航空公司的处理方案，在焦虑、激动中给东方航空公司打电话，但被告有关工作人员已经下班。最终经香港机场工作人员交涉，阿卜杜勒一行购买了阿联酋航空公司的机票及行李票，搭乘该公司航班绕道迪拜到卡拉奇。为此，阿卜杜勒支出机票款4721港元、行李票款759港元，共计5480港元。庭审中，双方一致同意港元与人民币的汇率按1∶1.07计算。

一审诉辩情况

原告阿卜杜勒诉讼请求：东方航空公司赔偿经济损失人民币5990元，并按照承诺对外公布航班的正常率、旅客投诉率。

一审裁判结果

上海市浦东新区人民法院判决：

一、被告东方航空公司应在本判决生效之日起10日内赔偿原告阿卜杜勒损失人民币5863.60元；

二、对原告阿卜杜勒的其他诉讼请求不予支持。

一审裁判理由

上海市浦东新区人民法院认为：《瓜达拉哈拉公约》第1条第2款规定："'订约承运人'指与旅客或托运人，或与旅客或托运人的代理人订立一项适用华沙公约的运输合同的当事人。"第3款规定："'实际承运人'指订约承运人以外，根据订约承运人的授权办理第二款所指的全部或部分运输的人，但对该部分运输此人并非华沙公约所指的连续承运人。在没有相反证据时，上述授权被推定成立。"第7条规定："对实际承运人所办运输的责任诉讼，可以由原告选择，对实际承运人或订约承运人提起，或者同时或分别向他们提起。如果只对其中的一个承运人提起诉讼，则该承运人应有权要求另一承运人参加诉讼。这种参加诉讼的效力以及所适用的程序，根据受理案件的法院的法律决定。"原告阿卜杜勒所持机票，是由香港国泰航空公司出票，故国际航空旅客运输合同关系是在阿卜杜勒与香港国泰航空公司之间设立，香港国泰航空公是订约承运人。被告东方航空公司与阿卜杜勒之间不存在直接的国际航空旅客运输合同关系,也不是连续承运人,只是推定其根据香港国泰航空公司的授权,完成该机票确定的上海至香港间运输任务的实际承运人。阿卜杜勒有权选择香港国泰航空公司或者东方航空公司或者两者同时为被告提起责任诉讼;在阿卜杜勒只选择东方航空公司为被告提起的责任诉讼中,东方航空公司虽然有权要求香港国泰航空公司参加诉讼,但由于阿卜杜勒追究的航班延误责任发生在东方航空公司承运的上海至香港段航程中,与香港国泰航空公司无关,故根据本案案情,衡量诉讼成本,无须追加香港国泰航空公司为本案的当事人共同参加诉讼。

1955年在海牙修改的《华沙公约》第19条规定:"承运人如果证明自己和他的代理人为了避免损失的发生,已经采取一切必要的措施,或不可能采取这种措施时,就不负责任。"2004年12月31日的MU703航班由于天气原因发生延误,对这种不可抗力造成的延误,被告东方航空公司不可能采取措施来避免发生,故其对延误本身无须承担责任,但还需证明其已经采取了一切必要的措施来避免延误给旅客造成的损失发生,否则即应对旅客因延误而遭受的损失承担责任。事实是,在浦东机场时,原告阿卜杜勒由于预见到MU703航班的延误会使其错过香港国泰航空公司的衔接航班,曾多次向东方航空公司工作人员询问怎么办。东方航空公司应当知道国泰航空公司从香港飞往卡拉奇的衔接航班3天才有一次,更明知阿卜杜勒一行携带着婴儿,不便在中转机场长时间等候,有义务向阿卜杜勒一行提醒中转时可能发生的不利情形,劝告阿卜杜勒一行改日乘机。但东方航空公司没有这样做,却让阿卜杜勒填写《续航情况登记表》,并告知会帮助解决,使阿卜杜勒对该公司产生合理信赖,从而放心登机飞赴香港。鉴于阿卜杜勒一行是得到东方航空公司的帮助承诺后来到香港,根据当时具体情况,尽管阿卜杜勒一行所持机票上标注着不得退票、不得转签,东方航空公司也应当把阿卜杜勒一行签转给其他航空公司,以帮助其尽快飞抵卡拉奇。但是东方航空公司不考虑阿卜杜勒一行携带婴儿要尽快飞往卡拉奇的合理需要,向阿卜杜勒告知了要么等待3天乘坐下一航班且3天中相关费用自理,要么自费购买其他航空公司机票的所谓"帮助解决"方案,将阿卜杜勒一行陷入走无法走、留无法留的两难境地。东方航空公司没有采取一切必要措施来避免因航班延误给旅客造成的损失发生,不应免责。阿卜杜勒是迫于无奈才自费购买其他航空公司的机票,对阿卜杜勒购票支出的5480港元损失,东方航空公司应承担赔偿责任。

原告阿卜杜勒要求被告东方航空公司按照承诺对外公布该公司的航班正常率和旅客投诉率,该诉讼请求与阿卜杜勒的私权无直接关联,故不予支持。

二审诉辩情况

东方航空公司不服提起上诉。

二审裁判结果

上海市第一中级人民法院判决：驳回上诉，维持原判。

二审裁判理由

上海市第一中级人民认为：二审应解决的焦点问题是：（1）在以实际承运人为被告的责任诉讼中，实际承运人申请追加订约承运人参加诉讼，法院能否不予允许？（2）在航班由于天气原因延误的情况下，航空公司对旅客应承担何种责任？（3）对持有注明"不得退票，不得转签"机票的换乘旅客，航空公司可否一律不予转签？

根据《瓜达拉哈拉公约》第7条的规定，在被上诉人东方航空公司为被告提起的责任诉讼中，东方航空公司虽然有权申请国泰航空公司参加诉讼，但这种申请能否被允许，应由受理案件的法院决定。一审认为香港国泰航空公司与阿卜杜勒要追究的航班延误责任无关，故根据本案案情，衡量诉讼成本，决定不追加香港国泰航空公司为本案的当事人，并无不当。

无论何种原因发生航班延误后，被滞留的旅客都有权在第一时间获取尽可能详细的信息，并及时了解后续进展情况，以便根据延误情形对自己的旅途作出最合理选择；航空公司有义务及时播报航班延误信息，并有义务根据每一位滞留旅客的不同需要，向其提供航空公司掌握的其他旅途信息，以便该旅客作出正确抉择。MU703航班由于天气原因延误后，作为旅途被阻滞的旅客，被上诉人阿卜杜勒必然十分关心自己的旅途。其已意识到乘坐延误的MU703航班到香港后，会错过国泰航空公司的衔接航班，于是多次向上诉人东方航空公司询问如何处理。东方航空公司让阿卜杜勒填写了《续航情况登记表》，并表示填好表格后会帮助解决。东方航空公司承认让阿卜杜勒填写过表格，但认为阿卜杜勒填写的是《航班延误信息登记表》，不是《续航情况登记表》。无论是《续航情况登记表》抑或是《航班延误信息登记表》，对阿卜杜勒的妻子杜琳在登机前填写的表格，东方航空公司始终未能提供，无法证明阿卜杜勒一行是在明知会对自己不利的情形下仍选择登机。通过登机前的申报登记和填表，东方航空公司应当知道阿卜杜勒一行是去香港转乘国泰航空公司飞往卡拉奇的航班，也应当知道这个航班3天才有一次，更知道阿卜杜勒如果乘坐国泰航空公司下一航班，就要在中转机场滞留3天且费用自理。在此情况下，东方航空公司有义务将这些不利情况告知阿卜杜勒，以便其自行选择是否乘坐延误的

MU703航班飞往香港。东方航空公司不尽这些义务,反而让阿卜杜勒一行填写《续航情况登记表》,并承诺帮助解决,故一审认定东方航空公司"没有采取一切必要措施来避免因航班延误给旅客造成的损失"是正确的。

上诉人东方航空公司主张,在MU703航班延迟到达香港后,因为被上诉人阿卜杜勒所持的是注明"不得退票、不得转签"的打折机票,其才拒绝给阿卜杜勒一行转签其他航空公司的飞机;而阿卜杜勒对自己的机票"不得退票、不得转签"也是清楚的,无须其另行提醒和告知。机票是国际航空旅客运输合同存在的凭证。旅客支付了足额票款,航空公司就要为旅客提供完整的运输服务。旅客购买了打折机票,航空公司当然也可以相应地取消一些服务。航空公司在打折机票上注明"不得退票、不得转签",只是限制支付了打折票款的旅客由于自身原因而退票和转签,但不能剥夺旅客在支付了票款后享有的按时乘坐航班抵达目的地的权利。当MU703航班因不可抗力延迟起飞时,东方航空公司和阿卜杜勒都知道该航班抵达香港后,肯定会错过国泰航空公司的衔接航班;如果要飞往卡拉奇,则必须转签机票。东方航空公司既然不准备在香港机场给注明"不得退票、不得转签"的机票办理转签手续,就有义务在香港机场向阿卜杜勒明确告知,劝阻其乘坐延误的MU703航班。东方航空公司不尽此项义务,以致阿卜杜勒在相信该公司会转签机票的情况下乘坐MU703航班抵达香港,由此陷入既无法走又不能留的艰难处境,无奈之下只得另行购票。东方航空公司不负责任的处理方式,显然是造成阿卜杜勒机票损失的根本原因。东方航空公司片面强调MU703航班是由于不可抗力造成延误,该公司已将航班延误信息通知给阿卜杜勒,并遵从阿卜杜勒的意愿将其运抵香港,完成了国际航空旅客运输合同中己方的义务,主张阿卜杜勒的剩余航程与己无关。事实是,如果东方航空公司事先能将飞往香港后的种种不利后果明确告知阿卜杜勒,则阿卜杜勒的损失就有可能避免,故东方航空公司有提醒义务,根据1995年在海牙修改的《华沙公约》第19条、第20条第1款的规定判令其承担赔偿责任,并无不当。

综上所述,上诉人东方航空公司未能以证据证明乘机赴香港是被上诉人阿卜杜勒在未受其任何影响的情况下自愿作出的选择,也未能以证据证明其为了避免因航班延误给旅客造成损失而采取了一切必要的措施,故其提出的上诉理由不能成立,对其上诉请求不予支持。

运输合同纠纷办案依据集成

1. 中华人民共和国合同法（1999年3月15日主席令第15号公布）（节录）

第十七章 运输合同

第一节 一般规定

第二百八十八条 运输合同是承运人将旅客或者货物从起运地点运输到约定地点，旅客、托运人或者收货人支付票款或者运输费用的合同。

第二百八十九条 从事公共运输的承运人不得拒绝旅客、托运人通常、合理的运输要求。

第二百九十条 承运人应当在约定期间或者合理期间内将旅客、货物安全运输到约定地点。

第二百九十一条 承运人应当按照约定的或者通常的运输路线将旅客、货物运输到约定地点。

第二百九十二条 旅客、托运人或者收货人应当支付票款或者运输费用。承运人未按照约定路线或者通常路线运输增加票款或者运输费用的，旅客、托运人或收货人可以拒绝支付增加部分的票款或者运输费用。

第二节 客运合同

第二百九十三条 客运合同自承运人向旅客交付客票时成立，但当事人另有约定或者另有交易习惯的除外。

第二百九十四条 旅客应当持有效客票乘运。旅客无票乘运、超程乘运、越级乘运或者持失效客票乘运的，应当补交票款，承运人可以按照规定加收票款。旅客不交付票款的，承运人可以拒绝运输。

第二百九十五条 旅客因自己的原因不能按照客票记载的时间乘坐的，应当在约定的时间内办理退票或者变更手续。逾期办理的，承运人可以不退票款，并不再承担运输义务。

第二百九十六条 旅客在运输中应当按照约定的限量携带行李。超过限量携带行李的，应当办理托运手续。

第二百九十七条 旅客不得随身携带或者在行李中夹带易燃、易爆、有毒、有腐蚀性、有放射性以及有可能危及运输工具上人身和财产安全的危险物品或者其他违禁物品。

旅客违反前款规定的，承运人可以将违禁物品卸下、销毁或者送交有关部门。旅客坚持携带或者夹带违禁物品的，承运人应当拒绝运输。

第二百九十八条 承运人应当向旅客及时告知有关不能正常运输的重要事由和安全运输应当注意的事项。

第二百九十九条 承运人应当按照客票载明的时间和班次运输旅客。承运人迟延运输的，应当根据旅客的要求安排改乘其他班次或者退票。

第三百条 承运人擅自变更运输工具而降低服务标准的，应当根据旅客的要求退票或者减收票款；提高服务标准的，不应当加收票款。

第三百零一条 承运人在运输过程中，应当尽力救助患有急病、分娩、遇险的旅客。

第三百零二条 承运人应当对运输过程中旅客的伤亡承担损害赔偿责任，但伤亡是旅客自身健康原因造成的或者承运人证明伤亡是旅客故意、重大过失造成的除外。

前款规定适用于按照规定免票、持优待票或者经承运人许可搭乘的无票旅客。

第三百零三条 在运输过程中旅客自带物品毁损、灭失，承运人有过错的，应当承担损害赔偿责任。

旅客托运的行李毁损、灭失的，适用货物运输的有关规定。

第三节 货运合同

第三百零四条 托运人办理货物运输，应当向承运人准确表明收货人的名称或者姓名或者凭指示的收货人，货物的名称、性质、重量、数量，收货地点等有关货物运输的必要情况。

因托运人申报不实或者遗漏重要情况，造成承运人损失的，托运人应当承担损害赔偿责任。

第三百零五条 货物运输需要办理审批、检验等手续的，托运人应当将办完有关手续的文件提交承运人。

第三百零六条 托运人应当按照约定的方式包装货物。对包装方式没有约定或者约定不明确的，适用本法第一百五十六条的规定。

托运人违反前款规定的，承运人可以拒绝运输。

第三百零七条 托运人托运易燃、易爆、有毒、有腐蚀性、有放射性等危险物品的，应当按照国家有关危险物品运输的规定对危险物品妥善包装，作出危险物标志和标签，并将有关危险物品的名称、性质和防范措施的书面材料提交承运人。

托运人违反前款规定的，承运人可以拒绝运输，也可以采取相应措施以避免损失的发生，因此产生的费用由托运人承担。

第三百零八条 在承运人将货物交付收货人之前，托运人可以要求承运人中止运输、返还货物、变更到达地或者将货物交给其他收货人，但应当赔偿承运人因此受到的损失。

第三百零九条 货物运输到达后，承运人知道收货人的，应当及时通知收货人，收货人应当及时提货。收货人逾期提货的，应当向承运人支付保管费等费用。

第三百一十条 收货人提货时应当按照约定的期限检验货物。对检验货物的期限没有约定或者约定不明确，依照本法第六十一条的规定仍不能确定的，应当在合理期限内检验货物。收货人在约定的期限或者合理期限内对货物的数量、毁损等未提出异议的，视为承运人已经按照运输单证的记载交付的初步证据。

第三百一十一条 承运人对运输过程中货物的毁损、灭失承担损害赔偿责任，但承运人证明货物的毁损、灭失是因不可抗力、货物本身的自然性质或者合理损耗以及托运人、收货人的过错造成的，不承担损害赔偿责任。

第三百一十二条 货物的毁损、灭失的赔偿额，当事人有约定的，按照其约定；没有约定或者约定不明确，依照本法第六十一条的规定仍不能确定的，按照交付或者应当交付时货物到达地的市场价格计算。法律、行政法规对赔偿额的计算方法和赔偿限额另有规定的，依照其规定。

第三百一十三条 两个以上承运人以同一运输方式联运的，与托运人订立合同的承运人应当对全程运输承担责任。损失发生在某一运输区段的，与托运人订立合同的承运人和该区段的承运人承担连带责任。

第三百一十四条 货物在运输过程中因不可抗力灭失，未收取运费的，承运人不得要求支付运费；已收取运费的，托运人可以要求返还。

第三百一十五条 托运人或者收货人不支付运费、保管费以及其他运输费用的，承运人对相应的运输货物享有留置权，但当事人另有约定的除外。

第三百一十六条 收货人不明或者收货人无正当理由拒绝受领货物的，依照本法第一百零一条的规定，承运人可以提存货物。

第四节 多式联运合同

第三百一十七条 多式联运经营人负责履行或者组织履行多式联运合同，对全程运输享有承运人的权利，承担承运人的义务。

第三百一十八条 多式联运经营人可以与参加多式联运的各区段承运人就多式联运合同的各区段运输约定相互之间的责任，但该约定不影响多式联运经营人对全程运输承担的义务。

第三百一十九条 多式联运经营人收到托运人交付的货物时，应当签发多式联运单据。按照托运人的要求，多式联运单据可以是可转让单据，也可以是不可转让单据。

第三百二十条 因托运人托运货物时的过错造成多式联运经营人损失的，即使托运人已经转让多式联运单据，托运人仍然应当承担损害赔偿责任。

第三百二十一条 货物的毁损、灭失发生于多式联运的某一运输区段的，多式联运经营人的赔偿责任和责任限额，适用调整该区段运输方式的有关法律规定。货物毁损、灭失发生的运输区段不能确定的，依照本章规定承担损害赔偿责任。

2. 中华人民共和国铁路法（2009年8月27日修正）（节录）

第十一条 铁路运输合同是明确铁路运输企业与旅客、托运人之间权利义务关系的协议。

旅客车票、行李票、包裹票和货物运单是合同或者合同的组成部分。

第十二条 铁路运输企业应当保证旅客按车票载明的日期、车次乘车，并到达目的站。因铁路运输企业的责任造成旅客不能按车票载明的日期、车次乘车的，铁路运输企业应当按照旅客的要求，退还全部票款或者安排改乘到达相同目的站的其他列车。

第十三条 铁路运输企业应当采取有效措施做好旅客运输服务工作，做到文明礼貌、热情周到，保持车站和车厢内的清洁卫生，提供饮用开水，做好列车上的饮食供应工作。

铁路运输企业应当采取措施，防止对铁路沿线环境的污染。

第十四条 旅客乘车应当持有效车票。对无票乘车或者持失效车票乘车的，应当补收票款，并按照规定加收票款；拒不交付的，铁路运输企业可以责令下车。

3. 中华人民共和国民用航空法（2009年8月27日修正）（节录）

第一百零七条 本法所称国内航空运输，是指根据当事人订立的航空运输合同，运输的出发地点、约定的经停地点和目的地点均在中华人民共和国境内的运输。

本法所称国际航空运输，是指根据当事人订立的航空运输合同，无论运输有无间断或者有无转运，运输的出发地点、目的地点或者约定的经停地点之一不在中华人民共和国境内的运输。

第一百零八条 航空运输合同各方认为几个连续的航空运输承运人办理的运输是一项单一业务活动的，无论其形式是以一个合同订立或者数个合同订立，应当视为一项不可分割的运输。

第一百一十一条 客票是航空旅客运输合同订立和运输合同条件的初步证据。

旅客未能出示客票、客票不符合规定或者客票遗失，不影响运输合同的存在或者有效。

在国内航空运输中，承运人同意旅客不经其出票而乘坐民用航空器的，承运人无权援用本法第一百二十八条有关赔偿责任限制的规定。

在国际航空运输中，承运人同意旅客不经其出票而乘坐民用航空器的，或者客票上未依照本法第一百一十条第（三）项的规定声明的，承运人无权援用本法第一百二十九条有关赔偿责任限制的规定。

第一百一十二条 承运人载运托运行李时，行李票可以包含在客票之内或者与客票相结合。除本法第一百一十条的规定外，行李票还应当包括下列内容：

（一）托运行李的件数和重量；

（二）需要声明托运行李在目的地点交付时的利益的，注明声明金额。

行李票是行李托运和运输合同条件的初步证据。

旅客未能出示行李票、行李票不符合规定或者行李票遗失，不影响运输合同的存在或者有效。

在国内航空运输中，承运人载运托运行李而不出具行李票的，承运人无权援用本法第一百二十八条有关赔偿责任限制的规定。

在国际航空运输中，承运人载运托运行李而不出具行李票的，或者行李票上未依照本法第一百一十条第（三）项的规定声明的，承运人无权援用本法第一百二十九条有关赔偿责任限制的规定。

第一百一十三条 承运人有权要求托运人填写航空货运单，托运人有权要求承运人接受该航空货运单。托运人未能出示航空货运单、航空货运单不符合规定或者航空货运单遗失，不影响运输合同的存在或者有效。

第一百一十八条 航空货运单是航空货物运输合同订立和运输条件以及承运人接受货物的初步证据。

航空货运单上关于货物的重量、尺寸、包装和包装件数的说明具有初步证据的效力。除经过承运人和托运人当面查对并在航空货运单上注明经过查对或者书写关于货物的外表情况的说明外，航空货运单上关于货物的数量、体积和情况的说明不能构成不利于承运人的证据。

第一百一十九条 托运人在履行航空货物运输合同规定的义务的条件下，有权在出发地机场或者目的地机场将货物提回，或者在途中经停时中止运输，或者在目的地点或者途中要求将货物交给非航空货运单上指定的收货人，或者要求将货物运回出发地机场；但是，托运人不得因行使此种权利而使承运人或者其他托运人遭受损失，并应当偿付由此产生的费用。

托运人的指示不能执行的，承运人应当立即通知托运人。

承运人按照托运人的指示处理货物，没有要求托运人出示其所收执的航空货运单，给该航空货运单的合法持有人造成损失的，承运人应当承担责任，但是不妨碍承运人向托运人追偿。

收货人的权利依照本法第一百二十条规定开始时，托运人的权利即告终止；但是，收货人拒绝接受航空货运单或者货物，或者承运人无法同收货人联系的，托运人恢复其对货物的处置权。

4. 中华人民共和国港口间海上旅客运输赔偿责任限额规定（1993年12月17日交通部令第6号文发布）

第一条 根据《中华人民共和国海商法》第一百一十七条、第二百一十一条的规定，制定本规定。

第二条 本规定适用于中华人民共和国港口之间海上旅客运输。

第三条 承运人在每次海上旅客运输中的赔偿责任限额，按照下列规定执行：

（一）旅客人身伤亡的，每名旅客不超过4万元人民币；

（二）旅客自带行李灭失或者损坏的，每名旅客不超过800元人民币；

（三）旅客车辆包括该车辆所载行李灭失或者损坏的，每一车辆不超过3200元人民币；

（四）本款第（二）项、第（三）项以外的旅客其他行李灭失或者损坏的，每千克不超过20元人民币。

承运人和旅客可以书面约定高于本条第一款规定的赔偿责任限额。

第四条 海上旅客运输的旅客人身伤亡赔偿责任限制，按照4万元人民币乘以船舶证书规定的载客定额计算赔偿限额，但是最高不超过2100万元人民币。

第五条 向外籍旅客、华侨和港、澳、台胞旅客给付的赔偿金，可以兑换成该外国或者地区的货币。其汇率按照赔偿金给付之日中华人民共和国外汇管理部门公布的外汇牌价确定。

第六条 本规定由中华人民共和国交通部负责解释。

第七条 本规定自一九九四年一月一日起施行。

5. 中华人民共和国水路运输管理条例（中华人民共和国国务院令第625号修订）

第一章 总　则

第一条 为了规范国内水路运输经营行为，维护国内水路运输市场秩序，保障国内水路运输安全，促进国内水路运输业健康发展，制定本条例。

第二条 经营国内水路运输以及水路运输辅助业务，应当遵守本条例。

本条例所称国内水路运输（以下简称水路运输），是指始发港、挂靠港和目的港均在中华人民共和国管辖的通航水域内的经营性旅客运输和货物运输。

本条例所称水路运输辅助业务，是指直接为水路运输提供服务的船舶管理、船舶代理、水路旅客运输代理和水路货物运输代理等经营活动。

第三条 国家鼓励和保护水路运输市场的公平竞争，禁止垄断和不正当竞争行为。

国家运用经济、技术政策等措施，支持和鼓励水路运输经营者实行规模化、集约化经营，促进水路运输行业结构调整；支持和鼓励水路运输经营者采用先进适用的水路运输设备和技术，保障运输安全，促进节约能源，减少污染物排放。

国家保护水路运输经营者、旅客和货主的合法权益。

第四条 国务院交通运输主管部门主管全国水路运输管理工作。

县级以上地方人民政府交通运输主管部门主管本行政区域的水路运输管理工作。县级以上地方人民政府负责水路运输管理的部门或者机构（以下统称负责水路运输管理的部门）承担本条例规定的水路运输管理工作。

第五条 经营水路运输及其辅助业务，应当遵守法律、法规，诚实守信。

国务院交通运输主管部门和负责水路运输管理的部门应当依法对水路运输市场实施监督管理，对水路运输及其辅助业务的违法经营活动实施处罚，并建立经营者诚信管理制度，及时向社会公告监督检查情况。

第二章 水路运输经营者

第六条 申请经营水路运输业务，除本条例第七条规定的情形外，申请人应当符合下列条件：

（一）具备企业法人条件；

（二）有符合本条例第十三条规定的船舶，并且自有船舶运力符合国务院交通运输主管部门的规定；

（三）有明确的经营范围，其中申请经营水路旅客班轮运输业务的，还应当有可行的航线营运计划；

（四）有与其申请的经营范围和船舶运力相适应的海务、机务管理人员；

（五）与其直接订立劳动合同的高级船员占全部船员的比例符合国务院交通运输主管部门的规定；

（六）有健全的安全管理制度；

（七）法律、行政法规规定的其他条件。

第七条 个人可以申请经营内河普通货物运输业务。

申请经营内河普通货物运输业务的个人，应当有符合本条例第十三条规定且船舶吨位不超过国务院交通运输主管部门规定的自有船舶，并应当符合本条例第六条第六项、第七项规定的条件。

第八条 经营水路运输业务，应当按照国务院交通运输主管部门的规定，经国务院交通运输主管部门或者设区的市级以上地方人民政府负责水路运输管理的部门批准。

申请经营水路运输业务，应当向前款规定的负责审批的部门提交申请书和证明申请人符合本条例第六条或者第七条规定条件的相关材料。

负责审批的部门应当自受理申请之日起30个工作日内审查完毕，作出准予许可或者不予许可的决定。予以许可的，发给水路运输业务经营许可证件，并为申请人投入运营的船舶配发船舶营运证件；不予许可的，应当书面通知申请人并说明理由。

取得水路运输业务经营许可的，持水路运输业务经营许可证件依法向工商行政管理机关办理登记后，方可从事水路运输经营活动。

第九条 各级交通运输主管部门应当做好水路运输市场统计和调查分析工作，定期向社会公布水路运输市场运力供需状况。

第十条 为保障水路运输安全，维护水路运输市场的公平竞争秩序，国务院交通运输主管部门可以根据水路运输市场监测情况，决定在特定的旅客班轮运输和散装液体危险货物运输航线、水域暂停新增运力许可。

采取前款规定的运力调控措施，应当符合公开、公平、公正的原则，在开始实施的60日前向社会公告，说明采取措施的理由以及采取措施的范围、期限等事项。

第十一条 外国的企业、其他经济组织和个人不得经营水路运输业务，也不得以租用中国籍船舶或者舱位等方式变相经营水路运输业务。

香港特别行政区、澳门特别行政区和台湾地区的企业、其他经济组织以及个人参照适用前款规定，国务院另有规定的除外。

第十二条 依照本条例取得许可的水路运输经营者终止经营的，应当自终止经营之日起15个工作日内向原许可机关办理注销许可手续，交回水路运输业务经营许可证件。

第十三条 水路运输经营者投入运营的船舶应当符合下列条件：

（一）与经营者的经营范围相适应；

（二）取得有效的船舶登记证书和检验证书；

（三）符合国务院交通运输主管部门关于船型技术标准和船龄的要求；

（四）法律、行政法规规定的其他条件。

第十四条 水路运输经营者新增船舶投入运营的，应当凭水路运输业务经营许可证件、船舶登记证书和检验证书向国务院交通运输主管部门或者设区的市级以上地方人民政府负责水路运输管理的部门领取船舶营运证件。

从事水路运输经营的船舶应当随船携带船舶营运证件。

海事管理机构办理船舶进出港签证，应当检查船舶的营运证件。对不能提供有效的船舶营运证件的，不得为其办理签证，并应当同时通知港口所在地人民政府负责水路运输管理的部门。港口所在地人民政府负责水路运输管理的部门收到上述通知后，应当在24小时内作出处理并将处理情况书面通知有关海事管理机构。

第十五条 国家根据保障运输安全、保护水环境、节约能源、提高航道和通航设施利用效率的需求，制定并实施新的船型技术标准时，对正在使用的不符合新标准但符合原有标准且未达到规定报废船龄的船舶，可以采取资金补贴等措施，引导、鼓励水路运输经营者进行更新、改造；需要强制提前报废的，应当对船舶所有人给予补偿。具体办法由国务院交通运输主管部门会同国务院财政部门制定。

第十六条 水路运输经营者不得使用外国籍船舶经营水路运输业务。但是，在国内没有能够满足所申请运输要求的中国籍船舶，并且船舶停靠的港口或者水域为对外开放的港口或者水域的情况下，经国务院交通运输主管部门许可，水路运输经营者可以在国务院交通运输主管部门规定的期限或者航次内，临时使用外国籍船舶运输。

在香港特别行政区、澳门特别行政区、台湾地区进行船籍登记的船舶，参照适用本条例关于外国籍船舶的规定，国务院另有规定的除外。

第三章 水路运输经营活动

第十七条 水路运输经营者应当在依法取得许可的经营范围内从事水路运输经营。

第十八条 水路运输经营者应当使用符合本条例规定条件、配备合格船员的船舶，并保证船舶处于适航状态。

水路运输经营者应当按照船舶核定载客定额或者载重量载运旅客、货物，不得超载或者使用货船载运旅客。

第十九条 水路运输经营者应当依照法律、行政法规和国务院交通运输主管部门关于水路旅客、货物运输的规定、质量标准以及合同的约定，为旅客、货主提供安全、便捷、优质的服务，保证旅客、货物运输安全。

水路旅客运输业务经营者应当为其客运船舶投保承运人责任保险或者取得相应的财务担保。

第二十条 水路运输经营者运输危险货物，应当遵守法律、行政法规以及国务院交通运输主管部门关于危险货物运输的规定，使用依法取得危险货物适装证书的船舶，按照规定的安全技术规范进行配载和运输，保证运输安全。

第二十一条 旅客班轮运输业务经营者应当自取得班轮航线经营许可之日起60日内开航，并在开航15日前公布所使用的船舶、班期、班次、运价等信息。

旅客班轮运输应当按照公布的班期、班次运行；变更班期、班次、运价的，应当在15日前向社会公布；停止经营部分或者全部班轮航线的，应当在30日前向社会公布并报原许可机关备案。

第二十二条 货物班轮运输业务经营者应当在班轮航线开航的7日前，公布所使用的船舶以及班期、班次和运价。

货物班轮运输应当按照公布的班期、班次运行；变更班期、班次、运价或者停止经营部分或者全部班轮航线的，应当在7日前向社会公布。

第二十三条 水路运输经营者应当依照法律、行政法规和国家有关规定，优先运送处置突发事件所需的物资、设备、工具、应急救援人员和受到突发事件危害的人员，重点保障紧急、重要的军事运输。

出现关系国计民生的紧急运输需求时，国务院交通运输主管部门按照国务院的部署，可以要求水路运输经营者优先运输需要紧急运输的物资。水路运输经营者应当按照要求及时运输。

第二十四条 水路运输经营者应当按照统计法律、行政法规的规定报送统计信息。

第四章 水路运输辅助业务

第二十五条 运输船舶的所有人、经营人可以委托船舶管理业务经营者为其提供船舶海务、机务管理等服务。

第二十六条 申请经营船舶管理业务，申请人应当符合下列条件：

（一）具备企业法人条件；

（二）有健全的安全管理制度；

（三）有与其申请管理的船舶运力相适应的海务、机务管理人员；

（四）法律、行政法规规定的其他条件。

第二十七条 经营船舶管理业务，应当经设区的市级以上地方人民政府负责水路运输管理的部门批准。

申请经营船舶管理业务，应当向前款规定的部门提交申请书和证明申请人符合本条例第二十六条规定条件的相关材料。

受理申请的部门应当自受理申请之日起30个工作日内审查完毕，作出准予许可或者不予许可的决定。予以许可的，发给船舶管理业务经营许可证件，并向国务院交通运输主管部门备案；不予许可的，应当书面通知申请人并说明理由。

取得船舶管理业务经营许可的，持船舶管理业务经营许可证件依法向工商行政管理机关办理登记后，方可经营船舶管理业务。

第二十八条 船舶管理业务经营者接受委托提供船舶管理服务，应当与委托人订立书面合同，并将合同报所在地海事管理机构备案。

船舶管理业务经营者应当按照国家有关规定和合同约定履行有关船舶安全和防止污染的管理义务。

第二十九条 水路运输经营者可以委托船舶代理、水路旅客运输代理、水路货物运输代理业务的经营者，代办船舶进出港手续等港口业务，代为签订运输合同，代办旅客、货物承揽业务以及其他水路运输代理业务。

第三十条 船舶代理、水路旅客运输代理业务的经营者应当自企业设立登记之日起15个工作日内，向所在地设区的市级人民政府负责水路运输管理的部门备案。

第三十一条 船舶代理、水路旅客运输代理、水路货物运输代理业务的经营者接受委托提供代理服务，应当与委托人订立书面合同，按照国家有关规定和合同约定办理代理业务，不得强行代理，不得为未依法取得水路运输业务经营许可或者超越许可范围的经营者办理代理业务。

第三十二条 本条例第十二条、第十七条的规定适用于船舶管理业务经营者。本条例第十一条、第二十四条的规定适用于船舶管理、船舶代理、水路旅客运输代理和水路货物运输代理业务经营活动。

国务院交通运输主管部门应当依照本条例的规定制定水路运输辅助业务的具体管理办法。

第五章 法律责任

第三十三条 未经许可擅自经营或者超越许可范围经营水路运输业务或者国内船舶管理业务的，由负责水路运输管理的部门责令停止经营，没收违法所得，并处违法所得1倍以上5倍以下的罚款；没有违法所得或者违法所得不足3万元的，处3万元以上15万元以下的罚款。

第三十四条 水路运输经营者使用未取得船舶营运证件的船舶从事水路运输的，由负责水路运输管理的部门责令该船停止经营，没收违法所得，并处违法所得1倍以上5倍以下的罚款；没有违法所得或者违法所得不足2万元的，处2万元以上10万元以下的罚款。

从事水路运输经营的船舶未随船携带船舶营运证件的，责令改正，可以处1000元以下的罚款。

第三十五条 水路运输经营者未经国务院交通运输主管部门许可或者超越许可范围使用外国籍船舶经营水路运输业务，或者外国的企业、其他经济组织和个人经营或者以租用中国籍船舶或者舱位等方式变相经营水路运输业务的，由负责水路运输管理的部门责令停止经营，没收违法所得，并处违法所得1倍以上5倍以下的罚款；没有违法所得或者违法所得不足20万元的，处20万元以上100万元以下的罚款。

第三十六条 以欺骗或者贿赂等不正当手段取得本条例规定的行政许可的，由原许可机关撤销许可，处2万元以上20万元以下的罚款；有违法所得的，没收违法所得；国务院交通运输主管部门或者负责水路运输管理的部门自撤销许可之日起3年内不受理其对该项许可的申请。

第三十七条 出租、出借、倒卖本条例规定的行政许可证件或者以其他方式非法转让本条例规定的行政许可的，由负责水路运输管理的部门责令改正，没收违法所得，并处违法所得1倍以上5倍以下的罚款；没有违法所得或者违法所得不足3万元的，处3万元以上15万元以下的罚款；情节严重的，由原许可机关吊销相应的许可证件。

伪造、变造、涂改本条例规定的行政许可证件的，由负责水路运输管理的部门没收伪造、变造、涂改的许可证件，处3万元以上15万元以下的罚款；有违法所得的，没收违法所得。

第三十八条 水路运输经营者有下列情形之一的，由海事管理机构依法予以处罚：

（一）未按照规定配备船员或者未使船舶处于适航状态；

（二）超越船舶核定载客定额或者核定载重量载运旅客或者货物；

（三）使用货船载运旅客；

（四）使用未取得危险货物适装证书的船舶运输危险货物。

第三十九条 水路旅客运输业务经营者未为其经营的客运船舶投保承运人责任保险或者取得相应的财务担保的，由负责水路运输管理的部门责令限期改正，处2万元以上10万元以下的罚款；逾期不改正的，由原许可机关吊销该客运船舶的船舶营运许可证件。

第四十条 班轮运输业务经营者未提前向社会公布所使用的船舶、班期、班次和运价或者其变更信息的，由负责水路运输管理的部门责令改正，处2000元以上2万元以下的罚款。

第四十一条 旅客班轮运输业务经营者自取得班轮航线经营许可之日起60日内未开航的，由负责水路运输管理的部门责令改正；拒不改正的，由原许可机关撤销该项经营许可。

第四十二条 水路运输、船舶管理业务经营者取得许可后，不再具备本条例规定的许可条件的，由负责水路运输管理的部门责令限期整改；在规定期限内整改仍不合格的，由原许可机关撤销其经营许可。

第四十三条 负责水路运输管理的国家工作人员在水路运输管理活动中滥用职权、玩忽职守、徇私舞弊，不依法履行职责的，依法给予处分。

第四十四条 违反本条例规定，构成违反治安管理行为的，依法给予治安管理处罚；构成犯罪的，依法追究刑事责任。

第六章 附 则

第四十五条 载客12人以下的客运船舶以及乡、镇客运渡船运输的管理办法，由省、自治区、直辖市人民政府另行制定。

第四十六条 本条例自2013年1月1日起施行。1987年5月12日国务院发布的《中华人民共和国水路运输管理条例》同时废止。

6. 国内航空运输承运人赔偿责任限额规定（2006年2月28日民用航空局令第164号发布）

第一条 为了维护国内航空运输各方当事人的合法权益，根据《中华人民共和国民用航空法》（以下简称《民用航空法》）第一百二十八条，制定本规定。

第二条 本规定适用于中华人民共和国国内航空运输中发生的损害赔偿。

第三条 国内航空运输承运人（以下简称承运人）应当在下列规定的赔偿责任限额内按照实际损害承担赔偿责任，但是《民用航空法》另有规定的除外：

（一）对每名旅客的赔偿责任限额为人民币40万元；

（二）对每名旅客随身携带物品的赔偿责任限额为人民币3000元；

（三）对旅客托运的行李和对运输的货物的赔偿责任限额，为每公斤人民币100元。

第四条 本规定第三条所确定的赔偿责任限额的调整，由国务院民用航空主管部门制定，报国务院批准后公布执行。

第五条 旅客自行向保险公司投保航空旅客人身意外保险的，此项保险金额的给付，不免除或者减少承运人应当承担的赔偿责任。

第六条 本规定自2006年3月28日起施行。

二十七、保管合同纠纷

77. 洗车时车内财物被盗，洗车中心应否赔偿？

保管合同中，保管人具有妥善保管保管物的义务。传统民法理论确立了三种不同的注意义务标准：一是普通人的注意，欠缺普通人的注意即为重大过失；二是与处理自己事务为同一的注意，违反此注意义务为具体轻过失，也称主观轻过失；三是善良管理人的注意，违反此义务为抽象轻过失，也称客观轻过失。近代民法倾向以债务人对抽象轻过失负责为原则，对具体轻过失或重大过失负责为例外。《合同法》第374条规定："保管期间，因保管人保管不善造成保管物毁损、灭失的，保管人应当承担损害赔偿责任，但保管是无偿的，保管人证明自己没有重大过失的，不承担损害赔偿责任。"因此，有偿保管合同保管人应尽的注意义务比善良管理人的注意义务更重，除法定免责事由外，在保管期间保管物损毁、灭失的，有偿保管人即应承担违约责任，不管其是否具有过失。对无偿保管合同而言，保管人仅需尽普通人的注意义务，即无重大过失即可免责。

洗车服务合同未约定洗车中心经营者负车辆保管义务，双方之间也未另外成立保管合同关系。如果洗车中心已经完全履行洗车服务合同的主义务及附随义务，则汽车内财物被盗系侵权人所为，洗车中心经营者不需承担赔偿责任。

典型疑难案件参考

杜邵辉诉庄惠珍、庄玲玲未尽到保管义务服务合同案

基本案情

庄惠珍系美鹰洗车中心的业主。2003年8月12日下午4时左右，杜邵辉

将自己车牌号为闽C-76552的广州本田雅阁小轿车开往庄惠珍经营的美鹰洗车中心冲洗，小车内附有车钥匙。后因杜邵辉未及时将车开走，故庄惠珍将该车放置在经营的店铺内。次日上午7时40分左右，庄惠珍发现店铺内的财物被盗，其中有杜邵辉小车的钥匙。庄惠珍立即让其妹庄玲玲向惠安刑侦大队报案。事发后，双方因赔偿问题未能达成一致的意见，杜邵辉于2004年5月17日向惠安县法院起诉。另外，2003年7月3日至2004年1月3日，属庄惠珍为杜邵辉车牌号为闽C-76552的广州本田雅阁小轿车提供包月洗车服务期间。

一审诉辩情况

原告杜邵辉起诉称，2003年8月12日下午，他将自己的车牌号为闽C-76552的广州本田雅阁小轿车开往庄惠珍和庄玲玲经营的美鹰洗车中心冲洗，后因有事离开，为便于冲洗，遂将该车钥匙、排挡锁和防盗钥匙交给庄惠珍。8月13日早上，杜邵辉取车时，发现该车钥匙、排挡锁和防盗钥匙均被盗，车内的现金人民币2000元也不翼而飞。其后，庄玲玲向惠安县公安局刑事侦查大队报案。庄惠珍为杜邵辉提供洗车服务，未尽到妥善保管义务导致杜邵辉的车钥匙、排挡锁和防盗钥匙及现金被盗，应负赔偿和更换钥匙责任。请求判令两被告赔偿车内被盗的现金2000元；更换原厂配置的全车锁（含电门锁）、蓝波王防盗器、雄风排挡杠锁各一套，并承担更换及拆换费用，或赔偿杜邵辉因更换及拆换所需配件的费用4100元。

被告庄惠珍辩称，杜邵辉洗车时只将主钥匙交给庄惠珍，并没有排挡锁和防盗钥匙，车内也无现金2000元；庄惠珍已履行服务合同的义务为杜邵辉洗车，因杜邵辉没有及时开走轿车，庄惠珍为轿车安全考虑将轿车整晚放置在店铺内，已超出服务范围，属于无因管理，并非其保管不当造成杜邵辉车钥匙的被盗，不应承担赔偿责任。事发后，庄惠珍已主动为杜邵辉的轿车安装一套防盗器。庄玲玲不是洗车中心的共同经营者，与本案无关。

被告庄玲玲辩称，与庄惠珍只是姐妹关系，并不是洗车中心的共同经营者，应驳回杜邵辉对其的诉讼请求。

一审裁判结果

福建省惠安县人民法院判决：

一、被告庄惠珍应付给原告杜邵辉补偿1000元，限于本判决生效之日起30日内付清。

二、驳回原告杜邵辉对被告庄玲玲的诉讼请求。

一审裁判理由

福建省惠安县人民法院审理认为，原告杜邵辉在被告庄惠珍经营的美鹰洗车中心洗车，接受被告庄惠珍提供的有偿服务，双方之间形成了服务合同的法律关系。在本案中，原告轿车的钥匙被盗是盗贼的不法行为造成的，并非被告庄惠珍的服务行为所造成。被告庄惠珍在服务过程中已尽到合理的谨慎注意义务，故被告庄惠珍不应承担违约的民事责任。但是应当看到，被告庄惠珍提供的是有偿服务，原告遭受损失也不是与被告庄惠珍毫无关系。《民法通则》第4条规定："民事活动应当遵循自愿、公平、等价有偿、诚实信用的原则。"最高人民法院《关于贯彻执行〈中华人民共和国民法通则〉若干问题的意见（试行）》第157条规定："当事人对造成损害均无过错，但一方是在对方的利益或者共同的利益进行活动的过程中受到损害的，可以责令对方或者受益人给予一定的经济补偿。"根据上述的规定，考虑双方当事人之间的利益，酌情由被告庄惠珍给原告补偿一部分经济损失是适当的。原告的损失应以更换全车锁所需的费用确定，即按法院上述确认的更换全车锁一套金额2100元及维修费用550元计算。该款项由被告庄惠珍给原告补偿1000元为适当。对原告超出部分的诉讼请求，不予支持。由于原告未能提供足以认定被告庄玲玲是美鹰洗车中心的共同经营者的证据，故原告对被告庄玲玲的诉讼请求缺乏事实与法律根据，不予支持。

二审诉辩情况

一审宣判后，杜邵辉和庄惠珍均不服，向泉州市中级人民法院提起上诉。

杜邵辉上诉称：（1）一审认定其仅损失一套全车锁错误，依照生活常识，其损失应包括每部小轿车必备的全车锁一套、防盗器、排挡杆锁一套，还有现金2000元，该事实有庄惠珍认可并给予的《报警回执》为证。（2）杜邵辉与庄惠珍之间是服务合同关系，本案应适用《合同法》而不是《民法通则》及其司法解释。双方当事人合同的权利义务清楚，即杜邵辉负有支付服务费用的义务，享有洗车服务的权利；庄惠珍则享有收取服务费用的权利，负有提供洗车服务并完整交付车辆（包括车辆的其他附随物品）的义务。庄惠珍未能交付接受服务车辆的3把钥匙及车内现金，应承担违约责任，至于庄惠珍与第三方的纠纷，应另行处理。因此，一审认定杜邵辉的损失并非庄惠珍的违约造成错误，请求二审撤销一审判决第一项，改判庄惠珍赔偿杜邵辉因更换及拆换配件（原厂配置的含电门锁的全车锁一套、蓝波王防盗锁一套、雄风排挡杆锁一套）的费用4100元及现金2000元。

上诉人庄惠珍上诉称：（1）庄惠珍在服务过程中已经尽到合理的谨慎保管注意义务，因此不存在违约，无须承担违约责任。另外，损失是杜邵辉没有及时将车开走又没有留下联系方式的自身原因造成的；庄惠珍主观上没有过错，客观上也没有实施侵权行为，所以不承担侵权责任。（2）从最高人民法院《关于贯彻执行〈中华人民共和国民法通则〉若干问题的意见（试行）》第157条规定的适用条件看，本案中杜邵辉完全是为了自身利益、而非为对方或共同利益进行活动，则一审依据该条规定判令庄惠珍补偿杜邵辉的经济损失错误。因此，一审适用法律错误，请求二审撤销一审判决的第一项并驳回杜邵辉对庄惠珍的诉求。

二审裁判结果

泉州市中级人民法院判决：
一、维持惠安县人民法院〔2004〕惠民初字第949号民事判决的第二项；
二、撤销惠安县人民法院〔2004〕惠民初字第949号民事判决的第一项；
三、驳回上诉人杜邵辉对上诉人庄惠珍的诉讼请求。

二审裁判理由

泉州市中级人民法院认为，杜邵辉接受庄惠珍提供的有偿洗车服务，双方之间系服务合同的法律关系，但双方的服务合同仅体现为一张单位为"澳华公司"（澳华公司的法定代表人即杜邵辉）的收款收据，该收据只载明"2003.7.3—2004.1.3洗车包月6个月计300元，免费赠送两次车内蒸汽，安装装饰条80元，计380元。"从该服务合同的字面及内容来看，该服务合同中并未约定庄惠珍有车辆保管义务，双方之间也未另外成立寄托保管合同关系，庄惠珍对杜邵辉的被洗轿车并不承担保管责任。所以，庄惠珍依约完全履行了合同的主义务和附随义务，杜邵辉的损失系盗贼的不法行为造成，而非庄惠珍违反合同的行为造成，该事实清楚，原审认定庄惠珍不应承担违约责任正确；杜邵辉没有提供认定庄玲玲系美鹰洗车中心的共同经营者的证据，原审依法驳回杜邵辉对庄玲玲的诉讼请求亦正确，应予维持。但原审适用最高人民法院《关于贯彻执行〈中华人民共和国民法通则〉若干问题的意见（试行）》第157条的规定，判令庄惠珍补偿杜邵辉的经济损失错误，应予纠正。杜邵辉主张庄惠珍承担违约责任缺乏事实和法律依据，不予采纳。庄惠珍主张其不必承担违约责任、原审适用法律错误，予以采纳。

78. 旅客将钱物交给酒店保管后被盗，酒店应否赔偿？

酒店旅客将财物交给酒店设立的专门柜台保管，或在消费过程中将财物交给酒店工作人员，均与酒店之间形成保管合同关系。工作人员在工作时间为寄存人保管财物的行为属于履行职务的行为，其行为后果应由酒店承担。保管期间，因保管不善造成保管物毁损、灭失的，酒店应承担损害赔偿责任。如果旅客未将财物交给专门柜台保管，而是在酒店客房里被盗，酒店仍应承担赔偿责任。但赔偿的依据不是基于保管合同，而是基于旅店服务合同所产生的附随义务，即根据合同的性质、目的和行业习惯，酒店应保障经营场所安全，避免旅客财产受到侵害的附随义务。应注意的是，如果寄存人寄存货币、有价证券或者其他贵重物品的，应当向保管人声明，由保管人验收或者封存。寄存人未声明的，该物品毁损、灭失后，保管人可以按照一般物品予以赔偿。

典型疑难案件参考

熊斌诉秭归县世纪星酒店保管合同案

基本案情

2003年12月24日晚，原告在被告酒店茶艺部消费至25日凌晨3点多钟时，由于原告饮酒较多，便将随身所带的现金10000元寄存到茶艺部，由茶艺部负责人宋礼宾将款清点后收入吧台。之后就在该部包间休息。25日上午9时许，原告去领取存放的现金时，发现宋礼宾不在岗，于是向酒店服务员及负责人询问，酒店负责人称宋礼宾已携款外出不知去向。之后，原告便向被告的副总经理郑晖反映宋礼宾收存原告现金的情况。郑晖便多次给宋礼宾拨打移动电话，宋礼宾的电话拨通后但无人接听，郑晖又多次给宋礼宾发送短信息，劝说其将存放的钱还回来并表示给他改过的机会，可以通过银行把钱汇过来等，还将本人的账号发送给了宋礼宾。宋礼宾回短信说不会让郑晖为难，其说话算数，可以通过银行把钱汇回来等。原告认为，宋礼宾是被告的员工，在当班时为原告收存人民币10000元是一种职务行为，其行为形成了原告与被告的保管合同关系，被告应当向原告返还代为保管的现金。现被告以宋礼宾不在为由不予退还，其行为给原告带来了一定的经济损失。

一审诉辩情况

原告请求判令被告返还原告寄存的 10000 元并赔偿原告的经济损失 1000 元。审理中，原告放弃赔偿经济损失 1000 元的诉讼请求。

一审裁判结果

秭归县人民法院判决：限秭归酒店于本判决生效后立即返还熊斌人民币 10000 元。

一审裁判理由

秭归县人民法院认为：原告到被告处消费时，为方便起见将随身携带的人民币 10000 元存放在酒店茶艺部当班的工作人员宋礼宾手中时，原、被告之间即形成了保管合同关系。被告的工作人员宋礼宾应向原告履行交付保管凭证，妥善保管保管物，应原告要求随时返还保管物等义务。被告的工作人员在工作时接受原告存放的人民币 10000 元的行为属被告的职务行为，其行为后果应由被告承担。因此，被告的工作人员携款外逃后，被告应按原告的要求返还其存放的人民币 10000 元。其以无证据证实原告存放人民币 10000 元为由，拒不返还原告人民币 10000 元的行为，与原告提供的证据相矛盾，与其工作人员（副总经理）郑晔在公安派出所的陈述不相符，故其辩称主张本院不予支持。

二审诉辩情况

秭归酒店不服，提起上诉。

二审裁判结果

宜昌市中级人民法院判决：驳回上诉，维持原判。

二审裁判理由

宜昌市中级人民法院认为：（1）上诉人秭归酒店茶艺部工作人员宋礼宾在接待客人消费过程中接受消费者熊斌交付保管的现金 10000 元，其与寄存人熊斌之间形成保管合同关系。上诉人的工作人员在工作时间为寄存人保管财物的行为应属履行职务的行为，其行为后果应由上诉人承担。上诉人以被上诉人明知酒店设有专门的寄存处却将钱交给并非负责酒店寄存的茶艺师宋礼宾保管，其行为有重大过失，茶艺师宋礼宾接管被上诉人钱物的行为并非得到上诉人的授权，纯属个人行为，上诉人不应对宋礼宾的行为承担民事责任的上诉理由不能成立。(2) 被上诉人主张交付上诉人的工作人员宋礼宾保管10000元现金的事实,虽无直接证据加以证明,但经综合分析被上诉人提供的证人谭勇、唐科的证明及秭归县茅坪派出所询问上诉人副总经理郑晖的笔录所证明的事实,可以采信被上诉人诉称其交付宋礼宾保管现金10000元的事实能够成立。(3) 依照最高人民法院《关于民事诉讼证据的若干规定》第55条规定:"证人应当出庭作证,接受当事人的质询。"本案中,被上诉人在一审当庭出示证人谭勇、唐科的证人证言时,上诉人虽对证人的作证资格、证据形式提出异议,但并未提出证人应当出庭作证的质证意见。最高人民法院《关于民事诉讼证据的若干规定》第69条第5项规定:无正当理由未出庭作证的证人证言,不能单独作为认定案件事实的依据。因此,无正当理由未出庭作证的证人证言,并非不能作为证据使用,而是不能单独作为认定案件事实的依据。上诉人在二审程序中提出一审证人谭勇、唐科未出庭作证的证人证言不能作为证据使用的上诉理由,不予采纳。上诉人的证人郑晖在二审出庭作证,其所证明的事实与秭归县茅坪派出所询问郑晖的笔录证明的事实相同,被上诉人对证人郑晖证明的事实无异议,故郑晖的证言具有证明力,应予采信。上诉人的证据与本案待证事实无必然联系,不予采纳。上诉人在二审中出示的加强证据谭勇、唐科的调查笔录,不属新的证据,不予采纳。

保管合同纠纷办案依据集成

中华人民共和国合同法（1999年3月15日主席令第15号公布）（节录）

第十九章　保管合同

第三百六十五条　保管合同是保管人保管寄存人交付的保管物，并返还该物的合同。

第三百六十六条　寄存人应当按照约定向保管人支付保管费。

当事人对保管费没有约定或者约定不明确，依照本法第六十一条的规定仍不能确定的，保管是无偿的。

第三百六十七条　保管合同自保管物交付时成立，但当事人另有约定的除外。

第三百六十八条　寄存人向保管人交付保管物的，保管人应当给付保管凭证，但另有交易习惯的除外。

第三百六十九条　保管人应当妥善保管保管物。

当事人可以约定保管场所或者方法。除紧急情况或者为了维护寄存人利益的以外，不得擅自改变保管场所或者方法。

第三百七十条　寄存人交付的保管物有瑕疵或者按照保管物的性质需要采取特殊保管措施的，寄存人应当将有关情况告知保管人。寄存人未告知，致使保管物受损失的，保管人不承担损害赔偿责任；保管人因此受损失的，除保管人知道或者应当知道并且未采取补救措施的以外，寄存人应当承担损害赔偿责任。

第三百七十一条　保管人不得将保管物转交第三人保管，但当事人另有约定的除外。

保管人违反前款规定，将保管物转交第三人保管，对保管物造成损失的，应当承担损害赔偿责任。

第三百七十二条　保管人不得使用或者许可第三人使用保管物，但当事人另有约定的除外。

第三百七十三条　第三人对保管物主张权利的，除依法对保管物采取保全或者执行的以外，保管人应当履行向寄存人返还保管物的义务。

第三人对保管人提起诉讼或者对保管物申请扣押的，保管人应当及时通知寄存人。

第三百七十四条　保管期间，因保管人保管不善造成保管物毁损、灭失的，保管人应当承担损害赔偿责任，但保管是无偿的，保管人证明自己没有重大过失的，不承担损害赔偿责任。

第三百七十五条　寄存人寄存货币、有价证券或者其他贵重物品的，应当向保管人声明，由保管人验收或者封存。寄存人未声明的，该物品毁损、灭失后，保管人可以按照一般物品予以赔偿。

第三百七十六条　寄存人可以随时领取保管物。

当事人对保管期间没有约定或者约定不明确的，保管人可以随时要求寄存人领取保管物；约定保管期间的，保管人无特别事由，不得要求寄存人提前领取保管物。

第三百七十七条 保管期间届满或者寄存人提前领取保管物的，保管人应当将原物及其孳息归还寄存人。

第三百七十八条 保管人保管货币的，可以返还相同种类、数量的货币。保管其他可替代物的，可以按照约定返还相同种类、品质、数量的物品。

第三百七十九条 有偿的保管合同，寄存人应当按照约定的期限向保管人支付保管费。

当事人对支付期限没有约定或者约定不明确，依照本法第六十一条的规定仍不能确定的，应当在领取保管物的同时支付。

第三百八十条 寄存人未按照约定支付保管费以及其他费用的，保管人对保管物享有留置权，但当事人另有约定的除外。

二十八、委托合同纠纷

> **79. 企业与销售人员之间的法律关系应如何认定？**
>
> 销售人员作为企业的业务代表，以企业的名义对外销售货物，双方约定销售货款的返还率，并由该销售人员与企业进行结算的，根据双方的法律行为特征、交易习惯等因素，可认定销售代理行为是委托合同关系。委托合同与劳动合同在处理事务方面具有相似性。销售人员对外签订产品销售合同，并与企业结算货款，销售人员并非以自身劳务从企业获得报酬，企业也不负担销售人员的社会保险等相关义务，二者之间不具备劳动合同的特征，不是劳动合同关系。受托人应当按照委托人的指示处理委托事务，对处理委托事务取得的财产，应当转交给委托人。有偿的委托合同，因受托人的过错给委托人造成损失的，委托人可以要求赔偿损失。无偿的委托合同，因受托人的故意或者重大过失给委托人造成损失的，委托人可以要求赔偿损失。受托人超越权限给委托人造成损失的，应当赔偿损失。

典型疑难案件参考

黄国民诉厦门台佑机械制造有限公司、陈玉宏销售代理合同纠纷案

基本案情

2001年年底起至2004年2月25日期间，被告陈玉红以铭辉机械厂福建办事处的名义对外销售原告生产的产品立式注塑机配件。被告陈玉红于2004年2月25日签署了一张欠条交原告收执，欠条上载明"截至2004年2月25日，铭辉福建办陈玉红共欠公司未回货款合计肆拾万元整"。2004年2月25日，石碣铭辉机械厂与被告陈玉红在一张销售价格表上约定："自2004年2月25日起，福建办陈玉红销售以下表为准，时间至铭辉厂接手福建办为止，在此期

间，销售货款的返款率必须达到70%以上，余款在铭辉厂接手时一次性付清。铭辉厂接手福建办后，陈玉红以介绍客户按8%提成方案运作。"2004年9月，原告黄国民与被告陈玉红进行结算，双方对经济往来的明细账进行结算。在该对账单上，对账单的抬头注有"接手后付公司款如下：黄国民在对账单上注明'合计163680+120000（洪祖粗）'，陈玉红实应付铭辉公司货款¥120000，另洪祖粗¥120000元打完官司再定"。该对账单由被告陈玉红收执。洪祖粗的货款发生于2002年10月17日和2002年11月22日，合同是陈玉红作为业务代表以铭辉厂的名义与洪祖粗签订，该货款纠纷原告曾于2004年12月21日向晋江市法院起诉，并已调解结案。在该起诉讼过程中，原告确认陈玉红是其业务代表。2003年4月至2004年1月期间，陈玉红作为业务代表以铭辉厂的名义与泉州恒翔鞋服有限公司等签订注塑机买卖合同，合同书上均有陈玉红的签名及加盖铭辉厂的公章。

一审诉辩情况

原告诉称：被告因经营需要，向原告赊购各种规格、型号的正式注塑机配件。2004年2月25日，经双方结算，被告尚欠原告货款人民币40万元，被告立下欠条一份交原告收执。后经原告多次催讨，被告拒不还款。请求法院判决被告立即偿还货款人民币40万元，并支付资金占用利息［自2004年2月26日起至2007年3月25日止：40万元×（3年×365天+1个月×30天）×2.1÷1万元=94500元］。2008年1月2日，原告申请变更诉讼请求所依据的事实与理由如下：2001年年底，原告与被告陈玉红经协商达成口头代理合同，双方约定：由被告陈玉红代理原告产品在福建省的销售工作，原、被告内部按照双方确定的销售底价结算，对外销售价格由被告自行确定，超出底价部分作为被告的代理费用及报酬；销售货款回款率不得少于70%，余款应在终止代理关系时一次性付清。达成协议后，被告即以原告铭辉机械厂"福建办"（未经工商注册）的名义，代理销售原告的产品。2004年2月25日，双方按内部结算价进行结算，被告尚有销售款40万元未归还。为此，由被告立下欠条一份交原告收执。2004年9月1日，双方终止代理关系，但由于被告将代理销售原告产品所得货款用于设立被告"台佑公司"，致使此款无法归还原告。此后，原告多次向被告催促还款，但被告却拒不支付分文。

被告台佑公司辩称：被告与本案没有任何关系，原告在本案中滥用诉权。

被告陈玉红辩称：原告与被告之间既不存在买卖关系，也不存在口头达成的代理合同，所说的口头约定跟原来提交的第一份证据销售价格表相互矛盾，该价格表上面记载的是2004年2月25日离开公司以后的介绍业务的提成方式，即 2004 年 2 月 25 日之前是公司员工，原、被告之间为劳动合同关系，应经过劳动仲裁的前置程序，不能直接向法院起诉。假设法庭认为可以直接起诉，被告陈玉红经手而未收回的货款最后经原告确认是 12 万元而非原告所诉求的 40 万元，并且未收回货款的主要原因在于原告方提供的产品存在质量问题及售后服务差，所以被告不用承担任何责任，最多只是协助原告确认债权；另外，被告从未收到过原告任何主张该款项的函件，本案已超过诉讼时效。综上，请求驳回原告的诉求。

一审裁判结果

厦门市集美区人民法院判决：
一、被告陈玉宏应于本判决生效之日起 10 日内支付原告货款 12 万元。
二、驳回原告对被告台佑公司的诉讼请求。
三、驳回原告的其他诉讼请求。

一审裁判理由

厦门市集美区人民法院认为，本案争议焦点如下：（1）原告黄国民与被告陈玉红之间发生的法律关系是代理关系还是劳动合同关系；（2）原告黄国民与被告台佑公司是否具有法律关系；（3）原告黄国民与被告陈玉红之间争议的货款金额为 40 万元还是 12 万元；（4）本案是否超过诉讼时效。

1. 关于原告黄国民与被告陈玉红之间的法律关系问题。

原告黄国民主张其与被告之间是委托代理关系，而被告陈玉红辩称二者之间是劳动合同关系，被告陈玉红当时是原告所开办的铭辉机械厂的员工，是该机械厂福建办的销售代表。

法院认为：

第一，从原告与被告陈玉红的法律行为的内容上看，被告陈玉红以原告名义对外签订产品销售合同，由被告与原告结算货款，被告并非以自身劳务从原告获得报酬，原告也不负担被告的社会保险等相关内容。因此，二者之间并不存在劳动合同关系，不具备劳动合同的特征。本案中，被告陈玉红以原告名义对外签订产品销售合同，并且原告与被告结算货款，双方约定销售货款的返款率及被告陈玉红的业务提成，属于典型的产品销售代理合同关系。

第二，销售代理合同为无名合同，且双方并未签订书面合同，因此，合同的内容即当事双方的权利义务应当根据双方的交易习惯予以确定。根据已查明的事实，从被告陈玉红所提供的合同书的当事人公章、收款收据的形式以及双方的明细账的记载表明，在当事双方的交易往来当中，被告陈玉红以原告名义代理销售原告产品,享有对所销售产品的货款按照约定比例提成的权利,负有向购买该产品的第三人追讨货款,并向原告交付货款的义务,双方另有约定的除外,如洪祖粗的货款。

第三,根据民事代理的基本原则,代理行为的后果直接归属于被代理人,因此,销售产品所形成的债权归属原告,即在原告与第三人之间形成直接的债权债务关系,然而在原告与被告陈玉红的代理销售内部关系上,根据上述交易习惯确定的合同内容,被告陈玉红负有向第三人追讨货款并向原告交付该货款的义务。原告有权选择依据买卖合同向第三人直接主张债权,或者选择依据销售代理合同向被告陈玉红主张履行合同义务。在本案中,原告选择请求被告交付其所拖欠的货款,属于要求被告履行合同义务,法院予以支持。

2. 原告黄国民与被告厦门台佑公司法律关系问题。

原告认为被告陈玉红将代理销售原告产品所得货款用于设立被告台佑公司,并为该公司提供配件,但是缺乏相关证据予以证明,应承担举证不能的法律后果,原告的该主张法院不予采信。

3. 关于原告黄国民与被告陈玉红之间争议的货款金额为40万元还是12万元的问题。

被告陈玉红认为根据对账单上原告标注的内容,其对原告未回货款为12万元,并非40万元。对此,原告辩称该对账单是针对2004年2月25日到2004年9月1日这段时间内被告对原告所欠的款项,与本案讼争的货款金额没有关联性,被告所欠原告货款为40万元。法院认为,该对账单上所注明的"洪祖粗¥120000元打完官司再定",而该货款的发生时间为2004年2月25日以前,因此,法院认为,当事双方在核实对账单时已将2004年2月25日以前的货款账目考虑在内。而在对账单中,原告写明被告陈玉红"实应付"原告货款为12万元,法院认为,该措辞表明原告在对相关账目汇总结算后,计算出被告陈玉红实际应向原告交付的货款金额为12万元,而作为实际应付款项的对称,即被告陈玉红原本应付款项,根据上下文语境及相关事实,应当理解为2004年2月25日的欠条中所注明的款项。而对账单的抬头注有接手后付公司款如下:黄国民在对账单上注明"合计163680+120000(洪祖粗)",40万元货款减去相应的163680元及洪祖粗的争议货款12万元,剩下的未归还货款为将近12万元,与上述证据相互印证。综上,法院认为,对账单中标注的内容与本案所讼争的货款金额具备关联性,被告陈玉红实际应向原告交付的货款金额为12万元。

4. 关于本案诉讼时效问题。

原告认为其在2006年2月24日曾向被告发送电报,向其主张讼争款项的权利，因此，产生诉讼时效中断的法律效力，诉讼时效自该日起重新计算，至原告起诉时止尚未届满法定的两年诉讼时效期间。被告辩称其没有收到过原告发来的电报，因此不发生诉讼时效中断的效力，本案已经超过法定的诉讼时效期间。法院认为，原告所提供的两份电报收据与电报，其中向灌口镇上塘瑞林路台佑机械制造公司陈玉红所填发的电报与电报收据能够相互印证，足以证明原告曾于2006年2月24日向被告主张权利，发生诉讼时效中断的效力，因此至原告向法院起诉时尚未超过法定的诉讼时效期间。

综上，法院认为，原告黄国民与被告陈玉红之间为产品销售代理合同关系，该合同是双方的真实意思表示，没有违反法律禁止性规定，合法有效，依法应予保护。根据双方的约定与交易习惯，原告提供产品，被告陈玉红以原告名义对外销售产品，负责收取货款并与原告结算货款，故原告主张由被告陈玉红交付货款，法院予以支持。被告陈玉红所欠原告货款金额应为12万元。原告主张被告支付资金占用利息损失，由于双方未对该货款的返还期限作出明确的约定，原告的该请求法院不予支持。被告台佑公司与本案讼争标的没有法律关系，无须承担法律责任。

二审诉辩情况

陈玉红不服提起上诉称：（1）原审认定双方之间的法律关系为典型的产品销售代理合同关系，没有事实和法律依据，本案系双方劳动关系过程中所产生的纠纷，由劳动争议仲裁委员会先行裁决，才可以向人民法院提起诉讼；（2）假设本案确实存在销售代理合同关系，根据被告的证据，还应扣除2万元，因此，上诉请求撤销原审判决第一项，改判驳回黄国民的全部诉讼请求，诉讼费用由黄国民承担。

被上诉人黄国民辩称：陈玉红的上诉请求所依据的事实和理由不能成立，本案双方当事人关系的性质，原审认定为销售代理是正确的，也符合本案的所有证据。

原审被告台佑公司同意陈玉红的上诉请求，并认为讼争款项与公司没有关联。

二审裁判结果

厦门市中级人民法院判决：驳回上诉，维持原判。

二审裁判理由

厦门市中级人民法院认为，黄国民主张其与陈玉红之间是销售代理关系，有相应的事实依据。2004年2月25日，铭辉厂与陈玉红在销售价格表上约定，2004年2月25日起至铭辉厂接手福建办前，铭辉厂规定销售底价，陈玉红进行销售，销售货款的返还率必须达到70%以上，余款在铭辉厂接收时一次性付清。该销售价格表虽载明该价格为2004年2月25日起至铭辉厂接手福建办前的价格，但结合陈玉红当日签署的欠条可见，陈玉红在销售货物后已与黄国民进行结算，陈玉红以出具欠条的形式确认截至2004年2月25日共欠铭辉厂未回货款40万元。再根据陈玉红提供的2004年9月对账单的内容可见，双方之间对经济往来的明细账进行内部结算，最后确认陈玉红应付铭辉厂货款12万元，另洪祖粗12万元打完官司再定，这说明在2004年2月25日之前，双方之间的关系与2004年2月25日起至铭辉厂接手福建办前的相同，即陈玉红作为铭辉厂的业务代表，以铭辉厂的名义对外销售货物，双方约定销售货款的返还率，并且由陈玉红与黄国民进行结算，陈玉红支付剩余货款，因此，双方之间的法律关系是销售代理合同关系。陈玉红主张双方之间为劳动合同关系，但其不能提供劳动合同、铭辉厂发放工资及负担陈玉红的社会保险等相关证据材料，因此，陈玉红的上诉主张，证据不足，法院不予支持。关于陈玉红请求扣除的货款部分，证据不足，法院不予支持。综上所述，法院认为，上诉人陈玉红的上诉请求，事实和法律依据不足，法院不予支持。原审判决认定事实清楚，适用法律正确。

80. 委托人对受托人失去信任时，能否单方撤销委托？

委托人和受托人约定由受托人处理委托人事务，双方之间即成立委托合同。委托合同基于双方之间的信任基础而订立，一旦信任关系动摇，应允许当事人以自己的意愿解除合同关系，退出委托。故双方均可随时解除委托合同，依法享有任意解除权。该解除权是法定权限，一方不能依特别约定排斥解除权的行使。委托人终止合同的方式表现为撤销委托，受托人终止合同的方式表现为辞去委托。《合同法》第410条规定："委托人或者受托人可以随时解除委托合同。因解除合同给对方造成损失的，除不可归责于该当事人的事由以外，应当赔偿损失。"委托人解除对受托人的委托合同关系，属于行使法定解除权，但该解除行为给受托人造成损失，委托人依法应承担赔偿责任。

典型疑难案件参考

上海盘起贸易有限公司与盘起工业（大连）有限公司委托合同纠纷案（《最高人民法院公报》2006年第4期）

基本案情

2000年7月，日本盘起工业株式会社（以下简称日本盘起）法定代表人（同时系大连盘起的法定代表人）森久保有司经与梁崇宣磋商后签署《建设盘起中国营销网络、设立上海盘起的决定》（以下简称《决定》），决定成立上海盘起，由其负责建设、经营、管理盘起中国营销网络，确认上海盘起为盘起集团成员，是盘起集团在中国地区（不含台湾、港澳）的唯一销售代表机构。上海盘起是在中国注册的有限责任公司，作为独立法人，独立经营，亏损自负，利益自留。盘起集团将以最优惠的价格供给上海盘起产品。该《决定》还就经营业务、公司管理等作了规定。随后，森久保有司与梁崇宣签订《委托书》，约定委托梁崇宣代表日本盘起及其关联企业负责建设、管理、运营盘起集团在中国地区营销网络（不含台湾、港澳）的销售机构和渠道，组建、经营管理上海盘起及其他相关销售机构，委托其担任上海盘起的股东、董事、董事长。其权限、责任和具体事宜以《决定》为准，日本盘起负责协调、责成盘起集团内各部门、各关联企业与上海盘起缔结业务关系协议书。同时约定受托人同意无条件接受委托人对委托事项的撤销。

同年7月28日，上海盘起经工商行政管理部门批准成立，为有限责任公司，注册资本为人民币100万元，其中梁崇宣出资90万元，毕春生出资10万元，法定代表人为梁崇宣。公司的经营范围为：模具及零部件、机械配件、五金工具、金属制品（专项审批除外）、塑料制品、化工原料（除危险品）的销售。同年8月，上海盘起与大连盘起签订一份《业务协议书》，就大连盘起委托上海盘起在中国地区（不含台湾、港澳）的销售事宜双方协议、确认如下：双方相互确认系盘起集团成员，在盘起工业的事业上有共同的利益和责任；大连盘起作为盘起集团在中国的制造基地，有责任按照盘起集团的标准，按质、按时、按量地供给上海盘起所需产品；上海盘起作为盘起集团在中国地区的销售代表机构，有责任开拓、发展盘起集团和大连盘起产品在中国地区的市场；大连盘起委托上海盘起在中国地区销售其生产经营的产品，不再委托、建立其他销售机构和渠道，如有必要须事前与上海盘起建立协议；上海盘起负责建设、管理、运营销售机构和渠道，根据客户需求可自行购买其他厂商产品进行销售活动；大连盘起将以最优惠的价格供给产品，并无偿提供、转让给上海盘起在中国地区的销售权、商标使用权及其他无形资产，上海盘起保证正确使用其销售权、商标及无形资产等。同时约定本协议有效期为20年，自2000年9月1日至2020年8月31日。

上述协议签订后，双方开始合作。上海盘起以传真或电子邮件等方式向大连盘起订购各种模具及配件，进行销售活动。上海盘起还通过发布广告、印发宣传册、参展及办展会等多种形式宣传大连盘起的产品，开拓市场，并相继建立广东、青岛、苏州、昆山、天津、杭州等营销网点，形成一定规模的销售网络。对货款的结算期限，双方没有明确约定。截至2002年4月，上海盘起共有货款人民币5916866.41元尚未给付大连盘起，但大连盘起此前没有催收过。2002年4月19日，日本盘起森久保有司签署《撤销委托书的决定》，以上海盘起严重拖欠大连盘起货款，且其财务和销售活动缺乏透明度为由，决定撤销其原与梁崇宣签署的委托书及其附件，并撤销上海盘起。当日，大连盘起以上海盘起拖欠货款为由向法院提起诉讼。同月22日，日本盘起及大连盘起又作出对梁崇宣个人的《撤销委托书决定》，并于当日向梁崇宣送达上述决定书。同日，大连盘起又向销售系统各员工发布《关于撤销广东盘起工业销售有限公司和上海盘起贸易有限公司的决定》，并先后向客户发出《紧急通知》、《敬告客户》，重申大连盘起不再授权广东盘起、上海盘起经营盘起品牌产品；今后只有在大连盘起购买的盘起产品，才承担相关产品责任等。同月，大连盘起在上海、天津、东莞建立直属的营业所销售自己的产品。7月，又相继建立重庆出张所、青岛出张所进行销售活动。

截至2002年4月，上海盘起组建及经营投入（含公司开办、软件开发、固定资产投入等费用）为人民币743169.25元，促销活动投入（广告宣传、展览及其他促销费用）为人民币919597.32元，合计人民币1662766.57元。

▶ 一审诉辩情况

上海盘起诉讼请求：判令大连盘起撤销未经上海盘起同意成立的销售机构，公开赔礼道歉恢复名誉；大连盘起赔偿损失人民币5000万元并承担诉讼费用。

▶ 一审裁判结果

辽宁省高级人民法院判决：

一、大连盘起于判决生效之日起10日内赔偿上海盘起因解除合同而造成的经济损失人民币1662766.07元；

二、驳回上海盘起的其他诉讼请求。

一审裁判理由

辽宁省高级人民法院审理认为：2000年7月，梁崇宣接受日本盘起法定代表人森久保有司的委托，为扩大该社及其关联企业产品在中国的销售市场，专门组建上海盘起并逐步建立相应的营销网络。同年8月，上海盘起与大连盘起签订《业务协议书》，就大连盘起委托上海盘起在中国地区（不含台湾、港澳）的销售等事宜进行确认，该协议系两个独立的企业法人间的商务委托，系双方当事人的真实意思表示，且不违反法律法规的强制性规定，应认定合法有效，对双方当事人具有约束力。协议履行期间，大连盘起因故决定撤销原委托事项，终止该《业务协议书》，并通知上海盘起，致使这种委托关系的终止发生效力。由于本案所涉《业务协议书》是一种商务委托，它的订立和履行是基于双方当事人的相互信任，一旦这种信任发生动摇，根据《合同法》的规定，双方均可以解除合同，而不适用实际履行原则。故大连盘起关于协议已依法解除不应继续履行的抗辩成立，对上海盘起要求继续履行该协议的诉讼请求不应支持。大连盘起终止协议并书面通知上海盘起后，建立相应的办事处，并非独资的销售机构，其销售本企业的产品，不违反法律禁止性规定，即使销售其他企业的产品，亦属于国家有关行政部门查处的行为，不是本案调整的范畴。上海盘起为履行双方签订的《业务协议书》设立公司、招募人员、广告宣传、开拓市场、建立相应的营销网络等投入一定的人力和物力，而大连盘起提前终止协议，给上海盘起造成一定的经济损失。大连盘起终止协议致使协议不能继续履行，不可归责于大连盘起。大连盘起应当赔偿因提前解除协议给上海盘起造成的经济损失。关于上海盘起的经济损失，经上海盘起举证该院确认为人民币1662766.57元。对该部分损失，大连盘起应予补偿。故上海盘起要求大连盘起赔偿该部分损失的诉讼请求应予支持。关于预期利益损失的赔偿问题，该院认为，上海盘起诉请的预期利益损失，由于其具有不确定性，且《合同法》第410条又赋予委托合同当事人对合同的随时解除权，故上海盘起主张合同解除后的预期利益损失缺乏法律依据，应不予支持。

二审诉辩情况

上海盘起不服提起上诉。

二审裁判结果

最高人民法院判决：驳回上诉，维持原判。

二审裁判理由

最高人民法院认为：本案主要涉及大连盘起与上海盘起之间法律关系的性质、大连盘起是否享有合同解除权以及上海盘起的可得利益损失是否应予保护问题。

大连盘起与上海盘起于2000年8月签订的《业务协议书》约定，大连盘起委托上海盘起在中国地区（不含台湾、港澳）销售大连盘起制造的产品，大连盘起作为盘起集团在中国的制造基地，有责任按照盘起集团的标准，按质、按时、按量地供给上海盘起所需产品；上海盘起作为盘起集团在中国地区的销售代表机构，有责任开拓、发展盘起集团和大连盘起产品在中国地区的市场；大连盘起将以最优惠的价格供给产品，并无偿提供、转让给上海盘起在中国地区的销售权、商标使用权及其他无形资产，上海盘起保证正确使用其销售权、商标及无形资产等。上述约定确立了大连盘起与上海盘起之间的委托合同关系。本案《业务协议书》系当事人之间的真实意思表示，且不违反法律和行政法规的禁止性规定，应当认定合法有效。上海盘起关于本案《业务协议书》系分工合作的联营合同，并非委托关系的上诉理由不能成立，本院不予支持。委托合同基于当事人之间的相互信任而订立，亦可基于当事人之间信任基础的动摇而解除。《合同法》第410条规定："委托人或者受托人可以随时解除委托合同。因解除合同给对方造成损失的，除不可归责于该当事人的事由以外，应当赔偿损失。"大连盘起解除对上海盘起的委托合同关系，属于行使法定解除权，但该解除行为给上海盘起造成损失，大连盘起应当依法承担相应的赔偿责任。原审判决判令大连盘起向上海盘起赔偿因解除委托合同而造成的直接损失1662766.57元（原审判决表述为1662766.07元系笔误），是正确的，本院予以维持。

至于大连盘起是否还应向上海盘起赔偿可得利益损失问题。本院认为，虽当事人行使法定解除权亦应承担民事责任，但这种责任的性质、程度和后果不能等同于当事人故意违约应承担的违约责任。本案系因行使法定解除权而产生的民事责任。《合同法》第410条规定当事人一方因解除委托合同给对方造成损失的，应当承担赔偿损失的民事责任。根据本案法律关系的性质和本案的实际情况，不宜对"赔偿损失"作扩大解释。原审判决驳回上海盘起要求大连盘起承担可得利益损失民事责任的诉请，并无不当，本院予以维持。

综上，原审判决认定事实清楚，适用法律并无不当。上海盘起的上诉理由不能成立，本院不予支持。大连盘起在二审中提出要求将上海盘起及其销售网络判归大连盘起所有，属于另一法律关系，且大连盘起在本案二审中的诉讼地位为被上诉人，故本院对该诉请不予审理。

委托合同纠纷办案依据集成

1. 中华人民共和国合同法（1999年3月15日主席令第15号公布）（节录）

第二十一章 委托合同

第三百九十六条 委托合同是委托人和受托人约定，由受托人处理委托人事务的合同。

第三百九十七条 委托人可以特别委托受托人处理一项或者数项事务，也可以概括委托受托人处理一切事务。

第三百九十八条 委托人应当预付处理委托事务的费用。受托人为处理委托事务垫付的必要费用，委托人应当偿还该费用及其利息。

第三百九十九条 受托人应当按照委托人的指示处理委托事务。需要变更委托人指示的，应当经委托人同意；因情况紧急，难以和委托人取得联系的，受托人应当妥善处理委托事务，但事后应当将该情况及时报告委托人。

第四百条 受托人应当亲自处理委托事务。经委托人同意，受托人可以转委托。转委托经同意的，委托人可以就委托事务直接指示转委托的第三人，受托人仅就第三人的选任及其对第三人的指示承担责任。转委托未经同意的，受托人应当对转委托的第三人的行为承担责任，但在紧急情况下受托人为维护委托人的利益需要转委托的除外。

第四百零一条 受托人应当按照委托人的要求，报告委托事务的处理情况。委托合同终止时，受托人应当报告委托事务的结果。

第四百零二条 受托人以自己的名义，在委托人的授权范围内与第三人订立的合同，第三人在订立合同时知道受托人与委托人之间的代理关系的，该合同直接约束委托人和第三人，但有确切证据证明该合同只约束受托人和第三人的除外。

第四百零三条 受托人以自己的名义与第三人订立合同时，第三人不知道受托人与委托人之间的代理关系的，受托人因第三人的原因对委托人不履行义务，受托人应当向委托人披露第三人，委托人因此可以行使受托人对第三人的权利，但第三人与受托人订立合同时如果知道该委托人就不会订立合同的除外。

受托人因委托人的原因对第三人不履行义务，受托人应当向第三人披露委托人，第三人因此可以选择受托人或者委托人作为相对人主张其权利，但第三人不得变更选定的相对人。

委托人行使受托人对第三人的权利的，第三人可以向委托人主张其对受托人的抗辩。第三人选定委托人作为其相对人的，委托人可以向第三人主张其对受托人的抗辩以及受托人对第三人的抗辩。

第四百零四条 受托人处理委托事务取得的财产，应当转交给委托人。

第四百零五条 受托人完成委托事务的，委托人应当向其支付报酬。因不可归责于受托人的事由，委托合同解除或者委托事务不能完成的，委托人应当向受托人支付相应的报酬。当事人另有约定的，按照其约定。

第四百零六条 有偿的委托合同，因受托人的过错给委托人造成损失的，委托人可以要求赔偿损失。无偿的委托合同，因受托人的故意或者重大过失给委托人造成损失的，委托人可以要求赔偿损失。

受托人超越权限给委托人造成损失的，应当赔偿损失。

第四百零七条 受托人处理委托事务时，因不可归责于自己的事由受到损失的，可以向委托人要求赔偿损失。

第四百零八条 委托人经受托人同意，可以在受托人之外委托第三人处理委托事务。因此给受托人造成损失的，受托人可以向委托人要求赔偿损失。

第四百零九条 两个以上的受托人共同处理委托事务的，对委托人承担连带责任。

第四百一十条 委托人或者受托人可以随时解除委托合同。因解除合同给对方造成损失的，除不可归责于该当事人的事由以外，应当赔偿损失。

第四百一十一条 委托人或者受托人死亡、丧失民事行为能力或者破产的，委托合同终止，但当事人另有约定或者根据委托事务的性质不宜终止的除外。

第四百一十二条 因委托人死亡、丧失民事行为能力或者破产，致使委托合同终止将损害委托人利益的，在委托人的继承人、法定代理人或者清算组织承受委托事务之前，受托人应当继续处理委托事务。

第四百一十三条 因受托人死亡、丧失民事行为能力或者破产，致使委托合同终止的，受托人的继承人、法定代理人或者清算组织应当及时通知委托人。因委托合同终止将损害委托人利益的，在委托人作出善后处理之前，受托人的继承人、法定代理人或者清算组织应当采取必要措施。

2. 中华人民共和国律师法（2007年10月28日主席令第76号修订）（节录）

第五十四条 律师违法执业或者因过错给当事人造成损失的，由其所在的律师事务所承担赔偿责任。律师事务所赔偿后，可以向有故意或者重大过失行为的律师追偿。

二十九、委托理财合同纠纷

81. 委托理财合同中约定支付固定利息，如何处理？

委托理财可分为金融委托理财和民间委托理财，属于委托合同中的一种，适用《合同法》关于委托合同的相关规定。《证券法》、《信托法》等专门法对金融机构的委托理财活动加以规范。委托理财作为一种新兴投资方式，有利于促进经济活跃和社会发展，但其应在符合法律规范的前提下进行。在委托理财合同中设定固定利息属于保底条款，规避和转嫁理财风险，违背了基本经济规律和公平交易原则，违反了我国信托及证券监管行政主管部门关于信托公司及受托理财人不得以任何形式对客户的收益、损失作出承诺的规定，属无效条款。保底条款属于委托理财合同之目的条款或核心条款，保底条款无效将导致委托理财合同整体无效。

典型疑难案件参考

湘财证券有限责任公司与中国光大银行长沙新华支行、第三人湖南省平安轻化科技实业有限公司借款合同代位权纠纷案（《最高人民法院公报》2007年第1期）

基本案情

平安轻化为甲方，湘财证券为乙方，中国光大银行长沙分行（以下简称光大长沙分行）为丙方，于2004年4月19日签订了《阳光理财保协议》，约定：鉴于甲方同意委托乙方以甲方名义进行受托投资管理业务，并签订了《受托投资管理合同》，乙方向丙方申请为该受托投资管理业务提供一定担保，保证甲方在《受托投资管理合同》期满后如期获得受托投资管理资产期末资产余额；丙方同意受理乙方该申请，经三方充分协商，就丙方为甲乙双方受托投资管理业务提供阳光理财保业务达成协议；丙方的担保金额为《受托投资管理合同》项下的受托资产的期末资产余额；担保责任期间为本协议生效日起至担保责任解除日止。

2004年4月21日，平安轻化为甲方与光大新华支行为乙方签订《借款合同》，约定：甲方向乙方借款8000万元人民币用于经营周转，借款期限自2004年4月21日至2004年10月21日，借款年利率为4.536%；逾期按逾期天数以日万分之1.89计收利息，同时对逾期利息根据逾期天数按日万分之1.89计收复利。平安轻化以《阳光理财保协议》作为质物，为上述借款提供质押，并于2004年4月21日签订质押合同。

《借款合同》签订后，光大新华支行依约将贷款划到了平安轻化08788112010030201230账户，2004年4月21日，平安轻化与光大新华支行签订《银行承兑协议》并从上述账号中开具了八张银行承兑汇票计8000万元，分别承兑给了一汽贸易总公司和一汽解放青岛汽车厂。

《借款合同》到期后，平安轻化只归还了合同期内利息1542240元，截至2004年10月21日，尚欠本金8000万元和合同期内利息312480元、逾期利息3659040元、复利65976.89元，共计本金8000万元，利息4037496.89元，总计84037496.89元。

2004年4月20日，平安轻化为委托人与湘财证券为受托人签订《受托投资管理合同》，约定：委托人将人民币1亿元交付受托人进行投资管理，管理期限自委托资产到达委托人开设的受托投资管理账户且委托人将该账户有效授权受托人管理之日起算12个月；在管理期限内以委托人名义开设证券账户和资金账户的方式开立受托投资管理账户；清算方式为现金结算；双方还对管理佣金和业绩奖励作了约定。同日，双方又签订了《补充协议》，约定：受托人保证受托投资管理资产安全与完整，使得受托投资管理资产的年投资收益率达到7.8%，如年投资收益率低于7.8%，受托人负责补足。受托人同意分别于2004年7月30日、2004年10月30日、2005年1月30日每次将195万元收益支付委托人，到期日将剩余收益和本金划给委托人。受托投资管理资产年投资收益率高于7.8%部分的收益，作为业绩奖励归受托人所有。同日，双方还签订了《授权委托书》，约定：平安轻化对其在湘财证券营业部开设的证券资金账户授予湘财证券进行独立操作和管理的权利，授权范围包括开户、销户、重置密码、账户冻结及解冻、下挂账户、上海指定交易及撤销上海指定交易、债券回购、回购指定交易及撤销回购指定交易、债券买卖、股票基金买卖及配售、资金存款、资金取款、转托管；期限自2004年4月20日至2005年4月20日。以上合同、协议、委托书签订后，平安轻化分别于2004年4月20日和

21日，分两次转账4000万元和6000万元，共计1亿元至湘财证券营业部账户。

湘财证券根据平安轻化的《划款通知书》，分别于2004年7月、2004年10月、2005年1月、2005年4月支付给平安轻化投资收益共计780万元；2005年6月，湘财证券偿还了受托投资管理资金本金2000万元。

2005年5月17日，湘财证券向光大长沙分行出具《关于请求延期还款的函》，称：阳光理财保业务已于2005年4月20日到期，但目前无法履约，请求延期还款。

另查明：湘财证券系独立的企业法人，其注册资本为251470.05万元，经营范围有：证券的代理买卖、代理还本付息和分红派息、证券代保管、鉴证、代理登记开户、证券的自营买卖、证券的承销和上市推荐、证券投资咨询和财务顾问业务、资产管理、发起设立证券投资资金和基金管理公司等。

平安轻化系独立的企业法人，注册资本1.4亿元，股东为龙大海、刘文超。

一审诉辩情况

2005年7月18日，光大新华支行提起诉讼，请求：湘财证券及平安轻化偿还所欠光大新华支行贷款8000万元及利息。

一审裁判结果

湖南省高级人民法院判决：

一、湘财证券在判决生效后10日内向光大新华支行支付人民币8000万元本金及利息（从2004年4月21日起，按人民银行同期贷款利率计算至清偿之日止），已支付的780万元收益，予以冲抵。

二、从判决生效之日起，平安轻化与湘财证券之间因本案《受托投资管理合同》形成的债权债务关系消灭。

三、平安轻化在判决生效后10日内，在以上湘财证券应偿还的数额外，尚不足以清偿光大新华支行8403.749689万元（利息已计算至2004年10月21日，此后利息按合同约定计算至清偿之日止）债务的范围内，承担偿还责任。

一审裁判理由

湖南省高级人民法院认为：光大新华支行与平安轻化之间签订的《借款合同》为双方当事人的真实意思表示，内容不违反法律、行政法规的强制性规定，是有效合同，双方当事人应按合同的约定严格履行。湘财证券辩称平安轻化将本笔贷款资金违规流入了股市，但无相关证据证明。经查，平安轻化将所贷到的8000万元全部以承兑汇票的形式分别承兑给了一汽贸易总公司和一汽解放青岛汽车厂，湘财证券的此抗辩理由与事实不符，该院不予采信。光大新华支行在合同签订后，依约发放了贷款，已履行了合同约定的主要义务。但平安轻化到期只偿还了部分利息，未履行全部偿还义务，应承担违约责任。

湘财证券具备了监管部门批准的受托投资管理资格，其与平安轻化签订的《受托投资管理合同》及其《补充协议》系当事人的真实意思表示，且不违反法律、行政法规关于禁止混业经营的规定，应当认定有效。但协议中设定的固定利息，系保底条款，其规避和转嫁理财风险，违背了基本经济规律和公平交易原则，违反了我国信托及证券监管行政主管部门关于信托公司及受托理财人不得以任何形式对客户的收益、损失作出承诺的规定，属无效约定。平安轻化不得依此无效约定，向湘财证券要求投资回报。平安轻化已收的780万元收益，属不当得利，应返还给湘财证券。

湘财证券在接受平安轻化的委托后，应全面依约对平安轻化的委托资金进行管理，但湘财证券在委托期满后，没有及时将委托资产清算返还给平安轻化，应承担逾期付款的责任。平安轻化与湘财证券在《补充协议》中约定了关于损失的承担条款，约定："在管理期限届满之日，受托人（湘财证券）保证受托投资管理资产安全与完整，使得受托投资管理资产的年投资收益率达到7.8%"、"如因委托人原因……如投资发生亏损，由委托人自行承担"。由委托人承担亏损的前提是湘财证券必须证明平安轻化有过错，故在没有证据证明平安轻化有过错的情况下，湘财证券依该条款要求平安轻化补偿资金本金损失没有事实依据，且就湘财证券本身而言，其在《补充协议》明确保证受托资产安全与完整，如发生亏损，其应担责，平安轻化不应承担交易损失的后果。因此，湘财证券应承担返还本金8000万元和同期银行贷款利率的赔偿责任，但湘财证券已支付的780万元收益应予冲抵。

光大新华支行在庭审中明确基于代位权向湘财证券主张权利。

平安轻化既未积极向其债权人光大新华支行履行到期债务，又未通过必要的方式主张其对次债务人湘财证券的到期债权，其行为对光大新华支行造成损害，光大新华支行可以行使代位权。光大新华支行代位行使平安轻化对湘财证券的债权的具体数额截至2004年10月21日应为8403.749689万元。

综上，光大新华支行对湘财证券代位权成立，湘财证券应偿还光大新华支行8000万元本金及同期银行贷款利率扣除780万元收益后的余额，不足部分应由平安轻化偿还。鉴于光大新华支行未向平安轻化主张其担保债权，因此，基于担保法律关系而产生的《质押合同》和《阳光理财保协议》、《关于请求延期还款的函》不属本案审理范围，该院不予审理。

二审诉辩情况

湘财证券不服，提起上诉。

二审裁判结果

最高人民法院判决：

一、维持湖南省高级人民法院〔2005〕湘高法民二初字第14号民事判决主文第二项、第三项内容；

二、变更湖南省高级人民法院〔2005〕湘高法民二初字第14号民事判决主文第一项内容为：湘财证券有限责任公司在判决生效后10日内向中国光大银行长沙新华支行支付人民币8000万元本金及利息（从2004年4月21日起，按人民银行同期定期存款利率计算至清偿之日止），已支付的780万元，予以冲抵。

二审裁判理由

经二审审理对原审法院查明事实予以确认。

最高人民法院认为，光大新华支行与平安轻化之间签订的《借款合同》为双方当事人的真实意思表示，内容不违反法律、行政法规的强制性规定，系有效合同。光大新华支行在合同签订后，依约向平安轻化发放了贷款，平安轻化应于合同到期后向光大新华支行履行全部偿还贷款本金及利息的义务，逾期履行还应承担相应的违约责任。现平安轻化仅向光大新华支行支付了部分利息，光大新华支行有权向平安轻化追索欠付的本金、利息并追究相应的违约责任。光大新华支行提供了充分有效的证据证明其对平安轻化享有8000万元借款本金债权的事实，平安轻化对此予以认可。湘财证券关于光大新华支行与平安轻化之间债权债务不清的上诉主张不能成立，本院依法不予支持。平安轻化作为委托人与受托人湘财证券之间签订的《受托投资管理合同》及《补充协议》中约定，平安轻化将资金委托给湘财证券在一定期限内投资于证券市场，并由湘财证券按期支付给平安轻化相应的投资收益，上述内容符合委托理财合同特点。双方关于湘财证券保证平安轻化的资金年投资收益率达到7.8%，不足部分由湘财证券补足的约定属于委托理财合同中保证本息固定回报的条款。《证券法》第144条明确规定，证券公司不得以任何方式对客户证券买卖的收益或者赔偿证券买卖的损失作出承诺。本案保底条款的内容显然违反了上述法律的禁止性规定，应属无效条款。保底条款应属委托理财合同之目的条款或核心条款，保底条款无效应导致委托理财合同整体无效，故本案《受托投资管理合同》及《补充协议》作为委托理财合同整体无效。受托人湘财证券应当将委托资金本金返还委托人平安轻化，并按中国人民银行规定的同期定期存款利率标准支付利息。平安轻化不得向湘财证券要求合同约定的投资收益部分，其已收的780万元作为不当得利应返还给湘财证券。原审判决确认本案《受托投资管理合同》及《补充协议》有效，并判令湘财证券按人民银行同期贷款利率向光大新华支行支付利息不当，应予纠正。

光大新华支行对平安轻化享有债权，平安轻化对湘财证券享有债权，上述债权至本案诉前均已到期。平安轻化既不向光大新华支行履行到期债务，又怠于向湘财证券主张到期债权，对光大新华支行造成了损害。光大新华支行根据《合同法》第73条、最高人民法院《关于适用〈中华人民共和国合同法〉若干问题的解释（一）》第16条第1款的规定，向人民法院请求以自己的名义代位行使平安轻化的债权并无不当，且原审判决认定光大新华支行可向湘财证券主张的债权数额并未超过平安轻化对湘财证券的债权数额，平安轻化对于光大新华支行主张债权的方式及范围均无异议，故湘财证券关于光大新华支行代位权不能成立的上诉主张缺乏事实和法律依据，本院不予支持。

各方当事人对于原审判决主文中涉及平安轻化的内容部分均没有提出上诉，根据《民事诉讼法》第151条的规定，第二审人民法院应当对上诉请求的有关事实和适用法律进行审理。故本院对于原审判决上述内容不再进行审理。

综上，原审判决认定事实清楚，但适用法律部分错误。

委托理财合同纠纷办案依据集成

1. 中华人民共和国合同法（1999年3月15日主席令第15号公布）（节录）

第三百九十六条 委托合同是委托人和受托人约定，由受托人处理委托人事务的合同。

第三百九十七条 委托人可以特别委托受托人处理一项或者数项事务，也可以概括委托受托人处理一切事务。

第三百九十八条 委托人应当预付处理委托事务的费用。受托人为处理委托事务垫付的必要费用，委托人应当偿还该费用及其利息。

第三百九十九条 受托人应当按照委托人的指示处理委托事务。需要变更委托人指示的，应当经委托人同意；因情况紧急，难以和委托人取得联系的，受托人应当妥善处理委托事务，但事后应当将该情况及时报告委托人。

第四百条 受托人应当亲自处理委托事务。经委托人同意，受托人可以转委托。转委托经同意的，委托人可以就委托事务直接指示转委托的第三人，受托人仅就第三人的选任及其对第三人的指示承担责任。转委托未经同意的，受托人应当对转委托的第三人的行为承担责任，但在紧急情况下受托人为维护委托人的利益需要转委托的除外。

第四百零一条 受托人应当按照委托人的要求，报告委托事务的处理情况。委托合同终止时，受托人应当报告委托事务的结果。

第四百零二条 受托人以自己的名义，在委托人的授权范围内与第三人订立的合同，第三人在订立合同时知道受托人与委托人之间的代理关系的，该合同直接约束委托人和第三人，但有确切证据证明该合同只约束受托人和第三人的除外。

第四百零三条 受托人以自己的名义与第三人订立合同时，第三人不知道受托人与委托人之间的代理关系的，受托人因第三人的原因对委托人不履行义务，受托人应当向委托人披露第三人，委托人因此可以行使受托人对第三人的权利，但第三人与受托人订立合同时如果知道该委托人就不会订立合同的除外。

受托人因委托人的原因对第三人不履行义务，受托人应当向第三人披露委托人，第三人因此可以选择受托人或者委托人作为相对人主张其权利，但第三人不得变更选定的相对人。

委托人行使受托人对第三人的权利的，第三人可以向委托人主张其对受托人的抗辩。第三人选定委托人作为其相对人的，委托人可以向第三人主张其对受托人的抗辩以及受托人对第三人的抗辩。

第四百零四条 受托人处理委托事务取得的财产，应当转交给委托人。

第四百零五条 受托人完成委托事务的，委托人应当向其支付报酬。因不可归责于受托人的事由，委托合同解除或者委托事务不能完成的，委托人应当向受托人支付相应的报酬。当事人另有约定的，按照其约定。

第四百零六条 有偿的委托合同,因受托人的过错给委托人造成损失的,委托人可以要求赔偿损失。无偿的委托合同,因受托人的故意或者重大过失给委托人造成损失的,委托人可以要求赔偿损失。

受托人超越权限给委托人造成损失的,应当赔偿损失。

第四百零七条 受托人处理委托事务时,因不可归责于自己的事由受到损失的,可以向委托人要求赔偿损失。

第四百零八条 委托人经受托人同意,可以在受托人之外委托第三人处理委托事务。因此给受托人造成损失的,受托人可以向委托人要求赔偿损失。

第四百零九条 两个以上的受托人共同处理委托事务的,对委托人承担连带责任。

第四百一十条 委托人或者受托人可以随时解除委托合同。因解除合同给对方造成损失的,除不可归责于该当事人的事由以外,应当赔偿损失。

第四百一十一条 委托人或者受托人死亡、丧失民事行为能力或者破产的,委托合同终止,但当事人另有约定或者根据委托事务的性质不宜终止的除外。

第四百一十二条 因委托人死亡、丧失民事行为能力或者破产,致使委托合同终止将损害委托人利益的,在委托人的继承人、法定代理人或者清算组织承受委托事务之前,受托人应当继续处理委托事务。

第四百一十三条 因受托人死亡、丧失民事行为能力或者破产,致使委托合同终止的,受托人的继承人、法定代理人或者清算组织应当及时通知委托人。因委托合同终止将损害委托人利益的,在委托人作出善后处理之前,受托人的继承人、法定代理人或者清算组织应当采取必要措施。

2. 中华人民共和国信托法(2001年4月28日主席令第50号公布)(节录)

第六条 设立信托,必须有合法的信托目的。

第七条 设立信托,必须有确定的信托财产,并且该信托财产必须是委托人合法所有的财产。

本法所称财产包括合法的财产权利。

第八条 设立信托,应当采取书面形式。

书面形式包括信托合同、遗嘱或者法律、行政法规规定的其他书面文件等。

采取信托合同形式设立信托的,信托合同签订时,信托成立。采取其他书面形式设立信托的,受托人承诺信托时,信托成立。

第九条 设立信托,其书面文件应当载明下列事项:

(一)信托目的;

(二)委托人、受托人的姓名或者名称、住所;

(三)受益人或者受益人范围;

(四)信托财产的范围、种类及状况;

(五)受益人取得信托利益的形式、方法。

除前款所列事项外,可以载明信托期限、信托财产的管理方法、受托人的报酬、新受托人的选任方式、信托终止事由等事项。

第十条 设立信托，对于信托财产，有关法律、行政法规规定应当办理登记手续的，应当依法办理信托登记。

未依照前款规定办理信托登记的，应当补办登记手续；不补办的，该信托不产生效力。

第十一条 有下列情形之一的，信托无效：
（一）信托目的违反法律、行政法规或者损害社会公共利益；
（二）信托财产不能确定；
（三）委托人以非法财产或者本法规定不得设立信托的财产设立信托；
（四）专以诉讼或者讨债为目的设立信托；
（五）受益人或者受益人范围不能确定；
（六）法律、行政法规规定的其他情形。

第十二条 委托人设立信托损害其债权人利益的，债权人有权申请人民法院撤销该信托。

人民法院依照前款规定撤销信托的，不影响善意受益人已经取得的信托利益。

本条第一款规定的申请权，自债权人知道或者应当知道撤销原因之日起一年内不行使的，归于消灭。

第十三条 设立遗嘱信托，应当遵守继承法关于遗嘱的规定。

遗嘱指定的人拒绝或者无能力担任受托人的，由受益人另行选任受托人；受益人为无民事行为能力人或者限制民事行为能力人的，依法由其监护人代行选任。遗嘱对选任受托人另有规定的，从其规定。

第三章 信托财产

第十四条 受托人因承诺信托而取得的财产是信托财产。

受托人因信托财产的管理运用、处分或者其他情形而取得的财产，也归入信托财产。

法律、行政法规禁止流通的财产，不得作为信托财产。

法律、行政法规限制流通的财产，依法经有关主管部门批准后，可以作为信托财产。

第十五条 信托财产与委托人未设立信托的其他财产相区别。设立信托后，委托人死亡或者依法解散、被依法撤销、被宣告破产时，委托人是唯一受益人的，信托终止，信托财产作为其遗产或者清算财产；委托人不是唯一受益人的，信托存续，信托财产不作为其遗产或者清算财产；但作为共同受益人的委托人死亡或者依法解散、被依法撤销、被宣告破产时，其信托受益权作为其遗产或者清算财产。

第十六条 信托财产与属于受托人所有的财产（以下简称固有财产）相区别，不得归入受托人的固有财产或者成为固有财产的一部分。

受托人死亡或者依法解散、被依法撤销、被宣告破产而终止，信托财产不属于其遗产或者清算财产。

第十七条 除因下列情形之一外，对信托财产不得强制执行：
（一）设立信托前债权人已对该信托财产享有优先受偿的权利，并依法行使该权利的；
（二）受托人处理信托事务所产生债务，债权人要求清偿该债务的；

（三）信托财产本身应担负的税款；

（四）法律规定的其他情形。

对于违反前款规定而强制执行信托财产，委托人、受托人或者受益人有权向人民法院提出异议。

第十八条 受托人管理运用、处分信托财产所产生的债权，不得与其固有财产产生的债务相抵销。

受托人管理运用、处分不同委托人的信托财产所产生的债权债务，不得相互抵销。

第四章 信托当事人

第一节 委 托 人

第十九条 委托人应当是具有完全民事行为能力的自然人、法人或者依法成立的其他组织。

第二十条 委托人有权了解其信托财产的管理运用、处分及收支情况，并有权要求受托人作出说明。

委托人有权查阅、抄录或者复制与其信托财产有关的信托帐目以及处理信托事务的其他文件。

第二十一条 因设立信托时未能预见的特别事由，致使信托财产的管理方法不利于实现信托目的或者不符合受益人的利益时，委托人有权要求受托人调整该信托财产的管理方法。

第二十二条 受托人违反信托目的处分信托财产或者因违背管理职责、处理信托事务不当致使信托财产受到损失的，委托人有权申请人民法院撤销该处分行为，并有权要求受托人恢复信托财产的原状或者予以赔偿；该信托财产的受让人明知是违反信托目的而接受该财产的，应当予以返还或者予以赔偿。

前款规定的申请权，自委托人知道或者应当知道撤销原因之日起一年内不行使的，归于消灭。

第二十三条 受托人违反信托目的处分信托财产或者管理运用、处分信托财产有重大过失的，委托人有权依照信托文件的规定解任受托人，或者申请人民法院解任受托人。

第二节 受 托 人

第二十四条 受托人应当是具有完全民事行为能力的自然人、法人。

法律、行政法规对受托人的条件另有规定的，从其规定。

第二十五条 受托人应当遵守信托文件的规定，为受益人的最大利益处理信托事务。

受托人管理信托财产，必须恪尽职守，履行诚实、信用、谨慎、有效管理的义务。

第二十六条 受托人除依照本法规定取得报酬外，不得利用信托财产为自己谋取利益。

受托人违反前款规定，利用信托财产为自己谋取利益的，所得利益归入信托财产。

第二十七条 受托人不得将信托财产转为其固有财产。受托人将信托财产转为其固有财产的，必须恢复该信托财产的原状；造成信托财产损失的，应当承担赔偿责任。

第二十八条 受托人不得将其固有财产与信托财产进行交易或者将不同委托人的信托财产进行相互交易，但信托文件另有规定或者经委托人或者受益人同意，并以公平的市场价格进行交易的除外。

受托人违反前款规定,造成信托财产损失的,应当承担赔偿责任。

第二十九条 受托人必须将信托财产与其固有财产分别管理、分别记帐,并将不同委托人的信托财产分别管理、分别记帐。

第三十条 受托人应当自己处理信托事务,但信托文件另有规定或者有不得已事由的,可以委托他人代为处理。

受托人依法将信托事务委托他人代理的,应当对他人处理信托事务的行为承担责任。

第三十一条 同一信托的受托人有两个以上的,为共同受托人。

共同受托人应当共同处理信托事务,但信托文件规定对某些具体事务由受托人分别处理的,从其规定。

共同受托人共同处理信托事务,意见不一致时,按信托文件规定处理;信托文件未规定的,由委托人、受益人或者其利害关系人决定。

第三十二条 共同受托人处理信托事务对第三人所负债务,应当承担连带清偿责任。第三人对共同受托人之一所作的意思表示,对其他受托人同样有效。

共同受托人之一违反信托目的处分信托财产或者因违背管理职责、处理信托事务不当致使信托财产受到损失的,其他受托人应当承担连带赔偿责任。

第三十三条 受托人必须保存处理信托事务的完整记录。

受托人应当每年定期将信托财产的管理运用、处分及收支情况,报告委托人和受益人。

受托人对委托人、受益人以及处理信托事务的情况和资料负有依法保密的义务。

第三十四条 受托人以信托财产为限向受益人承担支付信托利益的义务。

第三十五条 受托人有权依照信托文件的约定取得报酬。信托文件未作事先约定的,经信托当事人协商同意,可以作出补充约定;未作事先约定和补充约定的,不得收取报酬。

约定的报酬经信托当事人协商同意,可以增减其数额。

第三十六条 受托人违反信托目的处分信托财产或者因违背管理职责、处理信托事务不当致使信托财产受到损失的,在未恢复信托财产的原状或者未予赔偿前,不得请求给付报酬。

第三十七条 受托人因处理信托事务所支出的费用、对第三人所负债务,以信托财产承担。受托人以其固有财产先行支付的,对信托财产享有优先受偿的权利。

受托人违背管理职责或者处理信托事务不当对第三人所负债务或者自己所受到的损失,以其固有财产承担。

第三十八条 设立信托后,经委托人和受益人同意,受托人可以辞任。本法对公益信托的受托人辞任另有规定的,从其规定。

受托人辞任的,在新受托人选出前仍应履行管理信托事务的职责。

第三十九条 受托人有下列情形之一的,其职责终止:

(一)死亡或者被依法宣告死亡;

(二)被依法宣告为无民事行为能力人或者限制民事行为能力人;

(三)被依法撤销或者被宣告破产;

（四）依法解散或者法定资格丧失；

（五）辞任或者被解任；

（六）法律、行政法规规定的其他情形。

受托人职责终止时，其继承人或者遗产管理人、监护人、清算人应当妥善保管信托财产，协助新受托人接管信托事务。

第四十条 受托人职责终止的，依照信托文件规定选任新受托人；信托文件未规定的，由委托人选任；委托人不指定或者无能力指定的，由受益人选任；受益人为无民事行为能力人或者限制民事行为能力人的，依法由其监护人代行选任。

原受托人处理信托事务的权利和义务，由新受托人承继。

第四十一条 受托人有本法第三十九条第一款第（三）项至第（六）项所列情形之一，职责终止的，应当作出处理信托事务的报告，并向新受托人办理信托财产和信托事务的移交手续。

前款报告经委托人或者受益人认可，原受托人就报告中所列事项解除责任。但原受托人有不正当行为的除外。

第四十二条 共同受托人之一职责终止的，信托财产由其他受托人管理和处分。

3. 中华人民共和国证券法（2005年10月27日修订）（节录）

第一百四十条 证券公司办理经纪业务，应当置备统一制定的证券买卖委托书，供委托人使用。采取其他委托方式的，必须作出委托记录。

客户的证券买卖委托，不论是否成交，其委托记录应当按照规定的期限，保存于证券公司。

第一百四十一条 证券公司接受证券买卖的委托，应当根据委托书载明的证券名称、买卖数量、出价方式、价格幅度等，按照交易规则代理买卖证券，如实进行交易记录；买卖成交后，应当按照规定制作买卖成交报告单交付客户。

证券交易中确认交易行为及其交易结果的对账单必须真实，并由交易经办人员以外的审核人员逐笔审核，保证账面证券余额与实际持有的证券相一致。

第一百七十条 投资咨询机构、财务顾问机构、资信评级机构从事证券服务业务的人员，必须具备证券专业知识和从事证券业务或者证券服务业务二年以上经验。认定其证券从业资格的标准和管理办法，由国务院证券监督管理机构制定。

第一百七十一条 投资咨询机构及其从业人员从事证券服务业务不得有下列行为：

（一）代理委托人从事证券投资；

（二）与委托人约定分享证券投资收益或者分担证券投资损失；

（三）买卖本咨询机构提供服务的上市公司股票；

（四）利用传播媒介或者通过其他方式提供、传播虚假或者误导投资者的信息；

（五）法律、行政法规禁止的其他行为。

有前款所列行为之一，给投资者造成损失的，依法承担赔偿责任。

三十、居间合同纠纷

82. 购房者通过房产中介机构订立合同但未实际购房,是否需要支付中介费?

居间合同是居间人向委托人报告订立合同的机会或者提供订立合同的媒介服务,委托人支付报酬的合同。日常生活中常见的房产中介、婚姻媒介、家政中介等活动就是居间合同的表现形式。居间人享有给付报酬请求权,但居间合同报酬的支付条件以居间人促成合同成立为要件。居间人促成合同成立后,委托人应当按照约定支付报酬。对居间人的报酬没有约定或者约定不明确,依照《合同法》第61条的规定仍不能确定的,根据居间人的劳务合理确定。因居间人提供订立合同的媒介服务而促成合同成立的,由该合同的当事人平均负担居间人的报酬。居间人促成合同成立的,居间活动的费用,由居间人负担。如果居间人未促成合同成立的,不得要求支付报酬,但可以要求委托人支付从事居间活动支出的必要费用。支付居间报酬的条件是合同的成立,而非合同的履行。房产买卖合同成立后是否得以履行,委托方是否购得该房产,是买卖双方之间的法律关系,不影响到居间合同的效力。居间人促进房屋买卖合同成立后,居间人的合同义务即告完成,委托人即便未能实际购得房产,仍应支付居间报酬。

典型疑难案件参考

厦门市龙城房地产营销策划代理有限公司诉许雪贞居间合同纠纷案

基本案情

2005年2月23日,业主叶旗俊作为卖方(甲方)与作为买方的被告许雪贞(乙方)及作为中介方的原告龙城公司就甲方拥有的位于厦门市思明区禾祥东路

21号3楼房产买卖签订一份《房地产定购协议书》，约定乙方在签订协议之日向甲方支付购房定金1万元，向中介方支付中介服务费8500元；交易税费及中介服务费由买方承担；在该协议书上并附有叶旗俊收到许雪贞购买上述房产定金1万元的收据。2005年5月30日，案外人刘允枝、邱伟杰等二人购买位于厦门市思明区禾祥东路21号3楼房产，并办理了厦门市土地房屋权证。

一审诉辩情况

原告龙城公司诉请判令被告支付中介费8500元及利息（自2005年2月23日起至实际还款之日止，按每日万分之二点一计算）。

一审裁判结果

福建省厦门市思明区人民法院判决：被告许雪贞应于判决生效之日起10日内支付原告龙城公司中介费8500元及逾期付款利息（自2005年2月23日起至实际还款之日止，按每日万分之二点一计算）。

一审裁判理由

福建省厦门市思明区人民法院认为，原、被告及房屋业主签订的《房地产定购协议书》，系各方当事人的真实意思表示，内容并不违法，应认定为有效合同。原告作为中介方，已促成买卖双方合同的成立，被告也依协议约定支付购房定金，原、被告之间的行为符合居间合同的法律规定，被告应依照约定支付原告中介费。因被告未能如约付款，已构成违约，应承担相应的违约责任。原告要求被告支付中介费8500元及利息，依法应予以支持。至于讼争房产最后由谁购买，不影响本案居间合同的成立，被告提出原告提供虚假信息，存在明显过错等抗辩理由，证据不足，不予采信。

二审诉辩情况

许雪贞不服提起上诉。

二审裁判结果

福建省厦门市中级人民法院判决：驳回上诉，维持原判。

二审裁判理由

除一审法院查明的事实外，福建省厦门市中级人民法院另查明，双方当事人确认原审判决遗漏下列事实：（1）《房地产定购协议书》是由被上诉人提供的格式合同，是上诉人到被上诉人处签订的，《房地产定购协议书》约定的房产面积为98平方米，产权证体现的禾祥东路21号3楼房产面积为195.68平方米，是商业用途房屋。本院对双方确认的该项事实予以确认。(2)上诉人主张在签订《房地产定购协议书》时，被上诉人有口头介绍禾祥东路21号3楼房产为住宅用途。被上诉人予以否认，并认为上诉人未提供相应证据，故法院对上诉人的该项主张不予认定。

  福建省厦门市中级人民法院认为，涉诉的厦门市禾祥东路21号3楼房产是客观存在的，在本案中，作为中介方的被上诉人已促成上诉人与出卖人签订《房地产定购协议书》，符合居间合同的法律规定，上诉人理应依约支付被上诉人中介费。至于《房地产定购协议书》对涉诉房产的面积、用途与产权证不一致的问题，作为买方的上诉人，对其所欲购买的房产负有了解、审查的义务，其未尽到谨慎注意的义务，对此所产生的后果应由上诉人自行承担。上诉人未能提供证据证明被上诉人提供虚假信息，其主张涉诉房产不存在，其也没有实际购买到涉诉房产，因此被上诉人要求上诉人支付中介费的请求应予以驳回的上诉理由不能成立，其上诉请求应予驳回。原审判决认定事实清楚，判决结果正确，应予维持。

居间合同纠纷办案依据集成

1. 中华人民共和国合同法（1999年3月15日主席令第15号公布）（节录）

第四百二十五条 居间人应当就有关订立合同的事项向委托人如实报告。

居间人故意隐瞒与订立合同有关的重要事实或者提供虚假情况，损害委托人利益的，不得要求支付报酬并应当承担损害赔偿责任。

第四百二十六条 居间人促成合同成立的，委托人应当按照约定支付报酬。对居间人的报酬没有约定或者约定不明确，依照本法第六十一条的规定仍不能确定的，根据居间人的劳务合理确定。因居间人提供订立合同的媒介服务而促成合同成立的，由该合同的当事人平均负担居间人的报酬。

居间人促成合同成立的，居间活动的费用，由居间人负担。

第四百二十七条 居间人未促成合同成立的，不得要求支付报酬，但可以要求委托人支付从事居间活动支出的必要费用。

2. 中华人民共和国城市房地产管理法（2009年8月27修正）（节录）

第五十七条 房地产中介服务机构包括房地产咨询机构、房地产价格评估机构、房地产经纪机构等。

第五十八条 房地产中介服务机构应当具备下列条件：

（一）有自己的名称和组织机构；

（二）有固定的服务场所；

（三）有必要的财产和经费；

（四）有足够数量的专业人员；

（五）法律、行政法规规定的其他条件。

设立房地产中介服务机构，应当向工商行政管理部门申请设立登记，领取营业执照后，方可开业。

3. 最高人民法院关于审理期货纠纷案件若干问题的规定（2003年6月18日 法释〔2003〕10号）（节录）

第十条 公民、法人受期货公司或者客户的委托，作为居间人为其提供订约的机会或者订立期货经纪合同的中介服务的，期货公司或者客户应当按照约定向居间人支付报酬。居间人应当独立承担基于居间经纪关系所产生的民事责任。

三十一、典当纠纷

83. 房产典当与房产抵押如何区分？

典当本质上是一种用益物权，是指当户将其动产、财产权利作为当物质押或者将其房地产作为当物抵押给典当行，交付一定比例的费用，取得当金，并在约定期限内支付当金利息、偿还当金、赎回当物的行为。房地产典当是房地产权利特有的一种流通方式，它是指房地产权利人即出典人在一定期限内，将其所有的房地产，以一定典价将房屋权利过渡给他人即承典人，承典人支付一定的典金，占有出典的房屋，并进行使用、收益，典期届满时，由出典人偿还典金赎回出典房屋的法律行为。实践中，许多房地产抵押典当关系就是房地产抵押借款关系，房地产设典的权利为房屋所有权和使用权。房地产典当和房地产抵押的主要区别为：（1）房地产典当只能为借款合同而提供担保，而房地产抵押担保的债权范围则不限于此，它还可以为借款合同以外的其他合同担保。（2）房地产典当中的出典人只能是借款人本人，借款人以外的第三人不能替借款人担保而成为出典人；房地产抵押的抵押人既可以是债务人本人，也可以是债务人以外的第三人。（3）典当转移房地产的占有权，而抵押不转移抵押标的房地产的占有权。

典型疑难案件参考

元振良等诉大连金元典当有限公司典当合同纠纷抗诉案

基本案情

2005年10月12日，大连金元典当有限公司、大连市金州区京东包装印刷厂为了明确双方发生的25051462号当票以外事项，签订了房地产抵押典当合同：典当金额120万元，月利率0.5%，月综合费2.7%，期限6个月，从2005年10月12日至2006年4月12日。京东印刷厂以坐落于大连市金州区三十里堡镇安乐屯产权证分别为大房权证金堡单字20030165、20030165-1，面积共计2781.30平方米的两座厂房作抵押，并于2005年10月12在大连市金州区房产部门办理了抵押登记，取得大房金单他字第005900179号房屋他项权利证书。金元典当公司当日向京东印刷厂支付当金55万元，京东印刷厂刘崇智签收。

元振良、尹相根、焦昆峰、刘风海等十余人均与京东印刷厂及其负责人刘崇智之间存在债务纠纷，于2005年分别在先主张权利，而且对其主张的权利均由生效的法律文书予以确认。刘风海于2005年5月16日向金州区人民法院申请执行〔2004〕金民合初字第1919号民事调解书，金州区人民法院于2005年5月31日向被执行人刘崇智发出执行通知书，并作出〔2005〕金执字第915号民事裁定书：查封被执行人刘崇智坐落在三十里堡镇大房权证金堡单字第20030165号楼房，查封期2年。并于当日向金州区三十里堡房管所发出执行通知书，房管所予以查封登记。其后，焦昆峰、尹相根、元振良等陆续向金州区人民法院申请执行各自生效判决及调解书，法院予以受理，并告知被执行人刘崇智及其开设的京东包装印刷厂的厂房已被查封。金州区人民法院于2005年11月18日与大连市金元拍卖有限公司签订《委托拍卖协议书》，拍卖京东印刷厂的两栋厂房（建筑面积2781.30平方米）及土地使用权（1684平方米）和设施，拍卖保留价为2813500元。因京东印刷厂未能归还当金，而抵押典当的标的物已经被法院查封并委托拍卖，金元典当公司向法院起诉要求解除抵押典当合同，并就房屋拍卖所得优先受偿。

京东印刷厂系个人独资企业，负责人为刘崇智，于2005年11月9日被吊销营业执照。

原审裁判

金州区人民法院民事判决认为：原、被告双方签订的房地产抵押典当合同，是当事人的真实意思表示，不违背国家法律规定，应认定合同合法有效。原告金元典当公司依约已部分履行了合同义务，但履行后，发现被告京东印刷厂的抵押财产已被法院因他案委托拍卖机构予以拍卖，现金元典当公司为了维护自己的权益，要求解除合同，合理合法。双方对抵押物已到房管部门办理了登记手续，因此，金元典当公司对被告抵押的房屋享有优先受偿权。金元典当公司要求京东印刷厂立即偿还当金55万元及利息和综合费及相关利率的诉请，本院予以支持。判决如下：

一、解除原告金元典当公司与被告京东印刷厂签订的房地产抵押典当合同。

二、京东印刷厂于本判决生效后10日内返还当金55万元，并支付自2005年10月12日始至还清日止的利息及综合费。

三、金元典当公司对京东印刷厂坐落于大连市金州区三十里堡镇第20030165号、第20030165－1号房屋享有优先受偿权。本案诉讼费12612元由京东印刷厂负担。

抗诉理由

金元典当公司与京东印刷厂均未上诉，一审判决生效。元振良等不服，向检察机关提出申诉。大连市人民检察院审查后，向大连市中级人民法院提出抗诉，理由如下：（1）法院对金元典当公司与京东印刷厂之间抵押的成立和法院对涉案房屋另案查封的时间顺序未予查清，即认定合同合法有效，系认定事实错误。经审查，金州区人民法院2005年5月31日作出〔2005〕金执字第915号民事裁定书，裁定查封权证金堡单字第20030165号楼房，查封期2年。而金元典当公司与京东印刷厂之间签订的抵押合同和办理抵押登记却发生在2005年10月12日，即涉案楼房查封在先，抵押在后。这一重要事实直接影响到抵押合同效力的认定，而原审法院在已知抵押财产被法院因他案委托拍卖机构予以拍卖的情况下，仍直接认定抵押合同合法有效，认定事实错误。（2）原审法院判决金元典当公司对涉案房屋享有优先受偿权，适用法律错误。《担保法》第37条规定依法被查封、扣押、监管的财产不得抵押。本案中，金元典当公司与京东印刷厂对已被法院依法查封的房屋设立抵押，违反了法律的强制性规定而无效。原审法院认定抵押合同有效，金元典当公司对房屋享有优先受偿权，适用法律错误。

再审结果

大连市中级人民法院受理抗诉后，将该案交金州区人民法院再审。金州区人民法院再审认为，虽然涉案房屋办理抵押登记时，房产部门并不知道已被查封的事实，但毕竟查封在先，依法被查封的财产不得设立抵押，所以，对已被查封的大房权证金堡单字第20030165号楼房的抵押应为无效。遂判决：变更本院〔2006〕金民合初字第2506号民事判决的第三项为：金元典当公司对京东印刷厂坐落于大连市金州区三十里堡镇安乐屯大房权证金堡单字第2003165－1号房屋享有优先受偿权。

典当纠纷办案依据集成

1. 典当管理办法（商务部、公安部2005年2月9日第8号令公布）

第一章 总 则

第一条 为规范典当行为，加强监督管理，促进典当业规范发展，根据有关法律规定，制定本办法。

第二条 在中华人民共和国境内设立典当行，从事典当活动，适用本办法。

第三条 本办法所称典当，是指当户将其动产、财产权利作为当物质押或者将其房地产作为当物抵押给典当行，交付一定比例费用，取得当金，并在约定期限内支付当金利息、偿还当金、赎回当物的行为。

本办法所称典当行，是指依照本办法设立的专门从事典当活动的企业法人，其组织形式与组织机构适用《中华人民共和国公司法》的有关规定。

第四条 商务主管部门对典当业实施监督管理，公安机关对典当业进行治安管理。

第五条 典当行的名称应当符合企业名称登记管理的有关规定。典当行名称中的行业表述应当标明"典当"字样。其他任何经营性组织和机构的名称不得含有"典当"字样，不得经营或者变相经营典当业务。

第六条 典当行从事经营活动，应当遵守法律、法规和规章，遵循平等、自愿、诚信、互利的原则。

第二章 设 立

第七条 申请设立典当行，应当具备下列条件：

（一）有符合法律、法规规定的章程；

（二）有符合本办法规定的最低限额的注册资本；

（三）有符合要求的营业场所和办理业务必需的设施；

（四）有熟悉典当业务的经营管理人员及鉴定评估人员；

（五）有两个以上法人股东，且法人股相对控股；

（六）符合本办法第九条和第十条规定的治安管理要求；

（七）符合国家对典当行统筹规划、合理布局的要求。

第八条 典当行注册资本最低限额为300万元；从事房地产抵押典当业务的，注册资本最低限额为500万元；从事财产权利质押典当业务的，注册资本最低限额为1000万元。

典当行的注册资本最低限额应当为股东实缴的货币资本，不包括以实物、工业产权、非专利技术、土地使用权作价出资的资本。

第九条 典当行应当建立、健全以下安全制度：

（一）收当、续当、赎当查验证件（照）制度；

（二）当物查验、保管制度；

（三）通缉协查核对制度；

（四）可疑情况报告制度；

（五）配备保安人员制度。

第十条 典当行房屋建筑和经营设施应当符合国家有关安全标准和消防管理规定，具备下列安全防范设施：

（一）经营场所内设置录像设备（录像资料至少保存2个月）；

（二）营业柜台设置防护设施；

（三）设置符合安全要求的典当物品保管库房和保险箱（柜、库）；

（四）设置报警装置；

（五）门窗设置防护设施；

（六）配备必要的消防设施及器材。

第十一条 设立典当行，申请人应当向拟设典当行所在地设区的市（地）级商务主管部门提交下列材料：

（一）设立申请（应当载明拟设立典当行的名称、住所、注册资本、股东及出资额、经营范围等内容）及可行性研究报告；

（二）典当行章程、出资协议及出资承诺书；

（三）典当行业务规则、内部管理制度及安全防范措施；

（四）具有法定资格的验资机构出具的验资证明；

（五）档案所在单位人事部门出具的个人股东、拟任法定代表人和其他高级管理人员的简历；

（六）具有法定资格的会计师事务所出具的法人股东近期财务审计报告及出资能力证明、法人股东的董事会（股东会）决议及营业执照副本复印件；

（七）符合要求的营业场所的所有权或者使用权的有效证明文件；

（八）工商行政管理机关核发的《企业名称预先核准通知书》。

第十二条 具备下列条件的典当行可以跨省（自治区、直辖市）设立分支机构：

（一）经营典当业务三年以上，注册资本不少于人民币1500万元；

（二）最近两年连续盈利；

（三）最近两年无违法违规经营记录。

典当行的分支机构应当执行本办法第九条规定的安全制度，具备本办法第十条规定的安全防范设施。

第十三条 典当行应当对每个分支机构拨付不少于500万元的营运资金。

典当行各分支机构营运资金总额不得超过典当行注册资本的50%。

第十四条 典当行申请设立分支机构，应当向拟设分支机构所在地设区的市（地）级商务主管部门提交下列材料：

（一）设立分支机构的申请报告（应当载明拟设立分支机构的名称、住所、负责人、营运资金数额等）、可行性研究报告、董事会（股东会）决议；

（二）具有法定资格的会计师事务所出具的该典当行最近两年的财务会计报告；

（三）档案所在地人事部门出具的拟任分支机构负责人的简历；

（四）符合要求的营业场所的所有权或者使用权的有效证明文件；

（五）省级商务主管部门及所在地县级人民政府公安机关出具的最近两年无违法违规经营记录的证明。

第十五条　收到设立典当行或者典当行申请设立分支机构的申请后，设区的市（地）级商务主管部门应当报省级商务主管部门审核，省级商务主管部门将审核意见和申请材料报送商务部，由商务部批准并颁发《典当经营许可证》。省级商务主管部门应当在收到商务部批准文件后5日（工作日，下同）内将有关情况通报同级人民政府公安机关。省级人民政府公安机关应当在5日内将通报情况通知设区的市（地）级人民政府公安机关。

第十六条　申请人领取《典当经营许可证》后，应当在10日内向所在地县级人民政府公安机关申请典当行《特种行业许可证》，并提供下列材料：

（一）申请报告；

（二）《典当经营许可证》及复印件；

（三）法定代表人、个人股东和其他高级管理人员的简历及有效身份证件复印件；

（四）法定代表人、个人股东和其他高级管理人员的户口所在地县级人民政府公安机关出具的无故意犯罪记录证明；

（五）典当行经营场所及保管库房平面图、建筑结构图；

（六）录像设备、防护设施、保险箱（柜、库）及消防设施安装、设置位置分布图；

（七）各项治安保卫、消防安全管理制度；

（八）治安保卫组织或者治安保卫人员基本情况。

第十七条　所在地县级人民政府公安机关受理后应当在10日内将申请材料及初步审核结果报设区的市（地）人民政府公安机关审核批准，设区的市（地）级人民政府公安机关应当在10日内审核批准完毕。经批准的，颁发《特种行业许可证》。

设区的市（地）级人民政府公安机关直接受理的申请，应当在20日内审核批准完毕。经批准的，颁发《特种行业许可证》。

设区的市（地）级人民政府公安机关应当在发证后5日内将审核批准情况报省级人民政府公安机关备案；省级人民政府公安机关应当在5日内将有关情况通报同级商务主管部门。

申请人领取《特种行业许可证》后，应当在10日内到工商行政管理机关申请登记注册，领取营业执照后，方可营业。

第三章　变更、终止

第十八条　典当行变更机构名称、注册资本（变更后注册资本在5000万元以上的除外）、法定代表人、在本市（地、州、盟）范围内变更住所、转让股份（对外转让股份累计达50%以上的除外）的，应当经省级商务主管部门批准。省级商务主管部门应当在批准后20日内向商务部备案。商务部于每年6月、12月集中换发《典当经营许可证》。

典当行分立、合并、跨市（地、州、盟）迁移住所、对外转让股份累计达50%以上、以及变更后注册资本在5000万元以上的，应当经省级商务主管部门同意，报商务部批准，并换发《典当经营许可证》。

申请人领取《典当经营许可证》后，依照本办法第十七条的有关规定申请换发《特种行业许可证》和营业执照。

第十九条 典当行增加注册资本应当符合下列条件：

（一）与开业时间或者前一次增资相隔的时间在一年以上；

（二）一年内没有违法违规经营记录。

第二十条 典当行变更注册资本或者调整股本结构，新进入的个人股东和拟任高级管理人员应当接受资格审查；新进入的法人股东及增资的法人股东应当具备相应的投资能力与投资资格。

第二十一条 无正当理由未按照规定办理《特种行业许可证》及营业执照的，或者自核发营业执照之日起无正当理由超过6个月未营业，或者营业后自行停业连续达6个月以上的，省级商务主管部门、设区的市（地）级人民政府公安机关应当分别收回《典当经营许可证》、《特种行业许可证》，原批准文件自动撤销。收回的《典当经营许可证》应当交回商务部。

省级商务主管部门收回《典当经营许可证》，或者设区的市（地）级人民政府公安机关收回《特种行业许可证》的，应当在10日内通过省级人民政府公安机关相互通报情况。

许可证被收回后，典当行应当依法向工商行政管理机关申请注销登记。

第二十二条 典当行解散应当提前3个月向省级商务主管部门提出申请，经批准后，应当停止除赎当和处理绝当物品以外的其他业务，并依法成立清算组，进行清算。

第二十三条 典当行清算结束后，清算组应当将清算报告报省级商务主管部门确认，由省级商务主管部门收回《典当经营许可证》，并在5日内通报同级人民政府公安机关。

省级人民政府公安机关应当在5日内通知作出原批准决定的设区的市（地）级人民政府公安机关收回《特种行业许可证》。

典当行在清算结束后，应当依法向工商行政管理机关申请注销登记。

第二十四条 省级商务主管部门对终止经营的典当行应当予以公告，并报商务部备案。

第四章　经营范围

第二十五条 经批准，典当行可以经营下列业务：

（一）动产质押典当业务；

（二）财产权利质押典当业务；

（三）房地产（外省、自治区、直辖市的房地产或者未取得商品房预售许可证的在建工程除外）抵押典当业务；

（四）限额内绝当物品的变卖；

（五）鉴定评估及咨询服务；

（六）商务部依法批准的其他典当业务。

第二十六条 典当行不得经营下列业务：

（一）非绝当物品的销售以及旧物收购、寄售；

（二）动产抵押业务；

（三）集资、吸收存款或者变相吸收存款；

（四）发放信用贷款；
（五）未经商务部批准的其他业务。

第二十七条 典当行不得收当下列财物：
（一）依法被查封、扣押或者已经被采取其他保全措施的财产；
（二）赃物和来源不明的物品；
（三）易燃、易爆、剧毒、放射性物品及其容器；
（四）管制刀具、枪支、弹药、军、警用标志、制式服装和器械；
（五）国家机关公文、印章及其管理的财物；
（六）国家机关核发的除物权证书以外的证照及有效身份证件；
（七）当户没有所有权或者未能依法取得处分权的财产；
（八）法律、法规及国家有关规定禁止流通的自然资源或者其他财物。

第二十八条 典当行不得有下列行为：
（一）从商业银行以外的单位和个人借款；
（二）与其他典当行拆借或者变相拆借资金；
（三）超过规定限额从商业银行贷款；
（四）对外投资。

第二十九条 典当行收当国家统收、专营、专卖物品，须经有关部门批准。

第五章 当 票

第三十条 当票是典当行与当户之间的借贷契约，是典当行向当户支付当金的付款凭证。

典当行和当户就当票以外事项进行约定的，应当补充订立书面合同，但约定的内容不得违反有关法律、法规和本办法的规定。

第三十一条 当票应当载明下列事项：
（一）典当行机构名称及住所；
（二）当户姓名（名称）、住所（址）、有效证件（照）及号码；
（三）当物名称、数量、质量、状况；
（四）估价金额、当金数额；
（五）利率、综合费率；
（六）典当日期、典当期、续当期；
（七）当户须知。

第三十二条 典当行和当户不得将当票转让、出借或者质押给第三人。

第三十三条 典当行和当户应当真实记录并妥善保管当票。

当票遗失，当户应当及时向典当行办理挂失手续。未办理挂失手续或者挂失前被他人赎当，典当行无过错的，典当行不负赔偿责任。

第六章 经营规则

第三十四条 典当行不得委托其他单位和个人代办典当业务，不得向其他组织、机构和经营场所派驻业务人员从事典当业务。

第三十五条 办理出当与赎当,当户均应当出具本人的有效身份证件。当户为单位的,经办人员应当出具单位证明和经办人的有效身份证件;委托典当中,被委托人应当出具典当委托书、本人和委托人的有效身份证件。

除前款所列证件外,出当时,当户应当如实向典当行提供当物的来源及相关证明材料。赎当时,当户应当出示当票。

典当行应当查验当户出具的本条第二款所列证明文件。

第三十六条 当物的估价金额及当金数额应当由双方协商确定。

房地产的当金数额经协商不能达成一致的,双方可以委托有资质的房地产价格评估机构进行评估,估价金额可以作为确定当金数额的参考。

典当期限由双方约定,最长不得超过6个月。

第三十七条 典当当金利率,按中国人民银行公布的银行机构6个月期法定贷款利率及典当期限折算后执行。

典当当金利息不得预扣。

第三十八条 典当综合费用包括各种服务及管理费用。

动产质押典当的月综合费率不得超过当金的42‰。

房地产抵押典当的月综合费率不得超过当金的27‰。

财产权利质押典当的月综合费率不得超过当金的24‰。

当期不足5日的,按5日收取有关费用。

第三十九条 典当期内或典当期限届满后5日内,经双方同意可以续当,续当一次的期限最长为6个月。续当期自典当期限或者前一次续当期限届满日起算。续当时,当户应当结清前期利息和当期费用。

第四十条 典当期限或者续当期限届满后,当户应当在5日内赎当或者续当。逾期不赎当也不续当的,为绝当。

当户于典当期限或者续当期限届满至绝当前赎当的,除须偿还当金本息、综合费用外,还应当根据中国人民银行规定的银行等金融机构逾期贷款罚息水平、典当行制定的费用标准和逾期天数,补交当金利息和有关费用。

第四十一条 典当行在当期内不得出租、质押、抵押和使用当物。

质押当物在典当期内或者续当期内发生遗失或者损毁的,典当行应当按照估价金额进行赔偿。遇有不可抗力导致质押当物损毁的,典当行不承担赔偿责任。

第四十二条 典当行经营房地产抵押典当业务,应当和当户依法到有关部门先行办理抵押登记,再办理抵押典当手续。

典当行经营机动车质押典当业务,应当到车辆管理部门办理质押登记手续。

典当行经营其他典当业务,有关法律、法规要求登记的,应当依法办理登记手续。

第四十三条 典当行应当按照下列规定处理绝当物品:

(一)当物估价金额在3万元以上的,可以按照《中华人民共和国担保法》的有关规定处理,也可以双方事先约定绝当后由典当行委托拍卖行公开拍卖。拍卖收入在扣除拍卖费用及当金本息后,剩余部分应当退还当户,不足部分向当户追索。

（二）绝当物估价金额不足3万元的，典当行可以自行变卖或者折价处理，损溢自负。

（三）对国家限制流通的绝当物，应当根据有关法律、法规，报有关管理部门批准后处理或者交售指定单位。

（四）典当行在营业场所以外设立绝当物品销售点应当报省级商务主管部门备案，并自觉接受当地商务主管部门监督检查。

（五）典当行处分绝当物品中的上市公司股份应当取得当户的同意和配合，典当行不得自行变卖、折价处理或者委托拍卖行公开拍卖绝当物品中的上市公司股份。

第四十四条　典当行的资产应当按照下列比例进行管理：

（一）典当行自初始营业起至第一次向省级商务主管部门及所在地商务主管部门报送年度财务会计报告的时期内从商业银行贷款的，贷款余额不得超过其注册资本。典当行第一次向省级商务主管部门及所在地商务主管部门报送财务会计报告之后从商业银行贷款的，贷款余额不得超过上一年度向主管部门报送的财务会计报告中的所有者权益。典当行不得从本市（地、州、盟）以外的商业银行贷款。典当行分支机构不得从商业银行贷款。

（二）典当行对同一法人或者自然人的典当余额不得超过注册资本的25%。

（三）典当行对其股东的典当余额不得超过该股东入股金额，且典当条件不得优于普通当户。

（四）典当行净资产低于注册资本的90%时，各股东应当按比例补足或者申请减少注册资本，但减少后的注册资本不得违反本办法关于典当行注册资本最低限额的规定。

（五）典当行财产权利质押典当余额不得超过注册资本的50%。房地产抵押典当余额不得超过注册资本。注册资本不足1000万元的，房地产抵押典当单笔当金数额不得超过100万元。注册资本在1000万元以上的，房地产抵押典当单笔当金数额不得超过注册资本的10%。

第四十五条　典当行应当依照法律和国家统一的会计制度，建立、健全财务会计制度和内部审计制度。

典当行应当按照国家有关规定，真实记录并全面反映其业务活动和财务状况，编制月度报表和年度财务会计报告，并按要求向省级商务主管部门及所在地设区的市（地）级商务主管部门报送。

典当行年度财务会计报告须经会计师事务所或者其他法定机构审查验证。

第七章　监督管理

第四十六条　商务部对典当业实行归口管理，履行以下监督管理职责：

（一）制定有关规章、政策；

（二）负责典当行市场准入和退出管理；

（三）负责典当行日常业务监管；

（四）对典当行业自律组织进行业务指导。

第四十七条　商务部参照省级商务主管部门拟定的年度发展规划对全国范围内典当行的总量、布局及资本规模进行调控。

第四十八条　《典当经营许可证》由商务部统一印制。《典当经营许可证》实行统一编码管理，编码管理办法由商务部另行制定。

当票由商务部统一设计，省级商务主管部门监制。省级商务主管部门应当每半年向商务部报告当票的印制、使用情况。任何单位和个人不得伪造和变造当票。

第四十九条 省级商务主管部门应当按季度向商务部报送本地典当行经营情况。具体要求和报表格式由商务部另行规定。

第五十条 典当行的从业人员应当持有有效身份证件；外国人及其他境外人员在典当行就业的，应当按照国家有关规定，取得外国人就业许可证书。

典当行不得雇佣不能提供前款所列证件的人员。

第五十一条 典当行应当如实记录、统计质押当物和当户信息，并按照所在地县级以上人民政府公安机关的要求报送备查。

第五十二条 典当行发现公安机关通报协查的人员或者赃物以及本办法第二十七条所列其他财物的，应当立即向公安机关报告有关情况。

第五十三条 对属于赃物或者有赃物嫌疑的当物，公安机关应当依法予以扣押，并依照国家有关规定处理。

第五十四条 省级商务主管部门以及设区的市（地）级商务主管部门应当根据本地实际建立定期检查及不定期抽查制度，及时发现和处理有关问题；对于辖区内典当行发生的盗抢、火灾、集资吸储及重大涉讼案件等情况，应当在24小时之内将有关情况报告上级商务主管部门和当地人民政府，并通报同级人民政府公安机关。

第五十五条 全国性典当行业协会是典当行业的全国性自律组织，经国务院民政部门核准登记后成立，接受国务院商务、公安等部门的业务指导。

地方性典当行业协会是本地典当行业的自律性组织，经当地民政部门核准登记后成立，接受所在地商务、公安等部门的业务指导。

第五十六条 商务部授权省级商务主管部门对典当行进行年审。具体办法由商务部另行制定。

省级商务主管部门应当在年审后10日内将有关情况通报同级人民政府公安机关和工商行政管理机关。

第五十七条 国家推行典当执业水平认证制度。具体办法由商务部会同国务院人事行政部门制定。

第八章 罚　则

第五十八条 非法设立典当行及分支机构或者以其他方式非法经营典当业务的，依据国务院《无照经营查处取缔办法》予以处罚。

第五十九条 典当行违反本办法第二十六条第（三）、（四）项规定，构成犯罪的，依法追究刑事责任。

第六十条 典当行违反本办法第二十八条第（一）、（二）、（三）项或者第四十四条第（一）、（二）、（五）项规定的，由省级商务主管部门责令改正，并处5000元以上3万元以下罚款；构成犯罪的，依法追究刑事责任。

第六十一条 典当行违反本办法第三十七条第一款或者第三十八条第二、三、四款规定的，由省级商务主管部门责令改正，并处5000元以上3万元以下罚款；构成犯罪的，依法追究刑事责任。

第六十二条 典当行违反本办法第四十五条规定，隐瞒真实经营情况，提供虚假财务会计报告及财务报表，或者采用其他方式逃避税收与监管的，由省级商务主管部门责令改正，并通报相关部门依法查处；构成犯罪的，依法追究刑事责任。

第六十三条 典当行违反本办法第二十七条规定的，由县级以上人民政府公安机关责令改正，并处5000元以上3万元以下罚款；构成犯罪的，依法追究刑事责任。

第六十四条 典当行违反本办法第二十六条第（一）、（二）、（五）项，第二十八条第（四）项或者第三十四条规定的，由所在地设区的市（地）级商务主管部门责令改正，单处或者并处5000元以上3万元以下罚款。

典当行违反本办法第二十九条或者第四十三条第（三）、（五）项的规定，收当限制流通物或者处理绝当物未获得相应批准或者同意的，由所在地设区的市（地）级商务主管部门责令改正，并处1000元以上5000元以下罚款。

典当行违反本办法第四十四条第（三）、（四）项规定，资本不实，扰乱经营秩序的，由所在地设区的市（地）级商务主管部门责令限期补足或者减少注册资本，并处以5000元以上3万元以下罚款。

第六十五条 典当行违反本办法第三十五条第三款或者第五十一条规定的，由县级以上人民政府公安机关责令改正，并处200元以上1000元以下罚款。

第六十六条 典当行违反本办法第五十二条规定的，由县级以上人民政府公安机关责令改正，并处2000元以上1万元以下罚款；造成严重后果或者屡教不改的，处5000元以上3万元以下罚款。

对明知是赃物而窝藏、销毁、转移的，依法给予治安管理处罚；构成犯罪的，依法追究刑事责任。

第六十七条 典当行采用暴力、威胁手段强迫他人典当，或者以其他不正当手段侵犯当户合法权益，构成违反治安管理行为的，由公安机关依法给予治安管理处罚；构成犯罪的，依法追究刑事责任。

第六十八条 在调查、侦查典当行违法犯罪行为过程中，商务主管部门与公安机关应当相互配合。商务主管部门和公安机关发现典当行有违反本办法行为的，应当进行调查、核实，并相互通报查处结果；涉嫌构成犯罪的，商务主管部门应当及时移送公安机关处理。

第六十九条 商务主管部门、公安机关工作人员在典当行设立、变更及终止审批中违反法律、法规和本办法规定，或者在监督管理工作中滥用职权、徇私舞弊、玩忽职守的，对直接负责的主管人员和其他直接责任人员依法给予行政处分；构成犯罪的，依法追究刑事责任。

第九章 附　则

第七十条 各省、自治区、直辖市商务主管部门、公安机关可以依据本办法，制定具体实施办法或者就有关授权委托管理事项作出规定，并报商务部、公安部备案。

第七十一条 外商及港、澳、台商投资典当行的管理办法由商务部会同有关部门另行制定。

第七十二条 本办法由商务部、公安部负责解释。

第七十三条 本办法自2005年4月1日起施行。《典当行管理办法》（国家经贸委令第22号）、《典当业治安管理办法》（公安部第26号令）同时废止。

2. 最高人民法院关于贯彻执行《中华人民共和国民法通则》若干问题的意见（试行）（1988年4月2日 法办发〔1988〕6号）（节录）

120. 在房屋出典期间或者典期届满时，当事人之间约定延长典期或者增减典价的，应当准许。承典人要求出典人高于原典价回赎的，一般不予支持。以合法流通物作典价的，应当按照回赎时市场零售价格折算。

三十二、合伙协议纠纷

84. 隐名合伙的权利义务如何认定？

隐名合伙，是指一方对另一方的生产经营出资，不参与实际的经济活动，而分享营业利益，并仅以出资额为限承担亏损责任的合伙。出资的一方称为隐名合伙人；利用隐名合伙人的出资以自己的名义进行经济活动的一方称为出名营业人。隐名合伙人的权利主要包括知情权、营业监督权与利益分配权。在隐名合伙中，原则上只有显名合伙人才以个人财产对合伙债务承担无限责任，而隐名合伙人只以其出资额对外债务承担有限责任。此原则也有例外，隐名合伙人如参与合伙事务的执行或有参与执行的表示或知道他人表示其参与执行而不否认者，即便合伙人之间约定隐名合伙人仅承担有限责任，隐名合伙人仍应对第三人负显名合伙人的无限责任，但在承担无限责任后，可按其内部约定向显名合伙人追偿。此例外情形主要是为保护第三人善意信赖利益与维护交易安全。出名营业人对合伙事务的处理结果对隐名合伙人具有约束力。

典型疑难案件参考

王春昌诉王超松等合伙协议纠纷案

> 基本案情

2001年6月间，王敬棠、王超松、郑启宁等10位合伙人达成口头协议，共同出资成立了梅县松源中巴股份，该中巴股份共6份，每份21万元。该中巴股份成立时未签订书面合伙协议，亦未经工商部门注册登记，而是挂靠在梅县松源汽车运输站进行经营。2001年10月19日，时任松源中巴股份财务的王敬棠向王春昌出具《收条》，该《收条》载明：收到王春昌交来股金10.5

万元。松源中巴股份从成立开始，王春昌未参与经营管理工作，但从松源中巴股份2005年至2008年的《现金日记账》显示，松源中巴股份多次向王春昌、王超松等人支付摊账利息。2005年6月间，王春昌胞弟王孙潮开始负责松源中巴股份的财务工作。在松源中巴股份经营过程中，陆续有合伙人退出经营。2006年3月29日，王敬棠退出松源中巴股份时，与王超松、郑启宁、王孙潮等人共同签订了《松源股份中巴股东退股的协议》，王孙潮在该协议上以股东的身份签名确认。从2006年11月至2008年1月间，在松源中巴股份多次向他人借款的《收据》或《借条》上，郑启宁、王德城、王孙潮均在该《收据》或《借条》上以股东的身份签名确认。2007年1月1日、2008年1月1日，王孙潮代表松源中巴股份与挂靠单位梅县松源汽车运输站分别签订了2007年度《安全合约书》及2008年度《安全合同书》。2008年2月9日，王超松、郑启宁、王德城、王孙潮分别领取了分红款2000元，并分别在《现金支出凭单》上以股东的身份签名确认。

2008年7月25日，王超松、郑启宁、王德城、王孙潮经过共同协商，同意将松源中巴股份转让给王德城，据此，签订了《松源股份中巴股东退股协议》，该协议约定：由王德城向各合伙人支付退伙款1万元，支付债务23.5万元等内容。王超松、郑启宁、王德城、王孙潮均以股东的身份在该协议上签名确认，梅县松源汽车运输站作为挂靠单位亦在该协议上盖章。退股协议签订后，郑启宁、王孙潮分别领取了退股款1万元，因王超松在签订退股协议后反悔，故其退股款1万元由王德城交给梅县松源镇法律服务所保存至今，合伙债务23.5万元亦由王孙潮代为领取后偿还给债权人。2008年7月28日，王德城将受让取得的松源中巴股份所有权及债权债务转让给王汉珠，据此，双方签订了《松源中巴经营权转让协议》，该协议约定：由王汉珠向王德城支付转让款4万元、支付债务23.5万元，合计27.5万元等内容。王德城、王汉珠在该协议上签名确认，梅县松源汽车运输站作为挂靠单位、梅县松源镇法律服务所作为见证机关亦在该协议上盖章。转让协议签订后，王汉珠依约向王德城支付了转让款及债务欠款共27.5万元。王汉珠受让取得松源中巴股份后，投入了大量的资金进行经营。

一审诉辩情况

2009年1月14日，王春昌以其合法权益受到损害等为由，向法院提起诉讼，请求法院确认2008年7月25日由王超松、郑启宁、王德城、王孙潮签订的《松源股份中巴股东退股协议》无效并予以撤销等。

一审裁判结果

广东省梅县人民法院判决：驳回原告王春昌的诉讼请求。

一审裁判理由

广东省梅县人民法院经审理认为，梅县松源中巴股份成立于2001年，2006年4月后一直由被告王超松、郑启宁与第三人王德城、原告王春昌经营，原告王春昌自松源中巴成立后未参与经营管理，其股东权利一直由王超松代为行使，2006年后由其弟王孙潮代为行使后，其成为隐名股东。2006年后王孙潮一直以股东的身份在各种收据上签名并领取分红款，并在2007年、2008年代表松源中巴股份与其挂靠单位梅县松源汽车运输站签订《安全合约书》。2008年7月25日，王孙潮代表王春昌与被告王超松、郑启宁与第三人王德城之间签订的退股协议，属《合同法》上的表见代理，该退股协议合法有效，应受法律保护；相应法律后果应由被代理人即原告承受。原告可另行向第三人王孙潮追究民事赔偿责任。原告主张该协议其未签名，应归于无效，法院不予采纳。原告与被告王超松及第三人王孙潮主张王俊城是松源中巴的合伙人之一，但未提供足够的证据，且王俊城在法院对其询问中亦表示否认，故其主张不予支持。被告郑启宁经合法传唤未到庭参加诉讼不影响本案的审理。

二审诉辩情况

王春昌不服提起上诉。

二审裁判结果

广东省梅州市中级人民法院判决：驳回上诉，维持原判。

二审裁判理由

广东省梅州市中级人民法院二审经审理认为，2001年6月间，王敬棠、王超松、郑启宁等10位合伙人达成口头协议，共同出资成立了梅县松源中巴股份，该中巴股份成立时未签订书面合伙协议，亦未经工商部门注册登记，而是挂靠在梅县松源汽车运输站进行经营。在松源中巴股份经营过程中，陆续有合伙人退出经营，王春昌、王超松、郑启宁、王德城、王孙潮均认可至2006年4月间，松源中巴股份只剩四股东仍在继续经营，并认可王超松、郑启宁、王德城是继续经营的三股东，但对继续经营的另一股东是王春昌还是王孙潮的问题存有异议。因松源中巴股份成立时未签订书面合伙协议，亦未经工商部门注册登记，故无法反映查证合伙人的基本情况，在当事人就谁是合伙人而发生争议的情况下，应以当事人是否出资作为认定合伙的主要依据。王春昌从松源中巴股份成立开始至王德城受让取得松源中巴股份止，其虽从未参与经营管理，却持有王敬棠向其出具的股金《收条》；亦有松源中巴股份《现金日记账》记载的向其及王超松等人支付摊账利息等出资的事实和证据，故认定王春昌是松源中巴股份的合伙人之一。王孙潮从2005年6月开始至王德城受让取得松源中巴股份止，其虽负责松源中巴股份财务工作并参与经营管理，但并无出资的事实和证据，故应认定王孙潮不是松源中巴股份的合伙人。综上所述，松源中巴股份陆续有合伙人退出经营后，最后只剩王春昌、王超松、郑启宁、王德城四股东仍在继续经营。

王春昌与王孙潮是同胞兄弟，在松源中巴股份营运期间，王春昌从未参与经营管理工作，而王孙潮在负责松源中巴股份经营管理等财务工作期间，则以股东的身份在王敬棠退股的《松源股份中巴股东退股的协议》、松源中巴股份多次向他人借款的《收据》或《借条》、领取分红款的《现金支出凭单》上签名确认，并代表松源中巴股份与挂靠单位梅县松源汽车运输站签订《安全合约书》及《安全合同书》，王孙潮的上述行为使其他股东及外部第三人有理由相信是王孙潮代王春昌行使股东权利，故王孙潮在上述合同及单据上的签名得到了其他股东的认可，且王春昌对王孙潮的上述行为一直未提出异议，因此，应认定王孙潮是代王春昌行使股东权利。2008年7月25日，王超松、郑启宁、王德城、王孙潮经共同协商，同意将松源中巴股份转让给王德城，据此，双方在平等、自愿、意思表示真实的基础上签订了《松源股份中巴股东退股协议》，王孙潮签订该退股协议的行为，仍应认定是代王春昌行使股东权利的行为，故该退股协议合法有效，依法应受法律保护。退股协议签订后，王德城依约履行了退股协议约定的权利义务。王德城受让取得松源中巴股份后，又将该中巴股份转让给王汉珠，王汉珠善意取得松源中巴股份后，投入了大量的资金进行经营，故王汉珠善意取得松源中巴股份的行为亦应受法律保护。

85. 合伙人退伙纠纷如何处理？

个人合伙关系具有共负盈亏、共担风险的法律特性，合伙人退伙，有约定的按照约定处理，没有约定的，原则上应准许退伙。但因退伙给其他合伙人造成损失的，应当考虑退伙的原因、理由以及双方当事人的过错等情况，确定退伙人应承担的赔偿责任。合伙经营期间发生亏损，合伙人退出合伙时未按约定分担或

> 者未合理分担合伙债务的,退伙人对原合伙的债务,应当承担清偿责任;退伙人已分担合伙债务的,对其参加合伙期间的全部债务仍负连带责任。合伙期间,合伙人投入的财产,均属合伙财产,排斥合伙人对其出资财产的自由处分权,合伙人未经退伙或者终止合伙关系的清算程序,只请求退还合伙投资款,无合同依据,也与个人合伙关系的法律特征不符,法院不予准许。

典型疑难案件参考

徐和忠诉王家浩合伙合同纠纷案

基本案情

徐和忠与王家浩于2005年3月5日签订一份《联合承包钢结构厂房建造幕墙工程协议》,协议约定:由双方以内部承包的方式挂靠在中国第四冶金建设公司宁波经济技术开发区分公司名下,合伙承包由浙江歌山建设集团股份有限公司宁波分公司(以下简称歌山宁波分公司)总承包的宁波爱恩彼仪表有限公司钢结构厂房工程,其中王家浩负责工程的承包业务,并代表合伙体以挂靠公司名义与总承包商签订工程承包合同,同时兼管财务审批,所有票据需经王家浩签字审批后方能有效。工程所需资金经测算约需100万元,由徐和忠先投入50万元,以后根据工程进度由双方共同设法解决。凡个人提供的资金,(由合伙体)按月利6‰支付利息。利润分配为税后利润部分先提取10%给王家浩作为奖金,余款由双方平分,亏损由双方均担。后原告分8批次累计共向合伙体注入投资款104.5万元。上述工程于2007年8月31日竣工决算后,原告曾要求被告进行合伙清算并退还投资款,但遭其以部分应收工程款未足额到位为由予以拒绝。

原审裁判

浙江省象山县人民法院认为,原、被告签订的联合承包钢结构厂房建造幕墙工程协议,属合伙协议,合法有效。本案中,由于合伙协议对何时可以进行合伙清算并退还各自投资款未作出明确约定,对此双方可以进行协议补充,不能达成补充协议的,应当依据诚实信用原则并结合合伙的本旨和清算惯例确定。就本案而言,由于双方合伙的目的是承包钢结构厂房工程,现合伙承包的工程已经竣工决算,因此依照普通人的常态理解应认定为合伙事务(承建工程、确定工程款)已基本完成。在此情形下,依照上述法条的规定精神,双方可以依约进行合伙清算并退还各自的投资款及其按比例应当负担的约定利息。虽然合伙的部分工程款尚未到位，对合伙债权的最终实现有一定的期限利益的影响，但这并不妨碍合伙清算。因为合伙工程竣工决算后，双方的合伙账务即可确定，清算和退款的财务依据已经具备。因此，被告以合伙的应收工程款未足额到位为由，主张退还投资款的条件尚未成立，理由失当，不予采纳。综上，判决如下：被告王家浩于本判决生效后 10 日内，返还原告徐和忠合伙投资款 104.5 万元，并支付约定利息（按月利 6‰自上述认定的各批次投资款入账之日起分批算至确定返还之日止）。

抗诉理由

宁波市人民检察院抗诉认为，虽然双方合伙承包的工程已经竣工且已决算，但建设方未支付全部工程款，该未付部分工程款未能得到执行，合伙事务尚未完成，不具备清算条件。原审判决合伙体在未经清算前退还投资款违背了合伙的性质与宗旨，不符合我国《合伙企业法》第 20 条、第 21 条的规定和双方当事人的约定，且违背了共担风险的合伙宗旨。本案是合伙合同纠纷，原审适用了《合同法》，而没有适用《合伙企业法》，属适用法律不当。

再审结果

双方当事人对原审查明事实无异议，再审予以确认。浙江省象山县人民法院再审中又查明事实如下：2008 年 3 月 27 日，由中国第四冶金建设公司作为原告起诉被告歌山宁波分公司要求支付拖欠工程款，宁波市江北区法院于 2008 年 6 月 6 日作出如下判决：歌山宁波分公司支付中国第四冶金建设公司工程款 2127845.80 元，支付逾期付款违约金 30000 元，款于判决生效后 30 日内付清。申诉人与被申诉人一致认可上述案件所判决款项应属双方合伙承包钢结构厂房建造幕墙工程之后尚可取得的工程款收入，但该款尚未执行到位。至今，双方当事人未就合伙账目进行清算。象山县人民法院再审认为，双方当事人所签订的《联合承包钢结构厂房建造幕墙工程协议》，就其法律关系来说属个人合伙关系。合伙法律关系的成立、变更、终止，主要表现为入伙、退伙、合伙终止三种形式。依惯例，在退伙或终止合伙关系时，对合伙财产应进行分割，其所分割的合伙财产，应当包括合伙时投入的财产和合伙期间积累的财产，以及合伙期间的债权和债务，即对合伙财产进行清算。而原审原告未经退伙或者终止合伙关系的清算程序，只请求退还合伙投资款，无合同依据，亦与个人合伙关系的共负盈亏、共担风险的法律特性不符，于法无据，其该请求不应予以支持。申诉人与抗诉机关就此提出的意见成立，而原审判决不经清算，

由合伙一方退还另一方全额投资款,显然不当,应予纠正。浙江省象山县人民法院再审判决:

一、撤销本院于 2008 年 6 月 16 日作出的〔2008〕象民二初字第 418 号民事判决书。

二、驳回被申诉人（原审原告）徐和忠的诉讼请求。

86. 合伙未经清算,合伙人能否对内行使追偿权?

合伙债务清偿关系到合伙人、债权人等多方利益主体的权益,是合伙制度责任体系的核心问题。全体合伙人对合伙经营的亏损额,对外应当负连带责任;对内则应该按照协议约定的债务承担比例或者出资比例分担。合伙合同对承担责任的内部约定,不得对抗债权人。合伙人对外承担责任大于其所应承担份额的,就其超额部分可对其他合伙人行使追偿权。《民法通则》及最高人民法院《关于贯彻执行〈中华人民共和国民法通则〉若干问题的意见（试行）》对于个人合伙未经清算能否请求分割合伙财产未作规定。《合伙企业法》第 21 条规定,合伙人在合伙企业清算前,不得请求分割合伙企业的财产。合伙协议未明确约定的情形下,对合伙协议纠纷应参照《合伙企业法》的规定审理。合伙未经清算,合伙人对外承担连带责任后无权进行内部追偿。

典型疑难案件参考

陈文章诉谢宗良等合伙协议纠纷案

基本案情

2003 年 3 月 12 日,原、被告 4 人签订《联营协议》一份,约定:原、被告及徐友权 5 人共同出资成立象山县祥龙石材厂,并对出资比例等作了约定,但徐友权未予同意,也未在《联营协议》上签名。2003 年 3 月 25 日,原告与谢宗良、施风宇、徐友权 4 人共同出资成立了合伙企业象山县祥龙石材厂,并签订了合伙协议,约定:谢宗良以实物出资 28 万元,占投资比例的 28%,其余 3 人均以现金出资 24 万元,各占投资比例的 24%;按出资比例分配利润、承担亏损。原告被选举为合伙企业事务执行人及负责人,办理了合伙企业的工商登记。2003 年 8 月 10 日,陈文章、施风宇、高苗德 3 人签订《合股协议书》一份，约定：陈文章、施风宇在象山县祥龙石材厂投入48万元，分成三股，高苗德投入16万元，3人各有16万元股权；3人共同投资，共享利润，共担风险。高苗德将16万元汇入陈文章个人银行卡，原告陈述该款已用于象山县祥龙石材厂经营。同年9月份，高苗德又投入8万元，其出资变成24万元，对此原、被告均认为是4人合伙，按出资比例共负盈亏。2003年12月份，徐友权退出合伙，陈文章、谢宗良、施风宇与徐友权签订退伙协议一份，约定：陈文章、谢宗良、施风宇分期退还徐友权合伙金24万元，并支付相应利息。徐友权退伙后，工商登记显示象山县祥龙石材厂投资人为谢宗良、施风宇、陈文章，原、被告未签订新的合伙协议。2004年4月6日、8月23日，象山县祥龙石材厂分别向柴永根借款15万元、柴利利借款5万元、张立借款3万元，上述借条均由象山县祥龙石材厂盖章及原、被告4人共同签名，其中柴利利一份借条上载明原、被告为象山县祥龙石材厂股东。2006年8月27日，陈文章、高苗德出具给林玲借条一份，载明向林玲借款8万元，其中2万元系高苗德个人所借。2007年5月17日，陈文章、高苗德出具给张令衮借条一份，载明向张令衮借款8万元，利息由二人各付一半。以上借款合计39万元，除林玲借款8万元中的2万元高苗德认为系其本人归还外，其余已由原告经手还清，借条原件由原告收回，但原、被告对是用企业资产归还还是用原告个人资产归还产生争议。2006年10月至11月期间，原告4次汇入谢宗良个人账户共计56970元，谢宗良陈述该款已用于象山县祥龙石材厂经营。象山县祥龙石材厂于2004年8月20日出具给原告借条一份，载明向原告借款8万元，由象山县祥龙石材厂盖章及原、被告4人共同签名。2004年9月至2005年1月期间，象山县祥龙石材厂出纳郑赛玲出具给原告借条4份，共计金额35280元，载明郑赛玲为经手人。徐友权退伙后，陈文章、谢宗良、施风宇未按约定支付退伙款，徐友权向法院起诉，象山县人民法院于2004年5月9日判决陈文章、谢宗良、施风宇给付徐友权退伙款20万元，并偿付利息6201元，并互负连带责任。该案在执行过程中，由原告3次交了执行款90292元。2006年10月28日，象山县祥龙石材厂因未参加年检被象山县工商局吊销营业执照，但一直未经清算。原告经手处理了象山县祥龙石材厂的部分机器设备，所得款项原告陈述已付田租等。陈文章的个人银行卡还用于象山县祥龙石材厂部分资金进出，象山县祥龙石材厂在上海的一笔债权40多万元已由被告高苗德收取，高苗德陈述该款已用于象山县祥龙石材厂经营。象山县祥龙石材厂的账本两本，原、被告一致陈述一本在会计处，一本在高苗德处。

一审诉辩情况

原告陈文章诉称：2003年3月25日，原告与谢宗良、施风宇、徐友权共同出资成立了合伙企业象山县祥龙石材厂,其中被告谢宗良出资28万元,占投资比例的28%,其余3人均出资24万元,各占投资比例的24%,原告系合伙企业事务执行人。2003年12月15日,徐友权退伙,被告高苗德加入合伙。2006年10月28日,象山县祥龙石材厂因未参加年检被象山县工商局吊销营业执照。合伙经营期间,原告独自承担了多笔合伙债务,共计632484元:其中柴永根借款15万元,林玲借款8万元,张令衮(滚)借款8万元,张立借款3万元,柴利利借款5万元,合计39万元,已由原告全部还清,借条由原告收回;原合伙人徐友权退伙款90292元,由原告交款至象山县人民法院;原告汇给谢宗良56970元用于发职工工资等;象山县祥龙石材厂向原告借款120222元。根据合伙协议的约定,合伙企业的利润与亏损按照股份分配,原告理应承担上述合伙债务632484元的24%即151796元,剩余480688元应当由三被告共同分担,要求三被告共同偿还原告480688元。

被告谢宗良辩称:合伙企业解散后,应先行对财产债务进行清算,清算后再作结算。

被告施风宇辩称:我一直未参与象山县祥龙石材厂的经营管理,企业盈利还是亏损都不清楚,要求把合伙企业的财产、债务情况结清后再处理本案纠纷。

被告高苗德辩称:象山县祥龙石材厂虽被吊销营业执照,但尚未注销,企业主体还存在,没有清算之前原告提起诉讼无法律依据。向柴永根、张立、柴利利的借款属实;向林玲、张令衮借款不是事实;徐友权的退伙款非合伙企业债务,与我无关;原告汇给谢宗良31790元及象山县祥龙石材厂向原告借款120222元是否系合伙企业债务要求提供证据。我2003年期间入伙徐友权并未同意,徐友权退伙后原、被告也未签订新的合伙协议,因此,我的合伙行为无效,我不是象山县祥龙石材厂合伙人,无须承担企业债务。综上,要求驳回原告的诉讼请求。

一审裁判结果

宁波市鄞州区人民法院判决:驳回原告的诉讼请求。

一审裁判理由

宁波市鄞州区人民法院认为:2003年3月12日,原、被告4人签订过《联营协议》;2003年8月10日,陈文章、施风宇、高苗德3人签订《合股协议书》,约定高苗德投入16万元,3人各有16万元股权,共享利润,共担风险;同年9月份,高苗德又投入8万元,出资变成24万元,原、被告均认为是4人合伙，按出资比例共负盈亏。综上，说明原、被告4人合伙意思表示真实，但当时象山县祥龙石材厂另一合伙人徐友权尚未退伙，高苗德入伙未经徐友权同意，高苗德并非象山县祥龙石材厂合伙人。徐友权退伙后，虽然原、被告未签订新的书面协议，但陈文章、谢宗良、施风宇均承认高苗德是象山县祥龙石材厂合伙人，被告高苗德自己也认为当初意思是原、被告4人合伙经营，按出资比例共负盈亏，且高苗德投资已到位，收取了象山县祥龙石材厂的应收款，保管了账本，以象山县祥龙石材厂股东名义与陈文章、谢宗良、施风宇共同对外出具借条，已实际参与了象山县祥龙石材厂经营管理，其入伙行为并未违反法律强制性规定，应为有效，本院认定高苗德系象山县祥龙石材厂合伙人，被告高苗德认为其入伙行为无效的辩称不成立。2006年10月28日，象山县祥龙石材厂被吊销营业执照后，原、被告应对企业进行清算。由于未经清算，本案以下事实无法确认：（1）林玲借款8万元，张令衮借款8万元，均系陈文章、高苗德二人出具，无企业盖章及其他合伙人签名；原告4次汇入谢宗良个人账户56970元，被告施风宇、高苗德均表示不清楚；出纳郑赛玲出具给原告借条4份（共计金额35280元），也无合伙企业盖章及其他合伙人签名；上述债务，是否入账，应经清算，查阅相关账本，否则无法确认是合伙企业债务还是相关个人所负债务。（2）柴永根借款15万元，柴利利借款5万元，张立借款3万元及象山县祥龙石材厂于2004年8月20日向原告借款8万元，上述借条均由象山县祥龙石材厂盖章及原、被告4人共同签名，可认定是合伙企业债务。但高苗德的16万元入伙款汇入原告个人银行卡，且原告经手处理了象山县祥龙石材厂的部分机器设备，所得款项也由原告收取，原告个人银行卡还用于合伙企业资金进出，原告所得款项是否已用于合伙企业也必须经过清算和查账，原告又系合伙事务执行人，其所还债务是个人出资还是用合伙企业资产归还无法确认。（3）即使原告垫付了部分合伙企业债务，象山县祥龙石材厂虽被吊销营业执照，但尚未注销，企业主体还存在，也应先由合伙企业财产先行清偿，不足部分再由三被告按出资比例分担，而合伙企业的资产负债情况也只有等清算后才能确定。综上，合伙企业未经清算，原告向三被告主张权利，依据不足，本院不予支持。至于原告3次交纳的执行款90292元，系陈文章、谢宗良、施风宇与徐友权因退伙纠纷产生的款项，与被告高苗德无关，不属于本案原、被告4人合伙纠纷处理的范围，原告可另行向谢宗良、施风宇主张权利。

二审诉辩情况

上诉人陈文章上诉称：因合伙企业被吊销，无法清偿到期合伙债务，陈文章个人承担了合伙企业债务后，依法当然享有向其他合伙人追偿的权利。原审判决将合伙企业清算与此混为一谈，否定陈文章追偿权，从而使得谢宗良、施风宇、高苗德以清算为借口逃避了其应当承担的按份之债。对于已经清楚的合伙债务，仍要求通过清算解决，无疑是重复之举，而且很有可能使已经清楚的合伙债务得不到清偿。本案亦无证据证明合伙企业尚有合伙资产可供清偿合伙债务以及陈文章是用合伙资产清偿了合伙债务，相反，在另案徐亚萍诉合伙企业执行一案中，宁波市鄞州区人民法院已经认定合伙企业财产不足以清偿合伙债务而追加了合伙人为被执行人。因此，原判决不支持陈文章的诉讼请求是错误的判决。请求二审法院依法改判。

二审裁判结果

宁波市中级人民法院判决：驳回上诉，维持原判。

二审裁判理由

宁波市中级人民法院认为，象山县祥龙石材厂系普通合伙企业，该企业因未参加年检，于2006年10月28日被工商行政管理部门吊销营业执照，但合伙人至今未对合伙企业进行清算，显属不当。合伙企业应当按照法律、行政法规的规定建立企业财务、会计制度。二审中，高苗德提供了其保管的一本账册及相关凭证，但非企业全部财务资料。陈文章主张其已替合伙企业归还债务632484元，但作为合伙人共同委托的合伙企业事务执行人及合伙企业负责人，其未能提供合伙企业其他账册及相关支付凭证，以致诉称的多笔债务是否系合伙企业债务、债务的履行是以合伙企业财产清偿还是以陈文章个人财产清偿等事实无法查清。原审法院以陈文章向谢宗良、施风宇、高苗德主张权利依据不足为由驳回陈文章的诉讼请求，并无不妥。综上，陈文章上诉理由不足，对其上诉请求，本院不予支持。原审判决实体处理并无不当。

合伙协议纠纷办案依据集成

1. 中华人民共和国民法通则（2009年8月27日修正）（节录）

第三十四条　个人合伙的经营活动，由合伙人共同决定，合伙人有执行和监督的权利。

合伙人可以推举负责人。合伙负责人和其他人员的经营活动，由全体合伙人承担民事责任。

第三十五条　合伙的债务，由合伙人按照出资比例或者协议的约定，以各自的财产承担清偿责任。

合伙人对合伙的债务承担连带责任，法律另有规定的除外。偿还合伙债务超过自己应当承担数额的合伙人，有权向其他合伙人追偿。

2. 最高人民法院关于贯彻执行《中华人民共和国民法通则》若干问题的意见（试行）（1988年4月2日　法办发〔1988〕6号）（节录）

46. 公民按照协议提供资金或者实物，并约定参与合伙盈余分配，但不参与合伙经营、劳动的，或者提供技术性劳务而不提供资金、实物，但约定参与盈余分配的，视为合伙人。

47. 全体合伙人对合伙经营的亏损额，对外应当负连带责任；对内则应按照协议约定的债务承担比例或者出资比例分担；协议未规定债务承担比例或者出资比例的，可以按照约定的或者实际的盈余分配比例承担。但是对造成合伙经营亏损有过错的合伙人，应当根据其过错程度相应地多承担责任。

48. 只提供技术性劳务，不提供资金、实物的合伙人，对于合伙经营的亏损额，对外也应当承担连带责任；对内则应当按照协议约定的债务承担比例或者技术性劳务折抵的出资比例承担；协议未规定债务承担比例或者出资比例的，可以按照约定的或合伙人实际的盈余分配比例承担；没有盈余分配比例的，按照其余合伙人平均投资比例承担。

50. 当事人之间没有书面合伙协议，又未经工商行政管理部门核准登记，但具备合伙的其他条件，又有两个以上利害关系人证明有口头合伙协议的，人民法院可以认定为合伙关系。

51. 在合伙经营过程中增加合伙人，书面协议有约定的，按照协议处理；书面协议未约定的，须经全体合伙人同意；未经全体合伙人同意的，应当认定入伙无效。

52. 合伙人退伙，书面协议有约定的，按书面协议处理；书面协议未约定的，原则上应于准许。但因其退伙给其他合伙人造成损失的，应当考虑退伙的原因、理由以及双方当事人的过错等情况，确定其应当承担的赔偿责任。

53. 合伙经营期间发生亏损，合伙人退出合伙时未按约定分担或者未合理分担合伙债务的，退伙人对原合伙的债务，应当承担清偿责任；退伙人已分担合伙债务的，对其参加合伙期间的全部债务仍负连带责任。

55. 合伙终止时，对合伙财产的处理，有书面协议的，按协议处理；没有书面协议，又协商不成的，如果合伙人出资额相等，应当考虑多数人意见酌情处理；合伙人出资额不等的，可以按出资额占全部合伙额多的合伙人的意见处理，但要保护其他合伙人的利益。

三十三、彩票、奖券纠纷

87. 双方合作购买彩票中奖，奖金怎么分配？

彩票是指国家为筹集社会公益资金，促进社会公益事业发展而特许发行、依法销售，自然人自愿购买，并按照特定规则获得中奖机会的凭证。国务院特许发行福利彩票、体育彩票。发行彩票是一种特殊的政府融资手段，对筹集社会资金，发展福利、体育等社会公益事业具有积极意义。在双方共同购买彩票行为中，双方共同选定彩票号码、共同出资购买彩票，符合个人合伙的法律特征。关于中奖彩票奖金的分配，有约定的按照约定执行，没有约定的，根据公平原则及诚实信用原则，应当按照各合伙人出资比例分配。

典型疑难案件参考

温丽芳诉侯仙桃、齐腊锁彩票纠纷抗诉案

基本案情

温丽芳与侯仙桃是同学，来往密切，侯仙桃与丈夫齐腊锁开一玻璃店门市部，温丽芳经常去店里与侯仙桃、齐腊锁闲谈，并多次合伙购买彩票。2001年8月3日，温丽芳到侯仙桃、齐腊锁的店里与夫妻二人共同选定了彩票2注，温丽芳又自己选定了3注，温丽芳给了齐腊锁人民币50元让其去购买彩票，并约定中奖后平分。齐腊锁随后到三晋风采电脑福利彩票发行站购买了5注两张彩票，齐腊锁回来后交给温丽芳一张3注的，自己持有共同选定的一张2注的，并退给温丽芳人民币40元。2001年8月3日晚开奖，侯仙桃、齐腊锁持有共同选定的2注彩票中的一注中了一等奖，奖金总额为人民币1524534.15元，扣除税费后为1121627.32元。2001年8月5日，侯仙桃持中奖彩票兑付了奖金，温丽芳要求平分该奖金，但侯仙桃、齐腊锁已下落不明。

原审裁判

尧都区人民法院以〔2002〕尧民初字第1141号民事判决认为，原告主张其与被告共同选定三晋风采电脑福利彩票2注，并出资购买，提供了常银虎、段齐喜、张文荣三人的证言，所购买的三晋电脑福利彩票的选定号码及被告侯仙桃领取奖金后接受记者时的陈述，该证据虽不是直接证据，但各个间接证据相互印证，形成完整的证据锁链，足以证明原告主张的事实，对此本院予以认定。双方共同购买的三晋电脑福利彩票中一等奖，奖金总额为人民币1121627.32元，由于该彩票为原、被告共同购买的，应视为双方的共同财产，共有人按照各自的份额，对共有财产享有权利。被告侯仙桃、齐腊锁将属于与原告共有的财产独自占有，侵害了原告的合法权益，被告应当给付原告应得的份额。判决被告侯仙桃、齐腊锁在本判决生效后5日内给付原告温丽芳人民币560013.66元。判决后双方未上诉，判决已经发生法律效力。

2003年12月24日，侯仙桃、齐腊锁提出再审申请，尧都区人民法院以〔2003〕临尧民监字第16号民事裁定决定对本案进行再审，于2004年6月1日以〔2004〕尧民再初字第16号民事判决认为，原审原告温丽芳出资10元与原审二被告侯仙桃、齐腊锁购买彩票，并中得一等奖，该笔奖金来源合法，原审原、被告共同购买，应视为双方的共同财产。原审判决认定事实基本清楚、适用法律正确，判决维持原判。侯仙桃、齐腊锁不服提出上诉。

临汾市中级人民法院以〔2004〕临民终字第986号民事判决认为，本案所争议的焦点问题是，所中奖的彩票是否为双方所共有。综观本案，有两个事实为双方所共认：一是中奖彩票为二上诉人所持有，且为上诉人齐腊锁购买；二是上诉人侯仙桃到福利彩票中心登记兑奖。彩票系无记名的有价证券，谁持有即谁拥有。根据这一原则，该中奖彩票的所有权应归二上诉人所有。被上诉人温丽芳所提供的证据不能直接证明号码为双方所选定，且二上诉人认为该证据系被上诉人事后书写，由此该证据缺乏真实性、关联性。双方在购买5注彩票后，各持一张，这一行为表明，双方已明确了彩票所有权的归属。其次，被上诉人温丽芳提供《山西晚报》一则报道，用以证明，双方曾有"中奖平分"的约定。对于该则报道，二上诉人矢口否认曾接受过任何采访，该报道是否真实、客观，难以确定，不能证明双方之间曾有约定。再次，从4份证人证言来看，证明内容为两个，一个是彩票系被上诉人温丽芳出资购买，另一个是"中奖平分"的约定。从证言的内容来源来看，四证人均系听二上诉人所说，对此二上诉人予以否认。关于被上诉人温丽芳是否出资问题，双方各执一词，难以确定。本院认为，双方各执一张彩票，已确定了各自的权属，即使该彩票由被上诉人温丽芳出资，双方反映的是借贷关系，而不能推论中奖彩票为双方所共有。关于双方是否事前约定"中奖平分"。常银虎证言："腊锁说，丽芳给了50元钱，一共买了5注，给了丽芳3注……她不能向我要，我想给多少就是多少。"段齐喜证言："腊锁说，给钱时，温丽芳说，中了奖平分，我说没问题，她还能把这当真？"本院认为，双方真实意思的表示是约定成立的前提，本案中，二上诉人对四证人证言的内容予以否认，该证人证言的证明效力低于双方所供认的事实。从以上引述的证言内容来看，即使证言是真实的，所反映的事实是，二上诉人对于"中奖平分"的约定并非出于真实意思的表示。意思表示不真实的约定是无效的民事行为。综上，二上诉人的上诉理由成立，本院予以支持。原审法院认定事实错误，适用法律不当。判决：撤销山西省临汾市尧都区人民法院〔2004〕尧民再初字第16号民事判决；驳回被上诉人（原审原告）温丽芳的诉讼请求。

抗诉理由

温丽芳不服二审判决，向检察机关提出申诉，临汾市人民检察院提请山西省人民检察院抗诉。山西省人民检察院以如下理由向山西省高级人民法院提出抗诉：本案的焦点是，侯仙桃、齐腊锁与温丽芳是否共同购买彩票，双方"若中奖平分"的约定是否成立。经阅卷证实：温丽芳出资50元钱，连同欲购的彩票选号单一并交给了齐腊锁让其去购买彩票，其共合伙购买彩票5注，分别为3注、2注的各一张，齐还给温丽芳40元。对上述事实温丽芳提供了当时购买三晋电脑福利彩票的选号单及常银虎、段齐喜、张文荣等三人的证言，以及侯仙桃领取奖金后接受记者采访时的陈述（2001年8月7日《山西晚报》A10版）。上述证据虽不是直接证据，但各个间接证据相互印证，形成完整的证据锁链，足以证明双方共同购买彩票，口头约定"中奖后平分"是真实的。因此该彩票虽由侯仙桃、齐腊锁持有，由侯仙桃到福利彩票中心登记兑奖，但综合全案证据所证明的事实，该彩票所中奖金应为双方共同财产。临汾市中院在无任何证据否定上述事实的情况下，以谁持有即谁拥有为由，判决彩票中奖归侯仙桃、齐腊锁所有，认定事实主要证据不足。

再审结果

山西省高级人民法院受理抗诉后，将此案交由临汾市中级人民法院再审。临汾市中级人民法院于2007年3月12日作出〔2006〕临民再终字第00039号民事判决认为：本案的关键是所中奖的彩票号码是否为双方共同选定，中奖彩票由谁出资，双方是否曾有中奖平分的约定。首先关于中奖彩票号码是否为双方共同选定,据温丽芳所述:2001年8月3日是其到了齐腊锁店后,与齐腊锁共同选定了两注号码,后又根据共同选定的两注号码自行选定3注号码,共5注(有选号底单为证),交给齐腊锁购买彩票。而齐腊锁称:温在到门市部前已选好了3注彩号写在纸上,委托齐购买,齐在购买前自选了两注彩号,并写在3注彩号的下边。温为了诉讼,将齐书写的两注彩号添加到3注彩号上边,温提供的选号单是变造的。双方关于该问题的陈述相差较大,庭审中,温确实提供了一张选号单,该选号单中奖两注彩号在上,另3注彩号在下,但肉眼看5注彩号显属同一人所写,并非如齐所述中奖两注为自己所写,另3注为温所写;且齐并未曾对该选号单申请过鉴定,故应当认定温所提供的选号单为原始选号单,并未曾变造。根据庭审调查及对该选号单质证,能认定齐、侯对陈述该5注彩票号码选定过程有造假嫌疑,温对该5注彩号选定过程的陈述合乎情理,符合逻辑,且有证据证明,应当确定该中奖两注彩号为双方共同选定。关于中奖彩票的出资问题,温陈述称给了齐腊锁50元,齐用该50元购买了5注彩票,包括中奖的两注彩票;另外,温提供的证人段齐喜、杨增亲、张文荣均证明是温丽芳掏的钱。对此,本院认为,温所提供的证人原一审中均出庭作证,且与当事人双方均系同学,证言可信度较强,应予采纳。关于双方是否曾有中奖平分的约定,温提供的记者报道无法证明是侯仙桃所述,但其提供的证人常银虎、段齐喜(一审中出庭作证)均证明齐腊锁在彩票中奖前后有过"若中奖,平分奖金"的承诺。彩票本身并没有价值,它不等同于其他有价证券如股票等,不能简单认定中奖彩票由谁持有即奖金归谁,且双方共同约定的彩票只能由一人持有,不可能双方持有。若中奖号码为双方共同选定,单方出资,但对中奖后奖金无明确约定的,应按合伙共同财产平均分割较为合理。本案中奖彩票号码为温丽芳、齐腊锁共同选定,由温丽芳出资,齐腊锁出力,虽然中奖彩票由齐腊锁持有,但应当认定双方共同选定的彩票中奖后奖金共同持有,在无明确约定分割办法的情况下,应当将扣除税费后的奖金1121627.32元平均分割,支付温丽芳560813.66元。检察院抗诉认为中奖彩票为双方共同财产正确,本院予以支持。原二审法院认定事实不清,适用法律不当,应予以撤销。判决如下:(1)撤销临汾市中级人民法院〔2004〕临民终字第986号民事判决;(2)维持尧都区人民法院〔2004〕尧民再初字第16号民事判决;维持尧都区人民法院〔2002〕尧民初字第1141号民事判决,被告侯仙桃、齐腊锁在本判决生效后5日内给付原告温丽芳人民币560813.66元。

彩票、奖券纠纷办案依据集成

1. 《彩票管理条例》（2009年7月1日）（节录）

第二十五条　彩票中奖者应当自开奖之日起60个自然日内，持中奖彩票到指定的地点兑奖，彩票品种的规则规定需要出示身份证件的，还应当出示本人身份证件。逾期不兑奖的视为弃奖。

禁止使用伪造、变造的彩票兑奖。

第二十六条　彩票发行机构、彩票销售机构、彩票代销者应当按照彩票品种的规则和兑奖操作规程兑奖。

彩票中奖奖金应当以人民币现金或者现金支票形式一次性兑付。

不得向未成年人兑奖。

2. 最高人民法院民事审判庭《有关奖券纠纷问题的复函》（1990年11月5日）

湖南省高级人民法院：

刘志平为与刘运林、朱悠久奖券纠纷一案，不服你院湘法民申字〔1989〕第18号民事判决，于今年2月给我院来信诉称：刘运林以奖券抵债，完全出于自愿，没有欺诈胁迫行为，他是该奖券的合法占有者，该奖券中奖5000元应全部归其所有，为此，要求重新审理此案，依法保护其合法权益。

经调卷审查，并征求有关部门的意见后，我们研究认为：1987年6月4日，刘运林向刘志平借20元现款为彭显亮买瓷板，同年8月24日，刘运林将一张面额20元的奖券给刘志平抵债时，未对可能获得的中奖权利约定条件，因此，应视为该奖券及奖券上所载明的财产权利一并转移，刘志平是该奖券的合法占有者，奖券中奖5000元应归刘志平所有。省院依据公平原则判决刘志平得2600元，刘运林、朱悠久夫妇得2400元，似有不当。

以上意见，供你们处理该案申诉时参考。处理结果望告。

三十四、农业承包合同纠纷

88. 农民拖欠农业承包费，村民小组能否收回土地？

农业承包合同是指发包方就开发、经营、利用本集体经济组织所有的自然资源和其他资产，以及依法取得使用权的国家资源，与承包方所签订的承包合同，以及各承包方之间转让、转包、互换承包经营标的物的合同。农村土地承包方式有两种：一是家庭承包；二是以招标、拍卖、公开协商等方式的其他承包。第二种方式可能涉及集体组织成员以外的个人承包，即对外发包。法律应赋予农民长期有保障的土地使用权，以切实维护农村土地承包当事人的合法权益，保障了承包方的生存需要，有利于村民生产、生活和社会稳定。承包人拖欠承包费，但在发包方起诉后即如数交纳拖欠费用，考虑到承包户的实际困难，应认定承包户的行为未构成根本违约，承包合同应继续履行。原承包人死亡后，承包人应得的承包收益，依照《继承法》的规定继承。

典型疑难案件参考

原告朱楼三组诉被告李宏超等七被告农业承包合同纠纷案

基本案情

李宏超等七被告均系朱楼三组村民。2004年7月31日，朱楼三组为解决群众生活问题，将村民小组塌陷后新复垦的土地发包给本组部分村民。原告作为甲方，与作为乙方的七被告分别签订了土地承包合同，合同约定：王进英承包0.55亩，每年承包费35.75元；黄彩云承包1.9亩，每年承包费123.5元；李敬夫承包1.7亩，每年承包费110.5元；豆秀华承包1.5亩，每年承包费97.5元；王彦承包0.45亩，每年承包费29.25元；李宏超承包1.9亩，每年承包费123.5元；王吉功承包0.7亩，每年承包费45.5元；每年10月1日前将承包费交给发包方,若拖欠15日以上,甲方可以收回土地,另行发包。若村委会征收农业税,承包费每亩每年增加15元。合同签字生效后,被告耕种了相应的土地,但未按合同约定支付承包费。原告与被告李宏超的土地承包合同中,乙方签名为李宏超(代),被告李宏超认可合同约定的1.9亩地实为其本人耕种,土地承包者应为李宏超。王吉功在诉讼过程中死亡,其承包的土地一直由其子王祥云耕种。原告朱楼三组起诉到法院后,七被告分别交清了拖欠的土地承包费共计2262元。

诉辩情况

原告朱楼三组诉称:2004年7月31日,原告小组负责人与各被告签订土地承包合同,约定每年10月1日前各被告将承包费交给原告,若拖欠15日以上,原告可以收回土地。之后,被告耕种了土地,却一直未交纳承包费。因王吉功已死亡,王吉功生前承包的土地由王祥云耕种,请求变更王祥云为被告。请求:(1)判令七被告支付原告承包费2262元。(2)解除原告与七被告签订的土地承包合同,责令各被告将承包的土地交还原告。

被告李宏超辩称:(1)原告主张权利已超过诉讼时效。(2)原告不具备诉讼主体资格,㷄楼村朱楼第三村民小组在数年前就已经分为3个小组,王吉功作为朱楼三组负责人缺乏事实依据,原告不具备该土地的所有权。(3)被告李宏超不具备诉讼主体资格,和原告签订承包合同的是李宏超的父亲李世君;(4)承包合同中约定"收回承包地"的条款系无效条款,被告无权解除合同,现农业承包已不征收税费,原告要求被告交付承包费是不合法的,请求驳回原告的诉讼请求。

被告黄彩云辩称:被告家人多地少,年年买粮吃,经济困难。2006年,被告交纳承包费494元,现国家政策已规定不交农业税,请求继续承包土地。

被告李敬夫辩称:被告家人多地少,原告起诉后,被告已交纳400元承包费,不同意解除承包合同,请求继续承包土地。

被告豆秀华、王进英、王彦、王祥云未提交答辩状;在本院组织双方调解时,均提出家庭经济困难,要求继续承包土地。

裁判结果

淮北市杜集区人民法院判决:

一、原告淮北市朔里镇㷄楼行政村朱楼第三村民小组与被告李宏超、黄彩云、豆秀华、王进英、李敬夫、王彦、王吉功签订的农业承包合同继续履行。

二、驳回原告淮北市朔里镇㷄楼行政村朱楼第三村民小组要求返还承包地的诉讼请求。

三、被告李宏超、黄彩云、豆秀华、王进英、李敬夫、王彦、王祥云支付承包费2262元（已履行）。

裁判理由

淮北市杜集区人民法院认为，本案农业承包合同所涉及的土地系塌陷后的复垦土地，虽土地所有权性质发生变化，土地所有权归国家所有。但根据我国相关政策规定，复垦后的土地交由原集体组织成员使用。朱楼三组作为原所有权人，有权将复垦后的土地交给本村民小组成员使用。朱楼三组作为合同的发包方有权提起本案诉讼，朱楼三组应是本案适格原告。根据《农村土地承包法》，原、被告之间的农业承包是一种其他方式的承包，该合同是在公平、自愿的基础上签订的，是合法有效的，双方约定交纳承包费符合有关法律规定。被告未按时交纳承包费的行为虽违约，考虑被告均系原告朱楼三组成员，家庭人多地少，在原告起诉后，均如数交纳了拖欠的承包费，从有利于村民生产、生活和社会稳定，承包土地的基本目的是解决群众基本生活来看，被告拖欠承包费没有造成对合同的根本性违约，不影响双方当事人订立合同所要达到预期的合同目的。现七被告已支付拖欠的承包费，承包合同应继续履行。因王吉功已死亡，其通过公开协商方式取得的土地承包经营权，由被告王祥云作为继承人继续承包。

农业承包合同纠纷办案依据集成

1.《中华人民共和国物权法》(2007年10月1日)(节录)

第五十九条 农民集体所有的不动产和动产,属于本集体成员集体所有。

下列事项应当依照法定程序经本集体成员决定:

(一) 土地承包方案以及将土地发包给本集体以外的单位或者个人承包;

(二) 个别土地承包经营权人之间承包地的调整;

(三) 土地补偿费等费用的使用、分配办法;

(四) 集体出资的企业的所有权变动等事项;

(五) 法律规定的其他事项。

第一百二十四条 农村集体经济组织实行家庭承包经营为基础、统分结合的双层经营体制。

农民集体所有和国家所有由农民集体使用的耕地、林地、草地以及其他用于农业的土地,依法实行土地承包经营制度。

第一百二十五条 土地承包经营权人依法对其承包经营的耕地、林地、草地等享有占有、使用和收益的权利,有权从事种植业、林业、畜牧业等农业生产。

第一百二十六条 耕地的承包期为三十年。草地的承包期为三十年至五十年。林地的承包期为三十年至七十年;特殊林木的林地承包期,经国务院林业行政主管部门批准可以延长。

前款规定的承包期届满,由土地承包经营权人按照国家有关规定继续承包。

第一百二十七条 土地承包经营权自土地承包经营权合同生效时设立。

县级以上地方人民政府应当向土地承包经营权人发放土地承包经营权证、林权证、草原使用权证,并登记造册,确认土地承包经营权。

第一百二十八条 土地承包经营权人依照农村土地承包法的规定,有权将土地承包经营权采取转包、互换、转让等方式流转。流转的期限不得超过承包期的剩余期限。未经依法批准,不得将承包地用于非农建设。

第一百二十九条 土地承包经营权人将土地承包经营权互换、转让,当事人要求登记的,应当向县级以上地方人民政府申请土地承包经营权变更登记;未经登记,不得对抗善意第三人。

第一百三十条 承包期内发包人不得调整承包地。

因自然灾害严重毁损承包地等特殊情形,需要适当调整承包的耕地和草地的,应当依照农村土地承包法等法律规定办理。

第一百三十一条 承包期内发包人不得收回承包地。农村土地承包法等法律另有规定的,依照其规定。

第一百三十二条 承包地被征收的,土地承包经营权人有权依照本法第四十二条第二款的规定获得相应补偿。

第一百三十三条 通过招标、拍卖、公开协商等方式承包荒地等农村土地，依照农村土地承包法等法律和国务院的有关规定，其土地承包经营权可以转让、入股、抵押或者以其他方式流转。

第一百三十四条 国家所有的农用地实行承包经营的，参照本法的有关规定。

2.《中华人民共和国农村土地承包法》（2003年3月1日）（节录）

第四十八条 发包方将农村土地发包给本集体经济组织以外的单位或者个人承包，应当事先经本集体经济组织成员的村民会议三分之二以上成员或者三分之二以上村民代表的同意，并报乡（镇）人民政府批准。

由本集体经济组织以外的单位或者个人承包的，应当对承包方的资信情况和经营能力进行审查后，再签订承包合同。

3. 最高人民法院《关于审理涉及农村土地承包纠纷案件适用法律问题的解释》（2005年9月1日）

根据《中华人民共和国民法通则》、《中华人民共和国合同法》、《中华人民共和国民事诉讼法》、《中华人民共和国农村土地承包法》、《中华人民共和国土地管理法》等法律的规定，结合民事审判实践，对审理涉及农村土地承包纠纷案件适用法律的若干问题解释如下：

一、受理与诉讼主体

第一条 下列涉及农村土地承包民事纠纷，人民法院应当依法受理：

（一）承包合同纠纷；

（二）承包经营权侵权纠纷；

（三）承包经营权流转纠纷；

（四）承包地征收补偿费用分配纠纷；

（五）承包经营权继承纠纷。

集体经济组织成员因未实际取得土地承包经营权提起民事诉讼的，人民法院应当告知其向有关行政主管部门申请解决。

集体经济组织成员就用于分配的土地补偿费数额提起民事诉讼的，人民法院不予受理。

第二条 当事人自愿达成书面仲裁协议的，受诉人民法院应当参照最高人民法院《关于适用〈中华人民共和国民事诉讼法〉若干问题的意见》第145条至第148条的规定处理。

当事人未达成书面仲裁协议，一方当事人向农村土地承包仲裁机构申请仲裁，另一方当事人提起诉讼的，人民法院应予受理，并书面通知仲裁机构。但另一方当事人接受仲裁管辖后又起诉的，人民法院不予受理。

当事人对仲裁裁决不服并在收到裁决书之日起三十日内提起诉讼的，人民法院应予受理。

第三条 承包合同纠纷，以发包方和承包方为当事人。

前款所称承包方是指以家庭承包方式承包本集体经济组织农村土地的农户，以及以其他方式承包农村土地的单位或者个人。

第四条 农户成员为多人的，由其代表人进行诉讼。

农户代表人按照下列情形确定：

（一）土地承包经营权证等证书上记载的人；

（二）未依法登记取得土地承包经营权证等证书的，为在承包合同上签字的人；

（三）前两项规定的人死亡、丧失民事行为能力或者因其他原因无法进行诉讼的，为农户成员推选的人。

二、家庭承包纠纷案件的处理

第五条 承包合同中有关收回、调整承包地的约定违反农村土地承包法第二十六条、第二十七条、第三十条、第三十五条规定的，应当认定该约定无效。

第六条 因发包方违法收回、调整承包地，或者因发包方收回承包方弃耕、撂荒的承包地产生的纠纷，按照下列情形，分别处理：

（一）发包方未将承包地另行发包，承包方请求返还承包地的，应予支持；

（二）发包方已将承包地另行发包给第三人，承包方以发包方和第三人为共同被告，请求确认其所签订的承包合同无效、返还承包地并赔偿损失的，应予支持。但属于承包方弃耕、撂荒情形的，对其赔偿损失的诉讼请求，不予支持。

前款第（二）项所称的第三人，请求受益方补偿其在承包地上的合理投入的，应予支持。

第七条 承包合同约定或者土地承包经营权证等证书记载的承包期限短于农村土地承包法规定的期限，承包方请求延长的，应予支持。

第八条 承包方违反农村土地承包法第十七条规定，将承包地用于非农建设或者对承包地造成永久性损害，发包方请求承包方停止侵害、恢复原状或者赔偿损失的，应予支持。

第九条 发包方根据农村土地承包法第二十六条规定收回承包地前，承包方已经以转包、出租等形式将其土地承包经营权流转给第三人，且流转期限尚未届满，因流转价款收取产生的纠纷，按照下列情形，分别处理：

（一）承包方已经一次性收取了流转价款，发包方请求承包方返还剩余流转期限的流转价款的，应予支持；

（二）流转价款为分期支付，发包方请求第三人按照流转合同的约定支付流转价款的，应予支持。

第十条 承包方交回承包地不符合农村土地承包法第二十九条规定程序的，不得认定其为自愿交回。

第十一条 土地承包经营权流转中，本集体经济组织成员在流转价款、流转期限等主要内容相同的条件下主张优先权的，应予支持。但下列情形除外：

（一）在书面公示的合理期限内未提出优先权主张的；

（二）未经书面公示，在本集体经济组织以外的人开始使用承包地两个月内未提出优先权主张的。

第十二条 发包方强迫承包方将土地承包经营权流转给第三人，承包方请求确认其与第三人签订的流转合同无效的,应予支持。

发包方阻碍承包方依法流转土地承包经营权,承包方请求排除妨碍、赔偿损失的,应予支持。

第十三条 承包方未经发包方同意,采取转让方式流转其土地承包经营权的,转让合同无效。但发包方无法定理由不同意或者拖延表态的除外。

第十四条 承包方依法采取转包、出租、互换或者其他方式流转土地承包经营权,发包方仅以该土地承包经营权流转合同未报其备案为由,请求确认合同无效的,不予支持。

第十五条 承包方以其土地承包经营权进行抵押或者抵偿债务的,应当认定无效。对因此造成的损失,当事人有过错的,应当承担相应的民事责任。

第十六条 因承包方不收取流转价款或者向对方支付费用的约定产生纠纷,当事人协商变更无法达成一致,且继续履行又显失公平的,人民法院可以根据发生变更的客观情况,按照公平原则处理。

第十七条 当事人对转包、出租地流转期限没有约定或者约定不明的,参照合同法第二百三十二条规定处理。除当事人另有约定或者属于林地承包经营外,承包地交回的时间应当在农作物收获期结束后或者下一耕种期开始前。

对提高土地生产能力的投入,对方当事人请求承包方给予相应补偿的,应予支持。

第十八条 发包方或者其他组织、个人擅自截留、扣缴承包收益或者土地承包经营权流转收益,承包方请求返还的,应予支持。

发包方或者其他组织、个人主张抵销的,不予支持。

三、其他方式承包纠纷的处理

第十九条 本集体经济组织成员在承包费、承包期限等主要内容相同的条件下主张优先承包权的,应予支持。但在发包方将农村土地发包给本集体经济组织以外的单位或者个人,已经法律规定的民主议定程序通过,并由乡(镇)人民政府批准后主张优先承包权的,不予支持。

第二十条 发包方就同一土地签订两个以上承包合同,承包方均主张取得土地承包经营权的,按照下列情形,分别处理:

(一)已经依法登记的承包方,取得土地承包经营权;

(二)均未依法登记的,生效在先合同的承包方取得土地承包经营权;

(三)依前两项规定无法确定的,已经根据承包合同合法占有使用承包地的人取得土地承包经营权,但争议发生后一方强行先占承包地的行为和事实,不得作为确定土地承包经营权的依据。

第二十一条 承包方未依法登记取得土地承包经营权证等证书,即以转让、出租、入股、抵押等方式流转土地承包经营权,发包方请求确认该流转无效的,应予支持。但非因承包方原因未登记取得土地承包经营权证等证书的除外。

承包方流转土地承包经营权,除法律或者本解释有特殊规定外,按照有关家庭承包土地承包经营权流转的规定处理。

四、土地征收补偿费用分配及土地承包经营权继承纠纷的处理

第二十二条 承包地被依法征收,承包方请求发包方给付已经收到的地上附着物和青苗的补偿费的,应予支持。

承包方已将土地承包经营权以转包、出租等方式流转给第三人的,除当事人另有约定外,青苗补偿费归实际投入人所有,地上附着物补偿费归附着物所有人所有。

第二十三条 承包地被依法征收,放弃统一安置的家庭承包方,请求发包方给付已经收到的安置补助费的,应予支持。

第二十四条 农村集体经济组织或者村民委员会、村民小组,可以依照法律规定的民主议定程序,决定在本集体经济组织内部分配已经收到的土地补偿费。征地补偿安置方案确定时已经具有本集体经济组织成员资格的人,请求支付相应份额的,应予支持。但已报全国人大常委会、国务院备案的地方性法规、自治条例和单行条例、地方政府规章对土地补偿费在农村集体经济组织内部的分配办法另有规定的除外。

第二十五条 林地家庭承包中,承包方的继承人请求在承包期内继续承包的,应予支持。

其他方式承包中,承包方的继承人或者权利义务承受者请求在承包期内继续承包的,应予支持。

五、其他规定

第二十六条 人民法院在审理涉及本解释第五条、第六条第一款第(二)项及第二款、第十六条的纠纷案件时,应当着重进行调解。必要时可以委托人民调解组织进行调解。

第二十七条 本解释自 2005 年 9 月 1 日起施行。施行后受理的第一审案件,适用本解释的规定。

施行前已经生效的司法解释与本解释不一致的,以本解释为准。

三十五、林业承包合同纠纷

89. 承包山地被划为生态公益林，合作社能否解除承包合同？

农村土地承包经营是涉及村民切身利益的重大事项。农民集体所有的土地对外发包，应当依照村民民主议定原则，经村民决议并报有关部门批准。《农村土地承包法》第48条规定："发包方将农村土地发包给本集体经济组织以外的单位或者个人承包，应当事先经本集体经济组织成员的村民会议三分之二以上成员或者三分之二以上村民代表的同意，并报乡（镇）人民政府批准。"《土地管理法》第15条第2款也作有明确规定。这是对村民民主议定程序的强制性规定，违反民主议定原则的承包合同无效。承包范围内的山地被划为生态公益林，签订合同时的情势已变更，合同关于种植砍伐的目的已经不能实现，原来应种植经济型林木的义务变成了对现有林木的管理及维护，承包人按变化后的方式履行应视为适当的履行方式。承包人进行种植、管理、维护，如果解除合同，承包人无从获得生态公益林补偿款，将造成巨大经济损失，法院根据公平原则判令继续履行承包合同。

典型疑难案件参考

从化市吕田镇安山村东门经济合作社诉被告夏东垣、夏春林承包合同纠纷案

基本案情

2001年4月7日，从化市吕田镇安山村东门经济合作社与夏东垣、夏春林（以下简称两夏）签订了《承包山林种植合同》，将集体所有的4300亩荒山承包给两夏经营树木种植。合同约定：承包期限至2021年12月31日止；

承包租金为每年5000元，于每年12月底交纳；如因国家、林业部门有规划和补贴，一律属乙方所有。并由吕田镇司法所作见证。两夏在承包山林后，雇用村民于山林间的通道两旁种植杉树。2003年，上述山林被划为生态公益林。两夏领取2004年度及2005年度生态公益林补偿金48966元及61268.65元。

▎一审诉辩情况▎

东门合作社起诉认为，两夏利用原经济社干部缺乏经验及法律常识，在没有经过村民大会或村民代表大会三分之二同意的情况下，违法签订了《承包山林种植合同》，从合同签订至今，两夏从未在承包的林地上种植树木或进行管理等经营行为，严重违反合同约定的义务，要求法院判决终止合同履行。

两夏认为合同的签订是有效的。合同签订后，从2001年至2006年，他们投入资金5万多元，按照林业技术员制订的经营计划，种下了10多万株各种树苗和种子，并进行有效维护，主张继续履行合同。

▎一审裁判结果▎

从化市人民法院判决：驳回原告的诉讼请求。

▎一审裁判理由▎

从化市人民法院认为，东门合作社通过召开经济社内家长会议讨论的形式，同意将集体的荒山承包给两夏，并与两夏签订了《承包山林种植合同》；因召开家长会，由每户派代表参加会议作出表决是农村普遍采用的议事形式，故通过该会议多数代表签名表示同意的对经济社内事务处理的事项，应视为经济社集体的意思表示，符合法律关于农村土地承包的条件，承包合同成立生效。东门合作社提出两夏在签订合同中私自增添合同条款"如因国家、林业部门有规划和补贴，一律属乙方所有"的内容，但未能提出有效的证据以证实；两夏所提出的证人证言，则能证明合同的签订过程符合法律规定，该条款是在司法所作见证时，由双方一致同意而添加的，故对东门合作社的意见，不予采纳。合同签订后，两夏按约定向东门合作社交纳了承包款，雇用村民在所承包的山地上种植杉树，并对林木进行管理与保养，故其已履行了合同约定的主要义务。两夏所承包的山地被划为生态公益林，不能对林木进行砍伐，但仍可对该山地进行管理和保养林木，并领取相应的补偿金。两夏在合同的有效期限内，按合同的约定领取生态公益林补偿款，是其基于合同及有关规定而取得的利益。

二审诉辩情况

东门合作社不服，提出上诉。

二审裁判结果

广州市中级人民法院判决：驳回上诉，维持原判。

二审裁判理由

广州市中级人民法院二审审理认为：涉讼《承包山林种植合同》签订时是2001年4月7日，而《土地农村承包法》自2003年3月1日起实施，故不适用该法规定的必须经村民大会或村民代表大会三分之二同意的限制，东门合作社认为《承包山林种植合同》未经法定三分之二以上村民同意而无效的理由不能成立。

林业承包合同纠纷办案依据集成

1.《中华人民共和国土地管理法》（1999年1月1日）（节录）

第十四条 农民集体所有的土地由本集体经济组织的成员承包经营，从事种植业、林业、畜牧业、渔业生产。土地承包经营期限为三十年。发包方和承包方应当订立承包合同，约定双方的权利和义务。承包经营土地的农民有保护和按照承包合同约定的用途合理利用土地的义务。农民的土地承包经营权受法律保护。

在土地承包经营期限内，对个别承包经营者之间承包的土地进行适当调整的，必须经村民会议三分之二以上成员或者三分之二以上村民代表的同意，并报乡（镇）人民政府和县级人民政府农业行政主管部门批准。

第十五条 国有土地可以由单位或者个人承包经营，从事种植业、林业、畜牧业、渔业生产。农民集体所有的土地，可以由本集体经济组织以外的单位或者个人承包经营，从事种植业、林业、畜牧业、渔业生产。发包方和承包方应当订立承包合同，约定双方的权利和义务。土地承包经营的期限由承包合同约定。承包经营土地的单位和个人，有保护和按照承包合同约定的用途合理利用土地的义务。

农民集体所有的土地由本集体经济组织以外的单位或者个人承包经营的，必须经村民会议三分之二以上成员或者三分之二以上村民代表的同意，并报乡（镇）人民政府批准。

2.《中华人民共和国农村土地承包法》（2003年3月1日）（节录）

第四十八条 发包方将农村土地发包给本集体经济组织以外的单位或者个人承包，应当事先经本集体经济组织成员的村民会议三分之二以上成员或者三分之二以上村民代表的同意，并报乡（镇）人民政府批准。

由本集体经济组织以外的单位或者个人承包的，应当对承包方的资信情况和经营能力进行审查后，再签订承包合同。

三十六、农村土地承包合同纠纷

90. 家庭成员之间如何分配土地征用补偿款？

农村土地承包采取农村集体经济组织内部的家庭承包方式，农村土地承包，妇女与男子享有平等的权利，任何组织和个人不得剥夺、侵害妇女应当享有的土地承包经营权。我国农村土地承包实行的是家庭联产承包责任制，家庭承包的承包方是本集体经济组织的农户，单个家庭成员不能单独享有此项权利，家庭成员之间是共同共有关系。要正确区分家庭和户之间的差别，把家庭成员之间法律关系的变动限制在以户为单位的范围内，以户作为基本单位，按各自应得的份额予以分配。家庭是由具有血亲、姻亲或拟制血亲关系的成员组成的集合，户则是构成社会组织的基本生活生产单位。按传统习惯做法，父母和未成年子女为同一户，已婚成年子女一般视为已分户。

典型疑难案件参考

陈小英诉陈志明征地补偿款分配纠纷案

基本案情

原告陈小英和被告陈志明系同胞兄妹。1980年第一轮农村土地承包时，原、被告家庭共有八位成员：父亲陈有兴、兄陈志明、陈志明妻子冼如翠及女儿阵达妃，还有陈有兴的4个女儿陈小英、陈小唱、陈少花、陈小妹，户主为陈有兴。一家8口人共分得水田5.19亩、旱田6.8亩、园地9.7亩。第一轮土地承包后，原告陈小英四姐妹相续于1981年、1983年、1988年、1991年出嫁，均同在一个村委会。由于该村委会实行"增人不增地、减人不减地、三十年不能更改"的土地承包方式，原告四姐妹出嫁后均未分到承包地。故出嫁后，各人还是按各自长期的耕作习惯使用部分原家庭承包地，各自享有收益。2007年，原户主陈有兴去世，陈志明变为新户主。2008年，由被告长期使用的园地中有1亩被征用，被告以户主的名义领取了补偿款79800元。由于被告认为该被征用土地已经家庭决定由其使用，补偿款应归其所有，引发纠纷。原告四姐妹于是诉至法院，要求按原分地时现存家庭人口七份平均分配补偿款。

一审诉辩情况

原告陈小英诉称：征地补偿款79800元，应按原分地时现存家庭人口七份平均分配。

被告陈志明辩称：该被征用土地已经家庭决定由其使用、收益，补偿款应全部归其所有。

一审裁判结果

三亚市城郊人民法院判决：补偿款按七份平均分配，被告应给付原告11400元。

一审裁判理由

三亚市城郊人民法院认为，原、被告为同一家庭的成员，虽然作为原户主的父亲已于2007年去世，但没有重新分配承包地，故土地承包经营权还是由原家庭成员共同共有。在承包期限内，无论哪一个家庭成员使用的任何部分家庭承包地被征收、征用，除青苗等补偿费用归使用者个人外，其他因土地被征用而由集体分配的各种补偿款项，均属原家庭成员共同共有，平均分配。

二审诉辩情况

上诉人陈志明上诉称：第一轮土地承包后，被告家庭又增加了五位家庭成员，故补偿款应按十二份平均分配而不应按七份平均分配。

被上诉人陈小英答辩称：上诉人的上诉理由不成立，混淆了家庭和户之间的法律关系，任意扩大了家庭承包经营户成员的范围，损害了其他成员的合法利益。

二审裁判结果

海南省三亚市中级人民法院判决：驳回上诉，维持原判。

二审裁判理由

海南省三亚市中级人民法院认为，依照《农村土地承包法》第4条、第28条的规定，土地承包关系确定后，原承包户内新增的人口不能参与分配原承包份额。

农村土地承包合同纠纷办案依据集成

1.《中华人民共和国农村土地承包法》（2003年3月1日）

第一章 总 则

第一条 为稳定和完善以家庭承包经营为基础、统分结合的双层经营体制，赋予农民长期而有保障的土地使用权，维护农村土地承包当事人的合法权益，促进农业、农村经济发展和农村社会稳定，根据宪法，制定本法。

第二条 本法所称农村土地，是指农民集体所有和国家所有依法由农民集体使用的耕地、林地、草地，以及其他依法用于农业的土地。

第三条 国家实行农村土地承包经营制度。

农村土地承包采取农村集体经济组织内部的家庭承包方式，不宜采取家庭承包方式的荒山、荒沟、荒丘、荒滩等农村土地，可以采取招标、拍卖、公开协商等方式承包。

第四条 国家依法保护农村土地承包关系的长期稳定。

农村土地承包后，土地的所有权性质不变。承包地不得买卖。

第五条 农村集体经济组织成员有权依法承包由本集体经济组织发包的农村土地。

任何组织和个人不得剥夺和非法限制农村集体经济组织成员承包土地的权利。

第六条 农村土地承包，妇女与男子享有平等的权利。承包中应当保护妇女的合法权益，任何组织和个人不得剥夺、侵害妇女应当享有的土地承包经营权。

第七条 农村土地承包应当坚持公开、公平、公正的原则，正确处理国家、集体、个人三者的利益关系。

第八条 农村土地承包应当遵守法律、法规，保护土地资源的合理开发和可持续利用。未经依法批准不得将承包地用于非农建设。

国家鼓励农民和农村集体经济组织增加对土地的投入，培肥地力，提高农业生产能力。

第九条 国家保护集体土地所有者的合法权益，保护承包方的土地承包经营权，任何组织和个人不得侵犯。

第十条 国家保护承包方依法、自愿、有偿地进行土地承包经营权流转。

第十一条 国务院农业、林业行政主管部门分别依照国务院规定的职责负责全国农村土地承包及承包合同管理的指导。县级以上地方人民政府农业、林业等行政主管部门分别依照各自职责，负责本行政区域内农村土地承包及承包合同管理。乡（镇）人民政府负责本行政区域内农村土地承包及承包合同管理。

第二章 家庭承包

第一节 发包方和承包方的权利和义务

第十二条 农民集体所有的土地依法属于村农民集体所有的，由村集体经济组织或者村民委员会发包；已经分别属于村内两个以上农村集体经济组织的农民集体所有的，由村内各该农村集体经济组织或者村民小组发包。村集体经济组织或者村民委员会发包的，不得改变村内各集体经济组织农民集体所有的土地的所有权。

国家所有依法由农民集体使用的农村土地，由使用该土地的农村集体经济组织、村民委员会或者村民小组发包。

第十三条 发包方享有下列权利：

（一）发包本集体所有的或者国家所有依法由本集体使用的农村土地；

（二）监督承包方依照承包合同约定的用途合理利用和保护土地；

（三）制止承包方损害承包地和农业资源的行为；

（四）法律、行政法规规定的其他权利。

第十四条 发包方承担下列义务：

（一）维护承包方的土地承包经营权，不得非法变更、解除承包合同；

（二）尊重承包方的生产经营自主权，不得干涉承包方依法进行正常的生产经营活动；

（三）依照承包合同约定为承包方提供生产、技术、信息等服务；

（四）执行县、乡（镇）土地利用总体规划，组织本集体经济组织内的农业基础设施建设；

（五）法律、行政法规规定的其他义务。

第十五条 家庭承包的承包方是本集体经济组织的农户。

第十六条 承包方享有下列权利：

（一）依法享有承包地使用、收益和土地承包经营权流转的权利，有权自主组织生产经营和处置产品；

（二）承包地被依法征用、占用的，有权依法获得相应的补偿；

（三）法律、行政法规规定的其他权利。

第十七条 承包方承担下列义务：

（一）维持土地的农业用途，不得用于非农建设；

（二）依法保护和合理利用土地，不得给土地造成永久性损害；

（三）法律、行政法规规定的其他义务。

第二节　承包的原则和程序

第十八条 土地承包应当遵循以下原则：

（一）按照规定统一组织承包时，本集体经济组织成员依法平等地行使承包土地的权利，也可以自愿放弃承包土地的权利；

（二）民主协商，公平合理；

（三）承包方案应当按照本法第十二条的规定，依法经本集体经济组织成员的村民会议三分之二以上成员或者三分之二以上村民代表的同意；

（四）承包程序合法。

第十九条 土地承包应当按照以下程序进行：

（一）本集体经济组织成员的村民会议选举产生承包工作小组；

（二）承包工作小组依照法律、法规的规定拟订并公布承包方案；

（三）依法召开本集体经济组织成员的村民会议，讨论通过承包方案；

（四）公开组织实施承包方案；

（五）签订承包合同。

第三节　承包期限和承包合同

第二十条　耕地的承包期为三十年。草地的承包期为三十年至五十年。林地的承包期为三十年至七十年；特殊林木的林地承包期，经国务院林业行政主管部门批准可以延长。

第二十一条　发包方应当与承包方签订书面承包合同。

承包合同一般包括以下条款：

（一）发包方、承包方的名称，发包方负责人和承包方代表的姓名、住所；

（二）承包土地的名称、坐落、面积、质量等级；

（三）承包期限和起止日期；

（四）承包土地的用途；

（五）发包方和承包方的权利和义务；

（六）违约责任。

第二十二条　承包合同自成立之日起生效。承包方自承包合同生效时取得土地承包经营权。

第二十三条　县级以上地方人民政府应当向承包方颁发土地承包经营权证或者林权证等证书，并登记造册，确认土地承包经营权。

颁发土地承包经营权证或者林权证等证书，除按规定收取证书工本费外，不得收取其他费用。

第二十四条　承包合同生效后，发包方不得因承办人或者负责人的变动而变更或者解除，也不得因集体经济组织的分立或者合并而变更或者解除。

第二十五条　国家机关及其工作人员不得利用职权干涉农村土地承包或者变更、解除承包合同。

第四节　土地承包经营权的保护

第二十六条　承包期内，发包方不得收回承包地。

承包期内，承包方全家迁入小城镇落户的，应当按照承包方的意愿，保留其土地承包经营权或者允许其依法进行土地承包经营权流转。

承包期内，承包方全家迁入设区的市，转为非农业户口的，应当将承包的耕地和草地交回发包方。承包方不交回的，发包方可以收回承包的耕地和草地。

承包期内，承包方交回承包地或者发包方依法收回承包地时，承包方对其在承包地上投入而提高土地生产能力的，有权获得相应的补偿。

第二十七条　承包期内，发包方不得调整承包地。

承包期内，因自然灾害严重毁损承包地等特殊情形对个别农户之间承包的耕地和草地需要适当调整的，必须经本集体经济组织成员的村民会议三分之二以上成员或者三分之二以上村民代表的同意，并报乡（镇）人民政府和县级人民政府农业等行政主管部门批准。承包合同中约定不得调整的，按照其约定。

第二十八条　下列土地应当用于调整承包土地或者承包给新增人口：

（一）集体经济组织依法预留的机动地；

（二）通过依法开垦等方式增加的；

（三）承包方依法、自愿交回的。

第二十九条　承包期内，承包方可以自愿将承包地交回发包方。承包方自愿交回承包地的，应当提前半年以书面形式通知发包方。承包方在承包期内交回承包地的，在承包期内不得再要求承包土地。

第三十条　承包期内，妇女结婚，在新居住地未取得承包地的，发包方不得收回其原承包地；妇女离婚或者丧偶，仍在原居住地生活或者不在原居住地生活但在新居住地未取得承包地的，发包方不得收回其原承包地。

第三十一条　承包人应得的承包收益，依照继承法的规定继承。

林地承包的承包人死亡，其继承人可以在承包期内继续承包。

第五节　土地承包经营权的流转

第三十二条　通过家庭承包取得的土地承包经营权可以依法采取转包、出租、互换、转让或者其他方式流转。

第三十三条　土地承包经营权流转应当遵循以下原则：

（一）平等协商、自愿、有偿，任何组织和个人不得强迫或者阻碍承包方进行土地承包经营权流转；

（二）不得改变土地所有权的性质和土地的农业用途；

（三）流转的期限不得超过承包期的剩余期限；

（四）受让方须有农业经营能力；

（五）在同等条件下，本集体经济组织成员享有优先权。

第三十四条　土地承包经营权流转的主体是承包方。承包方有权依法自主决定土地承包经营权是否流转和流转的方式。

第三十五条　承包期内，发包方不得单方面解除承包合同，不得假借少数服从多数强迫承包方放弃或者变更土地承包经营权，不得以划分"口粮田"和"责任田"等为由收回承包地搞招标承包，不得将承包地收回抵顶欠款。

第三十六条　土地承包经营权流转的转包费、租金、转让费等，应当由当事人双方协商确定。流转的收益归承包方所有，任何组织和个人不得擅自截留、扣缴。

第三十七条　土地承包经营权采取转包、出租、互换、转让或者其他方式流转，当事人双方应当签订书面合同。采取转让方式流转的，应当经发包方同意；采取转包、出租、互换或者其他方式流转的，应当报发包方备案。

土地承包经营权流转合同一般包括以下条款：

（一）双方当事人的姓名、住所；

（二）流转土地的名称、坐落、面积、质量等级；

（三）流转的期限和起止日期；

（四）流转土地的用途；

（五）双方当事人的权利和义务；

（六）流转价款及支付方式；

（七）违约责任。

第三十八条　土地承包经营权采取互换、转让方式流转，当事人要求登记的，应当向县级以上地方人民政府申请登记。未经登记，不得对抗善意第三人。

第三十九条　承包方可以在一定期限内将部分或者全部土地承包经营权转包或者出租给第三方，承包方与发包方的承包关系不变。

承包方将土地交由他人代耕不超过一年的，可以不签订书面合同。

第四十条　承包方之间为方便耕种或者各自需要，可以对属于同一集体经济组织的土地的土地承包经营权进行互换。

第四十一条　承包方有稳定的非农职业或者有稳定的收入来源的，经发包方同意，可以将全部或者部分土地承包经营权转让给其他从事农业生产经营的农户，由该农户同发包方确立新的承包关系，原承包方与发包方在该土地上的承包关系即行终止。

第四十二条　承包方之间为发展农业经济，可以自愿联合将土地承包经营权入股，从事农业合作生产。

第四十三条　承包方对其在承包地上投入而提高土地生产能力的，土地承包经营权依法流转时有权获得相应的补偿。

第三章　其他方式的承包

第四十四条　不宜采取家庭承包方式的荒山、荒沟、荒丘、荒滩等农村土地，通过招标、拍卖、公开协商等方式承包的，适用本章规定。

第四十五条　以其他方式承包农村土地的，应当签订承包合同。当事人的权利和义务、承包期限等，由双方协商确定。以招标、拍卖方式承包的，承包费通过公开竞标、竞价确定；以公开协商等方式承包的，承包费由双方议定。

第四十六条　荒山、荒沟、荒丘、荒滩等可以直接通过招标、拍卖、公开协商等方式实行承包经营，也可以将土地承包经营权折股分给本集体经济组织成员后，再实行承包经营或者股份合作经营。

承包荒山、荒沟、荒丘、荒滩的，应当遵守有关法律、行政法规的规定，防止水土流失，保护生态环境。

第四十七条　以其他方式承包农村土地，在同等条件下，本集体经济组织成员享有优先承包权。

第四十八条　发包方将农村土地发包给本集体经济组织以外的单位或者个人承包，应当事先经本集体经济组织成员的村民会议三分之二以上成员或者三分之二以上村民代表的同意，并报乡（镇）人民政府批准。

由本集体经济组织以外的单位或者个人承包的，应当对承包方的资信情况和经营能力进行审查后，再签订承包合同。

第四十九条　通过招标、拍卖、公开协商等方式承包农村土地，经依法登记取得土地承包经营权证或者林权证等证书的，其土地承包经营权可以依法采取转让、出租、入股、抵押或者其他方式流转。

第五十条 土地承包经营权通过招标、拍卖、公开协商等方式取得的，该承包人死亡，其应得的承包收益，依照继承法的规定继承；在承包期内，其继承人可以继续承包。

第四章 争议的解决和法律责任

第五十一条 因土地承包经营发生纠纷的，双方当事人可以通过协商解决，也可以请求村民委员会、乡（镇）人民政府等调解解决。

当事人不愿协商、调解或者协商、调解不成的，可以向农村土地承包仲裁机构申请仲裁，也可以直接向人民法院起诉。

第五十二条 当事人对农村土地承包仲裁机构的仲裁裁决不服的，可以在收到裁决书之日起三十日内向人民法院起诉。逾期不起诉的，裁决书即发生法律效力。

第五十三条 任何组织和个人侵害承包方的土地承包经营权的，应当承担民事责任。

第五十四条 发包方有下列行为之一的，应当承担停止侵害、返还原物、恢复原状、排除妨害、消除危险、赔偿损失等民事责任：

（一）干涉承包方依法享有的生产经营自主权；

（二）违反本法规定收回、调整承包地；

（三）强迫或者阻碍承包方进行土地承包经营权流转；

（四）假借少数服从多数强迫承包方放弃或者变更土地承包经营权而进行土地承包经营权流转；

（五）以划分"口粮田"和"责任田"等为由收回承包地搞招标承包；

（六）将承包地收回抵顶欠款；

（七）剥夺、侵害妇女依法享有的土地承包经营权；

（八）其他侵害土地承包经营权的行为。

第五十五条 承包合同中违背承包方意愿或者违反法律、行政法规有关不得收回、调整承包地等强制性规定的约定无效。

第五十六条 当事人一方不履行合同义务或者履行义务不符合约定的，应当依照《中华人民共和国合同法》的规定承担违约责任。

第五十七条 任何组织和个人强迫承包方进行土地承包经营权流转的，该流转无效。

第五十八条 任何组织和个人擅自截留、扣缴土地承包经营权流转收益的，应当退还。

第五十九条 违反土地管理法规，非法征用、占用土地或者贪污、挪用土地征用补偿费用，构成犯罪的，依法追究刑事责任；造成他人损害的，应当承担损害赔偿等责任。

第六十条 承包方违法将承包地用于非农建设的，由县级以上地方人民政府有关行政主管部门依法予以处罚。

承包方给承包地造成永久性损害的，发包方有权制止，并有权要求承包方赔偿由此造成的损失。

第六十一条 国家机关及其工作人员有利用职权干涉农村土地承包，变更、解除承包合同，干涉承包方依法享有的生产经营自主权，或者强迫、阻碍承包方进行土地承包经营权流转等侵害土地承包经营权的行为，给承包方造成损失的，应当承担损害赔偿等责任；

情节严重的，由上级机关或者所在单位给予直接责任人员行政处分；构成犯罪的，依法追究刑事责任。

第五章 附 则

第六十二条 本法实施前已经按照国家有关农村土地承包的规定承包，包括承包期限长于本法规定的，本法实施后继续有效，不得重新承包土地。未向承包方颁发土地承包经营权证或者林权证等证书的，应当补发证书。

第六十三条 本法实施前已经预留机动地的，机动地面积不得超过本集体经济组织耕地总面积的百分之五。不足百分之五的，不得再增加机动地。

本法实施前未留机动地的，本法实施后不得再留机动地。

第六十四条 各省、自治区、直辖市人民代表大会常务委员会可以根据本法，结合本行政区域的实际情况，制定实施办法。

第六十五条 本法自2003年3月1日起施行。

2.《中华人民共和国农村土地承包经营纠纷调解仲裁法》（2010年1月1日）（节录）

第二条 农村土地承包经营纠纷调解和仲裁，适用本法。

农村土地承包经营纠纷包括：

（一）因订立、履行、变更、解除和终止农村土地承包合同发生的纠纷；

（二）因农村土地承包经营权转包、出租、互换、转让、入股等流转发生的纠纷；

（三）因收回、调整承包地发生的纠纷；

（四）因确认农村土地承包经营权发生的纠纷；

（五）因侵害农村土地承包经营权发生的纠纷；

（六）法律、法规规定的其他农村土地承包经营纠纷。

因征收集体所有的土地及其补偿发生的纠纷，不属于农村土地承包仲裁委员会的受理范围，可以通过行政复议或者诉讼等方式解决。

第三条 发生农村土地承包经营纠纷的，当事人可以自行和解，也可以请求村民委员会、乡（镇）人民政府等调解。

第四条 当事人和解、调解不成或者不愿和解、调解的，可以向农村土地承包仲裁委员会申请仲裁，也可以直接向人民法院起诉。

3. 最高人民法院《关于审理涉及农村土地承包纠纷案件适用法律问题的解释》（2005年9月1日）（节录）

第一条 下列涉及农村土地承包民事纠纷，人民法院应当依法受理：

（一）承包合同纠纷；

（二）承包经营权侵权纠纷；

（三）承包经营权流转纠纷；

（四）承包地征收补偿费用分配纠纷；

（五）承包经营权继承纠纷。

集体经济组织成员因未实际取得土地承包经营权提起民事诉讼的，人民法院应当告知其向有关行政主管部门申请解决。

集体经济组织成员就用于分配的土地补偿费数额提起民事诉讼的，人民法院不予受理。

三十七、服务合同纠纷

91. 医院单方改变人工辅助生育治疗方案，患者能否主张赔偿？

医疗服务是指医疗机构与患者之间就明确相互权利义务关系所签订的合同。因医疗机构或医护人员的过错而造成患者损害时，构成违约责任与侵权责任的竞合，患者可以选择提起违约之诉，也可以提起侵权之诉。医疗机构提供医疗服务，但医疗行为面对的是极其复杂的个体生命健康，医学科学未知领域太多，医疗中只能强调方法手段的正确，不能保证医疗结果的确定。医疗机构向社会公众提供的是公共医疗卫生服务，不是商业服务，不属于经营者。而《消费者权益保护法》所指的服务是经营者为获取经济利益而提供的商业性服务，医疗服务合同关系不是消费关系，患者也不是消费者，不适用《消费者权益保护法》。医疗机构在非紧急情况下，未经同意单方改变人工辅助生育治疗方案，属于不适当履行医疗服务合同义务的行为。患者提起违约之诉的，损失赔偿额应当相当于因违约所造成的损失，包括合同履行后可以获得的利益，但不得超过违反合同一方订立合同时预见到或者应当预见到的因违反合同可能造成的损失，不包括精神损害赔偿，以及公开赔礼道歉的请求。

典型疑难案件参考

郑雪峰、陈国青诉江苏省人民医院医疗服务合同纠纷案（《最高人民法院公报》2004年第8期）

基本案情

两原告郑雪峰、陈国青是夫妻关系，因生育障碍到人民医院就医。2002

年9月9日，两原告与人民医院签订了"试管婴儿辅助生育治疗协议和须知"（以下简称"协议和须知"）。人工辅助生育存在多种治疗技术，IVF和ICSI都是人工辅助生育的技术手段，"协议和须知"中没有明确约定人民医院将采取哪一种技术为原告进行治疗。但郑雪峰交纳的检查费为5400元，与人民医院举证的ICSI技术的收费标准中前三项相加的数额相符，而郑雪峰交费时ICSI技术的收费项目中最后一项相应的医疗措施尚未进行。人民医院的诉讼代理人在庭审中亦认可人民医院按照ICSI技术的收费标准收取了医疗费。人民医院举证的2002年9月9日"IVF促排卵治疗记录单"中也记载了"拟行治疗"为"ICSI"。因此，虽然原、被告双方没有书面约定采取何种技术进行治疗，但是综合分析以上证据可以认定，原告已知悉存在两种不同的治疗技术手段，其交费的行为应当认为是对治疗技术方案作出的选择，人民医院收费的行为应当认为是对原告选择的确认，因此亦可以推定，原、被告之间已经就采取ICSI技术进行人工辅助生育治疗达成合意，人民医院有义务按照ICSI技术为原告进行治疗。

2002年9月25日，郑雪峰向人民医院交纳了检查费5400元，同日省人民医院对郑雪峰进行了采卵手术并采集了陈国青的精子。医务人员在观察了陈国青的精子后，认为适宜按照IVF技术进行治疗，遂按照IVF技术操作，但是最终治疗未获成功。

另查明，两原告向人民医院支付检查费、医药费等共计人民币6072元（包括上述5400元），为促进排卵，两原告在院外购买药品支出人民币5362.05元，两项合计11434.05元。

一审诉辩情况

两原告诉称：因为结婚7年未生育到人民医院就医，与人民医院约定通过"单精子卵腔内注射"技术（以下简称ICSI技术）实施人工辅助生育，但是人民医院擅自改变治疗技术方案，实际采取了"体外受精和胚胎移植"技术（以下简称IVF技术）并导致治疗失败。故请求按照《合同法》、《消费者权益保护法》及《民法通则》的规定，判令人民医院双倍赔偿医药费2.5万元、误工费1392.50元、精神抚慰金1万元并公开赔礼道歉。

被告人民医院辩称：IVF技术和ICSI技术都是人工辅助生育的技术手段，二者有不同的适应症。原、被告之间并没有明确约定采取何种技术。我院根据原告当时的情况决定采取IVF技术符合医疗常规，因此在治疗过程中不存在任何过错。原、被告之间不是普通的消费者与经营者的关系，本案不应适用《消费者权益保护法》。原告以违约为诉由，要求我院承担精神损害赔偿亦没有法律依据。

一审裁判结果

南京市鼓楼区人民法院判决：

一、被告江苏省人民医院自本判决生效之日起5日内一次性向原告郑雪峰、陈国青赔偿医疗费人民币11434.05元；

二、驳回原告郑雪峰、陈国青的其他诉讼请求。

一审裁判理由

南京市鼓楼区人民法院认为：原告主张本案应当适用《消费者权益保护法》，但《消费者权益保护法》侧重于通过规范经营者的行为，保护消费者在购买、使用商品和接受服务时应享有的权益。该法中所指的服务，是经营者为获取经济利益而提供的商业性服务。法院向江苏省卫生厅调取的证据表明，人民医院不是以盈利为目的的机构，不属于经营者，人民医院向社会公众提供的是公共医疗卫生服务，而不是商业服务，故本案不应适用《消费者权益保护法》。本案原告提起违约之诉，应该先确定双方之间是否存在合同关系及合同是否生效。医疗服务合同在患者向医院提出进行诊查、治疗的请求，并经医方作出承诺时成立。本案被告已经收取了原告交纳的医疗费，两原告与被告签订了"协议和须知"，被告也对原告进行了治疗，应当认定双方之间的医疗服务合同已经成立并生效。

我国《合同法》第60条规定："当事人应当按照约定全面履行自己的义务。当事人应当遵循诚实信用原则，根据合同的性质、目的和交易习惯履行通知、协助、保密等义务。"医疗服务合同以为患者治疗疾病为目的，医院一方应当以足够的勤勉和高度的注意谨慎行事，又由于医疗行为具有高度的专业性，因此医院在履约中具有较高的裁量权。但医院与患者在医疗服务合同关系中是平等的民事主体，且医疗行为的实施结果会对患者的身体造成直接影响，若完全不考虑患者的选择权明显有失公平。在医疗服务合同中，医院负有对医疗方案的说明义务，而患者对医疗方案享有一定的选择权。在实施医疗方案之前，除非在紧急情况下，医院有义务就该医疗方案向患者或其代理人进行充分的说明。患者有权充分了解医疗方案可能给自己带来的后果，有权对医疗方案进行选择。

对患者选择权的尊重应体现于存在两个以上治疗方案的场合，医院应该就几种不同治疗方案的利弊对患者进行充分说明，并以患者的决定为准选择治疗方案。本案中人工辅助生育存在ICSI、IVF等多种治疗技术。原、被告已经约定采取 ICSI 技术，如果医务人员在治疗过程中认为原告的状况更适合采取 IVF 技术，在条件允许的情况下，应当向原告予以说明，并就治疗技术方案的改动征求原告的意见。但被告的举证只能证明原告知悉治疗技术的改动，不能证明被告已经就该改动取得了原告的同意，故应当认定其行为构成违约，应当承担相应的责任。

我国《合同法》第 107 条规定："当事人一方不履行合同义务或者履行合同义务不符合约定的，应当承担继续履行、采取补救措施或者赔偿损失等违约责任。"本案中，原告为履行医疗服务合同而付出的医疗费属于其损失，具体范围包括原告向人民医院支付的检查费、医药费以及原告在院外购买药品支出的费用，被告应当予以赔偿。但是，原告提供的误工费证据仅有其工作单位出具的证明，而非当时未领取有关款项的证据。因此，应认为原告对于自己提出的误工费赔偿请求未能提供充分证据，故该诉讼请求不予支持。

关于原告要求被告给予精神损害赔偿的诉讼请求，因本案为合同违约之诉，依据《合同法》第 107 条、第 113 条第 1 款的规定，合同当事人未适当履行合同义务的，应当承担赔偿损失等违约责任。损失赔偿的数额应当相当于因违约所造成的损失，包括合同履行后可以获得的利益，但不得超过违反合同一方订立合同时预见到或者应当预见到的因违反合同可能造成的损失，亦不包括精神损害赔偿，故本案对要求被告承担精神损害赔偿不予支持，亦不支持要求被告公开赔礼道歉的请求。

二审诉辩情况

人民医院上诉称：一审判决认定事实错误，上诉人实施的是双方约定的人类辅助生育技术，双方签订的协议中并无 IVF 和 ICSI 技术的约定，被上诉人的交费方式不能佐证无约定事项的成立；且交费与治疗过程表明被上诉人支持并同意根据医疗原则确定的 IVF 方案的实施。

二审裁判结果

南京市中级人民法院判决：驳回上诉，维持原判。

二审裁判理由

二审经审查对一审查明的事实予以确认。

南京市中级人民法院认为：当事人应当按照约定全面履行自己的义务。当事人一方不履行合同义务或者履行合同义务不符合约定的，应当承担继续履行、采取补救措施或者赔偿损失等违约责任。郑雪峰、陈国青现虽无直接证据证明双方约定采取 ISCI 治疗技术，但其所提交的 2002 年 9 月 25 日的交费单据表明，人民医院是按照 ISCI 技术的收费标准收取的医疗费；电话录音及郑雪峰、陈国青致人民医院医务处的信件中均提到他们原来是要求采取 ISCI 技术进行治疗；人民医院提交的 2002 年 9 月 9 日 "IVF 促排卵治疗记录单"中亦记载了拟行治疗为 ISCI。上述间接证据相互印证，可以认定郑雪峰、陈国青与人民医院口头约定采取 ISCI 技术进行人工辅助生育治疗，人民医院应当按照双方的约定全面履行医疗服务合同。履行医疗服务合同时，在非紧急情况下，医院在未经过患者或其代理人同意的情况下，擅自改变双方约定的医疗方案，属于《合同法》第 107 条规定的履行合同义务不符合约定的行为。在本案中，人民医院为郑雪峰、陈国青治疗过程中，在未出现需要紧急抢救等非常状态的情况下，未经郑雪峰、陈国青同意，擅自改变治疗方案。人民医院的行为，属于履行合同义务不符合约定，由此造成合同相对方的损失，依法应当承担赔偿损失的责任，一审法院对违约责任和具体损失的认定是正确的，据此所作的判决并无不当。人民医院的上诉理由不足，故不予支持。

92. 产妇生育先天愚型婴儿，医院是否需要赔偿？

医疗保健机构在产前医学检查中应当尽到勤勉和忠诚义务。医院安排医务人员在对产妇进行产前检查中，未正确履行告知义务和指导性建议，违反了医生勤勉、忠诚履行职责的高度注意的合同义务，因医方过失导致检查结论失实，导致信赖该项检查结果的产妇生育缺陷婴儿，属于不适当履行合同义务的违约行为，医院应承担违约损害赔偿责任。损害赔偿的范围包括当事人作为合同对价支出的各项费用以及额外增加的抚育、治疗、护理费等纯粹财产上的损失，但对纯粹财产上的损失应根据其确定性、可预见性和合理性予以限制，并应当考虑损益同销、过失相抵等因素。若产妇疏于阅读了解《保健手册》所附筛查缺陷婴儿的宣传资料，未进行产前诊断咨询，亦有过失，故应相应减轻医院的赔偿责任。

典型疑难案件参考

杜某诉宜昌市第三人民医院医疗服务合同案

基本案情

2003 年 10 月 6 日，原告到被告处进行孕期初诊，被告为原告建立了《宜昌市孕产妇系统保健手册》（以下简称《保健手册》）。《保健手册》记载：初诊日期2003年10月6日，原告孕次5次，产次1次，孕周18周+2，预产期2004年3月16日（+），身高160cm，体重75kg；被告还对原告的血压、骨盆等进行了检查。对《保健手册》上孕期检查记录的项目，被告基本作了检查，但对尿蛋白未作检查，亦未进行高危评分。《保健手册》第13页印制了孕期危险因素评分表。根据该表，原告年龄超过35岁应评15分，体重超过70公斤应评15分。《保健手册》第26页印制了如何及早知道宝宝是否患有先天愚型（即21三体综合症）的内容，但未列明5种应作产前诊断的孕妇情形。2004年3月4日，原告在被告处住院并剖宫产下其子姚某。分娩记录上记载手术指征为羊水过少，生产时合并症为早破水。2005年7月7日，姚某经宜昌市妇幼保健院检查，初步诊断为21三体综合症。

▶一审诉辩情况◀

2005年7月，杜某诉至法院，请求判令被告赔偿抚养费、教育费、医疗费等共计49.54万元。

▶一审裁判结果◀

宜昌市三峡坝区人民法院判决：驳回原告杜某的诉讼请求。

▶一审裁判理由◀

宜昌市三峡坝区人民法院审理认为，原告在被告处进行孕产保健，被告为原告建立了《保健手册》，原、被告即建立了以《保健手册》上载明的医疗保健项目为主要内容的服务合同关系。被告未按《保健手册》上规定的项目给原告做尿蛋白等检查和高危评分虽然属于未完全履行合同义务的违约行为，但该行为与筛查先天愚型胎儿没有因果关系，且《保健手册》记载原告未接触过可能导致胎儿先天缺陷的物质。姚某出生后相当时间内，原、被告均未发现其有发育异常或可疑畸形，可见只有通过遗传基因的检查即产前诊断才能查明原告的胎儿是否患有先天愚型，而《保健手册》上没有进行产前诊断或是否建议产前诊断的医疗服务项目。根据2001年6月20日国务院颁布的《母婴保健法实施办法》第25条第5项规定，初产妇女年龄超过35周岁的，医师应当对其进行产前诊断。原告系经产妇，不在上述规定的应进行产前诊断的范围内。因此，被告不存在必须建议原告进行产前诊断的责任。中华人民共和国卫生部2003年5月1日发布施行的《产前诊断技术管理办法》第17条规定，年龄超过35周岁的孕妇，经治医师应当建议其进行产前诊断，但是，卫生部的部门规章规定扩大了国务院相关行政法规规定的范围。同时，在宜昌市卫生局制作的《保健手册》第26页上，印有关于先天愚型筛查的普及宣传资料。原告身为孕妇，未按要求仔细阅读《保健手册》上的内容，自身存在疏忽大意的过失。原告要求被告赔偿其因抚养其子所需生活费、医疗费、教育费、护理费等计49.54万元的诉讼请求没有法律依据，不予支持。

二审诉辩情况

杜某不服一审判决上诉称：（1）一审法院认定《保健手册》上没有进行产前诊断或是否建议产前诊断的医疗服务项目事实不清。理由：①被上诉人在对上诉人进行产前检查时未按《保健手册》的要求进行化验检查及蛋白尿的检查和进行高危评分。②《保健手册》第14页明确说明产前检查的必要性的内容，表明羊水过多或过少是被上诉人应检查的项目，但被上诉人未履行该义务。③《保健手册》第26页载明，21三体综合症也是检查的项目，但被上诉人没有做，严重违约。（2）一审法院认定卫生部的部门规章扩大了国务院相关行政法规定的范围属违法认定。综上，一审判决认定被上诉人不应对上诉人作产前诊断的事实不清；认定卫生部的规定扩大了国务院的法规违法，严重侵犯了上诉人杜某的合法权益，故请求撤销原判，判令被上诉人支付经济损失49.54万元。

被告宜昌市第三人民医院辩称：（1）产前诊断不是被上诉人的法定义务，且不是每个医院都能作产前诊断的，被上诉人不具备作产前诊断的资质。（2）上诉人不属于《母婴保健法实施办法》规定的必须进行产前诊断的对象。（3）上诉人产下21三体综合症的婴儿与被上诉人的医疗行为无关。（4）上诉人分娩时羊水过少，不能说明其以前已存在羊水过多。上诉人称被上诉人未对其进行羊水检查不属实，羊水只能通过B超检查，而被上诉人对上诉人进行了B超检查，检查结果在上诉人处。

二审裁判结果

宜昌市中级人民院判决：宜昌市第三人民医院补偿杜某5万元。

二审裁判理由

宜昌市中级人民院审理认为，虽然上诉人杜某提出被告在对其进行产前检查时，存在违反《保健手册》的约定属实，但被告未按《保健手册》中规定的项目对杜某进行全面检查与其产下先天愚型的患儿没有因果关系。由于被告没有书面对杜某进行产前诊断的有关指导和建议，对于杜某产下21三体综合症的姚某存在一定的过错，应承担相应的责任。另一方面，杜某疏于阅读、了解《保健手册》中所附筛查先天愚型的宣传资料和进行产前诊断咨询，亦有责任。

93. 因迟延会诊导致患者死亡，被邀请参与会诊的医院是否需要赔偿？

会诊是一种特殊的诊疗行为，是不同医疗机构或医疗机构的各科室间为充分利用卫生资源，准确诊断、治疗疑难疾病而施行的共同参与诊疗的制度。卫生部发布的《医师外出会诊管理暂行规定》规定，会诊医疗机构接到会诊邀请后，在不影响本单位正常业务工作和医疗安全的前提下，医务管理部门应当及时安排医师外出会诊。医师接受会诊任务后，应当详细了解患者的病情，亲自诊查患者，完成相应的会诊工作，并按照规定书写医疗文书。医师在会诊过程中应当严格执行有关的卫生管理法律、法规、规章和诊疗规范、常规。医师在会诊过程中发现难以胜任会诊工作，应当及时、如实告知邀请医疗机构，并终止会诊。在医疗会诊中，被邀请会诊的医院接受会诊邀请后，收取了患者交纳的会诊费，对会诊患者应负有专业上的注意义务，如迟延会诊则构成医疗过失，应承担相应的民事责任。

典型疑难案件参考

宋小妹等诉南京脑科医院、江苏省人民医院因迟延会诊致患者死亡赔偿案

基本案情

原告宋小妹的丈夫姜平安因病于2006年5月26日第6次住入脑科医院精神科。病历记载患方主诉未反映有特殊既往史。入院精神检查：意识清晰，情感高涨，兴奋话多，冲动伤人，无自制力。入院诊断为：反复发作性躁狂症。医院的护理记录单记载：5月28日17：30，患者主诉"小腹痛"，要求检查做"彩超"。值班医生检查未发现有阳性体征；当天晚餐进食后患者称"腹痛好转"，但23：30患者仍称腹痛。5月29日下午，患者陈述腹痛，医院对其予腹部透视，报告提示：未见异常。当日23：30，患者晚餐未吃，仍诉腹痛，甚至拒绝其他治疗，称不解决腹痛就永远不打针。5月30日7：00、17：00，患者诉腹部仍疼痛，胃胀，喉咙疼。医院给予其吗丁啉、急支糖浆治疗。23：30，病人又诉咽痛、腹痛，医院给予安慰，未有其他治疗。

6月2日上午11：00，患者姜平安呕吐咖啡色胃内容物约500ml，被告脑科医院予洛赛克治疗，并向该院ICU以及省人民医院消化内科发出会诊邀请。

11：42，脑科医院开出会诊单，邀请距离较近的省人民医院协助诊治，注明病情："患者近一周诉上腹痛，胃纳欠佳。今上午11：00呕吐咖啡色胃内容约500ml，11：40又呕吐暗红色液体约500ml，BP106/70mmHg。"脑科医院将会诊单交由患者妻子宋小妹（即原告之一）送省人民医院。12：10，姜平安又呕吐咖啡色和暗红色胃内容物，后被转入ICU（重症监护室）。下午5：20，省人民医院会诊医生到脑科医院会诊。18：00，省人民医院出具会诊意见为：消化道大出血……外科会诊是否手术治疗？19：30，患者再次呕鲜红色血液约800ml，血压测不出，心率182次/分。21：00，患者血压再次测不出，经抢救无效于21：30死亡。

南京市公安局对姜平安进行法医学检验，物证鉴定意见为：根据尸体检验及组织病理学检查，姜平安十二指肠后壁消化性溃疡，溃疡底部小动脉被侵蚀破裂，并致消化道内出血，结合其睑球结合膜苍白、唇黏膜苍白、脾包膜皱缩等大出血的尸体征象，说明姜平安系十二指肠后壁消化性溃疡致大出血死亡。

关于省人民医院会诊的事实，法院查明：脑科医院于2006年6月2日11：42开出会诊单，会诊单上标明"急"字样及患者病情状况，省人民医院在会诊单上加盖了医务处的印章（省人民医院在上述期间陈述13：30同意接受会诊）。原告宋小妹陈述，其当天中午拿着会诊单到省人民医院办理了交纳会诊费等手续后，按照省人民医院写的地址到省人民医院病区找会诊医生，后听医务人员讲"医生已经去了"，以为会诊医生已去会诊，即自行回脑科医院，会诊单未交至会诊医生手中。被告省人民医院会诊医生在中午接到医务处电话通知会诊，但其一直未等到会诊单送来。17：00左右，医务处又电话通知会诊，并告诉了具体的病床号。会诊医生于下午17：20左右赶至脑科医院会诊。18：00，省人民医院作出会诊意见。

审理中，法院委托南京医学会对医院的行为是否存在医疗过失以及过失行为与患者死亡之间的因果关系进行鉴定。南京医学会作出医疗事故技术鉴定，鉴定分析意见为：根据医患双方陈述及临床资料分析，患者诊断为"反复发作性躁狂症"，既往无"消化性溃疡"病史。南京脑科医院的医疗行为未违反医疗规范，在患者发生"上消化道大出血"时，及时请专家会诊，各项救治工作得当。由于该病例的特殊性及脑科医院精神科医务人员对非本专业知识的局限性，导致患者"溃疡病"的早期诊断存在不足；另外，在医疗文件书写方面也存在缺陷。江苏省人民医院在接受外单位会诊的环节上存在不足，致患者未能得到及时会诊。患者死亡后经尸检，诊断为"十二指肠后壁消化性溃疡，溃疡底部小动脉被侵蚀破裂"，死因明确，其自身疾病是死亡的主要原因和直接原因。鉴定结论为：本例不属于医疗事故。

原告对该鉴定提出异议。南京医学会答复认为：（1）分析意见中提到"脑科医院精神科医务人员对非本专业知识存在局限"，指的是对消化系统疾病认识的局限性。消化科专业知识并非其他专科医生必须掌握的知识，为解决此类问题，卫生部制定了会诊制度。脑科医院系专科医院，并无消化科，遇到相关问题，需请外院会诊。（2）患者系精神病人，且既往无"溃疡病"史，该患者未能早期诊断，有其自身的特殊性，并非医方违法、违规行为所致。"溃疡病"的诊断需要"胃镜"或"上消化道钡餐"的支持，而该患者属于此类检查相对禁忌范畴。（3）如能通过正常检查确诊"溃疡病"，进行及时、正确治疗，肯定会减少相关并发症的发生。（4）"溃疡病"的治疗原则：去除病因，解除症状，愈合溃疡，防止复发和避免并发症……（5）"溃疡病"如及时、正确地治疗，其有效控制率超过95%，并发症中出血多见，据报道在10%左右，穿孔等并发症发生率低于2%，死亡率低于1%。

另查明：原告主张被告赔偿其医疗费损失2100元，其中2000元为姜平安在脑科医院住院的预交费。100元为原告交纳于省人民医院的会诊费。脑科医院尚未与原告方结算医疗费。姜平安医疗费用有部分由医疗保险承担。审理中，脑科医院表示将2000元预交款退还原告方。

一审诉辩情况

原告诉称：被告脑科医院忽视患者持续性腹痛、腹胀、咽喉痛等重要病症与体征，未予必要的检查和诊治，致使患者的十二指肠消化性溃疡没有得到及时、有效的控制和治疗而大出血。省人民医院在收取患者会诊费用、接受脑科医院会诊单后，在耽搁6小时才到脑科医院会诊，但省人民医院未出具必要诊疗方案，而要求"外科会诊是否手术治疗"，因其严重延误会诊，外科手术根本无法实施。两被告在诊疗过程中违反了基本诊疗常规，导致患者的病情没有得到良好的控制和及时有效的治疗，对患者的死亡负有连带责任。原告要求判令两被告赔偿医疗费2100元、死亡赔偿金246380元、精神损害赔偿金50000元、丧葬费10478.59元、被扶养人生活费30177元、尸检费2500元，承担诉讼费。两被告承担连带责任。

被告脑科医院辩称：（1）脑科医院的治疗行为符合医疗常规。患者姜平安没有消化性溃疡的病史，医院对其进行查体检查，未有阳性体征；进行腹部透视检查，患者也无异常表现。姜平安患有精神病，客观上也不能配合相关检查。因此，脑科医院无法进行鉴别诊断，但对病情进行了对症处理，符合医疗常规。（2）被告对患者及时转科，及时请本院和外院的专家会诊，抢救程序规范，措施得当。本案中患者的消化性溃疡早期诊断确有客观原因和局限性，精神科医生的注意能力和法定义务有别于专业专科医生标准和要求，责任也当然不同。这种客观存在的不足，不是法律上的主观过错，脑科医院行为不构成医疗过失。（3）患者的死亡与其病情的凶险和医学科学的局限性有关。脑科医院不应承担赔偿责任。

被告省人民医院辩称：（1）患者姜平安与省人民医院不存在医疗服务关系。（2）省人民医院接受脑科医院的会诊，会诊行为符合卫生部关于会诊的规范。会诊意见是诊治的参考，对会诊意见是否实施由脑科医院决定，省人民医院的医生没有对患者进行治疗，患者的死亡是其自身疾病导致的后果，与省人民医院的行为无必然因果关系，省人民医院不承担责任。（3）省人民医院没有实施任何的侵权行为，不存在连带赔偿责任。

一审裁判结果

南京市鼓楼区人民法院判决：

一、被告脑科医院于判决生效之日起7日内赔偿原告宋小妹、姜明、姜德源、方心兰有关医疗费、死亡赔偿金、丧葬费、法医学检验费、精神损害抚慰金及被扶养人生活费等共计人民币138393.6元。

二、被告省人民医院于判决生效之日起7日内赔偿原告宋小妹、姜明、姜德源、方心兰有关医疗费、死亡赔偿金、丧葬费、法医学检验费、精神损害抚慰金及被扶养人生活费等共计人民币74519.7元。

三、被告脑科医院于判决生效之日起7日内退还原告宋小妹、姜明、姜德源、方心兰医疗费人民币2000元。

四、驳回原告宋小妹、姜明、姜德源、方心兰的其他诉讼请求。

一审裁判理由

南京市鼓楼区人民法院认为，关于脑科医院是否应当承担赔偿责任问题。姜平安是精神病患者，其对消化道病情的主诉与普通患者的主诉可能存在差异，精神科医务人员对消化科医学专业知识具有局限性，这都是脑科医院诊治姜平安溃疡病的影响因素，但这些因素并不能否定脑科医院应有的注意义务。脑科医院医生诊治姜平安消化道疾病的注意义务，虽不能以消化科医生的专业水准为标准，但应以一般医生的注意能力为标准。消化性溃疡病的基本医学知识是普通医生所具有的，脑科医院的医生对此应具有相应的注意能力与义务。在姜平安多次腹痛的情况下，脑科医院疏于履行注意义务，未作出初步诊治，在患者病情发展的早期也未及时请专科医生会诊，都是违反了注意义务，具有医疗过失行为。消化性溃疡是常见疾病，如得到及时正确的治疗，有效控制率较高。

由于被告脑科医院未及时作出初步诊治,导致控制率较高的疾病没有得到及时治疗,其医疗过失行为与姜平安的死亡之间具有因果关系,应承担赔偿责任。

关于省人民医院是否应承担赔偿责任的问题。首先,省人民医院的行为是否构成医疗过失。协助诊治的邀请虽然是脑科医院向省人民医院发出的,但当原告方向省人民医院交纳了相关费用,省人民医院在会诊单上加盖了印章,并安排了相关会诊医生时,省人民医院即被赋予了对患者诊治的义务。省人民医院对姜平安疾病的诊治行为应符合诊疗规范和常规,但省人民医院自13:30同意会诊至17:20左右才到脑科医院会诊,造成对姜平安诊治的迟延,构成医疗过失。原告宋小妹未将会诊单交至于会诊医生,不构成省人民医院迟延会诊的抗辩理由。其次,消化道溃疡发病初期,病情并不严重,并且有效控制率在95%以上。省人民医院主张其及时会诊,患者死亡后果也不能避免,但其未能举证证明。而省人民医院的医疗过失行为使本来可能得到救治的患者丧失了可能存活的机会,与患者的死亡之间具有因果关系,其应承担赔偿责任。

关于脑科医院、省人民医院应承担的赔偿责任。南京医学会的书面答复意见为,"溃疡病"如得到及时、正确的治疗,将减少相关并发症的发生,疾病的有效控制率较高。由于患者疾病发生的初期没有得到相应的治疗,导致其溃疡疾病逐步加重,而会诊的迟延,也造成患者可能存活的机会丧失。因此,虽然患者是十二指肠后壁消化性溃疡致大出血死亡,但医疗过失行为是患者疾病发展至死亡的主要原因。患者的既往病史、相关检查是正确诊断消化性溃疡所需的因素,而姜平安住院时无溃疡病的既往病史陈述,其又为"反复发作性躁狂症",属于相关检查的相对禁忌范畴,因此,该因素也影响了正确诊断和治疗。并且,当患者姜平安发生消化道出血后,其抢救难度增大。故本院综合考虑上述因素,确定两被告对其医疗过失行为共承担60%的赔偿责任。

关于两被告赔偿损失的范围和数额。原告方主张的医疗费2100元。其中2000元,脑科医院表示退还,法院予以支持。100元会诊费、法医学检验费2500元属于其损失。姜平安虽然为精神病患者,但其存在明显缓解期,无证据证明姜平安没有扶养能力。原告姜明系姜平安生前依法应当承担抚养义务的未成年人,其所主张的被扶养人生活费33701.5元应予支持。另,原告主张的其他费用,根据相关规定计算,死亡赔偿金为281680元、丧葬费为11874元,以上费用两被告共承担60%为197913.3元(其中被扶养人生活费为20220.9元)。关于精神损害抚慰金,本院根据两被告的过失程度等,酌定15000元。上述赔偿数额共计人民币212913.3元。

由于两被告的各自医疗过失行为间接结合致损害后果发生,两被告应根据其过失大小、原因力比例各自承担相应的赔偿责任。脑科医院在姜平安疾病发生的早期尽到了注意义务，则患者发生死亡的可能性较小。省人民医院虽然在会诊中具有过失行为，但患者当时的病情已经发展为消化道大出血，病情已较为凶险，死亡率较之于疾病初期大。故脑科医院对患者的死亡承担大部分责任，即对上述赔偿数额 212913.3 元承担 65% 的赔偿责任，省人民医院承担 35% 的赔偿责任。被告脑科医院赔偿原告方 138393.6 元，省人民医院赔偿原告方 74519.7 元。

二审诉辩情况

被告脑科医院、省人民医院不服，提起上诉。

二审裁判结果

南京市中级人民法院判决：驳回上诉，维持原判。

二审裁判理由

南京市中级人民法院认为：（1）精神疾病患者的特殊性，更加要求精神科医疗机构履行高度的注意义务，患者的精神疾病不应成为医疗机构降低注意义务的理由。脑科医院未能重视患者对病症的主诉，未能在其能力范围内采取及时、有效的检查和治疗措施，延误了对患者疾病的诊治，存在医疗过失。（2）省人民医院会诊中的注意义务来源于其一系列接受会诊邀请的"先前行为"，其于 2006 年 6 月 2 日 13：30 同意接受会诊至会诊医生于下午 17：20 到脑科医院，考虑两医院距离较近，应认定省人民医院会诊迟延，存在医疗过失。（3）医学会鉴定认为患者所患疾病是其死亡主要原因，是从医学角度进行的分析。从法律层面判断，两被告的医疗过失行为，使得"溃疡病"原本低于 1% 的死亡率成为现实，应认定两被告的医疗过失行为是患者死亡的主要原因。（4）《会诊暂行规定》虽对会诊单的传递方式未作明确规定，但不能因此认为本案两被告交由患者亲属传递会诊单的行为正当。本案正是因此延误了对患者的诊治。

94. 游客在景区门口路段被抢，旅行社是否需要赔偿？

旅游合同是旅行社等旅游服务机构与游客之间签订的明确双方权利义务的合同，其质特征是游客缴纳旅游费用，旅行社组织安排完成约定行程。旅行合同在《合同法》中未作规定，属于无名合同，是双务有偿的合同，适用《合同法》的规定。旅行合同又是旅行社提供服务供旅行者消费的合同，旅行社提供的是一种经营性服务，同时也适用《消费者权益保护法》的规定。在法律适用上，由于《消费者权益保护法》是特别法，应当优先适用，对于《消费者权益保护法》未规定或规定不明确的，才适用《合同法》。基于旅行合同的合同目的、性质及行业习惯，旅行社负有保障旅客人身财产安全的附随义务。但由于旅行社不具备能力预见、避免、并克服犯罪行为发生，这种附随义务应控制在一定的限度范围之内。旅行社组团按正常的路线带领游客到达景区，该路段通常情形下为安全地段，旅客在景区门口的道路上被抢，应认定旅行社提供的服务不存在危险隐患，符合保障人身财产安全的要求。旅行社提供的服务达到在通常情形下对安全的要求，就应视为适当履行了合同义务，不构成违约行为。

典型疑难案件参考

师畅诉云南海外旅游总公司、胡忠旅游合同案

基本案情

2004年2月23日，原告师畅与第一被告云南海外旅游总公司签订一份《出境旅游合同》，约定原告参与第一被告组织的团队到新加坡、马来西亚旅游，行程5晚6天，保险项目为意外伤害险，金额30万元，旅游费用为3300元，已含保险费，原告师畅按约缴纳了旅游费用。2004年2月25日，原告随团到达马来西亚，2月26日上午8点10分，原告随团参观吉隆坡国家清真寺，到达景点后，原告及其他几名游客率先下车，在人行道上等候其他旅客下车时，突然有一人骑着一辆摩托车从原告身边经过抢走其手提袋。原告的丈夫追出去，但未能追到抢包者。后来，第二被告胡忠作为被告云南海外旅游总公司派出的领队与原告一同到吉隆坡警察局报案。原告遗失的物品有PC-9E索尼数码摄像机一部，价值10000余元；柯尼卡照相机一部，价值1200元；纪梵希手提袋一个，价值5980元；眼镜一副，价值2432元；范思哲太阳镜一副，价值1680元；现金人民币1600元。

诉辩情况

原告诉称：2004年2月23日，原告与第一被告签订出境旅游合同，双方

对相关事项作了明确约定,其中保险项目为旅游意外险,金额为30万元。原告依合同缴纳了旅游费3300元,旅游费已含保险费。同月25日,原告随团到达马来西亚,第二日上午8时左右,当原告行至吉隆坡国家清真寺面前时,突然有一歹徒骑摩托车将原告随身携带的手提袋抢走。原告之夫立即追赶未能追到。第二被告无动于衷,没有采取任何帮助措施。事后,原告与第二被告一同到吉隆坡警察局报案。原告手提袋里有索尼数码摄像机一部,价值10000余元;柯尼卡照相机一部,价值1200元;纪梵希手提袋一个,价值5980元;范思哲太阳镜一副,价值1680元;眼镜一副,价值2432元;现金人民币1600元。被告组团到境外旅游,负有保障游客的人身和财产安全的义务,并且旅游费已含保险费,原告的财产损失应得到赔偿。现诉至法院,请求判令:被告赔偿原告摄像机一部、照相机一部及经济损失11692元。

第一被告云南海外旅游总公司辩称:原告被抢是意外,与我方无关,在旅游过程中我方完全按规定操作,没有任何违约行为,原告的损失不是我方造成。原告自己随身携带的物品应自行妥善保管。原告的证据只能证明其购买过的物品,不能证实是被抢的物品。原告的诉讼请求不能成立。

第二被告胡忠辩称:我是作为领队参与整个旅游行程的,而且我也无任何违规行为。原告的东西被抢后,我也积极参与报案处理,我不应承担任何责任。

裁判结果

昆明市盘龙区人民法院判决:驳回原告师畅提出的诉讼请求。

裁判理由

昆明市盘龙区人民法院认为:本案的争议焦点在于:(1)原告和第一被告之间的关系;(2)第一被告是否存在违约行为,是否应对原告的财产损失承担赔偿责任;(3)第二被告胡忠是否应承担责任。

1. 关于原告与第一被告之间的关系问题。

本院认为,原告与第一被告签订了《出境旅游合同》,双方之间最直接的关系是旅游合同关系,原告是游客,第一被告是组织原告旅游的组团社。原告在旅游途中遭受财物损失,直接原因是抢劫者实施的犯罪行为,原告获得最直接的赔偿方式是犯罪分子退赃。原告提起本次诉讼,并不是因为第一被告是造成其财产损失的侵权者而进行侵权之诉,而是基于与第一被告之间的合同关系,因此评判原告与第一被告之间的责任问题,只能从合同的角度,即双方各自的权利义务内容出发,违约行为造成损害后果是承担责任的唯一标准。

2. 第一被告是否存在违约行为，是否应对原告的财产损失承担赔偿责任问题。

（1）本院认为，是否存在违约，首先要看是否有约定。本案涉及的是旅游合同，旅游合同的本质特征是，游客缴纳旅游费用，旅行社组织安排完成约定行程。因此，足额缴纳费用是游客的义务，提供符合约定的服务是旅行社的义务，这种服务还必须符合相关规定，即达到一定的质量标准，最根本的是应保障旅客的人身、财产安全不受威胁。这是相关法律法规对旅行社提供服务的要求，无论在合同中是否明确约定，旅行社都应履行这一义务。本案中，认定第一被告是否存在违约行为造成原告财产损失，就要看第一被告提供的服务是否达到保障旅客人身财产安全的要求。第一被告组团是按照约定的景点、正常的路线带领游客到达景区门口，原告是在景区门口的道路上被抢，在通常情况下，道路应视为安全地段，不存在有危险威胁。第一被告既没有安排危险路线，也没有带旅客到危险地段。因此，第一被告为原告提供的服务不存在危险隐患，符合保障人身财产安全的要求。第一被告作为一个旅行社，不具备能力预见、避免并克服犯罪行为的发生，不能将其保障游客安全的义务无限扩大，赋予其能力所不能及的义务，只要其提供的服务达到在通常情况下相对安全的要求，就应视为其履行了合同义务。因此，第一被告对原告被抢这一结果不存在违约行为而导致其发生。（2）第一被告是否应对原告的财产损失承担赔偿责任。本院认为，为保障游客在旅游途中的安全，减少旅行社及游客的损失，相关法律法规对旅游行业进行了规范，根据规定，旅行社从事旅游行业必须购买旅行社责任险，这是旅行社的法定义务。如果发生了出险情况，旅行社在对游客进行了赔偿后可按保险条款得到保险公司的赔偿。本案中，第一被告已按规定购买了旅行社责任险，但因抢劫而产生的财产损失属免责范围，因此原告的财产损失不能通过旅行社责任险获得赔偿。另外，在合同中双方还约定第一被告为原告购买意外伤害险，第一被告也履行了义务，但意外伤害险只针对人身伤害进行赔偿，原告的财产损失不属保险赔偿范围。所以，第一被告在履行合同的过程中不存在违约行为，无须对原告的财产损失承担赔偿责任。

3. 第二被告胡忠是否应承担责任问题。

本院认为，胡忠是作为被告云南海外旅游总公司的工作人员参与行程，其行为代表旅行社，根据《中华人民共和国民法通则》的规定，企业法人对他的法定代表人和其他工作人员的经营活动，承担民事责任。因此，胡忠个人不应对原告承担责任。

宣判后，双方均未上诉，一审判决已生效。

95. 旅客在宾馆里遇害，家属能否要求宾馆赔偿？

旅店向旅客提供房屋住宿、设备和其他服务活动，旅客向旅店支付服务费用，这是旅店服务合同的主要权利义务。旅店在提供服务过程中，除应履行合同主义务之外，还负有保障旅客人身财产安全的附随义务。合同履行中附随义务，是指在合同履行过程中，为辅助实现债权人之给付利益或周全保护债权人之人身或其财产利益，债务人遵循诚实信用原则，根据合同的性质、目的和交易习惯而应履行的通知、协助、保密、保护等义务。宾馆安装的电视监控系统形同虚设，保安和安全巡检人员严重失职，犯罪分子在宾馆内长时间逗留，宾馆未查验其证件及进行访客登记，导致入住旅客被犯罪分子杀害，财物被劫。宾馆的行为违反了合同附随义务，应承担违约责任，赔偿受害者家属相应的损失。宾馆的责任性质属于不真正连带责任，在承担责任后可向侵权人求偿。

典型疑难案件参考

王利毅、张丽霞诉上海银河宾馆赔偿纠纷案（《最高人民法院公报》2001年第2期）

基本案情

1998年8月23日，原告王利毅、张丽霞之女王翰为参加药品交流会来沪，入住被告的银河宾馆。下午2时40分左右，王翰经宾馆服务总台登记后，由服务员领入1911客房，下午4时40分左右在该客房被犯罪分子仝瑞宝（已被判死刑并执行）杀害，随身携带的人民币2.3万余元、港币20元和价值人民币7140元的欧米茄牌手表一块被劫走。事后查明，仝瑞宝于当日下午2时零2分进入宾馆伺机作案，在按1911客房门铃待王翰开门后，即强行入室将其杀害并抢劫财物，下午4时52分离开宾馆。其间，银河宾馆未对其做访客登记，且对其行踪也未能引起注意。

被告银河宾馆是四星级涉外宾馆，内部有规范的管理制度，并安装着安全监控设施。银河宾馆制定的《银河宾馆质量承诺细则》置放于客房内，并于1998年8月19日起实施。该细则中有"24小时的保安巡视，确保您的人身安全"、"若有不符合上述承诺内容，我们将立即改进并向您赔礼道歉，或奉送水果、费用打折、部分免费，直至赔偿"等内容。

原告王利毅、张丽霞在女儿王翰遇害后，精神受到打击，并为料理丧事多次来沪，经济受到一定损失。审理中，被告银河宾馆曾表示，尽管银河宾馆对王翰的遇害不负有赔偿责任，但考虑到王翰的遇害给王利毅、张丽霞造成精神上的痛苦和经济上的损失，愿意在经济上给予一定补偿。由于王利毅、张丽霞不能接受银河宾馆的这一意见，致调解不成，诉至法院。

一审诉辩情况

原告诉称：被告的宾馆电视监控系统形同虚设，保安和安全巡检人员严重失职，犯罪分子在该宾馆内逗留长达3个小时，都无人查验其证件和按照规定进行访客登记，以致对犯罪分子的行为毫无察觉。由于被告对宾馆的安全不负责任，致使二原告的女儿王翰在入住宾馆期间被犯罪分子杀害，财物被劫。王翰的遇害与被告的过错有因果关系，被告应当承担侵权赔偿责任。另外，被告对入住其宾馆的旅客有"24小时的保安巡视，确保您的人身安全"的承诺，还说如果服务不符承诺内容，原承担包括赔偿在内的责任。《消费者权益保护法》也规定："消费者在接受服务时，其合法权益受到损害的，可以向服务者要求赔偿。"据此原告认为，被告在承担侵权赔偿责任的同时，还应当依照《合同法》和《消费者权益保护法》的规定，承担违约和侵害赔偿者权益的法律责任。请求判令被告向原告承认错误、赔礼道歉，给原告赔偿经济损失798860元（其中包括王翰被抢劫财物损失28300元，丧葬费231793元，差旅、住宿费95967元，教育、抚养费442800元），赔偿精神损失费50万元。

被告辩称：被告与王翰之间存在着以租赁客房为主和提供相应服务为辅的合同关系；宾馆内部的各项管理规章制度并非该合同条款；宾馆对旅客所作的服务质量承诺，只是相对出租的客房和提供的服务而言。被告已按约履行了出租客房和提供相应服务的义务，并未违约。被告是有影响的涉外宾馆，内部有着必要的、规范的各项规章制度及相应设施，不存在对犯罪分子作案有利的客观条件。王翰遇害及其财物被劫，是犯罪分子所为，与被告的管理没有因果关系。被告对王翰既未侵权，也不违约，故应当驳回原告的诉讼请求。

一审裁判结果

上海市长宁区人民法院判决：

一、被告上海银河宾馆于本判决生效之日起10日内给付原告王利毅、张丽霞赔偿费人民币8万元。

二、驳回原告王利毅、张丽霞的其他诉讼请求。

一审裁判理由

上海市长宁区人民法院认为：原告王利毅、张丽霞之女王翰虽在入住被告银河宾馆期间遇害致死，财物被劫，但王翰的死亡和财物被劫是犯罪仝瑞宝的加害行为所致，银河宾馆并非共同加害行为人。银河宾馆在管理工作中的过失，同王翰的死亡与财物被劫没有法律上的因果关系。故王利毅、张丽霞以银河宾馆在管理工作中有过失为由，要求银河宾馆承担侵权赔偿责任，没有法律依据，不予支持。

《民法通则》第85条规定："合同是当事人之间设立、变更、终止民事关系的协议。依法成立的合同，受法律保护。"王翰生前入住被告银河宾馆，其与银河宾馆之间建立的是合同法律关系，应适用合同法律进行调整，不能适用《消费者权益保护法》。《民法通则》第106条第1款规定："公民、法人违反合同或者不履行其他义务的，应当承担民事责任。"第111条规定："当事人一方不履行合同义务或者履行合同义务不符合约定条件的，另一方有权要求履行或者采取补救措施，并有权要求赔偿损失。"银河宾馆既然基于对宾馆的管理以及对入住宾馆客人的优质服务而作出"24小时的保安巡视，确保您的人身安全"的服务质量承诺，则应予以兑现，现未能兑现承诺，则应承担违约责任。考虑到银河宾馆在提供服务过程中虽有一定的违约过失，但王翰之死及财物被劫毕竟是罪犯仝瑞宝所为，故违约赔偿的数额应当参照本案的实际情况酌情而定。

二审诉辩情况

双方均不服提起上诉。

二审裁判结果

上海市第一中级人民法院判决：驳回上诉，维持原判。

二审裁判理由

上海市第一中级人民法院除确认原审判决认定的全部事实，另查明：罪犯仝瑞宝在选择犯罪对象的两个小时内，曾7次上下银河宾馆的电梯。对此节事实，双方当事人均无异议。还查明，王翰所住的房间门上配有探视镜、安全链及自动闭门器。银河宾馆陈述，在客房门后张贴的安全告示中有要求旅客"看清门外访客再开门"的提示，王利毅、张丽霞认可门后有安全告示，但表示不清楚告示中是否有前述内容。此节事实，有双方当事人的庭审陈述为证。

上海市第一中级人民法院认为：王翰在宾馆内被害、财物被劫，是仝瑞宝犯罪的直接、必然结果。该犯罪结果所引起的刑事和民事侵权责任，只有仝瑞宝才应当承担。上诉人银河宾馆与仝瑞宝的犯罪行为既没有主观上的共同故意，又没有客观上的行为牵连。银河宾馆的行为虽有不当之处，但这些行为不会必然地导致王翰死亡。因此，银河宾馆与仝瑞宝不构成共同侵权，不应当承担侵权的民事责任。上诉人王利毅、张丽霞主张银河宾馆承担侵权民事责任，缺乏法律依据。

《消费者权益保护法》规定，经营者提供商品或者服务，造成消费者人身伤害的，应当赔偿。此规定是指经营者之商品或服务直接导致消费者受到损害的情形。本案王翰之死，并非由上诉人银河宾馆提供的服务直接造成，故不属于《消费者权益保护法》规定的情形。上诉人王利毅、张丽霞主张对本案适用《消费者权益保护法》调整，于法有悖。

宾馆作为服务性行为，以向旅客提供与收费相应的住宿环境和服务来获取旅客付出的报酬。宾馆与旅客之间的关系符合《民法通则》第85条的规定，是合同关系，应当适用合同法律规定来调整。本案发生在《合同法》施行以前，当时的法律对此类合同纠纷缺乏明确规定。最高人民法院在《关于适用〈中华人民共和国合同法〉若干问题的解释（一）》第1条规定："合同法实施以后成立的合同发生纠纷起诉到人民法院的，适用合同法的规定；合同法实施以前成立的合同发生纠纷起诉到人民法院的，除本解释另有规定的以外，适用当时的法律规定，当时没有法律规定的，可以适用合同法的有关规定。"根据这一司法解释，对本案可以适用《合同法》调整。

《合同法》第60条规定："当事人应当按照约定全面履行自己的义务。当事人应当遵循诚实信用原则，根据合同的性质、目的和交易习惯履行通知、协助、保密等义务。"任何旅客入住宾馆时，都不会希望自己的人身、财产在入住期间受到侵害；任何宾馆在接待旅客时，也不愿意出现旅客的人身、财产被侵害事件，以致影响自己宾馆的客流量。因此，根据住宿合同的性质、目的和行业习惯，避免旅客人身、财产受到侵害，就成为此类合同的附随义务。按照收费标准的不同，各个宾馆履行合同附随义务的方式也会有所不同，但必须是切实采取有效的安全防范措施，认真履行最谨慎之注意义务，在自己的能力所及范围内最大限度地保护旅客不受非法侵害。本案中，上诉人银河宾馆向旅客承诺"24小时的保安巡视，确保您的人身安全"，是自愿将合同的附随义务上升为合同的主义务，更应当恪守职守履行这一义务。

自王翰登记入住银河宾馆起，王翰就与上诉人银河宾馆形成了以住宿、服务为内容的合同关系。在此合同中，银河宾馆除应履行向王翰提供与其四星级收费标准相应的房间设施及服务的义务外，还应履行保护王翰人身、财产不受非法侵害的义务。由于刑事犯罪的突发性、不可预测性和犯罪手段的多样化，作为宾馆来说，尽管认真履行保护旅客人身、财产不受非法侵害的义务，也不可能完全避免此类犯罪事件在宾馆内发生。因此，一旦此类犯罪事件发生，不能以宾馆承担着保护旅客人身、财产不受非法侵害的合同附随义务，就一概认为宾馆负有责任，具体情况必须具体分析。对犯罪造成的危害结果，根据罪责自负的原则，必须由犯罪分子承担刑事和民事的法律责任。宾馆能证明自己确实认真履行了保护旅客人身、财产不受非法侵害的合同义务后，可以不承担责任。

上诉人银河宾馆作为四星级宾馆，已经具备了将宾馆大堂等公共活动区与旅客住宿区隔离的条件。为了适应市场化的要求，宾馆不需要也不可能对进入宾馆大堂等公共活动区的所有人员进行盘查、登记。但是为了住宿旅客的人身、财产安全，宾馆必须、也有条件对所有进入住宿区的不熟识人给予充分注意，在不乏热情的接待、询问中了解此类人员的动向，以及时发现并遏止其中一些人的犯罪企图，保护旅客的安全。事实证明，银河宾馆并没有配备专门人员负责此项工作，以致罪犯仝瑞宝出入王翰所在的住宿区时，均没有遇到过宾馆工作人员，更谈不上受到注意与询问，因而才能顺利进入客房作案，作案后又从容逃脱，王翰的尸体在第二天才被发现。银河宾馆不在旅客住宿区配备负责接待的工作人员，是其工作中的一大失误，这一失误已将旅客置于极不安全的境地，这也是仝瑞宝将银河宾馆选作犯罪地点的根本原因。银河宾馆虽然在住宿区每个楼层的电梯口都安装了电视监控设备，但是当监控设备已经反映出仝瑞宝为等待犯罪时机在不到两小时内7次上下宾馆电梯时，宾馆工作人员不能对这一异常举动给予密切注意。事实证明，由于出入电梯间的客流量较大，这一措施对及时保护旅客的人身、财产安全并不奏效。银河宾馆没有全面、认真地履行合同义务，自应承担违约责任。

上诉人银河宾馆的客房装备着探视镜、自动闭门器和安全链条等设施，并以告示提醒旅客必须看清门外来客时再开门。作为四星级宾馆，这些安全设施应当说是比较完备的。但是银河宾馆应当知道，旅客来自四面八方，其语言、文化程度、生活习惯、旅行常识有很大差异。在此情况下，宾馆不能认为给客房装备了安全设施、并且用文字提示了安全常识，就是尽到了自己的义务，还必须认真、负责地教会旅客在什么情况下使用以及如何使用这些安全设施，直至旅客形成使用这些设施的习惯。否则，纵有再好的安全设施，也会形同虚设。银河宾馆在这方面所尽义务是不够的，其以"王翰没有按照提示的要求看清门外来客后再开门，以致仝瑞宝能够进入房间犯罪"为由否认自己违约，理由不能成立。

《合同法》第113条第1款规定:"当事人一方不履行合同义务或者履行合同义务不符合约定,给对方造成损失的,损失赔偿额应当相当于因违约所造成的损失,包括合同履行后可以获得的利益,但不得超过违反合同一方订立合同时预见到或者应当预见到的因违反合同可能造成的损失。"上诉人银河宾馆履行义务不符合合同的约定,以致使旅客王翰陷入危险的环境,应当承担违约责任。但是应当指出,银河宾馆依法只对其在订立合同时应当预见到的因违反合同可能造成的损失承担赔偿责任。王翰被害及其财产被劫的损失,必须由杀害王翰的犯罪分子仝瑞宝承担。还应当指出,王翰作为旅客,时刻注意保护自己的人身、财产安全,也是她在订立住宿合同后应当履行的合同附随义务。王翰未能充分了解和利用宾馆提供的安全设施,以致给仝瑞宝的犯罪提供了条件,在履行合同附随义务中也有过失,因此可以酌减银河宾馆的违约赔偿数额。

上诉人王利毅、张丽霞在一审提起赔偿诉讼时,所引法律依据是混乱和不能完全适用的。原审根据有利于权利人的原则,确定本案为合同违约并依法处理本案纠纷,是适当的。王翰被害,给王利毅、张丽霞造成极大的物质与精神损失,因此要求上诉人银河宾馆给付包括精神损失费50万元在内的百余万元赔款。鉴于这些损失主要应当由犯罪分子仝端宝承担,原审对王利毅、张丽霞的诉讼请求不予全部支持,是正确的。

综上所述,原审判决认定事实清楚,适用法律正确,判处恰当,审判程序合法,应予维持。

96. 酒店能否禁止顾客自带酒水或收取"开瓶费"?

关于酒店禁止顾客自带酒水或向顾客收取"开瓶费"的行为是否合理合法,涉及利益面广,争议颇多,实务中也有不同的判决案例,目前尚无权威说法。主张无效的观点认为:酒店规定顾客不得自带酒水的店堂告示是格式条款,应为无效;因侵犯了消费者的知情权、自主选择权、公平交易权而无效,收取的开瓶费为不当得利,应予返还。主张有效的观点认为:在消费者知情权及选择权得到保障时,交易公正性已得到保障,经营者在不违反法律禁止性规定的情况下,可以决定所提供商品及服务的内容,以供消费者选择。判定酒店行为是否有效,应立足于现有法律规定及理论分析。《消费者权益保护法》第9条规定了消费者的自主选择权,"禁止顾客自带酒水"的行为属于强迫交易,当属无效。关于酒店收取"开瓶费"的行为是否合法,分析如下:(1)关于是否侵犯消费者的知情权。如果酒店在店堂告示、菜单或消费者进行消费前告知收取酒水服务费,则《消费者权益保护法》第8条"消费者享有知悉其购买、使用的商品或者接受的服务的真实情况的权利"已获得保障,不应以侵犯消费者知情权为由认定酒店行为无效。(2)关于是否侵犯消费者的自主选择权。《消费者权益保护法》第9条规定"消费者享有自主选择商品或者服务的权利",由于消费者可以选择酒店提供的酒水,也可以选择向酒店支付一定的服务费后自带酒水,酒店行为并未剥夺消费者的自主选择权。(3)关于是否侵犯消费者的公平交易权。酒店是营利性企业,消费者自带酒水在酒店饮用,享受酒店所提供的环境、空调、音乐、人工等服务,酒店对其服务进行收费是自主经营行为,法律不可能禁止酒店收取餐饮服务费。但酒店收取酒水服务费的数额必须合理,否则根据《消费者权益保护法》第24条的规定,该不公平、不合理的格式条款无效。也就是说,那种关于只要酒店收取"开瓶费",不管数额大小,均一律理解为不公平格式条款而宣告无效的观点,其实并无法律依据。酒店以适当方式告知并收取合理"开瓶费",应为有效行为。而如何判断收取酒水服务费的数额是否公平合理,应由法官根据公平、等价有偿原则,参照行业惯例及社会民众的普遍认知自由裁量。

典型疑难案件参考

姜士民诉成都红天鹅火锅文化有限责任公司返还酒水服务费并赔礼道歉案

基本案情

2004年4月24日晚,原告偕同妻子邀约朋友数人到被告处火锅餐厅就餐,除原告一行人点用了每客38元的自助餐及其他酒水外,原告还自带五粮液酒一瓶消费。当晚原告等人共消费592元,其中包括自带五粮液一瓶的酒水服务费100元。另查明,纠纷发生时被告店堂内收银台处有两张以彩色艺术字书写的告示,上面一张的内容为"夏日酬宾",相对字体较大,色彩鲜艳,下面一张内容为"提示：本店谢绝自带酒水，若带酒水者加收此酒水在本店售价20%服务费"，相对字体较小、色彩较陈旧且色彩对比不明显；在被告自制的塑料压膜菜单的下部以宋体小五号字印有"谢绝自带酒水。若自带则按本酒店酒水售价的20%加收服务费"等内容的书面提示。被告餐厅的服务员在原告就餐前及消费自带的五粮液时未对原告做将收取酒水服务费的提示。

诉辩情况

原告诉称：2004年4月24日晚，原告邀请成都的老同学相聚，在被告处用餐，为助兴将自家珍藏多年的五粮液一瓶带到酒店，点了每客38元的自助餐标准，女士要了被告店中的饮料。吃完结账时发现，多出100元的"酒水服务费"，致使此次聚餐十分扫兴。原告认为：被告收取100元的酒水服务费没有任何法律依据。其一，被告对收取服务费没有事前告知，在原告饮用自带的五粮液时，被告没有阻止或声明要收取服务费，只是在纠纷发生后才把收银台一张不起眼的告示指给原告看，被告没有在显著位置设置告示，也没有事前提示，没有履行《消费者权益保护法》第8条的规定，保障消费者的知情权，采用事前只字不提，事后强行收取的手段，从隐瞒到欺诈，从头到尾构筑了一个消费陷阱。其二，收取酒水服务费没有依据。2002年中国旅游饭店行业协会制定的《中国旅游饭店行业规范》中规定："饭店可以谢绝客人自带酒水和食品进入餐厅、酒吧、舞厅等场所享用，但应当将谢绝的告示设置于有关场所的显著位置"，这种规范不属于法律，也不属于行政法规，只属于行业的自律性规范，它只对协会会员具有约束力，对消费者不具有约束力。这种行业规范与《消费者权益保护法》等国家法律规范相冲突，不具有法律效力，而且其只是规定饭店可以谢绝客人自带酒水，并没有规定饭店可以收取酒水服务费。其三，一瓶酒水收取100元的酒水服务费没有道理。38元/客的标准在该档次的火锅店中已经不低，所喝的该酒店的饮料也是价钱不菲，三人喝白酒也没有怎么劳驾该店的服务员，即使给满了几次酒，也不应收取100元的服务费。其四，被告张贴在收银台上"谢绝自带酒水"的告示违反了《消费者权益保护法》第24条"经营者不得以格式合同、通知、声明、店堂告示等方式作出对消费者不公平、不合理的规定，或者减轻、免除其损害消费者合法权益应当承担的民事责任"的规定，被告以"谢绝自带酒水"的告示向消费者兜售高价酒水，是强迫消费者接受内容不公平、不合理的格式合同条款，没有法律效力。其五，谢绝自带酒水侵犯了原告的自主选择权和公平交易权，是一种强迫交易行为。其六，在酒水服务费上，原、被告始终未成立有效的合同关系，被告主张双方就酒水服务费成立合同关系并已生效，应当举证证明。故为维护消费者的权益，请求法院判决：（1）判令被告返还违法强行收取的100元"酒水服务费"；（2）判令被告公开赔礼道歉；（3）本案诉讼费用由被告承担。

被告红天鹅公司辩称：（1）原告到被告处就餐，被告服务周到，原告到被告酒店时即告知要收取20%的服务费，并出示了菜单上的明示，原告认可并表示"收就收嘛"，被告酒店多处在显著位置设置标识，履行了明确告知义务；（2）原告要求返还服务费没有法律依据；《消费者权益保护法》中没有不能收取服务费的规定；（3）原告在被告处消费是被告要约、原告承诺的民事法律行为，是双方真实的意思表示，符合民事法律原则；（4）《中国旅游饭店行业规范》中规定："饭店可以谢绝客人自带酒水和食品进入餐厅、酒吧、舞厅等场所享用，但应当将谢绝的告示设置于有关场所的显著位置"，是被告收取酒水费的合法依据，原告主张该规定没有明确可以收取酒水服务费是对该规定的曲解，故应当驳回原告的诉讼请求。

> **裁判结果**

四川省成都市高新技术产业开发区人民法院判决：

一、被告成都红天鹅火锅文化有限公司于本判决生效之日起10日内向原告姜士民返还酒水服务费100元；

二、驳回原告姜士民的其他诉讼请求。

> **裁判理由**

四川省成都市高新技术产业开发区人民法院审理后认为：本案原告主张被告应当退还收取的100元酒水服务费，支持诉讼请求的理由主要有两点：（1）被告收取服务费本身的合法性问题。原告认为被告收取酒水服务费金额和项目均不合理、不合法，被告张贴在收银台上"谢绝自带酒水"的告示系以格式合同作出对消费者不公平、不合理的规定，违反了《消费者权益保护法》第24条的规定，是无效的民事行为。（2）被告是否侵犯原告的知情权及其法律后果问题。原告认为被告收取上述100元酒水服务费没有告知原告，未保障原告的知情权；被告侵犯原告的知情权，事前只字不提，事后强行收取，从隐瞒到欺诈，从头到尾构筑了一个消费陷阱；被告侵犯了原告的自主选择权，是一种强迫交易行为；在酒水服务费上，原、被告始终未成立有效的合同关系。

被告主张应当驳回原告诉讼请求的理由为：被告收取上述酒水服务费100元符合相关法律法规及行业规定，且做到了明码标价，履行了告知消费者的义务，并没有侵犯消费者的公平交易权和自主选择权，也未违反《消费者权益保护法》第 24 条的规定。

四川省成都市高新技术产业开发区人民法院认为：关于原告主张被告收取酒水服务费的项目和金额均不合理、不合法，以及被告张贴收取酒水服务费的告示是以格式合同作出对消费者不公平、不合理的规定，属于无效的民事行为的问题。本院认为：价格行为是企业进行经营行为的表现形式之一，属于企业经营自主权的范畴。目前，我国实行并逐步完善宏观经济调控下主要由市场形成价格的机制，多数商品和服务均实行市场调节价，由经营者依照价格法的规定、根据自己的生产经营成本和市场供求情况自主定价。本案涉及的餐饮业价格管理的行政审批权限也已经下放，实行市场调节价，由企业自主经营、自主管理，经营者根据其规模、档次、服务水平以及提供服务的成本和费用为基础，加法定的税金和合理利润，依据市场供求状况自主确定，按照市场经济的模式运作。国家对企业价格行为的有权管理部门是各级政府的物价管理部门，其管理的方式宏观的是通过综合运用货币、财政、投资、进出口等方面的政策和措施，实现列入国民经济和社会发展计划的市场价格总水平调控目标，以及建立重要商品储备制度、价格调节基金、价格监测机制、必要情况下国家直接干预市场等手段，维持市场价格总水平的平衡；微观管理手段主要是通过限制价格欺诈、牟取暴利及限制违法的价格联盟等手段，支持和促进公平、公开、合法的市场竞争，促进符合价值规律的市场调节价的形成，维护正常的价格秩序。原告主张被告收取酒水服务费 100 元的收费金额和收费项目均不合理、不合法，可以按照《价格法》、《四川省价格管理条例》、《成都市反价格欺诈和牟取暴力条例》等法律法规的规定，向政府物价管理部门举报，请求认定企业的价格行为构成价格欺诈、牟取暴利或以行业价格联盟或其他形式形成了垄断价格，确认企业的价格行为违法；也可以在本案中根据《合同法》第 52 条的规定，请求人民法院认定被告的价格行为违反国家法律、行政法规的强制性规定，其以格式合同即店堂告示或菜单附注的形式告知消费者，即使可以认定消费者知晓上述告示、双方就酒水消费问题已经达成协议，该协议也因违反国家强制性规定而无效。本案原告未向本院提出认定合同无效的诉讼请求，未提出请求本院认定被告的价格行为违法的事实和证据，也未提供政府物价管理部门认定被告收费项目和收费比例、金额违法的依据，本院认为：原告以被告收取酒水服务费的项目和金额均不合理、不合法为理由请求被告返还 100 元酒水服务费，该项理由不能支撑原告的诉讼请求，本院不予认定。

原告主张被告收取酒水服务费是以格式合同、通知、声明、店堂告示等方式作出对消费者不公平、不合理的规定，是无效的民事行为。如前所述，本院认为：《消费者权益保护法》第 24 条规定的"不公平、不合理"，属于规范经营者和消费者关系的抽象原则，经营者的经营行为是否违背了《消费者权益保护法》第24条规定，应当根据具体情况具体审查。因我国餐饮服务业的价格行为受《价格法》的调控，同时应当符合《禁止价格欺诈行为的规定》、《餐饮修理业价格行为规则》、《关于商品和服务实行明码标价的规定》等部门法律法规的规定，被告收取酒水服务费的告示是否构成以格式合同、通知、声明、店堂告示等方式作出对消费者不公平、不合理的规定而无效，应当以被告收取的费用项目和价格是否违反上述规定为准认定其价格行为是否成立不合理、不公平。本案被告收取上述酒水服务费在本案中并无认定其违法的依据，原告主张被告收取酒水服务费是以格式合同、通知、声明、店堂告示等方式作出对消费者不公平、不合理的规定，缺乏事实和法律依据，本院不予认定。

关于被告是否侵犯原告的知情权及由此产生的被告应当承担的责任问题。本院认为：从合同法的基本理论来说，被告将符合规定的收费项目及价格标示店堂或菜单，在被消费者知悉后构成要约，消费者知悉被告收费的项目、比例后仍然在被告处消费，双方形成餐饮消费合同，在原告的消费行为完成后，被告可以依约定收取酒水服务费。鉴于购买商品或餐厅消费等一般消费合同均属于实践性合同，双方通过消费者的消费行为达成合意，在双方的合意达成前商场或餐厅的价格行为具有持续性、公示性、不特定性，为避免企业公示价格的行为不规范而侵犯消费者的知情权，《消费者权益保护法》第8条、第9条、第19条明确规定了经营者有保障消费者知情权、公平选择权，明码标价的法定义务，《价格法》中也对经营者明码标价的法定义务进行了明确。关于经营者明码标价达到何种标准可以认定其保障了消费者的知情权，国家计委、国内贸易部、中华全国供销合作总社1995年11月17日联合发布了《餐饮修理业价格行为规则》、国家发展计划委员会2000年10月30日发布了《关于商品和服务实行明码标价的规定》，确定了经营者在履行明码标价的法定义务时应当达到的标准。《餐饮修理业价格行为规则》第11条规定，"各种服务项目的价格，应当按照项目、品类进行明码标实价，价签价目齐全、价标详尽准确、字迹清晰、价目表或标价签制作规范、摆放位置醒目"；《关于商品和服务实行明码标价的规定》第16条规定，"提供服务的经营者应当在经营场所或缴费地点的醒目位置公布服务项目、服务内容、等级或规格、服务价格"，上述行政规章规定经营者应当保证标示价格的位置显著、醒目，确保消费者有知悉的条件，遏制欺诈行为。本案被告仅在收银处以色彩对比不强烈、在两张告示中相比字体较小、字型和色彩均居于相对弱化地位的彩色艺术字告示提示，以及在菜单附注栏目中用普通人容易忽视的宋体小五号字的形式提示消费者，尤其是在餐厅进门处、原告就餐处无证据证明设有任何告示，在原告消费自带酒水时服务人员也未作任何提示，本院认为被告在履行对消费者的告知义务、保障消费者的知情权上有缺陷，没有达到以醒目位置公布其收取费用的项目和价格的标准，侵犯了原告作为消费者的知情权。被告侵犯原告的知情权，在原告就餐结束后对原告在不知情的情况下消费的自带酒水收取服务费，从消费者权益保护的角度认定系侵犯了原告自主选择商品或服务的权利。从合同法的角度看，在被告收取100元酒水服务费前，被告单方的价格行为在本案中无证据证明已经到达原告，不构成对原告产生法律效力的邀约，原告在被告处消费自带酒水的行为也不构成接受被告的服务项目或收费比例的承诺，原被告就原告消费自带酒水收取服务费的合意尚未达成，被告无权要求原告支付此部分对价。关于被告事后向原告收取100元酒水服务费的行为的性质，本院认为：其一，双方关于酒水服务费收取事前没有达成合意，事后原告向被告支付100元，不是出于订立合同的意思表示，原告的支付行为因缺乏订立合同的表示意思而不构成以实际履行行为成立合同，被告收取该100元的酒水服务费没有合同上的依据和其他合法根据；其二，被告在事后向原告强行收取酒水服务费的行为违反了国家法律法规关于明码标价、保障消费者知情权的规定，侵犯了消费者对商品和服务的自主选择权，被告先前行为的违法导致其事后取得利益的事实基础不能合法产生，被告向原告收取的100元属于不当得利，由此造成原告的损失，依据《民法通则》第92条之规定，被告应当将取得的不当利益返还给原告；其三，原告要求被告赔礼道歉的诉讼请求，缺乏事实和法律依据，对原告的此项请求，本院不予支持。

宣判后，双方均未上诉，一审判决已生效。

97. 网络游戏玩家的游戏装备丢失，能否要求运营商承担责任？

虚拟财产是指狭义的数字化、非物化的财产形式，它包括网络游戏、电子邮件、网络寻呼等一系列信息类产品。由于目前网络游戏盛行，虚拟财产在很大程度上就是指网络游戏空间存在的财物，包括游戏账号的等级、游戏货币、游戏人物拥有的各种装备等，这些虚拟财产在一定条件下可以转换成现实中的财产。关于虚拟财产是否受法律保护，我国立法相对落后，一般认为虚拟财产是《民法通则》第75条所规定的"其他合法财产"类型。虚拟财产实际是由现实财产演变而来，玩家需要实际产生支付费用,故具有一般商品属性。网络游戏的特点是虚拟角色身份及虚拟财产可以持续保存,在玩家下线后,经营商仍在其服务器上保存玩家的数据资料。在网络游戏服务合同中,运营商合同义务为:在玩家游戏时间应当提供符合一定要求的网络和技术环境服务,应当保存玩家在游戏中所形成的数据资料并保证其完整性。这些数据资料包括玩家的个人信息数据和玩家在游戏中获得的虚拟财物的数据。玩家作为消费者,其权益受《消费者权益保护法》的保护。运营商对玩家在游戏中的虚拟财产未能提供有效安全的防护措施,致使虚拟财产丢失,运营商应承担相应责任。

典型疑难案件参考

韩林以虚拟财产被盗为由诉上海盛大网络发展有限公司娱乐服务合同纠纷案

基本案情

原告韩林于2002年8月10日在被告上海盛大网络发展有限公司经营的《热血传奇》游戏中23区注册登记,ID:hanlin,用户名:hanlin,生日:1982年8月14日,E-mail(电子邮箱):chenhailin20@mail.china.com,并在该账户中建立"腾龙【闷骚】"的游戏角色。2004年9月,原告购买被告上海盛大网络发展有限公司的产品"盛大密宝"一件,用于对其所拥有的《热血传奇》账户的保护,登记姓名为:杨志军。2005年6月23日,原告在《热血传奇》的账户被盗,丢失:光芒道袍、真魂戒指、真魂手镯、60%虎齿项链、魔域6道头盔、烈焰腰带、光芒道靴、持久25道术1—4勋章、传送戒指各1件,记忆套装1套。原告将此情况通知了被告。

诉辩情况

原告诉称,原告自2002年在被告上海盛大网络发展有限公司经营的《热血传奇》游戏中注册,成为其客户,三年来投入大量资金消费。2004年9月原告又购买被告上海盛大网络发展有限公司的"盛大密宝"产品1个,为对原告的游戏装备予以保护。但2005年6月23日原告游戏装备丢失,原告苦心经营多年的虚拟财产被盗,其中包括:光芒道袍、真魂戒指、真魂手镯、60%虎齿项链、魔域6道头盔、烈焰腰带、光芒道靴、持久25道术1—4勋章、传送戒指各1件,记忆套装1套。故诉至本院,要求被告上海盛大网络发展有限公司赔偿丢失的原告游戏装备价值50000元。

被告提交的答辩状称：（1）原告不是"hanlin"账号的拥有者。被告通过查询用户注册资料发现，《热血传奇》23区无敌服务器的账号"hanlin"的用户资料显示，该用户用户名为"han唱lin"，无身份证件等资料，而与该用户绑定的密宝用户资料显示，该用户真实姓名为杨志军，身份证号为××××××××××××××××。《热血传奇》的用户注册是非实名制的，用户往往将游戏中的昵称注册为用户名。但"盛大密宝"注册是法定的实名认证注册，因此，用户的注册资料应以实名制认证的"盛大密宝"注册资料为准。显然，《热血传奇》23区无敌服务器的账号"hanlin"的所有者是杨志军。故韩林不具备原告主体资格。（2）被告对"hanlin"的游戏装备被盗不承担任何责任。原告诉称其购买"盛大密宝"产品一个，后游戏装备为黑客所盗，并称此现象是由于被告密宝产品质量不过关，未起到安全保护作用。对商品提供符合一般用途和特定用途的担保是每一个生产者的义务，但是受科技发展水平等因素的限制，任何生产者都不可能对商品提供绝对的、没有限制的担保。被告产品"盛大密宝"具备产品应当具备的使用性能，质量是合格的，并且不存在危及人身、财产安全的不合理的危险，原告的诉讼理由显然于法无据。同时，本案原告装备丢失的罪魁祸首是对其实施盗号的电脑黑客，本案应当是一起刑事诉讼，原告应向公安机关报案，将盗号者绳之以法才是合理的解决办法，原告的损失也应向盗号者而非被告追索。（3）网络游戏装备本身只是游戏中的数据，无法以货币形式来衡量其价值。被告一贯不主张玩家间以真实货币或者物品的交易行为。在《热血传奇》用户协议的"玩家守则"第4条规定："玩家应该自觉不参与以真实货币或物品进行的虚拟货币或物品的交易行为，我们将不对这一类交易中产生的任何问题进行支持或者保障。这些行为中同时包括以高额真实货币购买游戏账户等。"故原告的请求无任何法律依据，应依法驳回。

裁判结果

河南省开封市鼓楼区人民法院判决：本判决生效后7日内，被告上海盛大网络发展有限公司将原告韩林丢失的光芒道袍、真魂戒指、真魂手镯、60%虎齿项链、魔域6道头盔、烈焰腰带、光芒道靴、持久25道术1—4勋章、传送戒指各1件，记忆套装1套等虚拟装备恢复到原告韩林的"han唱lin"账户内。

裁判理由

河南省开封市鼓楼区人民法院认为，"盛大密宝"是为保障《热血传奇》

账户安全的附属产品，玩家是否使用"盛大密宝"均不影响对《热血传奇》的娱乐。"hanlin"与汉字"韩林"相符，该账户所注册的信息：姓名韩林、生日1982年8月14日、身份证号××××××××××××等均可证明原告为适格主体。并且，原告代理人杨志军在庭审中也证实了其为原告注册登记"盛大密宝"时，由于原告当时不在场，而用自己名字进行登记，明确表示该账户实为原告韩林所有的事实。故本院对此予以认定。原告韩林通过在被告上海盛大网络发展有限公司运营的网络游戏《热血传奇》上注册，接受被告的服务，并履行了支付服务费（购买点卡）的义务，成为被告的消费者，原告韩林与被告上海盛大网络发展有限公司形成了娱乐服务合同关系。同时，原告作为消费者，其权益受《消费者权益保护法》保护。原告韩林作为消费者通过支付对价和亲身劳动获得游戏中的相关虚拟物品，该物品系合法所得，且在游戏中能够为玩家提供使用功能和交换价值，具有财产属性。因此，运营商有义务保护消费者对该账户及账户内物品的完整和独占。被告对原告在游戏中的虚拟财产未能提供安全的防护措施，致使原告虚拟财产丢失，被告应承担相应责任。被告上海盛大网络发展有限公司作为游戏运营商，掌握、控制所有玩家在该游戏中的活动数据，与普通玩家相比，被告由于直接掌控证据，故其具有更加优越的举证能力，应对玩家在游戏中的数据状态、变化及因由承担举证责任。被告认为原告虚拟物品被盗是黑客所为，但没有充足证据予以证明，本院对此不予认定。关于"盛大密宝"问题，游戏玩家是否使用"盛大密宝"，被告均有义务保证玩家账户的安全。本案中原告诉请所针对的游戏中的虚拟物品，而非退赔"盛大密宝"商品，故对"盛大密宝"的相关情况本院不予查证。原告要求被告赔偿其所丢失的虚拟物品价值50000元，由于无相关依据对该部分虚拟财产的价值予以核算，本院仅能支持被告对该部分物品的电子数据予以恢复。

宣判后，双方均未上诉，一审判决已生效。

98. 女住户在小区内险遭强奸，能否要求物业管理公司赔偿？

物业管理公司对业主的安全保卫义务，来源于《物业管理条例》第47条第1款的规定："物业服务企业应当协助做好物业管理区域内的安全防范工作。发生安全事故时，物业服务企业在采取应急措施的同时，应当及时向有关行政管理部门报告，协助做好救助工作。"由于刑事犯罪的突发性、不可预测性和犯罪手段的多样性，物业管理公司即便认真履行保护住房人身财产不受非法侵害的义务，也不可能完全避免此类犯罪事件在管理区域内发生。小区是向公众开放的场所，任何人都有自由出入的权利，物业管理公司的职责限于维护小区内公共场所日常生活秩序，它既没有公安机关打击违法犯罪的强制手段，也没有相关的权力。物业管理提供安全服务的性质是一种群防群治的安全防范服务，不能简单地认为物业管理公司既然进行物业管理，就应负责保障业主的财产和人身安全，就应对业主在小区内所受的人身财产损害承担赔偿责任。物业管理公司是否需对业主的损害负赔偿责任，取决于物业管理公司是否履行与其收费水平和标准相配套的安全保卫义务，例如：是否保障合理硬件设施如监控、封闭设施的正常运作；是否建立和配置与小区治安状况、安全管理状况和常住人口数量等相适应的保安人员；是否建立和执行保安人员正常的工作制度和值班、巡查、警卫等工作，确保保安人员的勤勉尽职；是否对居民反映的安全保卫问题和疏漏进行及时处理等。女住户与物业公司建立了事实上的物业管理合同关系，物业公司未能证明其在履行物业管理合同过程中尤其是在事发当天尽到了合理、谨慎的安全保卫义务，应负相应的赔偿责任。

典型疑难案件参考

刁义丽诉泉州市华洲物业管理有限公司未尽人身安全保护义务案

基本案情

2003年4月15日，原告刁义丽与吴孝新签订了一份租赁协议，由原告向吴孝新承租华洲商贸城好望角917室，租赁期间至2003年7月15日，约定每月租金1000元，租赁期间的水电费、物业管理费由刁义丽自理，每月按物业管理公司的规定交付，刁义丽应在签订合同时交付出租方2000元保证金，双方若终止协议应提前一个月通知对方，否则应赔偿损失1000元等内容。2003年7月11日，双方又签订了一份自2003年7月16日起为期半年的续租合同，在续租赁合同中除将每月租金变更为950元外，其余内容与前一份租赁合同基本相同。租赁期间，刁义丽分别于2003年6月7日和2003年7月9日向华洲物业公司交纳了两笔水电费、物业管理费等费用,其中每月的物业管理费为64元。

2003年7月14日,刁义丽向晋江市公安局池店派出所报案称:其在当天凌晨3时许在返回位于池店镇华洲村世纪外滩好望角917号房的租住处时,被一名身穿保安制服的男子尾随,后该男子跟随其进入房间,意图对其进行强奸,后刁义丽乘其不备,从九楼跳到八楼阳台逃脱,并向公安机关报案。根据刁义丽的报案,晋江市公安局池店派出所的人员对现场进行了勘查,并对刁义丽作了询问笔录,对该案于2003年8月8日正式进行立案侦查,现该案尚在侦查中。

一审诉辩情况

原告刁义丽起诉称:由于侵害事件的发生,使原告的精神受到极度惊吓并在名誉、精神上都遭受重大损害,不得不退租搬迁,并因此遭受房屋租金、违约金等损失。原告遭受侵害系因被告华洲物业公司没有履行其应尽的管理义务包括保护原告人身、财产安全等义务。诉讼请求:(1)被告登报向原告道歉并赔偿精神损失费10000元;(2)赔偿原告租金损失2000元。

被告华洲物业公司答辩称:(1)本案中并不存在原告所声称的受侵害事实,更不存在所谓的犯罪嫌疑人是被告公司保安的情况;(2)即使存在原告受侵害的情况,原告在本案中是以被告违约为由进行起诉的,只有侵权行为才可能导致精神损害赔偿,因此原告要求精神损害赔偿也没有法律依据;(3)被告作为物业管理公司的职责只是对小区的房屋及其配套设施和相关场地进行维修、养护、管理,维护相关区域内的环境卫生和秩序,并不负有保护住户人身不受第三人暴力侵害的义务,也不能保证住户的人身安全绝对不会受第三人非法侵害,因此原告要求被告承担责任没有事实与法律依据。

一审裁判结果

福建省晋江市人民法院判决:驳回原告刁义丽的诉讼请求。

一审裁判理由

福建省晋江市人民法院认为:原告刁义丽主张在其租住的华洲商贸城好望角917房遭到第三人的侵害,对此只有其单方的陈述和公安机关根据其陈述所作的询问笔录等证据,没有其他证据佐证,且现本案尚处在刑事侦查过程中,公安机关对刁义丽的报案尚未作出结论,刁义丽所称的犯罪嫌疑人也尚未归案,因此对刁义丽主张受他人侵害的事实,缺乏证据证明,不予采信,且即使本案中刁义丽的诉称属实,因刁义丽系选择采取以违约为诉由提起诉讼,认为华洲物业公司没有尽到保护住户人身财产安全的物业管理义务,但本案中原、被告之间并未签订书面的物业管理合同,华洲物业公司并没有约定的安全保护义务。《物业管理条例》第2条规定:"本条例所称道的物业管理,是指业主通过选聘物业管理企业,由业主和物业管理企业按照物业业务合同的约定,对房屋及其配套的设施设备和相关场地进行维修、养护、管理,维护相关区域内的环境卫生和秩序的活动。"第47条第1款规定"物业服务企业应当协助做好物业管理区域内的安全防范工作。发生安全事故时,物业服务企业在采取应急措施的同时,应当及时向有关行政管理部门报告,协助做好救助工作"。可见,物业管理公司的职责只是对区域内的房屋和配套设施及相关场地进行维修、管理,协助做好物业管理区域内的安全防范工作,并没有保障住户人身安全不受侵害的义务。因此,刁义丽要求赔偿租金损失和精神损失的请求缺乏事实和法律依据。

▶ 二审诉辩情况

刁义丽不服提起上诉。

▶ 二审裁判结果

泉州市中级人民法院判决:

一、撤销福建省晋江市人民法院〔2005〕晋民初字第991号民事判决;

二、泉州市华洲物业管理有限公司应在本判决生效后10日内赔偿刁义丽经济损失人民币1950元;

三、驳回刁义丽的其他诉讼请求。

▶ 二审裁判理由

泉州市中级人民法院除一审查明事实外,另查明:(1)华洲商贸城小区属商业经营区与居民居住区混合,其中1至3层为商业经营区域,4层以上为居民小区,并共用一部电梯,居住区未实行封闭式管理。(2)2003年7月23日,即刁义丽主张遭受他人侵害事件发生后,刁义丽搬离原小区转租泉州市丰泽区六灌路富贵人家F—1401室,租金每月1000元。

泉州市中级人民法院认为:

1. 关于刁义丽主张其于2003年7月14日在华洲商贸城其租住处受到他人侵害是否属实的问题。刁义丽除一审中提供的有关公安机关于2003年7月14日下午对其所作的询问笔录和要求法院向晋江市公安局调取的《受理案件信息记录》外,二审中另提供了4张照片,主张在受侵害后所拍,证明受侵害的事实。华洲物业公司对此认为该照片不属于二审中新的证据,不具有证据资格,且无法证明是何时、何种情况下所拍,不能证明刁义丽受侵害的主张。该照片按照刁义丽的主张,在起诉前即已存在,刁义丽未在一审指定的举证期限内提供,二审中提供不属于新的证据,且该照片也未能体现何时所拍及其来源,无法证明与刁义丽主张的2003年7月14日受侵害有关联,因此对该照片不作为证据采纳。但民事诉讼中当事人的证明责任和证明标准,应根据案件的性质、发生时间、地点、当事人的举证能力和证明事项、举证可能性,根据诚实信用、公平合理的原则结合具体案件具体分析。本案中刁义丽陈述的其受到侵害的行为,由于事件具有的突发性质和发生的时间,结合日常生活经验,不能要求当事人在事发后受到惊吓、精神高度紧张的情况下,注意保留此事件完整充分的证据,在刑事侦查尚未终结时,在民事诉讼中承担以充分确凿的证据证明其受侵害事实的高度证明标准,而应根据其举证可能性和举证能力承担盖然性占优的证明标准即可。本案中,刁义丽在有关公安机关所作的询问笔录比较详细地记录了其受侵害的事实经过,该证据作为公安机关受理报案的档案材料,与一般当事人的陈述相比有更高的证明效力,另从法院调取的有关公安机关《受理案件信息记录》来看,也表明在刁义丽报案后的2003年8月8日有关公安机关根据掌握证据对此案进行了立案侦查,在案情记载中也体现了刁义丽报案所称的基本事实。这两份证据可以相互印证,基本证明刁义丽主张的受侵害事实,且在刁义丽完成证明责任后,华洲物业公司在诉讼过程中也未能提供相应的反驳证据证明刁义丽虚假报案或虚假陈述,因此应认定刁义丽于2003年7月14日凌晨在其所租住的华洲商贸城受他人侵害的主张属实。

2. 关于华洲物业公司是否存在怠于履行安全保卫义务的违约行为的问题。本院认为:虽华洲物业公司抗辩其未与刁义丽签订书面物业管理合同,因此也不存在法定或约定的安全保卫义务,但从刁义丽提供的其与出租人关于华洲商贸城好望角917室的租赁合同及华洲物业公司向917室住户催交水电费、物业管理费的单据和刁义丽的交纳水电费、物业管理费凭证,可以认为刁义丽作为小区的居住者,已经事实上与华洲物业公司之间建立了物业管理合同关系,享有相应的权利义务,因此华洲物业公司抗辩与刁义丽之间不存在合同关系,从而也不存在法定、约定义务的理由不能成立,原审法院以刁义丽与华洲物业公司之间未签订书面物业管理合同从而认定不存在约定的安全保卫义务是错误的,应予纠正。华洲物业公司又辩称即使存在安全保卫义务,其范畴也仅是协助公安机关维持小区的正常生活秩序,不包括保护刁义丽的人身安全,刁义丽受到犯罪行为侵害是刑事案件,应由犯罪分子负责。安全保卫义务作为《物业管理条例》第47条规定的法定义务和一般物业管理合同中管理人的一项主要职责,虽不要求物业管理公司完全保证业主的财产利益和人身安全不受侵害,但要求其履行包括提供与收费水平和标准相配套的安全保卫的合理硬件设施如监控、封闭设施,保障上述设施的正常运作;建立和配置与小区治安状况、安全管理状况和常住人口数量等相适应的保安人员;建立和执行保安人员正常的工作制度和值班、巡查、警卫等工作,确保保安人员的勤勉尽职;以及对于居民反映的安全保卫问题和疏漏的及时处理,对违法犯罪行为的及时制止、保护现场和报警,对小区突发事件的及时处理等,以尽可能地保护小区居民的人身、财产安全,合理降低其受侵害的风险。本案中,作为市场与居住区相混,人流量大,未能实行封闭管理的华洲商贸城,华洲物业公司在进行小区管理时,更应采取与此情况相应的更严格的制度和措施来履行其应尽的安全保卫义务。但在二审审理中,在本院明确释明了华洲物业公司上述应尽的安全保卫义务并指定了相应举证期限、要求其对此提供证据的情况下,华洲物业公司在指定期限内仅提供了一份时间为 2003 年 7 月的《家装市场 7 月份保安安排表》,但该份表格系华洲物业公司单方制作形成的,且是一份预先制定的排班表,华洲物业公司没有进一步的证据证明存在上述保安人员以及该排班表得到妥当的执行,刁义丽对此也不予认可,华洲物业公司对于其履行了安全保卫义务中的配置合理硬件设施、安全保卫制度及其履行、刁义丽受侵害当日的安全保卫状况、采取措施等其他职责,均未提供证据证明。安全保卫义务作为合同义务,是一种积极的义务,应由华洲物业公司承担相应的举证责任。华洲物业公司未能举证证明其在履行物业管理合同尤其是事发当天尽到了合理、谨慎的安全保卫义务,结合刁义丽在有关公安机关询问笔录中陈述和公安机关立案信息记录中记载的刁义丽遭到穿酒店保安制服人员尾随并拖入其租住房间欲行侵害,后从阳台跳落逃脱,该名穿保安制服人员后来也逃跑的经过,应认定华洲物业公司存在未尽安全保卫义务的违约行为。该行为客观上也导致了上诉人刁义丽作为小区居民受他人非法侵害的风险的增大和在发生侵害行为时未能及时被发现、制止或采取其他措施使刁义丽得到帮助,造成了侵害后果的扩大,因此该行为也与刁义丽受侵害之间存在着法律上的因果关系。

3. 关于刁义丽要求华洲物业公司赔礼道歉、赔偿精神损害抚慰金 1 万元和另租他处的租金损失 2000 元是否有事实与法律依据。本院认为:一审法院在受理本案时,要求刁义丽选择以物业管理合同的违约之诉提起诉讼或以民事侵权之诉提起诉讼时,刁义丽明确选择了违约之诉并据此提供了相应证据和理由,而赔礼道歉和精神损害赔偿,根据《民法通则》和最高人民法院《关于民事侵权精神损害赔偿若干问题的规定》的规定和民法理论的通说,系作为侵权损害赔偿的责任方式,合同诉讼中的精神损害抚慰金仅存在于法律、司法解释明文规定的几类合同中,本案中的物业管理合同并不包括在内,因此刁义丽以华洲物业公司违约为由要求华洲物业公司赔礼道歉和赔偿精神损害抚慰金缺乏法律依据。刁义丽另要求赔偿转租赁造成的损失 2000 元并在一审中提供了其与吴孝新签订的两份《租赁协议书》和在受侵害后转租丰泽区六灌路富贵人家 F—1401 的《房屋租赁协议》，对此华洲物业公司认为刁义丽违反与吴孝新签订的租赁合同造成的租金损失和违约损失是其自行选择的结果，与华洲物业公司的管理之间没有关系。本院认为：判断法律上违约损害赔偿的因果关系，应当从两个方面考察：一是如果没有一方当事人的违约行为，该损害是否会发生或发生的概率大大降低；二是该损害是否在一方当事人存在违约行为时，另一方当事人通常会造成的损失或一个正常、理智的社会人作出合理反应、采取必要措施时将造成的损失。本案上诉人刁义丽因在租住处遭受他人对人身的突然不法侵害，精神上遭受到惊吓，且华洲物业公司在此过程中并未能尽到应尽的安全保卫义务，因此上诉人刁义丽处于对自身安全的考虑，在事发后选择转租他处，系其维护自身安全的合理举措，并未逾越一般人在此情形下的正常行为和采取的合理措施，由此带来的直接经济损失，在侵害人尚未明确和归案的情况下，应由在履行物业管理合同中存在违约行为的一方依照违约责任先行承担该损失，因此刁义丽要求华洲物业公司赔偿其因华洲物业公司违约而遭受侵害后，采取合理措施造成的损失依法有据，应予支持，但其主张单方终止租赁合同及搬迁期间一个月的损失共计 2000 元，因在续租期间的 2003 年7 月租金变更为每月 950 元，因此华洲物业公司应赔偿刁义丽因单方终止合同的违约金 1000 元和搬迁期间的合理租金损失共计 1950 元。

99. 业主入住后封闭阳台，物业公司能否要求恢复原状？

物业管理公司出于小区整体美观、提高小区档次的需求，与业主签订"不得封闭阳台"的协议条款。业主在使用过程中发现房屋雨天积水、噪声大、灰尘多，加装玻璃窗封闭阳台。阳台附属于房屋主体，不存在建筑物中的共有部分，在构造和使用上均具有独立性，由业主独立使用，应认定为房屋专有部分，业主依法享有专有所有权。除法律有限制性规定外，所有权人对其专有部分可以自由使用、收益、处分，这属于物权的范畴，而物业管理权具有派生性，业主专有所有权的优先性具有逻辑上的合理性，利益等次更高更重大，应得到优先保护。业主封闭阳台符合行使专有所有权的正当性要求，约定"不得封闭阳台"的协议条款属格式条款，根据《合同法》第 40 条的规定，该条款因排除专有所有权人的主要权利而无效，物业管理公司无权要求业主恢复原状。

典型疑难案件参考

南通新海通物业管理有限责任公司诉裴蕾物业管理合同纠纷案

基本案情

2003年5月,裴蕾向南通新海通有限公司购买天安花园2幢04室房屋一套,双方在合同中约定:"不得擅自封闭阳台(除北阳台)"、"买受人在结清房款、签订物业管理合同、交纳相关费用后,方能领取房屋钥匙"。同年11月,裴蕾领取房屋钥匙时与物业公司签订了《天安花园物业管理公约》及《补充协议》等。《补充协议》第6条约定:"本小区统一不得封闭阳台、改变立面。"裴蕾入住后,发现房屋挑檐过窄,雨天积水,同时,由于紧邻马路,噪声大、灰尘多,遂在南侧阳台上加装了无色、无边框、平推开合式的玻璃窗。物业公司起诉要求裴蕾将南侧阳台恢复原状,确认《补充协议》中不得封闭阳台的约定合法有效。另查明,天安花园业主委员会尚未正式成立。

一审裁判结果

南通市崇川区人民法院判决:
一、物业公司与裴蕾签订的《补充协议》中不得封闭阳台的内容无效;
二、驳回物业公司要求裴蕾将南侧阳台恢复原状的诉讼请求。

一审裁判理由

南通市崇川区人民法院认为:物业公司以事先拟订的格式条款,排除各业主对阳台的专有支配权,根据《合同法》第40条的规定该条款无效。物业公司作为受全体业主委托的管理人,应当从符合多数业主意愿的原则出发与业主协商确定封闭阳台的材料和方式等。在相关物业管理协议达成之前,对于本案裴蕾封闭阳台的行为是否适当由法院进行审查。裴蕾出于居住安全、防尘、防噪音等因素将南侧阳台封闭不为物业管理法律法规所禁止。并且,裴蕾采用无色、无边框、平推开合式的玻璃封闭阳台,已顾及物业外观的美观,未与小区业主的公共利益相冲突,是对其合法权利的正当行使,故物业公司无权加以干涉。

二审诉辩情况

物业公司不服提起上诉。

二审裁判结果

南通市中级人民法院判决：驳回上诉，维持原判。

二审裁判理由

南通市中级人民法院经审理认为：首先，《补充协议》禁止封闭阳台的格式条款排除了裴蕾的主要权利，应属无效。本案物业公司通过《补充协议》，提出"不得封闭阳台"的条款，该条款未与裴蕾等业主协商，亦非遵从业主大会的决定或业主委员会的授权，根据《合同法》第39条第2款的规定，属于格式条款。裴蕾通过订立合同、支付价款、办理产权登记等取得房屋建筑物区分所有权。案涉阳台作为附属于房屋主体的特定部分，在构造和使用上均具有独立性，应确定为房屋的专有部分，业主裴蕾依法享有专有所有权。《补充协议》以格式条款禁止封闭阳台，排除了对方的主要权利，根据《合同法》第40条规定，应属无效。封闭阳台本属行使专有所有权权能范围内的行为，而专有所有权作为一种完全的物权，具有直接支配性、排他性等本质属性，显然属于业主的主要权利。而且，物业公司以位阶较低的物业管理权以未经协商的格式条款排除了业主位阶更高的专有所有权，导致双方权利义务的失衡。因而，两权比较之下，业主的权利亦是一种主要权利。物业公司关于封闭阳台并非裴蕾主要权利的上诉理由，不能成立。其次，裴蕾封闭阳台符合行使专有所有权的正当性要求。裴蕾因居住安全、防尘、防噪音之需封闭阳台，采用之方法已顾及小区环境的整体美观，且未损害其他建筑物区分所有人的合法权益，其目的、方式和结果正当，不属于法律法规禁止业主从事的行为。而且，裴蕾封闭阳台未损害其他建筑物区分所有人的合法利益和社会公共利益，亦无来自业主整体意志的限制。最后，业主基于专有所有权而享有的居住利益应得到优先保护。对于本案阳台能否封闭及如何封闭的问题，理想的方式是由物业公司从符合多数业主意愿的原则出发与业主协商。但由于物业公司与包括裴蕾在内的业主不能就此达成一致，因而，本院只能就本案个案依法作出裁量，以平衡各方利益。法律应当保护业主裴蕾对专有所有权的正当行使。建筑物和小区外部美观、整体风貌的保护亦属法理和通常意义上的正当利益，理应得到维护。而本案裴蕾对阳台加以封闭，不可避免地对建筑和小区的整体和谐造成一定影响，但如物业公司在没有合法依据情况下因此限制裴蕾封闭阳台，又会侵犯裴蕾的正当权利，两者存在一定的利益冲突。利益衡量之下，业主基于专有所有权而享有的居住利益比建筑物和小区整体美观这样的表层利益等次更高，也更为重大，应得到优先保护。

服务合同纠纷办案依据集成

（一）电信服务合同纠纷

中华人民共和国电信条例（2000年9月25日国务院令第219号公布）（节录）

第三十二条 电信用户申请安装、移装电信终端设备的，电信业务经营者应当在其公布的时限内保证装机开通；由于电信业务经营者的原因逾期未能装机开通的，应当每日按照收取的安装费、移装费或者其他费用数额百分之一的比例，向电信用户支付违约金。

第三十五条 电信用户应当按照约定的时间和方式及时、足额地向电信业务经营者交纳电信费用；电信用户逾期不交纳电信费用的，电信业务经营者有权要求补交电信费用，并可以按照所欠费用每日加收3‰的违约金。

对超过收费约定期限30日仍不交纳电信费用的电信用户，电信业务经营者可以暂停向其提供电信服务。电信用户在电信业务经营者暂停服务60日内仍未补交电信费用和违约金的，电信业务经营者可以终止提供服务，并可以依法追缴欠费和违约金。

经营移动电信业务的经营者可以与电信用户约定交纳电信费用的期限、方式，不受前款规定期限的限制。

电信业务经营者应当在迟延交纳电信费用的电信用户补足电信费用、违约金后的48小时内，恢复暂停的电信服务。

第三十六条 电信业务经营者因工程施工、网络建设等原因，影响或者可能影响正常电信服务的，必须按照规定的时限及时告知用户，并向省、自治区、直辖市电信管理机构报告。

因前款原因中断电信服务的，电信业务经营者应当相应减免用户在电信服务中断期间的相关费用。

出现本条第一款规定的情形，电信业务经营者未及时告知用户的，应当赔偿由此给用户造成的损失。

第四十一条 电信业务经营者在电信服务中，不得有下列行为：

（一）以任何方式限定电信用户使用其指定的业务；

（二）限定电信用户购买其指定的电信终端设备或者拒绝电信用户使用自备的已经取得入网许可的电信终端设备；

（三）违反国家规定，擅自改变或者变相改变资费标准，擅自增加或者变相增加收费项目；

（四）无正当理由拒绝、拖延或者中止对电信用户的电信服务；

（五）对电信用户不履行公开作出的承诺或者作容易引起误解的虚假宣传；

（六）以不正当手段刁难电信用户或者对投诉的电信用户打击报复。

三十七、服务合同纠纷

641

第四十二条 电信业务经营者在电信业务经营活动中，不得有下列行为：
（一）以任何方式限制电信用户选择其他电信业务经营者依法开办的电信服务；
（二）对其经营的不同业务进行不合理的交叉补贴；
（三）以排挤竞争对手为目的，低于成本提供电信业务或者服务，进行不正当竞争。

（二）邮寄服务合同纠纷

中华人民共和国邮政法（2009年4月24日主席令第12号修订）（节录）

第四十七条 邮政企业对给据邮件的损失依照下列规定赔偿：
（一）保价的给据邮件丢失或者全部损毁的，按照保价额赔偿；部分损毁或者内件短少的，按照保价额与邮件全部价值的比例对邮件的实际损失予以赔偿。
（二）未保价的给据邮件丢失、损毁或者内件短少的，按照实际损失赔偿，但最高赔偿额不超过所收取资费的三倍；挂号信件丢失、损毁的，按照所收取资费的三倍予以赔偿。

邮政企业应当在营业场所的告示中和提供给用户的给据邮件单据上，以足以引起用户注意的方式载明前款规定。

邮政企业因故意或者重大过失造成给据邮件损失，或者未履行前款规定义务的，无权援用本条第一款的规定限制赔偿责任。

第四十八条 因下列原因之一造成的给据邮件损失，邮政企业不承担赔偿责任：
（一）不可抗力，但因不可抗力造成的保价的给据邮件的损失除外；
（二）所寄物品本身的自然性质或者合理损耗；
（三）寄件人、收件人的过错。

（三）医疗服务合同纠纷

1. 中华人民共和国侵权责任法（2009年12月26日主席令第21号公布）（节录）

第五十四条 患者在诊疗活动中受到损害，医疗机构及其医务人员有过错的，由医疗机构承担赔偿责任。

第五十五条 医务人员在诊疗活动中应当向患者说明病情和医疗措施。需要实施手术、特殊检查、特殊治疗的，医务人员应当及时向患者说明医疗风险、替代医疗方案等情况，并取得其书面同意；不宜向患者说明的，应当向患者的近亲属说明，并取得其书面同意。

医务人员未尽到前款义务，造成患者损害的，医疗机构应当承担赔偿责任。

第五十六条 因抢救生命垂危的患者等紧急情况，不能取得患者或者其近亲属意见的，经医疗机构负责人或者授权的负责人批准，可以立即实施相应的医疗措施。

第五十七条 医务人员在诊疗活动中未尽到与当时的医疗水平相应的诊疗义务，造成患者损害的，医疗机构应当承担赔偿责任。

第五十八条 患者有损害，因下列情形之一的，推定医疗机构有过错：
（一）违反法律、行政法规、规章以及其他有关诊疗规范的规定；
（二）隐匿或者拒绝提供与纠纷有关的病历资料；

（三）伪造、篡改或者销毁病历资料。

第五十九条　因药品、消毒药剂、医疗器械的缺陷，或者输入不合格的血液造成患者损害的，患者可以向生产者或者血液提供机构请求赔偿，也可以向医疗机构请求赔偿。患者向医疗机构请求赔偿的，医疗机构赔偿后，有权向负有责任的生产者或者血液提供机构追偿。

第六十条　患者有损害，因下列情形之一的，医疗机构不承担赔偿责任：

（一）患者或者其近亲属不配合医疗机构进行符合诊疗规范的诊疗的；

（二）医务人员在抢救生命垂危的患者等紧急情况下已经尽到合理诊疗义务的；

（三）限于当时的医疗水平难以诊疗的。

前款第一项情形中，医疗机构及其医务人员也有过错的，应当承担相应的赔偿责任。

第六十一条　医疗机构及其医务人员应当按照规定填写并妥善保管住院志、医嘱单、检验报告、手术及麻醉记录、病理资料、护理记录、医疗费用等病历资料。

患者要求查阅、复制前款规定的病历资料的，医疗机构应当提供。

第六十二条　医疗机构及其医务人员应当对患者的隐私保密。泄露患者隐私或者未经患者同意公开其病历资料，造成患者损害的，应当承担侵权责任。

第六十三条　医疗机构及其医务人员不得违反诊疗规范实施不必要的检查。

第六十四条　医疗机构及其医务人员的合法权益受法律保护。干扰医疗秩序，妨害医务人员工作、生活的，应当依法承担法律责任。

2. 医疗事故处理条例（2002年4月24日国务院令第351号公布）（节录）

第四十九条　医疗事故赔偿，应当考虑下列因素，确定具体赔偿数额：

（一）医疗事故等级；

（二）医疗过失行为在医疗事故损害后果中的责任程度；

（三）医疗事故损害后果与患者原有疾病状况之间的关系。

不属于医疗事故的，医疗机构不承担赔偿责任。

第五十条　医疗事故赔偿，按照下列项目和标准计算：

（一）医疗费：按照医疗事故对患者造成的人身损害进行治疗所发生的医疗费用计算，凭据支付，但不包括原发病医疗费用。结案后确实需要继续治疗的，按照基本医疗费用支付。

（二）误工费：患者有固定收入的，按照本人因误工减少的固定收入计算，对收入高于医疗事故发生地上一年度职工年平均工资3倍以上的，按照3倍计算；无固定收入的，按照医疗事故发生地上一年度职工年平均工资计算。

（三）住院伙食补助费：按照医疗事故发生地国家机关一般工作人员的出差伙食补助标准计算。

（四）陪护费：患者住院期间需要专人陪护的，按照医疗事故发生地上一年度职工年平均工资计算。

（五）残疾生活补助费：根据伤残等级，按照医疗事故发生地居民年平均生活费计算，自定残之月起最长赔偿30年；但是，60周岁以上的，不超过15年；70周岁以上的，不超过5年。

（六）残疾用具费：因残疾需要配置补偿功能器具的，凭医疗机构证明，按照普及型器具的费用计算。

（七）丧葬费：按照医疗事故发生地规定的丧葬费补助标准计算。

（八）被扶养人生活费：以死者生前或者残疾者丧失劳动能力前实际扶养且没有劳动能力的人为限，按照其户籍所在地或者居所地居民最低生活保障标准计算。对不满16周岁的，扶养到16周岁。对年满16周岁但无劳动能力的，扶养20年；但是，60周岁以上的，不超过15年；70周岁以上的，不超过5年。

（九）交通费：按照患者实际必需的交通费用计算，凭据支付。

（十）住宿费：按照医疗事故发生地国家机关一般工作人员的出差住宿补助标准计算，凭据支付。

（十一）精神损害抚慰金：按照医疗事故发生地居民年平均生活费计算。造成患者死亡的，赔偿年限最长不超过6年；造成患者残疾的，赔偿年限最长不超过3年。

第五十一条　参加医疗事故处理的患者近亲属所需交通费、误工费、住宿费，参照本条例第五十条的有关规定计算，计算费用的人数不超过2人。

医疗事故造成患者死亡的，参加丧葬活动的患者的配偶和直系亲属所需交通费、误工费、住宿费，参照本条例第五十条的有关规定计算，计算费用的人数不超过2人。

第五十二条　医疗事故赔偿费用，实行一次性结算，由承担医疗事故责任的医疗机构支付。

3. 中华人民共和国律师法（2007年10月28日主席令第76号修订）（节录）

第五十四条　律师违法执业或者因过错给当事人造成损失的，由其所在的律师事务所承担赔偿责任。律师事务所赔偿后，可以向有故意或者重大过失行为的律师追偿。

（四）旅游合同纠纷

旅行社条例（2009年2月20日国务院令第550号公布）（节录）

第二十四条　旅行社向旅游者提供的旅游服务信息必须真实可靠，不得作虚假宣传。

第二十五条　经营出境旅游业务的旅行社不得组织旅游者到国务院旅游行政主管部门公布的中国公民出境旅游目的地之外的国家和地区旅游。

第二十六条　旅行社为旅游者安排或者介绍的旅游活动不得含有违反有关法律、法规规定的内容。

第二十七条　旅行社不得以低于旅游成本的报价招徕旅游者。未经旅游者同意，旅行社不得在旅游合同约定之外提供其他有偿服务。

第二十八条　旅行社为旅游者提供服务，应当与旅游者签订旅游合同并载明下列事项：

（一）旅行社的名称及其经营范围、地址、联系电话和旅行社业务经营许可证编号；

（二）旅行社经办人的姓名、联系电话；

（三）签约地点和日期；
（四）旅游行程的出发地、途经地和目的地；
（五）旅游行程中交通、住宿、餐饮服务安排及其标准；
（六）旅行社统一安排的游览项目的具体内容及时间；
（七）旅游者自由活动的时间和次数；
（八）旅游者应当交纳的旅游费用及交纳方式；
（九）旅行社安排的购物次数、停留时间及购物场所的名称；
（十）需要旅游者另行付费的游览项目及价格；
（十一）解除或者变更合同的条件和提前通知的期限；
（十二）违反合同的纠纷解决机制及应当承担的责任；
（十三）旅游服务监督、投诉电话；
（十四）双方协商一致的其他内容。

第二十九条　旅行社在与旅游者签订旅游合同时，应当对旅游合同的具体内容作出真实、准确、完整的说明。

旅行社和旅游者签订的旅游合同约定不明确或者对格式条款的理解发生争议的，应当按照通常理解予以解释；对格式条款有两种以上解释的，应当作出有利于旅游者的解释；格式条款和非格式条款不一致的，应当采用非格式条款。

第三十条　旅行社组织中国内地居民出境旅游的，应当为旅游团队安排领队全程陪同。

第三十一条　旅行社为接待旅游者委派的导游人员或者为组织旅游者出境旅游委派的领队人员，应当持有国家规定的导游证、领队证。

第三十二条　旅行社聘用导游人员、领队人员应当依法签订劳动合同，并向其支付不低于当地最低工资标准的报酬。

第三十三条　旅行社及其委派的导游人员和领队人员不得有下列行为：
（一）拒绝履行旅游合同约定的义务；
（二）非因不可抗力改变旅游合同安排的行程；
（三）欺骗、胁迫旅游者购物或者参加需要另行付费的游览项目。

第三十四条　旅行社不得要求导游人员和领队人员接待不支付接待和服务费用或者支付的费用低于接待和服务成本的旅游团队，不得要求导游人员和领队人员承担接待旅游团队的相关费用。

第三十五条　旅行社违反旅游合同约定，造成旅游者合法权益受到损害的，应当采取必要的补救措施，并及时报告旅游行政管理部门。

第三十六条　旅行社需要对旅游业务作出委托的，应当委托给具有相应资质的旅行社，征得旅游者的同意，并与接受委托的旅行社就接待旅游者的事宜签订委托合同，确定接待旅游者的各项服务安排及其标准，约定双方的权利、义务。

第三十七条　旅行社将旅游业务委托给其他旅行社的，应当向接受委托的旅行社支付不低于接待和服务成本的费用；接受委托的旅行社不得接待不支付或者不足额支付接待和服务费用的旅游团队。

接受委托的旅行社违约，造成旅游者合法权益受到损害的，作出委托的旅行社应当承担相应的赔偿责任。作出委托的旅行社赔偿后，可以向接受委托的旅行社追偿。

接受委托的旅行社故意或者重大过失造成旅游者合法权益损害的，应当承担连带责任。

第三十八条　旅行社应当投保旅行社责任险。旅行社责任险的具体方案由国务院旅游行政主管部门会同国务院保险监督管理机构另行制定。

第三十九条　旅行社对可能危及旅游者人身、财产安全的事项，应当向旅游者作出真实的说明和明确的警示，并采取防止危害发生的必要措施。

发生危及旅游者人身安全的情形的，旅行社及其委派的导游人员、领队人员应当采取必要的处置措施并及时报告旅游行政管理部门；在境外发生的，还应当及时报告中华人民共和国驻该国使领馆、相关驻外机构、当地警方。

第四十条　旅游者在境外滞留不归的，旅行社委派的领队人员应当及时向旅行社和中华人民共和国驻该国使领馆、相关驻外机构报告。旅行社接到报告后应当及时向旅游行政管理部门和公安机关报告，并协助提供非法滞留者的信息。

旅行社接待入境旅游发生旅游者非法滞留我国境内的，应当及时向旅游行政管理部门、公安机关和外事部门报告，并协助提供非法滞留者的信息。

（五）房地产咨询合同纠纷、房地产价格评估合同纠纷

1. 中华人民共和国城市房地产管理法（2009年8月27修正）（节录）

第三十四条　国家实行房地产价格评估制度。

房地产价格评估，应当遵循公正、公平、公开的原则，按照国家规定的技术标准和评估程序，以基准地价、标定地价和各类房屋的重置价格为基础，参照当地的市场价格进行评估。

2. 房地产估价机构管理办法（2005年10月12日建设部令第142号公布）（节录）

第四十六条　未取得房地产估价机构资质从事房地产估价活动或者超越资质等级承揽估价业务的，出具的估价报告无效，由县级以上人民政府房地产行政主管部门给予警告，责令限期改正，并处1万元以上3万元以下的罚款；造成当事人损失的，依法承担赔偿责任。

第四十九条　有下列行为之一的，由县级以上人民政府房地产行政主管部门给予警告，责令限期改正；逾期未改正的，可处5千元以上2万元以下的罚款；给当事人造成损失的，依法承担赔偿责任：

（一）违反本办法第二十五条规定承揽业务的；

（二）违反本办法第二十八条第一款规定，擅自转让受托的估价业务的；

（三）违反本办法第十九条第二款、第二十八条第二款、第三十一条规定出具估价报告的。

第五十条　违反本办法第二十六条规定，房地产估价机构及其估价人员应当回避未回避的，由县级以上人民政府房地产行政主管部门给予警告，责令限期改正，并可处1万元

以下的罚款；给当事人造成损失的，依法承担赔偿责任。

第五十二条 房地产估价机构有本办法第三十二条行为之一的，由县级以上人民政府房地产行政主管部门给予警告，责令限期改正，并处 1 万元以上 3 万元以下的罚款；给当事人造成损失的，依法承担赔偿责任；构成犯罪的，依法追究刑事责任。

第五十三条 违反本办法第三十四条规定，房地产估价机构擅自对外提供估价过程中获知的当事人的商业秘密和业务资料，给当事人造成损失的，依法承担赔偿责任；构成犯罪的，依法追究刑事责任。

（六）旅店服务合同纠纷

最高人民法院关于审理人身损害赔偿案件适用法律若干问题的解释（2003 年 12 月 36 日　法释〔2003〕20 号）（节录）

第六条 从事住宿、餐饮、娱乐等经营活动或者其他社会活动的自然人、法人、其他组织，未尽合理限度范围内的安全保障义务致使他人遭受人身损害，赔偿权利人请求其承担相应赔偿责任的，人民法院应予支持。

（七）财会服务合同纠纷

中华人民共和国注册会计师法（1993 年 10 月 31 日主席令第 13 号公布）（节录）

第十六条 注册会计师承办业务，由其所在的会计师事务所统一受理并与委托人签订委托合同。

会计师事务所对本所注册会计师依照前款规定承办的业务，承担民事责任。

第四十二条 会计师事务所违反本法规定，给委托人、其他利害关系人造成损失的，应当依法承担赔偿责任。

（八）餐饮服务合同纠纷

1. 中华人民共和国食品安全法（2009 年 2 月 28 日主席令第 9 号公布）（节录）

第二十七条 食品生产经营应当符合食品安全标准，并符合下列要求：

（一）具有与生产经营的食品品种、数量相适应的食品原料处理和食品加工、包装、贮存等场所，保持该场所环境整洁，并与有毒、有害场所以及其他污染源保持规定的距离；

（二）具有与生产经营的食品品种、数量相适应的生产经营设备或者设施，有相应的消毒、更衣、盥洗、采光、照明、通风、防腐、防尘、防蝇、防鼠、防虫、洗涤以及处理废水、存放垃圾和废弃物的设备或者设施；

（三）有食品安全专业技术人员、管理人员和保证食品安全的规章制度；

（四）具有合理的设备布局和工艺流程，防止待加工食品与直接入口食品、原料与成品交叉污染，避免食品接触有毒物、不洁物；

（五）餐具、饮具和盛放直接入口食品的容器，使用前应当洗净、消毒，炊具、用具用后应当洗净，保持清洁；

（六）贮存、运输和装卸食品的容器、工具和设备应当安全、无害，保持清洁，防止食品污染，并符合保证食品安全所需的温度等特殊要求，不得将食品与有毒、有害物品一同运输；

（七）直接入口的食品应当有小包装或者使用无毒、清洁的包装材料、餐具；

（八）食品生产经营人员应当保持个人卫生，生产经营食品时，应当将手洗净，穿戴清洁的工作衣、帽，销售无包装的直接入口食品时，应当使用无毒、清洁的售货工具；

（九）用水应当符合国家规定的生活饮用水卫生标准；

（十）使用的洗涤剂、消毒剂应当对人体安全、无害；

（十一）法律、法规规定的其他要求。

第二十八条 禁止生产经营下列食品：

（一）用非食品原料生产的食品或者添加食品添加剂以外的化学物质和其他可能危害人体健康物质的食品，或者用回收食品作为原料生产的食品；

（二）致病性微生物、农药残留、兽药残留、重金属、污染物质以及其他危害人体健康的物质含量超过食品安全标准限量的食品；

（三）营养成分不符合食品安全标准的专供婴幼儿和其他特定人群的主辅食品；

（四）腐败变质、油脂酸败、霉变生虫、污秽不洁、混有异物、掺假掺杂或者感官性状异常的食品；

（五）病死、毒死或者死因不明的禽、畜、兽、水产动物肉类及其制品；

（六）未经动物卫生监督机构检疫或者检疫不合格的肉类，或者未经检验或者检验不合格的肉类制品；

（七）被包装材料、容器、运输工具等污染的食品；

（八）超过保质期的食品；

（九）无标签的预包装食品；

（十）国家为防病等特殊需要明令禁止生产经营的食品；

（十一）其他不符合食品安全标准或者要求的食品。

第九十七条 违反本法规定，应当承担民事赔偿责任和缴纳罚款、罚金，其财产不足以同时支付时，先承担民事赔偿责任。

2. 中华人民共和国消费者权益保护法（2009年8月27日修正）（节录）

第二十四条 经营者不得以格式合同、通知、声明、店堂告示等方式作出对消费者不公平、不合理的规定，或者减轻、免除其损害消费者合法权益应当承担的民事责任。

3. 餐饮服务食品安全监督管理办法（2010年3月4日卫生部令第71号发布）（节录）

第十四条 餐饮服务提供者禁止采购、使用和经营下列食品：

（一）《食品安全法》第二十八条规定禁止生产经营的食品；

（二）违反《食品安全法》第四十八条规定的食品；

（三）违反《食品安全法》第五十条规定的食品；

（四）违反《食品安全法》第六十六条规定的进口预包装食品。

第十五条 餐饮服务提供者应当按照国家有关规定和食品安全标准采购、保存和使用食品添加剂。应当将食品添加剂存放于专用橱柜等设施中，标示"食品添加剂"字样，妥善保管，并建立使用台账。

第十六条 餐饮服务提供者应当严格遵守国家食品药品监督管理部门制定的餐饮服务食品安全操作规范。餐饮服务应当符合下列要求：

（一）在制作加工过程中应当检查待加工的食品及食品原料，发现有腐败变质或者其他感官性状异常的，不得加工或者使用；

（二）贮存食品原料的场所、设备应当保持清洁，禁止存放有毒、有害物品及个人生活物品，应当分类、分架、隔墙、离地存放食品原料，并定期检查、处理变质或者超过保质期限的食品；

（三）应当保持食品加工经营场所的内外环境整洁，消除老鼠、蟑螂、苍蝇和其他有害昆虫及其滋生条件；

（四）应当定期维护食品加工、贮存、陈列、消毒、保洁、保温、冷藏、冷冻等设备与设施，校验计量器具，及时清理清洗，确保正常运转和使用；

（五）操作人员应当保持良好的个人卫生；

（六）需要熟制加工的食品，应当烧熟煮透；需要冷藏的熟制品，应当在冷却后及时冷藏；应当将直接入口食品与食品原料或者半成品分开存放，半成品应当与食品原料分开存放；

（七）制作凉菜应当达到专人负责、专室制作、工具专用、消毒专用和冷藏专用的要求；

（八）用于餐饮加工操作的工具、设备必须无毒无害，标志或者区分明显，并做到分开使用，定位存放，用后洗净，保持清洁；接触直接入口食品的工具、设备应当在使用前进行消毒；

（九）应当按照要求对餐具、饮具进行清洗、消毒，并在专用保洁设施内备用，不得使用未经清洗和消毒的餐具、饮具；购置、使用集中消毒企业供应的餐具、饮具，应当查验其经营资质，索取消毒合格凭证；

（十）应当保持运输食品原料的工具与设备设施的清洁，必要时应当消毒。运输保温、冷藏（冻）食品应当有必要的且与提供的食品品种、数量相适应的保温、冷藏（冻）设备设施。

（九）娱乐服务合同纠纷

1. 中华人民共和国消费者权益保护法（2009年8月27日修正）（节录）

第十八条 经营者应当保证其提供的商品或者服务符合保障人身、财产安全的要求。对可能危及人身、财产安全的商品和服务，应当向消费者作出真实的说明和明确的警示，并说明和标明正确使用商品或者接受服务的方法以及防止危害发生的方法。

经营者发现其提供的商品或者服务存在严重缺陷，即使正确使用商品或者接受服务仍然可能对人身、财产安全造成危害的，应当立即向有关行政部门报告和告知消费者，并采取防止危害发生的措施。

2. 娱乐场所管理条例（2006年1月29日国务院令第458号公布）（节录）

第四十五条 娱乐场所指使、纵容从业人员侵害消费者人身权利的，应当依法承担民事责任，并由县级公安部门责令停业整顿1个月至3个月；造成严重后果的，由原发证机关吊销娱乐经营许可证。

第五十三条 娱乐场所违反有关治安管理或者消防管理法律、行政法规规定的，由公安部门依法予以处罚；构成犯罪的，依法追究刑事责任。

娱乐场所违反有关卫生、环境保护、价格、劳动等法律、行政法规规定的，由有关部门依法予以处罚；构成犯罪的，依法追究刑事责任。

娱乐场所及其从业人员与消费者发生争议的，应当依照消费者权益保护的法律规定解决；造成消费者人身、财产损害的，由娱乐场所依法予以赔偿。

3. 最高人民法院关于审理人身损害赔偿案件适用法律若干问题的解释（2003年12月36日 法释〔2003〕20号）（节录）

第六条 从事住宿、餐饮、娱乐等经营活动或者其他社会活动的自然人、法人、其他组织，未尽合理限度范围内的安全保障义务致使他人遭受人身损害，赔偿权利人请求其承担相应赔偿责任的，人民法院应予支持。

因第三人侵权导致损害结果发生的，由实施侵权行为的第三人承担赔偿责任。安全保障义务人有过错的，应当在其能够防止或者制止损害的范围内承担相应的补充赔偿责任。安全保障义务人承担责任后，可以向第三人追偿。赔偿权利人起诉安全保障义务人的，应当将第三人作为共同被告，但第三人不能确定的除外。

（十）有线电视服务合同纠纷、网络服务合同纠纷

最高人民法院关于审理涉及计算机网络著作权纠纷案件适用法律若干问题的解释（2006年11月22日修正 法释〔2006〕11号）

第一条 网络著作权侵权纠纷案件由侵权行为地或者被告住所地人民法院管辖。侵权行为地包括实施被诉侵权行为的网络服务器、计算机终端等设备所在地。对难以确定侵权行为地和被告住所地的，原告发现侵权内容的计算机终端等设备所在地可以视为侵权行为地。

第二条 受著作权法保护的作品，包括著作权法第三条规定的各类作品的数字化形式。在网络环境下无法归于著作权法第三条列举的作品范围，但在文学、艺术和科学领域内具有独创性并能以某种有形式复制的其他智力创作成果，人民法院应当予以保护。

第三条 网络服务提供者通过网络参与他人侵犯著作权行为，或者通过网络教唆、帮助他人实施侵犯著作权行为的，人民法院应当根据民法通则第一百三十条的规定，追究其与其他行为人或者直接实施侵权行为人的共同侵权责任。

第四条 提供内容服务的网络服务提供者,明知网络用户通过网络实施侵犯他人著作权的行为,或者经著作权人提出确有证据的警告,但仍不采取移除侵权内容等措施以消除侵权后果的,人民法院应当根据民法通则第一百三十条的规定,追究其与该网络用户的共同侵权责任。

第五条 提供内容服务的网络服务提供者,对著作权人要求其提供侵权行为人在其网络的注册资料以追究行为人的侵权责任,无正当理由拒绝提供的,人民法院应当根据民法通则第一百零六条的规定,追究其相应的侵权责任。

第六条 网络服务提供者明知专门用于故意避开或者破坏他人著作权技术保护措施的方法、设备或者材料,而上载、传播、提供的,人民法院应当根据当事人的诉讼请求和具体案情,依照著作权法第四十七条第(六)项的规定,追究网络服务提供者的民事侵权责任。

第七条 著作权人发现侵权信息向网络服务提供者提出警告或者索要侵权行为人网络注册资料时,不能出示身份证明、著作权权属证明及侵权情况证明的,视为未提出警告或者未提出索要请求。

著作权人出示上述证明后网络服务提供者仍不采取措施的,著作权人可以依照著作权法第四十九条、第五十条的规定在诉前申请人民法院作出停止有关行为和财产保全、证据保全的裁定,也可以在提起诉讼时申请人民法院先行裁定停止侵害、排除妨碍、消除影响,人民法院应予准许。

第八条 网络服务提供者经著作权人提出确有证据的警告而采取移除被控侵权内容等措施,被控侵权人要求网络服务提供者承担违约责任的,人民法院不予支持。

著作权人指控侵权不实,被控侵权人因网络服务提供者采取措施遭受损失而请求赔偿的,人民法院应当判令由提出警告的人承担赔偿责任。

(十一)教育合同纠纷

中华人民共和国教育法(2009年8月27日修正)(节录)

第八十一条 违反本法规定,侵犯教师、受教育者、学校或者其他教育机构的合法权益,造成损失、损害的,应当依法承担民事责任。

(十二)物业服务合同纠纷

1. 物业管理条例(2007年8月26日国务院令第504号修订)

第三十五条 业主委员会应当与业主大会选聘的物业服务企业订立书面的物业服务合同。

物业服务合同应当对物业管理事项、服务质量、服务费用、双方的权利义务、专项维修资金的管理与使用、物业管理用房、合同期限、违约责任等内容进行约定。

第三十六条 物业服务企业应当按照物业服务合同的约定,提供相应的服务。

物业服务企业未能履行物业服务合同的约定,导致业主人身、财产安全受到损害的,应当依法承担相应的法律责任。

2. 最高人民法院关于审理物业服务纠纷案件具体应用法律若干问题的解释（2009年5月15日　法释〔2009〕8号）

为正确审理物业服务纠纷案件，依法保护当事人的合法权益，根据《中华人民共和国民法通则》、《中华人民共和国物权法》、《中华人民共和国合同法》等法律规定，结合民事审判实践，制定本解释。

第一条　建设单位依法与物业服务企业签订的前期物业服务合同，以及业主委员会与业主大会依法选聘的物业服务企业签订的物业服务合同，对业主具有约束力。业主以其并非合同当事人为由提出抗辩的，人民法院不予支持。

第二条　符合下列情形之一，业主委员会或者业主请求确认合同或者合同相关条款无效的，人民法院应予支持：

（一）物业服务企业将物业服务区域内的全部物业服务业务一并委托他人而签订的委托合同；

（二）物业服务合同中免除物业服务企业责任、加重业主委员会或者业主责任、排除业主委员会或者业主主要权利的条款。

前款所称物业服务合同包括前期物业服务合同。

第三条　物业服务企业不履行或者不完全履行物业服务合同约定的或者法律、法规规定以及相关行业规范确定的维修、养护、管理和维护义务，业主请求物业服务企业承担继续履行、采取补救措施或者赔偿损失等违约责任的，人民法院应予支持。

物业服务企业公开作出的服务承诺及制定的服务细则，应当认定为物业服务合同的组成部分。

第四条　业主违反物业服务合同或者法律、法规、管理规约，实施妨害物业服务与管理的行为，物业服务企业请求业主承担恢复原状、停止侵害、排除妨害等相应民事责任的，人民法院应予支持。

第五条　物业服务企业违反物业服务合同约定或者法律、法规、部门规章规定，擅自扩大收费范围、提高收费标准或者重复收费，业主以违规收费为由提出抗辩的，人民法院应予支持。

业主请求物业服务企业退还其已收取的违规费用的，人民法院应予支持。

第六条　经书面催交，业主无正当理由拒绝交纳或者在催告的合理期限内仍未交纳物业费，物业服务企业请求业主支付物业费的，人民法院应予支持。物业服务企业已经按照合同约定以及相关规定提供服务，业主仅以未享受或者无需接受相关物业服务为抗辩理由的，人民法院不予支持。

第七条　业主与物业的承租人、借用人或者其他物业使用人约定由物业使用人交纳物业费，物业服务企业请求业主承担连带责任的，人民法院应予支持。

第八条　业主大会按照物权法第七十六条规定的程序作出解聘物业服务企业的决定后，业主委员会请求解除物业服务合同的，人民法院应予支持。

物业服务企业向业主委员会提出物业费主张的，人民法院应当告知其向拖欠物业费的业主另行主张权利。

第九条 物业服务合同的权利义务终止后，业主请求物业服务企业退还已经预收，但尚未提供物业服务期间的物业费的，人民法院应予支持。

物业服务企业请求业主支付拖欠的物业费的，按照本解释第六条规定处理。

第十条 物业服务合同的权利义务终止后，业主委员会请求物业服务企业退出物业服务区域、移交物业服务用房和相关设施，以及物业服务所必需的相关资料和由其代管的专项维修资金的，人民法院应予支持。

物业服务企业拒绝退出、移交，并以存在事实上的物业服务关系为由，请求业主支付物业服务合同权利义务终止后的物业费的，人民法院不予支持。

第十一条 本解释涉及物业服务企业的规定，适用于物权法第七十六条、第八十一条、第八十二条所称其他管理人。

第十二条 因物业的承租人、借用人或者其他物业使用人实施违反物业服务合同，以及法律、法规或者管理规约的行为引起的物业服务纠纷，人民法院应当参照本解释关于业主的规定处理。

第十三条 本解释自 2009 年 10 月 1 日起施行。

本解释施行前已经终审，本解释施行后当事人申请再审或者按照审判监督程序决定再审的案件，不适用本解释。

（十三）家政服务合同纠纷、庆典服务合同纠纷、殡葬服务合同纠纷、农业技术服务合同纠纷、农机作业服务合同纠纷、保安服务合同纠纷

保安服务管理条例（2009 年 10 月 13 日国务院令第 564 号公布）

第一章 总 则

第一条 为了规范保安服务活动，加强对从事保安服务的单位和保安员的管理，保护人身安全和财产安全，维护社会治安，制定本条例。

第二条 本条例所称保安服务是指：

（一）保安服务公司根据保安服务合同，派出保安员为客户单位提供的门卫、巡逻、守护、押运、随身护卫、安全检查以及安全技术防范、安全风险评估等服务；

（二）机关、团体、企业、事业单位招用人员从事的本单位门卫、巡逻、守护等安全防范工作；

（三）物业服务企业招用人员在物业管理区域内开展的门卫、巡逻、秩序维护等服务。

前款第（二）项、第（三）项中的机关、团体、企业、事业单位和物业服务企业，统称自行招用保安员的单位。

第三条 国务院公安部门负责全国保安服务活动的监督管理工作。县级以上地方人民政府公安机关负责本行政区域内保安服务活动的监督管理工作。

保安服务行业协会在公安机关的指导下，依法开展保安服务行业自律活动。

第四条 保安服务公司和自行招用保安员的单位（以下统称保安从业单位）应当建立健全保安服务管理制度、岗位责任制度和保安员管理制度，加强对保安员的管理、教育和

培训，提高保安员的职业道德水平、业务素质和责任意识。

第五条 保安从业单位应当依法保障保安员在社会保险、劳动用工、劳动保护、工资福利、教育培训等方面的合法权益。

第六条 保安服务活动应当文明、合法，不得损害社会公共利益或者侵犯他人合法权益。

保安员依法从事保安服务活动，受法律保护。

第七条 对在保护公共财产和人民群众生命财产安全、预防和制止违法犯罪活动中有突出贡献的保安从业单位和保安员，公安机关和其他有关部门应当给予表彰、奖励。

第二章 保安服务公司

第八条 保安服务公司应当具备下列条件：

（一）有不低于人民币 100 万元的注册资本；

（二）拟任的保安服务公司法定代表人和主要管理人员应当具备任职所需的专业知识和有关业务工作经验，无被刑事处罚、劳动教养、收容教育、强制隔离戒毒或者被开除公职、开除军籍等不良记录；

（三）有与所提供的保安服务相适应的专业技术人员，其中法律、行政法规有资格要求的专业技术人员，应当取得相应的资格；

（四）有住所和提供保安服务所需的设施、装备；

（五）有健全的组织机构和保安服务管理制度、岗位责任制度、保安员管理制度。

第九条 申请设立保安服务公司，应当向所在地设区的市级人民政府公安机关提交申请书以及能够证明其符合本条例第八条规定条件的材料。

受理的公安机关应当自收到申请材料之日起 15 日内进行审核，并将审核意见报所在地的省、自治区、直辖市人民政府公安机关。省、自治区、直辖市人民政府公安机关应当自收到审核意见之日起 15 日内作出决定，对符合条件的，核发保安服务许可证；对不符合条件的，书面通知申请人并说明理由。

第十条 从事武装守护押运服务的保安服务公司，应当符合国务院公安部门对武装守护押运服务的规划、布局要求，具备本条例第八条规定的条件，并符合下列条件：

（一）有不低于人民币 1000 万元的注册资本；

（二）国有独资或者国有资本占注册资本总额的 51% 以上；

（三）有符合《专职守护押运人员枪支使用管理条例》规定条件的守护押运人员；

（四）有符合国家标准或者行业标准的专用运输车辆以及通信、报警设备。

第十一条 申请设立从事武装守护押运服务的保安服务公司，应当向所在地设区的市级人民政府公安机关提交申请书以及能够证明其符合本条例第八条、第十条规定条件的材料。保安服务公司申请增设武装守护押运业务的，无需再次提交证明其符合本条例第八条规定条件的材料。

受理的公安机关应当自收到申请材料之日起 15 日内进行审核，并将审核意见报所在地的省、自治区、直辖市人民政府公安机关。省、自治区、直辖市人民政府公安机关应当自收到审核意见之日起 15 日内作出决定，对符合条件的，核发从事武装守护押运业务的保安服务许可证或者在已有的保安服务许可证上增注武装守护押运服务；对不符合条件的，书面通知申请人并说明理由。

第十二条　取得保安服务许可证的申请人，凭保安服务许可证到工商行政管理机关办理工商登记。取得保安服务许可证后超过6个月未办理工商登记的，取得的保安服务许可证失效。

保安服务公司设立分公司的，应当向分公司所在地设区的市级人民政府公安机关备案。备案应当提供总公司的保安服务许可证和工商营业执照，总公司法定代表人、分公司负责人和保安员的基本情况。

保安服务公司的法定代表人变更的，应当经原审批公安机关审核，持审核文件到工商行政管理机关办理变更登记。

第三章　自行招用保安员的单位

第十三条　自行招用保安员的单位应当具有法人资格，有符合本条例规定条件的保安员，有健全的保安服务管理制度、岗位责任制度和保安员管理制度。

娱乐场所应当依照《娱乐场所管理条例》的规定，从保安服务公司聘用保安员，不得自行招用保安员。

第十四条　自行招用保安员的单位，应当自开始保安服务之日起30日内向所在地设区的市级人民政府公安机关备案，备案应当提供下列材料：

（一）法人资格证明；

（二）法定代表人（主要负责人）、分管负责人和保安员的基本情况；

（三）保安服务区域的基本情况；

（四）建立保安服务管理制度、岗位责任制度、保安员管理制度的情况。

自行招用保安员的单位不再招用保安员进行保安服务的，应当自停止保安服务之日起30日内到备案的公安机关撤销备案。

第十五条　自行招用保安员的单位不得在本单位以外或者物业管理区域以外提供保安服务。

第四章　保 安 员

第十六条　年满18周岁，身体健康，品行良好，具有初中以上学历的中国公民可以申领保安员证，从事保安服务工作。申请人经设区的市级人民政府公安机关考试、审查合格并留存指纹等人体生物信息的，发给保安员证。

提取、留存保安员指纹等人体生物信息的具体办法，由国务院公安部门规定。

第十七条　有下列情形之一的，不得担任保安员：

（一）曾被收容教育、强制隔离戒毒、劳动教养或者3次以上行政拘留的；

（二）曾因故意犯罪被刑事处罚的；

（三）被吊销保安员证未满3年的；

（四）曾两次被吊销保安员证的。

第十八条　保安从业单位应当招用符合保安员条件的人员担任保安员，并与被招用的保安员依法签订劳动合同。保安从业单位及其保安员应当依法参加社会保险。

保安从业单位应当根据保安服务岗位需要定期对保安员进行法律、保安专业知识和技能培训。

第十九条 保安从业单位应当定期对保安员进行考核，发现保安员不合格或者严重违反管理制度，需要解除劳动合同的，应当依法办理。

第二十条 保安从业单位应当根据保安服务岗位的风险程度为保安员投保意外伤害保险。

保安员因工伤亡的，依照国家有关工伤保险的规定享受工伤保险待遇；保安员牺牲被批准为烈士的，依照国家有关烈士褒扬的规定享受抚恤优待。

第五章 保安服务

第二十一条 保安服务公司提供保安服务应当与客户单位签订保安服务合同，明确规定服务的项目、内容以及双方的权利义务。保安服务合同终止后，保安服务公司应当将保安服务合同至少留存2年备查。

保安服务公司应当对客户单位要求提供的保安服务的合法性进行核查，对违法的保安服务要求应当拒绝，并向公安机关报告。

第二十二条 设区的市级以上地方人民政府确定的关系国家安全、涉及国家秘密等治安保卫重点单位不得聘请外商独资、中外合资、中外合作的保安服务公司提供保安服务。

第二十三条 保安服务公司派出保安员跨省、自治区、直辖市为客户单位提供保安服务的，应当向服务所在地设区的市级人民政府公安机关备案。备案应当提供保安服务公司的保安服务许可证和工商营业执照、保安服务合同、服务项目负责人和保安员的基本情况。

第二十四条 保安服务公司应当按照保安服务业服务标准提供规范的保安服务，保安服务公司派出的保安员应当遵守客户单位的有关规章制度。客户单位应当为保安员从事保安服务提供必要的条件和保障。

第二十五条 保安服务中使用的技术防范产品，应当符合有关的产品质量要求。保安服务中安装监控设备应当遵守国家有关技术规范，使用监控设备不得侵犯他人合法权益或者个人隐私。

保安服务中形成的监控影像资料、报警记录，应当至少留存30日备查，保安从业单位和客户单位不得删改或者扩散。

第二十六条 保安从业单位对保安服务中获知的国家秘密、商业秘密以及客户单位明确要求保密的信息，应当予以保密。

保安从业单位不得指使、纵容保安员阻碍依法执行公务、参与追索债务、采用暴力或者以暴力相威胁的手段处置纠纷。

第二十七条 保安员上岗应当着保安员服装，佩戴全国统一的保安服务标志。保安员服装和保安服务标志应当与人民解放军、人民武装警察和人民警察、工商税务等行政执法机关以及人民法院、人民检察院工作人员的制式服装、标志服饰有明显区别。

保安员服装由全国保安服务行业协会推荐式样，由保安服务从业单位在推荐式样范围内选用。保安服务标志式样由全国保安服务行业协会确定。

第二十八条 保安从业单位应当根据保安服务岗位的需要为保安员配备所需的装备。

保安服务岗位装备配备标准由国务院公安部门规定。

第二十九条 在保安服务中，为履行保安服务职责，保安员可以采取下列措施：

（一）查验出入服务区域的人员的证件，登记出入的车辆和物品；

（二）在服务区域内进行巡逻、守护、安全检查、报警监控；

（三）在机场、车站、码头等公共场所对人员及其所携带的物品进行安全检查，维护公共秩序；

（四）执行武装守护押运任务，可以根据任务需要设立临时隔离区，但应当尽可能减少对公民正常活动的妨碍。

保安员应当及时制止发生在服务区域内的违法犯罪行为，对制止无效的违法犯罪行为应当立即报警，同时采取措施保护现场。

从事武装守护押运服务的保安员执行武装守护押运任务使用枪支，依照《专职守护押运人员枪支使用管理条例》的规定执行。

第三十条 保安员不得有下列行为：

（一）限制他人人身自由、搜查他人身体或者侮辱、殴打他人；

（二）扣押、没收他人证件、财物；

（三）阻碍依法执行公务；

（四）参与追索债务、采用暴力或者以暴力相威胁的手段处置纠纷；

（五）删改或者扩散保安服务中形成的监控影像资料、报警记录；

（六）侵犯个人隐私或者泄露在保安服务中获知的国家秘密、商业秘密以及客户单位明确要求保密的信息；

（七）违反法律、行政法规的其他行为。

第三十一条 保安员有权拒绝执行保安从业单位或者客户单位的违法指令。保安从业单位不得因保安员不执行违法指令而解除与保安员的劳动合同，降低其劳动报酬和其他待遇，或者停缴、少缴依法应当为其缴纳的社会保险费。

第六章 保安培训单位

第三十二条 保安培训单位应当具备下列条件：

（一）是依法设立的保安服务公司或者依法设立的具有法人资格的学校、职业培训机构；

（二）有保安培训所需的师资力量，其中保安专业师资人员应当具有大学本科以上学历或者10年以上治安保卫管理工作经历；

（三）有保安培训所需的场所、设施等教学条件。

第三十三条 申请从事保安培训的单位，应当向所在地设区的市级人民政府公安机关提交申请书以及能够证明其符合本条例第三十二条规定条件的材料。

受理的公安机关应当自收到申请材料之日起15日内进行审核，并将审核意见报所在地的省、自治区、直辖市人民政府公安机关。省、自治区、直辖市人民政府公安机关应当自收到审核意见之日起15日内作出决定，对符合条件的，核发保安培训许可证；对不符合条件的，书面通知申请人并说明理由。

第三十四条　从事武装守护押运服务的保安员的枪支使用培训，应当由人民警察院校、人民警察培训机构负责。承担培训工作的人民警察院校、人民警察培训机构应当向所在地的省、自治区、直辖市人民政府公安机关备案。

第三十五条　保安培训单位应当按照保安员培训教学大纲制订教学计划，对接受培训的人员进行法律、保安专业知识和技能培训以及职业道德教育。

保安员培训教学大纲由国务院公安部门审定。

第七章　监督管理

第三十六条　公安机关应当指导保安从业单位建立健全保安服务管理制度、岗位责任制度、保安员管理制度和紧急情况应急预案，督促保安从业单位落实相关管理制度。

保安从业单位、保安培训单位和保安员应当接受公安机关的监督检查。

第三十七条　公安机关建立保安服务监督管理信息系统，记录保安从业单位、保安培训单位和保安员的相关信息。

公安机关应当对提取、留存的保安员指纹等人体生物信息予以保密。

第三十八条　公安机关的人民警察对保安从业单位、保安培训单位实施监督检查应当出示证件，对监督检查中发现的问题，应当督促其整改。监督检查的情况和处理结果应当如实记录，并由公安机关的监督检查人员和保安从业单位、保安培训单位的有关负责人签字。

第三十九条　县级以上人民政府公安机关应当公布投诉方式，受理社会公众对保安从业单位、保安培训单位和保安员的投诉。接到投诉的公安机关应当及时调查处理，并反馈查处结果。

第四十条　国家机关及其工作人员不得设立保安服务公司，不得参与或者变相参与保安服务公司的经营活动。

第八章　法律责任

第四十一条　任何组织或者个人未经许可，擅自从事保安服务、保安培训的，依法给予治安管理处罚，并没收违法所得；构成犯罪的，依法追究刑事责任。

第四十二条　保安从业单位有下列情形之一的，责令限期改正，给予警告；情节严重的，并处1万元以上5万元以下的罚款；有违法所得的，没收违法所得：

（一）保安服务公司法定代表人变更未经公安机关审核的；

（二）未按照本条例的规定进行备案或者撤销备案的；

（三）自行招用保安员的单位在本单位以外或者物业管理区域以外开展保安服务的；

（四）招用不符合本条例规定条件的人员担任保安员的；

（五）保安服务公司未对客户单位要求提供的保安服务的合法性进行核查的，或者未将违法的保安服务要求向公安机关报告的；

（六）保安服务公司未按照本条例的规定签订、留存保安服务合同的；

（七）未按照本条例的规定留存保安服务中形成的监控影像资料、报警记录的。

客户单位未按照本条例的规定留存保安服务中形成的监控影像资料、报警记录的，依照前款规定处罚。

第四十三条　保安从业单位有下列情形之一的，责令限期改正，处 2 万元以上 10 万元以下的罚款；违反治安管理的，依法给予治安管理处罚；构成犯罪的，依法追究直接负责的主管人员和其他直接责任人员的刑事责任：

（一）泄露在保安服务中获知的国家秘密、商业秘密以及客户单位明确要求保密的信息的；

（二）使用监控设备侵犯他人合法权益或者个人隐私的；

（三）删改或者扩散保安服务中形成的监控影像资料、报警记录的；

（四）指使、纵容保安员阻碍依法执行公务、参与追索债务、采用暴力或者以暴力相威胁的手段处置纠纷的；

（五）对保安员疏于管理、教育和培训，发生保安员违法犯罪案件，造成严重后果的。

客户单位删改或者扩散保安服务中形成的监控影像资料、报警记录的，依照前款规定处罚。

第四十四条　保安从业单位因保安员不执行违法指令而解除与保安员的劳动合同，降低其劳动报酬和其他待遇，或者停缴、少缴依法应当为其缴纳的社会保险费的，对保安从业单位的处罚和对保安员的赔偿依照有关劳动合同和社会保险的法律、行政法规的规定执行。

第四十五条　保安员有下列行为之一的，由公安机关予以训诫；情节严重的，吊销其保安员证；违反治安管理的，依法给予治安管理处罚；构成犯罪的，依法追究刑事责任：

（一）限制他人人身自由、搜查他人身体或者侮辱、殴打他人的；

（二）扣押、没收他人证件、财物的；

（三）阻碍依法执行公务的；

（四）参与追索债务、采用暴力或者以暴力相威胁的手段处置纠纷的；

（五）删改或者扩散保安服务中形成的监控影像资料、报警记录的；

（六）侵犯个人隐私或者泄露在保安服务中获知的国家秘密、商业秘密以及客户单位明确要求保密的信息的；

（七）有违反法律、行政法规的其他行为的。

从事武装守护押运的保安员违反规定使用枪支的，依照《专职守护押运人员枪支使用管理条例》的规定处罚。

第四十六条　保安员在保安服务中造成他人人身伤亡、财产损失的，由保安从业单位赔付；保安员有故意或者重大过失的，保安从业单位可以依法向保安员追偿。

第四十七条　保安培训单位未按照保安员培训教学大纲的规定进行培训的，责令限期改正，给予警告；情节严重的，并处 1 万元以上 5 万元以下的罚款；以保安培训为名进行诈骗活动的，依法给予治安管理处罚；构成犯罪的，依法追究刑事责任。

第四十八条　国家机关及其工作人员设立保安服务公司，参与或者变相参与保安服务公司经营活动的，对直接负责的主管人员和其他直接责任人员依法给予处分。

第四十九条　公安机关的人民警察在保安服务活动监督管理工作中滥用职权、玩忽职守、徇私舞弊的，依法给予处分；构成犯罪的，依法追究刑事责任。

第九章 附 则

第五十条 保安服务许可证、保安培训许可证以及保安员证的式样由国务院公安部门规定。

第五十一条 本条例施行前已经设立的保安服务公司、保安培训单位，应当自本条例施行之日起6个月内重新申请保安服务许可证、保安培训许可证。本条例施行前自行招用保安员的单位，应当自本条例施行之日起3个月内向公安机关备案。

本条例施行前已经从事保安服务的保安员，自本条例施行之日起1年内由保安员所在单位组织培训，经设区的市级人民政府公安机关考试、审查合格并留存指纹等人体生物信息的，发给保安员证。

第五十二条 本条例自2010年1月1日起施行。

（十四）银行结算合同纠纷

人民币银行结算账户管理办法（2003年4月10日中国人民银行令〔2003〕第5号公布）（节录）

第一章 总 则

第一条 为规范人民币银行结算账户（以下简称银行结算账户）的开立和使用，加强银行结算账户管理，维护经济金融秩序稳定，根据《中华人民共和国中国人民银行法》和《中华人民共和国商业银行法》等法律法规，制定本办法。

第二条 存款人在中国境内的银行开立的银行结算账户适用本办法。

本办法所称存款人，是指在中国境内开立银行结算账户的机关、团体、部队、企业、事业单位、其他组织（以下统称单位）、个体工商户和自然人。

本办法所称银行，是指在中国境内经中国人民银行批准经营支付结算业务的政策性银行、商业银行（含外资独资银行、中外合资银行、外国银行分行）、城市信用合作社、农村信用合作社。

本办法所称银行结算账户，是指银行为存款人开立的办理资金收付结算的人民币活期存款账户。

第三条 银行结算账户按存款人分为单位银行结算账户和个人银行结算账户。

（一）存款人以单位名称开立的银行结算账户为单位银行结算账户。单位银行结算账户按用途分为基本存款账户、一般存款账户、专用存款账户、临时存款账户。

个体工商户凭营业执照以字号或经营者姓名开立的银行结算账户纳入单位银行结算账户管理。

（二）存款人凭个人身份证件以自然人名称开立的银行结算账户为个人银行结算账户。邮政储蓄机构办理银行卡业务开立的账户纳入个人银行结算账户管理。

第四条 单位银行结算账户的存款人只能在银行开立一个基本存款账户。

第五条 存款人应在注册地或住所地开立银行结算账户。符合本办法规定可以在异地（跨省、市、县）开立银行结算账户的除外。

第六条 存款人开立基本存款账户、临时存款账户和预算单位开立专用存款账户实行核准制度，经中国人民银行核准后由开户银行核发开户登记证。但存款人因注册验资需要开立的临时存款账户除外。

第七条 存款人可以自主选择银行开立银行结算账户。除国家法律、行政法规和国务院规定外，任何单位和个人不得强令存款人到指定银行开立银行结算账户。

第八条 银行结算账户的开立和使用应当遵守法律、行政法规，不得利用银行结算账户进行偷逃税款、逃废债务、套取现金及其他违法犯罪活动。

第九条 银行应依法为存款人的银行结算账户信息保密。对单位银行结算账户的存款和有关资料，除国家法律、行政法规另有规定外，银行有权拒绝任何单位或个人查询。对个人银行结算账户的存款和有关资料，除国家法律另有规定外，银行有权拒绝任何单位或个人查询。

第十条 中国人民银行是银行结算账户的监督管理部门。

三十八、劳务合同纠纷

100. 雇员在雇佣活动中受伤骨折、下肢截瘫,能否申请劳动仲裁?

劳务合同是劳务提供人向劳务接受人提供劳务活动,由劳务接受人支付劳务报酬的合同,通常意义上是指雇佣合同。劳务合同与劳动合同均是以人的劳动为给付标的的合同,二者容易混淆,主要区别为:(1)主体资格不同。劳动合同的主体一方是法人或组织,另一方是劳动者个人,不能同时都是自然人;劳务合同的主体不受限制。(2)主体关系不同。劳动合同的双方主体间存在经济关系及人身关系,即行政隶属关系;劳务合同的双方主体之间是平等主体,只存在经济关系,无从属性。(3)主体待遇不同。劳动者除获得工资报酬外,还有保险、福利待遇等;劳务提供人一般只获得劳务报酬。(4)适用的法律不同。劳动合同适用《劳动法》及相关行政法规;劳务合同适用《合同法》及《民法通则》等民事法律。(5)受国家干预程度不同。国家对劳动合同的条款及内容制定强制性法律规范进行规定;劳务合同更多地体现平等主体之间的意思自治。(6)纠纷处理方式不同。劳动争议适用劳动仲裁前置,应先申请劳动仲裁;劳务合同纠纷不能通过劳动仲裁解决,协商不成可提起诉讼。

在劳务合同中,雇主处于支配地位,雇员处于被支配的从属地位,雇员在从事雇佣活动中遭受人身损害,雇主应依法承担赔偿责任。

典型疑难案件参考

张富玲与舞阳县华裕水泥有限责任公司人身损害赔偿纠纷案

基本案情

2002年5月25日，经舞阳县政府、舞钢市政府协调，舞钢市枣林乡马庄村、舞阳县舞泉镇双庙村、舞阳县祥宇水泥公司三方达成劳动合同，约定：祥宇水泥公司的货物装卸、产品码垛由马庄村每月干18天，双庙村每月干12天；合同于2003年5月25日到期。舞钢市枣林乡马庄村、舞阳县舞泉镇双庙村按约定安排本村村民轮流从事装卸工作，祥宇水泥公司不得将码垛工作另行承包他人。村民在提供劳务时，受公司的指派，由公司对从事劳务的村民直接结算劳动报酬。2004年年初，因原企业破产，李新岳等人买断水泥厂的所有财产注册成立了华裕水泥公司，但华裕水泥公司的水泥装卸、码垛等劳务仍按2002年5月25日的劳务合同履行。2004年3月19日，原告张富玲和其他村民受被告工作人员的指示在往客户的车上装水泥时，因水泥垛倒塌原告被压在下面，致原告腰椎L1粉碎性骨折，造成下肢截瘫。事故发生后，原告先后在舞阳县中心医院、舞钢市职工医院住院治疗。2004年7月14日，漯河市中院就此作出〔2004〕漯法医活鉴字第1056号法医学鉴定书，鉴定结论为：张富玲损伤截瘫继续治疗费约需2—3万元或按实际合理治疗费计算。在治疗过程中，被告给付原告现金3000元，之后双方因赔偿发生争议。原告曾向舞阳县劳动争议仲裁委员会申请劳动仲裁，该委于2004年6月4日作出"不具有劳动关系，不属于劳动争议受理范围，驳回原告的申诉请求"的决定。

一审诉辩情况

张富玲诉至法院，请求被告赔偿原告医疗费10591.11元，后继续治疗费3万元，误工费2048.44元，护理费2048.44元，交通费211.6元，营养费1660元，共计46559.59元。

一审裁判结果

河南省舞阳县人民法院判决：被告舞阳县华裕水泥有限公司于本判决生效后10日内赔偿原告张富玲医疗费、误工费、护理费、交通费、营养费、后继续治疗费等共计46559.59元（扣除被告已支付的3000元）。

一审裁判理由

河南省舞阳县人民法院认为，承揽合同是承揽人按照定作人的要求完成工作，交付工作成果，定作人给付报酬的合同。本案中，原告按照其村委会与被告的约定，从事为被告装卸水泥的工作，不符合承揽合同的构成要件。因此，被告辩称双方构成承揽合同关系的理由不能成立，本院不予支持。最高人民法院《关于审理人身损害赔偿案件适用法律若干问题的解释》第9条第2款规定："从事雇佣活动"是指从事雇主授权或者指示范围内的生产经营活动或者其他劳务活动。该解释第11条同时规定：雇员在从事雇佣活动中遭受人身损害，雇主应当承担赔偿责任。本案中，原告根据其村委的安排，受被告的指示提供劳务，原、被告双方构成雇佣劳动关系。被告作为雇佣方应对原告因从事雇佣劳动受到伤害而造成的损失先予赔偿。原告要求被告赔偿医疗费、继续治疗费、交通费、误工费、护理费及营养费的请求，依法应予支持。原告所提供医疗费票据虽属商业发票，但确属治疗之必须，对该票据应依法予确认。根据鉴定结论，考虑原告的病情，继续治疗费按30000元为宜。被告辩称的理由不当，本院不予支持。

二审诉辩情况

华裕公司不服，提起上诉。

二审裁判结果

河南省漯河市中级人民法院判决：华裕公司于本判决生效后10日内赔偿张富玲医疗费、误工费、护理费、交通费、营养费、继续治疗费等共计36559.59元（扣除华裕公司已支付的3000元）。

二审裁判理由

河南省漯河市中级人民法院认为，华裕公司的前身祥宇公司在企业开办时，使用了国家征用的曾是舞钢市枣林乡马庄村及舞阳县舞泉镇双庙村的土地。经当地政府协调，2002年5月25日，两村与祥宇公司签订《劳务合同》，约定祥宇公司的货物装卸、产品码垛由两村村民轮流从事。签订该合同既为马庄、双庙两村因土地减少而过剩的劳动力提供了增加收入的机会，祥宇公司也解决了自身对劳动力资源的稳定性需求。合同到期后，双方虽未续签，但仍按原合同内容履行。祥宇公司变更为华裕公司后，仍按原惯例实行，只要符合《公务合同》约定的年龄及健康条件，去华裕公司务工的具体人员由村委确定，华裕公司只需依合同要求村委提供劳务人员名册以便于监管。合同还约定，前往从事装卸工作的村民必须服从公司的管理，遵守公司的规章制度。由此说明，华裕公司装卸工的来源，虽由双庙、马庄两村按《劳务合同》安排，但进入该企业工作岗位后，劳动力的劳务活动内容由该企业支配及控制。华裕公司也对从事劳务的农民直接结算劳动报酬。根据以上事实，原审判决认为张富玲与华裕公司构成雇佣劳动关系正确。张富玲在从事雇佣活动中遭受人身损害，华裕公司应当承担赔偿责任。华裕公司上诉所称部分非医疗单位出具的票据，系因治疗需要由医疗部门直接或许可外出购买器械及药品支出，原审判决对此认可并无不当。2004年7月3日张富玲作法医鉴定时并无治疗终结，现仍无可以治疗终结的医学鉴定结论。华裕公司上诉称张富玲已治疗终结的理由不能成立。张富玲家庭经济困难，无力支付医疗费而中断治疗，原审判付继续治疗费用正确。但因费用尚未发生不宜就高。根据当地医疗部门费用支出情况，按照法医鉴定酌定判付2万元较妥。确需实际合理支出，超过部分可待发生后另行主张。

劳务合同纠纷办案依据集成

1. 中华人民共和国侵权责任法（2009年12月26日主席令第21号公布）（节录）

第三十五条 个人之间形成劳务关系，提供劳务一方因劳务造成他人损害的，由接受劳务一方承担侵权责任。提供劳务一方因劳务自己受到损害的，根据双方各自的过错承担相应的责任。

2. 最高人民法院关于审理人身损害赔偿案件适用法律若干问题的解释（2003年12月36日 法释〔2003〕20号）（节录）

第九条 雇员在从事雇佣活动中致人损害的，雇主应当承担赔偿责任；雇员因故意或者重大过失致人损害的，应当与雇主承担连带赔偿责任。雇主承担连带赔偿责任的，可以向雇员追偿。

前款所称"从事雇佣活动"，是指从事雇主授权或者指示范围内的生产经营活动或者其他劳务活动。雇员的行为超出授权范围，但其表现形式是履行职务或者与履行职务有内在联系的，应当认定为"从事雇佣活动"。

第十一条 雇员在从事雇佣活动中遭受人身损害，雇主应当承担赔偿责任。雇佣关系以外的第三人造成雇员人身损害的，赔偿权利人可以请求第三人承担赔偿责任，也可以请求雇主承担赔偿责任。雇主承担赔偿责任后，可以向第三人追偿。

雇员在从事雇佣活动中因安全生产事故遭受人身损害，发包人、分包人知道或者应当知道接受发包或者分包业务的雇主没有相应资质或者安全生产条件的，应当与雇主承担连带赔偿责任。

属于《工伤保险条例》调整的劳动关系和工伤保险范围的，不适用本条规定。

第二十一条 护理费根据护理人员的收入状况和护理人数、护理期限确定。

护理人员有收入的，参照误工费的规定计算；护理人员没有收入或者雇佣护工的，参照当地护工从事同等级别护理的劳务报酬标准计算。护理人员原则上为一人，但医疗机构或者鉴定机构有明确意见的，可以参照确定护理人员人数。

护理期限应计算至受害人恢复生活自理能力时止。受害人因残疾不能恢复生活自理能力的，可以根据其年龄、健康状况等因素确定合理的护理期限，但最长不超过二十年。

受害人定残后的护理，应当根据其护理依赖程度并结合配制残疾辅助器具的情况确定护理级别。

三十九、请求确认人民调解协议效力

101. 经人民调解委员会调解达成协议后,一方不履行赔偿义务,应如何处理?

人民调解协议是当事人经协商后就如何处理双方之间的纠纷事宜所达成的一致协议,符合民事合同的法律特征,是民事合同的一种。对其法律效力的认定,应当依据合同法原理进行分析判断。人民调解协议有效成立后,如果一方不履行或者不适当履行,应当承担违约责任。对于具有合同效力和给付内容的调解协议,债权人可以向有管辖权的基层法院申请支付令,申请书应写明请求给付金钱或者有价证券的数量和所根据的事实、证据,并附调解协议原件。经行政机关、人民调解组织、商事调解组织、行业调解组织或者其他具有调解职能的组织对民事纠纷调解后达成的具有给付内容的协议,当事人可以申请公证机关依法赋予强制执行效力。债务人不履行或者不适当履行具有强制执行效力的公证文书的,债权人可以依法向有管辖权的法院申请执行。协议经调解组织和调解员签字盖章后,当事人可以申请有管辖权的人民法院确认其效力。法院依法审查后,决定是否确认调解协议的效力。确认调解协议效力的决定送达双方当事人后发生法律效力,一方当事人拒绝履行的,另一方当事人可以依法申请人民法院强制执行。

典型疑难案件参考

刘荣财、林庆和与刘宝滨履行人民调解协议纠纷案

基本案情

原告刘荣财与原告林庆和系夫妻关系。2004年8月27日15时40分,被

告刘宝滨雇佣的驾驶员林梅金驾驶车牌号为蒙M-04559的油罐车与刘淑彬（两原告之子）驾驶的车牌号为闽C-YD206的二轮摩托车在惠安县辋川小山村路上发生碰撞，造成刘淑彬受伤及摩托车损坏的交通事故。随后，刘淑彬被送往惠安县人民医院抢救，住院治疗至2005年3月30日医治无效死亡。刘淑彬住院期间，被告为刘淑彬预缴医疗费27000元。2004年9月22日，惠安县公安局交通警察大队作出交通事故认定书，认定刘淑彬无证驾驶机动车，技术不熟练，遇交会车时未能减速靠右行驶，是导致事故发生的主要原因，应承担事故的主要责任，林梅金驾驶机动车未能全面观察路面情况，遇险采取措施不力，是导致事故发生的另一原因，应承担事故的次要责任。事后就赔偿问题，经惠安县交警大队调解未果后，又由后龙镇人民调解委员会主持调解。2005年4月25日，原告刘荣财和被告刘宝滨分别以"刘荣财"和"刘宝滨"的名义签订了《人民调解协议书》，该协议书载明：经调解，自愿达成如下协议：(1)车主刘宝滨一次性赔偿死者刘淑彬就医治疗各种费用、丧葬费及亲属抚慰金共计人民币壹拾玖万壹仟元整（191000元）。(2)刘淑彬住院期间，刘宝滨已预付医疗费贰万柒仟元整，定于2005年4月26日付伍万元整，2005年6月30日付伍万元整，11月30日付陆万肆仟元。(3)双方作一次性了结，今后双方不得就此事再起事端，若再挑起事端，各自承担法律责任。(4)刘荣财有配合提供发票、配合办理保险金退赔的义务。陈辉阳、黄顺龙、陈其凤在调解员处签名，并加盖后龙镇人民调解委员会公章。协议签订次日，被告按约支付原告第一期赔偿款50000元，余款141000元至今未支付。

一审诉辩情况

原告刘荣财、林庆和起诉称：双方签订的《人民调解协议书》是双方当事人的真实意思表示，不存在胁迫的情形，是合法有效的，请求法院判令被告支付尚欠的赔偿款114000元。

被告刘宝滨反诉称，其是在受到反诉被告胁迫下违背真实意思表示与反诉被告签订《人民调解协议书》的，该协议是可变更的协议。刘淑彬的死亡赔偿金和丧葬费合计为89581.50元（不含医疗费），因反诉原告雇佣的驾驶员对本事故承担次要责任，故反诉原告仅应承担30%的赔偿责任，即最多支付35000元赔偿款，现反诉原告已支付反诉被告50000元（不含预付的医药费27000元），超过其应当承担的赔偿数额15000元。故请求判令变更《人民调解协议书》的赔偿条款为反诉原告赔偿反诉被告医疗费、住院伙食补助费、误工费、护理费、丧葬费、死亡赔偿金等共计55000元；由反诉被告返还反诉原告多支付的赔偿款15000元。

一审裁判结果

福建省泉州市泉港区人民法院判决：

一、被告刘宝滨应于本判决生效之日起 10 日内赔偿原告刘荣财、林庆和人民币 114000 元；

二、驳回反诉原告刘宝滨的反诉请求。

一审裁判理由

福建省泉州市泉港区人民法院认为：被告刘宝滨雇佣的驾驶员林梅金在履行职务过程中，与刘淑彬发生道路交通事故致刘淑彬死亡，事实清楚，证据充分，予以确认。被告对该交通事故给原告造成的损害应承担赔偿责任。原、被告就事故赔偿问题在后龙镇人民调解委员会主持调解下达成的《人民调解协议书》，系双方当事人的真实意思表示，又不违反相关法律规定，应认定有效。双方应按协议约定履行各自义务。被告未按该约定的付款期限付款系违约行为，应承担继续履行的违约责任。故原告请求被告刘宝滨支付尚欠的赔偿款 114000 元，符合法律规定，予以支持。被告主张其是在受胁迫的情况下与原告签订《人民调解协议书》的，该协议应予以变更，证据不足，不予采纳。故反诉原告请求反诉被告退还多收取的赔偿款 15000 元，不符合法律规定，不予支持。

二审诉辩情况

刘宝滨不服，提出上诉。

二审裁判结果

福建省泉州市中级人民法院判决：驳回上诉，维持原判。

二审裁判理由

福建省泉州市中级人民法院认为，上诉人刘宝滨与被上诉人刘荣财、林庆和双方均具有完全民事行为能力，其在泉港区后龙镇调解委员会主持调解下，于 2005 年 4 月 25 日达成的《人民调解协议书》，系双方当事人的真实意思表示，没有违反法律、行政法规的强制性规定。原审认定该调解协议有效正确。两被上诉人之子刘淑彬因本案交通事故受伤住院治疗并于 2005 年 3 月 30 日医疗无效死亡后，双方当事人因赔偿问题发生纠纷，被上诉人于 2005 年 4 月 3 日下午纠集众人到上诉人家门口吵闹，在有关公安机关及镇政府工作人员的制止下，被上诉人已停止吵闹回家。虽然被上诉人的该行为在客观上影响了上诉人的生活，但不能据此认定上诉人在后龙镇人民调解委员会主持下，于2005年4月25日与被上诉人达成的调解协议是在受胁迫的情形下签订的。上诉人也未能提供证据证明后龙镇人民调解委员会在主持双方调解过程中，存在胁迫上诉人签订调解协议的事实。在调解协议签订后的第二天，上诉人已按协议约定支付给被上诉人第一期赔偿款50000元。因此，上诉人提出其是在受胁迫的情况下，违背自己的真实意思表示，在人民调解协议上签名的主张，缺乏证据，与事实不符，理由不能成立，不予采纳。故上诉人提出变更调解协议中的赔偿数额条款的主张，缺乏事实和法律依据，其主张的理由不能成立，不予支持。上诉人与被上诉人双方签订的人民调解协议，具有民事合同性质，上诉人未能按照约定履行自己的义务，属违约行为，应承担相应的违约责任。原审判决上诉人应支付尚欠的赔偿款114000元正确，应予维持。综上，上诉人提出的上诉主张，缺乏事实和法律依据，其上诉理由不能成立，不予采纳。原审判决认定事实清楚，适用法律正确，应予维持。

请求确认人民调解协议效力办案依据集成

1. 中华人民共和国人民调解法（2010年8月28日主席令第34号公布）（节录）

第二十八条 经人民调解委员会调解达成调解协议的，可以制作调解协议书。当事人认为无需制作调解协议书的，可以采取口头协议方式，人民调解员应当记录协议内容。

第二十九条 调解协议书可以载明下列事项：

（一）当事人的基本情况；

（二）纠纷的主要事实、争议事项以及各方当事人的责任；

（三）当事人达成调解协议的内容，履行的方式、期限。

调解协议书自各方当事人签名、盖章或者按指印，人民调解员签名并加盖人民调解委员会印章之日起生效。调解协议书由当事人各执一份，人民调解委员会留存一份。

第三十条 口头调解协议自各方当事人达成协议之日起生效。

第三十一条 经人民调解委员会调解达成的调解协议，具有法律约束力，当事人应当按照约定履行。

人民调解委员会应当对调解协议的履行情况进行监督，督促当事人履行约定的义务。

第三十二条 经人民调解委员会调解达成调解协议后，当事人之间就调解协议的履行或者调解协议的内容发生争议的，一方当事人可以向人民法院提起诉讼。

第三十三条 经人民调解委员会调解达成调解协议后，双方当事人认为有必要的，可以自调解协议生效之日起三十日内共同向人民法院申请司法确认，人民法院应当及时对调解协议进行审查，依法确认调解协议的效力。

人民法院依法确认调解协议有效，一方当事人拒绝履行或者未全部履行的，对方当事人可以向人民法院申请强制执行。

人民法院依法确认调解协议无效的，当事人可以通过人民调解方式变更原调解协议或者达成新的调解协议，也可以向人民法院提起诉讼。

2. 最高人民法院关于建立健全诉讼与非诉讼相衔接的矛盾纠纷解决机制的若干意见（2009年7月24日 法发〔2009〕45号）（节录）

10. 人民法院鼓励和支持行业协会、社会组织、企事业单位等建立健全调解相关纠纷的职能和机制。经商事调解组织、行业调解组织或者其他具有调解职能的组织调解后达成的具有民事权利义务内容的调解协议，经双方当事人签字或者盖章后，具有民事合同性质。

11. 经《中华人民共和国劳动争议调解仲裁法》规定的调解组织调解达成的劳动争议调解协议，由双方当事人签名或者盖章，经调解员签名并加盖调解组织印章后生效，对双方当事人具有合同约束力，当事人应当履行。双方当事人可以不经仲裁程序，根据本意见关于司法确认的规定直接向人民法院申请确认调解协议效力。人民法院不予确认的，当事人可以向劳动争议仲裁委员会申请仲裁。

12. 经行政机关、人民调解组织、商事调解组织、行业调解组织或者其他具有调解职能的组织对民事纠纷调解后达成的具有给付内容的协议，当事人可以按照《中华人民共和国公证法》的规定申请公证机关依法赋予强制执行效力。债务人不履行或者不适当履行具有强制执行效力的公证文书的，债权人可以依法向有管辖权的人民法院申请执行。

13. 对于具有合同效力和给付内容的调解协议，债权人可以根据《中华人民共和国民事诉讼法》和相关司法解释的规定向有管辖权的基层人民法院申请支付令。申请书应当写明请求给付金钱或者有价证券的数量和所根据的事实、证据，并附调解协议原件。

因支付拖欠劳动报酬、工伤医疗费、经济补偿或者赔偿金事项达成调解协议，用人单位在协议约定期限内不履行的，劳动者可以持调解协议书依法向人民法院申请支付令。

20. 经行政机关、人民调解组织、商事调解组织、行业调解组织或者其他具有调解职能的组织调解达成的具有民事合同性质的协议，经调解组织和调解员签字盖章后，当事人可以申请有管辖权的人民法院确认其效力。当事人请求履行调解协议、请求变更、撤销调解协议或者请求确认调解协议无效的，可以向人民法院提起诉讼。

21. 当事人可以在书面调解协议中选择当事人住所地、调解协议履行地、调解协议签订地、标的物所在地基层人民法院管辖，但不得违反法律对专属管辖的规定。当事人没有约定，除《中华人民共和国民事诉讼法》第三十四条规定的情形外，由当事人住所地或者调解协议履行地的基层人民法院管辖。经人民法院委派或委托有关机关或者组织调解达成的调解协议的申请确认案件，由委派或委托人民法院管辖。

22. 当事人应当共同向有管辖权的人民法院以书面形式或者口头形式提出确认申请。一方当事人提出申请，另一方表示同意的，视为共同提出申请。当事人提出申请时，应当向人民法院提交调解协议书、承诺书。人民法院在收到申请后应当及时审查，材料齐备的，及时向当事人送达受理通知书。双方当事人签署的承诺书应当明确载明以下内容：

（一）双方当事人出于解决纠纷的目的自愿达成协议，没有恶意串通、规避法律的行为；

（二）如果因为该协议内容而给他人造成损害的，愿意承担相应的民事责任和其他法律责任。

23. 人民法院审理申请确认调解协议案件，参照适用《中华人民共和国民事诉讼法》有关简易程序的规定。案件由审判员一人独任审理，双方当事人应当同时到庭。人民法院应当面询问双方当事人是否理解所达成协议的内容，是否接受因此而产生的后果，是否愿意由人民法院通过司法确认程序赋予该协议强制执行的效力。

24. 有下列情形之一的，人民法院不予确认调解协议效力：

（一）违反法律、行政法规强制性规定的；

（二）侵害国家利益、社会公共利益的；

（三）侵害案外人合法权益的；

（四）涉及是否追究当事人刑事责任的；

（五）内容不明确，无法确认和执行的；

（六）调解组织、调解员强迫调解或者有其他严重违反职业道德准则的行为的；

（七）其他情形不应当确认的。

当事人在违背真实意思的情况下签订调解协议，或者调解组织、调解员与案件有利害关系、调解显失公正的，人民法院对调解协议效力不予确认，但当事人明知存在上述情形，仍坚持申请确认的除外。

25. 人民法院依法审查后，决定是否确认调解协议的效力。确认调解协议效力的决定送达双方当事人后发生法律效力，一方当事人拒绝履行的，另一方当事人可以依法申请人民法院强制执行。

3. 最高人民法院《关于审理涉及人民调解协议的民事案件的若干规定》

（2002年9月16日　法释〔2002〕29号）

为了公正审理涉及人民调解协议的民事案件，根据《中华人民共和国民法通则》、《中华人民共和国合同法》、《中华人民共和国民事诉讼法》，参照《人民调解委员会组织条例》，结合民事审判经验和实际情况，对审理涉及人民调解协议的民事案件的有关问题作如下规定：

第一条　经人民调解委员会调解达成的、有民事权利义务内容，并由双方当事人签字或者盖章的调解协议，具有民事合同性质。当事人应当按照约定履行自己的义务，不得擅自变更或者解除调解协议。

第二条　当事人一方向人民法院起诉，请求对方当事人履行调解协议的，人民法院应当受理。

当事人一方向人民法院起诉，请求变更或者撤销调解协议，或者请求确认调解协议无效的，人民法院应当受理。

第三条　当事人一方起诉请求履行调解协议，对方当事人反驳的，有责任对反驳诉讼请求所依据的事实提供证据予以证明。

当事人一方起诉请求变更或者撤销调解协议，或者请求确认调解协议无效的，有责任对自己的诉讼请求所依据的事实提供证据予以证明。

当事人一方以原纠纷向人民法院起诉，对方当事人以调解协议抗辩的，应当提供调解协议书。

第四条　具备下列条件的，调解协议有效：

（一）当事人具有完全民事行为能力；

（二）意思表示真实；

（三）不违反法律、行政法规的强制性规定或者社会公共利益。

第五条　有下列情形之一的，调解协议无效：

（一）损害国家、集体或者第三人利益；

（二）以合法形式掩盖非法目的；

（三）损害社会公共利益；

（四）违反法律、行政法规的强制性规定。

人民调解委员会强迫调解的，调解协议无效。

第六条 下列调解协议,当事人一方有权请求人民法院变更或者撤销:

(一) 因重大误解订立的;

(二) 在订立调解协议时显失公平的;

一方以欺诈、胁迫的手段或者乘人之危,使对方在违背真实意思的情况下订立的调解协议,受损害方有权请求人民法院变更或者撤销。

当事人请求变更的,人民法院不得撤销。

第七条 有下列情形之一的,撤销权消灭:

(一) 具有撤销权的当事人自知道或者应当知道撤销事由之日起一年内没有行使撤销权;

(二) 具有撤销权的当事人知道撤销事由后明确表示或者以自己的行为放弃撤销权。

第八条 无效的调解协议或者被撤销的调解协议自始没有法律约束力。调解协议部分无效,不影响其他部分效力的,其他部分仍然有效。

第九条 调解协议的诉讼时效,适用民法通则第一百三十五条的规定。

原纠纷的诉讼时效因人民调解委员会调解而中断。

调解协议被撤销或者被认定无效后,当事人以原纠纷起诉的,诉讼时效自调解协议被撤销或者被认定无效的判决生效之日起重新计算。

第十条 具有债权内容的调解协议,公证机关依法赋予强制执行效力的,债权人可以向被执行人住所地或者被执行人的财产所在地人民法院申请执行。

第十一条 基层人民法院及其派出的人民法庭审理涉及人民调解协议的民事案件,一般应当适用简易程序。

第十二条 人民法院审理涉及人民调解协议的民事案件,调解协议被人民法院已经发生法律效力的判决变更、撤销,或者被确认无效的,可以适当的方式告知当地的司法行政机关或者人民调解委员会。

第十三条 本规定自2002年11月1日起施行。

人民法院审理民事案件涉及2002年11月1日以后达成的人民调解协议的,适用本规定。